Der große Kostolany

Börsenseminar – Börsenpsychologie – Die besten Geldgeschichten

Ullstein

Besuchen Sie uns im Internet:
www.ullstein-taschenbuch.de

MIX
Papier aus verantwortungsvollen Quellen
FSC® C083411

Ungekürzte Ausgabe im Ullstein Taschenbuch
16. Auflage 2020

Umschlaggestaltung: HildenDesign, München
(nach einer Vorlage von Init GmbH, Bielefeld)
Titelabbildung: Ullstein Bilderdienst, Berlin
Satz: KompetenzCenter, Mönchengladbach
Druck und Bindearbeiten: CPI books GmbH, Leck
Printed in Germany
ISBN 978-3-548-36685-2

Inhalt

Kostolanys Börsenseminar

Kostolanys Börsenpsychologie

Kostolanys beste Geldgeschichten

Kostolanys Börsenseminar

Für Kapitalanleger
und Spekulanten

Vorwort

»Kostolanys Börsen- und Lebensweisheiten«
Mit diesem Buch erfüllt Kosto mir einen alten Wunsch, nämlich, niederzuschreiben, was er in seinem ereignisreichen Leben an funktionierendem Wissen und an Erfahrungen in seinem »PC« (Personalcomputer) gespeichert hat, wie er es selbst witzig bezeichnet. Gleichzeitig geht er umfassend auf die vielen Fragen ein, die im Lauf der letzten zwölf Jahre in unseren Börsenseminaren gestellt wurden.

Ende 1969 traf ich Kosto bei einer Investmenttagung in der Bayerischen Hypothekenbank zum ersten Mal. Ein Ministerialrat aus dem Bonner Wirtschaftsministerium hatte die Schutzfunktionen des neuen Auslandsinvestmentgesetzes erläutert und die Nützlichkeit von Fonds als Anlageinstrument hervorgehoben. Dabei gebrauchte er das Bild, wer sich kein eigenes Auto leisten könne, müsse eben einen Omnibus benutzen, und diese Rolle spiele ein Fonds für den kleinen Sparer, der sich nicht Aktien kaufen könne oder wolle. »Aber wissen Sie denn, ob die ausländischen Busfahrer überhaupt einen Führerschein besitzen?« fragte ein Herr aus dem Publikum. Sein Gesicht war mir vertraut, denn schon während meiner Jahre in New York war mir Kostolany als Kolumnist von *Capital,* das ich mir dort hie und da kaufte, aufgefallen. Nun nahm ich die Gelegenheit wahr, ihn im Anschluß an die Veranstaltung persönlich kennenzulernen.

Er hat einmal geschrieben, den Deutschen fehlten dreißig Jahre Investmenterfahrung, sonst wären sie zum Beispiel nicht auf den IOS-Rummel, vor dem er als einer der wenigen vehement gewarnt hatte, hereingefallen. Nicht nur teilte ich seine Ansicht, seine unerschrockene Art imponierte mir auch. Ich stellte ihm die Frage, ob er bereit wäre, seine (damals) mehr als vierzigjährige Erfahrung, die den großen Krach von 1929 mit einschließt, in der täglichen Praxis zur Verfügung zu stellen, um so vielleicht das Erfahrungsdefizit der Deutschen etwas abbauen zu helfen. Er gab zur Antwort, daß er dies mit den richtigen Partnern sehr gerne täte, sei es doch dieselbe Arbeit, ob er sich für seine eigenen Engagements tagtäglich den Kopf zerbreche oder noch für ein paar Kunden. Das war der Beginn unserer gemeinsamen Aktivitäten – heute würde man sagen: unseres *Joint venture*. Als Kosto diese seine zweite Karriere begann, war er im Pensionsalter (wie Adenauer, als dieser erstmals Bundeskanzler wurde). Wir begannen in einer damals in Deutschland kaum bekannten Branche, der privaten, individuellen Depotverwaltung, essentiell die Tätigkeit des Privatbankiers.

Schon bald danach entstand die Idee, Börsenseminare abzuhalten. Unser erstes Seminar fand im Oktober 1974 in München statt. Kaum dreißig Teilnehmer waren gekommen. Die Börsenstimmung war miserabel: vervierfachter Ölpreis, galoppierende Inflation, Flucht in Gold- und Sachwerte, der Dow Jones auf 580, der FAZ-Index auf 160 gefallen. Das Wort vom Ausverkauf des Westens an die Ölscheichs und vom großen Krach 1929 machte die Runde. Endzeitstimmung. Doch was vom Podium herunterdrang, war alles andere als desperat: »Jetzt allmählich anfangen zu kaufen«, hieß die Parole. Der Rat war gut. Schon zwei Monate später begann die Hausse, in deren Verlauf der Dow Jones zum Beispiel auf 1 000 stieg. Damals hätten wir uns nicht träumen lassen, daß das Seminar in München der Beginn einer – diesmal – rühmlichen Bewegung sei, denn seitdem sind es nahezu hundert Seminare, heutzutage mit der zehnfachen Teilnehmerzahl, geworden.

Als Kämpfer für den sauberen Kapitalismus und wider den tierischen Ernst hat sich Kostolany, das Enfant terrible des Establishments, seine eigene Gefolgschaft gebildet. Er ist der Börsenprofessor, der von der Praxis zur Theorie kam und seine Erfahrungen mit seinem eigenen Geld sammelte, im Gegensatz zu den meisten, die von der Theorie zur Praxis gehen und ihre Erfahrungen mit fremdem Geld machen!

Vor Jahren hat Kostolany, wenn er über uns Deutsche sprach, einen Wiener Komiker zitiert: »Die Deutschen arbeiten nicht nur viel, sondern auch gern. Recht geschieht ihnen!« Doch neuerdings glaubt er, der Bazillus der Dekadenz habe uns befallen, da wir nur noch an Freizeit und vorzeitigen Ruhestand dächten.

Mit diesem Buch tut sich der Autor auch selbst einen Gefallen. Jetzt braucht er seine weniger ausgeprägte Geduld nicht mehr mit langatmigen Fragen strapazieren zu lassen. Er kann den Frager getrost unterbrechen und einfach sagen: »Lieber Freund, lesen Sie mein Buch, da finden Sie bestimmt auf Ihre Frage eine Antwort und einige weitere Antworten auf Fragen, die Ihnen bisher noch nicht eingefallen sind!«

Gottfried Heller*

---

* Langjähriger Partner des Autors

Einführung

»Wenn du einen Freund hast, schenke ihm einen Fisch, aber wenn du ihn wirklich liebst, lehre ihn fischen!« Dieser chinesische Spruch ist meine Antwort, wenn man mich nach Tips drängt. »Tips« sind die »Fische«, die man selber fangen muß. Tips, die man als Geschenke bekommt, sind Mundpropaganda, um Käufer zu werben für Papiere, die irgendeine Gruppe, ein Syndikat oder Finanzinstitut beim Publikum abladen will. Das mit Tips ausgestattete Publikum kauft die Papiere und treibt den Kurs selber in die Höhe. Der steigende Kurs lockt neue Käufer an, und so ist die geplante Transaktion der Gruppe gelungen. Das ist in den meisten Fällen das Ziel der Tips.

Will man erfolgreich sein, soll man den Tips nicht nachlaufen, sondern man muß Ideen, Einfälle oder Meinungen haben, das heißt souverän überlegen und die Tips selber fangen, wie ein guter, erfahrener Angler die Fische fängt.

Unerläßlich ist, den Mechanismus der Auf- und Abwärtsbewegungen der Börse zu kennen, um entscheiden zu können, ob man kaufen, verkaufen oder nichts machen soll.

Meine Ratschläge basieren nicht auf grundlegenden Studien der Volkswirtschaft, sondern auf persönlichen Erfahrungen.

Das wenige, was ich über Wirtschaft und Finanzen weiß, habe ich nicht an den Universitäten oder aus Fachbüchern, sondern im Dschungel gelernt. Bestimmt habe ich mehr Schulgeld bezahlt, als es mich in Harvard an der International Business School gekostet hätte.

Zu meiner Erfahrung von 65 Jahren trugen auch meine

Kontakte bei, die ich in dieser langen Laufbahn zu 78 verschiedenen Börsen (Effekten- und Warenbörsen) und 73 Maklerfirmen aller Arten hatte.

Ich könnte heute nicht mehr ausrechnen, wie viele Transaktionen ich – mal mit Erfolg, mal mit Mißerfolg – in all diesen Jahren vorgenommen habe.

Ich spekulierte auf kurze – manchmal auf 24 Stunden – und auf lange Sicht – sogar auf fünf Jahre. Seit 1924 bin ich nicht einen Abend zu Bett gegangen, ohne irgendein Börsenengagement zu haben und ohne nachdenken zu müssen, wie ich im gegebenen Moment handeln sollte.

Ich handelte »kassa« oder auf Termin (das heißt auf Kredit) Anleihen, Aktien, »bluechips«, aber auch Goldminen ohne Gold und Ölwerte ohne Öl, mündelsichere Werte und Aktien von Gesellschaften, die fast pleite waren. Ich handelte mit Optionen aller Art und in jede Richtung in einer Zeit, als man in Wall Street noch nicht einmal wußte, was Optionen sind, und in allen Waren, in denen man spekulieren kann.

Oft galt ich als Börsenguru, als unschlagbarer Experte. Trotzdem war ich einigemal pleite, so pleite und in Schulden versunken, daß ich sogar Selbstmordgedanken hatte. Ich brauchte viel Courage, Pfiffigkeit, Energie, Ausdauer und natürlich auch Glück, um meine dramatischen Abenteuer überleben zu können. Man kann wohl sagen: Ein wirklicher Börsianer ist ein »Stehaufmännchen«.

Ich mußte ja Kriege, große und kleine, Revolutionen, Bürgerkriege, Inflationen, Deflationen, Auf- und Abwertungen, Börseneuphorie und brutale Kursrückschläge erleben und konnte sie alle glücklicherweise auch überleben. Ja, es ist schwer, ein Börsianer zu sein.

Denn die Kurse kommen nicht immer so, wie man es erwartet. Der Teufel mischt immer mit, um den Menschen zu beweisen, daß es nicht so leicht ist, aus dem Nichts viel zu machen. Die Börse ist launisch und unberechenbar. Die

Ereignisse kommen und gehen. Es genügt nicht allein, sie vorauszusehen, man muß auch die Reaktion des Publikums erraten. Und das ist nicht so leicht!

Meine Absicht war, die Anatomie der Börse, meine Thesen und Methoden ganz einfach und unkompliziert (also nicht *ex cathedra)* zu erklären: Denn nichts ist vernünftiger und nützlicher, als auf klare kurze Fragen klare kurze Antworten zu geben.

Aus meinen Erfahrungen hatte ich meine Antworten geschmiedet, und ich brauchte nur die Fragen dazu. In den zirka hundert Seminaren (mit 15 000 Teilnehmern), in zahlreichen Vorträgen an Universitäten, bei Banken und Unternehmen (von der Bank of America über die Deutsche Bank bis zu Kreissparkassen, von IBM über DuPont, Nixdorf, Axel Springer bis zur Hundefutterfabrik) wurden mir von den Anwesenden Tausende von Fragen gestellt. Für dieses Buch griff ich auf solche Fragen zurück, die Sie mir bestimmt auch stellen würden.

Im Interesse der Klarheit achtete ich darauf, meine Analysen nicht unter den vielen Anekdoten und »Gschichterln« untertauchen zu lassen – zu denen ich immer neige und die auch in meinen vier vorherigen Büchern eine große Rolle spielen. Vielmehr wollte ich dem Leser zu Hilfe kommen und ihm sachlich raten, wie er sich in dem einen oder anderen Fall verhalten soll.

Es gibt Tausende von Variationen an Möglichkeiten, was alles an der Börse geschehen kann, aber es ist unmöglich, alle denkbaren Fälle zu analysieren. Und so serviere ich nicht die fertigen Gerichte, sondern die Kochrezepte, damit Sie selbst zubereiten können, was Ihnen gefällt.

Ich bin davon überzeugt, daß es Ihnen gelingen wird. Guten Appetit!

André Kostolany

Ich bin im Serail aufgewachsen,
ich kenne alle Schliche.

Jean Baptiste Racine

Fragen und Antworten

Was ist die Börse, und wozu dient sie?
Die Börse ist der Kapitalmarkt, der Treffpunkt (symbolisch gemeint) derjenigen, die ihr Geld in Wertpapieren anlegen oder aus diesen wieder Geld machen wollen.

Was sind Wertpapiere?
Wertpapiere sind, wie die Franzosen sie nennen, *valeurs mobilières* (bewegliche Werte) im Gegensatz zu Immobilien (d. h. unbewegliche Werte). Die Wertpapiere können in jeder Menge und zu jeder Zeit an der Börse gekauft und verkauft werden zu einem Preis, der in dem gegebenen Moment Angebot und Nachfrage entspricht. Angebot und Nachfrage werden öffentlich laut kundgetan – mit lauten Rufen, also von jedem Interessenten kontrollierbar. An der New Yorker Börse werden die Kaufaufträge nicht ausgerufen, sondern das sogenannte Ticker-tape – ein laufendes Papierband – registriert jede Transaktion mit Preis und Quantität. Dieses laufende Papierband sieht man in ganz Amerika und sogar in den größten Städten Europas in den Maklerbüros. Man kann es in historischen Szenen vieler amerikanischer Filme sehen, wenn irgendeine große Persönlichkeit über den Broadway in die Stadt New York triumphal mit einer Parade einzieht. Aus den Fenstern der Maklerbüros, die sich in den Wolkenkratzern auf beiden Seiten der Straße befinden, werfen die Angestellten die Ticker-tapes auf die Einziehenden. Die Popularität der Persönlichkeit wird danach bemessen, wieviel Tonnen Ticker-tape für eine Feier aufgewendet wurden.

An vielen großen Börsen, zum Beispiel Paris, Zürich, Düsseldorf, Frankfurt, ganz besonders in Chicago, herrscht ein solches Geschrei, ein Tohuwabohu, daß ein Neuling glauben könnte, in einem Irrenhaus zu sein. In London geht es ruhiger zu. Dort ist der Handel eines jeden Wertpapieres unter der Kontrolle eines Spezialisten, der Jobber genannt wird. Er gibt für seine speziellen Wertpapiere ständig die Kurse an, bei denen er zu Kauf oder Verkauf bereit ist. In Stockholm dagegen war die Börse schon vor dem Krieg in den dreißiger Jahren mit Rechnern ausgestattet, das heißt, eine Maschine glich die Kauf- und Verkaufaufträge aus, wie es heute auch an der New Yorker Börse der betreffende Makler in seinem Notizbuch macht.

Was zählt zu den mobilen Werten,
das heißt den Wertpapieren?

Alle Anleihen (auch Obligationen und Bonds genannt) oder Schuldverschreibungen der inländischen und ausländischen Regierungen, Kommunen und Länder sowie die Aktien der verschiedensten privaten Unternehmen von Bedeutung gehören dazu. Unter Aktien versteht man die Anteilscheine dieser Unternehmen, die Aktiengesellschaften genannt werden.

Man handelt auch Wandelanleihen, Optionsscheine und verschiedene andere Wertpapiere, die mehr oder weniger eine Mischung aus Aktien und Anleihen darstellen. Der Markt aller dieser Wertpapiere ist die Wertpapierbörse (manchmal Effektenbörse genannt).

Welche Rolle spielt die Börse?

Sie gibt den Sparern die Möglichkeit, Wertpapiere zu kaufen, wenn sie über überflüssiges Kapital verfügen, und sie zu verkaufen, wenn sie das Kapital wieder benötigen. Der Sparer kann schon bei der Gründung der Gesellschaft die Aktien erwerben (oder zeichnen). Möchte er es später tun, nachdem die Aktien schon im Publikum plaziert sind, bleibt ihm nur der Weg zur Börse, ebenso für den Aktienbesitzer, wenn er sie veräußern will. Wertpapiere kann man nicht wie einen Gebrauchtwagen in der Lokalzeitung oder durch Plakate annoncieren. Etwa: Ich möchte 100 Siemens-Aktien kaufen oder 100 Daimler-Benz-Aktien verkaufen. Zu diesem Zweck steht dem Interessenten die Börse zur Verfügung.

Und wie groß sind die Umsätze mit diesen Wertpapieren an der Börse?

Das hängt von der jeweiligen Börse und der Zeit ab; natürlich sind die Umsätze an der New Yorker oder Tokioter Börse wesentlich höher als zum Beispiel in Mailand oder Madrid. Es hängt auch in großem Maße davon ab, wie viele Teilnehmer an der Börse aktiv sind. Denn an der Börse gibt es nicht nur Anleger, sondern auch Spekulanten und Spieler, die ihre Wertpapiere nicht auf lange Sicht erwerben, sondern nur für einen kurzen Zeitraum (manchmal nur für einige Tage, vielleicht sogar nur 24 Stunden). Diese Spekulanten würde ich eigentlich die »Parasiten« der Börse nennen. Sie wollen nur einen Kursschnitt machen, manchmal in 24 Stunden oder in einigen Monaten. Ihre Absicht ist nicht, ihr Geld in den Unternehmen tatsächlich anzulegen. Diese »Parasiten« sind aber für das gute Funktionieren einer Börse außerordentlich wichtig. Wenn sie nicht existieren würden, müßte man sie erfinden. Sie kaufen, verkaufen, kaufen, verkaufen, und durch ihre Transaktionen erhöhen sie den Umsatz. Und das ist sehr wichtig; denn je größer der Umsatz, desto größer ist die Garantie für den tatsächlichen Anleger, sein durch den Aktienkauf eingefrorenes Geld jeden Moment auftauen zu können. An einer Börse mit großem Umsatz kann man bedeutende Mengen von Aktien kaufen oder verkaufen, ohne die Kurse dadurch wesentlich zu beeinflussen. An einer kleinen Börse mit kleinen Umsätzen wäre das nicht möglich; denn mit dem Kauf oder Verkauf eines größeren Quantums von Wertpapieren würde man den Kurs stark verschieben. An einer Börse mit großen Umsätzen kommt bei steigenden Preisen, bei jedem um einen Viertelpunkt höheren Kurs, neue Ware auf den Markt. Bei fallenden Preisen, bei jedem um einen Viertelpunkt niedrigeren Preis, entsteht eine neue Nachfrage für das jeweilige Papier. Es ist ein wenig so wie bei einem Benzinmotor, der mit 16 Zylindern viel sanfter und reibungsloser funktioniert als der Motor mit vier Zylindern. Die »Schocks« werden amortisiert.

Und wozu dienen die Aktien?
Alle Aktien eines Unternehmens zusammen bilden die Aktiengesellschaft (AG). Mit dem Ankauf stellen die Sparer den großen Unternehmen ihr Geld zur Verfügung. Ohne diese Gelder wären die großen wirtschaftlichen Abenteuer, ich könnte sagen, die ganze wirtschaftliche Entwicklung des 19. und 20. Jahrhunderts mit Eisenbahnen, Schiffahrt, Suezkanal, Erschließung von Minen und Ölquellen, die großen modernen Industrien wie Auto, Luftfahrt, Computer und Elektronik usw. in einer freien Marktwirtschaft nie möglich gewesen.

Wie ist das in einem sozialistischen Staat?
Auch diese Länder haben solche Industrien.
Der total sozialistische Staat kann auf die Aktiengesellschaft und natürlich auch auf die Börse verzichten, denn er ist der einzige Geldgeber der Unternehmen. Er ist der einzige Kapitalist, und er vertraut die Führung der Unternehmen seinen Beamten, das heißt den Bürokraten, an. Das nennen wir Monokapitalismus. Ob man dieses System bewundern oder ablehnen soll, ist eine reine Geschmacksfrage. In der freien

Marktwirtschaft (nennen wir das System einfach Kapitalismus) ist die Aktiengesellschaft die Grundlage des Systems, und die Spekulation, das heißt die Börse, sein Motor. Der Brennstoff des Motors ist das Sparkapital. Nur die Hoffnung auf Wachstum der Unternehmen, die Hoffnung auf Gewinne und nicht nur Zinsertrag kann den Sparern diese zur wirtschaftlichen Expansion nötigen Gelder aus der Tasche kitzeln. Nur das Streben nach Gewinn aus Abenteuerlust, verbunden mit Risikobereitschaft der Unternehmen in Form von individueller Initiative und freier Konkurrenz, ist der Antrieb, der die Welt mit Riesenschritten voranbringt. Das Credo des Kapitalismus sind also Abenteuerlust mit Risikobereitschaft, freie Konkurrenz und Hoffnung auf Gewinn. Feste Zinsen kann man auf das Sparkapital auch in den sozialistischen Ländern bekommen.

Kann man diese Theorie beweisen?
Theoretisch und wissenschaftlich nicht, aber die Erfahrung der letzten sechzig Jahre spricht dafür. Ich könnte keine besseren Beispiele als Beweis dafür zitieren, welche wichtige Rolle die Börse und die Börsenspekulation in der Entwicklung eines Landes spielt, als einige Länder, die dem Sozialismus nahestanden und -stehen und – horribile dictu – sich noch heute zum Sozialismus bekennen: Frankreich unter der sozialistischen Regierung von 1981 bis 1986 mit Beteiligung von moskaukommunistischen Ministern, Ungarn, ein authentisch kommunistisches Ostblockland, und Österreich.

In Österreich ist die Wirtschaft zu 70 Prozent Eigentum des Staates. In Frankreich war während der sozialistischen Regierung die Wirtschaft zu 30 Prozent verstaatlicht. Nichtsdestoweniger wurden die Pariser und die Wiener Börse von den Regierungen ununterbrochen unterstützt. Den Sparern wurden Steuererleichterungen für Aktienkäufe eingeräumt. Die Regierungen zeigten nie eine börsenfeindliche Geste, erließen nie eine Verordnung, um die Spekulation zu bremsen. Im Gegenteil: Es war offensichtlich, daß die verstaatlichten Banken in diesen Ländern die Börsen unterstützten. Öfters kam es vor, daß die Kurse wegen eines ungünstigen Ereignisses oder einer alarmierenden Nachricht einen Einbruch hätten erleiden können. In diesem Falle erhielten die Banken (die eigentlich vom Staate abhängen) den Auftrag, mit Käufen ein zu großes Angebot aufzufangen. Öfters hörte ich selbst, wenn aus irgendeinem Grunde ein Kurseinbruch zu fürchten war, auf die Frage: »Wie sieht es heute aus?« von vielen Börsenprofis die Antwort: »Keine Gefahr – die Gendarmen sind da!« Das bedeutete, daß die Banken und ihre Agenten bereit waren, mit massiven Käufen die Kurse zu unterstützen.

Wäre dies auch in Amerika denkbar?
In Amerika mischt sich der Staat bestimmt nie in die Börsentransaktionen ein. Gewisse einzelne Gruppen würden vielleicht den Markt solcher Aktien, die zu ihrer Interessensphäre gehören, unterstützen und sehr oft auch, wenn es ihr Interesse verlangt, höher manipulieren. Wie eine solche Manipulation vor sich gehen kann, werde ich später erläutern. Nichtsdestoweniger bin ich davon überzeugt, daß der Präsident jeden Tag informiert ist, wie die Börse steht, und der Tendenz große Bedeutung schenkt.

Und in der Bundesrepublik?
Da ist es ein wenig wie in Frankreich, nur greifen hier nicht der Staat oder die verstaatlichten Banken ein, sondern die privaten Großbanken und Finanzinstitute, die unbedingt ein Interesse daran haben, daß die herrschende gute Stimmung nicht gestört wird.

In der Bundesrepublik oder in Frankreich und auch an

anderen Märkten sind solche Kursmanipulationen möglich, aber nicht in den USA, da der Markt dort viel zu groß ist. Je kleiner eine Börse, um so leichter ist es, die Kurse nach Belieben zu orientieren. Es ist wie bei den Pferderennen: Je größer der Preis für ein Rennen ist, um so kleiner ist die Gefahr der Manipulation oder der Bestechung unter den Jockeys mit dem Ziel, einem anderen den Siegerplatz zu überlassen. Ein hoher Preis für den Gewinner ist zu verlockend. Wenn der Preis unbedeutend ist, wird oft manipuliert, denn bei den Wetten kann man mehr gewinnen, als die Investition der Bestechungsgelder bringt.

In der Bundesrepublik zum Beispiel hatten die Banken in den letzten Jahren großes Interesse daran, die Börsen zu beleben und in guter Stimmung zu halten. Erstens, weil sie selbst große Pakete von Aktien besaßen, die sie wieder verkaufen wollten; zweitens, um die Kapitalerhöhungen zu erleichtern, denn nur bei steigenden Kursen ist das Publikum bereit, die neuen Aktien zu übernehmen; drittens, um den Sparern die Aktien von neugegründeten Gesellschaften verkaufen zu können. Zu alldem braucht man eine äußerst gute Stimmung an der Börse. Das Interesse daran, das Stammkapital der Unternehmen zu vergrößern, ist ja auch günstig für die Entwicklung der Wirtschaft.

Haben Finanzinstitute immer ein Interesse daran, daß diese gute Stimmung nicht umkippt?

Nein, nicht immer. Es gibt auch Zeiten, in denen die Börsenatmosphäre die Banken nicht besonders interessiert. In den siebziger Jahren gab es eine Periode steigender Zinsen, in der die Banken eher ein Interesse daran hatten, von den Kunden Festgelder zu bekommen, anstatt sie mit ihren Spargeldern Aktien ankaufen zu lassen. Die Zinsspanne zwischen Festgeldern und den dem Kunden eingeräumten Krediten war viel zu groß.

An den Schaltern empfahl man den Kunden, ihr Geld in Spareinlagen oder Festgeldern anzulegen, anstatt es in Aktien einzufrieren, obwohl damals die Aktienpreise auf einem sehr unterbewerteten, besonders tiefen Niveau waren. Damals hatten die Banken Interesse daran, selber die Aktien aufzukaufen.

Wann hat sich ihre Politik geändert?
In der rasanten Börsenaufwärtsbewegung in den letzten Jahren von 1984 bis 1986 war es wieder anders. Jetzt hatten die Geldinstitute besonderes Interesse daran, den Börsenoptimismus zu fördern, damit das Publikum Aktien kauft. Sie wollten für die von ihnen betreuten Unternehmen Kapitalerhöhungen vornehmen und viele Privatunternehmen in Aktiengesellschaften umwandeln. Sie hatten also die Absicht, diese neuen Aktien oder größere Mengen von Papieren aus ihrem eigenen Bestand zu hohen Kursen beim Publikum abzuladen. Es ist ein altes Gesetz, daß das Publikum nur dann kauft, wenn die Kurse steigen, und verkauft, wenn die Kurse fallen. Man hätte daher nie so viele Kapitalerhöhungen und Gründungen von Aktiengesellschaften vornehmen können, wenn nicht plötzlich wieder ein leidenschaftlicher Wunsch nach Aktienkauf entstanden wäre. Nichts ist leichter, als dem Publikum Wertpapiere zu verkaufen, wenn man ihm zeigen kann, wie hoch diese schon gestiegen sind, und wenn man es davon überzeugen kann, daß sie in demselben Rhythmus weiter steigen werden. Sparer, die in den siebziger Jahren und Anfang der achtziger Jahre nichts von Aktien hören wollten, änderten plötzlich ihre Einstellung und rannten jedem Tip nach, um in die Börse einzusteigen. Millionen kleiner Leute, die noch vor fünf Jahren nicht einmal eine Ahnung davon hatten, was eine Aktie ist, wollten auf einmal an der Börse mitmischen.

Die Bundesrepublik ist allerdings kein isolierter Fall, sondern in ganz Westeuropa entwickelte sich ein schon lange nicht mehr dagewesener Optimismus gegenüber den Aktien. In Mailand, Madrid, Wien und in letzter Zeit sogar in Helsinki konnte man dieselben Phänomene feststellen.

Ein solcher Stimmungsumschwung kommt häufig vor. Die Sparer benehmen sich wie Alkoholiker – frühmorgens haben sie einen Kater, wenn sie am Abend vorher zuviel Alkohol getrunken haben, schwören, nie wieder ein Glas anzurühren; doch abends um sieben Uhr wagen sie einen Cocktail, um acht ein Glas Wein, um zehn ein Glas Whisky usw. Um zwölf sind sie wieder genauso betrunken wie am Vorabend. Es ist wie eine Rotation, wie Ebbe und Flut. Nur leider können auch die klügsten Volkswirte nicht berechnen, zu welchem Zeitpunkt die Wechsel kommen, im Gegensatz zu den Ozeanographen, die die Meeresbewegungen auf die Sekunde genau berechnen können.

Was sind die wirtschaftlichen Gründe für so einen Stimmungswechsel?

Eigentlich sind es keine wirtschaftlichen Gründe oder Motivationen, die diese hysterischen Bewegungen hervorrufen. Vielmehr sind es technische oder psychologische Einflußfaktoren oder beides, die auf die kurz- und mittelfristige Kursentwicklung die größte Wirkung haben; die Liquidität spielt dabei eine große Rolle.

Sind diese Bewegungen für die Wirtschaft günstig?

Ja und nein. Eigentlich sollten die Aktien für das Sparerpublikum als langfristige Anlage dienen. Denn es ist ja in den Unternehmen eingefroren. Die Börse dient wie gesagt nur dazu, dieses eingefrorene Kapital aufzutauen, wenn es der Sparer benötigt. John Maynard Keynes stellte sogar die Theorie auf, der Aktionär sollte mit der Aktie wie in einer unauflösbaren Ehe verbunden sein. (An Scheidungsmöglichkeit hat er wahrscheinlich nicht einmal gedacht.) Der Teufel hat aber – wie immer – seine Hand im Spiel und hat aus dem Homo sapiens den Homo ludens gemacht. Und als der Homo ludens entdeckte, daß es bei den Aktien große Kursschwankungen gibt, begann er, daraus Profit zu ziehen. So entwickelte sich das Börsenspiel mehr und mehr, auch dadurch, daß immer mehr Menschen mehr Sparkapital zur Verfügung haben. In alten Zeiten sagte man, daß ein Kaufmann mit seinen letzten 10 000 Gulden auch seinen Verstand verlor. In der heutigen Zeit verliert ein Sparer seinen Verstand mit den ersten 10 000 DM, die er besitzt. Er wird hysterisch durch die Sorgen, wie er sie anlegen, vor Inflation schützen, vor dem Finanzamt verstecken und – last not least – durch eine gute Anlage vermehren könnte. Er irrt umher, um Ratschläge, Tips und Empfehlungen aufzusammeln. So ein Publikum kann man leicht manipulieren, in Panik treiben, manchmal ängstlich oder auch gewinnsüchtig machen und für die Aktienspekulation anheizen. Und so wollen, wenn die Börse steigt, Tausende auf den fahrenden Zug springen, um – Gott bewahre! – nichts zu versäumen. Denn nichts ist schmerzhafter, als einer Börsenhausse zuzuschauen, ohne dabeizusein: Es ist sogar schmerzlicher, als Papiere zu kaufen und zu verlieren.

Nach dieser These müßte man glauben,
daß sich die Banken und Geldinstitute
gegenüber dem Publikum unehrlich verhalten.
Ist das der Fall?

Nein, unehrlich absolut nicht. Aber oft sind sie unverantwortlich, ihre Angestellten und Agenten unwissend und unerfahren. Sie neigen dazu, auch ein wenig nach ihren eigenen Interessen zu handeln. Schließlich sind die Finanziers und Börsenmacher keine Waisenkinder, und die Banken und Geldinstitute sind selber *Profit-making*-Unternehmen, die an erster Stelle im Interesse ihrer Aktionäre handeln, um diesen die bestmöglichen Bilanzen zu präsentieren und höchsten Dividenden zu zahlen. Das bedeutet aber nicht, daß sie das Publikum übervorteilen möchten, um Profite auf seine Kosten einzuheimsen. Ein Wirt ist auch nicht unehrlich nur deswegen, weil er ein Gericht mehr empfiehlt als das andere, weil er es am selben Tag noch loswerden will. Eines ist jedenfalls sicher: daß die Popularität der Aktien, die durch Werbung in den Medien und durch steigende Kurse – auch wenn sie manipuliert sind – wächst, im Interesse der gesamten Wirtschaft liegt.

Aber sind die Verluste,
die das Publikum durch fallende Kurse erleidet,
nicht schädlich für die Wirtschaft?

Nur bis zu einem gewissen Grad. In der Geschichte der Börsen folgten Börsenboom und Börsenkrach zwangsläufig aufeinander. Bei einem Krach bleiben Tausende von Sparern auf der Strecke, aber der größte Teil des Geldes, das in Aktien angelegt war, wurde zu den Unternehmen geleitet. In einem Boom entstehen viele neue Unternehmen, die dann nach einem Krach wieder verschwinden. Aber noch mehr von ihnen überleben und bleiben für die wirtschaftliche Entwicklung unentbehrlich. Dieses Phänomen tritt besonders häufig auf in den modernen, revolutionären Industrien, bei Innovationen und Entwicklungen, bei denen Neugründungen wie Pilze aus dem Boden schießen – dank der Spekulationen. Dieses Risiko muß man allerdings ins Kalkül ziehen.

Sie erwähnten vorher Ungarn,
um zu zeigen, wie wichtig die Spekulation
auch in einem sozialistischen Land sein kann. Wieso?

Die ungarische Regierung und ihre Berater entdeckten nach vielen Jahren schlechter Erfahrung, daß die Tugenden der Privatwirtschaft trotz einiger Auswüchse produktiver sind als der orthodoxe Sozialismus. Außerdem will die Regierung das Sparkapital, das sich in relativ großen Beträgen in den Händen der Bevölkerung befindet (zum größten Teil in den Banken auf Sparkonten) und inflatorische Wirkung haben könnte, abschöpfen. Konsequenterweise geben die verstaatlichten Unternehmen festverzinsliche Anleihen aus mit verschiedenen Laufzeiten und höheren Zinsen als die Spareinlagen, die das Publikum mit großem Interesse ankauft. Das war der erste Schritt in Richtung Wertpapieranlage.

Der zweite Schritt ist, daß die Unternehmen nun solche Anleihen verkaufen, die außer Zinsen auch einen Anteil an den Gewinnen des Unternehmens ausschütten. Es ist genau dasselbe, was wir im Westen unter dem Namen Vorzugsaktien kennen: Diese bringen feste Zinsen plus eine Dividende, das heißt eine Ausschüttung aus den Gewinnen. Zur Zeit erwägen die Spezialisten in Ungarn, solche Anleihen herauszubringen, die überhaupt keine Zinsen, sondern nur eine Beteiligung an den Gewinnen bringen. In der westlichen Sprache wären das also Aktien mit Dividenden. Mit solchen Anlagen will die Regierung das Geld der Sparer aus den beweglichen Sparkonten in die Unternehmen leiten und dort einfrieren, was um so leichter ist, als die Spareinlagen eine viel niedrigere Verzinsung bringen als die eventuelle Dividende, wenn die Gewinne des Unternehmens gut sind. Jeder Sparer muß sich also den Kopf zerbrechen, in welchen sogenannten Anleihen mit Profitbeteiligung er die Chancen einer steigenden Dividende sieht oder bei welchen Anleihen er die Gefahr wittert, daß das Unternehmen überhaupt keine Gewinne macht oder mit Verlust arbeitet. In diesem Fall würde er letztendlich auf seinen Anleihen, die ihm nichts bringen, sitzenbleiben – um so mehr, als in diesem Falle die Kurse dieser Anleihen fallen würden. Die Überlegung, in welcher Art man das Geld anlegen soll, heißt »spekulieren«, genauso, wie es in der Bundesrepublik und in Amerika vor sich geht. Kurz und gut, man fördert die Lust am Spekulieren.

Aktiengesellschaften existieren jedoch noch nicht in diesem sozialistischen Land?

Nein, aber der Keim zu Aktiengesellschaften ist schon vorhanden, da sich für gewisse Unternehmen mehrere Partner zusammenschließen können. Das Gesetz erlaubt einem Geschäftsmann, maximal zehn Angestellte zu haben, denn mehr Angestellte wären nach dortigem Verständnis schon ein Ausbeuten von Arbeitnehmern durch einen anderen Menschen. Wenn also fünf Partner sich in einer Firma zusammenschließen, können sie zusammen fünfzig Angestellte haben. Ein Spiel mit Zahlen. Ein Schritt weiter, und die fünf Partner können Anteilscheine ihres Unternehmens schaffen und diese unter sich verteilen und sie dann verkaufen, im Prinzip wie Aktien. All dies in einem kommunistischen Ostblockstaat. Gibt es einen besseren Beweis dafür, welche wichtige Rolle die Aktiengesellschaft in der Wirtschaft spielt, wenn der Staat der privaten Initiative mehr Freiheit einräumen will? Nicht die Anleihe oder das Sparbuch – die hat man auch in orthodoxen sozialistischen Ländern –, sondern die Aktie ist typisch für die freie Marktwirtschaft. Denn wenn der Sparer sein Geld durch Aktien in ein Unternehmen investiert, geht es ihm primär nicht um Zinsen, sondern um Beteiligung am Gewinn und Wachstum des Unternehmens, welche sich im steigenden Aktienkurs ausdrücken. Kurz und gut, die Börse ist der Umschlagplatz des gewinnorientierten Anlagekapitals, und daher wird sie immer in irgendeiner Form existieren, ob an der Straßenecke, unter einem Baum, im Kaffeehaus oder im Börsensaal, ob mit Mitbestimmung oder ohne, ob mit privatem oder halbstaatlichem Kapitalismus – solange es wenigstens einen kleinen Teil von Privatwirtschaft gibt. Ohne Aktien gibt es keine freie Marktwirtschaft, ohne freie Marktwirtschaft hat die AG keine Berechtigung, aber ohne Börse gibt es keine Aktiengesellschaft.

Wer sind die Aktionäre?
Wie schon gesagt, besteht das Publikum aus all denen, die etwas oder viel flüssiges Geld zur Verfügung haben und dieses aus unterschiedlichen Motivationen in Wertpapieren anlegen möchten. Es gibt unter ihnen kleine, mittlere und große Sparer, das heißt Kapitalisten. Unter ihnen sind solche, die von einem Tag zum anderen einen Schnitt machen wollen und heißen Tips nachjagen, also »spielen«. Daneben gibt es Spekulanten, die ihre Anlagen dynamisieren wollen, womit ich sagen will, daß sie ihre Wertpapiere von Zeit zu Zeit austauschen, je nach der Konjunktur und den Aussichten auf mittelfristige Kursschwankungen spekulieren.

Ich betone das Wort »spekulieren« und sage nicht »spielen«. Diese Spekulationen basieren auf verschiedenen Grundlagen: Zinsentwicklung, Wirtschafts- und Geldpolitik der Regierung, technische Faktoren usw.

Was nennen Sie mittelfristig?
Ein bis drei, eventuell bis fünf Jahre.

Und langfristig?
Der langfristige Anleger ist bereit, Wertpapiere jahrelang zu behalten und sehr oft über längere Zeit die Kurse zu verfolgen. Seine Motivation bezieht sich auf einen Zeitraum von vielen Jahren, und seine Motivation ist die Hoffnung auf das permanente Wachstum des Unternehmens. Die Aktionäre von IBM, die Ausdauer über viele Jahre hatten, haben ihr Einsatzkapital mehr als verhundertfacht.

Was sind die entscheidenden Faktoren für die kurzfristige Börsentendenz?

Auf kurze Sicht hat die Wirtschaftslage oder die Qualität eines Unternehmens gar keinen Einfluß auf die Kurse. Um so mehr jedoch die Tagesereignisse, Kurznachrichten usw. und sogar Klatsch, da viele Spieler aus diesen Ereignissen Schlüsse für die weitere Entwicklung ziehen. Diese Folgerungen sind aber meistens falsch oder irreführend, da sie vollkommen unberechenbar sind. Nicht die tatsächlichen Ereignisse selbst, sondern die psychologische Reaktion des Publikums auf diese Ereignisse beeinflußt die Kurse.

Ein außerordentlich typisches Beispiel: 1939, nach dem Münchener Vertrag und der Zerstückelung der Tschechoslowakei, waren die europäischen Börsen in guter Stimmung, da Hitler der Welt tausend Jahre Frieden versprochen hatte. Der deutsche Führer erklärte sich mit dem Münchener Vertrag zufrieden. Der englische Premier Chamberlain erklärte im Unterhaus nach dem aggressiven Vorwurf eines Parlamentsmitgliedes wegen Verrats an der Tschechoslowakei, er hätte keinen Grund, an »Herrn Hitlers« Versprechen zu zweifeln, daß nun der Friede gesichert sei. Es war also kein Wunder, daß eine gute Atmosphäre an den Börsen herrschte – einschließlich der Pariser. Dann kam aber die große Überraschung vom 15. März 1939, als Hitlers Truppen die noch existierende kleine Tschechoslowakei mit Prag besetzten. Groß war die Konsternation in der ganzen Welt. Premier Chamberlain kam wieder vors Unterhaus und erklärte, diesmal mit einer Grabesstimme, daß er tief betrübt sei, da Herr Hitler sein Wort gebrochen habe. Er erklärte ebenfalls ganz klar und mit scharfer Betonung, daß für den Fall, daß Herr Hitler Danzig oder Polen angreifen würde, Großbritannien mit all seinen Kräften und *manu militari* den Angegriffenen zu Hilfe kommen würde. Das war eine schwerwiegende Deklaration. Darauf haben sich natürlich alle europäischen Börsen abgeschwächt. Die große Hoffnung auf tausend Jahre Frieden war zerstört. Und die abbröckelnde Tendenz hielt Monate an. Die Kriegsangst wurde immer größer. Es war ja auch klar, daß die Leute Angst hatten, ihre Wertpapierdepots langsam veräußerten und sich eher Bargeld für alle Eventualitäten in Reserve hielten. Eine sehr leicht verständliche und logische Reaktion.

Eine selbstverständliche Frage wäre nun, wer denn in einem solchen Moment die Käufer sind. Wie schon gesagt, gibt es an einer großen Börse immer Käufer und Verkäufer. Gekauft haben natürlich an erster Stelle die Optimisten, die überzeugt waren, daß es nicht zum Krieg kommen und Hitler einen Rückzieher machen würde. Dann gab es solche, die der Meinung waren, daß ein Krieg, falls er doch ausbrechen sollte, nicht lange dauern könnte. Deutschland sei wirtschaftlich sehr geschwächt, Hitler ein großer Bluff, und nach einigen Monaten Krieg müßte er um Frieden bitten. Dann gab es wieder andere, die der Ansicht waren, daß die Kurse schon sowieso so tief wären, daß man – Krieg oder nicht Krieg – kaufen müßte. Dies waren natürlich auch die institutionellen Anleger, die ihr Bargeld unterbringen mußten, besonders da die Kurse ihnen so günstig schienen. Andere Gesellschaften dagegen verfügten auch über Liquidität und kauften bei diesen tiefen Preisen ihre Aktien zurück. Die Kurse rutschten also langsam in die Tiefe. Bei jeder Drohung Hitlers fielen die Kurse noch mehr, besonders nach dem 23. August, als die Außenminister Molotow und von Ribbentrop den deutsch-russischen Pakt unterschrieben. Viele empfanden, daß damit das Schicksal Europas besiegelt sei, weil die beiden Parteien, jetzt schon Verbündete, Polen unter sich aufteilen wollten. Der Krieg schien *ante portas*. Die Börse fiel noch weiter. Man dachte bereits an alles Schlechte, was im Kriegsfalle kommen würde: die Börse geschlossen, die Banken ebenfalls, Moratorium für alle Zahlungen usw.

Jedenfalls mußte man wirklich große Courage haben, um französische Aktien zu kaufen. Nicht nur die Pariser, sondern auch die New Yorker und Londoner Börse waren sehr schwach. Ich selber war auch auf alles Schlimme gefaßt. Konnte man sich etwas Schrecklicheres vorstellen als Krieg? Und da kam nach äußerst nervösen Tagen am 1. September der Angriff auf Polen und Danzig und am 3. September die Kriegserklärung seitens Frankreichs und Englands an die deutsche Regierung. Doch da gab es für uns Börsianer und Geldmanager die große Überraschung: Die Banken schlossen nicht, es gab kein Moratorium, die Börse war nicht zu, nicht einmal die Devisenbörse, es wurde keine Devisenzwangswirtschaft verordnet. Und die größte aller Überraschungen – unfaßlich: Die Börsentendenz drehte sich, und die Kurse stiegen raketenhaft in die Höhe. Wer hätte sich das vorstellen können, eine stürmisch steigende Börse als Reaktion auf Kriegsausbruch? Und was war die Erklärung?

Es gab verschiedene Begründungen: einmal die technische Verfassung des Marktes und das Phänomen *Fait accompli*, worauf ich später zurückkommen werde. Es gibt auch eine sachliche Erklärung, die ganz logisch klingt. Das Publikum war monatelang ängstlich und wollte Bargeld hamstern. Nun aber begann ein neues Kapitel. Es war Krieg, ein Krieg mit allen wirtschaftlichen Folgen. Krieg bedeutete für das Publikum nach seiner Erfahrung Inflation. Inflation, Geldentwertung, erinnerte an den Ersten Weltkrieg. Man wollte also das Bargeld in Sachwerte eintauschen – und so schnell wie möglich. Immobilien kann man nicht auf die Schnelle kaufen. Es lag also auf der Hand, Aktien zu kaufen. Das war in den Augen der Menschen besser als Bargeld. Und diese raketenartige Aufwärtsbewegung dauerte, bis die erste deutsche Offensive gegen Holland anfing. Dann brach die ganze Börsenhausse zusammen. Plötzlich wurde Publikum und den Börsenspielern bewußt, daß der heiße Krieg anfing. Diese dramatische Abwärtsbewegung dauerte dann bis Mitte Juni, als die deutschen Truppen auch Paris besetzten. Dann wurde die Börse doch geschlossen und aus dem besetzten Paris nach Vichy im unbesetzten Teil Frankreichs transferiert. Das war aber natürlich nur der Schatten einer Börse mit minimalen Umsätzen und mit einem Bruchteil der vorherigen Kurse. Das ist die Börse! Sie reagiert unberechenbar, hysterisch und scheinbar gegen jede Logik, speziell gegen die Alltagslogik, die jedoch mit der Börsenlogik nicht identisch ist.

Was sind die entscheidenden Faktoren für eine mittelfristige Börsentendenz?

Der Zins und die Liquidität auf dem Kapitalmarkt haben erheblichen Einfluß darauf, ob in den kommenden Monaten – also mittelfristig – das Angebot oder die Nachfrage in Aktien stärker wird. Der Zins, speziell der langfristige Zins, hat einen direkten Einfluß auf den Anleihenmarkt. Wenn die Rendite der Anleihen kleiner wird, kommen mehr flüssige Mittel auf den Aktienmarkt, aber diese Zinswirkung auf die Aktien macht sich erst nach einer gewissen Zeit bemerkbar. Einem Rückschlag auf dem Anlegermarkt wird ganz sicher auch in etwa sechs bis zwölf Monaten ein Sturz der Aktienkurse folgen. Wenn dieser auch durch eine euphorische Atmosphäre eine ganze Weile zurückgehalten würde, so kommt er trotzdem plötzlich und unerwartet wie ein Blitz aus heiterem Himmel. Wie lange die Zeitspanne zwischen dem Sturz des Anleihen- und des Aktienmarktes dauert, ist nicht im voraus feststellbar, da so viele verschiedene Faktoren mitspielen. Der wichtigste Faktor ist die technische Verfassung des Marktes. Was das bedeutet, werde ich später darlegen.

Und für die langfristige Börsentendenz?

Die Psychologie des Anlegerpublikums ist auf lange Sicht nicht entscheidend. Wer will heute schon die Ängste, Hoffnungen, Vorurteile sowie Reaktionen auf innen- und außenpolitische Ereignisse von kommenden Jahren vorhersehen? Nichtsdestoweniger kann in gewissen Dingen eine tiefliegende psychologische Einstellung des Publikums einen Markt jahrelang beeinflussen, wie zum Beispiel der Enthusiasmus gegenüber dem Gold, der jahrelang andauerte.

Die Zinsentwicklung ist auf lange Sicht hin auch unvorhersehbar. Man glaubt zwar und behauptet oft sogar, daß der Vorsitzende der Federal Reserve Bank der Diktator der Zinsen in Amerika sei. Das stimmt zwar in gewisser Hinsicht. Aber auch er weiß nicht, wie er in drei Monaten die Zinsen diktieren wird, da er selber noch nicht weiß, wie sich die Lage in drei Monaten entwickeln wird, welche Ereignisse eintreffen werden, die ihn dazu veranlassen, die Zinsen zu senken oder zu erhöhen. Er kann nicht auf mehrere Monate das Verhalten des Anlagepublikums, der Unternehmer sowie der Verbraucher vorhersehen, abgesehen von allen Imponderabilien wie eine eventuelle Spannung oder große Überraschungen in der Außen- und Innenpolitik. Sollte sich wieder eine inflatorische Psychose entwickeln, wird er die Zinsen erhöhen. Sollten die Unternehmer in ihren Investitionen Zurückhaltung üben und auch das allgemeine Geschäftsleben sich in einer dauernden Flaute befinden, dann wird er die Zinsen senken.

Die Zinsentwicklung bleibt aber der wichtigste Einflußfaktor auf die Börsentendenz. Die soziale Lage, der Arbeitsmarkt, neue Handelsverträge mit dem Ausland, monetäre Ereignisse in den anderen Ländern, alles hat eine Wirkung auf das Handeln der Federal Reserve Bank. Es genügt nicht die Beobachtung des Anlagepublikums für eine gewisse Zeit. Man müßte auch einschätzen können, wie es nach dieser Zeit die weitere Entwicklung beurteilen wird. Kurz, Voraussagen wären die Vorwegnahme im Quadrat, das heißt die Vorwegnahme der Vorwegnahme. Nicht einmal der Vorsitzende des Federal Reserve Systems kann auf all diese Fragen eine präzise Voraussage machen. Viel mehr als ein Diktator ist er ein Steuermann, der sein Schiff sicher zwischen Inflation und Deflation, Krise und Hochkonjunktur, Optimismus und Pessimismus hindurchsteuern muß. In der langfristigen Einschätzung spielt die Entwicklung der Wirtschaft, der Branchen und der einzelnen Unternehmen, ihre Chancen, ihre zukünftigen Gewinne, ihr Wachstum eine entscheidende Rolle.

Wird die Börse durch die immer perfektere Medientechnik transparenter?
Die Transparenz wird größer, doch die Schlußfolgerungen, die ein jeder für sich ziehen muß, werden nicht erfolgreicher. Nur für den würden die blitzschnellen Informationen ein unschätzbares Kapital darstellen, der allein darüber verfügt. Informationen, Nachrichten über Ereignisse, die alle Börsenteilnehmer kennen, sind völlig wertlos – und das ist ja heute meist der Fall. Ich sage immer: »Was schon jeder weiß, macht mich nicht heiß.« Wichtig ist, die Nachrichten zu interpretieren, und dies fällt öfter falsch als richtig aus. Die falsche Interpretation der Nachrichten ist das gefährlichste.

Einen Sektor des Börsengeschäftes hat allerdings die blitzschnelle Telekommunikation fast völlig vernichtet, und das ist die *Arbitrage*, das heißt das Ausnutzen der Kursunterschiede an verschiedenen Börsen. Noch vor zwanzig Jahren florierte das Arbitragegeschäft zwischen New York, London, Paris, Frankfurt u. a. Es gab zwei, drei Prozente Kursunterschied zwischen zwei Plätzen, und derjenige konnte davon profitieren, der dies als erster gewußt hat: Auf einem Platz kauft er, und auf dem anderen verkauft er die Papiere 2 bis 3 Prozent höher. Heute stehen die Börsen in permanenter Telefonverbindung. Kursunterschiede können nur einige Sekunden bestehen und werden sofort ausgeglichen. Damals war die ganze Kunst, die Telefonverbindung mit einem anderen Platz eine Minute früher zu bekommen als die Konkurrenz. Tüchtige Arbitrageure suchten also Verbindung zu der Telefonzentrale. In alten Zeiten, als das Telefon noch nicht automatisch war, knüpften die Arbitrageure mit den Telefonfräulein Freundschaften an. Man bestach sie mit Parfüms oder Bonbons, führte sie manchmal aus, um bei den Verbindungen eine Priorität zu erhalten. Ich kannte sogar einen erfolgreichen Arbitrageur, der mit einer Telefonistin geflirtet und sie sogar später geheiratet hat. Ein Kabarettist sang auf dem Brettl: »Hallo, du süße Klingelfee, hallo, sag!, wie die Börse steht...« Die Arbitrageure, die aus den genannten Gründen ihr Brot verloren haben, sind heute, anstatt Arbitrageure im Raum, Arbitrageure in der Zeit geworden. Sie profitieren nicht mehr von den Kursdifferenzen zwischen zwei Börsenplätzen, sondern von den Kursdifferenzen von heute auf morgen. Das ist kein Beruf mehr, sondern Börsenspiel.

Worin unterscheidet sich Spiel von Spekulation?
Der Spieler hat keine tiefliegenden Motivationen, er möchte, wie schon erwähnt, einen schnellen Schnitt machen, von heute auf morgen, maximal in einigen Tagen oder in einigen Wochen. Er denkt und handelt auf ganz kurze Sicht. Er folgt schnell Tips, die herumgeflüstert werden, begnügt sich mit kleinen Gewinnen, läßt die Chancen von eventuell steigenden Kursen außer acht und handelt wie ein Spieler im Roulettesaal, der von einem Tisch zum anderen rennt, um ein paar Münzen zu gewinnen, indem er auf Rot oder Schwarz setzt. Er handelt nicht intellektuell, sondern emotionell.

Die Spieler schwimmen mit der Masse. Sie können sich der vorherrschenden Stimmung nicht entziehen, da sie ja selber ein Molekül der Masse sind. Sie kaufen, weil ihr Nachbar kauft, und dieser kauft wiederum, weil sein Nachbar kauft, und auch umgekehrt: Er verkauft, weil der Nachbar verkauft. Solche Spieler machen 90 Prozent des Börsenpublikums aus. Sie bilden die Masse, deren psychologische Reaktionen etwas ganz anderes sind als die Überlegungen der Spekulanten.

Sie zu analysieren ist eher die Aufgabe eines Fachmannes, der in der Massenpsychologie spezialisiert ist, als die eines Volkswirtes. Wenn man hundert besonders intelligente Menschen in einem Raum einschließt, dann wird diese Masse nicht intelligent, sondern irrational reagieren. Wenn in einem vollbesetzten, dunklen Kino einer laut schreit: »Feuer!«, dann wird eine Panik ausbrechen, in der Leute verwundet, vielleicht sogar zu Tode getrampelt werden, obwohl nicht einmal ein Streichholz gebrannt hat. Und so geschieht es auch an der Börse: Wenn zu viele Spieler auf die Hausse spekulieren und mit Aktien übersättigt sind, läuft die massenpsychologische Wirkung in entgegengesetzter Richtung genauso. Sir Isaac Newton, der berühmte Physiker, der ein leidenschaftlicher Börsenspieler war und sein ganzes Vermögen in dem Londoner South-Sea-Bubble-Krach verloren hat, kennzeichnete am besten die massenpsychologischen Phänomene: »Ich kann die Bahn der Himmelskörper auf Zentimeter und Sekunden berechnen, aber nicht, wohin die verrückte Menge einen Börsenkurs treiben kann.«

Sie sprachen vorher von Tips. Was halten Sie davon?
Meine Einstellung Tips gegenüber ist sehr negativ. Hände weg davon! 90 Prozent der Tips sind nichts anderes als Promotion oder sogar Manipulation. Irgendeine Finanzgruppe, ein Syndikat oder Geldinstitut versucht, dem Publikum gewisse Papiere anzudrehen, verbreitet durch die Presse, durch Mund-zu-Mund-Propaganda und durch immer höher manipulierte Kurse eine günstige Stimmung für das Papier, damit das Publikum anbeißt. Durch den Kauf steigen

die Kurse weiter. Es kommen mehr und mehr Käufer dazu, denn, wie schon gesagt: Nichts ist einfacher, als dem Publikum Papiere zu verkaufen, die laufend in die Höhe klettern. Im alten Wien nannte man das »Hasenhaarschneiderei«. Dieses Publikum ist leicht zu manipulieren, und solche Manipulationen gibt es, seit Börsen überhaupt bestehen. An der ältesten organisierten Börse in Amsterdam war solches Vorgehen schon im 17. Jahrhundert an der Tagesordnung: Man lockt die Hasen ins Haus und schneidet ihnen dann ihre Haare.

Sie sagten, der Spekulant handelt intellektuell.
Was verstehen Sie darunter?
Er handelt intellektuell, das heißt mit Überlegung und nicht emotionell. Ich meine also nicht »intelligent«, denn die Überlegung kann auch unintelligent oder falsch sein. Er hat aber eine Vorstellung, eine Idee oder Orientierung, was richtig oder unrichtig ist, geht aber nicht emotionell unter dem Einfluß der Masse vor. Meistens sind seine Vorstellungen mittel- oder langfristig und mit Argumenten untermauert. Die Argumente können auch falsch sein, aber es sind Argumente und nicht reine psychologische Reaktionen auf irgendeine Nachricht oder ein Ereignis.

Ist das der ganze Unterschied?
Nein. Wie schon gesagt, handelt der Spieler kurzfristig, auf kleine Gewinne erpicht. Der Spekulant dagegen unternimmt Transaktionen und rechnet auf größere Kursschwankungen, manchmal auf Jahre, bis sich seine Vorstellungen bestätigen. Der Spekulant beurteilt die Kurse objektiv, unabhängig davon, ob er im Gewinn oder Verlust ist; denn die Börsenkurse sind auch unabhängig von seiner persönlichen Lage. Er kann sich natürlich auch irren, seine Annahmen können nicht eintreffen.

Sind die Spieler oder die Spekulanten in der Vergangenheit erfolgreicher gewesen?
Ich behaupte, daß die Spekulanten zweifelsohne mit Abstand erfolgreicher waren. Es gibt zwar eine Armada von kleinen und großen Spielern – wie gesagt, 90 Prozent der Börsenteilnehmer –, aber ihre Erfolge bleiben sehr begrenzt. Schon weil die Spieler nie gegen den Konsensus handeln können. Man sprach im alten Wien von »jungen Börsianern, alten Schnorrern«. Ein guter Spekulant geht auch gegen den Konsensus, wenn er dafür Argumente und Motivationen hat. Ich behaupte nicht, daß jeder Spekulant immer gegen die allgemeine Meinung geht, denn auch unter den Spekulanten ist die Zahl jener, die dazu fähig sind, sehr gering. Ich schätze sie auf maximal 10 Prozent der Teilnehmer, denn es ist besonders schwer, sich der vorherrschenden Stimmung zu entziehen.

Können Sie es tun?
Ja, aber es war nicht leicht, so weit zu kommen. Erst nach langjährigen Erfahrungen habe ich meine Theorien und Prinzipien aufgestellt. Aber diese dann in die Praxis umzusetzen war außerordentlich schwierig.

Warum eigentlich, wenn Sie schon daran geglaubt haben?
Ganz einfach. Jedesmal, wenn ich hätte kaufen sollen, als andere verkauften und kaufen, als alle anderen zum Verkauf rieten, dachte ich, meine Theorien seien zwar richtig, daß ich gegen die Masse gehen müßte. Aber diesmal, sagte ich mir, könnte es vielleicht ganz anders sein. Erst später entdeckte ich, daß es auch diesmal nicht anders gewesen war und es genauso kam, wie ich es dank meiner Theorie vorausgesehen hatte. Nach langem Training und viel Lehrgeld bin ich heute schon dazu fähig, genau das Gegenteil von dem zu machen, was im Trend liegt – und wenn auch nur aus Trotz. Dutzende

von Anekdoten darüber habe ich in meinen Schriften schon weitergegeben. Das beste Beispiel zitiere ich zum Beweis gerne – den Erfolg des großen Malers Pablo Picasso: Seine Bilder sind Millionen wert, obwohl er manchmal Gesichter darstellt, bei denen die Augen unten und die Nase oben ist. Also denke ich, muß man auch an der Börse nonkonformistisch, sogar antikonformistisch sein, denn die allgemeine Meinung an der Börse ist keine zehn Pfennig wert.

Was braucht man noch,
um nonkonformistisch zu werden?
Man muß mißtrauisch, zynisch und auch ein wenig eingebildet sein, um sich sagen zu können: »Ihr seid alle Dummköpfe, nur ich weiß etwas, oder jedenfalls weiß ich es besser!« Ein harter Spekulant darf noch nicht einmal seinem eigenen Vater trauen, geschweige denn den Bankern, der Presse, den Medien, den Maklern und allen anderen Schlawinern. Besonders sollte man sich vor den Maklern in acht nehmen, die die ganze Börse nur als eine Provisionsmaschine betrachten. Sie wissen nicht nur nicht mehr als jeder andere, der nachdenkt und das kennt, was in den Zeitungen steht – sie haben ja auch nicht die Zeit, darüber nachzudenken. Sie leiden auch an einer intellektuellen Deformation, da sie nur daran denken, großen Umsatz zu machen und Provisionen zu kassieren.

Trotz aller Ratschläge, ob gedruckt oder mündlich, wissen sie nicht mehr als irgendein Laufbursche. Ich denke bei ihnen immer an eine berühmte Kolloraturarie aus Verdis »Maskenball«, die der Page Oskar singt: »Oskar weiß es, sagt es aber nicht.« Denn ich drehe den Spieß um: »Der *Broker* (Makler) sagt es, weiß es aber nicht!«

Schon vor langem habe ich den Spruch geprägt: »Jeder Broker ist des Kunden Feind, ohne es zu wissen.« Kaufen oder verkaufen ist ihm egal; Hauptsache ist, daß er handelt.

Sein Traumkunde ist nicht der Anleger, sondern der Spieler. Ich sage oft, der Broker liebt den Spieler, würde ihm aber seine Tochter nicht zur Frau geben. Trotz allem können wir aber unsere Börsentransaktionen nicht ohne die Broker abwickeln. Man muß sie nur richtig auswählen. Einen Fall möchte ich hier unbedingt anführen: Die große Brokerfirma X bekam einen Telefonanruf von einem ihrer größten Kunden, einem Milliardeninvestmentfonds, der einen ganz großen Posten US Steel verkaufen und statt dessen einen genauso großen Posten Bethlehem Steel kaufen wollte. Der Kunde bat den Broker, diesen Auftrag so günstig wie möglich auszuführen. Die Brokerfirma sandte darauf an Tausende von Kunden ein Telegramm, in dem sie den Kauf von US Steel und den Verkauf von Bethlehem Steel empfahl, also genau das Gegenteil von dem, was sie für den Fonds hätte machen sollen. Sie wollte also den Milliardenkunden mit einer guten Auftragsausführung bevorzugen, selbst wenn es für die vielen kleinen Kunden schlecht ausgehen würde. Vielleicht war diese Empfehlung für die kleinen Kunden letzten Endes nicht einmal ungünstig, denn auch der Fonds konnte sich irren, und vielleicht war es falsch, die US Steel gegen Bethlehem zu tauschen. Vom ethischen Standpunkt jedoch war das Vorgehen des Brokers absolut verwerflich.

Welche Eigenschaften sollte ein guter Spekulant haben?
Scharfsinn, Intuition, Phantasie.

Scharfsinn: heißt, die Zusammenhänge zu verstehen, das Logische vom Unlogischen zu unterscheiden.

Intuition: ist eigentlich nichts anderes als unterbewußte Logik, die ein Produkt langjähriger Börsen- und Lebenserfahrung ist.

Phantasie: läßt einen mit allem rechnen, was möglich ist – mit allem Guten und allem Schlechten.

Man muß aber auch Selbstkontrolle besitzen und Elastizität, um zuzugeben – und sogar oft –, daß man sich geirrt hat und die Überlegung falsch war. In dem Fall muß man natürlich sofort die Konsequenzen ziehen.

Der gute Spekulant muß auch Geduld und Nerven haben, bis sich seine Vorstellungen verwirklichen. Er soll nach jedem Erfolg und Mißerfolg überlegen, welchen Ereignissen er dieses Ergebnis zu verdanken hat. Wenn er Erfolg hat, darf er sich nicht übernehmen, sondern muß demütig bleiben und sich sagen, daß auch Glück dabei war. Aber bestimmt darf er mit seinem Erfolg nicht protzen, denn, wie viele alte Börsianer behaupten: An der Börse gemachtes Geld ist nur geliehenes Geld, das man bei der nächsten Gelegenheit wieder mit hohen Zinsen zurückzahlen muß. Die Börse ist ein großer Wucherer. Erfolg oder Mißerfolg – der Spekulant muß auf jeden Fall daraus lernen.

Was sind die schlechtesten Eigenschaften des Spekulanten?

Wie Elastizität eine gute Eigenschaft ist, um aus Mißerfolgen eine richtige Konsequenz zu ziehen, ist Sturheit und Hartnäkkigkeit die schlechteste. Überzeugung muß man schon haben, aber im gegebenen Moment, wenn man seinen Irrtum entdeckt hat, konsequent sein und aus dem Boot springen. Unter Irrtum verstehe ich nicht den Rückgang einer für 100 gekauften Aktie auf 90, sondern wenn man einen Fehler im Aufbau der Argumente entdeckt hat oder das Eintreffen eines dramatischen unerwarteten Ereignisses bemerkt; deswegen zieht ein guter Spekulant die Unwägbarkeiten in sein Kalkül ein.

Welchem Beruf ähnelt der eines Spekulanten am meisten?

Am ehesten dem eines Arztes, ein wenig auch dem eines Anwalts, Politikers oder Kaufmanns. Überhaupt nicht dem eines Ingenieurs oder Volks- oder Betriebswirtes.

Warum diese Ähnlichkeit mit dem Beruf des Arztes?
Der Börsianer wie auch der Arzt müssen zuallererst die Diagnose stellen. Warum steht die Börse tief oder hoch? Warum fällt oder steht eine gewisse Aktie? Aus der Diagnose ergeben sich die Therapie, die Prognose und alle weiteren Überlegungen. Wie der Arzt muß der Börsianer, sobald er merkt, daß seine Entscheidung in die falsche Richtung geht, sein Vorgehen korrigieren und neue Entschlüsse fassen. Wie die Medizin ist auch die Spekulation keine Wissenschaft. Sie ist eine Kunst, wie auch die Medizin als Heilkunst bezeichnet wird.

Der Gedankengang des Ingenieurs oder sogar eines Wirtschaftsingenieurs ist von genau entgegengesetzter Art: Er ist rein mathematisch. Ingenieure dürfen sich unter keinen Umständen von Intuition leiten lassen, die für den Spekulanten nicht nur in einem gewissen Maß erlaubt, sondern sogar unerläßlich ist. Der Spekulant phantasiert – der Ingenieur rechnet. Dem Anwalt geht es etwas anders: Er muß auch Phantasie und Intuition haben, ist darüber hinaus aber in den festen Rahmen der Gesetze eingeschlossen.

An welches Spiel erinnert die Börsenspekulation am meisten?
Zweifellos an eine Kartenpartie, Skat, Bridge oder Poker, aber überhaupt nicht an Schach oder Roulette. Der Börsenspekulant muß sein Vorgehen der sich ständig ändernden Situation anpassen wie der Kartenspieler an die Karten, die er erhält. Die Ereignisse können für den Spekulanten günstig oder ungünstig sein wie die erhaltenen Karten für den Spieler. Der gute Spekulant zieht sich wie der gute Kartenspieler aus der Affäre: Mit guten Karten gewinnt er viel, mit schlechten Karten verliert er wenig. Mit günstigen Ereignissen macht der Börsianer größere Profite, mit Ereignissen, die seinen Interessen entgegenlaufen, verliert er möglichst wenig.

Schach ist ein reines Kombinationsspiel. Glück spielt dabei überhaupt keine Rolle. Roulette dagegen ist ein absolutes Glücksspiel, bei dem jede Kalkulation ausgeschlossen ist. Nur Spielsüchtige bilden sich ein, irgendein System finden zu können. Die Börsenspekulation ist eine Mischung aus beidem: halb Glück, je nachdem, wie die Ereignisse kommen und gehen, die Unwägbarkeiten eintreffen, und halb Kombination, Berechnung und Strategie wie beim Schachspiel.

Wie soll ein Spekulant sich also verhalten?
Die Spekulation ist eine Art von Philosophie, ständig die Pros und Kontras abzuwägen und eventuell (ich betone, eventuell und nicht sicher) die richtigen Schlüsse zu ziehen. Ein mathematisches Gehirn ist für Börsenspekulation auch geeignet, aber nicht, weil die Börse etwa auf Mathematik aufgebaut wäre, sondern weil Mathematik sicher ein Training zum logischen Denken ist. Volkswirtschaft, Betriebswirtschaft und Technik sind die größten Feinde der Börsenlogik, die mit der Alltagslogik nicht identisch ist. Was an der Börse logisch ist, scheint dem Normalverbraucher oft unlogisch zu sein.

Ein Betriebswirt spielt gewiß bei der Analyse eines Unternehmens eine Rolle, das heißt der Analyse einer Bilanz. Aber Bilanzen sind sowieso meist falsch, gefälscht oder mindestens frisiert, und wenn sie auch ehrlich und richtig wären, sind sie *tempi passati*. Die Papiere steigen und fallen nicht, weil sie gut oder schlecht sind, sondern weil sie aufgrund gewisser Voraussetzungen und Konstellationen gut oder schlecht werden können. Oft muß man eine Aktie gerade aufgrund einer schlechten Bilanz kaufen, wenn Hinweise darauf vorhanden sind, daß die Entwicklung in eine günstige Richtung umkippen wird oder kann. Wer, der mit der Alltagslogik denkt, würde denn schon eine Fastpleiteaktie kaufen? Bei keiner Aktie kann man solche Gewinne machen wie bei den Aktien von Unternehmen, die vor einer Umkehrsituation stehen *(turn-around);* denn die Marge zwischen Pleite und Solvenz eines Unternehmens ist viel größer als die zwischen einer guten Lage und einer besseren. Das gleiche gilt für die Aktien des Unternehmens. Wenn ein Unternehmen, das fast pleite ist, zum Schluß doch nicht Konkurs macht, steigen seine Aktien auf das Vielfache. Wenn es einer gesunden Gesellschaft nach guten Jahren noch besser geht, wird sich das in den Kursen weniger widerspiegeln.

Große Profite kann man auch mit *notleidenden Anleihen* (das können Staats-, Stadt- oder Unternehmensschulden sein) machen, die durch eine Umkehrsituation wieder zahlungsfähig werden. Ich könnte kein besseres Beispiel nennen als die gesamten deutschen Auslandsanleihen, die Schuldverschreibungen von deutschen Städten, Ländern usw., die vor dem Krieg in den verschiedensten Währungen wie Dollar, Pfund, Schweizer Franken, holländischen Gulden, französischen Francs usw. herausgebracht wurden und die dann nach dem Londoner Schuldenabkommen 1952/53 100prozentig mit fünf Jahren Rückständigkeitszinsen zurückgezahlt wurden. Die Younganleihen französischer *Tranche* in französischen Francs wurden von der Adenauer-Regierung sogar nicht in französischen Francs, sondern in Dollar *revalorisiert* zurückgezahlt. Kurz und gut, die Anleihe für 1 000 Francs *nominale,* die ich an der Pariser Börse 1947 für 250 Francs kaufen konnte, wurde nach dem Schuldenabkommen drei Jahre später mit 35 000 Francs zurückgezahlt; das war auch der größte Koeffizient, den ich in meinem Börsianerleben erreichen konnte.

Man mußte doch schon viel Phantasie haben und in die weite Zukunft schauen können, um die Courage aufzubringen, in einem Moment, da die neue Bundesrepublik am Boden lag und über keinerlei Devisen verfügte, ihre Schuldverschreibungen in Dollar, Francs etc. zu kaufen. Als ich sie gekauft hatte, war die Hoffnung sehr klein, daß die Bundesrepublik diese Verpflichtungen eines Tages honorieren könnte. Aber das ist halt die Börse, und Spekulieren heißt, gewisse Dinge auf Jahre vorherzusehen.

Nennen Sie mir bitte ein Beispiel,
wie ein scheinbar unlogisches Argument
an der Börse doch logisch sein kann.

Man könnte glauben, daß ein großer wirtschaftlicher Aufschwung zwangsläufig auch für die Börsenkurse günstig wäre. Falsch! Ein Wirtschaftsboom nimmt viel Kapital für direkte Investitionen in Anspruch und saugt einen großen Teil der Spargelder auf. Es bleibt weniger für die Anlagen in Wertpapieren übrig. Die Banken kommen den Kreditnachfragen schwer nach, um so mehr, als die Notenbank die Zinsen erhöht, um eine eventuelle inflatorische Wirkung des Booms zu bremsen. Die günstigen Folgen der Wirtschaftseuphorie wirken sich erst später aus. Wenn dann die Hochkonjunktur unter dem Druck der hohen Zinsen nachläßt, werden viele geplante Investitionen verschoben. Auf einmal gibt es mehr flüssiges Geld in den Banken, und die Zinsen gehen zurück. Die Notenbank muß auch nicht mehr bremsen, die Aktien können steigen. Um so mehr, als die vorher getätigten neuen Investitionen mit höheren Gewinnen die Früchte bringen. So kommt es vor, daß trotz einer besonders blühenden Wirtschaft mit steigenden Erträgen die Börsenkurse erst fallen können, bevor sich die günstigen Auswirkungen in ihnen widerspiegeln.

Und wie ist es in einer Krise?

Umgekehrt ist es genauso logisch. In einer Rezession fängt die Börse an zu steigen, weil bei flauer Geschäfts- und Investitionslage das zur Verfügung stehende Kapital und die Geldmenge nur teilweise gebraucht werden. Das Geld liegt in den Banken, und es wird ihm langweilig. Man kann es zwar aufs Sparkonto legen, aber die Zinsen sind eventuell noch tiefer als der Ertrag oder die Dividenden der Aktien. In einer Wirtschaftskonjunktur dagegen kommen viele neue Aktien auf den Markt – teilweise wegen Kapitalerhöhungen oder Neugründungen –, und diese bilden eine gefährliche Konkurrenz für die alten, schon an der Börse gehandelten Aktien. Es ist ein wenig wie auf dem Gebrauchtwagenmarkt: Wenn dank der großen Nachfrage die Autofabriken erst nach langen Wartezeiten liefern können, steigen die Preise der Gebrauchtwagen manchmal sogar höher als die der neuen. Wenn dagegen die Fabriken mit großer Werbung günstige Angebote machen, manchmal mit Rabatten oder Geschenken, dann liegt der Gebrauchtwagenmarkt am Boden.

Und was ist das Fazit?
Man muß antizyklisch handeln und auf die allgemeine Meinung des Börsenpublikums keine Rücksicht nehmen.

Welche Faktoren sind außer der Stimmung noch entscheidend für die Börsentendenz?
Damit die Börse steigt, müssen die beiden wichtigsten Faktoren, Liquidität und Stimmung des Anlagepublikums, positiv sein. Wenn das Publikum fähig und willens ist, Papiere zu kaufen, steigt die Börse. Wenn die Sparer knapp an Geld und unwillig sind, die Aktien zu kaufen, fällt die Börse. Oft kommt es vor, daß der eine Faktor positiv, der andere negativ ist. Dann wird es zu keinen größeren Bewegungen, sondern nur zu kleineren Schwankungen kommen. Das wäre ein idealer Markt für viele Tagesspieler, die von einem Tag auf den anderen handeln wollen, herauf, herunter, herauf, herunter. Und das würde so gehen, bis beide Faktoren positiv oder negativ sind. Werden beide positiv, entsteht eine Aufwärtsbewegung, sogar eine Euphorie: himmelhoch jauch-

zend. Wenn beide sich negativ entwickeln, kommt der dramatische Rückschlag, die Panik: zu Tode betrübt. Liquidität und Stimmung können sich auch gegenseitig beeinflussen: Fallende Zinsen können die Stimmung verbessern, und umgekehrt kann eine schlechte Stimmung die Liquidität verknappen. So kann zum Beispiel die Angst vor einer politischen Weltkrise oder vor Spannungen den Anleihemarkt negativ beeinflussen, weil die Interessenten keine langfristigen Anlagen machen, sondern die Anleihen eher verkaufen wollen. Dann steigen die Zinsen als Folgen der Angst. Die größere Rolle kommt aber immer der Liquidität zu, und die können wir Börsianer eher verfolgen; denn die Zinspolitik der Regierung ist ja öffentlich bekannt (jedenfalls auf kurze Sicht). Absolut unberechenbar ist dagegen die psychologische Lage.

Haben Sie diese Phänomene schon oft in der Praxis erlebt?
Natürlich. Schon am ersten Tag, an dem ich in meinem Leben an der Börse war (1924 an der großen Pariser *Bourse*), sprach mich ein älterer Herr an: »Junger Mann, ich habe Sie hier noch nie gesehen; sind Sie ein Neuling?« – »Jawohl. Ich bin Lehrling bei der Firma XY.« – »Ach so«, erwiderte er. »Ihr Chef ist ein guter Freund von mir. Ich werde Ihnen alles, was hier geschieht, kurz erklären. Alles hängt von einer Sache ab: Ob mehr Papiere vorhanden sind als Dummköpfe oder mehr Dummköpfe als Papiere.« Dieser Satz klingt mir noch heute in den Ohren. Dies ist in der Tat das Ei des Kolumbus für die Analyse der Börsentendenz. Der alte Kollege war vielleicht etwas zu kraß mit seiner Definition; wahrscheinlich hat er mit Aktien oft schlechte Erfahrungen gemacht, aber im Grunde genommen war sie berechtigt. Heute würde ich diese Grundwahrheit mit anderen Worten ausdrücken: Alles hängt davon ab, ob es für den Papierbesitzer wichtiger und dringender ist, seine Werte zu veräußern, oder für den Geldbesitzer, die Papiere zu kaufen.

Und auf diese Erkenntnis schwören Sie noch heute?
Jawohl! Nicht die Qualität der Papiere entscheidet, ob sie fallen oder steigen, sondern nur die Intensität der Nachfrage oder des Angebots. Der Spekulant muß also analysieren, woher das Angebot oder die Nachfrage kommen könnten.

Wer sind die Dummköpfe?
Gott sei Dank gibt es sehr viele. Was wäre die Börse, wenn es keine Dummköpfe gäbe? Ich gehe gerne in die Börsensäle (egal, in welchem Land), denn nirgends auf der Welt kann ich pro Quadratmeter so vielen Dummköpfen begegnen, Menschen, die stark über ihre geistigen Verhältnisse leben. Es ist ja auch wichtig, sie zu kennen und zu hören, wie sie die Welt- und Wirtschaftsereignisse analysieren wie auch ein guter Karten-, speziell ein Pokerspieler, der die Gedankengänge seiner Partner kennen muß.

Also kann ein Spekulant
von der Dummheit anderer profitieren?
Absolut, denn von der Dummheit der anderen kann der Spekulant oft mehr profitieren als von seiner eigenen Klugheit. Man kann auch von einem Dummkopf etwas lernen, besonders, was man nicht tun soll.

Dann müßte doch der Computer,
der doch hochintelligent ist, der beste Börsenspekulant sein?
Nein, denn seine Klugheit hängt ja nur davon ab, wie er gefüttert wurde. Die Amerikaner sagen: »Garbage in – garbage out« (Müll rein – Müll raus). Der Computer ist nur eine außerordentlich nützliche Hilfe für den Spekulanten bei allen Daten, die er wissen möchte. Anstatt unter Tausenden von Drucksachen und Büchern in einer Bibliothek zu suchen, kann er seine Informationen auf Knopfdruck erhal-

ten. Die größte amerikanische Brokerfirma hatte vor dreißig Jahren eine Bibliothek mit 300 Mitarbeitern. Heute hat sie nur zwanzig Mitarbeiter und einen Computer, der die Riesenbibliothek ersetzen kann. Der Computer hat keine Phantasie, eine der wichtigsten Eigenschaften des Spekulanten. Und auch die Imponderabilien sowie die in- und außenpolitischen Entwicklungen oder die der Technologie sind nicht in den Computer eingearbeitet. Hätte der Computer vor dreißig Jahren seine Rolle in den kommenden Jahrzehnten voraussehen können?

Wo beziehen Sie die Liquidität in Ihr Kalkül ein?
Wie gesagt: Die führende Rolle kommt immer der Liquidität zu, weil die Psychologie des Publikums flatterhaft ist. Sie kann in einer Sekunde von einem Extrem ins andere fallen. Die Entwicklung der Liquidität kann man jedoch – zumindest für einige Zeit, aber nicht auf lange Sicht – verfolgen. Es gibt Entscheidungen der Notenbanken und Zeichen in der Kreditpolitik der Großbanken, aus denen man manche Schlüsse ziehen kann. Ohne Liquidität kann die Börse nicht steigen. Sie ist derselben Ansicht, wie die Zigeunermusikanten im alten Ungarn es waren, wenn sie immer wiederholten: »Kein Geld – keine Musik!« Das Geld ist die Musik oder der Brennstoff der Börse.

Am besten könnte ich die Beziehung zwischen der Börse und dem Kapitalmarkt mit folgendem Beispiel illustrieren: Stellen Sie sich eine große und eine kleine Wanne nebeneinander vor; die große ist der gesamtwirtschaftliche Geldtopf, die kleine die Börse. Fließt viel Wasser in die große Wanne dank der Kreditpolitik, der Sparaufkommen, der Devisenzuflüsse, der Handelsbilanz und des Kapitalstroms aus dem Ausland usw. und fließt es parallel dazu nur langsam ab wegen des geringeren Kapitalbedarfs der Industrie, der öffentlichen und privaten Haushalte und niedrigerer Steuern, dann steigt der Wasserspiegel in der großen Wanne. Wenn das Wasser überläuft, fließt es in die kleine Wanne, die Börse, und treibt die Kurse in die Höhe. Das war der Fall auch in der Bundesrepublik in den letzten drei Jahren.

Umgekehrt aber: Wenn das Wasser aus der großen Wanne schneller abgezapft wird, als es hereinfließt, dann bleibt für die kleine Wanne, die Börse, nichts übrig, und die Kurse fallen. Daher muß man den Wasserstand in der großen Wanne ständig verfolgen.

Gibt es keine anderen Voraussetzungen oder Einflußfaktoren für die Börsentendenz?

O doch! Eine besonders wichtige Bedingung für das kommende Steigen oder Fallen ist die technische Verfassung des Marktes. Unter der technischen Verfassung des Marktes verstehe ich den Umstand, ob die große Masse der Papiere – nach einer langen Periode des Steigens oder Fallens – sich schon in den Händen der Hartgesottenen oder der Zittrigen befindet.

Was verstehen Sie denn unter den »Zittrigen« und »Hartgesottenen«?

Das ist meine ganz persönliche und spezielle Definition; vielleicht unverständlich für viele, aber ich halte mich daran: Der »Hartgesottene« besitzt die vier Gs – *Gedanken, Geduld, Geld* und natürlich auch *Glück* (das versteht sich von selbst).

Gedanken: Das heißt, daß der Interessent Vorstellungen haben muß, Ideen und eine Überzeugung. Er muß auch Geduld haben, das heißt gute Nerven, und nicht sofort die Flinte ins Korn werfen, wenn das Papier, das er für 100 gekauft hat, auf 80 zurückgeht oder das Halten des Papieres ihm zu langweilig wird. Seine Überzeugung war ja, daß das Papier viel höher steigen muß. Wenn seine Diagnose den

Rückgang jetzt nur auf einen unwesentlichen Grund zurückführt, muß er bei 80 sogar zukaufen; denn wenn er den Kurs von 100 schon als günstig beurteilt hatte, muß er ja den Kurs von 80 noch besser finden.

Aber er muß natürlich auch genügend Geld haben, um durchhalten zu können. Unter Geld verstehe ich nicht einen absolut großen, sondern nur einen relativ großen Betrag. Wenn der kleine Sparer, der 10 000 DM besitzt, nur für 6 000 DM Papiere kauft, hat er »Geld«; wenn ein Multimillionär 10 Millionen DM besitzt, für 30 Millionen DM Papiere kauft und 20 Millionen DM schuldig bleibt, dann hat er nicht genügend Geld (er hat überhaupt kein Geld, nur einen »Saldo«), um geduldig zu bleiben; denn wenn seine Papiere nur etwas zurückgehen, muß er seinem Gläubiger weitere Deckung geben, und wenn er es nicht kann, wird der Gläubiger, das heißt die Bank oder der Broker, die Papiere veräußern, auch wenn er Geduld hätte. Dem kleinen Sparer, der mehr Geld besitzt, als er Papiere gekauft hat, kann das nicht passieren.

Der »Zittrige« ist derjenige, dem eines der ersten drei Gs fehlt. Wenn er kein Geld hat, genügt es nicht, Geduld zu haben. Aber Geduld wird ihm auch fehlen, wenn er zwar Geld, aber keine Überzeugung – keine Gedanken – besitzt. Und wenn er Geld und Überzeugung hat, aber keine Geduld, dann wird er auch nicht durchhalten können.

Natürlich gibt es Schattierungen zwischen den »Zittrigen« und den »Hartgesottenen«. Man kann weniger oder mehr hartgesotten und weniger oder mehr zittrig sein. Aus einem Hartgesottenen kann auch allmählich ein Zittriger werden, aber aus einem Zittrigen wird nur sehr selten ein Hartgesottener, höchstens nach einer sehr, sehr langen Trainingsperiode.

Wenn sich die Papiere also in großem Umfang in starken Händen, in den Tresorschränken oder vollbezahlten Depots befinden, bezeichne ich den Markt als »überverkauft« (englisch: *oversold*). Wenn sich dagegen große Mengen von Papieren in den Händen der Zittrigen befinden und sogar noch mit Schulden belastet sind, dann nenne ich den Markt »übergekauft« (englisch: *overbought*).

Welche Folgen hat ein »übergekaufter« Markt?
Ein »übergekaufter«, mit Krediten belasteter Markt ist außerordentlich gefährlich, und es besteht sogar das große Risiko, daß er jeden Moment zusammenbrechen kann, selbst wenn dazu gar kein sachlicher Anlaß besteht. Das ist der typische »Milchmädchenmarkt«: eine große Zahl von unerfahrenen, zittrigen Aktienbesitzern, die nur von der Stimmung angesteckt wurden und schnell noch auf den fahrenden Zug springen wollten. Abgesehen davon, daß sie keine Erfahrung und keine Nerven haben, hätten sie es sich auch aus ihrer finanziellen Situation heraus nicht erlauben können, Aktien zu kaufen. Sie haben vielleicht dazu auch Gelder verwendet, die sie für andere Zwecke in Reserve hätten halten müssen, geschweige denn, daß sie auf Kredit gekauft haben.

Und wie steht es mit dem »überverkauften« Markt?
Wenn die Papiere in großen Quantitäten in den Tresorschränken der Hartgesottenen ruhen, dann kann der überverkaufte Markt sogar bei schlechten Nachrichten steigen. Wenn dann noch irgendeine gute Nachricht eintreffen sollte, auch die kleinste gute Nachricht, wird der Markt raketenartig in die Höhe steigen. Je mehr Papiere schon in den Händen der Hartgesottenen sind, um so heftiger wird die Explosion sein.

Es gibt noch einen Faktor, der den überverkauften Markt noch »überverkaufter« macht: wenn viele *Baissiers* auf dem Markt aktiv waren und vorher große *Leerverkäufe* stattgefunden hatten.

In den Börsen der Bundesrepublik sind Leergeschäfte aus technischen Gründen nicht möglich, aber in New York,

London, Zürich und besonders in Paris sind sie üblich. In Paris um so mehr, als dort ein *Terminmarkt* mit Ultimo-Lieferung existiert, die dann auch *sine die* von Monat zu Monat prolongiert werden kann. In Amerika gibt es einen ganz großen und aktiven Terminmarkt nur für gewisse Staatsanleihen und natürlich auf den Warenterminmärkten.

Wie kann man feststellen,
ob der Markt »übergekauft« oder »überverkauft« ist?

Dafür gibt es Prämissen und Symptome. Man muß in die Diagnose auch einbeziehen, wie sich die Umsätze in den vergangenen Monaten und Jahren entwickelt haben. Wenn die Kurse während einer langen Zeit – nehmen wir an, seit mehreren Monaten – mit immer weiter wachsenden Umsätzen in die Höhe stiegen, dann kann man annehmen, daß eine große Zahl von Papieren aus den Händen von Hartgesottenen in die von Zittrigen übergingen; je höher die Umsätze waren, desto mehr. Denn bei heftig steigenden Preisen kaufen nur die Zittrigen. Die Hartgesottenen verkaufen die Ware, die sie vorher bei fallenden Preisen in ihren Tresorschränken gestapelt haben, und sie verkaufen nur bei steigenden Kursen. Diese Bewegung dauert so lange, bis sich die große Masse der Papiere wieder in den Händen der Zittrigen befindet, die darauf warten, daß andere, ebenfalls Zittrige – mit Verspätung zwar –, sie ihnen abkaufen. Dann verfügen die Hartgesottenen über Bargeld und warten, bis die Zittrigen ihre Papiere wieder ver-äußern wollen. Diese möchten zwar ihre Aktien höher v… kaufen, doch wenn das nicht gelingt, werden sie sie auch … riger abstoßen, aus irgendeinem psychologischen oder … schen Grunde, manchmal sogar nur aus Ungeduld … keine neuen Zittrigen mehr melden. Und das triff… denn nach der Euphorie kommt die Ernüchter…

Es könnte sich natürlich noch eine neue, … schicht melden, besonders wenn die Regi…

Notenbank durch verschiedene Kanäle (steuer-, kreditpolitische oder andere) immer mehr Geld in die Öffentlichkeit pumpt, als die Industrie und die Wirtschaft es nicht benötigen. Es fließt also mehr Wasser aus der großen Badewanne in die kleine. Parallel dazu können die großen Geldinstitute das ganze Instrumentarium der Werbung nutzen, um das Publikum börsensüchtig zu machen. Die Papiere werden an den Schaltern der Banken dem Publikum aggressiv empfohlen, und dazu werden leichte, billige Kredite angeboten, um so mehr, als die Banken keine bessere Möglichkeit haben, ihre Liquidität auszunutzen. Nachdem die neuen Zittrigen ihre Papiere eingekauft haben, warten sie, bis immer noch weitere Zittrige auftauchen. Dann kommt der Moment, da es nicht weitergeht. Die Kurse stagnieren oder bröckeln etwas ab. Viele Aktienbesitzer verlieren ihre Geduld. Für sie ist das eine unangenehme Überraschung. Als sie die Aktien gekauft hatten, waren sie der Überzeugung – nach den Versprechungen der Drahtzieher –, daß die Kurse bestimmt steigen würden. Wenn dann die Börse stagniert oder sogar zurückgeht, halten sie es für eine persönliche Beleidigung und Hochverrat. 90 Prozent des Publikums, das einen Börsenboom hervorruft, ist untrainiert und ungeimpft gegen Verluste und kann es sich nicht einmal vorstellen, daß trotz der Meinung der Medien und der sogenannten Eingeweihten die Kurse auch fallen und sogar stark fallen können. Das ist die Analyse der Folgen eines »übergekauften« Marktes.

Aber wenn das Publikum dank günstiger Ereignisse weiter optimistisch bleibt?

Auch in diesem Falle gibt es andere, wichtigere technische Gründe, die die Tendenz beeinflussen. Bei einem Abbrökeln der Börse können die mit Schulden belasteten Konten ihre Deckung verlieren. Die Banken gaben zwar leichte Kredite, aber nach einem Abbröckeln verlangen sie trotzdem zusätzliche Deckung und Sicherheit. Viele verschuldete Kunden müssen also entweder neues Geld einzahlen oder verkaufen. Die Verkäufe bringen weitere Kursrückgänge und die weiteren Kursrückgänge neue Verkäufe. Und die Kettenreaktion geht weiter. So kann der Kursrückgang sich auch ohne sachliche Begründung nur unter dem psychologischen und technischen Druck entwickeln.

Es kann auch ein Signal von der Notenbank kommen. Sie will eine überhitzte Spekulationsatmosphäre bremsen oder einer Inflationsgefahr vorbeugen und erhöht die Zinsen. In diesem Falle könnte der Kursrückgang sogar dramatisch enden.

Die massenpsychologische Reaktion ist die gefährlichste, wie ich es mit dem Beispiel des Kinos schon erklärt habe. Wenn nun bei immer steigenden Umsätzen die Preise weiter fallen und die Umsätze stärker anschwellen, gehen immer mehr Papiere aus den Händen der Zittrigen in die Hände der Hartgesottenen über. Zum Schluß kommt der totale Ausverkauf bei den niedrigsten Preisen aus den Händen der Zittrigen. Die Panik ist da, und die Papiere gelangen wieder in die Depots der Hartgesottenen. Aus diesem Versteck kommen sie erst später wieder bei steigenden Preisen auf den Markt. Die Aufwärtsbewegung fängt wieder an.

Beim Tiefstand der Kurse haben nun die Hartgesottenen die Papiere und die Zittrigen das Geld, auf dem Höhepunkt des Booms die Hartgesottenen das Geld und die Zittrigen die Papiere. Dieses Schwanken zwischen Bargeld und Papieren stellt den ewigen Kreislauf der Börsen dar. Ich könnte auch sagen, daß auf dem Höhepunkt die Hartgesottenen das Geld und die Zittrigen die Hoffnung haben.

Welche Schlußfolgerung kann man aus dieser Analyse ziehen?

Ohne Einschränkung bin ich der festen Überzeugung, daß der Kursrückgang bei kleinem Umsatz ein schlechtes Zeichen ist, weil er einen weiteren Rückgang signalisiert. Kursrückgang bei großem Umsatz ist gut, und je größer der Umsatz, desto besser, weil die Papiere in großen Mengen in die starken Hände gehen. Steigende Kurse bei großen Umsätzen sind ein schlechtes Zeichen, weil schwache Hände die Papiere kaufen. Je größer der Umsatz, desto negativer für den Markt, denn je mehr Zittrige daran teilnehmen, um so schlechter. Je kleiner die Umsätze bei steigenden Kursen, um so besser; denn die Kurse verschieben sich zwar, aber die großen Quantitäten sind aus den Depots der Hartgesottenen noch nicht herausgekommen. Ich weiß, daß die meisten Profis, Analytiker, Broker usw., der Tendenz mit kleinen Umsätzen keine Bedeutung beimessen. Meiner Ansicht nach ist das ganz falsch. Die kleinen Umsätze sind nur das Hors d'œuvre, die Einleitung, und wenn die großen Umsätze kommen, dann entwickelt sich die richtige Bewegung, die logischerweise kommen wird. Bei steigenden Preisen kommt dann mit den hohen Umsätzen die Euphorie, bei fallenden Preisen erst das Abbröckeln und dann der totale Ausverkauf. Das ist logisch, denn die vielen Käufer bei rasch steigenden Preisen werden genauso plötzlich Verkäufer, wenn der Markt aus irgendwelchen Gründen umkippt. Da die heutigen Käufer die Verkäufer von übermorgen sein werden, ist es wichtiger, die Qualität der Käufer von heute zu analysieren als die Qualität der Papiere. Und genau umgekehrt: Die Qualität der Verkäufer ist wichtiger als die Qualität der verkauften Werte. Auch die besten Papiere können fallen, wenn die Aktienbesitzer von schlechter Qualität sind.

Ist das die allgemeine Meinung?
Nein! Genau das Gegenteil wird geglaubt. Die meisten Makler, Banken und Medien behaupten, daß steigende Preise bei hohen Umsätzen günstig sind. Ein Beweis für sie ist, daß das große Publikum kauft. Ich stelle aber die Frage: Ist das gut? Nein, wie ich soeben erklärt habe, denn dasselbe Publikum,

das heute so heftig kauft, wird zu einem späteren Zeitpunkt genauso heftig verkaufen. Und das breite Publikum hat am Ende sehr selten recht.

Was halten die Broker von Ihrer Analyse?
Ich weiß nicht, aber höchstwahrscheinlich meinen sie, daß ich spinne. Natürlich ist es für die Broker günstig, wenn die steigenden Preise immer mehr neue Kunden anlocken. Das ist gut für sie und vorübergehend auch für mich, denn diese vielen Käufe ziehen meine Kurse in die Höhe. Aber das bedeutet nicht, daß ich sie zu diesen hohen Preisen weiter kaufen soll, denn ich habe sie ja schon bei niedrigen Preisen gekauft. Die hohen Preise bei steigenden Umsätzen freuen mich auch, wenn ich verkaufen will. Die hohen Kurse sind durch die vielen Käufe des breiten Publikums entstanden. Das große Interesse von heute bedeutet nichts, denn die psychologische Einstellung des Publikums kann sich – wie schon gesagt – in einer Sekunde ändern.

Ich hatte einmal folgendes Gespräch mit einem New Yorker Broker, als ich mich nach dem Verhalten des Marktes erkundigte: »Kolossal«, sagte er, »wir haben heute 180 Millionen Umsatz.« – »Ich frage nicht nach dem Umsatz, sondern wie die Kurse sind.« – »Ach so«, war seine Antwort, »die Kurse sind im großen und ganzen unverändert.« – »Der Umsatz ist eure Angelegenheit«, erwiderte ich verärgert. »Mir wären höhere Kurse bei kleinem Umsatz lieber. Das wäre für mich ›kolossal‹!« Ich weiß schon lange, daß ich mit den meisten Brokern nicht auf derselben Wellenlänge Gedanken austauschen kann.

Gibt es weitere Symptome dafür, ob der Markt »übergekauft« oder »überverkauft« ist?
Ja! Wenn der Markt nach einer langen Aufwärtsbewegung stagniert, auf neue Käufer wartet und auf eine gute Nach-

richt nicht mehr reagiert, eventuell sogar etwas zurückgeht, ist das ein sehr schlechtes Zeichen. Der Markt ist übersättigt. Die Zittrigen haben ihr ganzes oder sogar geliehenes Geld angelegt, und neue Käufer melden sich nicht trotz der guten Nachricht. Wenn umgekehrt der Markt nach einer Abwärtsbewegung stagniert und auf schlechte Nachrichten nicht mehr reagiert und sogar etwas ansteigt, ist das ein sehr gutes Zeichen. Die Papiere sind in großen Mengen bei den Hartgesottenen, die die eventuell schlechten Nachrichten schon ins Kalkül gezogen haben, nicht mehr erschrecken oder jedenfalls nicht überrascht sind.

Wie soll sich also der Spekulant in solchen Fällen verhalten?
Wenn die Börse auf gute Nachrichten nicht mehr reagiert, herausgehen, und wenn schlechte Nachrichten keine Wirkung mehr haben, hereingehen.

Ein besonders schlechtes Vorzeichen für den Markt ist, wenn immer mehr, besonders kleine Leute nach Tips jagen, wenn sich das Tagesgespräch um die Börse dreht. Man jongliert mit den Namen der Aktien, jeder hat von seinem Freund irgendeinen Tip erhalten, den dieser wiederum von seinem besten Freund bekam. Jeder kauft mit dem maximalen Kredit, den er erhalten kann. Ein schlechtes Zeichen ist auch, wenn man als Erklärung für die gute Börse Auslandskäufe zitiert. Ich kenne diese alten Zauberformeln: »Auslandskäufe« oder »ausländische Institutionen kaufen«.

Ist denn das nicht günstig?
In dem Moment, in dem die Leute kaufen, ist es natürlich günstig, weil sie die Kurse antreiben. Aber genauso ungünstig wird es sein, wenn sie die Papiere wieder verkaufen. Denn nach dem Phänomen »Flaschenhalsenge« beim Kauf folgt auch »Flaschenhalsenge« beim Verkauf. Alles hängt davon ab, welche Qualität, welche Tugenden und Fehler die

ausländischen Käufer besitzen. Unter ihnen gibt es genauso Hartgesottene und Zittrige, manchmal sogar noch mehr Zittrige, denn ihre Motivationen, auch bei den ausländischen Instituten, sind kurzfristiger als die der inländischen Anleger. Die meisten ausländischen Spekulanten wollen, sogar wenn es sich um Investmentfonds handelt, einen kurzfristigen Schnitt machen. Sie springen in den Markt, wenn sie eine kleine Chance wittern und von dem Geldmanager des anderen Landes dazu gedrängt werden, wollen aber genauso schnell wieder herausspringen, wenn sie eine Gefahr sehen oder schon Gewinne machen. Alle wollen sie immer zu gleicher Zeit kaufen oder verkaufen. Dieses Phänomen konnte man an den deutschen Börsen in der jüngsten Zeit sehr klar feststellen.

Wie steht es überhaupt mit den Institutionen,
den großen Investmentgesellschaften,
Pensionskassen (speziell in den USA), Versicherungen usw.?
Hat sich die Börsenlandschaft dadurch nicht entscheidend geändert, daß diese den Markt beherrschen und nicht die großen Profitspekulanten, kurzfristigen Tagesspieler, kleinen und großen Sparer usw.?

Die Landschaft hat sich zwar geändert, aber alles andere in der Landschaft, die Bäume, die Vegetation, die Blumen oder Brennesseln usw. bleiben dieselben. Die Institutionen, große Kapitalkonzentrationen, werden auch vom Menschen geleitet. Diese Geldmanager sind auch Menschen wie die kleinen Sparer und großen Spekulanten. Sie haben dieselben Reaktionen und gehören auch zu den beiden Kategorien der Zittrigen und Hartgesottenen. Ihre psychologische Einstellung ist genau dieselbe und unberechenbar wie die der anderen Millionen Marktteilnehmer, die noch vor vielen Jahren das Börsenpublikum bildeten. Der Unterschied liegt nur darin, daß die ersteren mit Milliarden herumfuchteln und die Kleineren mit kleinen Beträgen operieren. Die Geldmanager sind vielleicht oft noch zittriger, da sie gegenüber ihren Chefs die Verantwortung für ihre Transaktionen tragen und ihren Kopf riskieren. Denn wenn sie größere Verluste einstecken müssen, werden sie ganz einfach gefeuert. Der kleine Mann ist nur gegenüber sich selbst verantwortlich.

Soll man Papiere auf Kredit kaufen?
Nur derjenige darf Papiere auf Kredit kaufen, der über noch andere, viel größere Vermögensposten verfügt als der Betrag, den er schuldet. Ich bin fast geneigt zu sagen, daß man Aktien unter keinen Umständen auf Kredit kaufen soll, es sei denn, man wäre ein waghalsiger Hasardeur. Natürlich ist es auch eine Frage der Proportion und der Qualität der Papiere; wenn man für 100 000 DM festverzinsliche Wertpapiere kauft und darauf 20 000 DM schuldig bleibt, ist das keine Katastrophe. Oder wenn einer bei einem Wert von 300 000 DM Wertpapieren 200 000 DM schuldig bleibt, aber zur gleichen Zeit über eine Million in Immobilien verfügt, ist dies keine Sünde. Aber jeder Fall muß einzeln geprüft werden.

Um zu beweisen, wie gefährlich, schädlich und sogar dramatisch es sein kann, Papiere auf Kredit zu kaufen, und welche Stärke es dem Spekulanten dagegen gibt, keine Schulden zu haben, möchte ich von meinen vielen Erfahrungen nur zwei besonders markante Fälle zitieren.

Mitte der fünfziger Jahre war an der New Yorker Börse eine günstige Börsenentwicklung, und die neuen revolutionären Industrien wie Elektronikunternehmen schienen besonders phantasiereich und zukunftsträchtig. Ich kaufte also mit meinen letzten Dollars Elektronik- und verwandte Aktien, und als ich schon alles investiert hatte, kaufte ich noch weiter auf Schulden. Meine Kreditmöglichkeiten nutzte ich maximal aus.

Der amerikanische Präsident hieß Dwight D. Eisenhower, der zwar Kriegsheld, aber ansonsten kein Genie war. Sein Image in den Augen der amerikanischen Bevölkerung war makellos (obwohl viel gemunkelt wurde, daß er mit Marlene Dietrich ein Liebesverhältnis habe). Das Vertrauen des amerikanischen Volkes zu seinem Präsidenten ist eines der wichtigsten Elemente für eine günstige Atmosphäre in Wall Street. Wir standen zirka ein Jahr vor den nächsten Präsidentenwahlen, und man nahm mit 100prozentiger Sicherheit an, daß General Eisenhower wiedergewählt werden würde. Ganz Wall Street baute darauf. Warum sollte man seine triumphale Wiederwahl auch an der Börse nicht vorwegnehmen? Alle waren dieser Meinung und ich auch.

Und da geschah das so gefährliche Unerwartete: 1955 erlitt Präsident Eisenhower eine Herzattacke. Am nächsten Tag fielen an der New Yorker Börse alle Aktien spektakulär um 10 bis 20 Prozent in die Tiefe. Da ich auf meinen Papieren Schulden hatte, mußte ich schnell einen großen Teil der Aktien abstoßen. Dies war sehr schmerzhaft, aber ein »Muß«, bevor die Broker noch weitere Garantien gefordert hätten.

Der Krach kam, weil das Publikum die Hoffnung aufgegeben hatte, daß Eisenhower wiedergewählt werden könnte. Wie ohne Eisenhower die Wahlen ausfallen würden, war eine große Frage, und Fragezeichen sind an der Börse immer ein störendes Element. Weder das Publikum noch die zittrigen Spieler haben genug Nerven, um bei einem unerwarteten Ereignis den Problemen fest ins Auge zu schauen, auch für den Fall, daß es ein gutes Ereignis ist. Abgesehen davon können die meisten gar nicht beurteilen, was für die Börse gut oder schlecht ist.

In einem solchen Fall wollen alle Zittrigen, aber auch alle, die auf ihren Depots Schulden haben, so schnell wie möglich verkaufen – die letzteren sind sogar dazu gezwungen. Der

Krach der ersten Stunde kann dann eine Kettenreaktion nach unten auslösen.

Nach einigen Tagen besserte sich der Gesundheitszustand Eisenhowers. Die Hoffnung kam wieder auf, daß er für eine Wiederwahl kandidieren könnte, die Börse beruhigte sich, und auch die Kurse fingen wieder an zu steigen und stiegen noch viel höher, als sie vor dem unglücklichen Ereignis gestanden hatten. In den kommenden Jahren erreichten die Kurse spektakuläre Gewinne, manchmal sogar das Zehnfache, aber für mich leider zu spät.

Und so kommen mir, wie immer in solchen Fällen – nachdem man ausverkaufen mußte und die Kurse dann steigen –, die poetischen Zeilen Heinrich Heines in den Sinn: »... es ist eine alte Geschichte und bleibt doch immer neu, wem es just passierte, dem bricht das Herz entzwei.«

Wie wäre Ihre Reaktion gewesen,
wenn Sie keine Schulden gehabt hätten?

Genauso, wie ich mich einige Jahre später verhielt im Zusammenhang mit einer anderen unerwarteten Nachricht.

Es war der Februar 1962. Ich war wieder einmal vollgestopft, diesmal mit französischen Aktien an der Pariser Börse. Aber diesmal war alles voll bezahlt, ich schuldete nicht einen Knopf. Es war während des französischen Krieges in Algerien. General de Gaulle, der damalige Präsident von Frankreich, wollte eigentlich Algerien loswerden, mußte aber in seiner Politik hin und her lavieren wegen der öffentlichen Meinung, die in der Algerienfrage sehr gespalten war. Und da geschah wieder das große Unerwartete (ich nenne es das große I – für Imponderabilien): der Aufstand von vier französischen Generälen in Algier gegen die Regierung, das heißt gegen General de Gaulle. Es war ein für das französische Publikum erschütterndes Ereignis, vielleicht das größte Ereignis in Frankreich seit dem Ende des Krieges. Die Generäle fürchteten de Gaulles Absicht, Algier zu befreien, was sie unter keinen Umständen akzeptieren wollten. Am Abend herrschte in Paris eine ausgesprochene Panikstimmung.

Den nächsten Tag ging ich nicht zur Börse, ich wollte meine Nerven schonen und nicht zusehen, wie meine Papiere in die Tiefe purzeln könnten.

Anstatt zur Börse ging ich in mein Lieblingsrestaurant »Chez Louis« (ein international bekanntes tschechisches Beisl), damals Treffpunkt von bekannten Film-, Fernseh- und Presseleuten, und studierte dort die Speisekarte, ohne an die Börse zu denken.

Da kam zufällig ein Börsenkollege ins Lokal und berichtete mir mit Entsetzen, was für ein Krach – ein wahrhaftiges Blutbad – an der Börse stattgefunden hatte, genauso, wie es manchmal in Börsenromanen beschrieben wird.

»Sooo?« war meine Antwort, und ich genoß in aller Ruhe meinen Lunch.

Ich war ja überzeugt davon, daß de Gaulle bei diesem Machtkampf als Sieger hervorgehen würde.

Für mich war es also, was die Börse anbelangte, nur ein Tagesereignis, das mit der Zeit bald in Vergessenheit geraten würde. Wäre ich zur Börse gegangen, so hätte ich mich mit Sicherheit ausverkauft. Den Luxus, an einem solchen Tag nicht zur Börse zu gehen, konnte ich mir gerade dadurch erlauben, weil ich keine Schulden hatte. Diese bösen Börsenstunden habe ich also in einem guten Restaurant verbracht. Eine Stunde nach Börsenschluß erfuhr ich dann, daß die Börse sich gedreht hatte und daß man die Hälfte der Kursverluste schon wieder aufgeholt hatte.

Abends hielt de Gaulle dann wieder eine seiner berühmten Fernsehansprachen. Er appellierte an sein geliebtes Frankreich (»Ma chère vieille France«), und in diesem Augenblick stand das ganze französische Volk hinter ihm. Das »Quarteron« (ein Wort, von General de Gaulle geprägt aus dem Satz

»quatre generaux felons«), also die vier untreuen Generäle, gaben auf, und alles war vergessen – nicht nur in der politischen Situation, sondern auch an der Börse. Der Krach stellte sich als eine Eintagsfliege heraus, und dank meiner sicheren Position, ein unbelastetes Wertpapierdepot zu besitzen, war ich gegenüber der Panikstimmung immun geblieben.

Hätte ich Schulden gehabt, wäre meine ganze Logik pervertiert gewesen; denn mein Kopf hätte wegen der Angst aufgrund der Schulden anders reagiert. Anstatt mir in aller Ruhe auszudenken, wie wohl die Reaktionen de Gaulles und des ganzen französischen Volkes sein würden, hätte ich mich trotz meiner Prinzipien von der Panik mitreißen lassen, und der Schaden wäre groß gewesen.

Deshalb mein Postulat: Ich ziehe vor, ein kleineres Quantum an bezahlten Aktien einer hochverschuldeten Gesellschaft zu besitzen als ein großes Quantum an erstklassigen Papieren eines angesehenen Unternehmens – aber auf Schulden gekauft. Mit einem kleinen Quantum an vollbezahlten Papieren kann man die Aufwährtsbewegung lange abwarten, während man mit großen Quantitäten auf Kredit gekaufter Papiere schon bei kleinen Gewinnen geneigt ist zu verkaufen.

Einer meiner Kollegen und ich kauften einmal aufgrund einer gemeinsamen Idee dasselbe Papier, ich einhundert vollbezahlt, er eintausend auf Kredit. Ich blieb zwei Jahre lang ruhig auf dem Papier sitzen und konnte einen Kursgewinn von 200 Prozent einstecken. Mein Kollege begnügte sich schnell mit einem kleinen Gewinn, da er ja wegen seiner Schulden sehr vorsichtig sein mußte.

Aber ohne Risiko kann man doch an der Börse keine Profite machen?

Das stimmt, aber wenn man auf eine festere Tendenz der Börse – statt erstklassige Aktien auf Kredit – spekuliert (Liquidität + Psychologie + Wirtschaft), soll man Aktien der stark verschuldeten Unternehmen kaufen, die durch eine schlechte Wirtschaftslage und vorherige hohe Zinsen in eine kritische Lage geraten sind, und diese Papiere aber voll bezahlen. An zweiter Stelle sollte man noch eher Optionen kaufen, aber immer mit dem Gedanken, daß das ganze Geld, das man in die Optionen steckt, total verlorengehen könnte.

Blieben Ihnen manchmal trotz Schulden auch gute Erfahrungen?

Zu dem Thema hätte ich auch eine lehrreiche kleine Geschichte zu erzählen: Ich schrieb an anderer Stelle, daß ich nach dem Zweiten Weltkrieg und der großen deutschen Schuldenregelung einen spektakulären Gewinn mit der Aufwärtsbewegung der deutschen Auslandsanleihen gemacht habe.

Mein ganzes Geld war in dieser Spekulation investiert, und ich habe darauf noch die maximalen Kredite in Anspruch genommen, die ich mir bei Schweizer Banken besorgen konnte (weder in den USA noch in der BRD hätte man auf diese Anleihen Kredite eingeräumt).

Da die ganze Spekulation auf Deutschlands Zukunft basierte, war sie – ganz klar – mit Adenauers persönlichem Image verbunden. Er wollte unbedingt – koste es, was es wolle – das Abkommen durch den Bundestag ratifizieren. Die SPD bot einen großen Widerstand, aber man konnte es als sicher betrachten, daß Adenauer seinen Plan, die Anerkennung des Londoner Abkommens, durchboxen würde. Adenauers Person spielte in dieser Spekulation die größte Rolle, und so war auch damit eine gewisse Gefahr verbunden.

In einer so sensiblen, total politisierten Angelegenheit können Imponderabilien einen Strich durch die Rechnung machen: eine unerwartete Mitteilung über Adenauers Gesundheitszustand, geschweige denn eine Gefahr für sein Leben.

Ich mußte damals auf einige Zeit nach Amerika und war sehr besorgt um meine deutschen Anleihen, die mit schweren Schulden belastet waren. Was alles könnte mit meinen deutschen Anleihen geschehen, wenn man eines Morgens eine dramatische – vielleicht sogar eine fatale – Nachricht über Adenauer melden würde? Wahrscheinlich ein Krach in allen diesen Papieren. In einem solchen Fall hätte ich sofort meinen ganzen Bestand liquidieren müssen, und zwar hauptsächlich wegen der Schulden! Morgens aber, wenn man in Europa Nachrichten hört, ist es in New York noch tiefe Nacht, und die Stunde, in der man die entscheidende Nachricht erfahren kann, ist vielleicht schon zu spät.

Meine Absicht war also, den Banken einen Auftrag zu hinterlassen, daß in dem Falle einer derartigen Nachricht mein ganzes deutsches Depot verkauft werden solle.

Keine der Banken war aber bereit, einen Auftrag dieser Art anzunehmen, mit der Begründung, daß sie die Verantwortung nicht übernehmen wollten, abzumessen, inwieweit Adenauers Gesundheit gefährdet sei.

Verkaufen wollte ich nicht. Zitternd flog ich nach Amerika und vereinbarte mit den Banken, mich im Falle einer negativen Nachricht (die hoffentlich nicht eintreffen würde) jedenfalls – egal zu welcher Stunde – wenigstens anzurufen.

Glücklicherweise geschah Adenauer während meiner Abwesenheit nichts Böses, und so konnte ich die Aufwärtsbewegung zwar mit einer gewissen Angst, aber bis zum Ende mitmachen und davon profitieren. Das Zittern konnte ich jedoch nicht vermeiden; denn ich war zwar sicher, daß die deutschen Anleihen auch ohne Adenauer bis zum letzten Pfennig bezahlt würden, aber die Schulden auf mein Depot, diese gefährlichen Schulden, verursachten mir eine permanente Angst.

Und wie war der Erfolg dieser Spekulation mit großen Schulden?
Zu meinem Glück ganz rasant! Es hätte jedoch auch schiefgehen können, wenn zum Beispiel – ohne Adenauers Gesundheit in Betracht zu ziehen – noch eine andere schlechte Nachricht eingetroffen wäre: Vor der Ratifizierung des Abkommens waren in der BRD Bundestagswahlen. Bei einem Gewinn der Sozialisten hätten diese voraussichtlich mit der Anerkennung des Abkommens Schwierigkeiten gemacht, und das hätte für mein Depot vorübergehend fatal sein können.

Was ist bei einer Kapitalanlage in Wertpapieren wichtiger: die Taktik oder die Strategie?
Wenn man eine Kapitalanlage in Wertpapieren auf lange Sicht plant, ist die taktische Entscheidung, ob man sie heute oder in einer Woche kaufen will, unwesentlich. Denn eine kleine Kursschwankung spielt dabei sowieso keine große Rolle. Viel wichtiger ist die Strategie; die Auswahl der Papiere und die mittel- oder langfristige Überlegung.

Soll man in einer Rezession Aktien kaufen?
Ja, denn bei einer Rezession wird die Regierung die Wirtschaft ankurbeln, Zinsen ermäßigen, die Geldmenge erhöhen, und davon profitiert in erster Linie die Börse – noch früher als die Wirtschaft. Denn das Geld ist der Sauerstoff der Börse.

Können die Kurse trotz einer allgemeinen Steuererhöhung steigen?
Ja. Ungefähr aus denselben Gründen wie bei einer Rezession. Denn wenn die Regierung die Steuern erhöht, kann sie auf dem Geldmarkt liberaler handeln, und das kann auf die Börse nur günstig einwirken.

Soll man eine Aktie kaufen, wenn sie von den größten und bekanntesten Firmen aggressiv empfohlen wird?
Nein! Die größte Vorsicht ist angebracht. Eine Finanzgruppe will das Papier loswerden und läßt es durch die Banken oder die Maklerfirmen in Börsenbriefen und Medien, mit denen sie in Verbindung steht, empfehlen. Es ist eine Promotion, die mit Mundpropaganda unterstützt wird.

Welche Beachtung soll man den Transaktionen der Geldmanager großer Institutionen schenken?
Gar keine. Diese handeln zwar mit so großen Mengen, daß sie die Kursentwicklung beeinflussen können, aber nur auf kurze Sicht. Wenn eine Institution von einem Papier eine besonders große Menge kauft oder verkauft, wird dies vielleicht für einige Tage den Kurs in die Höhe oder Tiefe bringen, aber – wie gesagt – auf lange Sicht spielt das keine Rolle.

Welche Bedeutung soll man den Empfehlungen der Experten auf lange Sicht hin beimessen?
Gar keine. Denn die Fachleute einer Branche oder eines Unternehmens kennen die Anatomie der Börse überhaupt nicht. Sie kennen die Situation eines bestimmten Unternehmens an dem Tage, an dem sie es geprüft haben oder aus der Vergangenheit. Was gestern gültig war, ist heute vielleicht ohne Berechtigung. An der Börse muß man ständig improvisieren.

Was soll man von den Empfehlungen eines Insiders über die Aktien seiner eigenen Gesellschaft halten? Dieser müßte ja doch kompetent sein.
Gar nichts. Die Insider kennen zwar ihre eigene Gesellschaft (und das ist auch nicht sicher) und die Produkte, die Entwicklungen, die Potenz. Aber der gesamte Kapitalmarkt und die weitere Entwicklung des Kapitalmarktes haben damit

nicht viel zu tun. Auch sind diese Informationen nicht immer aufrichtig. Nach meiner Erfahrung müßte man fast immer genau das Gegenteil von dem machen, was ein Insider empfiehlt. Oft sind die Informationen willkürlich falsch, um das Publikum irrezuführen: Die Insider, das Mehrheitssyndikat, wollen vielleicht ihre Beteiligung vergrößern und die Aktien aufkaufen. Sie verbreiten daher schlechte Nachrichten, damit der Kurs fällt, oder sie deuten im Gegenteil durch Mundpropaganda gute Ereignisse an, damit sie ihre eigenen Aktien bei höheren Kursen abladen können. Sie wollen dann eben ihre Beteiligung an den Unternehmen vermindern.

Das wäre doch Betrug?
Vielleicht. Aber es ist schwer zu beweisen; denn jeder hat ja das Recht zu behaupten, daß seine Meinung positiv oder negativ war, ohne etwas Exaktes über die Sache gewußt zu haben.

Was soll man von den Meinungen der Wirtschaftsexperten und Wirtschaftswissenschaftler über die weitere Entwicklung halten?
Auch nicht viel. Auch der beste Wirtschaftswissenschaftler kann die Börsentendenz nicht richtig analysieren. Börse und Wirtschaft laufen ja – wie vorher schon gesagt – nicht parallel. Wenn die Meinung der Wirtschaftsprofessoren für die Börsenanalyse kompetent wäre, müßten sie ja alle reiche Männer sein; das sind sie aber nicht. Volkswirte wissen alles über die Wirtschaft und das Geld, sie haben es aber nicht. Schon Voltaire sagte: »Es ist leichter, über das Geld zu schreiben, als Geld zu machen.« Wirtschaft und Börse sind zwei verschiedene Sachen. Wirtschaftsboom ist für die Börse ungünstig und Wirtschaftsstagnation für die Kursentwicklung günstig, wie ich schon an dem Beispiel der zwei Wannen erklärt habe.

Ist das immer so?
Vielleicht nicht immer, aber meistens. Wirtschaft und Börse stehen letzten Endes in einer gewissen Verbindung, aber – wie gesagt – nicht parallel, sondern zeitlich verschoben. Meistens ist die Börsentendenz ein Vorläufer der kommenden Wirtschaftsentwicklung. Aber nach einem Wirtschaftsboom, nach der Abkühlung und bei einer größeren Liquidität kann dank dieser Abkühlung der Börsenboom kommen, um so mehr, als nicht nur mehr Geld, sondern auch größere Gewinne zu erwarten sind.

Sind also die Prognosen der Volkswirte immer falsch?
Vielleicht. Sie können sich manchmal auch durch Zufall bestätigen. Aber überzeugend sind sie nicht. Ich möchte ein interessantes Beispiel zitieren: Im Frühjahr 1962 gab es einen besonders heftigen Kurssturz in Wall Street und an allen Börsen der Welt, der von keinem Wirtschaftsexperten vorhergesehen worden war. Es war so arg, daß man, wenn man Verkaufsaufträge gegeben hatte, zum Beispiel von den Schweizer Börsen tagelang überhaupt keine Antwort bekam (obwohl die Schweizer Börsen einen relativ großen Umsatz haben). Einige Monate später, als sich die Kurse auf dem tiefen Niveau etwas beruhigt hatten, organisierte die *New York Harald Tribune* (heute: International Harold Tribune) eine Round-table-Konferenz mit den besten Wirtschaftsexperten. Sie debattierten hin und her, einige waren sehr pessimistisch, andere etwas optimistischer. Bevor sie auseinandergingen, stellte der Moderator lächelnd die Frage: »Was halten Sie, meine Herren, von einem *Dow-Jones-Index* von soundsoviel zum Jahresende?« (Der Index war an diesem Tage 200 bis 300 Punkte niedriger.) Im Chorus antworteten alle: »Are you kidding?« (Machen Sie Witze?) Und was geschah? Nicht zum Jahresende, aber etwa vierzehn Tage später stand der Dow Jones auf diesem hohen Kurs.

Können Sie noch ein ähnliches Beispiel anführen?
Ein anderes krasses Beispiel soll ein Artikel in dem bedeutendsten amerikanischen Wirtschaftsmagazin *Business Week* (Heft August 1979) sein. *Business Week* behauptete, daß Aktien als Anlage endgültig tot seien. »Niemand will mehr Finanzwerte besitzen«, meinte das Magazin, »nur harte, greifbare Anlagemedien wie Gold und Silber oder Sachwerte verschiedenster Art, Orientteppiche, chinesisches Porzellan, Gold- und Silbergegenstände und eventuell auch Immobilien, die man auch streicheln kann.« Diese Behauptung war einfach lächerlich. Am selben Tag wurden in Wall Street allein über 50 Millionen gehandelt plus die Milliardenbeträge der Anleihen, abgesehen von allen anderen Weltbörsen wie London, Tokio usw. Wer hat dieses Riesenquantum an Wertpapieren gekauft? Denn es wurden genauso viele Aktien und Anleihen gekauft wie verkauft. Die Antwort ist ganz einfach: Die Optimisten haben gekauft und die Pessimisten verkauft oder anders gesagt: Die Zittrigen haben verkauft und die Hartgesottenen gekauft. Interessanterweise waren die Papiere an diesem Tage auf dem tiefsten Stand (und die Zinsen am höchsten): Dow Jones stand bei zirka 800. Zuerst kam eine sanfte und dann eine ständig zunehmende Besserung, nicht nur in Wall Street, sondern an allen Börsen der Welt. Welch ein Unsinn also, zu behaupten, »niemand« sei willens zu kaufen. Wer waren also die Käufer? Wie darf überhaupt ein seriöses Wirtschaftsmagazin Teppiche, Töpfe, Briefbeschwerer, alte Waffen, Kaffeemühlen und ähnliche Sammelobjekte als Anlageobjekte anführen?

Haben denn nicht viele mit ihren Sammelobjekten eine gute Anlage gemacht?
Doch. Aber das sind Einzelfälle. Ein Privatmann kann sich darüber freuen, daß seine Bilder, sein Porzellan oder Silber und andere Werte um soundsoviel gestiegen sind. Ich selber

befinde mich in einer ähnlichen Lage. Aber das ist rein theoretisch; denn erstens gibt es immer Komplikationen und Schwierigkeiten, wenn man verkaufen will, zweitens verkauft ein echter Sammler seine Sammelobjekte sowieso nicht, ganz egal, wie hoch sie geschätzt werden. Der Sammler wird eher verhungern, bevor er sich von seinen Schätzen trennt. Die Erben werden sie natürlich veräußern, aber sie sind dem Käufer quasi ausgeliefert, weil sie die Werte selber nicht genau kennen. Natürlich gibt es Einzelfälle, wo auch der Sammler unter Druck gerät und – unter großen Schmerzen – verkaufen muß. Vor einigen Jahren mußte der bekannte Großverdiener und Bestsellerautor Roger Peyrefitte seine Erotikasammlung versteigern, sonst wäre er in Konkurs geraten. Aus Liebe zu einem jungen Mann hat er sich in Millionenausgaben gestürzt und mußte die Objekte und Bücher, die von großer Seltenheit waren, auf mehreren Auktionen versteigern.

Aber so etwas darf man nicht einmal erwähnen, wenn man allgemein über Anlagen spricht. Wenn man Anlagen analysiert, so bezieht sich das auf Milliarden und Abermilliarden. Wie soll man diese in marginalen Werten anlegen? Und Sammelobjekte sind marginale Werte. Der Vergleich zwischen Aktien und Kunstwerken als Anlagen ist ganz unseriös. Das eine hat mit dem anderen nichts zu tun – abgesehen davon, daß auch die Preise der Kunstwerke viel größeren und überraschenden Schwankungen ausgesetzt sind als diese Aktien und von ganz unkontrollierbaren Einflußfaktoren abhängen.

Unter den greifbaren Anlagen könnte man auch Gold und Silber einordnen, aber das ist wieder ein anderes Kapitel, auf das ich noch zurückkommen werde.

Wie soll man den Einfluß der nationalen Politik auf die Börse einschätzen?

Man muß sich ihrer großen Bedeutung speziell in Europa bewußt sein. Denn in Europa ist der Unterschied in der Wirtschafts- und Kreditpolitik zwischen einer konservativen und einer linksorientierten Regierung größer als in Amerika. Die politischen Strömungen rechts und links beeinflussen die Psychologie und die Zukunft der Anleger und der Unternehmer. Aber auch da kann man nicht den Regeln trauen, denn die psychologische Reaktion ist, wie schon gesagt, unberechenbar. Besonders wichtig ist, ob die Regierung, die eine Inflationswelle oder Deflation bekämpfen will, mit fiskalischen oder monetären Waffen vorgehen will. Die jeweilige Entscheidung beruht auf der ideologischen Einstellung des neuen Parlamentes.

In Amerika haben die Wahlen nicht dieselbe Bedeutung für die Börse. Dort wird auch alle vier Jahre gewählt, aber für die Unternehmer bleibt es fast gleich, welche Partei an die Macht kommt – die demokratische oder die republikanische, denn beide stehen fest auf dem Boden des freien Kapitalismus. Eine viel größere Bedeutung aber hätte die Persönlichkeit des gewählten Präsidenten, ganz gleich, welcher Partei er angehört. Roosevelt und Truman waren Demokraten und hatten das Vertrauen des amerikanischen Volkes wie der Republikaner Reagan. Carter dagegen als Demokrat und Nixon und Ford als Republikaner genossen nicht im selben Maß das Vertrauen ihrer Mitbürger, und deswegen waren sie auch erfolglose Präsidenten.

Für Europa ist es ein Jammer, daß man alle vier oder fünf Jahre wählt und jedesmal zittern muß, wie die Wahlen ausfallen.

Wie groß ist der Einfluß der internationalen Politik auf die Börse?

Ganz gewaltig. Die Weltlage – Spannung oder Entspannung – beeinflußt die Psychologie des Publikums. Die Entwicklung der internationalen Lage beeinflußt ganze Branchen (Friedens- und Kriegsindustrie), internationale Zahlungsbilanzen, Handelsverträge, politische Kredite usw.

Wo liegt der Unterschied zwischen Spekulation und Anlage?
Es gibt keine feststehende Grenze zwischen Spekulation und Anlage. Eine gute Anlage ist eine gelungene Spekulation, und eine Verlustspekulation ist eine schlechte Anlage. Ob Spekulation oder Anlage, hängt nicht von der Qualität der Papiere ab, sondern vom relativen Quantum. Ein sogenanntes hochspekulatives Papier, eine Ölquelle oder Goldmine, die noch nicht erschlossen, aber vielversprechend sind, wird bei einem großen Anleger, der darin nur einen kleinen Betrag investiert, als eine Anlage mit kalkuliertem Risiko gelten. Dagegen ist es eine halsbrecherische Spekulation, wenn sich zum Beispiel ein kleiner Sparer mit hoher Verschuldung mündelsichere Anleihen kauft.

Sollte man ein Papier auf kurze Sicht kaufen, auch wenn man auf lange Sicht davon eine schlechte Meinung hat oder darin sogar eine Gefahr sieht?
Nein, unter keinen Umständen! Man setzt sich nicht einmal fünf Kilometer in ein Auto, wenn man damit rechnet, daß es mit diesem Wagen nach 50 Kilometern zu einem schweren Unfall kommen könnte.

Wenn man glaubt, daß die außen- oder innenpolitische Entwicklung für die Börse ungünstig werden könnte – aber erst nach einer gewissen Zeit, weil der Wahltermin noch in weiter Ferne liegt –, so muß man diese Gefahr einkalkulieren und die Gefahr nicht übersehen mit der Begründung, es sei ja noch viel Zeit. Ich erinnere mich noch ganz genau an eine persönliche Erfahrung aus den dreißiger Jahren.

In den dreißiger Jahren hatte ich an der Pariser Börse aus gewissen Gründen ein Baisse-Engagement; die Gründe waren teils wirtschaftlicher, teils politischer Natur. Die Börse aber stieg und stieg aus technischen Gründen und weil die Syndikate sie in die Höhe manipuliert hatten. Dann kamen Wahlen in Deutschland, und zum ersten Mal errang Hitler, das heißt die Nationalsozialistische Partei, einen relativ größeren Sieg. 67 Naziabgeordnete in braunen Uniformen und mit Hakenkreuzarmbinden marschierten in den Reichstag ein. Für viele war dies ein entsetzliches Ereignis und eigentlich auch eine Überraschung.

Die Pariser Börse nahm aber davon keine Notiz, obwohl es für die zukünftige Entwicklung ein Memento war, und stieg lustig weiter. Umsonst wiederholte ich vor meinen Börsenkollegen, welcher Unsinn diese Aufwärtsbewegung sei: Im Nachbarland und beim Erzfeind von Frankreich gewinne eine Partei an Macht, die den Frieden bedrohe. »Was geht es uns an«, sagten meine Kollegen, »was in Deutschland passiert; hier sind wir in Frankreich!«

Ich war bestürzt über diese dumme Reaktion und erzählte ihnen von einer Filmburleske, die ich ein paar Tage zuvor gesehen hatte: »Buster Keaton spielt Klavier in einem kleinen Haus in einer öden Landschaft. Er spielt und blickt träumerisch an die Decke. Auf einmal kommt ein Bösewicht und zündet das Haus an. Das Gebäude brennt lichterloh, und die Flammen zerstören sämtliche Wände. Buster spielt so verträumt weiter, daß er nichts sieht. Und als die Mauern schon vollkommen niedergebrannt sind, spielt er noch immer, bis zu den letzten Akkorden des Musikstückes. Dann schaut er um sich, bemerkt mit Entsetzen, daß das Haus nicht mehr steht, und läuft in panischem Schrecken davon. So wird es euch auch gehen, wenn ihr bemerkt, daß das Haus brennt.«

Und was geschah dann tatsächlich?

Wie ich es gesagt habe. Langsam entdeckten die Börsenspieler, daß dieser Aufstieg von Hitler kein Spaß war. Sie verloren die Lust, weiter auf Hausse zu spekulieren. Es kam zu einem Krach, und ich konnte große Profite kassieren. Fazit: Ein Börsenspekulant muß immer in die Ferne schauen und nicht nur bis zu seiner Nasenspitze.

Als ich in meiner Jugend Autofahren lernte, sagte der Fahrlehrer zu mir: »Schauen Sie nicht immer nur unmittelbar vor die Motorhaube, sondern hundert, zweihundert Meter in die Ferne.« Ich probierte es und hatte plötzlich ein ganz anderes Gefühl beim Fahren. Und so soll es auch an der Börse sein. Nicht daran denken, ob die Kurse morgen oder übermorgen steigen werden, sondern an das, was alles noch kommen kann und wird in den nächsten Monaten und Jahren.

Ist erfolgreiches Spekulieren ein Full-time-Job?
Nein, man muß sich aber außer zum Sport, Autofahren und Kartenspielen auch etwas Zeit nehmen zum Nachdenken und Überlegen, die Pros und Kontras vor jedem Entschluß abwägen. Angeln ist ein guter Zeitvertreib und Entspannung für den Spekulanten, denn wenn man in Ruhe an der Angel sitzt, kann man über wichtige Probleme nachdenken. Für mich ist Musik zu hören die beste Begleitung zum Nachdenken und Kombinieren.

Kann man auch mit kleinem Einsatz einen großen Gewinn erzielen, oder gilt auch hier der Spruch: »Die erste Million ist die schwerste«?
Ja, man kann auch klein anfangen. Mit dem Kauf von total abgesackten Aktien, die fast pleite sind, die jedoch im letzten Moment gerettet werden. Diese Fälle nennt man Umkehrsituation.

Oder man kann auch mit Optionen viel Geld machen, wenn man die Tendenz genau im richtigen Moment unmittelbar vor dem Aufschwung erwischt. Das ist auch möglich, aber ich ziehe den ersten Fall vor. Natürlich ist die erste Million die schwerste, nicht nur an der Börse, sondern in jedem Beruf. Etwas muß ich jedoch sehr betonen: Man soll sich nicht vorstellen, wie viele junge Börsianerkandidaten es tun, daß sie sich mit Börsenspiel den Lebensunterhalt verdienen könnten.

Wieviel Geld kann ein guter Börsenspieler pro Jahr verdienen?
»Verdienen« kann er nichts, denn an der Börse gemachtes Geld ist kein Verdienst. Aus Börsenspiel kann man sich nicht ein jährlich soundso großes Einkommen verschaffen. In meinen Ohren klingt es immer falsch, wenn man über die Erfolge eines Börsianers spricht, der im Jahr soundsoviel Einkommen erzielt hat. Erstens kann man nichts als Einkommen bezeichnen, das aus den Kursschwankungen entspringt. Das sind Gewinne, aber kein Einkommen. Das Einkommen von Wertpapieren besteht aus Dividenden, Zinsen, Coupons usw., aber nicht aus Kapitalgewinnen. An der Börse kann man Gewinne machen, große Gewinne, auch reich werden. Man kann verlieren, viel verlieren und pleite gehen. Man kann unter keinen Umständen die Gewinne pro Monat und pro Jahr berechnen. Es kann bei einem guten Spekulanten vorkommen, daß er jahrelang erfolglos bleibt und Verluste einstecken muß. Und dann kommen sechs Monate, wo er mehr Gewinne macht als die Verluste in den ganzen vergangenen Jahren. Fazit: Man kann Börsenerfolge nicht nach Jahren und soundsoviel Prozent berechnen.

Sollte für alle potentiellen Spekulanten gelten: Nicht kleckern, sondern klotzen?
Ja. Wer an der Börse das »Kleine zuviel ehrt, ist des Großen nicht wert«. »Wenn schon Schweinefleisch, dann muß es triefen«, sagen die frommen Juden, denen das Schweinefleisch verboten ist. Das soll sich jeder Börsenprofi vor Augen halten. Wenn er schon so gefährlichen Boden betritt, dann muß es sich lohnen: große Gewinne – kleine Verluste.

Gilt dieses Postulat für jeden?

Ich habe für meine Anhänger den Spruch geprägt, der viel zitiert und von dem oft gesprochen wird: »Wer viel Geld hat, kann spekulieren, wer wenig Geld hat, darf nicht spekulieren, wer gar kein Geld hat, muß spekulieren.« (Unter gar kein Geld verstehe ich natürlich fast kein Geld, nur eventuell eine kleine Summe.)

Macht die Börse süchtig?

Ich glaube, ja! Ich kannte viele, die nur durch Zufall an die Börse kamen und sich nicht mehr losreißen konnten. Am besten illustriert dies die folgende Anekdote: Nach dem Börsenkrach 1929 in New York waren Tausende von Börsenprofis total pleite und mußten andere Beschäftigungen finden, sogar minderwertige Jobs. Zwei ehemalige Kollegen von der Börse treffen sich, und der eine fragt: »Was machst du jetzt?« – »Ich verkaufe Zahnbürsten für eine Firma. Und du?« – »Ganz im Vertrauen sage ich es dir«, ist die Antwort, »ich bin noch immer bei der Börse. Aber meine Frau glaubt, ich spiele Klavier in einem öffentlichen Haus.« (Das war noch immer besser, als Börsianer zu sein.)

Grau ist alle Theorie –
ist das ein Patentrezept für Spekulanten?

Absolut richtig. Es gibt keine wissenschaftlichen Thesen oder Systeme – das ist das einzige Patentrezept. Man kann nur ahnen, aber ganz klar kann man nichts sehen. Oft höre ich sogar von alten Profis: »Die Börse ist zur Zeit ganz undurchsichtig!« Darüber kann ich nur lachen. Wann war sie denn jemals durchsichtig? Wenn sie durchsichtig sein sollte, wäre sie ja keine Börse. Auch der beste Spekulant kann nicht in die Zukunft sehen, sondern bestenfalls die Konturen im Nebel erkennen. Man kann nicht voraussehen, was morgen oder übermorgen sein wird. Aber man muß wissen, was heute ist und gestern war. Und das ist schon sehr viel, denn die meisten wissen noch nicht einmal das.

Also liegt alles im dunkeln?
Kann man durch Erfahrung dazulernen?
Ganz richtig. Alle Börsenspieler und Spekulanten befinden sich in einer Dunkelkammer. Sie können nur durch Herumtasten die Objekte finden, die sie suchen. Natürlich wird derjenige, der sich schon seit langem in der Dunkelkammer befindet, leichter die gesuchten Objekte finden als jener, der soeben vom hellichten Tag eingetreten ist.

Aber viele Banker behaupten, daß sie etwas wissen.
Kann das sein?
Trauen Sie nie denjenigen, die die Wahrheit schon gefunden haben, trauen Sie nur denen, die die Wahrheit noch suchen, wie der französische Dichter André Gide sagte. Wir suchen immer Richtlinien, wie die Börse sein wird. Wir können nichts wissen, nur ahnen.

Gibt es für einen Spekulanten nur einen Gott: das Geld?
Ist dies die Maxime seines Handelns?
Gewiß nicht. Es gab Genies in der Kunst oder in der Literatur, die leidenschaftliche Spekulanten waren: Cicero (allerdings nicht mit Aktien, sondern mit Immobilien), Voltaire, Beaumarché, Rossini, Balzac, Gauguin, Proust, wahrscheinlich auch Schopenhauer und noch viele andere. Ich selber machte die Bekanntschaft des größten Geigenspielers seiner Zeit, Fritz Kreisler, in einem Brokerbüro in Amerika während der Börsenzeit. Er wollte immer Tips haben, doch hatte er einen großen Vorteil mir gegenüber: Er konnte seine Verluste an der Börse vom Nachmittag am Abend mit seiner Geige wieder »einspielen«. Für mich ist das Geld bestimmt nicht der Gott. Die Spekulation ist wie – für viele andere –

ein intellektueller Sport, für die, denen es eine größere Freude bedeutet, Recht zu erhalten, als das Geld selber. Spekulation ist wie bei vielen Karten-, Roulette- und Rennspielen ein Nervenkitzel, bei dem nicht das Geld, sondern der Sieg an erster Stelle steht. Für die leidenschaftlichen Kartenspieler ist zwar das Gewinnen das größte Vergnügen, aber schon an zweiter Stelle kommt das Verlieren.

Ist Spekulation mit Moral vereinbar?
Natürlich, aber mit ganz wenigen Ausnahmen. Es gab keinen wirtschaftlichen Fortschritt, der nicht immer eine Folge der Spekulation gewesen wäre.

Können uns Großspekulanten gefährlich werden, oder sollten wir als Trittbrettfahrer von ihren risikoreichen Transaktionen profitieren?
Da kann man keine Regel aufstellen. Die Großspekulanten, besser gesagt, die Finanziers, führen ihre Transaktionen, Übernahmen, Fusionen, Entflechtungen usw. an und dank der Börse durch. Sie kaufen die Mehrheit, das heißt die Kontrolle einer Gesellschaft an der Börse auf oder trennen sich von einer Tochtergesellschaft durch den Verkauf von deren Aktien an der Börse. Ein geschickter Börsenhändler kann durch die Kursschwankungen, die diese Finanztransaktionen verursachen, oft profitieren. Aber auch auf diesem Sektor ist die größte Vorsicht geboten. Oft plant eine Finanzgruppe den Erwerb der Mehrheit einer Gesellschaft und kauft an der Börse deren Aktien, gelingt dies aber nicht, stößt diese Gruppe die schon aufgekauften, aber zur Kontrolle nicht ausreichenden Aktien wieder ab. Dann stürzt der Kurs dieser Aktie, der vorher raketenhaft hochgeschossen war, senkrecht in die Tiefe. So ist dieses Auf und Ab für den unschuldigen Zaungast ganz und gar unverständlich.

Lassen sich Manipulationen wie die eines Bunker Hunt mit Silber auch heute wiederholen?
Seit die Börsen existieren und solange sie existieren, waren und bleiben solche Manipulationen immer an der Tagesordnung. Die Finanziers sind keine Philanthropen. Nicht umsonst hat man sie einmal in Amerika »banksters« (statt »gangsters«) genannt.

Wie kann ein Unternehmen durch eine Kapitalerhöhung einen Anleger täuschen?
Auf verschiedene Weisen. Die Bilanzen sind ja nicht immer hundertprozentig ehrlich. Wie schon gesagt, sie sind mindestens frisiert, aber immer *tempi passati.* Wenn ein Unternehmen eine Kapitalerhöhung vornehmen will, manipuliert es den Kurs einer Aktie in die Höhe, um die neue Aktie für das Publikum schmackhaft zu machen. Solche Manipulationen sind gang und gäbe.

Sollte der Börsendebütant nach dem Motto handeln: »Selbst ist der Mann«?
Für einen vollkommenen Debütanten ist es natürlich schwer, allein und selbständig an der Börse anzutreten. Er soll dieses Buch genau studieren, dann wird er zumindest eine ganz kleine Ahnung haben, was die Börse ist.

Wie kann man sich vor falschen Propheten schützen, die überall scheinbar sensationelle Anlagemöglichkeiten anpreisen?
Sie nicht ins Haus lassen. Wenn sie anrufen, den Hörer auflegen. Und wenn man ihnen zufällig gesellschaftlich begegnet, die Ohren verschließen. Ich muß es ununterbrochen wiederholen: Es gibt keine Börsenpropheten und Gurus, nur Sterngucker und Phantasten. Man kann das Unprophezeibare nicht prophezeien. Die sensationellen Anlagemöglichkeiten

sind fast immer Betrug. An jeder Straßenecke lauert ein gerissener Anlageberater, der einem solche Möglichkeiten empfiehlt, mit denen man sich angeblich vor Inflation, Deflation, Crash oder irgendeiner anderen Krise schützen kann. Da muß ich Molière zitieren: »Die meisten Kranken sterben nicht an ihrer Krankheit, sondern an den Medikamenten.«

Sind die jährlichen Geschäftsberichte, Hauptversammlungen und Publikationen in der Presse als Informationsquelle über die Entwicklung eines Unternehmens ausreichend?
Nein. Außerdem muß man bei den Texten zwischen den Zeilen lesen können und nach jeder Meldung überlegen, was dahintersteckt, ob die Meldungen nicht falsch oder mindestens unglaubwürdig sind. Man muß die Texte sehr kritisch, sogar zynisch analysieren. Außerdem kann man nicht wissen, wo und wann plötzlich eine gefährliche Konkurrenz auftaucht oder die sich noch ändert.

Sollte man sein Kapital eher etablierten Gesellschaften anvertrauen oder auf Newcomer setzen?
Das hängt von der Zielsetzung ab; es gibt keine Regel. Es hängt von der Kapitalstärke, der Risikofreudigkeit und der Geduld ab. Aber es hängt auch vom Newcomer ab, von dessen Management, Patronage usw.

Ist es bei der Börsenspekulation wie beim Roulettespiel? Sollte man im ersten Gewinnfieber nicht alles wieder einsetzen?
Das ist eine Frage des Charakters und des Alters. Darüber kann man nur philosophieren, aber keine Ratschläge geben, genau wie beim Roulettespiel.

Was halten Sie von Charts (Kurskurven)? Lassen sich aus der Vergangenheit Zukunftstendenzen ablesen?
Ich halte etwas davon, aber nicht zuviel. Ich würde aufgrund der Charts nicht kaufen, aber unter keinen Umständen gegen sie operieren. Ich schaue mir gerne Charts über eine längere Zeitspanne (mindestens sechs bis zwölf Monate) an, aber auch nur bei einzelnen Aktien und nicht bei den Marktindexen.

Ein Krankenhausarzt betrachtet auch nur die Fieberkurve eines einzelnen Patienten in einem Krankenzimmer, um seine Schlüsse zu ziehen und den Gesundheitszustand zu beurteilen, und errechnet nicht die Durchschnittsfieberkurve aller in dem Zimmer liegenden Kranken.

Die Charts sind die Fieberkurven einer Aktie, die mir über ihren Zustand in den letzten Wochen und Monaten Auskunft geben. Das ist schon eine gewisse Basis für die Beurteilung – auch für die Zukunft. Die Chart kann mir vielleicht auch Informationen über das Verhalten der Insider bei einem Unternehmen geben, die sonst nicht überall bekannt sind.

Eine im Zickzack aufsteigende Linie deutet darauf hin, daß die Insider (Manager, Großaktionäre usw.) ihren Bestand an den betreffenden Aktien vergrößern wollen. Dafür können sie verschiedene Gründe haben: Sie wissen schon, daß die Gewinne steigen, daß sie neue, sehr chancenreiche Produkte auf den Markt bringen. Sie wollen eventuell verhindern, daß eine andere Gruppe das Unternehmen übernimmt, oder ganz einfach ihre Kontrolle über dieses Unternehmen ausbauen.

Eine im Zickzack fallende Linie zeigt dagegen, daß die Insider ihren Bestand vielleicht verringern oder sogar total ausverkaufen möchten.

Die steigende Zickzacklinie – zwei Schritte hinauf, einen hinunter, zwei Schritte hinauf, einen hinunter – läßt vermuten, daß die Käufergruppe mit ihren Käufern sehr vorsichtig vorgeht, damit nicht zu viele Mitläufer dabei sind. Nachdem der Kurs etwas gestiegen ist, stoppt man die Käufe, verkauft sogar eine Kleinigkeit, um die anderen zu täuschen, und fängt wieder an zu kaufen, wenn der Kurs zurückgegangen ist.

Im umgekehrten Fall – zwei Schritte hinunter, einen hinauf, zwei Schritte hinunter etc. – gehen die verkaufenden Gruppen ebenfalls mit größter Vorsicht vor. Nach dem Rückgang der Kurse stoppen sie die Verkäufe, erwerben vielleicht sogar wieder etwas, damit sich der Kurs beruhigt.

Wie gesagt kommt es oft vor, daß eine Gruppe die Kontrolle über ein Unternehmen erwerben möchte. Doch eines Tages muß sie feststellen, daß die benötigten 51 Prozent der Aktien für die Mehrheit nicht erreicht werden konnten. Sie befinden sich in festen Händen. Da die Gruppe an einer Minderheitsbeteiligung nicht interessiert ist, verkauft sie die erworbenen Aktien wieder und drückt dadurch den Kurs in die Tiefe. Dieser Fall kommt recht häufig vor. Das naive Börsenpublikum steht verständnislos vor dem Phänomen der erst rapide steigenden und dann heftig fallenden Kurse.

Bemerkenswert ist auch, wenn die Chartlinie einer Aktie genau in die entgegengesetzte Richtung geht wie die Tendenz des gesamten Marktes, sie entweder gegen den großen Trend steigt oder fällt. So verrät uns die Chart etwas über die Transaktionen der Insider. Ich würde nicht gegen eine fallende Chartlinie kaufen, wenn die gesamte Börsentendenz steigend ist. Dagegen ist es ein besonders gutes Zeichen für eine Aktie, wenn ihre Chart steigt, während die gesamte Tendenz fallend ist. Aber ich würde Aktien nicht nur deshalb kaufen, weil ihr Chart steigt – das ist nicht genügend.

Man kann bei den Charts auch folgendes beobachten (ich betone: beobachten, und nicht: herauslesen): Wenn eine

Aktie mit einem Zickzackkurs in die Höhe geht und auf einem gewissen Niveau eine Decke bildet, die der Kurs nicht durchbrechen kann, wenn also der Kurs sozusagen öfter an die Decke springt, wieder abfällt usw., könnte das bedeuten, daß bei einem gewissen Kurs große Mengen der Aktie aus irgendeiner Quelle auf den Markt kommen. Die Makler haben den Auftrag, bei einem bestimmten Kurs zu verkaufen. Dann kommt der Augenblick, wo der Kurs die Decke durchbohrt und in die Höhe geht; das würde bedeuten, daß das zur Verfügung stehende Quantum verkauft ist und keine neue Ware herauskommt.

Wenn umgekehrt eine Aktie im Zickzackkurs tief abfällt, einen gewissen Boden aber nicht durchbricht, öfters auf den Boden fällt und wieder hochspringt, könnte das bedeuten, daß eine Gruppe Kurspflege betreibt, besser gesagt interveniert, um eine Panik bei den Besitzern zu verhindern. Wenn der Kurs dann zu einem bestimmten Zeitpunkt den Boden durchbricht, hieße das, daß die intervenierende Gruppe nicht weiter kaufen will, sei es, daß sie dazu keine Mittel mehr hat oder nicht mehr aufwenden will.

Noch eine Beobachtung: Wenn der Kurs einer Aktie nach einem heftigen Rückschlag eine gewisse Zeit auf einem tiefen Niveau stehenbleibt, aber nicht weiter fällt, obwohl alle Berichte und Ereignisse dafür sprechen, könnte das bedeuten, daß die Insider schon darüber informiert sind, daß sich das Unternehmen in einer Umkehrsituation befindet und gute Chancen für die Zukunft bestehen. Diese Analyse bestätigt sich dann, wenn der Kurs dieser Aktie langsam wieder zu steigen beginnt.

Da es Tausende von Chartspielern gibt, können sie selber manchmal Kursbewegungen verursachen. Wenn es nach ihrer Theorie bestimmte Signale gibt, würden sie kaufen oder verkaufen und so die Schwankungen selber erzeugen. Diese wären jedoch nur von kurzer Dauer.

Für Unsinn halte ich, aus verschiedenen Kurvenformen schwerwiegende Schlüsse zu ziehen, wie immer sie heißen mögen: »Untertasse«, »Seitenflanke«, »Schulter-Kopf-Schulter« usw. Solche Kennzeichnungen dienen nur den Tagesspielern, die kurzfristige Operationen durchführen wollen. Ich kannte in meinem Leben Hunderte von Spielern, die mit ihren Chartsystemen handelten, aber ich kannte nicht einen, der zum Schluß nicht all sein Geld verloren hätte.

Fazit: Man soll die Charts beobachten und aus ihnen Schlüsse ziehen, ihnen aber nicht blind folgen. Sie zeigen klar und verständlich die Vergangenheit einer Aktie, die man kennen sollte. Denn wie sagt der chinesische Spruch? Wer die Zukunft erforschen will, muß die Vergangenheit kennen.

Gibt es einen börsenunabhängigen Markt, den man als Schwarzmarkt bezeichnen könnte?

Ja. Aber nur in dem Lande, in dem eine strenge Devisenzwangswirtschaft oder andere Maßnahmen herrschen, die den freien Handel behindern. Dann nennt man es heute aber oft nicht mehr »Schwarzmarkt«, sondern »Parallelmarkt«, denn die Teilnehmer behaupten, daß nicht ihre Geschäfte gegen die Moral verstoßen, sondern die Gesetze und Dekrete unmoralisch seien. Das Thema ist besonders in den letzten siebzig Jahren so aktuell gewesen, daß man darüber ein ganzes Buch schreiben kann.

An welchen Börsen werden die größten Gewinne gemacht?

Das hängt von vielem ab. Zuerst, ob ich dies in relativen oder absoluten Zahlen messe. In absoluten Zahlen gemessen, bestimmt in Amerika; denn der Markt ist dort ungeheuer groß. Zehntausende derselben Aktien können angeboten oder nachgefragt werden, ohne daß das den Kurs beeinflußt. Zu den relativen Zahlen und den Kursschwankungen wäre zu sagen, daß es von der Zeit und noch einer ganzen Reihe anderer Faktoren abhängt, ob sie größer oder kleiner sind. Einmal kann es in London sein, in Tokio oder in Paris; es gibt keine Regel. Ich weiß, daß viele junge Börsianer sich auch für Sydney, Hongkong, Singapur und ähnliche exotische Märkte interessieren. Aber ich teile ihren Geschmack nicht. Die jungen und neuen Börsianer haben manchmal den »Superiority-Komplex«, wenn sie Telegramme, Ausführungen und Empfehlungen von diesen Märkten bekommen. Sie rufen sogar Sydney oder Hongkong an und fühlen sich plötzlich wie internationale Finanziers, die mit ihren Transaktionen den Globus umspannen.

Kann man auf den sogenannten exotischen Märkten keine Gewinne machen?
Vielleicht hie und da. Aber ich glaube, die Anfänger sollten sich an die großen westlichen Märkte halten. Gibt es denn da nicht genügend Gelegenheiten? Um auf einem Markt durch Überlegung erfolgreich zu operieren, muß man über das betreffende Land ziemlich viel wissen. Die Mentalität des Publikums, die Mentalität der Spieler, die politischen Verwicklungen, die Geschäftspolitik der Banken, das Verhalten der Notenbanken, die technische Verfassung der Märkte usw. All diese Sachen können wir hier von Europa aus weder kennen noch verfolgen. Und obwohl ich mit der Börse von Tokio in den fünfziger Jahren besonders gute Erfahrungen gemacht habe, würde ich trotzdem heute nicht mehr an diesen Börsen teilnehmen. Unmittelbar nach dem Ersten Weltkrieg war es leicht, sich eine Meinung zu bilden. Meine Einstellung war: Der Friede ist da, und Japan wird – dank seiner Disziplin, seinem Fleiß und seiner Zähigkeit – wieder eine Hochkonjunktur erleben. Diese globale Voraussetzung war richtig, aber seitdem sind 35 Jahre vergangen, und die heutige Tokioter Börse ist eine wahrhaftige Spielhölle geworden. Ein altes Gesetz für Pokerspieler behauptet,

daß man mit unbekannten Partnern nicht Poker spielen darf. Das heutige Japan ist für mich unbekannt, und ich habe mir zum Prinzip gemacht, daß ich an der Börse eines Landes nicht operiere, dessen Sprache, geschweige denn dessen Alphabet ich nicht kenne.

Wenn also ein Anleger oder Spekulant zu Japans Wirtschaft auf lange Sicht optimistisch eingestellt ist und darauf spekulieren will, kann er an der New Yorker Börse das Papier »Japan Fonds« kaufen; das ist ein Investmentfonds ausschließlich mit japanischen Werten, der von japanisch-amerikanischen Managern geleitet wird, die über die japanische Wirtschaft und ihre Einzelheiten besser informiert sind als irgendein europäischer Spekulant.

Sind die deutschen Börsen
für die Kosmopoliten unter den Spekulanten
zu konservativ und auch zu provinziell?

Das hängt wieder von den Zeiten ab. In der Vergangenheit war das sicher der Fall. Doch seit 1984 kaufen die Sparer wie wild Aktien. Im allgemeinen kann man jedoch sagen, daß das deutsche Börsenpublikum viel mehr zu festverzinslichen Anlagen und Sparkonten neigt. Auch Immobilien hatten jahrelang den Vorzug gegenüber Aktien. Deswegen wollten die deutschen Wirtschaftsführer schon seit Jahren das Aktiensparen popularisieren, damit viele Unternehmen ihr Stammkapital erhöhen können. Endlich ist es ihnen seit 1983 gelungen, das Publikum aktienfreundlich, sogar aktiensüchtig zu machen. Es war aber nicht schwer, nachdem in der ganzen Welt eine Wende zugunsten der Börsen gekommen war, und so konnte man von dieser Atmosphäre auch in der Bundesrepublik profitieren. Das wird so lange dauern, bis ein Sturz der Kurse große Verluste verursacht. Dann kann wahrscheinlich eine große Pause kommen, bis das Interesse wieder aufflackert.

*Lohnt es sich trotz der hohen Spesen,
an unterschiedlichen Börsenplätzen zu kaufen
beziehungsweise zu verkaufen?*

Das hängt davon ab, um welche Papiere und um welche Börsen es sich handelt. Viele amerikanische Werte werden in der Bundesrepublik, in Amsterdam, in der Schweiz, in Paris usw. gehandelt. Die Provisionen sind verschieden, aber in Europa sind sie generell relativ billiger als in den USA.

*Spielt es eine Rolle,
ob amerikanische Werte in deutscher Mark
oder Schweizer Franken gehandelt werden?*

Nein, denn die Aktien entsprechen genauso den jeweiligen Währungskursen. Das gilt für die Werte, die in der Bundesrepublik, in Zürich usw. einen großen Markt haben. Bei Aktien mit niedrigen Umsätzen kann es kleine Verschiebungen geben, so daß sie in Europa einmal höher oder tiefer stehen als in Amerika.

*Sind die Gewinne, die man bei den Kursdifferenzen
der Aktien erreicht, grundsätzlich steuerpflichtig?
Wenn ja, in welcher Höhe?*

In der Bundesrepublik sind sie grundsätzlich steuerpflichtig, wenn zwischen Kauf und Verkauf weniger als sechs Monate liegen.

*Sind Namensaktien grundsätzlich teurer
als Inhaberaktien?*

Nein, im Gegenteil. Wenn eine Gesellschaft beide Sorten besitzt (wie es in der Schweiz oft der Fall ist), dann sind die Namensaktien billiger als die Inhaberaktien. Aber nur Schweizer haben das Recht, Schweizer Namensaktien zu kaufen.

Bedeutet die Kapitalerhöhung einer Gesellschaft einen Aufwärtstrend der Aktie?
Nein. Es hängt eigentlich von den Chancen des Unternehmens und von der allgemeinen Tendenz auf dem Kapitalmarkt ab. Bei einer Tendenz nach unten wirkt sich eine Kapitalerhöhung eher negativ aus, bei einer steigenden Tendenz dagegen hat sie eine positive Wirkung.

Die Aktie erlaubt kapitalsuchenden Unternehmen eine breite Kapitalaufnahme. Könnte sie ein Weg zu mehr Wirtschaftsdemokratie sein?
Ja. Was die Aktie für das System der freien Marktwirtschaft bedeutet, habe ich schon gesagt. Der breitgestreute Besitz von Aktien großer Unternehmen führt langsam zu einer Art von Volkskapitalismus. Dank der Börse kann sich jeder kleine Mann eine Beteiligung an den Unternehmen jeder Branche seines Geschmacks erwerben. In Amerika, England und Frankreich ist es seit Jahrzehnten so. In Amsterdam gab es schon im 17. Jahrhundert eine besonders rege Börse. In der Bundesrepublik kommt es, wie gesagt, erst langsam dazu.

Ist der Aktienmarkt in der freien Marktwirtschaft, in der das freie Spiel der Kräfte von Angebot und Nachfrage die Preise reguliert, der einzige, der noch funktioniert?
Fast. Aber in vielen Ländern gibt es auch eine freie Entwicklung der Rohstoff- und Immobilienpreise sowie der Devisenkurse (außer den Ländern, wo Devisengesetze existieren). Die Tendenz geht weltweit in Richtung: mehr Freiheit in allem.

Kann man von einer hohen Dividendenausschüttung auf eine gute Kursentwicklung schließen?
Nicht unbedingt, speziell nicht kurz- oder mittelfristig. Oft wird die Erhöhung einer Dividende von den Spekulanten

erwartet und, indem sie die Kurse in die Höhe treiben, vorweggenommen. Daher kommt es häufig vor, daß nach der endgültigen Meldung einer erwarteten höheren Dividendenausschüttung der Kurs zurückgeht. Das ist das bekannte Phänomen des *Fait accompli.*

Wie lautet das kleine Brevier des auf Baisse Spekulierenden?
Die spontane Antwort könnte ein Börsenspruch sein: »Der Baissier wird von Gott verachtet, weil er nach fremdem Gelde trachtet.« Der Baissier kann nur durch den Verlust anderer Gewinne machen. Er spekuliert ja auf den Schmerz des anderen. Darauf müßten diejenigen, die die Moral nicht sehr achten, mit einem Schiller-Zitat antworten: »Nur im Geben liegt der Segen.« (Geben bedeutet im Börsenjargon verkaufen.) Die Baissespekulation ist ein spezieller Mechanismus. In Deutschland nennt man das Baissespekulieren Leerverkaufen. Es erfordert ein gewisses Verständnis dafür, wie man etwas verkaufen kann, was man noch nicht besitzt. Die Angelsachsen nennen den Baissier *bear* (Bär), was bedeutet, das Bärenfell zu verkaufen, bevor der Bär erlegt ist. Der Baissier hat einen ganz bestimmten Charakter. Er ist verbissen in seinem Pessimismus und immer der Ansicht, daß die Aktien zu hoch sind. Er spekuliert ständig auf fallende Kurse.

Da fällt mir eine Anekdote über einen Baissier an der Budapester Börse ein. Er hatte aggressiv auf den Kurssturz spekuliert, aber die Börse stieg und stieg, und sein Verlust wurde immer größer. Eines Tages stand er in seiner Ecke in der Börse, während die Kurse unter großem Lärm stiegen und stiegen. Ein Kollege fragte ihn, um ihn zu ärgern: »Was glauben Sie wohl, was diese Burschen alle mit der Hausse verdienen?« – »Für mich spielt das gar keine Rolle«, antwortete der Baissier. »Denn alles, was sie heute gewinnen, kommt nach dem Krach wieder zu mir zurück. Nur was sie inzwischen ausgeben für Frauen und Champagner, ist für mich leider verloren.«

Der Begriff der Gerechtigkeit ist schwer festzulegen. Aber ist der notierte Wert einer Aktie immer ein gerechter Preis?

Nein! Ein gerechter Preis ist zuviel gesagt. Kein Computer, kein mathematisches Genie der Welt kann den gerechten Preis einer Aktie ausrechnen. Kann man den Wert eines Unternehmens wie zum Beispiel Siemens berechnen? Und wenn es theoretisch möglich wäre, dann würde die Aktie nie so stehen, sondern entweder höher oder tiefer. Der Preis ist das Produkt von Angebot und Nachfrage, und diese sind den verschiedensten Einflußfaktoren und Bedingungen unterworfen. Derselbe Preis kann in einem bestimmten Moment zu hoch angesiedelt sein und bei einer anderen Konstellation zu tief. Das verursacht ja die Kursschwankungen. Der Preis ist nur eine Schätzung. Hoch oder tief ist vollkommen relativ. Ich hatte einen Freund, einen Bohemien, der nur zwei Hemden besaß. Er trug das eine Hemd so lange, bis es relativ schmutziger war als das andere. Eine Aktie kann relativ höher oder relativ tiefer stehen als die andere. Über den Preis zu philosophieren ist ja die Quintessenz, besser gesagt die Rolle der Spekulation. Oscar Wilde sagte: »Der Zyniker [der Börsianer, Anm. d. A.] kennt den Preis von allem, aber nicht den Wert.«

Ist es jederzeit sinnvoll, ein Kurslimit oder einen Termin beim Erwerb oder Verkauf einer Aktie zu setzen?

Dreimal nein, wenn es sich um eine Aktie handelt. Bei festverzinslichen Anlagen kann man es tun, wenn die Verzinsung, gemessen an dem Kapitalmarkt, gewissermaßen berechnet werden kann. Aber auch die weitere langfristige Zinsentwicklung zu beurteilen ist schwierig, da sie von zu vielen Komponenten abhängt. Bei notleidenden Anleihen dagegen muß man ganz anders urteilen; das Entscheidende ist hier nicht ausschließlich die Verzinsung, das heißt die Rendite, sondern verschiedene andere Motivationen: Wie groß die Chancen für die Wiederaufnahme des Zinsdienstes sind; die Qualität, die Kreditwürdigkeit des Schuldners und noch andere verschiedene Beweggründe. Im großen und ganzen kann man keine Limits für Gewinne oder Verluste und auch keine Terminlimits im Terminkalender festsetzen. Ein Beispiel ist meine schon genannte Erfahrung mit der Younganleihe.

Warum gibt es an den Börsen in der Bundesrepublik keine Termingeschäfte mehr? Oder sind sie unter einem anderen Namen oder in einer anderen Form noch möglich?
Ich verstehe selber nicht, warum an einem so großen Kapitalmarkt wie dem der Bundesrepublik kein Terminhandel existiert wie in Paris oder Zürich. Es ist auch unter einem anderen Namen nicht möglich, bis auf eine kleine Ausnahme: Kauf und Verkauf von Optionen.

Die moderne hochtechnisierte, zu Innovationen gezwungene Industriegesellschaft bedarf hoher Kapitaleinsätze. Wird man deshalb mit einer enormen Expansion des Aktienpotentials zu rechnen haben?
Ja, unbedingt. Ich muß es wiederholen: Die Aktiengesellschaft ist die Grundlage für die Expansion in einer privaten Industriegesellschaft, ohne Börse sind die Aktiengesellschaften nicht möglich, und ohne Spekulation gibt es keine Börse. Kurz und gut: Spekulation in Aktien ist unentbehrlich für die Entwicklung der Wirtschaft.

Könnte diese Entwicklung damit einhergehen, daß in Zukunft der Kauf von Aktien für breite Bevölkerungsschichten immer attraktiver wird?
Ja, unbedingt. Die größte Frage, die jedem Sparer gestellt wird, ist nur: Welche Aktien auf welchem Markt, wann und zu welchem Preis. Die Beantwortung dieser drei Ws kann ausschlaggebend sein.

Regen Privatisierungsmaßnahmen staatlicher oder verstaatlichter Unternehmen die Börsentätigkeit an? Führen sie zu einer starken Belebung der Börse und der Spekulation?
Ja, aber auch das Gegenteil ist möglich: Die Verstaatlichung von Privatunternehmen kann die Börse ebenfalls anregen und sogar in die Höhe treiben. Alles hängt davon ab, in welchem Staat, unter welcher Regierung, in welchem politischen Klima dies geschieht. Das beste Beispiel ist die Entwicklung in Frankreich in den letzten Jahren. Die Verstaatlichung der vierzig größten Industrieunternehmen und aller französischen Banken, die über ein 2-Milliarden-Francs-Depot verfügten, verursachte an der Pariser Börse eine rasante Aufwärtsbewegung. Der Staat bezahlte den Aktionären die Aktien zu dem Durchschnittskurs der letzten drei Jahre und pumpte dadurch 60 Milliarden Francs in den Markt. Das frische Geld, das die Aktionäre bekommen haben, wurde dann wieder in andere Aktien neu investiert. Plötzlich entstand die Situation, die für eine Kursaufwärtsbewegung die günstigste ist: Mehr Geld in den Taschen der Anleger und weniger Aktien auf dem Markt, da ja die großen, verstaatlichten Aktien verschwanden. Die Verstaatlichungen haben also eine stürmische Hausse verursacht, um so mehr, als man zur gleichen Zeit das Anonimat für Goldkäufe abschaffte.

Und wie wäre es jetzt bei der Reprivatisierung der verstaatlichten Unternehmen?
Darauf kann man keine Antwort geben. Es könnte für die Börse im allgemeinen günstig sein aus dem Klima heraus, weil die Politik sich von einem kollektiven, sozialistischen Regime entfernt. Aber es könnte auch fehlschlagen, wenn nicht genügend Geld in den Taschen der Anleger verfügbar wäre und auch ausländische Anleger nicht gewillt wären, französische Aktien zu kaufen.

Ist die allgemeine Zinspolitik mit dem Schicksal der Aktienkurse verbunden?
Selbstverständlich und sehr stark sogar. Nicht umsonst sagten im alten Wien die Spekulanten: »A Sach hat jeder Börsianer gern – schene Weiber und tiefe Zinsen.«

Die größte Konkurrenz zu den Aktien sind die langfristigen Anleihen. Wenn deren Verzinsung zu attraktiv ist, dann werden die großen Geldanleger – die Pensionskassen, Versicherungen, Stiftungen, Rentengesellschaften usw. – Anleihen den Aktien vorziehen, besonders in einer Zeit der Währungsstabilität. Im entgegengesetzten Fall: Ist die Verzinsung der Anleihen niedrig, werden diese Institute eher Aktien kaufen, da eine Hoffnung auf steigende Dividende berechtigt ist. Um so mehr, als die niedrigen Zinsen die Wirtschaft ankurbeln und die Gewinne der Unternehmen verbessern. Dieser Mechanismus zwischen Aktien und Anleihen ist natürlich nur in einer Zeit ohne Inflation möglich. Dann kann die Notenbank die Zinsen heruntersetzen.

Während einer Inflation gibt es zwei Möglichkeiten: Greift die Notenbank ein, um die Inflation zu bekämpfen, erhöht sie die Zinsen, worauf die Kurse der Anleihen fallen. Die Rendite der Anleihen steigt, und sie bilden eine Konkurrenz zu den Aktien. Durch die höheren Zinsen wird auch der Geldmarkt weniger liquid, und es bleibt weniger Geld für den Ankauf von Aktien übrig. Sollte dagegen die Notenbank nicht eingreifen und die Zinsen nicht erhöht werden, dann würde von der Inflation der Aktienmarkt profitieren durch eine immer weiter ansteigende Geldmenge. Kurz und gut: Die Aktien fallen oft in einer Zeit der Inflation nicht wegen der Inflation, sondern wegen der Maßnahmen gegen die Inflation, das heißt: höhere Zinsen und strengere Kreditrestriktionen.

Ist die hohe Zahl der Neuemissionen,
das heißt der Gang vieler Gesellschaften zur Börse,
ein untrügliches Zeichen dafür,
daß die günstige Phase für Aktienanlagen anhält?

Nein, unter keinen Umständen. Im Gegenteil. Während der zahlreichen Neuemissionen, die von den Banken lanciert werden, wird die Börsenstimmung durch die Medien und die Propaganda optimistisch gehalten. Je optimistischer das Klima, desto schneller wird das Publikum die Neuemissionen schlucken. Aber um so heftiger kommt dann die Reaktion, wenn der Optimismus umkippt. Eine Vermehrung von Aktien – durch Neugründungen oder Kapitalerhöhungen – deutet fast immer auf einen späteren, dramatischen Rückschlag hin. Denn plötzlich sind mehr Aktien da als Dummköpfe.

Und diese Rückschläge können manchmal tiefer gehen als erwartet. Aber auch, wenn man sie erwartet und überzeugt ist, daß sie kommen, können auch die besten Wirtschaftsexperten nichts dagegen tun. Nur eventuell sehr vorsichtig bremsen oder verlangsamen. Die ganze Kunst der Situation besteht darin, daß man darauf vorbereitet ist und demnach handelt.

Darf der Spekulant
sich von moralischen Erwägungen leiten lassen?

Das hängt etwas davon ab, ob es sich um eine Moral in humanitärer Sicht oder eine Moral in bezug auf die Gesetzgebung handelt, welche gerade viele Spekulanten als unmoralisch bezeichnen. Das bezieht sich besonders auf Länder, in denen Devisenzwangswirtschaft herrscht. Ich kannte einmal einen Spekulanten, der aus Wien nach Paris kam. Die erste Frage, die er im Kaffeehaus einem Kollegen stellte, lautete: »Kinder, sagt mir, was ist hier verboten?« Es war die Zeit, in der die größten Profite mit solchen komplizierten Geschäften gemacht wurden, mit denen man gewisse Gesetze oder Verordnungen überlisten konnte.

Eine moralische Dimension hat es, besonders auf die Baisse oder den Börsenkrach zu spekulieren; denn es gibt darüber keinen Zweifel, daß der Baissespekulant nur dann einen Gewinn machen kann, wenn die anderen verlieren, abgesehen davon, daß ein Börsenkrach oft die Folge eines politischen Ereignisses oder einer Naturkatastrophe ist. Krieg, Revolution, Erdbeben, Explosion usw. können manchmal die Kurse in die Tiefe treiben. Der Baissier würde von all diesen Ereignissen profitieren, ohne etwas dazu beigetragen zu haben. Ich glaube aber nicht, daß sich viele Spekulanten aus diesem Grunde von der Baissespekulation zurückhalten ließen.

Ich kenne zwar auch einen, der sich wohl nicht aus moralischen Erwägungen davon zurückhalten ließ, in bestimmten Momenten aber doch von seinem Gewissen geplagt wurde, denn das war ich selber. Die Geschichte ist folgende: 1932 hatte ich ein großes Baisseengagement in den Aktien des Kreuger-Zündholz-Trusts. Iwan Kreuger war ein genialer Geschäftsmann aus Stockholm und baute ein Unternehmen für die Ausbeutung der Zündholzmonopole der verschiedenen Länder auf. Er nahm Riesenkredite in Amerika und anderen reichen Industrieländern auf, lieh das Geld finanziell schwächeren Ländern in Mittel- und Osteuropa und bekam dafür das Zündholzmonopol. Als die Weimarer Republik, Ungarn usw. ihre Zahlungen einstellten, mußte die ganze Kreugersche Kombination zusammenbrechen. Die Schuldnerländer zahlten nicht, und so mußte er auch seine Zahlungen an Gläubigerländer einstellen. Durch verschiedene Symptome war ich zur Überzeugung gelangt, daß dies bald eintreffen würde, und verkaufte leer ein großes Quantum an Aktien der Kreuger-Gesellschaft. Am Anfang bröckelte der Kurs langsam ab. Da ich vom Ende überzeugt war, löste ich mein Engagement noch nicht, obwohl sie schon viel tiefer standen. Und da kam plötzlich eines Tages die dramatische Nachricht, Kreuger habe sich in seiner Pariser Wohnung erschossen. Am nächsten Tag sausten die Aktien in die Tiefe – man konnte sie nicht einmal notieren. Ich konnte einen Riesenprofit kassieren, aber diesmal auf Kosten eines Menschenlebens. Ich fühlte mich geradezu mitschuldig am Tod Kreugers. Jedenfalls warf ich mir einen Mangel an Moral vor. Ich persönlich hatte mit der Tragödie nichts zu tun, aber das Drama setzte mich unter einen starken seelischen Druck. Der Schock traf mich um so mehr, als ich Iwan Kreuger bestimmt nicht für den Betrüger hielt, als den ihn die Weltpresse hinstellte. Der Grundgedanke seiner Geschäfte war logisch und ehrlich, er täuschte sich nur in der Beurteilung der politischen und wirtschaftlichen Lage und wurde das Opfer ungünstiger Umstände.

Jedem bleibt es freigestellt, aus moralischen Gründen eine bestimmte Aktie nicht zu kaufen. Ein junger Student stellte mir einmal die Frage, ob es nicht unmoralisch sei, Aktien der Rüstungsindustrie zu kaufen. Es ist bestimmt unmoralisch, daß in Amerika der Verkauf von Schußwaffen absolut frei ist. Staaten brauchen dagegen unter Umständen die Rüstung, um die Moral zu verteidigen. Diese Frage – moralisch oder unmoralisch – müßte man aber ohnehin allen Regierungen stellen. Nicht allein wegen der Rüstung, sondern weil sie auch aus dem Tabak und Alkohol großen Nutzen ziehen. Ich finde auch, daß Spielkasinos unmoralisch sind, nichtsdestoweniger schießen sie in der Bundesrepublik wie Pilze aus dem Boden. Ich denke auch, daß es unmoralisch ist, wenn große Banken intensive Werbung für Goldkauf und Goldhamstern machen und noch dazu den Sparern erklären, wie sie dieses Gold in gewissen Ländern steuerfrei erwerben können. Außerdem ist der Kauf einer jeden Goldmünze ein Kapitalexport, oft in einer Zeit, in der die nationale Währung unter Druck ist. Wenn Sparer ihr Geld ins Ausland schicken, entziehen sie es der eigenen Wirtschaft. Gold zu kaufen ist eine sterile Anlage, und es wäre mehr im Interesse des Landes, in die Produktion zu investieren. Außerdem geben Banken ihrem Publikum Ratschläge zur Steuerhinterziehung. Ich könnte noch Dutzende von Beispielen anführen, in denen in irgendeiner Weise gegen die Moral, aber nicht gegen das Gesetz verstoßen wird. Wenn also einer aus moralischen Erwägungen eine Spekulation unterläßt, ist dies auch kein Malheur. Und auch nur ein Malheur zu 50 Prozent, denn genauso groß ist die Wahrscheinlichkeit, daß er hätte verlieren können.

Darf sich ein Spekulant von seiner politischen Einstellung beeinflussen lassen?

Nein. Von seiner politischen Einstellung sollte sich ein Spekulant nicht beeinflussen lassen. Viele Börsianer haben ganz große Erfolge versäumt, bloß wegen einer starren politischen Einstellung. Zum Beispiel wollten die Schweizer und Holländer nach dem Zweiten Weltkrieg aus einer – sagen wir es ehrlich – deutschfeindlichen Einstellung unter keinen Umständen deutsche Anleihen kaufen. Viel haben sie versäumt, denn Hunderte Millionen Gewinne hätten sie machen können, wenn sie mit deutschen Anleihen auf den Wiederaufbau der Bundesrepublik spekuliert hätten. Später kauften die gleichen Schweizer große Mengen deutscher

Anleihen, die sie vor dreißig Jahren zu einem Bruchteil der heutigen Preise verschmäht hatten.

Muß ein Börsianer immer nüchtern und logisch sein, oder soll er sich manchmal von der Dummheit der anderen mitreißen lassen?
Er muß nicht immer nüchtern und logisch sein, denn auch die Dummen an der Börse bekommen oft recht, da sie ja zum Teil selber die Kurse machen. Die Logik an der Börse ist, daß man oft unlogisch sein muß, und das ist die große Kunst des Spekulierens und der Börsenanalyse.

Darf ein Börsianer unter Einfluß von Alkohol einen Entschluß fassen?
Ja. Der Alkoholrausch kann die Phantasie stimulieren, unnütze Hemmungen beiseite räumen, und das ist sehr oft besonders günstig.

Soll ein Spekulant der Meinung seiner Frau oder Freundin Bedeutung beimessen?
Die Frauen haben eine besonders starke Intuition und ausgeprägten Instinkt. Diese Qualitäten können die logischen Erwägungen des Mannes ergänzen.

Darf ein Spekulant abergläubisch sein?
Ein wenig. Es ist auch leicht zu verstehen, wenn er es ist. Oft stellt er eine These auf, die in jeder Hinsicht logisch ist und mit den sichersten Argumenten unterbaut. Es muß so kommen, denkt er sich, aber nichtsdestoweniger stellt sich dann heraus, daß die Spekulation falsch war. Und dann sagt er sich: Ich habe Pech gehabt. In dem Moment, in dem er Mißerfolg mit Pech begründet, ist er schon abergläubisch. Der Aberglaube ist oft mit Instinkt verbunden, und der ist sehr nützlich.

Soll ein Spekulant seine Papiere mit kleinem oder großem Gewinn oder kleinem oder großem Verlust verkaufen?
Der Entschluß, ob man ein Wertpapier verkauft oder nicht, ist von seinem vergangenen Verkaufspreis völlig unabhängig, sondern hängt von dem Urteil über seine künftige Entwicklung ab. Der Spekulant muß ein absolut objektives Urteil fällen. Auch mit Verlust muß verkauft werden, wenn das objektive Urteil dafür spricht. Es ist allgemein bekannt, daß die meisten Anleger mit Verlust nicht verkaufen wollen, weil sie nicht bilanzieren möchten. Solange sie ein Papier nicht verkaufen, müssen sie den Verlust nicht verschmerzen. Diese psychologische Einstellung ist völlig falsch, denn sie verhindert ein objektives Urteil. Bei Gewinn muß eine genauso unabhängige Entscheidung getroffen werden.

Soll man ein Papier viel höher zurückkaufen, das man einmal niedriger verkauft hat?
Auch dieses Urteil muß objektiv sein, unabhängig von vergangenen Transaktionen.

Wann soll man den Börsenauftrag am besten erteilen, an welchem Tag der Woche, vorbörslich oder während der Börsenzeit?
Über das Wochenende hat man Ruhe und Zeit, um sich Gedanken über die Börse zu machen, und dann kann man nach reifer Überlegung die Strategie entwickeln und Pläne schmieden.

Soll ein guter Spekulant zur Börse gehen oder Brokerbüros besuchen, wo man die Kurse am laufenden Band verfolgen kann?
Die Kursschwankungen in jeder Einzelheit zu verfolgen, das laufende Band zu beobachten, wie es die meisten Börsenteilnehmer tun, kann den Spekulanten in seiner nüchternen

Überlegung stören und ungünstig beeinflussen. Dies würde aus dem Spekulanten einen Spieler machen. Es genügt, wenn er die Börsenschwankungen nur *grosso modo* verfolgt. Von der Tendenz soll man natürlich Kenntnis nehmen, ob sie etwas mehr oder weniger besser oder etwas mehr oder weniger schlechter ist. Man muß die Börse aus einer gewissen Entfernung beobachten und nicht zu nahe kommen. Nur die Makler, ihre Angestellten und Laufburschen müssen immer jeden Kurs kennen, weil sie auf die Fragen ihrer Kunden antworten müssen. Der Spekulant muß einen gewissen Abstand halten.

Ich zum Beispiel habe eine ganz spezielle Methode: Ich kenne die genauen Kurse nie und bestimmt nicht die meiner eigenen Papiere, weil ich mich von den Tagesvariationen nicht beeinflussen lassen will. Ich kenne nur die Stimmung, weiß, wie die Indexe stehen. Ich habe mir ja meine Meinung schon gebildet und warte nun mit Geduld, ob ich recht bekomme. Vielleicht ja, vielleicht nein. Aber auch wenn die Börse mir inzwischen nicht recht gibt und ich auch meine Meinung nicht geändert habe, bewahre ich meine Ruhe. Ich weiß, daß das sehr schwierig ist und man viel Training braucht, aber jeder kann sich in eine solche Haltung langsam einüben.

Wie soll man handeln,
wenn man einen neuen Plan gefaßt hat?
Man sollte abends planen, nachts – ob bewußt oder unterbewußt – überlegen, am Morgen den Entschluß fassen und dann handeln.

Kann man verlorenes Geld zurückgewinnen?
Verloren ist verloren. Neue Geschäfte können neue Gewinne bringen, sie haben aber nichts mit der Vergangenheit zu tun. Deswegen lautet mein Spruch: Gewinnen kann man, verlieren kann man, zurückgewinnen nie!

Wie soll sich der Börsianer nach einer erfolgreichen Spekulation verhalten?
Nach seinen Erfolgen – so spektakulär sie auch sein mögen – soll ein Börsianer bescheiden bleiben und auf gar keinen Fall stolz sein; denn sogar der Dümmste kann an der Börse Erfolge haben. Um so mehr, als ja die vielen Dummen die Tendenz machen, und der Dumme ist auch nur ein Molekül der Menge.

Es gibt nur zwei Möglichkeiten: Ein Papier kann steigen oder fallen. Natürlich mit Nuancen und verschiedener Intensität. Wenn man von zwei Möglichkeiten die richtige erwischt, ist dies noch kein Grund, sich etwas einzubilden. Es kann auch eine reine Glückssache sein wie bei jedem Glücksspiel: »Kopf oder Adler.« Wenn man dann neue Ideen hat, muß man auch Hoffnungen haben, aber eine gewisse Skepsis ist immer angebracht, da zu viele Imponderabilien einen Strich durch die Rechnung machen können.

Wann kann also ein Börsenspekulant Kasse machen?
Kasse können nur die Erben machen. Sie sind die einzigen Zeugen, ob der Verstorbene ein erfolgreicher oder erfolgloser Spekulant war. Denn solange der Spekulant an der Börse operiert, kauft und verkauft, neue Ideen hat und neue Engagements eingeht, ist das an der Börse gewonnene Geld nur geliehenes Geld. Oft muß man das geliehene Geld mit sehr hohen Zinsen zurückzahlen. Ein Spekulant darf also, solange er lebt und spekuliert, nie Kasse machen. Oder er muß endgültig in den Ruhestand gehen und die Börse nicht einmal mehr beobachten, denn sonst zieht sie ihn wieder wie ein Magnet an.

Ein leidenschaftlicher Karten- oder Roulettespieler verläßt das Kasino auch nie. Nach einem gewinnreichen Tag kommt er am nächsten Tag wieder zurück und spielt weiter. Es ist ja allgemein bekannt, daß ein Kasinomanager sich keine Sorgen macht, wenn er einen Kunden mit Gewinn weggehen sieht, weil er überzeugt ist, daß der Spieler sowieso zurückkommt und zum Schluß die Gewinne wieder verlieren wird. »Das Pech ist nur«, seufzte mir einmal ein Kasinobesitzer vor, »wenn der Spieler unser Haus mit Gewinn verläßt und ihn dann in einem anderen Spielsaal verliert.«

Nach welchen Kriterien soll man die Auswahl der Papiere und überhaupt eine Entscheidung treffen?
Die erste Frage, die man entscheiden muß, ist immer die, ob man überhaupt Papiere kaufen oder das Geld eher in langfristigen Sparguthaben anlegen soll. Wenn man sich zum Kauf entschlossen hat, stellt sich die Frage: Auf welchem Markt? Dann kommt die Überlegung hinzu, in welcher Branche, und zum Schluß die Auswahl eines Unternehmens. Der Zeitpunkt, ob man heute, morgen oder in einer Woche kaufen soll, ist unberechenbar und sollte für den Anleger irrelevant sein, da es sich um eine rein taktische Entscheidung handelt. Für den Anleger hat nur die langfristige Strategie Bedeutung.

Was soll man von der Meinung eines ungeschulten Autodidakten halten?
Ein Autodidakt, auch wenn er ungeschult ist, kann sich eine große Erfahrung erwerben und reagiert oft intuitiv besser auf Ereignisse und komplizierte Probleme als ein geschulter Theoretiker. Der Autodidakt reagiert häufig richtig, ohne zu wissen, warum, nur aufgrund seiner Erfahrungen.

Welche Bedeutung soll man der Meinung eines alten, erfahrenen, intelligenten, aber völlig erfolglosen Börsianers beimessen?
Die größte. Denn der Erfolg ist kein Maßstab für die Fachkenntnis und Intelligenz eines Profis. Auch der Erfolglose

kann die Börsentendenz und die Chancen gewisser Wertpapiere und auch der Börse besonders gut beurteilen, er kann Phantasie haben und auch das Risiko abwägen, er selbst kann davon aber vielleicht nicht profitieren, weil er unentschlossen, ängstlich oder nervös und ungeduldig ist und vielleicht in seine eigene Meinung kein Vertrauen hat. Oder ganz einfach, weil er auf die Papiere immer Schulden hatte – der letzte Fall ist der fatalste, denn dann hätte auch Geduld nichts genützt. Der Erfolg hängt sehr oft nicht von der Intelligenz, sondern von den Charakterzügen eines Menschen ab.

Ich spreche aus Erfahrung, da ich schon Dutzende dieser Art in meinem Freundeskreis hatte. Ich denke oft gerührt an einen alten Freund, von dem ich die beste Meinung hatte, von dem ich sogar viel gelernt habe, der aber so schlecht abgeschnitten hat, daß ich ihn in den letzten Jahren seines Lebens unterstützt habe. Abgesehen von den schon erwähnten negativen Charakterzügen, war er auch schrecklich verspielt. Vormittags spielte er an der Börse, nachmittags Rennen, abends Bridge oder Poker und spätabends irgendein Hasardspiel. An der Börse hatte er sehr sinnvolle und glückliche Ideen, aber nach dem ersten Rückschlag verkaufte er sofort die Papiere, teilweise, weil er mit einem überhöhten Kredit gekauft hatte. Trotz seiner Intelligenz und seiner überzeugenden Ideen betrachtete er die Spekulation doch eher als ein Spiel. Und so war er gleichzeitig ein hochintelligenter Spekulant und ein nervöser Spieler.

Ein anderer meiner Freunde, Professor Albert Hahn, ein ganz außerordentlich kluger Mann, bemerkte oft: »Ich gebe nichts auf meine eigene Dummheit.« Vielleicht deswegen, weil er ein Professor der Volkswirtschaft war. Bei ihm war gerade das Mißtrauen (gegenüber sich selbst als Professor) sein großes Glück. Und da er diese negative Selbsteinschätzung hatte, spielte er nur theoretisch. Auf dem Papier verkaufte und kaufte er hin und her, als Nervenkitzel war ihm das schon genug, aber praktisch hat er nichts unternommen. Er hatte nur eine langfristige Strategie und investierte in den vierziger Jahren sein ganzes Vermögen in Aktien und machte dann zwanzig Jahre lang nichts. Bei seinem Tode hinterließ er das Dreißigfache seines Einsatzes (heute wäre es das Sechzigfache).

In diesem Falle konnten die Erben feststellen, daß er ein guter Spekulant war, gerade weil er nicht spekulierte. Er war ein erstklassiger Theoretiker, und ich bin ein Praktiker, und deswegen hat er sich eher von mir beraten lassen und seine Theorien nur auf dem Papier durchgespielt. Hätte er mit seinen volkswirtschaftlichen Theorien gespielt, wäre er wahrscheinlich zugrunde gegangen.

Was soll man von Spekulanten halten, die behaupten, immer beim tiefsten Kurs zu kaufen und beim höchsten Kurs zu verkaufen?
Ganz einfach, daß sie Lügner sind.

Was ist für einen Börsenspekulanten am gefährlichsten?
Die halbrichtigen Informationen. Sie sind gefährlicher als die hundertprozentig falschen Informationen, denn eine halbe Wahrheit ist eine ganze Lüge. Falsch informierte Börsianer bleiben in ihrer Überlegung kritisch. Da falsche Informationen oft überraschend und provozierend sind, kontrolliert sie der vorsichtige Spekulant. Das Gefährlichste ist die falsche Interpretation einer richtigen Information, denn sie ist das Resultat einer falschen Überlegung und möglicherweise auch ein Mangel an Kenntnis der Materie. Falsche Interpretation einer falschen Information kann dagegen zu einem guten Ergebnis führen, da negativ mal negativ positiv ergibt.

Muß man über alle Einzelheiten wie Bilanzen, Dividende usw. informiert sein?
Wenn man über die Einzelheiten zuviel weiß, hat man keinen Überblick mehr über das Ganze. Vor lauter Bäumen sieht man den Wald nicht mehr. Man darf wenig wissen, aber muß alles verstehen. Börsenkunde ist das, was übrigbleibt, wenn man alle Einzelheiten schon vergessen hat. In den fünfziger Jahren gab es im amerikanischen Fernsehen eine Serie über die Börse. Unter den Kandidaten waren zum Beispiel eine alte Dame und ein Schuljunge die Gewinner. Sie wußten alles, absolut alles, was man aus Zeitungen, Büchern, Statistiken, kurzum aus allem, was gedruckt war, erfahren konnte. Aber nicht einer von ihnen hatte auch nur den kleinsten Erfolg an der Börse.

Ist es wichtig oder nützlich, vergangene Ereignisse zu analysieren?
Unbedingt wichtig. Wenn man schon die kommenden Ereignisse nicht voraussehen kann, soll man wenigstens die vergangenen verstehen. Es erleichtert künftige Überlegungen. Nach jeder erfolgreichen oder erfolglosen Spekulation soll der Börsianer seinen Erfolg oder Mißerfolg analysieren. Warum war die Spekulation richtig, welche Argumente waren gut, und wieviel Glück war noch dabei? Oder in entgegengesetzter Richtung: Warum war die Spekulation falsch, welche Argumente waren falsch, welche Imponderabilien sind dazwischengekommen, wo war die Fehleinschätzung?

Was ist für einen Börsianer am wichtigsten beim Verfolgen der Nachrichten in den Medien?
Alle Nachrichten und Ereignisse sind wichtig. Aus jedem Wort der Politiker kann man irgendeinen Schluß ziehen. Aber das Wichtigste ist, das zu erraten, zu verstehen und richtig zu analysieren, was hinter den Worten, Nachrichten

oder Begebenheiten steht, welche Folgen die Ereignisse haben können. Sehr oft muß man auch erkennen können, was verschwiegen wird. Man muß also die Meldungen mit einer gewissen Skepsis entgegennehmen.

Was halten Sie von den Berichten über die Börse in den Zeitungen?

Die Zeitungskommentare über Börsen, deren Tendenz und so weiter sind nichtssagend. Ein amüsanter Text, den ich sehr häufig lesen kann, lautet etwa so: »Die Börse war heute schwächer durch die Verkäufe der Pessimisten, die für die weitere Entwicklung keine große Hoffnung haben. Dagegen waren die Käufer zurückhaltend, weil sie auf schwächere Börsen warten. So mußten die Kurse unter dem Druck der Abgaben und der schlechten Stimmung mehrere Punkte nachgeben.« Aus diesem ganzen Text ist für mich nur das erste Wort von Bedeutung: »Die Börse war heute schwächer.« Alles übrige ist überflüssig und selbstverständlich. In dem Wort »schwächer« ist alles enthalten.

Welche Bedeutung hat die Dividende, wenn man Papiere kaufen möchte?

Für viele Anleger wie zum Beispiel Pensionskassen, Stiftungen, Versicherungsgesellschaften und so weiter spielt die Dividende eine gewisse Rolle, weil sie eine permanente Einnahme haben müssen. Spekulanten hingegen, die auf weite Sicht planen, verfolgen die Entwicklung des Unternehmens bezüglich der Gewinne und analysieren die weiteren Gewinnchancen, ob sie steigen, fallen oder stagnieren können. Die Höhe der Dividende kann man mit den Zinsen des Kapitalmarktes vergleichen. Ob nun die Rendite höher oder tiefer sein sollte als die feste Verzinsung der langfristigen Anlagen, ist eine offene Frage. Es gab Zeiten, in denen die Anleger von Aktien eine höhere Rendite beanspruchten, als die Zinsen des Kapitalmarktes brachten, mit dem Argument, daß die Dividenden der Aktien für die Zukunft nicht gesichert seien, besonders in einer möglichen Wirtschaftskrise, im Gegensatz zu den Zinsen der Anleihen. Dagegen gab es Zeiten, in denen sich die Anleger mit einer kleineren Rendite der Aktien begnügten, als die Zinsen am Kapitalmarkt waren, da sie am Wachstum teilnehmen wollten und die Entwicklung der Wirtschaft und der Unternehmen optimistisch beurteilten. Sie sahen im Aufrechterhalten der Dividenden kein Risiko, sondern rechneten im Gegenteil mit immer weiter steigenden Dividenden. Diese Erwartung von höheren Gewinnen und Dividenden nennen wir Spekulation. Wenn das Publikum und die Spekulanten bei einer Gesellschaft steigende Gewinne erwarten, vielleicht auch ohne steigende Dividende, kaufen sie in Massen diese Aktien. Wenn sie dagegen die Gefahr fallender Gewinne und sogar Dividenden sehen oder gar Verlust erwarten, verkaufen sie in Massen.

Zwischen den Gewinnen der Unternehmen und der geltenden Zinsen am Kapitalmarkt gibt es keine feste permanente Relation. Es gibt auch keine feste Relation zwischen Gewinnen, Dividenden und Kursen. Die Dividenden variieren weniger als die Gewinne und mehr als die Kurse. Auf einem Tiefpunkt der Kurse und der Depression ist die Rendite der Aktien relativ hoch und auf der Spitze einer Aufwärtsbewegung am geringsten. Die Aktien können also auch steigen oder fallen, wenn die Dividenden und Gewinne unverändert bleiben, aber die Zinsen auf dem Kapitalmarkt fallen oder steigen.

Wenn also die Kapitalmarktzinsen im Fallen begriffen sind, zu gleicher Zeit die Gewinne der Unternehmen steigen und alle anderen Einflußfaktoren nicht störend wirken, entsteht die Aufwärtsbewegung. Wenn dagegen die Kapitalmarktzinsen steigen und parallel dazu die Gewinne der

Unternehmen fallen, gibt es die große Baisse. So sind diese drei Faktoren Zinsen, Psychologie und Unternehmensgewinne für die Börsenentwicklung ausschlaggebend.

Wie verläuft die Kursentwicklung?
Die Kurse entwickeln sich in folgender Weise: Die Börse steht tief, die Kurse sind nach einer vorherigen Aufwärtsbewegung wieder sehr tief gefallen. Der Grund ist, daß die Zinsen gestiegen waren und die Liquidität abgeschöpft wurde. Es gibt weniger verfügbares Geld, um Aktien zu kaufen (der Wasserspiegel in der großen Wanne steht tief), und bei den Anlegern herrscht ein gewisser Pessimismus bezüglich der wirtschaftlichen Entwicklung und der zu erwartenden Gewinne der Unternehmen. Die Papiere, die in der letzten Zeit bei fallenden Kursen von den Zittrigen in die Hände der Hartgesottenen veräußert wurden, liegen jetzt in festen Händen. Wenn nun auf weitere schlechte Nachrichten die Kurse nicht weiter zurückgehen, so ist das ein Beweis dafür, daß die Zittrigen alles ausverkauft haben. Die Hartgesottenen, in deren Händen die Papiere sich jetzt befinden, haben dagegen schon alle negativen Ereignisse ins Kalkül gezogen und auch, daß weitere schlechte Nachrichten eintreffen können. Der Markt kann auf diesem tiefen Niveau eine gewisse Zeit stabil bleiben, abgesehen von einigen kleinen Bewegungen, die ohne große Bedeutung sind. Es können auch Berichte über zurückgehende Gewinne und Dividenden eintreffen. Da sie aber schon vorweggenommen wurden, üben sie keinen Einfluß mehr aus.

Nach einer gewissen Zeit können wieder Nachrichten eintreffen über die Gewinne, die nicht schlechter geworden sind als erwartet, und die Notenbank setzt den Zins auf dem Geldmarkt herunter, um die Wirtschaft, die sich ja auch infolge der hohen Zinsen auf einer Talfahrt befindet, wieder anzukurbeln. Zu gleicher Zeit also wird durch sinkende

Zinsen mehr Geld verfügbar, und die Relation zwischen Dividenden und Kapitalmarktzinsen wird für die Aktien günstiger. So kommen die ersten Spekulanten, die härtesten Profis, die Pioniere, die anfangen zu kaufen, natürlich bei schon steigenden Preisen; denn sonst würden die Aktien aus den festen Händen nicht herauskommen.

Zuerst kauft man wenig und langsam, doch bei steigenden Preisen, die dann auch die pessimistische Stimmung mildern, mehr. Dadurch kommen neue Interessenten, die Kurse gehen wiederum etwas in die Höhe, und eine gewisse Kettenreaktion setzt ein: weniger Pessimismus – neue Käufe – höhere Preise – Optimismus – weiter steigende Preise usw. So entwickelt sich die erste Phase einer Aufwärtsbewegung. Dazu trägt auch bei, daß die Preise vorher durch den großen Pessimismus womöglich tiefer gefallen sind als berechtigt. Die Renditen waren bei den niedrigen Preisen zu hoch, und eine Korrektur könnte so aussehen, daß entweder die Dividenden gekürzt werden oder die Kurse steigen. Da sich aber die wirtschaftliche Lage eher verbessert als verschlechtert, setzt ein Kursanstieg ein. So erreichen in der ersten Phase der Bewegung die Preise ein realistischeres Niveau als vorher. Ich nenne dies die erste Phase der Korrektur.

Unter dem Einfluß der fallenden Zinsen wird die Wirtschaft auch angekurbelt, und nun kommen neue Nachrichten über langsam steigende Gewinne. Die Kurse begleiten diese neue optimistischere und auch wirtschaftlich begründete Entwicklung und gehen langsam parallel mit den Ereignissen in die Höhe: fallende Zinsen, steigende Gewinne und dadurch eine viel bessere Stimmung. Dies nenne ich: die Phase der Begleitung. Die Kurse begleiten die Gesamtentwicklung.

Es kommen immer mehr Interessenten, Spekulanten und Spieler in den Markt. Auf einmal wird der Optimismus dank noch weiter fallender Zinsen und noch höherer Gewinne der

Unternehmen fast euphorisch. Da springt die Bewegung von der zweiten in die dritte Phase über. Es kommen immer mehr Käufer, die die Kurse weiter in die Höhe treiben. Man sieht überhaupt keine Risiken mehr, es herrscht nur noch ein unbegrenzter Optimismus. Viele riechen den Braten und werden vom Spiel wie die Motten vom Licht angelockt, die Hausse nährt die Hausse. Dies nenne ich die Phase der Übertreibung.

Die Bäume wachsen nicht in den Himmel. Alle Zittrigen sind übersättigt mit Papieren, und wenn sie kein Geld mehr haben, kaufen sie auf Kredit. Da die Liquidität bei den Banken sehr hoch ist, geben diese den Kreditnehmern besonders günstige Bedingungen und stimulieren dadurch neue Käufe. Sie heizen damit die Aufwärtsbewegung an. Außerdem wollen die Banken größere Mengen von Papieren aus ihrem eigenen Bestand abladen.

Die Situation sieht nun folgendermaßen aus: Die Hartgesottenen haben ihre Papiere verkauft, die sich nun bei den Zittrigen befinden. Da eine solche Euphorie inflatorische Wirkung haben kann, wird die Notenbank vorsichtiger und beginnt, die Zinsen in die Höhe zu schrauben und die Liquidität abzuschöpfen. Die Papierbesitzer warten nun auf eine neue Schicht von Käufern, die die Aktien bei höheren Preisen abnehmen würden. Aber als Folge der Geldpolitik der Notenbank ist der Zufluß von frischem Geld gestoppt. Die Kurse steigen nicht weiter, selbst nicht bei guten Nachrichten aus der Wirtschaft (höhere Gewinne und Dividenden). Da einige Spekulanten nicht höher verkaufen können, aber aus dem Markt heraus wollen, vielleicht auch Geld brauchen, verkaufen sie – am Anfang nur langsam und wenig – und verursachen dadurch negative Kursreaktionen, weil die Käufer ihr Kauflimit heruntersetzen. Das ist die erste Phase der Abwärtsbewegung. Langsam treffen auch schlechtere Wirtschaftsnachrichten ein (kleinere Gewinne, eventuell

Der permanente Kreislauf der Börse in der Nußschale

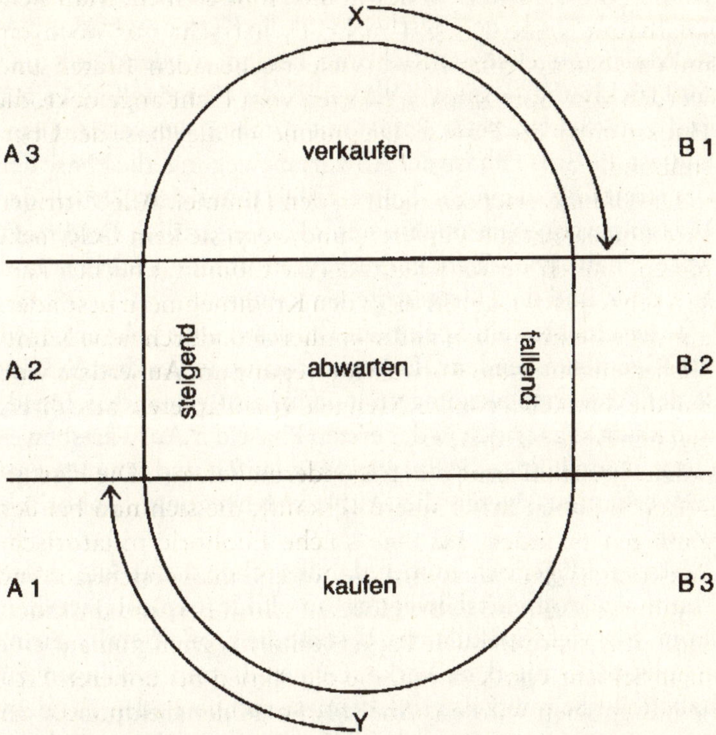

A 1 = Phase der Korrektur (kleiner Umsatz, Zahl der Aktienbesitzer gering)
A 2 = Phase der Begleitung (Umsatz und Zahl der Aktienbesitzer steigend)
A 3 = Phase der Übertreibung (Umsatz wird euphorisch, Zahl der Aktienbesitzer ist hoch, bei X am höchsten)
B 1 = Phase der Korrektur (kleiner Umsatz, Zahl der Aktienbesitzer geht langsam zurück)
B 2 = Phase der Begleitung (Umsatz ist steigend, Zahl der Aktienbesitzer nimmt weiter ab)
B 3 = Phase der Übertreibung (ganz großer Umsatz, Zahl der Aktienbesitzer ist niedrig, bei Y am niedrigsten)

Kaufen in der Phase A 1 und B 3
Abwarten und Papiere halten in der Phase A 2
Verkaufen in den Phasen A 3 und B 1
Abwarten und Bargeld halten in der Phase B 2

auch Dividendenkürzungen), und diese begleiten weiter fallende Kurse. Dies ist die zweite Phase der Abwärtsbewegung. Die fallenden Kurse und die schlechten Nachrichten machen die anderen ängstlich, und die Kettenreaktion, dieses Mal in umgekehrter Richtung, beginnt wieder: Die Kurse sind rückläufig – Angst – Verkäufe, die Kurse fallen weiter, und zum Schluß setzt Panik mit totalem Ausverkauf ein. Dies ist die dritte Phase der Abwärtsbewegung, die Phase der Übertreibung, denn die Kurse fallen unter dem Druck der Massenpsychologie noch tiefer, als es eigentlich berechtigt wäre. Fazit: Die Zittrigen verkaufen immer niedriger und niedriger, und die Hartgesottenen kaufen.

Je geschickter ein Spekulant ist, desto eher geht er gegen die allgemeine Tendenz. Er beginnt schon in der dritten Phase der Abwärtsbewegung zu kaufen, also gegen den Trend, und kauft sogar noch in der ersten Phase der Aufwärtsbewegung. Dann läßt er die Entwicklung laufen und fängt erst an zu verkaufen, wenn die Aufwärtsbewegung euphorisch wird.

Man muß jedoch immer damit rechnen, daß die dritte Phase der Aufwärtsbewegung am Ende explosiv werden kann. Für viele Spekulanten besteht die große Gefahr darin, zu glauben, mit dem Verkauf einen Irrtum begangen zu haben. Ihr Schmerz ist groß, denn sie rechnen jeden Tag dem versäumten Gewinn nach. Sie entschließen sich dann plötzlich, wieder einzusteigen. Wenn viele von denen, die verkauft hatten, wieder einsteigen, kommt die große Wende. Ein altes Börsengesetz sagt: Wenn die verbissensten Baissiers auf einmal optimistisch werden, ist es das Signal, aus dem Markt herauszugehen. Genau wie umgekehrt: Wenn die leidenschaftlichen Optimisten auf einmal pessimistisch werden, muß man in den Markt einsteigen. Nach der Analyse dieser drei Phasen in der Auf- und Abwärtsbewegung wird klar, daß man bei der zyklischen Börsenbewegung zu zwei

Dritteln gegen die Tendenz und zu einem Drittel mit der Tendenz gehen soll.

Dieses Verhalten ist aber außerordentlich schwer und verlangt äußerste Disziplin. Der größte Teil, also 90 Prozent der Börsenteilnehmer, denkt immer dasselbe, und dadurch ist es für einen einzelnen sehr schwierig, sich von der allgemeinen Meinung loszureißen. Es ist schwer, Optimist zu sein, wenn alle zu Tode betrübt sind, und genauso schwierig, Pessimist zu sein, wenn alle anderen himmelhoch jauchzen.

Dabei ist der größte Schlüssel zum Erfolg das antizyklische Verhalten. Natürlich nicht immer, denn, wie gesagt, während eines Drittels des Zyklus soll man mit der Stimmung gehen; bei der Aufwärtsbewegung die Kurse laufen lassen und nicht sofort verkaufen, bei der Abwärtsbewegung ebenfalls abwarten und nicht gleich einsteigen, sondern das Gegenteil der Euphorie, nämlich den totalen Ausverkauf, abwarten. Wie lange diese Phasen und zyklischen Bewegungen dauern, läßt sich nicht festlegen. Es hängt davon ab, wie stark der Markt vorher »übergekauft« oder »überverkauft« war, von der Psychologie der Massen sowie zahlreichen anderen Unwägbarkeiten. Nicht nur, daß die Börse mit der Wirtschaftstendenz nicht parallel läuft (manchmal sogar entgegengesetzt), sondern selbst die Tendenz der wirtschaftlichen Entwicklung ist auf längere Sicht nicht absehbar. Wenn man zum Beispiel heute schon wüßte, daß im nächsten Jahr eine Hochkonjunktur stattfinden wird, dann würde sich schon jetzt jeder darauf einstellen.

Wenn ein Computer mit absoluter Sicherheit feststellen könnte, daß ein Papier nächstes Jahr 100 stehen wird, dann steht es schon heute 99.

Muß man also immer gegen die Tendenz handeln?

Nicht unbedingt. Man darf nicht immer und mit Gewalt gegen die Tendenz gehen. Am Anfang muß man gegen die

Tendenz einsteigen, dann mit der Tendenz gehen und zum Schluß gegen die Tendenz handeln. Die Periode, in der man mit der Tendenz geht, ist wie gesagt relativ kurz, nur etwa ein Drittel der ganzen Bewegung.

Wie kann man die Länge der Perioden abschätzen?
Es gibt keine wissenschaftliche Methode, zu berechnen, wann eine Phase in die andere umschlägt, und noch weniger Wahrscheinlichkeit, um kalendarisch genau zu berechnen, wann die Wende kommt. Eine Aufwärtsbewegung kann jahrelang dauern oder auch nur Monate. Diese Einschätzungen muß man selbst vornehmen aufgrund der Erfahrungen und der Symptome. Ich muß ununterbrochen wiederholen, daß Börsentendenzvoraussagen nicht eine Wissenschaft, sondern eine Kunst sind. Wer Börsenkurse oder -tendenzen mit wissenschaftlichen Methoden voraussagen will, ist entweder ein Scharlatan oder ein Dummkopf oder beides zur gleichen Zeit.

Kann man mit einem Automatismus im Zusammenhang zwischen Zinsen und Börsentendenz rechnen?
Der Preis für Kredite, Zinsen also, ist das wichtigste Faktum für die Wirtschaft – und natürlich für die Börse.

Es ist also verständlich, daß kurzfristige Spieler jeden Tag gebannt auf die Zinsentwicklung starren wie das Kaninchen auf die Schlange. Lächerlich ist aber, daß sie nicht die weitere Zinsentwicklung analysieren wollen und die Faktoren, die darauf Einfluß haben, sondern lediglich aus der Geldmenge, die jede Woche publiziert wird, einen Fetisch gemacht haben. Noch vor kurzer Zeit standen jeden Donnerstag die Makler oder ihre Laufburschen vor der Federal Reserve Bank (FED) in New York Schlange, wo um 16.15 Uhr die neuesten Zahlen veröffentlicht werden.

Stieg die Geldmenge etwas mehr als geschätzt, kletterten

sofort die Zinsen, fielen die Anleihenkurse, weil die Geldmengenfetischisten eine Gegenreaktion der Notenbank erwarteten. Manche Firmen schickten ihre Angestellten schon Stunden vorher zur FED für den Fall, daß schon etwas früher eine Nachricht heraussickern sollte. Eine Minute Vorsprung kann nämlich für einen Großspekulanten Millionen bedeuten, wenn anschließend Milliarden am Markt der *Financial Futures* (Staatsanleihen auf Termin) bewegt werden. Die Atmosphäre ist so weit entartet, daß die Profis nicht nur auf Zahlen der Geldmenge, sondern sogar auf Schätzungen spielen. Sie schätzen, wie die anderen Händler die Geldmenge setzen könnten. Also eine Schätzung im Quadrat. Und man macht Wetten darauf in Tausenden von Dollars. Die Hysterie entwickelte sich erst recht, nachdem der FED-Vorsitzende Volcker erklärt hatte, er werde die Geldmenge als Waffe gegen die Inflation benutzen.

Volckers Einfluß ist sicherlich nicht hoch genug einzuschätzen. Man sagt oft mit Recht, er sei der zweitmächtigste Mann in den USA.

Zumindest den kurzfristigen Zins kann die Notenbank in den USA wie auch in der Bundesrepublik fast nach Belieben diktieren. Sie kauft oder verkauft Schatzanweisungen und pumpt somit Geld in die Wirtschaft hinein oder entzieht es ihr. Das hat natürlich auch Einfluß auf die Börse, und weil die Liquidität auf die Märkte eine ganz fatale Wirkung ausübt, sind alle Spieler und Spekulanten brennend daran interessiert, wie das *Federal Open Market Committee* (FOMC) entscheidet. Dieses Gremium, zusammengesetzt aus den wichtigsten Notenbankgouverneuren, bestimmt den Kurs. Wie schön wäre es, meinten viele, in dem Sitzungssaal eine Wanze zu verstecken, um aus den Debatten dieser Herren zu erfahren, ob eine harte oder leichte Geldpolitik zu erwarten ist. Weil man aber eben keine Wanzen hat, wird jedes Wort gierig erlauscht, das der kleinste Beamte der Federal Reserve fallenließ, und sei es nur der Pförtner. Man lief allem Klatsch nach und versuchte sogar, aus dem Gesichtsausdruck der Komiteemitglieder, die nach der Sitzung im Fernsehen erschienen, etwas herauszulesen. So ein perverses Spiel halte ich jedoch für den größten Unsinn.

Auch in der Bundesrepublik riefen Hunderte von Börsenteilnehmern und Anlageberatern aus allen Himmelsrichtungen ihre Maklerfirmen an, um zu erfahren, wie die neuesten Geldmengenzahlen gemeldet waren. Dabei sind diese Geldmengenzahlen nur Eintagsfliegen, denn eine Woche später kommen wieder ganz andere. Diese Geldmengenspekulation war (und bleibt) in meinen Augen ein Zeichen intellektueller Armut. Die eine Hälfte der Experten prophezeite steigende, die andere Hälfte fallende Zinsen.

Die Spieler zum Beispiel verkauften Papiere wegen der größeren Geldmenge, weil sie darauf höhere Zinsen erwarteten. Doch andererseits kann die Börse ohne ausreichende Liquidität nicht steigen. Auch müssen die langfristigen Zinsen, welche die Anleihenkurse und nachher die Tendenz der Aktienkurse bestimmen, auf höhere, kurzfristige Zinsen nicht unbedingt mit einer Erhöhung reagieren. Denn die langfristigen Zinsen hängen im Gegensatz zu den kurzfristigen nicht von der FED ab, sondern von dem Vertrauen zu dem Schuldner, zu der Währung, Finanzpolitik usw. Aber nicht einmal die kurzfristigen Zinsen kann man aus den wöchentlichen Geldmengenzahlen schließen, erstens, weil Mr. Volcker selber nicht weiß, wie seine Absichten in drei Monaten sein werden, und zweitens, weil er seine Absichten tunlichst für sich behält.

Er bleibt eine Sphinx. Vielleicht konvenieren ihm eine größere Geldmenge und tiefere Zinsen, um die Wirtschaft anzukurbeln, oder höhere Zinsen, weil er irgendeine Inflationsgefahr wittert. Seine Entscheidung kann auch, obwohl nicht wahrscheinlich, eine politische Motivation haben. Er spielt also mit den Spekulanten wie die Katze mit den Mäusen. Mal sagt er, was er wirklich beabsichtigt, mal gerade das Gegenteil davon. Genauso, wie es in einem klassischen Witz heißt: Zwei Handelsreisende und scharfe Konkurrenten sitzen im Zug. »Sag, lieber Kollege, wohin fährst du jetzt?« fragt der eine. »Nach Tschernowitz«, ist die Antwort. »Du lügst«, braust der andere auf. »Du sagst Tschernowitz, damit ich glaube, du fährst nach Tarnopol, aber ich weiß, daß du nach Tschernowitz fährst, du bist doch ein Lügner.«

Beachten die Spekulanten in den USA die Wahlchancen der Präsidentschaftskandidaten?

Ich mache nicht gerne Börsenprognosen in Verbindung mit Wahlvoraussagen. Ich habe zu viele Wahlen erlebt, um nicht immer ein wenig skeptisch zu sein. Und selbst, wenn ich den Wahlausgang im voraus wüßte, könnte ich nicht erraten, wie die psychologische Reaktion des Anlagepublikums darauf sein wird. Alles ist in der Politik möglich, die günstigsten oder auch die dramatischsten Überraschungen. Ich kann sogar den Meinungsforschungen nicht glauben, denn ich habe schon exakte Resultate, aber auch total falsche Voraussagen erlebt. Seit 52 Jahren verfolge ich die amerikanischen Wahlen, sogar mit der Brieftasche. 1932 konnte man noch bei den Wall-Street-Börsenmaklern offiziell auf die Wahlen setzen. Ich mußte 5 000 (damalige) Dollar bei der Firma hinterlegen (eine hübsche Summe damals), um nur 1 000 Dollar zu gewinnen, als Franklin D. Roosevelt gegen Herbert Hoover gewählt werden sollte. Seine Wahl erschien höchstwahrscheinlich wegen der Hoover-Krise, der größten Wirtschaftskrise der amerikanischen Geschichte. 1936 standen die Wetten zugunsten Roosevelts mit 10:1 noch günstiger dank des spektakulären Erfolgs, mit dem er das Land vor der Katastrophe und das kapitalistische System retten konnte. Dann aber kam 1940. Amerika war zwar neutral, England und die freie

Welt des Westens aber im Zweiten Weltkrieg und in großer Gefahr. Gegen Roosevelt stand eine heterogene, jedoch sehr potente Koalition: die gutgläubigen Pazifisten, viele alte, zittrige Leute, die Angst hatten, Roosevelt könnte Amerika in den Krieg reißen (sie hatten ja eigentlich recht), die Iren aus Haß gegen England, die Pronazis, die engagierten Antisemiten, die Großkapitalisten inklusive Wall Street und viele Konservative, nur weil es gegen die Tradition war, zum dritten Mal zu kandidieren (seit Washington kandidierte jeder nur zweimal). Bei dieser mächtigen Koalition waren natürlich Roosevelts Chancen viel kleiner als vorher: Ich glaube, die Wetten standen nur 2:1 für ihn. Er wurde dennoch gewählt und 1944 auch zum vierten Mal, weil die Amerikaner während des Krieges keinen Wechsel wünschten. Ich habe bei jeder Wahl auf Roosevelt gesetzt und gewonnen.

Die Fachleute für Wahlwetten schworen darauf, es wäre eine sichere Wahl, auf den Favoriten der letzten Wochen zu wetten – egal in welchem Verhältnis –, weil sich dann der allgemeine Konsensus bereits vollkommen herauskristallisiert hätte. Es gäbe dann keine Überraschungen mehr. Glücklicherweise war ich 1948 während der Wahlen nicht in Amerika, als die Wahlen zugunsten Thomas E. Dewey gegen Harry S. Truman 25:1 standen, so sicher war Deweys Wahl. Die Proportion war übertrieben, aber es gab keinen Zweifel mehr an dem zu erwartenden Resultat. Ich hätte natürlich auch auf Dewey gesetzt und dabei mein Hemd verloren, denn nicht nur an der Börse, sondern auch in der Politik gibt es unangenehme Überraschungen. Es war nicht zu glauben, aber Truman gewann die Wahlen.

Dwight D. Eisenhower war der große Held des Zweiten Weltkrieges. Der Sieg war leicht für ihn.

John F. Kennedy besiegte Richard Nixon dank seiner Fernsehdebatte, er war jung, schön, brillant, und Nixon wirkte verkrampft.

Lyndon B. Johnson hatte einen sehr schwachen Gegner, den unpopulären Rechtsextremisten Barry Goldwater.

Nixon gewann später, aber gegen den schwächsten Kandidaten der US-Geschichte, den Linksextremisten George McGovern. Außerdem war Nixon der Protegé von Eisenhower.

Jimmy Carter verdankte seinen Aufstieg seinem Puritanismus und der Gegenreaktion nach dem korrupten Tricky Dicky (Nixon) und der Watergateaffäre. 1980 schließlich brachte die Reaktion Ronald Reagan den Sieg nach dem schwachen, unentschiedenen Erdnußbauern Carter, den man für einen Dummkopf hielt (was er jedoch nicht war).

Reagan war der richtige starke Mann, der Patriot, um die vielen Erniedrigungen des amerikanischen Volkes, zum Beispiel die Teheraner Geiselnahme, wieder wettzumachen. Der alte Cowboy konnte die amerikanische Wirtschaft, die Inflation, den Arbeitsmarkt mit seinem Lasso fest im Griff halten.

Die Präsidenten kommen und gehen, aber der so vielen verhaßte Onkel Sam bleibt. Ein Glück, daß die Weltpolitik nicht in deutschen Pressestuben, sondern in Washington gemacht wird.

Was würden Sie als Anlage vorziehen: Aktien oder Immobilien?

Die Welt der Sparer gleicht einer Demokratie mit Zweiparteiensystem: Die eine Partei ist die der Immobilienanhänger, die andere die der Freunde von Mobilwerten (Aktien oder Anleihen). Es handelt sich fast um zwei verschiedene Bekenntnisse, so tief sind die Prinzipien verankert. Eine jede Partei führt gute Argumente ins Feld, von den Nachteilen der beiden Anlageformen sprechen beide indessen weniger.

Ein Nachteil der Aktienanlage ist, daß der Anleger die Kurse seiner Aktien täglich verfolgen kann und dies zu seinem größten Schaden auch tut. Auch wenn er gar nicht hinsehen will, reiben ihm die Tagespresse, Fernsehen und Radio die Kurse unter die Nase. Ganz zu schweigen davon, daß im Falle eines größeren Rückfalles die Schlagzeilen schon für Information sorgen.

So macht der Sparer – nolens volens – jeden Tag Bilanz, und das reizt zu unüberlegten Entscheidungen. Vergebens kaufte er die Aktien, wie er es behauptet, für seinen Ruhestand oder für seine Enkelkinder – also auf ganz lange Sicht. Sogar wenn er nur eine Aktie besitzt, wird er die Kurse täglich verfolgen.

Bei den Immobilienanlagen besteht diese Spannung nicht. Es gibt da keine sichtbaren Kursschwankungen, die auf den Nerven wie auf den Saiten einer Harfe spielen könnten. Und doch ist der effektive und erzielbare Wert eines Hauses, einer Wohnung oder eines Grundstückes im Laufe der Zeit großen Schwankungen unterworfen. Nur weiß der glückliche Immobilienbesitzer davon nichts. Er schläft ruhig auf seiner Anlage und bilanziert sie in seinem Kopf mindestens zu seinem Kaufpreis, aber fast immer höher aufgrund der Gerüchte und des Klatschs der Nachbarn, die ihre ähnlichen Immobilien immer hoch einschätzen, obwohl es sehr fraglich ist, ob einer zum Beispiel eine Immobilienbeteiligung, die er für 100 000 DM erworben hat, einige Monate später ohne Verlust loswerden könnte. Ganz zu schweigen von den immensen Spesen und Provisionen, die einen großen Prozentsatz ausmachen. Nicht aus dem Kursblatt, sondern in der eigenen Tasche erfährt man dann, was die Anlage tatsächlich wert ist.

Ein Vorteil der Aktienanlage ist die absolute Liquidität. Die Aktien purzeln und klettern, aber jeden Tag können sie an der Börse wieder zu Geld gemacht werden, mal mit Gewinn, mal mit Verlust, aber in jeder Menge liquidierbar.

Vor zirka dreißig Jahren hinterließ nach seinem Tod Baron M. R., damals einer der reichsten Männer Europas, eine Erbschaft von etwa 300 Millionen Pfund Sterling (heute könnten dies nach der Kaufkraft fünf Milliarden DM sein). Ich glaube, der größte Teil davon war in Wertpapieren. Das Liquidieren dieser Menge von Wertpapieren war wahrscheinlich eine Sache von einigen Tagen. Mit dem Abstoßen einer Immobilienanlage muß man sich schon länger gedulden, vor allem, wenn es sich um Wälder oder Felder handelt. Der Aktienbesitzer kann überdies schon mit relativ kleinen Beträgen sein Risiko verringern, indem er eine Palette von verschiedenen Aktien in verschiedenen Ländern kauft. Seine Anlagen kann er international und nach vielen verschiedenen Branchen streuen. Bei Immobilien ist das nur mit ganz hohen Summen möglich.

Das politische Risiko ist bei Immobilienwerten auch relativ größer, denn unter den Wählern gibt es stets mehr Mieter als Hausbesitzer. Welche Regierung möchte nicht eher die Mieter schützen, und dies zum größten Ärger der Hausherren. Fast in allen Ländern der Welt gab es jahrelang und gibt es noch immer einen recht populären Mieterschutz, der jahrelang auf den Immobilienmarkt gedrückt hat. Vor etwa zwanzig Jahren verloren die Konservativen in England bei den Parlamentswahlen, weil sie die Mietkontrolle abgeschafft hatten.

Es ist wahr, daß in den siebziger Jahren Aktienbesitzer heftig gerupft wurden, während Immobilienbesitzer von den stetig steigenden Preisen reichlich profitierten. Das ist jedoch keine Garantie, daß es auch in Zukunft so sein wird. Oft haben in den letzten sechzig Jahren auch Immobilienspekulanten ihr letztes Hemd verloren, in USA, Frankreich, Spanien und sogar in der Schweiz und in der Bundesrepublik. In Deutschland herrschte während vieler Jahre ein außerordentlicher Immobilienboom, teilweise auch infolge des Neuaufbaus eines zerstörten Landes. Das muß aber nicht immer so bleiben.

Trotzdem bin ich der Überzeugung, daß für den kleinen Sparer das erste Gebot für die Geldanlage der Ankauf einer Eigentumswohnung ist, die er selbst bewohnt. Damit hat er seine ersten Ersparnisse inflationssicher angelegt. Und das gilt besonders in den sozialistischen Ländern, die auch unter der Inflation gelitten haben und außerdem noch immer unter großer Wohnungsnot leiden.

Ein weiterer Vorteil der Immobilienanlagen gegenüber dem Aktienbesitz – für den Fall, daß der Ankauf mit Krediten getätigt wurde – ist der, daß die Schuld auf eine Immobilie auf viele Jahre und mit festen Zinsen festgelegt wird, während Kredite auf Aktiendepots täglich kündbar und Zinsschwankungen unterworfen sind.

Was die Anlage größerer Kapitalien anbelangt, bleibt die Kontroverse noch offen. Ich bin ein Mann der Börse und optiere daher für die Anlage in Wertpapieren. Wohl kenne ich den französischen Spruch: »Dumm wie ein Aktionär.« Nach den Erfahrungen der letzten Jahre nehme ich mir das Recht, den Spruch zu ändern in: »Clever wie ein Aktionär.«

Gibt es ernsthafte Insiderinformationen, und was halten Sie davon?

Es gibt solche und solche. Schon vor fünfzig Jahren lernte ich, was eine Insiderinformation wert sein kann. Ich war Mitarbeiter einer Firma, unter deren Kunden sich Signore Bingen befand, ein Exbankier aus Genua, der Schwiegervater von André Citroën, dem genialen französischen Autoindustriellen. Er kaufte bei uns Citroën-Aktien, noch und noch, und diese stiegen langsam, aber sicher in die Höhe. Wer hätte über die Citroën-Aktien besser informiert sein können als Signore Bingen, und so traute ich mich in eine kleine Spekulation mit Citroën-Aktien gemäß meinen Mitteln. Es war nicht zu glauben, aber sechs Monate später ging Citroën in Konkurs, obwohl das Unternehmen sechs Monate früher noch 50 Francs Dividende zahlte. Nach dem Konkurs konnte es nicht einmal seine fälligen Wechsel bezahlen. Dies war zwar keine Insiderinformation, aber im großen und ganzen gleichwertig. Die Gesellschaft ging pleite, und Monsieur André Citroën ist als armer Mann gestorben. Wie man später erfuhr, war dies nicht die Folge mangelnder Qualität des Unternehmens und seiner Produkte, die auch heute noch zu den besten Wagen der Welt zählen, sondern stand im Zusammenhang mit dem Charakter von André Citroën. Er war einer der begabtesten Großindustriellen Frankreichs, phantasievoll und optimistisch, und arbeitete mit großen Krediten. Leider wählte er sich schlechte Gläubiger aus. (Oft glaube ich, daß es wichtiger ist für einen Schuldner, einen guten Kreditgeber zu finden, als für den Gläubiger, einen guten Schuldner.) Citroën war auch ein großer Hasardspieler und hat an Wochenenden in Deauville groß Baccara gespielt. Als zwei große Privatbanken, die seine Kreditgeber waren, dies erfuhren, haben sie ihm plötzlich und radikal die Kredite gekündigt. Und so kam es zur Katastrophe für ein blühendes Unternehmen.

Das konnte auch Signore Bingen nicht voraussehen, der für seinen Schwiegersohn eine unbegrenzte Bewunderung hatte. Wie hätte ich es voraussehen sollen? Ich mußte einen ganz hübschen Verlust hinnehmen.

Später habe ich meine Erfahrungen auf beiden Seiten gemacht. In meinen 65 Jahren Börsenleben profitierte ich zweimal, weil ich Insiderinformationen befolgt habe, und zweimal, weil ich genau das Gegenteil von dem machte, was ich nach der Information hätte tun sollen. Und unzählige Male hatte ich wegen Insiderinformationen Verluste.

Ich profitierte einmal von einer Insiderinformation, besser gesagt, ich konnte dank einer solchen Information, die ich mir selbst besorgte, einen großen Verlust vermeiden. Ich interessierte mich während des letzten Krieges in New York für europäische Regierungsanleihen, besonders solche, deren Schuldnerländer von der deutschen Armee besetzt waren.

Das war auch der Fall bei den Schuldnerscheinen des Königreichs Dänemark, die an der New Yorker Börse gehandelt wurden. Die Zinscoupons wurden bezahlt, aber die Frage blieb offen, ob eine sich gefährlich nähernde Rückzahlung möglich sei oder nicht. »Zahlen oder nicht zahlen« war hier die Frage für die dänische Regierung. Es handelte sich um 6prozentige Gutscheine, die an der Börse 60 Prozent des Nominalwertes notierten und die in sechs Monaten zu hundert eingelöst werden sollten. So ein anomaler Abschlag war für eine Anleihe dieser Qualität nicht denkbar, um so weniger, als die Schuldnerin, die dänische Regierung, in US-Banken einen großen Betrag an Dollars besaß.

Ich hatte von diesen Papieren schon ein kleines Paket zu einem Kurs 30:40 gekauft. Warum sollte man sie schon zu dem damaligen Kurs von 60:70 verkaufen, wohin sie langsam kletterten, wenn man in einigen Monaten einfach zum Schalter würde gehen können, um sie zu hundert einzulösen? In der Welt der Finanzen ist alles möglich, und der Appetit eines Spekulanten ist unbegrenzt.

Ich hatte einen Nachbarn, René de Bourbon-Parma (Bruder der noch heute lebenden Kaiserin Zita), der der Schwiegersohn des Königs von Dänemark war. Ich hatte ihm einen Vorschlag gemacht, natürlich mit einem schönen Honorar, den er auch mit Freude akzeptierte: Er sollte nach Washington fahren, dort den Botschafter von Dänemark, den er gut kannte, aufsuchen und sich bei ihm erkundigen, ob diese fraglichen Anleihen am 1. Dezember 1941 bezahlt werden sollten oder nicht. Zum festgesetzten Tag, zur festgesetzten Stunde rief mich der Prinz aus Washington an (Pünktlichkeit ist die Höflichkeit der Könige): »Die Anleihen werden nicht bezahlt!« Es war zwar nichts faul im Staate Dänemark, die Dänen hätten genügend Dollars in den USA, um ihre Schuldscheine einzulösen, aber sie hätten ihre Kassen leeren müssen und für andere Anleihen mit späterer Fälligkeit, die noch im Umlauf waren, keine Zinsen mehr zahlen können. Die Zinsen für die 6prozentigen Anleihen sollten auch weiter bezahlt werden, aber nicht das Kapital.

Ich konnte nun meine dänischen Papiere sehr günstig verkaufen, weil sie nur einen Monat vor Fälligkeit weiter in die Höhe stiegen und sogar 90 erreichten, wo ich dann die Courage hatte, auch leer zu verkaufen. Der Kurs hielt sich zu meiner Überraschung, ich begann sogar, an meinem Prinzen zu zweifeln. Doch es dauerte nicht lange, da erschien eines Morgens in der New York Times eine große Annonce mit dem Text: »Die Regierung von Dänemark bedauert, es ihren Gläubigern schweren Herzens mitteilen zu müssen, daß...« Der Rest war all das, was ich schon von dem Prinzen erfahren hatte. Die Anleihen stürzten auf 40 Prozent, meine Insiderinformation war von Erfolg gekrönt.

Aber seither traue ich nicht mehr der dritten Strophe, Psalm 143, König David, der besagt: »Verlasset euch nicht auf Prinzen.«

Ich hatte immer eine Schwäche für Spekulationen mit Anleihen, besonders mit Staatspapieren, und es gab auch Gründe dafür. Bei der Aufstellung eines Spekulationsplans spielen alle möglichen Gründe eine Rolle. Der »Steckbrief« einer Anleihe ist viel leichter festzustellen als der einer Aktie. Man kann den theoretischen Wert einer Obligation genauer abschätzen. Die Einflußfaktoren sind einfacher zu bestimmen: Die Kreditfähigkeit des Schuldners, der Zinssatz, die Zukunftsaussichten der Währung, auf die die Schuld verbrieft ist, die Zahlungsbedingungen, die eventuelle hypothekarische Sicherheit, alle in Frage kommenden Klauseln, ebenso der Geldmarkt für kurzfristige und der Kapitalmarkt für langfristige Kredite, die Auswirkung der Innen- und Außenpolitik, die Einnahmen und Ausgaben des staatlichen Schuldners müssen in Betracht gezogen werden und noch viele andere Komponenten, die der Beobachter mehr oder weniger kontrollieren und verfolgen kann.

Dagegen ist es fast unmöglich, auch nur annähernd den echten Wert der Aktie einer Erdölgesellschaft zu bezeichnen – auch nicht durch die gründlichste Analyse, die genaueste Prüfung der Bilanzen oder des Geschäftsberichts. Ich möchte sogar behaupten, daß man aus einer Bilanz manchmal sogar die falschesten Schlüsse ziehen kann.

Will man bei den Staatsanleihen eine Diagnose stellen, so scheinen mir die entscheidenden Elemente leichter zu erkennen zu sein: Frieden oder Krieg, Sieg oder Niederlage, Revolution oder sozialer Friede, Zahlungsbilanz, Handelsbilanz usw. Überdies hat sich mein Interesse immer besonders den notleidenden oder schwachen Obligationen zugewandt. Eine Besserung der Situation des Schuldners kann eine raketenartige Obligationenhausse auslösen: Das war der Fall während des Krieges bei den amerikanischen Eisenbahnen oder bei den deutschen und japanischen Anleihen nach dem Krieg.

Nach dem Krieg war ich von einem unerschütterlichen Optimismus über die weitere Entwicklung Europas durchdrungen und warf mich auf die Spekulation mit europäischen Staatsanleihen, die als Folge des Krieges sehr tief gesunken waren. Neben belgischen, norwegischen, dänischen und deutschen Obligationen hatte ich auch gewisse französische Anleihen, da ich der Überzeugung war, daß nach dem Chaos auf diesem Markte sich alles wieder normalisieren würde. Es gab Schuldner unter den Staaten und Regierungen, die ihren Verpflichtungen schnell nachkamen oder sie jedenfalls ordneten, andere dagegen ließen sich lange an den Ohren ziehen, bis sie sich endlich zur Zahlung ihrer Verpflichtungen entschlossen.

Die Ereignisse rechtfertigten meinen Optimismus. Auf der ganzen Linie erfolgte eine brillante Aufwertung bei all diesen Papieren. Nur mit einer bestimmten Kategorie französischer Anleihen erlebte ich eine Panne.

Es war eine kurz vor dem Krieg im Jahre 1939 vom Bankhaus Mendelssohn und Co., Amsterdam, aufgelegte Anleihe zu einem Zinssatz von 3 3/4 Prozent. Die genauen Emissionsbedingungen waren ganz genau im vollen Wortlaut auf der Rückseite der Papiere angegeben: Die französische Regierung verpflichtet sich zur Zahlung der Zinsen und des Kapitals an den jeweiligen Inhaber, selbst im Falle eines Krieges, einer Revolution, von Umstürzen aller Art in Schweizer Franken, holländischen Gulden oder Dollars nach Wahl des Inhabers. Kurz, und wenn die Erde bebte, der Himmel donnerte oder es Überschwemmungen geben sollte: Die französische Regierung würde zahlen, in Genf, Amsterdam oder bei der Bank für Internationalen Zahlungsausgleich in Basel (BIZ).

Kaum aber war der Waffenstillstand unterzeichnet, da widerrief die französische Regierung alle Klauseln, alle schwarz auf weiß vorher festgelegten Versprechungen und war nur bereit, in französischen Francs zu zahlen und zu einem mit Gewalt festgelegten Kurs, der durch die Zwangswirtschaft nur zu 10 Prozent des tatsächlichen internationalen Kurses festgelegt wurde.

So sanken diese Obligationen (in Genf und Amsterdam) auf einen jammervollen Kurs von 10 bis 20 Prozent. Ich war der Überzeugung, daß die eine Unterschrift der französischen Regierung tragende Anleihe ihre Gewichte in Gold wert sei. Niemals zuvor hatte Frankreich versucht, sich seiner Schuld zu entledigen. War es nicht das einzige Land der Welt gewesen, das sogar die Goldklausel einhielt, während alle anderen Staaten einschließlich der USA und Großbritannien sich nicht gescheut hatten, sie aufzuheben? Infolgedessen kaufte ich eine größere Anzahl dieser Anleihen. Es gab für mich keinen Zweifel, daß die französische Regierung, sobald die Situation wieder normal wäre, nicht würde umhinkönnen, ihren formellen Verpflichtungen nachzukommen, die Zinsen und das Kapital (das schon fällig war) in Schweizer Franken, Gulden oder Dollars zu zahlen.

Ich beschloß daher, mich an die kompetenteste Stelle, das Finanzministerium, zu wenden. Vor dem hohen Beamten, der mich liebenswürdig empfing, hielt ich folgende Rede: »Sehr verehrter Herr Fiskus, ich bin ein Börsenprofi von Wall Street. Meine Spezialität sind europäische Staatsanleihen, die ich während des Krieges und auch nachher angekauft habe, weil ich ganz einfach zu den Schuldnern Vertrauen hatte. Mein unerschütterlicher Optimismus sagte mir, daß Frankreich, sobald es in der Lage sein würde, sich als Dame von Welt erweise, die ihre Schulden bezahlt.

Alle diese Obligationen wurden eine nach der anderen auf Heller und Pfennig bezahlt. Selbst die Anleihen der kommunistischen Länder wurden zu einem vernünftigen Satz reguliert. Nur einen Mißklang mußte ich erleben: Ihre $3\frac{3}{4}$prozentige Mendelssohn-Anleihe, auf der ich sitzengeblieben bin. Sie kennen ja alle Klauseln: überall zahlbar in Schweizer Franken, Gulden oder Dollars.« Ich merkte, daß mein Gesprächspartner den Eindruck eines anständigen Menschen machte, der auf frischer Tat ertappt worden war: »Zweifellos, aber Sie kennen die Lage. Die Zeiten sind hart, es fehlt uns nicht an gutem Willen, sondern ganz einfach an Devisen.«

»Das weiß ich wohl, doch habe ich eine Möglichkeit im Auge, und vielleicht können Sie mir behilflich sein.«

»Bitte sehr, ich höre.«

»Der Fiskus zahlt mir den gesamten Gegenwert der Anleihen in Sperrfrancs aus, das heißt, daß diese Francs nur in Frankreich und für gewisse Transaktionen verwendbar sind (solche Sperrfrancs existierten im Devisenhandel und wurden auf dem freien Markt zirka 5–10 Prozent unter dem normalen amtlichen Preis gehandelt).«

Ich wußte also, daß ich für diese Francs in Wall Street Abnehmer finden würde. Die Transaktion blieb für mich noch immer interessant: Der Fiskus brauchte keine Devisen auszugeben, während ich 90 Prozent des Nominalwertes kassierte.

»Ich bin einverstanden«, antwortete die Behörde, »denn der Vorschlag scheint mir recht. Wie viele dieser Obligationen besitzen Sie?«

Ich nannte ihm die Zahl, noch viel mehr, als ich hatte, und er war einverstanden.

Mir blieb, als ich das Ministerium verließ, nur noch eins zu tun: Zum Postamt zu gehen, meinen guten Freund Ernst Gall bei der Firma Julius Bär in Zürich anzurufen und ihm den Auftrag zu geben, soviel 3¾prozentige zu kaufen, wie ich mir leisten konnte, wenn ich meine letzten drei Pfennige zusammenkratzte. Die Motivation war klar: Alles, was dem französischen Fiskus bei seinen Anleihen 90 Prozent wert ist, ist für den Spekulanten gewiß 10–30 Prozent oder sogar viel mehr wert.

Die Sache ist zu schön, um wahr zu sein, werden Sie sagen.

Ich konnte aber wieder einmal die Richtigkeit meiner eigenen Maxime feststellen: An der Börse ist alles möglich, selbst wenn es logisch ist. Denn der Epilog der Geschichte ist, daß ein Jahr später die Regierung die Auszahlung der Papiere je nach Wunsch in Schweizer Franken, Gulden oder Dollars bekanntgab.

In einem anderen Fall profitierte ich von einer Insiderinformation, weil ich genau das Gegenteil von dem unternahm, was empfohlen wurde.

In den sechziger Jahren wurde mir ebenfalls von meinem

Freund Ernst Gall der Kauf von Papier St. Moritz an der Züricher Börse zum Preis von etwa 160 Franken empfohlen. Er hatte zwar über das Papier keine Insiderinformation, aber als alter Routinier und vorzüglicher Kenner des Marktes hatte er ein Gespür dafür, daß da etwas Positives vorging. Obwohl ich auf das Gefühl meines Freundes viel gab, wollte ich über das Papier mehr wissen und wandte mich an einen anderen guten Freund, George Héreil, der bei dieser Firma eine besondere Insiderposition hatte. Er war der Präsident der Papierfabrik La Chapelle, die eigentliche Substanz der Gesellschaft Papier St. Moritz, die nur die Holding für die Papiere war. Seine Information war niederschmetternd: Der innere Wert der Aktie sei höchstens 40 Franken wert (das war allerdings der Kurs ein Jahr früher, bevor die Bewegung anfing). Er empfahl mir, bei diesem lächerlichen Kurs 160 sofort zu verkaufen und natürlich unter keinen Umständen zu kaufen. Nach so einer aufrichtigen und von erster Stelle kommenden Insiderinformation beschloß ich, das Papier St. Moritz zu einem Preis von 160/170 Franken justament und jetzt erst recht zu kaufen, gerade weil ich schon mit Insiderwissen genügend Erfahrung hatte. Es war auch richtig, denn zirka sechs Monate später konnte ich die Papier St. Moritz zu zirka 1 600 Franken verkaufen. Zu 1 800 wurden die Aktien von dem großen englischen Unternehmen Bowater übernommen und verschwanden von der Züricher Börse.

Erst jetzt wurde bekannt, daß Bowater der große Käufer war, der die Aktie von 40 Franken bis zu 1 800 Franken in die Höhe getrieben hatte, um sich so die Kontrolle zu verschaffen. Mein Freund Héreil hatte recht, was den inneren Wert der Aktie anbelangte, aber mein Freund Gall – Vollblutspekulant – hatte auch recht, als er spürte, daß etwas ganz Ungewöhnliches vorging: der Streit um die Kontrolle von La Chapelle. Das konnte natürlich Héreil auch nicht wissen, wie er später zugab, denn die Transaktion war von den Banken mit der größten Diskretion durchgeführt worden.

Nun möchte ich noch zwei Insiderinformationen zitieren, die mich jedoch eine Menge Geld gekostet haben: Noch vor dem Krieg in den dreißiger Jahren im Palace Hotel in St. Moritz erfuhr ich aus einem mir irrtümlich ausgehändigten Telegramm, daß Dr. Fritz Mannheimer, der mächtigste Finanzier dieser Jahre in Europa und Chef des Bankhauses Mendelssohn und Co., Riesenposten von Royal-Dutch-Aktien an allen Börsen der Welt kaufte. (Die wurden überall gehandelt, wie auch heute noch.)

Es ist sehr schwer, der Versuchung zu widerstehen, von einer solchen Information nicht zu profitieren. Ich entschloß mich, alle meine anderen Engagements zu verkaufen, um mit meinem ganzen Geld in Royal Dutch einzusteigen. Dies war total falsch, denn nach meinem Kauf sind die Kurse ununterbrochen zurückgegangen, und ich habe fast mein ganzes Geld verloren.

Genauso falsch war die Insiderinformation in folgendem Fall: Mein ehemaliger guter Freund Adrien Perquel, *Agent de Change* in Paris, erzählte mir, als ich einmal bei ihm zum Lunch war, daß er soeben mit dem Präsidenten der Compagnie *Française de Petroles* eine interessante Unterhaltung hatte, der ihm erklärt habe, daß die Aktien der Française de Petroles zu 10 000 Francs (alte Francs) viel zu hoch wären, sogar lächerlich hoch.

Ich besaß zu dieser Zeit schon einen größeren Posten dieser Aktien. Ich bedankte mich für diese interessante Information, die direkt vom Präsidenten kam, und verkaufte in den kommenden Tagen alle meine Aktien der Française de Petroles. Und als sie noch rasant weiterstiegen, verkaufte ich sogar etwas leer. Die Insiderinformation war wieder richtig, um damit einen Verlust zu kassieren, da die Française de

Petroles allmählich auf 60 000 Francs gestiegen sind. So sind meine Erfahrungen mit Dutzenden von Insiderinformationen, von denen ich nur einige anführen wollte.

Was halten Sie von Aktienanalysen erstklassiger Experten?
Leider sind hier meine Erfahrungen genau wie bei den Insiderinformationen meistens negativ. Ein ganz typisches und lehrreiches Beispiel war der Fall Penn-Central. In dem Abenteuerroman der amerikanischen Eisenbahngesellschaften ist die Geschichte der Penn-Central ein besonderes Kapitel. Der Kampf der amerikanischen Eisenbahnen untereinander, gegen die Regierung, gegen die Gewerkschaft, gegen die Benutzer und nicht zuletzt gegen die Indianer dauerte bereits mehr als ein Jahrhundert.

Als Spätfolge der Weltwirtschaftskrise waren zu Beginn des letzten Krieges 54 von damals 70 Eisenbahngesellschaften konkurs. Vielen anderen ging es finanziell schlecht. Die New York Central (NYC) gehörte zu den *Borderline-Railroads* (Grenzlinienbahnen): So nannte man sie im Börsenjargon, nicht etwa, weil sie an der Staatsgrenze, sondern weil sie stets an der Grenze des Konkurses dahinfuhren. Am Tag des Kriegsausbruchs 1939 änderte sich aber schlagartig die Eisenbahnkonjunktur. Die Spekulanten konnten wie nie davon profitieren.

Seit ihrem Bestehen hat sich die NYC Penn (Central genannt) öfter an der »Grenze der Pleite« befunden. Ich erinnere mich noch lebhaft an meine Spekulation in NYC-Anleihen in den dreißiger Jahren. Diese standen damals besonders tief, 20 bis 25 Prozent des Nominalwertes. Das Risiko einer Pleite drohte ernstlich. Zitternd warteten wir, ob der fällige Zinscoupon bezahlt wurde oder nicht. Sobald die positive Nachricht kam, sausten die Kurse der Anleihen in die Höhe. Das gleiche Spiel wiederholte sich alle sechs Monate zur Couponfälligkeit. Für Herzkranke war diese

Spekulation nicht geeignet. 35 Jahre später, im Juni 1970, verfolgten die Spekulanten in Wall Street den Ticker mit der gleichen Angst: Würde die Regierung Penn-Central unterstützen oder nicht? Zur größten Überraschung aller war die Antwort zunächst negativ, und so kam es, daß nach so vielen Jahren des Dahinlavierens die Gesellschaft die ominöse Grenze von der Solvenz zur Pleite durchfahren mußte. Der Aktienkurs fiel über Nacht von 13 auf 8 Dollar, obwohl er ein Jahr vorher noch 87 Dollar notierte.

Auch die NYC hat seit dem Krieg bis 1970 verschiedene Glanzperioden erlebt. Die Kurse stiegen erst langsam, dann immer schneller, zumal ein Fusionsplan zwischen New York Central und Pennsylvania Railroad gegen alle gerichtlichen Schwierigkeiten langsam Gestalt annahm. Seitdem heißt die Gesellschaft Penn-Central.

Jahrelang studierten die kompetentesten Finanzexperten die möglichen Folgen der Fusion, alles auf höchst wissenschaftlicher Basis. Jede Einzelheit wurde genauestens unter die Lupe genommen: die Zahl der Waggons, die Länge der Schienen, die politische Einstellung des Personals, die Psychologie der Passagiere, die Qualität des Materials, die transportierten Güter usw. usw. Mit hochwissenschaftlichem Rüstzeug und mit Hilfe der Computer rechneten die Eisenbahnexperten und Professoren aus, daß die neue fusionierte Penn-Central-Gesellschaft dank der Reorganisation mit einem Jahresprofit von 7 Dollar pro Aktie rechnen könnte. Seit der Fusion waren kaum mehr als zwei Jahre vergangen, und die Voraussagen erwiesen sich als die größte Blamage. Das Jahresresultat war nicht 7 Dollar Gewinn, sondern 4 Dollar Verlust je Aktie.

Die Regierung konnte aus politischen Gründen dem SOS-Ruf der Gesellschaft nicht folgen. Hunderttausende von kleinen Aktionären haben ihre Ersparnisse dank der größten Fachleute verloren.

Der Penn-Central-Hereinfall, dessen man sich in der Finanzgeschichte sicher noch lange erinnern wird, ist ein krasses Beispiel dafür, was Finanzanalysen der besten Experten wert sind.

Mit den Analysen ist es also ein wenig wie mit den Insiderinformationen?
Es ist ein wenig so, ja, sie sind wertlos. Ingenieure, Erfinder, Techniker, Wissenschaftler, Bilanzexperten und sogar die Leiter eines Unternehmens sind am wenigsten geeignet, für einen Börsenkurs eine Diagnose zu stellen. Sie können nicht beurteilen, ob ein Kurs zu hoch oder zu niedrig ist. Sie wissen zuviel, und viel Wissen ist letztendlich schädlich an der Börse, weil es die Phantasie bremst.

Was muß also der Spekulant können?
Der Spekulant sollte eher ein Politologe, Soziologe, Psychologe, Philosoph als ein Betriebswirt oder Wirtschaftsingenieur sein. Ein perfekter Betriebswirt wird wahrscheinlich sein Unternehmen effizient leiten, die Rentabilität der Maschinen, die Aufnahmefähigkeit des Marktes aufs genaueste berechnen. Aber seine Meinung über die Kursentwicklung der Aktien seiner Gesellschaft ist nichts wert.

Auf sehr lange Sicht, auf viele Jahre hinaus ist die technische Analyse des Unternehmens sicherlich wichtig, jedoch ist das Firmenschicksal unzähligen Unwägbarkeiten unterworfen: ausländische Konkurrenz, neue technische Erfindungen, die Reaktion des Publikums auf das Produkt und auch die Reaktion der Anleger gegenüber den Aktien der Gesellschaft. Die Bilanzanalyse eines Unternehmens ist für den Spekulanten nicht mehr als die Röntgenaufnahme des zu behandelnden Patienten für den Arzt. Nicht der Röntgenologe, sondern der Arzt schreibt die Therapie vor.

Eigentlich ähnelt die Rolle des Börsianers der eines Richters: Der Richter war weder bei der Tat dabei, noch ist er ein Waffenexperte. Er verhört die Zeugen, bekommt die Expertise der Sachverständigen, und dann fällt er sein Urteil. Der Spekulant ist kein Fachmann für Elektronik, Luftfahrt, Öl, Eisenbahnen, Computer, Autos oder Chemikalien. Er bekommt das Gutachten des einen, die Analyse des anderen, er wirft einen Blick auf die internationale Politik und die Zinspolitik der Notenbank, und dann fällt er sein Urteil, ob er kaufen oder verkaufen soll. Er ist ein eklektischer Geist oder, wie die Franzosen sagen, ein »touche-à-tout«. Eigentlich gilt für ihn die Regel: Man kann nicht alles gelesen haben, aber man muß wissen, wo es steht.

Der lateinische Spruch »Omnibus parvum, ex toto nihil« gilt für die Börse nicht, im Gegenteil. Derjenige, der von allem ein wenig weiß, versteht von der Börse ziemlich viel. Alles, was Hänschen gelernt, gesehen, gehört oder erlebt hat, nützt dem Spekulanten Hans in seinem Beruf.

Am wichtigsten scheint mir, das Leben selbst zu studieren, man sollte viel reisen, die Welt und ihre Bewohner kennenlernen und sich sogar einen gewissen Zynismus aneignen, um die verschiedensten Spezies dieses zoologischen Gartens der Wirtschaftsführer, Bankiers, Finanziers, Makler oder Politiker zu durchschauen. Man muß auch lernen, zwischen den Zeilen zu lesen, wenn es sich um wichtige, einschneidende Erklärungen handelt, denn jede Erklärung, jede Nachricht kann positiv oder negativ interpretiert werden, je nachdem, von wem und mit welcher Motivation sie abgegeben wurde und aus welcher Quelle sie stammt. Die Drahtzieher der Finanzwelt sind schlau, aber der Spekulant muß noch schlauer sein.

Welches Studium ist für einen zukünftigen Spekulanten von Vorteil?

Das beste Studium für den Spekulanten ist die Massenpsychologie (die beste Lektüre dazu ist *Psychologie der Massen* von Le Bon, 1895). Denn der wichtigste Faktor der Börsen und Wirtschaftsentwicklung ist das Verhalten des Publikums, und dieses kann kein Wirtschaftsingenieur, und sei es mit den modernsten Computern, berechnen.

Und natürlich sollte der Spekulant die wichtigsten Sprachen der Welt beherrschen, in erster Linie Englisch. Einer meiner alten Freunde, ein routinierter und genialer Börsianer, empfand es als großes Handicap, daß er außer Deutsch keine anderen Sprachen sprach und die wichtigsten Texte nicht im Original lesen konnte. Man spürte bei ihm in der ersten Minute, daß er die internationale Presse nicht kannte, und das störte ihn sicherlich auch. Dafür hatte er einen anderen Vorteil: über siebzig Jahre Erfahrung. Das ist natürlich ein Diplom der höchsten aller Hochschulen.

Was muß ein Spekulant alles wissen,
um dieses Diplom zu erhalten?
Nichts wissen, aber alles verstehen. Das Börsenwissen ist das, was übrigbleibt, wenn es einem gelungen ist, alles andere zu vergessen: die Bilanzen, die Kurse, die Dividenden, die jährlichen Geschäftsberichte, das ganze Rüstzeug, das man in einer guten Bibliothek und noch viel mehr in einem gutgefütterten Computer findet. Es kommt nicht darauf an, eine lebende Enzyklopädie zu sein, sondern man muß im richtigen Augenblick die vielen Zusammenhänge begreifen können. Man muß eine Art Radargerät haben, das die Wellen auffängt, kurz: Man muß ein Denker sein, immer auf dem laufenden und global denken, das ist die ideale Einstellung für einen Spekulanten. Er wird mit der Statistik und mit Zahlen oft unpräzise sein, aber für den denkenden Spekulanten ist dies kein Hindernis. Wer die Welt und die Menschen gut kennt, braucht Ideen oder Tips nicht mit der Laterne zu suchen. Sie kommen schon von selber, so wie bei dem Talmudschüler, der sich rühmt: »Ich hab' eine großartige,

richtige Antwort gefunden. Jetzt suche ich nur noch die passende Frage dazu.«

Ein Finanzier muß doch bei seinen Transaktionen die Bilanzen der Gewinn- und Verlustmöglichkeiten aufs genaueste analysieren, sonst kann er ja hereinfallen.

Ein Finanzier muß über die Gesellschaft, mit der er zu tun hat, viel wissen. Aber man sollte die Begriffe Finanzier und Spekulant nicht verwechseln. Der Finanzier steckt ständig über beide Ohren in den von ihm eingeleiteten Geschäften. Er sichert sich Kontrollen, plant Fusionen, lanciert neue Industrien, baut Trusts auf und führt vor lauter Aktivität ein sehr unruhiges Leben.

Weil er Unternehmungen gründet, wendet er sich an die Börse, um sich das nötige Kapital zu verschaffen. Auch die Kontrolle über die Gesellschaften, über die er herrschen will, erhält er durch die Börse. In einem vertikalen Trust vereinigt er einander ergänzende Betriebe. Seine Operationen verursachen also große Bewegungen, die sich auf die ganze Börse auswirken. Der Spekulant bleibt passiver Zuschauer bei diesen Bewegungen, die er nicht verursacht hat, von denen er aber profitieren kann. Sein Handwerkszeug hat er in Reichweite, und es ist denkbar wenig: ein Telefon, ein Radio, ein Bildschirm, ein paar Zeitungen; aber auch dabei hat er sein Geheimnis: Er versteht, zwischen den Zeilen zu lesen.

Wie beurteilen Sie die Situation auf dem Ölmarkt und die weitere Entwicklung des Ölpreises?

Vor zwölf Jahren prägte ich den Spruch: Jubelt die OPEC, weint der Westen. Nun kann ich heute den Spieß umdrehen. Der Wucherpreis für Erdöl – von einem Kartell diktiert – bedeutete die Verarmung des Westens zugunsten der Erdöl produzierenden Länder. Die Regierungen mußten mit höheren Steuern, Zinsen und Restriktionen gegen die neue Inflationswelle kämpfen und paralysierten damit die ganze Weltwirtschaft. Die Kaufkraft des Westens und der Entwicklungsländer wurde drastisch beschnitten, da alle anderen Energiepreise, wie zum Beispiel Erdgas, sich dem Ölpreis anglichen.

Die Wertpapierbörsen litten natürlich dramatisch darunter.

Im März 1975 berechnete ich, daß der Ertrag der Erdölproduktion von fünf Jahren das gesamte Industrieimperium des Westens samt Infrastrukturen aufwiegen kann einschließlich Bergwerken, Landwirtschaft und Immobilien – ein Werk, das in 150 Jahren durch Millionen Techniker, Gelehrte und Arbeiter mit Schweiß und Blut aufgebaut wurde. Das war eine falsche Parität. Es war fast, wie Henry Kissinger sagte, »eine wahrhafte Strangulation«.

Man hätte natürlich Gegenmaßnahmen und Vergeltungsschritte treffen können. In Amerika bestanden einige Pläne in dieser Richtung, auch eventuell ein Käuferkartell zu bilden. Aber Japan und Frankreich zitterten vor einem Totalembargo und taten alles, um eine Gegenkampagne zu sabotieren. Die Politiker und gewisse Regierungen, die passiv zuschauten, glichen Pantoffelhelden.

Daß die Ölmilliarden gegen hohe Zinsen im Westen angelegt wurden und zum Ankauf gigantischer Werte – Industrie, Immobilienkomplexe, Hotelunternehmen usw. – dienen sollten, war, wie die Araber sagten, »Kif-Kif«, das heißt: gehupft wie gesprungen; denn das führte zur weiteren Bereicherung einiger Ölländer und Tausender von Scheichs. Und all dies auf Kosten der Normalverbraucher im Westen.

Ich blieb jedoch auch auf dem tiefsten Punkt der Stimmung optimistisch aufgrund meiner Erfahrung, da ich seit fünfzig Jahren in allen Rohstoffen gepanscht hatte (vielleicht gibt es keinen, mit dem ich nicht schon einmal herauf-

oder herunterspekuliert hätte). Ein Kartell muß – wie auch ein *Corner* (ein planmäßig herbeigeführter Kursanstieg) an der Börse – platzen, wenn eine zu große Diskrepanz zwischen den Selbstkosten und den Kartellpreisen besteht (der Krach des Hunt-Corners ist ein Schulbeispiel dafür). Das war damals der Fall: 10 Cents pro Barrel gegen 30 Dollar – eine total unrealistische Spanne.

Ich habe auch gelernt, daß jede Preisentwicklung einer Ware einer marginalen Situation unterworfen ist.

Steigt nämlich die Produktion nur 5 Prozent höher als der Verbrauch, stürzen die Preise senkrecht in die Tiefe. Liegt aber der Verbrauch um 5 Prozent über der Produktion, gehen die Preise raketenhaft in die Höhe. Und diese hohen und niedrigen Preise gelten trotz der winzigen Menge, der sie ihre Entstehung verdanken, mit einem Schlag für den gesamten Welthandel mit der betreffenden Ware.

Unter dem Druck konzentrierte sich der Westen mit allen seinen Kräften und mit Hilfe der fortschreitenden Technologie darauf, Energie zu sparen und neue Quellen zu erschließen.

Das ist gelungen. Der Verbrauch sank in Riesenschritten. Der Anteil der Ölimporte aus den OPEC-Staaten wurde dank der Ölförderung in der Nordsee, in Mexiko und an anderen Orten immer kleiner, und so bröckelten auch die Preise etwas ab. Kleine Länder mußten somit immer mehr verkaufen und Preiskonzessionen machen.

So entstand eine Kettenreaktion mit drastischem Rückschlag, um so mehr, da die Diskrepanz zwischen Selbstkosten und Verkaufspreis so enorm war. Die heutige schwierige Situation der OPEC-Länder ist für mich keine Überraschung. Ich muß heute noch lächeln, wenn ich an die Worte des damaligen Weltstars, des saudiarabischen Ölministers Scheich Yamani, denke, die er 1980 bei einem Forum in Davos fallenließ. Auf die Frage, wie er die Preisentwicklung voraussehe, war die Antwort: »Wie hoch der Preis sein wird, kann ich jetzt nicht sagen. Aber eines kann ich mit Sicherheit prophezeien: Er kann nur laufend steigen!« Er nahm auch Stellung gegen eine eventuelle Benzinsteuer in den USA, denn: »Wenn der Preis erhöht werden sollte, dann müßten wir ihn erhöhen.« Und dann fügte er mit seinem liebenswürdigen Lächeln und eleganten Harvardakzent hinzu: »Wir werden den Amerikanern eine gute Lektion erteilen!« Und er wiederholte die Drohung einige Male im Fernsehen.

Ich weiß nicht, wie viele auf eine solche Warnung reagierten. Ich wollte meinen Ohren nicht trauen: Der Saudi-Minister will Onkel Sam eine Lektion erteilen? Hat er das ernst gemeint? Zu dieser Zeit verbreiteten übrigens Wirtschaftsexperten, daß die OPEC den Ölpreis in Gold festlegen wolle (damals wären 30 Barrel etwa eine Unze gewesen).

Es gibt keinen Zweifel, daß die Wirtschaftskrise eine Folge der Ölpreise war, und als sich der erste Riß im Ölkartell zeigte, begann sich auch die Welt von der Krise zu erholen.

Doch dann tauchte auf einmal das internationale Schuldenproblem auf mit dem Argument, sinkende Ölpreise würden die Zahlungsfähigkeit der Erzeugerländer gefährden, in erster Linie Mexiko. Aber auch das waren die Folgen des Ölwuchers, denn die vielen Milliarden Petrodollars wurden in die Banken des Westens zurückgeschleust, und da diese dafür wegen der schlechten wirtschaftlichen Lage keine Verwendung hatten, warfen sie dieses Geld Schuldnern nach, die bereit waren, die hohen Zinsen zu zahlen.

Scheich Yamani droht heute wieder, daß der Preissturz eine internationale Finanz- und Währungskrise zur Folge haben werde. Welche schamlose Propaganda, die bei den kleinen Sparern Panik schüren soll. Ein so kluger Mann weiß genau, daß der Westen kein größeres Geschenk hätte bekommen können als den Sturz der Ölpreise. Er ist eine Bremse für die Inflation, die Zinsen können fallen, es bleibt mehr Geld in den Händen der Sparer für andere Produkte, die auch wiederum billiger werden können, da die Energiekosten fallen. Staaten, die gegen das Defizit kämpfen, könnten es durch eine Benzinsteuer im Handumdrehen verringern.

Um die internationale Finanzwelt braucht sich also Scheich Yamani keine Sorgen zu machen. Mexikos Schulden werden vorläufig sowieso nicht zurückgezahlt. Außerdem kompensieren zurückgehende Einnahmen aus Öl die billigeren Zinsen für die Schulden. Und die USA stehen bedingungslos hinter Mexiko, abgesehen davon, daß sie immer mehr Öl aus Mexiko kaufen werden, zum Schaden der OPEC-Länder.

Gleichzeitig werden Brasilien, Argentinien und andere Nichtölstaaten viele Milliarden einsparen. Diese Länder können auch jubeln, wenn die OPEC weint.

Die OPEC steckt in einer großen Notlage, und nach meiner Erfahrung wird dort am meisten gestritten, wo Not herrscht. Nichtsdestoweniger glaube ich, daß die USA, obwohl es nicht in ihrer Tradition liegt, gewissermaßen eingreifen werden, um den Ölpreis irgendwo zu stabilisieren. Ein zu niedriger Preis würde die Investitionen für neue Ölerschließungen unrentabel machen und diese bremsen. Auf kurze Sicht wäre es ja gut, aber die USA machen eine langfristige Politik. Sie müssen sich auf lange Sicht in Energiefragen unabhängig machen, und da in Amerika der Staat nicht dafür sorgen kann, muß die Privatwirtschaft die nötigen Investitionen vornehmen. Aber in einem Land, in dem der Profit heilig ist, werden diese Investitionen nur dann gemacht, wenn sie genügend Gewinn bringen. So muß also der Preis auf einem Niveau bleiben, wo sich die Investitionen noch lohnen.

Was halten Sie vom Warenterminhandel?

In den letzten Jahren konnte man in Deutschland in großen Zeitungsanzeigen von fantastischen Gewinnen lesen, die im Warentermingeschäft gemacht wurden, und von den Maklern wurden noch weitere versprochen. Über die Verluste wurde geschwiegen. Bei dieser aggressiven Werbung, die in Großbritannien und in den Vereinigten Staaten sogar unzulässig ist (man nennt sie dort Grabsteinannoncen), konnte man fast den Eindruck gewinnen, daß es sich um die Entdekkung einer neuen Spekulationsmethode handle, mit der man bei kleinem Risiko schnell reich werden könne. Es stimmt, daß aufgrund der weltweit gestiegenen Nachfrage und noch mehr durch die maßlose Inflationsspekulation die Rohstoffpreise in den siebziger Jahren explodiert sind und daß jeder daran gewinnen konnte, wenn er im richtigen Moment in die richtige Ware ein- und wieder ausstieg. Aber etwas Neues ist es nicht.

Warenspekulation hat es schon immer gegeben, auch ohne Terminhandel. Josef von Ägypten, Finanzberater des Pharao, war der erste große Warenspekulant, als er während der sieben fetten Jahre die Getreideernten aufkaufte, um sie dann während der sieben mageren Jahre mit großem Profit zu verkaufen (siehe 1. Moses 41, V. 46 ff). Seit Josef spekulieren Landwirte, Kaufleute und Industrielle in verschiedensten Waren, mal auf steigende, mal auf fallende Preise; denn auch ohne organisierte Warenterminbörse kann man Produkte auf spätere Lieferung handeln.

Dieser Handel hätte an und für sich auch noch heute eine gewisse Bedeutung in der Wirtschaft, um den Unternehmern und Kaufleuten die Möglichkeit zu geben, sich gegen eventuelle Kursschwankungen zu sichern. Kauft zum Beispiel ein Silberschmied sein Metall, um es sofort zu bearbeiten, geht er das Risiko ein, daß der Metallpreis während der Verarbeitung stark fällt. Der Verlust kann so um ein Mehrfaches höher sein als der Profit seiner Arbeit. Er kann jedoch zur selben Zeit die gleiche Menge Silber auf Termin verkaufen. Fällt der Kurs, kann er seinen Terminverkauf mit einem Nutzen eindecken, der ihn für den Preisverfall seiner effektiven Waren entschädigt. Dasselbe spielt sich beim Müller mit Getreide ab, bei der Baumwolle für die Spinnerei und für alle anderen Rohstoffe, die von Unternehmen bearbeitet werden.

Die Versicherungsgeschäfte, die man Terminhandel nennt, sind der Anfang von weiteren Spekulationen: Der Landwirt beobachtet täglich die Kornfelder, wird dank guter Wettervoraussagen für die gesamte Ernte im Lande immer optimistischer und erwartet einen größeren Rückgang der Preise. So verkauft er immer mehr und mehr Weizen, mehr als seine zukünftige Ernte, Ware, die er nicht haben wird, aber die er sich ja kurz vor dem Lieferungstermin billiger beschaffen kann. Sieht er aber eine schlechte Ernte voraus, kommt ihm natürlich sofort die Idee, auf Termin eine größere Menge Weizen zu kaufen, nur auf Spekulation. Er kauft also, obwohl er eigentlich verkaufen sollte, da er ja Weizen produziert.

Der Müller dagegen ist der Ansicht, daß der Weizenpreis fallen wird. So wird er sogar Weizen verkaufen, anstatt zu kaufen.

So wird aus einem normalen biederen Kaufmann sogar ein Spekulant. Der Homo ludens ruht nie! Und obwohl viele Unternehmer und Kaufleute mit diesen Spekulationen Pleite gemacht haben, geht dieses Spiel weiter, weil sich jeder einbildet, wenigstens in seiner Branche etwas von der Ware zu verstehen.

Im alten Deutschen Reiche gab es zwar Warenterminbörsen, Kaffee in Hamburg, Zucker in Magdeburg usw., doch schadeten sie lediglich der Wirtschaft. »Das Getreide hat sich auf den Terminbörsen zu einem reinen Spiel entwikkelt«, schrieb 1889 der Vorsitzende des kaufmännischen

Vereins in München, »und wir sehen Dinge vor sich gehen, gegenüber denen Spielbanken in Baden-Baden, Wiesbaden usw. reine Kindereien genannt werden können. Zu diesem Zwecke werden Agenten aufgestellt, welche die Spekulationslust aufwecken und dazu animieren. Dieselben suchen sich ihre Kunden in allen denkbaren Gesellschaftskreisen aus, suchen dieselben täglich in ihren Wohnungen auf und verleiten sie durch kluge Ratschläge zu riskanten Unternehmungen. Der verhältnismäßig kleine Einschuß wird krediert, und erst wenn Verluste eintreten, müssen Nachschüsse geleistet werden. So wird die Spielwut förmlich hochgezogen.«

Das Warentermingeschäft ist also schon vor hundert Jahren zu einem Glücksspiel geworden.

In den letzten zwanzig Jahren herrschte aber ein wahrer Unfug auf diesem Gebiet. Die Provisionen sind zu interessant für den Makler. Er verdient mit dem Hin- und Herhandeln von Warenterminkontrakten, von denen der Kunde relativ wenig versteht und bei denen er mit relativ wenig Geld Riesenengagements eingehen kann. Die Provisionsmaschine funktioniert auf diesem Gebiet mit besonders großem Erfolg. Junge Leute können sich als Makler in diesen Geschäften manchmal monatlich 40 000 bis 50 000 DM Einkommen schaffen, wenn sie tüchtig sind und Kunden dafür werben.

Das Publikum ist seit dieser Zeit dank der Inflationspsychose in das Geschäft leicht hineinzulocken. Die Werbesermone waren sehr einladend: Das Geld entwertet sich, die Preise können nur steigen. Die raketenhafte Aufwärtsbewegung des Goldes veranlaßte dann die Sparer, bei allen Rohstoffen nur noch höhere Preise zu erwarten. Es gab auch andere Werbeslogans wie zum Beispiel beim Silber. Die Agenten riefen alle ihre Kunden an und bezogen sich auf das Hunt-Syndikat als Beweis, daß die Silberkurse in eine astronomische Höhe steigen würden. Als der Kurs von 5 auf 50 Dollar die Unze stieg, prophezeiten sie schon den Kurs von 500. In solch einer Atmosphäre war es leicht, massenhaft Kaufaufträge zu bekommen. Es ist also keine Überraschung, daß das Publikum, Spekulanten, Spieler und Außenseiter in den achtziger Jahren durch den Krach auf den Rohstoffmärkten mehrere Milliarden Dollar Verluste erleiden mußten. Die Umsätze haben 1982 3 500 Milliarden Dollar an allen Warenbörsen zusammen ausgemacht.

Ich verdächtige a priori keinen Warenterminmakler, keinen Händler oder Werber, ein Betrüger zu sein. Aber ich behaupte in voller Kenntnis der Sachlage, daß bei diesen Geschäften häufig das einzige Interesse der Vermittler darin besteht, das Geld der Kunden in die eigene Tasche zu stekken. Die Warentermingeschäfte, wie sie in vielen Fällen in der Bundesrepublik abgewickelt werden, sind entweder totaler Betrug, halber Betrug oder zwar kein De-jure-, aber ein De-facto-Betrug.

Totaler Betrug sieht so aus: Die Warenterminfirma verkauft zum Beispiel Kaufoptionen für Waren, die sie nicht besitzt. Wenn nun der Kunde dank einer Preissteigerung großen Profit zu machen glaubt, kann die Firma ihren Verpflichtungen nicht nachkommen und meldet Zahlungsunfähigkeit an. Das ist genauso ein Betrug, als würde ein Kasino die Gewinne beim Roulette nicht auszahlen.

Halber Betrug: Die Firma kauft zwar die Optionen in London, verkauft sie aber ihren Kunden zu 200 Prozent höheren Preisen. Der Kunde wird übervorteilt, weil er die tatsächlichen Preise in London nicht kennt.

De-facto-Betrug: Die Firma bietet Beteiligungen an Sammelkonten oder Anteile von Warenterminfonds an. Der Manager des Sammelkontos oder des Warenfonds kauft zum Beispiel gleich bei der Eröffnung eines Börsentages zehn Soja-, zehn Gold- und zehn Zuckerkontrakte. Bei jedem dieser Artikel können bis Börsenschluß etwa 30 000 Mark Gewinn oder Verlust entstehen. Die Kontrakte mit Verlust werden auf dem Sammelkonto verrechnet; Gewinn behält der Manager für eigene Rechnung. Kein Börsenvorstand, kein Paragraph (aber besonders nicht das Gewissen des Managers) können ihn daran hindern.

Im Börsenjargon heißt das »auf dem Samt spielen«. Die Gewinne für den Manager, die Verluste für den Kunden. Es war also nicht verwunderlich, daß täglich neue Warenterminfirmen wie Pilze aus dem Boden schossen. Schon Alexandre Dumas der Jüngere schrieb in großer Weisheit: »Das große Geschäft ist das Geld der anderen.«

Eine weitere, aber am häufigsten angewandte Masche, die auch schon vor hundert Jahren existierte, ist folgende: Nehmen wir an, der Makler redet dem Kunden ein, er sei besonders optimistisch für Kupfer, und man müsse unbedingt einige Kupferkontrakte kaufen. Das Kupfer wird auf dem Terminhandel mit verschiedenen Lieferungsdaten gehandelt, von Januar bis Dezember kann man sich jeden Monat aussuchen. Die Preise für jeden Monat bewegen sich parallel, die Diskrepanzen zwischen den einzelnen Monaten sind konstant, denn der Unterschied zwischen Lieferung Januar oder Februar, etwa 2 Prozent, entspricht lediglich den Spesen wie Lagerung, Verzinsung usw. Der Makler kauft also Kupferkontrakte zum Beispiel auf Januarlieferung zum Preis von 100. Gleichzeitig steht Februar 102, März 104 usw. Der Makler und Kunde (aber besonders der Makler) haben Glück, und Kupfer steigt von 100 auf 104. Bei diesem Preis ist die Maklerprovision schon gewonnen, und man kann dem Kunden zusätzlich einen Profit beweisen. Der Makler empfiehlt also den Verkauf des Januarkontrakts, um für rund 118 einen Augustkontrakt zu kaufen.

Man hat nun wieder Glück, und Kupfer steigt weiter, und die neue Provision ist wieder verdient. Man überzeugt also den Kunden, den Augustkontrakt zu verkaufen und nun Märzkontrakte zu kaufen genau unter denselben Bedingungen wie das erstemal und dann wieder März und September zu tauschen ...

Und das Resultat? Kupfer ist binnen acht Monaten um 50 Prozent gestiegen. Der erste gekaufte Kontrakt wäre also 150, aber anstatt 50 Punkten hat der Kunde nur 10 verdient, die 40 übrigen sind in den Provisionen untergegangen. Das ist *par excellence* ein klassisches Beispiel für einen De-facto-Betrug, wenn auch nicht *de jure*. Und erst zum Schluß entdeckt der Kunde, daß sein ganzer möglicher Profit in Provisionen aufgegangen ist, nicht zu reden von dem eventuellen Verlust seines Kapitals, wenn Kupfer gefallen wäre.

Nichts Verbotenes, nichts Gesetzwidriges wurde getan, nichtsdestoweniger wurde der Kunde betrogen. Deshalb rate ich jedem Kandidaten für Warentermingeschäfte, sich nicht von Brokern oder deren Angestellten beraten zu lassen, denn keiner der selbsternannten Fachleute weiß mehr als er selber. Wie sollte er denn ein Fachmann in allen Rohstoffen sein – von Sojabohnen bis Orangensaft und Platin. Abgesehen davon, daß die Natur die größten Überraschungen bereithält: Einmal friert die ganze Orangenernte in Florida ab, ein anderes Mal verbrennt der ganze Kaffee in Brasilien durch eine überraschende Hitzewelle, und ein anderes Mal steigen die Kühlhauseier überraschenderweise auf das Doppelte, weil der Winter zu lange dauerte und die Hennen erst später anfingen, Eier zu legen (ich selber habe damals sehr viel verloren).

Computersysteme, Experten und »Weltmeister« sind pure Legenden. Wer dennoch von der unwiderstehlichen Lust ergriffen wird, in Waren zu spekulieren – und wenn er auch einmal wie Josef einen Traum richtig deuten kann –, soll sich an einen der großen amerikanischen Broker wenden, jedoch ausschließlich nach eigenen Ideen (oder Traumdeutungen) und Entscheidungen über die Aufträge selber verteilen. Auch der Roulettespieler muß sich selber an den Tisch setzen und darf das Geld nicht anderen zum Spiel anvertrauen.

Mein Rat wäre trotzdem eher: Hände weg von der Warenterminspielerei; denn nach 65jähriger eigener Erfahrung und jener von Hunderten von Kollegen kann ich nur eines behaupten: Es ist genau wie beim Roulettespiel im Kasino: Gewinnen kann man, verlieren muß man.

Ich gebe zu, daß auch an den Aktienbörsen oft Unfug mit riskantem Spiel betrieben wird. Aber während jeder Aktieneuphorie werden viele neue Unternehmen gegründet und Kapitalerhöhungen vorgenommen, die dann der Wirtschaft zugute kommen. Was aber bleibt nach einem Boom oder Krach in einer Warenterminspekulation übrig? Nur Verluste, Ruin und – Provisionen für die Broker, außer für die, die selber Pleite machen.

Wie stehen Sie zu den Zerobonds *in Dollars?*
Diese Frage erscheint mir ein bißchen naiv. Viel logischer wäre es sicherlich, zu fragen, wie ich Amerika selbst und seine Zukunft einschätze – in wirtschaftlicher und politischer Hinsicht. Denn Erfolg oder Mißerfolg einer Anlage in Zerobonds über ein oder mehrere Jahrzehnte hinweg hängen letztlich davon ab, in welche Richtung die USA und der Dollar steuern. Meine knappe Antwort auf diese Frage: Absolut positiv.

Ich habe nicht den geringsten Zweifel, daß die erstklassigen Schuldner ihre Zerobonds bei Fälligkeit zurückzahlen werden. Man muß die Qualität eines jeden einzelnen Zerobonds, das heißt die Qualität des betreffenden Unternehmens, in jedem einzelnen Fall beurteilen, Zerobonds sind meiner Ansicht nach – vorausgesetzt, daß der Kurs günstig ist – eine sehr empfehlenswerte Anlage für jemanden, der seinen eigenen Ruhestand sichern oder eine Mitgift für seine Tochter aufbauen will, kurz für alle, die das angelegte Kapital über viele Jahre hinweg nicht angreifen müssen.

Auch für einen hartgesottenen Spekulanten, der auf fallende Zinsen setzt, sind Zerobonds ein sehr geeignetes Vehikel. Denn der Hebeleffekt führt zu heftigen Kursvariationen, hinauf genauso wie hinunter. Die Spekulation mit Zerobonds ist jedenfalls weniger gefährlich als auf dem *Financial Future Market* und ist nicht von einem Termin abhängig wie die Optionen.

Auch bei der Spekulation in vollbezahlten Zerobonds muß der Spekulant genau wissen, welchen Betrag er für längere Zeit entbehren kann. Denn seine Spekulation ist zwar zeitlich nicht befristet, er muß jedoch warten und eventuell auch einen Sturm überleben können.

Kann man die Zerobonds *auch auf Kredit kaufen?*
Das ist nach meiner Meinung verboten. Ich rate meinen Freunden davon nicht nur ab, ich verbiete es ihnen und ganz besonders, den Kauf mit Schweizer-Franken-Krediten finanzieren zu wollen. Das ist keine heiße, sondern eine halsbrecherische Spekulation, besonders, wenn man damit sein Spargeld riskiert. Ich kann nicht genügend davor warnen.

Doch wird diese Spekulation – dank der niedrigen Schweizer Zinsen – stark empfohlen?
Natürlich kann das Spiel gelingen, aber auch dramatisch enden. Die Werbetexte, die es nahelegen, sind völlig falsch und irreführend. Nur derjenige darf so etwas unternehmen, der über alle Aspekte der Gefahr im Bilde ist. Derartig Aufgeklärte aber brauchen keine Propaganda. Die Werbung ist also ausschließlich an Anfänger gerichtet, die in dieses gefährliche Spiel gelockt werden sollen.

Was kann passieren? Irgendein Ereignis in der Welt führt

zum Beispiel zu einer Verkaufswelle. Der Markt in Zerobonds ist besonders eng. Die Spanne zwischen Brief- und Geldkurs ist schon in normalen Zeiten groß und wird um so größer, wenn massiv Angebote kommen. Das ist durchaus möglich, da sehr viele kleine und große Spieler auf derselben Seite stehen. Wenn die Kurse rückläufig sind oder der Dollar gegenüber dem Schweizer Franken fallen sollte, verlangen die Schweizer Banken eine Erhöhung des Garantiedepots. Und wenn die nicht innerhalb von vierundzwanzig Stunden bereitgestellt wird, werden die Bonds auf den Markt geworfen, besser gesagt geschleudert, um so mehr, als sich eventuelle Käufer in solchen Momenten vollkommen zurückhalten. Die Bonds des Kreditnehmers werden also zu einem tiefen Kurs zwangsverkauft, das eingesetzte Kapital ist verloren. Der Kunde muß einige Zeit später zuschauen, wie die Papiere wieder steigen, die er nun nicht mehr besitzt.

Ein ganzes Buch könnte ich nur darüber schreiben, wie oft das gleiche mir und vielen meiner Freunde mit solchen Spekulationen schon passiert ist, bei denen man von den Zinsdifferenzen zwischen zwei Währungen profitieren wollte.

Was ist für das Wohlergehen eines Landes
und für seine weitere Entwicklung wichtiger:
die Wirtschaft oder die Finanzen?

Diese Frage wird seit je kontrovers beantwortet. Da ich Musiker bin, kommt mein Beispiel aus dem Bereich der Noten:

In den literarischen Salons des 18. Jahrhunderts wurde über die Oper leidenschaftlich debattiert: »*Prima la musica – poi le parole?*« Oder: »*Prima le parole – poi la musica?*« Was kommt zuerst, die Musik oder der Text? Seit Jahrzehnten stellt sich uns immer wieder die Frage: »*Prima l'econo-*

mia – poi le finanze?« Oder umgekehrt. Meine Entscheidung ist unwiderruflich: Erst kommt die Wirtschaft.

Ich gebe zu, daß – wie bei der Oper der Text – in unserem politischen System die Finanzen auch ihre Bedeutung haben, aber sie spielen nicht die entscheidende Rolle.

Also erst die Wirtschaft und dann die Finanzen. Eine Fabrik mit ihren hervorragenden Maschinen und Produkten kann durch eine unverantwortliche Finanzführung Pleite machen, die Aktionäre können ihr Geld verlieren. Aber die neuen Besitzer, die das Unternehmen aus dem Konkurs günstig aufkaufen, können die Fabrik dank ihrer Infrastruktur und Qualität wieder hochbringen und ein Bombengeschäft machen.

Wenn ich den menschlichen Körper, den Organismus mit der Wirtschaft gleichsetze und die Finanzpolitik mit der Lebensweise eines Menschen, dann wird das Bild noch deutlicher: Einen gesunden, zähen Körper können Vergehen und Sünden nicht ruinieren, sie können zwar schaden und viele Beschwerden verursachen, sie werden jedoch nicht tödlich sein. Aber ein zerbrechlicher, seit Geburt anfälliger Organismus wird auch durch die vorsichtigste Lebensweise nicht gesund. Vielleicht läßt sich nur das Leben etwas verlängern.

Auch eine leichtfertige Finanzpolitik kann eine robuste, potente Wirtschaft nicht vernichten, sondern vielleicht vorübergehend in Schwierigkeiten bringen. Ebenso kann die strengste, orthodoxe Finanzpolitik mit den besten Buchhaltern mit einer schwachen Wirtschaft keine Wunder zaubern. Deswegen plädiere ich für die Priorität der Wirtschaft.

Warum sind Sie also so leidenschaftlich gegen die Volkswirte?

Talleyrand sagte einmal über die Bourbonen nach ihrer Rückkehr nach Frankreich: »Sie haben nichts vergessen und nichts dazugelernt.« Das gleiche läßt sich heute von den

Wirtschaftsexperten sagen: Sie haben ihre verjährten und verstaubten Theorien nicht vergessen, aber über die Welt von heute nichts dazugelernt. Deswegen versagen sie auch. Ich habe nichts gegen die Wirtschaftsprofessoren, die der Jugend das Einmaleins der Wirtschaft beibringen, aber für Wirtschaftsprognosen, geschweige denn Börsenprognosen, taugen sie überhaupt nicht. Die amerikanische Presse berichtete schon vor zwei Jahren, daß die großen Unternehmen massenweise Volkswirte feuern, weil sie mit ihren total falschen Prognosen großen Schaden angerichtet haben. Die Analysen waren irreführend, egal, ob es sich um Inflation, Zinsen, Öl oder anderes handelte.

Ihr Unglück war und bleibt, daß sie nicht denken, sondern nur rechnen. Die großen Volkswirte der Geschichte – Thomas Morus, Adam Smith, David Ricardo, John Maynard Keynes und andere – waren alle große Denker. Sie gaben keine Prognosen, sondern stellten Theorien auf, um die Politik ihrer Regierungen beeinflussen zu können. Darum hieß auch ihr Fach in allen Sprachen (außer der deutschen) politische Ökonomie. Die Volkswirte von heute dagegen sind Buchhalter und Statistiker. Sie sind fasziniert von Zahlen, erforschen aber nicht, was dahintersteckt, abgesehen davon, daß die meisten Statistiken ohnehin falsch, gefälscht oder zumindest frisiert sind. Winston Churchill sagte es ja schon: »Ich glaube nur den Statistiken, die ich selbst gefälscht habe.« Die Analysen der Volkswirte wimmeln von Zahlen, Zahlen, Zahlen oder, wie Hamlet sagte: »Worte, Worte, Worte, ein Unsinn, aber mit Methode«: 6,5 Prozent Plus, 3,4 Prozent Minus, 5,8 Prozent Plus und so weiter. Nicht ein Zehntel hinter dem Komma werden sie weglassen, aber vergessen, daß der wichtigste Einflußfaktor für die Wirtschaft wie auch für die Finanzen nur eines ist: Psychologie – Vertrauen oder Mißtrauen. Ohne Vertrauen geht alles kaputt, mit Vertrauen läßt sich jedes Problem lösen.

Wie stehen Sie zu der Kontroverse, ob für die Wirtschaft staatliche Planung oder absolute Freiheit angemessener sei?

Spitz formuliert würde die Frage lauten: Dschungel oder Gefängnis? Die Distanz zwischen den beiden Extremen ist groß. Die Anhänger beider Theorien haben auch jeder für sich unendlich viele und ernstzunehmende Argumente auf ihrer Seite. Totale Freiheit für die Wirtschaft – das würde in den Dschungel führen und damit letztlich gefährliche politische Folgen nach sich ziehen. Ich gebe zu, daß der Dschungel wenigstens noch gewisse Vorteile hätte, wenn er nur von Engeln oder engelartigen Kreaturen bewohnt wäre. Aber leider laufen dort auch Raubtiere herum, die nicht nur ihresgleichen, sondern auch unschuldige Zuschauer angreifen.

Sie stimmen also eher für Gefängnis anstatt Dschungel?

Nein, Gefängnis nicht, aber lieber ist mir ein starker Staat, der zwar pragmatisch handelt, in dem trotz Freiheit auch Recht und Ordnung herrschen, die Schwachen vor den Starken, die Naiven vor den Cleveren geschützt werden. Unter dem Vorhang der Freiheit wurde den deutschen Sparern zum Beispiel in der Vergangenheit viel Schaden zugefügt. Obskure, exotische Investmentfonds, Öl- und Schiffsabschreibungen, Wälder in fernen Ländern, waghalsige Warentermingeschäfte, undurchsichtige »Venture-Unternehmen« haben sie um ihre schwerverdienten Spargroschen gebracht.

Das Geld – Endziel aller, die in der Wirtschaft tätig sind – ist radioaktiv und korrumpiert. Es verführt die Menschen und auch große Institutionen zu Geschäften, die vielleicht rentabel, aber gegen das allgemeine Interesse sind. In Wien nannte man das das »Schweizer Kanton-System«: Jeder »kann ton«, was er will. Schon Charles de Montesquieu schrieb im 18. Jahrhundert: »Die Freiheit des Handelns bedeutet nicht, daß die Händler berechtigt sind, alles zu machen, was sie wollen. Und was die Freiheit der Händler begrenzt, behindert nicht unbedingt die Freiheit des Handelns.«

Man soll also die Wirtschaft kontrollieren?
Man kann die Wirtschaft sehr wohl unter Kontrolle halten, ohne die drei tragenden Säulen unseres kapitalistischen Systems zu gefährden: freies Unternehmertum, Profit und freie Konkurrenz. Die Tage des totalen Laisser-faire, Laissez-passer sind endgültig vorbei, abgesehen davon, daß die Notenbanken durch ihre Geld- und Zinspolitik immer schon wirksam eingreifen konnten.

Ein maßvolles Eingreifen des Staates oder staatlicher Institutionen ist sogar wünschenswert, wenn – und das ist das große *Wenn* – damit nicht politische Ziele verfolgt werden.

Das ist etwa dann der Fall, wenn der Staat mit seiner Geld-, Kredit-, Zoll- und Steuerpolitik bestimmte Gesellschaftsschichten und Branchen zum Nachteil anderer begünstigt. Mit solchen Methoden kann man ein Land langsam in den Sozialismus führen, ohne daß die Mehrheit der Bürger, die die Regierung gewählt haben, dies gewünscht hätten. Gewiß pendeln sich viele Dinge von selber ein. Nachfrage und Angebot pendeln sich meistens früher oder später in ein Gleichgewicht ein. Die Wirtschaftsgeschichte verlief immer schon in zyklischen Bewegungen. Es ist unvermeidlich, daß diesen *ups and downs* viele zum Opfer fallen und nur ein Teil der Interessenten sich schützen kann.

Man kann Ebbe und Flut zwar durchaus auf die Minute genau berechnen, verhindern kann man sie jedoch nicht. Nur schützen kann man sich gegen die Gezeiten und präventive Maßnahmen treffen. Diejenigen, die in der Wirtschaft die Zeitpunkte von Ebbe und Flut berechnen können, gelten schon als besonders begabt und klug. Doch waren dies – wie die Erfahrungen der vergangenen Jahre gezeigt haben – immer nur sehr wenige. Man muß deshalb pragmatisch sein, nicht theoretisch. Optimal sind die Lösungen ohnehin nur in den seltensten Fällen. Die Theorien können auf dem Papier richtig sein, praktikabel sind sie selten, weil sie nicht den gerade herrschenden politischen und psychologischen Gegebenheiten entsprechen. Und wüßte man auch, was zu tun wäre, bliebe immer noch die Frage, ob es sich tatsächlich ausführen ließe.

Die klassischen Monetaristen geben selber zu, daß die meisten Maßnahmen, die man treffen müßte, aus politischen und sozialen Gründen nicht durchsetzbar sind. Trotzdem propagieren sie ihre Thesen, sagen aber gleichzeitig: »Nach uns die Sintflut.«

Kurz und gut: Ob Laisser-faire oder Planwirtschaft, ob Fiskalismus oder Monetarismus, die beste Antwort auf diese Frage gab schon der französische Poet Alexis Pyron (1689–1773) in einem galanten Epigramm: »Colin bewundert die Marmorschenkel seiner Liebe. Mal dünkt ihm der rechte schöner, mal der linke. ›Zaudere nicht, mein Freund‹, ruft sie, ›laß mich entscheiden, die Wahrheit liegt zwischen den beiden.‹«

Was würde Ihrer Ansicht nach geschehen, wenn die Schuldnerländer, die mit 500 Milliarden Dollar in der Kreide stehen, plötzlich zahlungsunfähig würden?

Diese Frage wurde mir hundertmal gestellt, und meine Antwort bleibt immer dieselbe. Erstens: Nichts würde geschehen. Zweitens: Das Wort »plötzlich« ist, gelinde gesagt, leicht unpassend. Diese Länder sind seit Jahren zahlungsunfähig. Drittens: Sie werden ihre Zahlungen aus dem einfachen Grunde nicht einstellen, weil die Gläubigerländer immer neue Kredite gewähren, damit sie die Zinsen bezahlen können. Ob sie das Kapital zurückzahlen? Das können wir sowieso vergessen. Die Schuldner-Gläubiger-Kette kann kurz oder lang sein, die letzten Gläubiger sind noch immer die betreffenden Notenbanken (das amerikanische Federal Reserve System, die Bundesbank, die Bank of England, die Banque de France oder andere), und diese sind niemandem etwas schuldig, nur ihrem Gewissen. Sie haben die Notenpresse und haben stets soviel Geld zur Verfügung, wie sie es für nötig halten, um alle Zahlungsverpflichtungen zu sichern.

Kein Geldinstitut kann wegen Schulden in der eigenen Währung zahlungsunfähig werden, denn die Notenbank steht immer hinter ihm. Das nenne ich Inflation. Denn einer der Hauptgründe für die Inflation ist ja das horrende Kreditvolumen, das die kapitalistischen Staaten den Entwicklungsländern und dem Ostblock hemmungslos, unverantwortlich, gegen eigene Interessen und ohne Hoffnung auf Rückzahlung eingeräumt hatten. Das geschaffene Geld geht hinaus und kommt nie mehr zurück. Wenn ein strenger Wirtschaftsprüfer die Bilanz der kapitalistischen Länder untersuchen würde, müßte er feststellen, daß auch im Westen genügend faule Schulden existieren. Man muß sie jedoch nicht abschreiben, man kann sie *ad infinitum* prolongieren.

Wozu soll man auch puritanisch ehrlich Bilanz machen, wenn es auch ohne geht?

Es gibt gar keinen Zweifel, daß in den kritischen siebziger Jahren amerikanische Großbanken auch Firmen, die total zahlungsunfähig waren, mit weiteren Krediten fütterten, damit sie nur ja keinen Konkurs anmeldeten. Die Firmen wurden stillgelegt, unterhielten aber weiter Büros mit Telefon und Sekretärin. Sie existierten auf dem Papier, sie atmeten noch, und so mußten die Gläubigerbanken ihre Forderungen nicht abschreiben.

So ging es in unzähligen Fällen und auf allen Sektoren,

egal, ob es sich um Export- oder Importkredite, Hypotheken oder Öltankerforderungen handelte.

Die Banken hatten Milliardenforderungen auf Immobilien und bei Immobilieninvestmentgesellschaften, die alle eingefroren waren, wahrscheinlich war nicht eine einzige Hypothek durch den Wert der Immobilien gedeckt.

Bei vielen Reedereigesellschaften waren die als Garantie fungierenden Öltanker fast wertloses Alteisen, doch die Kredite wurden mit Einverständnis der Federal Reserve automatisch gestundet.

Hätten diese Firmen oder ihre Gläubigerbanken eine ehrliche Bilanz gemacht, wären sie *de jure* pleite gewesen, aber niemand hat sie gezwungen, eine redliche Bilanz zu machen. Und wozu auch? Ist es nicht vernünftiger, ohne Schmerzen weiterzuwurschteln? Ein alter Spruch der Börsenprofis und Geldmanager sagt: »Wenn wir soviel Geld hätten, wie wir gut leben, wären wir alle Rockefellers.« Man kann nämlich auch gut leben, ohne Rockefeller zu sein, und manchmal sogar besser als viele dieser oft puritanischen Millionäre.

Außer den erwähnten hatten die Banken auch für Milliarden New-York-City-Anleihen in ihrem Portefolio, und es erschien problematisch, ob die Stadt New York je ihre Zinsen würde bezahlen können. Und was ist geschehen? Nichts! Die Schulden wurden konsolidiert, und alles ging wie geölt weiter.

Ein Crash oder eine Währungsreform,
von der so viel gesprochen wird,
sind also nicht zu befürchten?

Eine Antwort fällt mir – zugegeben – schwer. Denn dies sind nur Worte, Worte, Worte, deren Bedeutung ich nicht voll und ganz begreife. Ich würde zum Beispiel gerne wissen, was man unter einem »Crash« oder einer »Währungsreform« versteht. Das sind nicht zwei-, sondern zehndeutige Worte.

1. Crash: Das Wort kommt vom deutschen Wort »Krach«, das wegen seines akustischen Charakters in alle Sprachen übernommen wurde. Es »kracht«, kann man sagen, wenn eine schöne Kristallvase plötzlich auf den Steinboden fällt. Das gibt dann einen Tripelkrach: Die Vase kracht durch den Aufprall auf den harten Boden, für Krach sorgen auch die auseinanderfliegenden Scherben, und Krach macht dann auch die Hausfrau wegen des verursachten Schadens. Wichtig dabei ist, daß der Krach plötzlich und ganz unerwartet kam. Meinen diejenigen, die den »Crash« prophezeien, ebenfalls einen Tripelkrach? Etwa so:

a) Die Banken, die die faulen Forderungen hatten, krachen, das heißt, sie müssen ihre Schalter schließen.

b) Die Währungen entwerten sich auf einen Bruchteil ihrer Kaufkraft.

c) Der totale Zusammenbruch der Wirtschaft folgt: Fabriken werden stillgelegt, die Arbeitslosigkeit steigt usw.

Tatsächlich meinen die Leute, daß alle Banken zusammen zumachen, weil die Kassen wegen der faulen Forderungen leer sind. Oder anders: Die Notenbank druckt das nötige Geld, aber nie schnell genug, weil das Publikum diese Milliarden und Abermilliarden sofort abhebt und das Geld durch seine astronomische Menge wertlos ist (wie es in Deutschland 1923 war).

Fazit: Nach den Panikpropheten gibt es nur zwei Möglichkeiten: Krach oder verheerende Inflation. Man kann sich jedoch beruhigen. Die Banken würden auch dann nicht schließen, wenn alle ihre Forderungen nicht mehr einzutreiben wären. Die Notenbanken stehen, wie gesagt, immer hinter ihnen. Es ist eine alte Geschichte, daß die Gewinne der großen Geldinstitute zwar noch privat sind, ihre Verluste aber verstaatlicht werden. Kommen kleinere Banken in

Zahlungsschwierigkeiten, werden sie sofort von den Konkurrenten übernommen.

Weiß das Sparpublikum, daß die Banken vom Staat quasi garantiert sind, hebt es das Geld nicht mehr so schnell ab, weil es in den Staat Vertrauen hat.

Alles ist also eine Frage des Vertrauens. Ist das Vertrauen intakt, kann nichts passieren. Im Fall einer Vertrauenskrise geht alles kaputt, auch ohne die 500 Milliarden Schulden – abgesehen davon, daß dieser Betrag heute keine astronomische Summe mehr ist, denn sie entspricht lediglich dem Wert von 40 Milliarden Dollar im Jahr 1946.

2. Währungsreform: Ich habe in meinem Leben mehrere Währungsreformen erlebt, insbesondere zwei große, beide nach einem verlorenen Krieg in Zentraleuropa. Die Länder waren zerstört, Fabriken Schutthaufen, für Rohstoffimporte gab es keine Devisen, die Produktion war auf Null, aber es gab eine Riesenproduktion von Banknoten. Dazu kam noch, daß die Zentralmächte große Kriegsreparationen zu zahlen hatten. Ganz klar, daß die Währung ganz wertlos wurde und man eine neue schaffen mußte. Aber heute? Viele beklagen sich über eine deflationistische Tendenz, Rohstoffe notieren an den Börsen tief, und Industrieprodukte gibt es in Hülle und Fülle. Die letzte, aber weniger bedeutende Währungsreform war die Loslösung des Dollar vom Gold und die Einführung flexibler Paritäten zwischen dem Dollar und anderen Währungsarten. Man könnte heute auch eventuell die Schlange der europäischen Währungen Währungsreform nennen, aber eine einschneidende Reform war das auch nicht.

Das Wort Währungsreform kann also, wie schon gesagt, dutzendfach interpretiert werden. Ich bin allerdings auch davon überzeugt, daß die meisten Menschen, die über eine Währungsreform reden, nicht wissen, was sie damit meinen.

Sind also die Bilanzen, Gipfeltreffen, komplizierten Abkommen, sogenannten Umschuldungen Augenwischereien?

Man kann sie nennen, wie man will. Aber schon Michel de Montaigne, der gescheiteste Franzose seiner Zeit, sagte – obwohl Moralist: »Das allgemeine Wohl verlangt Lügen und Verrat.«

Mit etwas Zynismus würde auch ich behaupten, daß das ganze kapitalistische System eine Illusion, vielleicht sogar ein Schwindel ist, aber eben ein gut gemachter. Gott soll geben, daß er noch lange besteht.

Was halten Sie von den neuen Venture-Anlagen? *Man macht ja große Propaganda für diese »Wagniskapital«-Anlagen!*

Die Eisenbahnen, die Autoindustrie, Computer und Elektronik und sogar die Wolkenkratzer in Amerika, der Suezkanal und noch viele andere Schöpfungen der modernen Welt waren fast immer *ventures* – Wagnisse. Man könnte vielleicht sogar sagen, daß das ganze moderne Amerika ein *venture* ist. Aber auch die erste AG der Welt, die anglo-kanadische Hudson-Bay-Company, geboren 1670 und noch heute am Leben, hieß adventure (Abenteuer). Bei der Hauptversammlung hat der Vorsitzende seine Rede wahrscheinlich mit »Sehr geehrte Abenteurer« angefangen. Im alten Rom haben sich die Kapitalisten zusammengetan (eine Art AG), um *ventures* in der Seefahrt zu unternehmen.

Nun, 300 Jahre nach Gründung der Hudson-Bay-Company, ist das Wort *venture* in Wall Street und seit einigen Jahren sogar in der Bundesrepublik wieder sehr populär geworden.

Die Bemühungen der deutschen Banken, besonders jene der Deutschen Bank um die Förderung der *ventures* sind um so lobenswerter, als der wirtschaftliche Fortschritt und die

Produktivität auf den Widerstand der Gewerkschaften stoßen.

Eines ist allerdings bei der Werbung für Venture-Kapital in der Bundesrepublik zu befürchten: In den letzten 25 Jahren waren in den Geldgeschäften zu viele Haifische tätig, die das Sparkapital von Millionen von Sparern plünderten. Und ich befürchte, daß bei Venture-Kapitalanlagen wieder dieselbe Armada von Vermittlern ihr Unwesen treiben wird, die schon bei IOS, Ölbohrungen, Phantasieabschreibungen und ähnlichen »Anlagen« die schlechtesten Erinnerungen hinterlassen haben. Nichtsdestoweniger muß man diese Gefahr in Kauf nehmen, denn ohne Wagnisse kann kein Land weiterkommen. Es wird immer hinter Amerika und Japan herhinken. Die Pflicht der Presse und strenger Kritiker muß allerdings sein, mit seriösen Analysen und ohne Nachsicht die Spreu vom Weizen zu trennen, wie es zum Beispiel mein Freund Heinz Gerlach – Cato, der Zensor – bei den Abschreibungsgesellschaften seit Jahren macht.

Fazit: Ventures – ja: Wenn es sich um revolutionäre Investitionen handelt.
Nein: Wenn Gesellschaften gegründet werden, um die Aktien zu verkaufen.

Woher stammt Ihre Vorliebe für die Pariser Börse?
Ich habe zwar keine besondere Vorliebe für die Bourse de Paris, muß jedoch objektiv feststellen, daß es sich um eine besonders interessante Börse handelt, an der die gesamte Bevölkerung sehr großen Anteil nimmt, viel mehr als in irgendeinem anderen Land Europas.

Komme ich aus Frankfurt nach Paris, habe ich den Eindruck, als sei ich aus der Trinkhalle eines Kurhauses in das Spielkasino übergewechselt; denn dort an der Place de la Bourse ist selbst dann noch etwas los, wenn eigentlich nichts mehr los ist. Das liegt nicht nur am unterschiedlichen Temperament der beiden Völker, sondern auch an der andersartigen Struktur der Pariser Börse. Mindestens dreitausend Menschen drängen sich in Paris an die Geländer vor den Notierungstafeln, wo teilweise immer noch brav mit Kreide und nassem Schwamm gearbeitet wird. Allmählich führt man jetzt ein von Computern unterstütztes System ein. Seit einigen Wochen kann man vier Aktien den ganzen Tag über Computer handeln. An turbulenten Tagen können auch bis zu sechstausend Interessenten anwesend sein, und alle mußten noch bis vor einigen Monaten ihren Handel innerhalb von zwei Stunden abgeschlossen haben.

In Frankfurt können die Banken den ganzen Tag über feilschen. Dort erscheinen zum Beispiel 24 Kurs- und 27 freie Makler mit einem Troß von vielleicht achthundert Leuten. In Paris besteht die Kundschaft nicht nur aus Investmentgesellschaften, sondern zu einem großen Teil aus Privatspekulanten, die ihre Engagements oft mehrmals täglich ändern.

Denn im Vergleich zu anderen Börsen sind die Spesen sehr niedrig. Und wer keine Geschäfte machen will, hat dennoch seinen Spaß. Selten habe ich mehr Klatsch gehört als gerade hier, nicht nur von der Börse, sondern auch aus der Welt des Theaters, Kinos usw. Die Leute diskutieren über Politik, erzählen sich Geschichten, von denen meist keine einzige wichtig, die wenigsten überhaupt wahr sind. Das alles läuft unter äußerster Lautstärke ab.

In Paris liegt das Börsengeschäft nicht in den Händen wohlerzogener Bankiers, sondern bei 46 *Agent-de-Change*-Firmen, die durchschnittlich mit je vierzig mehr oder weniger hitzköpfigen Kommis antreten, für die jeweiligen Wertpapiergruppen je einen Mann.

Der Lärm, den sie entwickeln, läßt ein totales Chaos vermuten. In Wirklichkeit herrscht eine straffe Organisation.

Eigentlich geht es im Palais de la Bourse noch fast genauso

zu, wie es die genialen Zeichnungen von Honoré Daumier zeigen und Emile Zola es in seinem Roman *Das Geld* beschrieben hat. Der Unterschied zwischen damals und heute ist in Paris kleiner als derzeit der Unterschied zwischen den Börsen von Paris und der Bundesrepublik. Das liegt auch im Charakter der französischen und deutschen Sparer.

Das große Spiel der zahlreichen Berufsspekulanten in Paris läuft von Ölwerten bis zu Warenhäusern oder Kosmetik und Getränken. Lange Jahre waren auch südafrikanische Goldminen Favoriten. Das französische Publikum war immer gegenüber Öl- und Minenabenteuern sehr aufgeschlossen. Als ich zur Pariser Börse kam, wurden noch Dutzende von alten russischen Industrieaktien gehandelt.

Der Terminmarkt mit der großen Palette von Options-, Prämien- und *Stellagegeschäften* (eine Art Optionsgeschäft) führt zu den waghalsigsten Spekulationen, abgesehen davon, daß auf dem Terminmarkt schon ein 30prozentiger Einsatz genügt. Gewisse Transaktionen erinnern an gigantische Pokerpartien, bei denen zwei Gegner – die Hausse- und die Baissepartei – einander zu strangulieren versuchen. Sogenannte Corner-Syndikate (wie vor einigen Jahren die Hunt-Silberkontrakte) sind mit Hilfe des Termin- und Optionshandels an der Tagesordnung.

Es gibt natürlich Tausende von kleinen Mitläufern und darunter auch unzählige Opfer. Dutzende von Syndikaten manipulieren Aktienkurse hoch, um sie dann dem Publikum, mitunter sogar naiven Geldmanagern von Investmentfonds, anzudrehen.

Abgesehen von diesen irreführenden Manipulationen gewisser Syndikate, sind die Transaktionen an der Pariser Börse wie in der Bundesrepublik absolut korrekt, mit dem Unterschied, daß der Pariser Markt dank des Terminhandels von Tausenden von Parasiten und Profispekulanten viel liquider ist.

Das deutsche Publikum konnte man jahrelang – bis 1984 – nicht zur Börsenspekulation verführen. Es zog vor, seine Sparpfennige mit Abschreibungen und anderen zwielichtigen Geschäften zu verlieren, obwohl es mit der Börse romantischer ist. Vielleicht fehlt den deutschen Börsen jenes jüdische Element, die Triebkraft der Finanzspekulation.

In Paris dagegen wie auch in London, Wall Street und Johannesburg gibt es noch viele Grüns und Kohns, ohne die eine Börse selten eine wirkliche Börse ist.

Mit einem Wort: Paris nutzt die Börse zum Spiel, der brave Deutsche benutzte sie jahrelang nur zum Investieren. Das ist der große Unterschied. Aber wie sagen die Franzosen: Vive la différence!

Was halten Sie von Optionen?
Diese Frage ist nicht einfach zu beantworten. Denn der Optionsmarkt ist ein Zweiparteiensystem (wie auch die gesamte Börse). Er besteht nicht nur aus Haussiers und Baissiers, denn die zwei Parteien sind wieder gespalten in Optionskäufer und -verkäufer. Jeder Haussier und Baissier kann auch Optionskäufer oder -verkäufer sein (im Börsenjargon Stillhalter oder Schreiber genannt).

Man muß sich also entscheiden, von welcher Partei die Rede ist. Seit über 60 Jahren gehöre ich beiden Parteien an und habe in den zwanziger und dreißiger Jahren viele Millionen Optionen gehandelt – in Paris, Berlin, Zürich und anderen Orten, zu einer Zeit also, in der man in Wall Street nicht einmal wußte, was Optionen sind. Es gab wenige Makler, die sich außerhalb der Börse damit befaßten und in der Presse anzeigten, in welchen Papieren – es waren nur einige wenige – sie Optionen veräußern wollten. Diese Makler waren nicht einmal Börsenmitglieder und standen manchmal finanziell auf sehr schwachen Füßen. So kam es für einen wirklichen Börsenprofi kaum in Frage, in Optionen etwas zu unternehmen. In Europa dagegen war das Optionsgeschäft gigantischer. Mal habe ich gewonnen, mal habe ich verloren, aber auf alle Fälle eine große Erfahrung gesammelt.

Der Optionsmarkt ist ein riesiges Spielkasino, das allerdings auf dem Finanzmarkt eine nützliche Funktion erfüllt. Optionshandel fördert die Spekulation und dadurch die Liquidität der Börse. Tausende von Optionskäufern werden Tausende von Geldanlegern veranlassen, auf der Basis dieser Aktien mit Optionen stillzuhalten.

Ich möchte daher für Anfänger eine kleine philosophische Analyse vornehmen:

Der Optionskäufer ist ein Spieler, der Stillhalter (auch Schreiber genannt) ein Kapitalist, ein Wucherer, der die Aktien voll bezahlt, die der Optionskäufer nicht bezahlen kann oder will. Er eröffnet damit dem Spieler die Chance, von einer möglichen heftigen Kursveränderung in relativ kurzer Zeit zu profitieren. Die Schreiber lassen die Spieler quasi auf ihrem Rücken spielen, wofür sie einen bestimmten Betrag, das heißt die Option, kassieren. Der hieß einst trefflich »Reuegeld«, weil die Spieler sehr oft bereuen mußten, Optionen gekauft zu haben.

Jeder, der in klassischen Spielen wie Pferderennen oder Roulette Erfahrung hat, kennt Außenseiter und Favoriten. Die Stillhalter sind wie die Favoriten beim Rennen. Beim Roulette sind sie diejenigen, die so viele Zahlen wie möglich setzen. Das Prinzip ist dasselbe: je größer die Gewinnchancen, desto kleiner der Profit. Je kleiner die Chancen, um so größer der Gewinn. Bei den Aktienoptionen gibt es natürlich kleine Verschiebungen in der Relation von Risiko und Gewinn – abhängig von der Qualität der Aktien. Aber das sind Nuancen, die man erst nach langjährigen Erfahrungen erkennen kann. Die meisten Sparer, die zu diesen Geschäften durch riesige Werbung verführt werden, haben solche Erfahrung nicht.

Oft genug mußte ich mit Entsetzen feststellen, daß selbst die Spezialisten, die ihre Ratschläge anbieten, überhaupt keine Erfahrung haben. Die Werbetexte sind praktisch immer betrügerisch; ihre Verfasser versprechen bei »Optionsanlagen« 100 oder sogar 300 Prozent Profit und können das sogar schwarz auf weiß beweisen.

Aber schon das Wort »Anlage« ist betrügerisch; denn eine Option ist keine Anlage, sondern Spielgeld. Am Roulettetisch gesetzt, bringt dieses Geld das Doppelte oder sogar das Sechsunddreißigfache – oder nichts. Es ist daher ein schlechter Scherz, mit 100 Prozent Gewinn zu protzen, wie es auch ein Witz wäre, wenn ein Roulettespieler an einem Nachmittag sein Spielgeld verdreifacht und sich dann damit rühmt. Ich war selbst dabei, als Winston Churchill oder der alte schwedische König Gustav V. in Monte Carlo am Roulettetisch hie und da den großen Treffer landeten. Das Publikum klatschte Beifall, doch nur, um den alten Herren eine Freude zu machen.

Man kann natürlich durch Optionskauf groß gewinnen, ja reich werden, wenn man eine Tendenz im richtigen Moment erwischt – kurz bevor die Aufwärtsbewegung einsetzt.

Die Wahrscheinlichkeitsverteilung ist für den Optionskäufer schlecht und außerdem – und das ist die große Gefahr – zeitbedingt. Unter fünf Fällen wird er viermal verlieren oder umsonst spekulieren und nur im fünften Fall gewinnen; denn die Aktie kann bis zum festgelegten Termin unverändert bleiben, wenig oder stark fallen, wenig steigen, stark steigen.

Treten die vier ersten Fälle ein, wird der Spekulant wissen, warum die Börsianer das verlorene Geld »Reuegeld« nennen. Nur wenn seine Aktie zu dem festgelegten Termin erhebliche Kurssteigerung aufweist, hat sich die Spekulation gelohnt. Ich will niemanden von Optionskäufen abhalten, als Börsenspekulant wäre ich dafür ja auch ungeeignet. Aber nach einer Statistik der US-Börsenaufsicht verlieren 80 Prozent der Optionskäufer das eingesetzte Geld. Der Sparer verliert alles, wenn die erwartete Kurssteigerung auch nur einen Tag zu spät eintrifft. In diesem Fall hat er zwar in der Tendenz richtig »spekuliert«, aber falsch gespielt. Die Strategie war richtig, die Taktik falsch. Was die Käufer verlieren, kassieren die Stillhalter, die nicht zufällig meist mit den großen Banken und Versicherungen identisch sind. Diese Institutionen besitzen riesige Aktiendepots, auf die sie ununterbrochen Optionen verkaufen. Der größte Stillhalter, erzählt man in Wall Street, sei der Vatikan. Die Praxis lehrt, daß das Stillhalten, wenn es ununterbrochen fortgesetzt wird, für den Stillhalter automatisch eine Rendite von 20 bis 25 Prozent im Jahr abwirft. Unter automatisch verstehe ich folgendes: Nachdem der Stillhalter die Option kassiert hatte, die Papiere aber nicht liefern mußte, verkauft er sofort eine Option auf den nächsten Termin. Wenn er aber die Papiere seinem Optionskäufer abgeben mußte, hat er einen kleinen Gewinn, kauft gleich das Papier zurück und verkauft wieder eine Option darauf. Und das muß er reibungslos, ohne Unterbrechung, wiederholen.

Man erzählt, daß in früherer Zeit ein alter jüdischer Börsianer seinen Freund folgendes fragte: »Woher nehmen die Christen das viele Geld, das sie uns in Optionen bezahlen?«

Das ist lange her, seitdem haben auch die Christen, sogar der Vatikan das Stillhalten gelernt. Ob eine Option preiswert ist oder nicht, hängt immer von folgenden Komponenten ab: vom Optionstermin (das Wichtigste), vom Optionspreis, vom Börsenkurs der Aktie, vom Kurs, zu dem man die Option abrufen kann, und ganz besonders von der Dynamik der Aktie. Je spekulativer sie ist, um so besser. Das Allerwichtigste ist aber, und das kann ich nicht genügend betonen, sich darüber im klaren zu sein, daß die Option kein Wertpapier ist, keine Aktie, keine Anlage, sondern nur Spielgeld, quasi ein Lottoschein. Der Käufer kann seinen Einsatz binnen weniger Monate total verlieren. Und wenn er den Optionskauf öfter wiederholt, kann er dabei langsam verbluten. Wer auf dem Optionsmarkt tätig ist, muß jedenfalls genauer wissen, was er tut, als jeder andere Spekulant.

Das Verhältnis von Aktie zu Option kann man ungefähr beschreiben wie das Verhältnis von Rennstallbesitzer zum Wetter beim Pferderennen. Einen Rennstall kann man manchmal sogar als Kapitalanlage betrachten, denn wenn die Pferde gewinnen, bringen sie einen Ertrag. Der Spieler wettet, gewinnt oder verliert mit dem Rennen. Der Stall gewinnt Preise und kann dadurch die Pferde sehr günstig veräußern. Die erzielten Gewinne entsprechen den Dividenden der Aktien.

Ist der Handel mit Optionen auch ohne einen wirklichen Terminmarkt interessant?

Der Handel ohne Terminmarkt ist weniger interessant, weil man gegen *Kaufoptionen* keine Leerverkäufe tätigen kann, obwohl das die Optionen attraktiver machen würde. Statt dessen kann man in den USA und in der Bundesrepublik mit *Verkaufsoptionen* handeln. Derjenige, der eine Verkaufsoption erwirbt, hat das Recht, bis zu einem festgesetzten Termin die Papiere zu liefern bei einem festgelegten Kurs. Also genau dasselbe wie die Kaufoptionen, nur umgekehrt: mit Spielchancen für den Fall, daß der Markt zurückgehen sollte. Die Philosophie ist genau dieselbe wie bei den Kaufoptionen.

Wenn nach einem Börsenkrach alle Symptome für eine Wende sprechen, welche Aktienkategorie sollte man dann kaufen? Die, die sich behauptet haben, die, die wenig oder stärker gefallen sind oder die, die total zusammengebrochen sind?
Daß sich gewisse Werte behaupten oder sogar fast stabil bleiben konnten, wird gute Gründe haben, die wir nicht kennen. Die völlig zusammengebrochenen Werte waren wahrscheinlich nahezu pleite. Diese bleiben zwar in Gefahr, haben aber die Chancen der größten Preissteigerung, wenn sie doch nicht in Konkurs gehen, was durch die Wende jetzt möglich ist. Daher würde ich eine Mischung aus den beiden machen. Nach jedem Krach gibt es eine Serie solcher Aktien, deren Kurse aufgrund der hohen Zinsen oder vorübergehender betrieblicher Schwierigkeiten vollkommen zusammengebrochen sind.

Den Kauf dieser Aktien kann man quasi als Optionskäufe betrachten. Mit ihnen kann man den Einsatz eventuell ebenso verdoppeln oder verdreifachen, wenn die große Wende kommt, aber mit dem Vorteil, daß die Chancen zeitlich nicht begrenzt sind. Der Käufer dieser Aktien kann ausharren, bis der Markt sich wieder dreht – sogar wenn es Jahre dauert, während der Optionskäufer mit seinen wiederholten Optionskäufen längst verblutet ist.

Welchen Einfluß hat die Steuerpolitik einer Regierung auf den Kapitalmarkt, das heißt auf die Börse?
Die Steuerpolitik hätte einen gewissen Einfluß, aber im Gegensatz zur Kreditpolitik ist sie als Instrument nicht kurzfristig einsetzbar, weil sie der Zustimmung des Parlaments unterliegt. Während ein Parlament über Steuerpolitik hin und her debattiert – darüber gibt es in allen Ländern zwischen Regierung und Opposition Differenzen –, kann die Inflation weiterlaufen. Wird die Inflation durch allgemeine

Steuererhöhung, das heißt durch Abschöpfung von Kaufkraft gedämpft, wird die Börse nicht oder kaum darunter leiden. Dagegen kann die Regierung, das heißt die Notenbank, mit ihrer Geld- und Kreditpolitik jederzeit eingreifen und durch Restriktionen in Form von Verteuerung der Zinsen und Verknappung die Inflation der Geldmenge bekämpfen. In diesem Falle reagiert die Börse sehr bald, manchmal sofort, mit fallenden Kursen. Ich möchte dieses Phänomen durch folgendes Beispiel erläutern: Ein Auto rollt einen Hang hinab und soll gebremst werden. Es gibt zwei Möglichkeiten: a) durch Schaltung in einen niedrigeren Gang – das entspricht der Finanzpolitik in unserem Fall. Der Motor, das heißt die Wirtschaft, wird sich verlangsamen. b) Benutzt man die Bremse, das entspricht in unserem Falle der Kreditpolitik, wird der Motor quietschen, und quietschen wird auch die Börse, wenn man die Zinsen erhöht.

Also ist die Inflation ein Baissemoment für die Börse?
Nein. Nicht die Inflation, sondern der Kampf gegen die Inflation und dann wiederum hauptsächlich, wenn er mit der Kreditpolitik geführt wird, zu fallenden Kursen.

Welche anderen Methoden gibt es,
die Inflation zu bekämpfen?
Ich sehe keine andere außer einem psychologischen Faktor. Das ist das Vertrauen, das die Bevölkerung in ihre Regierung setzt.

Was sind eigentlich die Ursachen der Inflation?
Es gibt mehrere Gründe. Wenn zum Beispiel die Nachfrage nach Gutem größer ist als das Angebot, treibt das die Preise in die Höhe; die Preise steigen an, wenn die Arbeitnehmer ununterbrochen höhere Löhne fordern und dadurch die Kosten der Waren steigen. Dies ist um so gefährlicher, da die höheren

Preise für die Ware wieder neue Lohnerhöhungen nach sich ziehen. Das nennt sich Lohn-Preis-Spirale. Um diese zu stoppen, muß eine sehr starke Regierung im Amt sein, denn die demokratischen Regierungen neigen sehr oft zur Demagogie und würden nicht gern unpopuläre Gesetze einführen, ohne die man aber diese Spirale nicht stoppen kann.

Der gefährlichste Faktor für die Inflation aber ist die Inflationserwartung. Da entwickelte sich wieder eine psychologisch motivierte Kettenreaktion. Die Preise fangen an zu steigen aus den genannten fundamentalen Gründen, die Bevölkerung wird nervös, besonders in den Ländern, in denen sie verheerende Inflationen schon erlebt hat, die Spekulation greift ein, weil sie weitere Inflation erwartet, und mit ihrer Spekulation auf weitere Inflation treibt sie die Preise noch weiter und untergräbt damit auch das Vertrauen der Sparer. Die letzte große Welle der Inflation war eine Kosteninflation durch die künstlich in unangemessene Höhen manipulierten Ölpreise, an die sich dann auch die anderen Energiepreise anpaßten.

Was halten Sie im allgemeinen von Spielsystemen an der Börse?

Diese Frage möchte ich mit einer kleinen Anekdote illustrieren: In Paris gehe ich jeden Tag am Café Fouque's vorbei, einem Treffpunkt von Geschäfts- und Filmleuten, Spekulanten und Künstlern. Mir fiel auf, daß jeden Sonntag ein und dieselbe Tafelrunde von zehn bis zwölf älteren Herren dem Referat eines anderen älteren Herrn bewundernd zuhörte. Inzwischen habe ich erfahren, worum es geht. Der Kreis bestand aus wohlhabenden russisch-polnischen Exunternehmern. Der Dozierende hatte vor einiger Zeit im Laufe von sechs Monaten zweimal hintereinander im Lotto den Haupttreffer gemacht und brachte nun sein »System«, wie man Lotto spielen muß, seinen Jungen nahe. Diese hörten andächtig und aufmerksam zu und machten sich sogar Notizen. Wie könnte ich diese Szene vergessen, wenn mir die Frage nach »wissenschaftlichen« Spielsystemen gestellt wird. Aber genauso skeptisch stehe ich Prognosen von selbsternannten Gurus wie Joe Granville oder Henry Kaufman gegenüber.

Weil Granville einmal einen Rückschlag von dreißig Punkten des Dow-Jones-Indexes vorausgesagt (besser: erraten) hatte, ernannte er sich selbst in marktschreierischer Weise zum unfehlbaren Börsenguru und beanspruchte dafür sogar nicht weniger als den Nobelpreis für Wirtschaftswissenschaft. Dabei hatte er den Rückschlag selbst verursacht, indem er zwanzigtausend bis fünfzigtausend Telegramme an Aktienbesitzer verschickt hatte, in denen er aggressiv den Verkauf aller Aktien empfohlen hat. Wenn Tausende von naiven Sparern plötzlich ihren ganzen Aktienbesitz auf den Markt werfen, können sie leicht einen Rückschlag von 30 Punkten (was nicht einmal mehr als 3 Prozent ausmachte) verursachen. So ist Granville über Nacht der anerkannte Börsenguru geworden, auf den auch Tausende von Börsenspielern in der Bundesrepublik schwören. Ich glaube, seitdem sind diese Granville-Jünger wieder etwas nüchterner geworden; denn derselbe Guru wollte vor einigen Jahren, als der Dow-Jones-Index 750 stand, wieder einmal seine Fähigkeit beweisen und prophezeite mit absoluter Sicherheit, daß der Dow in kürzester Zeit inmitten eines totalen Zusammenbruchs auf 450 fallen würde. »Ich befehle es den Großmüttern [er wollte damit sagen, auch den alten Damen], auf diesen Krach zu spekulieren, der todsicher unvermeidbar ist.« Was dann geschah, ist heute schon Wall-Street-Geschichte: Der Dow Jones ist, statt auf 450 zu fallen, auf 1850 gestiegen, eine spektakuläre Aufwärtsbewegung, wie man sie in der Finanzgeschichte noch nicht erlebt hatte. Das Bemerkenswerte an dieser Angelegenheit ist, daß sich Herr Granville seines Irrtums nicht schämt, sondern weiter mit großem Tamtam Prophezeiungen macht. Der Aufwand, mit dem er vor ein paar Jahren sogar in der Bundesrepublik auftrat, ist peinlich.

In einer öffentlichen Debatte, die ich mit ihm vor der Presse hatte, protzte er höhnisch: »Mister Kostolany behauptet, daß er in hundert Fällen einundfünfzigmal recht behält und ihm das genügt. Das ist ja ein Spaß. Ich habe unter hundert Fällen hundertmal recht. Ich sage auch nicht ›Ich glaube‹ oder ›Ich meine‹ – ich sage: Ich weiß es!« Am interessantesten ist aber, was er mir unter vier Augen gestand: »*You know, Mister Kostolany, I am a ham* [Schmierenkomödiant]!« Und Hunderttausende von Sparern in der Welt hingen an seinen Lippen.

Wie Joe Granville hat auch Henry Kaufman vor einigen Jahren hie und da eine Entwicklung der Zinsen richtig erwischt. Seit Jahren liegt er jedoch ununterbrochen falsch und prophezeit immer etwas, was schon längst im Gange ist, das heißt, er dreht sich mit dem Wind. Mein Eindruck ist, daß er mit seinen Prophezeiungen den Anleihemarkt beeinflussen will. Irgendeine Gruppe baute mit Millionenwerbung seinen Ruf als »Zinsprophet« auf, damit er mit seinen Erklärungen die Kursentwicklung des Anleihemarkts mindestens auf kurze Sicht beeinflussen kann.

Unter den vielen selbsternannten Börsengurus gab es auch einen gewissen Kurt Oligmüller, mit dem ich sogar persönliche Erfahrungen machte. Als ich mich einmal über Sternengucker, Börsenalchimisten und ähnliche Gelehrte lustig machte, nahm er meine Kolumne als persönliche Beleidigung, obwohl ich seinen Namen nie erwähnt hatte. Er machte nämlich eine Riesenwerbung für seine neuerfundene Theorie, wie man die Kursentwicklung einer jeden Aktie mit der größten Präzision voraussagen kann. Einige bekannte Journalisten haben ihn für diese Erfindung sogar gefeiert. Er nannte seine Theorie den »Goldenen Schnitt«.

Er schrieb mir einen recht groben Brief, beschimpfte mich und behauptete, daß Joe Granville in seinem kleinen Finger mehr Wissen von der Börse hätte als ich in meinem Kopf. Er forderte mich auf, in meinen Kolumnen nicht alte Börsenanekdoten zu erzählen, sondern genau vorauszusagen, wie irgendeine Aktie in dreißig Tagen stehen wird. Denn die Börse sei eine harte Wissenschaft, schrieb er, die man kennen und studieren müsse.

Seine Theorie endete leider sehr tragisch, da er einige Monate später Selbstmord beging, nachdem er zuvor seine Frau erschossen hatte. In seinem Abschiedsbrief schrieb der arme Mann, er halte noch immer daran fest, daß seine Theorie unfehlbar sei, aber leider habe er nicht mehr die Nerven und die Gesundheit, daran festzuhalten. Er verlor das ihm anvertraute Geld seiner Kunden bis zum letzten Pfennig. Dieser tragische Fall ist der beste Beweis, wie besessen Systemspieler sein können. Ich glaube eher, daß er ein Opfer von Granvilles Prophezeiungen war; denn wie ich erfuhr, hatte er in Chicago auf dem Indexmarkt gespielt, wo er mit dem ganzen ihm zur Verfügung stehenden Geld auf den von Granville vorhergesagten Sturz der New Yorker Börse spekulierte.

Die Liste all dieser Besessenen ist lang und wäre eines neuen Buches würdig. Sie erinnern mich alle zwangsläufig an den Lottopropheten bei Fouque's.

Fazit: Man muß die größte Vorsicht walten lassen und all diesen Wahrsagereien und Prophezeiungen widerstehen. Aber leider vergißt das Publikum schnell, und je größer die Verheißung, um so eher fällt es darauf herein. Die meisten denken, etwas müsse doch daran sein.

Darf man »notleidende Anleihen« kaufen?

Die notleidenden Anleihen bieten einem Spekulanten oft die allergrößte Chance, aber natürlich nur für den Fall, daß der Schuldner, sei es zum Beispiel ein Unternehmen, ein Staat oder eine Gemeinde, wieder ins finanzielle Gleichgewicht kommt, das heißt saniert wird und die Zins- oder Kapitalrückzahlungen wiederaufnimmt. Jeder einzelne Fall muß genau untersucht werden. Gleich nach dem Ersten Weltkrieg und dann nach dem Zweiten Weltkrieg gab es Dutzende von Fällen, in denen man mit notleidenden Anleihen Riesengewinne machen konnte.

Nach dem Zweiten Weltkrieg waren diese Chancen am größten bei den alten deutschen, italienischen und japanischen Anleihen. Abgesehen davon, daß dabei die Frage gestellt werden mußte, ob diese Staaten die Zinszahlungen wiederaufnehmen werden, die sie während des Krieges eingestellt hatten, gab es Dutzende von Fragen, die geklärt werden mußten: Wer war zum Beispiel in dem Land der Schuldner – der Staat, die Länder, Kommunen, Körperschaften oder Privatunternehmer? In der Bundesrepublik erhob sich die Frage, ob sich der Schuldner in Ostdeutschland oder in der Bundesrepublik befand, in welcher Währung und welchen Ländern die Anleihen ausgegeben worden waren und ob Spezialgarantien auf die Schulden verbrieft waren. Oft waren sie mit Gold oder anderen Garantien versehen.

Den größten und spektakulärsten Kursgewinn machte die deutsche 5½prozentige Younganleihe, die von einem Kurs von 250 Francs im Jahre 1946 (für eine Nominale von 1 000 Francs) in vier Jahren bis zu 35 000 Francs stieg. Zu diesem Preis löste die Bundesrepublik sie wieder ein.

Wie war das möglich, mit 35 000 Francs eine Anleihe von 1 000 Francs einzulösen?

Weil diese Anleihe mit einer Goldklausel verbunden war. Seit der Ausgabe 1930 hat sich der französische Franc bis zu den vierziger Jahren dramatisch entwertet. Die Bundesrepublik unter Bundeskanzler Adenauer wollte Deutschlands Kredit spektakulär aufwerten. Sie wollte die französischen

Anleihebesitzer nicht schädigen und hat die Rückzahlung zwar nicht in Gold, aber mindestens in Dollar revalorisiert. Die 1 000 Francs von 1930 entsprachen mit den rückständigen Zinsen zusammen nach dem Krieg 35 000 Francs. So ein Spekulationscoup, wie man ihn mit dieser Anleihe machen konnte, kommt in der Börsengeschichte allerdings nicht häufig vor.

Welche Bedeutung messen Sie der Preis-Gewinn-Relation bei Aktien bei?
Die Preis-Gewinn-Relation ist der einzige Maßstab, mit dem man sich zumindest eine kleine Idee vom Wert einer Aktie machen kann. Sie dient auch zum Vergleich von zwei Werten derselben Branche und desselben Landes. Hat zum Beispiel in der US-Stahlindustrie zwischen zwei wirtschaftlich vergleichbaren Unternehmen das eine Relation 1:10 und das andere 1:20, so kann man daraus schließen, daß die erste billiger ist als die zweite. Doch muß es sich dabei um wirklich vergleichbare Unternehmen handeln, und sogar das will nichts bedeuten; denn diese Diskrepanz kann aus verschiedenen technischen Gründen noch jahrelang erhalten bleiben. Es gibt so viele verschiedene Einflußfaktoren, Motivationen und Nuancen bei jeder einzelnen Aktie, daß man mit keinem Automatismus rechnen darf. Es gibt sowieso keine Automatismen an der Börse.

Die Einschätzung einer Preis-Gewinn-Relation, ob sie nun zu hoch oder zu tief ist, hängt hauptsächlich von zwei Faktoren ab: der allgemeinen Rendite des Kapitalmarktes und natürlich der psychologischen Einstellung des Publikums. So kann es vorkommen, daß derselbe Analytiker dieselbe Preis-Gewinn-Relation für ein und dieselbe Aktie einmal als zu hoch, einige Jahre später jedoch als zu tief einschätzt.

Ein interessantes Beispiel ist die IBM-Aktie. In der euphorischen Wall-Street-Phase der siebziger Jahre stand die Akte 1:40 (Preis-Gewinn).

Die Relation war so hoch, da die allgemeine Meinung über die Qualität von IBM äußerst positiv war. Man rechnete mit von Jahr zu Jahr permanent steigenden Gewinnen von 10 Prozent. Die fundamentalen Voraussagen für IBM waren richtig: Die Gewinnentwicklung verlief wie erwartet. Nichtsdestoweniger lag sie einige Jahre später bei einer Preis-Gewinn-Relation von 1:7. Dies war eingetreten, weil erstens die Rendite des Kapitalmarktes äußerst hoch, bei 17 bis 18, sogar bei 20 Prozent war und zweitens die psychologische Einstellung des Publikums sich äußerst pessimistisch entwickelt hatte. Bei 40 war die Aktie vielleicht über-, bei 7 sicher unterschätzt.

Die Aufgabe eines guten Spekulanten ist also, den Übertreibungen keinen Glauben zu schenken und sich gegen den Konsensus zu richten. An der Börse bekommt ja fast immer nur eine Minderheit recht, und die Mehrheit irrt.

Gibt es mehr Optimisten oder mehr Pessimisten an der Börse?

Bei jeder Transaktion und jedem Kurs gibt es einen Käufer und einen Verkäufer, das heißt einen Optimisten – wenn auch nur für zehn Minuten – und einen Pessimisten. Und diese tauschen die Papiere manchmal x-mal im Verlauf eines einzigen Börsentages. Die Tendenz ergibt sich aus der Frage, was für wen wichtiger und dringender war: für den Optimisten, Papiere zu erwerben, oder für den Pessimisten, seine Papiere zu veräußern.

Alles hängt davon ab, von welcher Seite die Aufträge *bestens* oder bei limitiertem Kurs gegeben werden. Gibt es an einem Börsentag nur *Bestens-Verkaufsaufträge* und limitieren die Käufer ihre Kurse, dann fallen die Papiere wahrscheinlich auf jenen sehr niedrigen Kurs, bei dem die Käufer bereit sind, die Aktien zu erwerben. Melden sich überhaupt keine Käufer, würden die Kurse in die Tiefe fallen, ohne daß eine einzige Transaktion stattgefunden hätte, und auch umgekehrt. Gibt es andererseits an einem Börsentag nur Käufer mit Bestens-Aufträgen und überhaupt kein Angebot, würden die Kurse theoretisch rasch in die Höhe steigen ohne jegliche Transaktion. An den großen Börsen des Westens und in Tokio habe ich weder den einen noch den anderen Fall erlebt. Aber auf kleineren Märkten kam es in den vergangenen zehn bis zwanzig Jahren schon einigemal vor. Die Börse in Lissabon mußte, als Spinola die Macht übernommen hat, schließen, weil überhaupt keine Möglichkeit bestand, auch die kleinste Menge Aktien zu verkaufen.

Das Gegenteil davon konnte man in Buenos Aires erleben, als die schöne Isabella, die Diktatorin von Argentinien, von einer Militärjunta verhaftet wurde. Die Börse wurde für dreißig Tage geschlossen, da kein Angebot vorhanden war. Und als man sie endlich wieder eröffnen konnte, handelte man die Papiere zum hundertfachen Preis von vorher.

Wie hoch kann man die Zahl der Teilnehmer an der Börse schätzen?

Zur absoluten Zahl der Aktionäre gibt es in jedem Land mehr oder weniger exakte Statistiken. Die Zahl der Teilnehmer an Börsenspekulationen, also auch solcher Aktionäre, die nicht langfristig anlegen, kann man nur nach der Tendenz schätzen. Während einer Aufwärtsbewegung steigt die Zahl der Teilnehmer immer höher und kulminiert während der Euphorie. Dann gibt es die größte Streuung der Aktien unter vielen kleinen Aktionären. Natürlich ist dies sehr negativ für die weitere Entwicklung, denn der größte Teil dieser Aktieninhaber sind untrainierte, zittrige Neulinge, die bei der ersten Umkehrreaktion in Panik geraten. Gleichzeitig schwingen zwar noch die letzten Wellen der dritten Phase der Aufwärtsbewegung, aber der Markt kann explosiv und äußerst gefährlich sein.

Während der Abwärtsbewegung wird die Zahl der Teilnehmer dagegen immer kleiner und kleiner, und am Tiefstpunkt schmilzt sie zu einer kleinen Gruppe, in deren Händen große Mengen von Papieren konzentriert sind.

Was halten Sie von Nummernkonten in der Schweiz?
Ich möchte hier endlich ein altes Märchen zerstören: Das Nummernkonto in der Schweiz ist ein Werbegag, wenn auch – das gebe ich zu – ein sehr attraktiver. Die geheimen Nummernkonten in der Schweiz sind keineswegs völlig anonym, aber es gibt ein strenges Bankgeheimnis.

Das Nummernkonto hat immer auch einen Namen – den des Inhabers –, wie jedes Namenkonto auch eine Nummer hat. Der Vorteil besteht lediglich darin, daß nur eine begrenzte Zahl von Bankangestellten den Namen des Inhabers kennt. Dadurch ist der Kunde gegen Indiskretionen besser geschützt. Selbst wenn ein Brief oder ein Kontoauszug mit einer Nummer ohne Namen in falsche Hände fallen sollten, könnten diese Dokumente nicht mißbraucht werden.

Das Bankgeheimnis in der Schweiz ist grundsätzlich garantiert, und jede Verletzung wird strafrechtlich, eventuell sogar mit Gefängnisstrafen geahndet, auch wenn der Delinquent nicht dem Geldinstitut angehört.

Das Bankgeheimnis bezieht sich zwar auf alle Namen- oder Nummernkonten, ist jedoch in gewisser Hinsicht auch begrenzt: Bei Kriminalfällen, Erbschaftsangelegenheiten, Konkursen oder Schuldeintreibung hört es auf. Aber selbst in diesen Fällen bedarf es eines Schweizer Gerichtsurteils.

Regierungen, Finanzämtern, den Steuerbehörden, der Devisenpolizei und so weiter wird dagegen jede Auskunft verweigert. Steuerhinterziehung, Devisenverstöße und ähnliches sind in der Schweiz kein Verbrechen, kein Vergehen und noch nicht einmal eine Sünde. In diesen Fällen ist das Bankgeheimnis »kategorischer Imperativ«.

Das Asylrecht der Schweiz ist historisch. Nach dem Aufheben des Ediktes von Nantes (1685) haben es die französischen Protestanten genossen, 150 Jahre lang waren politische Flüchtlinge aller Richtungen – von Napoleon III. bis Lenin – dort willkommen. Und für die Schweizer Verfassung sind persönliche Freiheit und Privateigentum untrennbar und genießen denselben Schutz.

Besonders zimperlich sind die Schweizer bei Nachforschungen in Steuerangelegenheiten. Wilhelm Tell ist nicht dank des Apfels und Bogens zum legendären Helden der Schweizer geworden, sondern weil er den Aufstand gegen die übertriebenen Steuerforderungen des Tyrannen Rudolf von Habsburg angeführt hatte.

Ungefähr siebenhundert Jahre später hat der Schweizer Minister und Sonderbotschafter Walter Stucki in Washington die Rolle eines modernen Wilhelm Tell gespielt, als er trotz des Drucks Schweizer Exporteure den zähesten Widerstand gegen die amerikanische Forderung leistete, einen Einblick in amerikanische und europäische Konten zu erlangen. Die Hartnäckigkeit der Schweizer war in den USA unverständlich, in einem Land, in dem jeder Bankangestellte einem jeden über jedes Bankkonto Auskunft geben kann. Ich selbst war oft empört über die Indiskretion der Broker und Banker in bezug auf die Transaktionen ihrer Kunden.

Es ist schon paradox, daß in dem freiesten Land der Welt die Agenten des Schatzamtes, T-Männer genannt, quasi inquisitorische Macht über die Steuerzahler haben.

Das Bankgeheimnis, eventuell auch ohne Nummernkonto, wird existieren, solange Helvetica Schweiz heißt. Unabhängig von der Devisensituation in der Welt und der Kursentwicklung des Schweizer Franken werden die Schweizer

Banken ihre Popularität bei den Sparern in aller Welt behalten, weil sie ihre Kunden wie Gäste vornehmer Sanatorien behandeln.

Absolut anonyme Bankkonten existieren noch in Ungarn und in der Tschechoslowakei. Sie sind nur für Inländer, und es ist der Bank strengstens verboten, bei Einzahlungen oder Abhebungen nach dem Namen des Kunden oder der Herkunft des Geldes zu fragen. In Österreich gibt es auch Nummernkonten, aber in diesem Land existiert noch immer eine Zwangswirtschaft. In Westeuropa gibt es nur einen kleinen Flecken, wo man anonym Konten haben kann und wo absolut freie Devisenwirtschaft herrscht: Kleinwalsertal. Dies ist österreichisches Hoheitsgebiet, bietet also die Möglichkeit, ein anonymes Konto zu besitzen, dort gilt aber die deutsche Währung. Dadurch entfallen Deviseneinschränkungen.

Was sind eigentlich »Steueroasen«?

Die Steueroase lohnt sich nicht für jederman, selbst für Vermögende nicht immer. Denn alle Länder des Westens sind heute in Steuersachen eng miteinander verbunden. Sie halten sich an zwei Prinzipien:

1. Jeder Bürger muß Steuern zahlen.
2. Kein Einkommen wird doppelt besteuert, sofern zwischenstaatliche Abmachungen bestehen.

Wenn ein Millionär sein liquides Kapital vor dem Finanzamt seiner Heimat verheimlichen will, so ist ihm dies möglich. Er hält sein Wertpapierdepot und Bargeld unter dem Namen einer Oasenfirma, jedoch in einer Großbank eines x-beliebigen westlichen Landes. So wird er keine Vermögens- und Kapitalgewinnsteuer zahlen müssen. Aber die Coupons und Dividenden der Wertpapiere werden automatisch besteuert in einem Land, aus dem sie stammen, das heißt, eine »Quellensteuer« wird abgezogen.

Aber ein Kaufmann oder Unternehmer wird, auch wenn

er eine Briefkastenfirma im Stillen Ozean besitzt, keine Steuern einsparen können. Will er ganz und gar keine Steuern zahlen, muß er bonafide ständiger Resident des Oasenlandes werden. Aber nach deutschem Recht bleibt ein Bundesbürger in der Bundesrepublik noch zehn Jahre steuerpflichtig.

Die Gewinne seines Unternehmens oder seiner Immobilien werden wie vorher in der Heimat versteuert. Ist er zehn Jahre draußen, hat ihm der deutsche Staat endlich nichts mehr zu sagen.

Gleichwohl gibt es Winke und Kniffe, dem deutschen Finanzamt zu entkommen. Dabei kommt es aber auf die genaue Position des Steuerzahlers und den Charakter seines Einkommens an, dann findet sich auch die richtige Konstruktion für die Geldanlage.

Man nennt heute etwa 35 geographische Punkte auf der Welt, die man als Steueroasen bezeichnen kann. Ihre Zahl steigt weiter, weil immer mehr Miniinseln entdeckt werden, die aus der Steuerflucht eine wahrhafte Industrie mit ganz vernünftigen Erträgen machen können.

Die meisten dieser Oasen kann man sogar kaum auf der Landkarte finden. So klein sie jedoch auch sind, so können doch Tausende von Firmen auf ihnen registriert sein, manchmal sogar mehr als Einwohner. Denn woraus besteht schon eine solche Firma in der Steueroase? Aus einem Firmennamen, legal eingetragen, und einem Briefkasten. Ein einziger Briefkasten kann sogar für Dutzende von Firmen dienen.

Die Tatsache, daß auf einer solchen Insel kein Flughafen existiert, daß sie mit dem Boot nur an Wochenenden und telefonisch oder per Telex überhaupt nicht zu erreichen ist, bildet kein Hindernis. Hauptsache, die Steuergesetzgebung der Regierung ist souverän, und es wird keine oder fast keine Einkommen-, Kapitalertrag- oder Erbschaftsteuer verlangt. Und: Ihre Buchführung muß garantiert geheim sein.

Jedes Steuerasyl hat seine speziellen Vor- und Nachteile, aber eines haben sie alle gemeinsam; daß sie aus Illegalem Legales machen, aus dem schwarzen Geld weißes und daß auf ihnen als Tugend gilt, was in der Heimat als Sünde gewertet wird.

Was halten Sie von einer Rückkehr zur Goldwährung?
Ich glaube nicht daran, und es wäre auch der größte Unsinn. Doch gibt es in Europa und in den USA immer wieder Experten und Politiker – wie den republikanischen Präsidentschaftskandidaten Jack Kemp –, die für eine Rückkehr zum Goldstandard plädieren. Sie versprechen sich davon unter anderem Stabilität der Preise und der Devisenparitäten, fallende Arbeitslosigkeit, wachsenden Welthandel und steigenden Lebensstandard. Eine handfeste Begründung für diese Hoffnungen liefern sie freilich nicht. Glauben Sie wirklich daran, daß man dem Ozean befehlen kann, trotz Sturm und Wind ruhig zu bleiben – nur damit man darauf wie auf einem kleinen stillen See mit einem Boot rudern kann? Das sind kindische Vorstellungen.

Die Anhänger des Goldsystems erhoffen sich vor allem feste Devisenparitäten. Doch dazu müssen die Währungen keineswegs an den Goldpreis geknüpft werden. Feste Paritäten kann man auch ohne Gold vereinbaren. Unter der Voraussetzung allerdings, daß sich die Regierungen an die einmal getroffenen Vereinbarungen halten, selbst wenn es spezifischen nationalen Interessen zuwiderläuft. Goldstandardsystem oder feste Devisenparitäten sind lediglich eine Frage der Vereinbarung. Nur – welche Regierung wird Konventionen einhalten, die nicht in ihren politischen, sozialen und psychologischen Interessen liegen?

Möglich wäre die Rückkehr zum Gold vielleicht schon, aber eben nur unter der Bedingung, daß man in allen beteiligten Ländern die strengste Devisenzwangswirtschaft einführt. Mit freiem Devisenverkehr dagegen wäre sie unmöglich. Wie stellen die Goldwährungspropheten sich das vor? Die Tendenz geht nämlich in die entgegengesetzte Richtung. Sogar in den Ländern, in denen bisher Devisenzwangswirtschaft existierte, wollen sich die Regierenden bald davon verabschieden.

Die Kapitalströme waren schon in der Zeit, als es den Goldstandard noch gab, so umfangreich, daß die Notenbanken den Goldpreis nur erhöhen konnten, wenn das Angebot in einer Währung zu groß wurde und sie ihre Goldreserven nicht verlieren wollten. Sie werteten praktisch ihre Währung ab. Wenn umgekehrt die Nachfrage nach einer Währung zu stark anschwoll, mußten die Notenbanken aufwerten, um sich gegen den Kapitalimport zu schützen. Die Schweizer Nationalbank zum Beispiel gab während des Zweiten Weltkrieges und noch lange nach dem Krieg keine Franken gegen Gold. Franken waren eben noch viel begehrter als das gelbe Metall.

Ähnlich in den siebziger Jahren: Die Schweiz und auch die Bundesrepublik führten strenge Kontrollen gegen Kapitalimporte ein. Wozu also ein Goldstandard, an den sich niemand hält? Heute ist eine monströse Devisenspekulation übelster Art im Gange. Aus den Devisenmärkten sind Spielkasinos geworden. Hunderttausende von kleinen Spielern mischen – an der Chicagoer Terminhandelsbörse – mit beim täglichen Spiel der Devisenfritzen in den Großbanken, deren Spekulationen nach einer offiziellen Schätzung pro Tag rund um die Welt mehr als 200 Milliarden Dollar ausmachen. Wer kann diese Hysterie in einer freien Welt beruhigen, in der Hunderttausende von Agenten und Subagenten sogar die Hausfrauen und Zahnärzte zu Devisenspekulationen animieren?

Der Dollar ist zum Fußball der Spieler geworden (Spekulant wäre ein zu großes Wort und eine Beleidigung für die echten Angehörigen dieser Zunft). Er wird in Sekundenschnelle von einem Tor zum anderen geschossen. Er ist ständig in Bewegung, liegt nie still. Wollte man, daß er auf einer bestimmten Stelle auf dem Spielfeld festgenagelt würde, müßte man den ganzen Fußballsport abblasen. Das kann man vielleicht machen, aber was würden die Fußballfans dazu sagen? Das wäre Devisenzwangswirtschaft.

All die Aufsätze und Analysen über die Rückkehr zum Goldstandardsystem sind also leeres Geschwätz. Die Wirklichkeit ist anders. Das Ganze erinnert mich an die Worte des klugen und erfahrenen Grün, wie er im Kaffeehaus seinen Freunden meldet, er habe eine Schiffsladung Weizen sehr günstig kaufen können. »Hast du den Kontrakt auch juristisch genau festgelegt?« fragen die Kollegen. »Wozu?« antwortet Grün. »Wenn der Weizen steigt, liefert man ja nicht. Und fällt er, übernehme ich ihn nicht.« Dem festgelegten Goldpreis ginge es genauso.

Wäre die Nachfrage nach Gold in einem Lande zu groß, wird die Notenbank für Geld das Gold nicht liefern. Und umgekehrt: Wäre das Angebot in Gold zu groß, würde sie das Gold auch gegen Geld nicht abkaufen.

Gold bleibt eine banale Ware, die für viele Sparer einen gewissen Reiz hat. Obwohl viele behaupten, es sei ein Sachwert, ist es das in meinen Augen nicht, denn das Gold hat weder einen Ertrag noch eine Notwendigkeit in der Wirtschaft.

Läge eine Rückkehr zur Goldwährung nicht im Interesse der Weltwirtschaft?

Die beste Antwort darauf gab der berühmte Dichter und Nobelpreisträger Rabindranath Tagore: »Faß die Flügel des Vogels in Gold, und nie wird er sich wieder in die Lüfte schwingen!«

Wie beurteilen Sie die Entwicklung bis zum Jahr 2000?
Viel hängt von der internationalen Politik ab, wie sich die Ost-West-Beziehungen gestalten werden, insbesondere das Verhältnis zwischen Amerika und der Sowjetunion. Und natürlich auch, wie die innenpolitische Tendenz in Europa sein wird, nach rechts oder links tendierend.

In der innenpolitischen Entwicklung in den USA sehe ich keine großen Veränderungen. Das demokratische Zweiparteiensystem ist gesichert, und eigentlich ist es gleichgültig, ob Republikaner oder Demokraten an der Macht sind.

Ich fürchte auch keine gravierenden Auseinandersetzungen zwischen Amerika und der Sowjetunion, denn ich habe ein fast unbegrenztes Vertrauen in die militärische Übermacht Amerikas und glaube an die Realpolitik der Sowjets. Ich weiß, daß Amerika in fast allen Bereichen von den Europäern oft unterschätzt wird, nicht so sehr bei den Politikern wie in der öffentlichen Meinung. Glücklicherweise hat die Sowjetunion in bezug auf Amerika dieselbe Meinung wie ich. Aber bei Prognosen über die wirtschaftliche Entwicklung Europas muß ich die öffentliche Meinung Europas mit einrechnen.

Oft machen mir die Vorgänge in Europa große Angst: Die Feigheit der Bürger vor einem psychologischen Druck der Sowjetunion bedeutet für mich die größte Gefahr. Die Sowjetunion wird mit Versprechungen und Drohungen alles unternehmen, um Europa auf freundliche Art und Weise von Amerika zu trennen und so die NATO zu sprengen. Ohne NATO wäre die Bundesrepublik finnlandisiert. Eine neutralisierte Bundesrepublik würde auch ein neutrales Europa bedeuten, woran auch Frankreichs kleine Atommacht nichts ändern würde.

Ein neutrales Deutschland müßte alle wirtschaftlichen Wünsche der Sowjetunion erfüllen. Das würde bedeuten: neue Handels- und Finanzverträge. Ich weiß, daß viele deutsche Wirtschaftsführer, sogar solche von größter Bedeutung, der Ansicht sind, daß auch ein neutrales Deutschland mit der Sowjetunion große Geschäfte machen könnte, aber diese Geschäfte würden in diesem Falle ganz anders aussehen als heute. Die Bundesrepublik könnte aus Rußland große Mengen von Rohstoffen und Energie beziehen und sie mit Dollars bezahlen. Die Sowjetunion würde aus Deutschland Technologie, Maschinen usw. (und alle Artikel, die heute auf der schwarzen Liste sind), aus Frankreich, Dänemark und Holland landwirtschaftliche Produkte abnehmen und mit Rubel bezahlen. Und was der Rubel wert ist – die Schätzung überlasse ich dem schwarzen Markt (der immer der authentische ist). Dort handelt man den Rubel zu einem Siebtel seines offiziellen Wertes.

Ein neutrales Deutschland bedeutet ein neutrales Europa, und ein neutrales Europa würde langsam, aber sicher vollkommen unter russische Kontrolle gelangen. So könnte die Sowjetunion ihren alten Traum verwirklichen, Europa zu kontrollieren, ohne einen einzigen Soldaten zu mobilisieren.

Ich bin kein ausgesprochener Pessimist, aber mit dieser Möglichkeit muß man immer rechnen. Ein großer Teil dieser Gefahr liegt in der innenpolitischen Entwicklung der Bundesrepublik. Eine eventuelle rotgrüne Koalition würde über Nacht die ganze internationale politische Landschaft umgestalten. Kurz und gut: Ich setze auf Amerika, da ich Europäer bin. Für Japan sehe ich nicht die geringste Gefahr, aber für mich Europäer ist die japanische Mentalität etwas undurchsichtig.

Die geschilderte mögliche Entwicklung in Europa würde für Amerika auch eine unangenehme, aber bestimmt keine fatale Bedeutung haben, denn in Amerikas Wirtschaft spielt der Außenhandel eine sehr begrenzte Rolle (zirka 10 Prozent). Deshalb halte ich es für einen Anleger und Börsenspekulanten auf lange Sicht für besonders wichtig, die Augen ständig auf Wall Street zu richten, denn dort wird die Börse auch noch weiter üppig blühen, während Europa ganz andere Sorgen haben könnte.

Ich hoffe, daß es nicht so weit kommt, aber die Gefahr – so klein sie auch ist – hätte immense Auswirkungen.

Gedanken über Börse und Geld

Oft kann man durch Zufall die glücklichsten Dummheiten begehen.

Ich saß einmal mit zwei Maklern an einem Tisch. Einer von ihnen beklagte sich, er habe heute kein Geschäft abgeschlossen. Der andere prahlte mit seinen großen Provisionen. »Das war aber mehr Glück als Verstand«, konterte der erste. »Gott gebe mir immer mehr Glück und weniger Verstand«, meinte darauf der Erfolgreiche.

Es gibt keinen Narren, von dem man manchmal nicht etwas erfahren kann, das in das Mosaik einer Börsenüberlegung hineinpassen könnte.

Von einem falschen Wort oder einem Druckfehler im Text einer Finanzverordnung oder eines Gesetzes konnte ich manchmal groß profitieren.

Von einer falschen Idee können wir manchmal so irregeführt werden, daß wir ein Leben lang in dem Irrtum bleiben und die wahre Lage nie erkennen.

Viele wundern sich darüber, was an der Börse geschieht; sie tun es nur, weil sie die Börse nicht kennen.

Die nützlichsten Wörter an der Börse sind: vielleicht, hoffentlich, möglich, es könnte, nichtsdestoweniger, obwohl, zwar, ich glaube, ich meine, aber, wahrscheinlich, das scheint mir ... Alles, was man glaubt und sagt, ist bedingt.

Es ist für den Schuldner wichtiger, einen guten Gläubiger zu finden, als für den Gläubiger, einen guten Schuldner.

Die große Gefahr auf den Finanzmärkten ist heute, daß zuviel heißes Geld in Händen ist, die damit nicht umgehen können.

Der Banker müßte weise sein wie Salomon, klug wie Aristoteles, stark wie Samson und alt wie Methusalem.

Der Optimist ist ein Fürst auch mit zwei Groschen in der Tasche. Der Pessimist ist ein Nebbich, auch mit einem vollen Tresorschrank.

Der französische Finanzminister Vincent Auriol sagte einmal, was man manchmal hätte anwenden sollen: »Die Banken sperre ich, die Bankiers sperre ich ein!«

Oft gibt es Anlageberater, die den Ausdruck »Ich garantiere ...« häufig benutzen. Doch wer garantiert für sie?

Franz Molnar, der weltberühmte ungarische Schriftsteller, der von der Börse überhaupt nichts verstand, definierte einmal äußerst treffend den Baissespekulanten: »Einer, der sich selber eine Grube gräbt, in die andere hineinfallen.« (Den Esprit dieses Satzes können nur die Vollblutprofis verstehen.)

Wer ist der vollkommenste Schieber? Derjenige, der in eine fremde Stadt kommt und dessen erste Frage lautet: »Kinder, was ist denn hier verboten?«

Bei den Salzburger Festspielen traf ich einmal einen Börsenkollegen, von dem ich nie angenommen hätte, daß er sich auch für Musik interessiere. Auf meine Frage, was er hier mache, antwortete er einfach, kurz, aber vielsagend: »Ich warte auf das Ende!« Dieselbe Antwort gab ich einem Freund von mir, als er mich nach meiner Meinung über die IOS-Spekulation fragte.

Wie hätte ein Finanzminister die schwere Lage seines Landes bündiger und präziser beschreiben können als der Franzose Anatole de Monzie: »Meine Herren, die Kassen sind leer.«

Wenn ein Bankier auf einen Vorschlag nein sagt, meint er vielleicht. Sagt er vielleicht, meint er ja. Sagt er aber sofort ja, ist er kein guter Bankier. Wenn ein Spekulant auf einen Tip ja sagt, meint er vielleicht. Sagt er vielleicht, meint er nein, und wenn er gleich nein sagt, ist er kein wirklicher Spekulant.

Über einen reichen Dummkopf wird man immer wie über einen Reichen sprechen, über einen armen jedoch wie über einen Dummkopf.

Vermögend zu sein bedeutet, mehr Geld zu haben als die anderen aus demselben Milieu.

Ein Ingenieur darf bei seiner Arbeit nicht unter Alkoholeinfluß stehen. Für einen Spekulanten ist dies eher von Vorteil, weil es gewisse Hemmungen abschafft.

An der Börse wie im Leben und in meinen Kolumnen habe ich häufig die richtige Antwort, nur muß ich dazu auch die richtige Frage finden.

Eine alte Börsenwahrheit lautet: Können die Kurse nicht weiter steigen, müssen sie fallen.

Oft stellen mir Kollegen lächelnd die Frage, was ich mit dem »vielen« Geld tue, wenn sie meine Honorare für verschiedene Aktivitäten erfahren. Seltsamerweise fragt mich niemand, was ich mit dem Geld aus einer glücklichen Spekulation mache, wo ich doch das Zehnfache gewinne (aber nicht verdiene). Durch Arbeit verdientes Geld kommt ihnen besonders seltsam vor.

Die Deutschen sind der Tücke des Geldes nicht gewachsen. Das Volk der Romantiker, Philosophen und Musiker ist in Geldangelegenheiten unromantisch und verliert jeden Hang zur Philosophie und besonders zur Phantasie.

Alle Wertpapiere – Pleiteaktien, notleidende Staatsanleihen –, die heute zwischen Kursen von 1 oder 2 Prozent notieren, haben einen großen Vorteil: Sie eignen sich vorzüglich als Wandschmuck.

Man nennt mich oft »Börsenexperte«. Ich akzeptiere das Kompliment *nicht*, weil ich weiß, was morgen an der Börse sein wird, sondern weil ich weiß, was heute ist und was gestern war. Und das ist schon sehr viel, denn die meisten Profis wissen nicht einmal das. Sie wissen auch nicht, daß die Kurse meistens die Nachrichten machen, die dann weitererzählt werden, und nicht die Nachrichten die Kurse.

Weise ist der Börsenspekulant, der auch die Sprache der Dummköpfe versteht.

Häufig schreibe ich aggressiv und wiederhole ununterbrochen meine Angriffe gegen die Haifische des Kapitalismus.

Wenn der Mensch älter wird, hat er mehr Mühe, seine Feinde zu wechseln.

Sehr oft ist in der Politik und in der Wirtschaft nicht die Diktatur schlecht, sondern der Diktator.

In der Wirtschaftspolitik ist das richtige Steuern nicht mehr als die Anpassung an die Realität.

Steigt die Börse, kommt das Publikum, fällt die Börse, geht das Publikum.

Ein alter Spruch sagt, die Börse sei Monte Carlo ohne Musik. Meine Behauptung ist, die Börse ist Monte Carlo mit viel Musik, doch muß man die Antennen haben, um diese Musik aufzufangen und dann die Melodie zu erkennen.

Nicht reich muß man sein, sondern unabhängig.

Schön wäre es im Wirtschaftsleben, wenn die Piraten faul wären und die Dummköpfe wenig reden würden.

In Anlagefragen kann man dem Sparer erfolgreich nur das raten, was er tatsächlich haben will. Auf Versprechungen von irrealistischen Gewinnen fallen sie immer herein. Von einer Anlage abzuraten, die man ihm mit Riesenprofiten eingeredet hat, ist unmöglich.

Oft muß man an der Börse die Augen schließen, damit man besser sehen kann.

Für einen Spekulanten ist es nützlicher, über eine Sache nachzugrübeln, ohne etwas zu unternehmen, als etwas zu unternehmen, ohne nachzugrübeln.

Es gibt nicht einen einzigen Spekulanten, der nicht wenigstens einmal einen »Sternstunden«-Einfall gehabt hat. Doch nützt er ihn nicht aus, dann kommt so schnell wieder kein neuer. Mein Rat also: Attackieren!

Das große Unglück bei uns alten Spekulanten ist, daß wir Erfahrung gesammelt, unsere Waghalsigkeit jedoch verloren haben.

Den meisten Börsenkollegen stimme ich lieber zu, als mich in eine Debatte mit ihnen einzulassen.

Die Finanzinstitutionen sind nur so viel wert wie die Menschen, die sie geschaffen haben.

Der Vollblutspekulant kauft nur Papiere, von denen er sich einen drei- oder vierfachen Kurs erhofft. Es kann jedoch auch das Zehnfache werden. (Diese Erfahrung habe ich oft gemacht.)

Wenn ein Kaufmann seine Waren mit hundert Prozent Gewinn verkauft, nennt man das einen Betrug. Verkauft ein Börsenspekulant seine Papiere zum doppelten Kurs, nenne ich das normal.

Der Mann ist geschaffen, um das Geld zu machen; und die Frau hält die Kasse. Das Ideale ist – auch für die ganze Familie –, wenn der Mann der Leichtsinnige und die Frau die Geizige ist. Bei Bekannten und in der Familie habe ich dafür zahlreiche Beweise. Mein Vater brachte meiner Mutter die schönsten Geschenke, erntete jedoch dafür nur Beschimpfungen über seine Verschwendungssucht. »Warum denn«, antwortete er, »lieber so als für die Apotheke.«

Wenn ich mit einem Kollegen spreche, weiß ich nach kürzester Zeit, ob er auf Hausse oder auf Baisse spekuliert, ohne mit ihm darüber gesprochen zu haben.

Was wäre die Börse ohne Narren! Und was wäre die Börse, wenn ein Supercomputer alles wissen würde. Meine Antwort auf beide Fragen: »Es wäre keine Börse.«

In alten Zeiten sagte man, ein Mann verliere seinen Verstand mit seinen letzten 10 000 Gulden. Ich behaupte, der deutsche Sparer verliert heute seinen Verstand mit den ersten 10 000 DM.

»Ich höre, du hast einen großen Treffer gemacht und 100 000 Mark gewonnen, was machst du jetzt?« – »Ich mache mir die größten Sorgen.«

Wie verflucht der arme Jude einen reichen? »Du sollst der einzige Millionär in deiner Familie sein!«

Peter Altenberg, der bekannte Wiener Poet und Bohemien, galt als Kaffeehausschnorrer. Er schrieb eines Tages seinem Bruder: »Mein Lieber, schicke mir dringend 1 000 Gulden, ich habe nicht einen Heller. Mein ganzes Geld ist auf der Sparkasse.«

Viele brauchen das Geld nicht, um es zu besitzen, sondern um es zu zeigen.

Es gibt Börsenprofis, mit denen einer, der nicht genügend hartgesotten ist, kein Gespräch führen darf; denn alles, was sie sagen, kann nur einen negativen Einfluß haben.

Der größte Schlag für den Spekulanten ist, wenn er einen

großen Fehler, den er vorausgespürt hat, trotzdem begeht. Und fast immer geschieht dies, weil er sich von den anderen beeinflussen läßt.

Man soll die Ereignisse nicht mit den Augen verfolgen, sondern mit dem Kopf.

Ein komisches Wort in der deutschen Sprache: Diplomkaufmann. Bei mir ist das Diplom eines Kaufmannes seine Bilanz.

Ein unmögliches Wort in der deutschen Sprache: Bankkaufmann. Das ist eine semantische Mißgeburt, denn entweder ist man Bankier oder Kaufmann. Die Einstellung der beiden zu Geschäften ist genau entgegengesetzt: Der Bankier kassiert Zinsen, je höher, um so besser; der Kaufmann muß Zinsen zahlen, je niedriger, desto besser. Der Bankier achtet auf die Sicherheit einer Anlage, der Kaufmann auf die Phantasie.

Auf dem Grabstein des berühmten Schriftstellers Stendhal steht: Er lebte, schrieb und liebte. Auf dem des unglücklichen Spekulanten: Er lebte, spekulierte und verlor.

Es gibt Sehhändler und Übersehhändler. Die ersten handeln mit allem, was sie sehen: Waren, Immobilien, Abschreibungen usw. Die Übersehhändler nur mit Sachen, die die anderen übersehen. Zu ihnen gehören auch intelligente Börsenspekulanten, die mit Aktien, Wertpapieren etc. handeln, deren Chancen alle anderen übersehen.

In jeder Hochkonjunktur und ganz besonders in der euphorischen Konjunktur der Inflation (des leichten Geldes) muß man am Anfang rührig sein, dann klug und zum Schluß weise.

Man spricht so oft von Bankkrisen. Dabei muß ich an meinen jüngsten Venedigaufenthalt denken, der in einer Saison stattfand, in der der Markusplatz jeden Abend überschwemmt war und in der am Morgen keine Spuren mehr vom nächtlichen Wasserstand zu sehen waren. Es gibt Banken, deren Zahlen zeitweise »unter Wasser« stehen, die sich jedoch schon nach einiger Zeit wieder erholen und sogar höhere Dividenden zahlen. Kein Mensch spricht dann mehr über Bankkrisen, und alles ist längst vergessen. Dieses Phänomen habe ich in den vergangenen fünfzig Jahren einige Male miterlebt. Das Wort Bankrott stammt zwar von Bank, aber Bankrotte sind gerade für große Banken heutzutage völlig ausgeschlossen. Es gibt nicht nur ein Sozialnetz, sondern auch ein Kreditnetz in der Welt. Jeder Gläubiger ist der Schuldner eines anderen Gläubigers, der selber wiederum Schuldner ist. Zahlen die Schuldner nicht, dann genießen sie ein Moratorium, das auch für alle anderen Schuldner in dieser Kette gilt.

In den vergangenen trüben Jahren haben zahlreiche Geschäftemacher die Lage noch trüber gemacht, um besser fischen zu können.

Spiel ist eine Leidenschaft, die Vergnügen und auch Leiden schafft. Das größte Vergnügen eines Spielers: Gewinnen. Das zweitgrößte: Verlieren. Denn die große Lust des Spielers ist die Spannung zwischen Gewinn und Verlust. Gäbe es keine Verluste, gäbe es keine Spannung und daher auch kein Vergnügen.

Molière schrieb: Ein Dummkopf, der zuviel weiß, ist zweimal so dumm wie ein Unwissender. Diese Erkenntnis ist für die Börse äußerst zutreffend.

Der ehrliche Schuldner ist einer, der seine Erben enttäuscht, nie jedoch seine Gläubiger.

Man darf der Tendenz nicht nachlaufen, man muß ihr entgegengehen.

Von einem Fünftel der Börse leben die Spekulanten, von vier Fünfteln die Broker.

Es gibt keine absolut gebildeten Menschen, sondern nur halb gebildete. Und alles hängt davon ab, was ein Mensch aus dieser halben Bildung macht.

Es gibt bestimmt Menschen, die froh darüber sind, nicht ihre eigenen Gläubiger zu sein.

Würde die Wirtschaftspresse nicht existieren, brauchte man sie nicht zu erfinden.

Ein alter Börsianer kann alles verlieren, nur nicht seine Erfahrung.

Georges Clemenceau sagte einmal: Der Krieg ist eine zu ernste Angelegenheit, als daß man ihn den Militärs anvertrauen könnte. Genauso kann man heute sagen: Die Wirtschaft ist eine zu ernste Sache, um sie den Professoren und Volkswirten zu überlassen.

Das Gefährlichste an der Börse ist die Überraschung. Dabei können nur die wenigsten Börsianer ihre Ruhe und Objektivität bewahren. Meistens ist die Ursache eines Börsenkrachs nicht objektive Überlegung, sondern ein massenpsychologisches Phänomen. Einer entdeckt irgendein Problem, so klein es auch sein mag, und das verbreitet sich wie ein Lauffeuer.

Die massenpsychologischen Reaktionen sind an der Börse wie im Theater: Einer gähnt, und in kürzester Zeit gähnt jeder. Einer hustet, hustet sofort der ganze Saal.

Die Lage im kapitalistischen Westen ist gefährlich, aber nicht hoffnungslos. In der kommunistischen UdSSR ist sie nicht gefährlich, jedoch hoffnungslos. Für die Verbündeten der UdSSR kann man sicherlich den französischen Spruch aus der Zeit der Borgias anwenden: »*Qui mange du Pape en meurt*« (Wer aus der Küche des Papstes ißt, stirbt).

Viele Kapitalisten verbringen ein Drittel ihres Lebens damit, Kapital zu schaffen, ein Drittel der Zeit, ihr Geld zu bewahren, und das letzte Drittel mit der Überlegung, wie sie es vererben sollen.

Journalisten und Börsenspekulanten haben für ihre Arbeit denselben Rohstoff: Nachrichten und Ereignisse. Die Journalisten beschreiben sie, und die Spekulanten setzen darauf.

Jeder Laufbursche an der Börse trägt viel Geld versteckt in seinem Notizbuch. Er muß es nur finden.

Die Börsianer sind oft Mitspieler großer Zeiten. Hauptsächlich mit ihrer Brieftasche.

Die Inflation ist der Preis der Demokratie oder, besser gesagt, der Demagogie. Denn kein Parlament wagt es, die strengen Maßnahmen durchzusetzen, die man gegen eine Inflation unternehmen müßte.

Jeder Börsenmakler leidet unter einer Deformation seines Intellekts, denn sogar der intelligenteste, ehrlichste und verantwortungsvollste Broker ist durch seine Gedanken an weitere Aufträge und Provisionen verdorben.

Staatsbankrott? Bankkrisen? Darauf gibt es nur eine Antwort: »Viel Lärm um nichts!«

Ob man die Börsentendenz als fest oder schwach bezeichnen soll, hängt ganz von der Einstellung des Börsianers ab. Dieselben Kurse wird einer als fest, ein anderer als flau bezeichnen – je nach seinen Engagements.

Wenn ich die Entwicklung der Börse für ein Jahr voraussehe, halten mich die anderen während des ganzen Jahres für einen Spinner.

Der Haussetrottel verträgt eher Verluste, wenn die Börse zurückgeht, als versäumte Gewinne, wenn sie steigt und er nicht dabei ist.

Wer nicht fähig ist, selber eine Meinung zu bilden und eine Entscheidung zu treffen, darf nicht zur Börse.

Ein Börsenspieler ohne Überlegung, Argumente oder Motivation gleicht dem Roulettespieler. Er ist ein Hasardeur.

Man soll nicht glauben, daß die anderen, nur weil sie massiv eine Aktie kaufen, mehr wissen oder besser informiert sind. Ihre Gründe können so unterschiedlich sein, daß es unmöglich ist, daraus Folgen zu ziehen.

Die Wirtschaft kann man nicht lehren, man muß sie selber erleben – und überleben.

Bargeld in der Tasche und gleichzeitig die Absicht zu haben, bei niedrigen Kursen in die Börse einzusteigen, ist dasselbe Vergnügen, wie hungrig zu sein und sich auf dem Weg in ein Restaurant zu befinden.

Eine schlechte, aber wahre Nachricht ist mir lieber als eine gute, aber falsche. Bei der ersten weiß ich, woran ich bin, die zweite kann mich irreführen.

Bei den unentschiedenen Börsianern sind die Kurse entweder schon zu hoch oder noch zu hoch; um einzusteigen, ist es entweder schon zu spät oder noch zu früh.

Die Meinung eines Börsianers ist nie konstant. Dasselbe Papier wird er beim selben Kurs einmal zu hoch und einmal zu tief einschätzen, aber niemals aus objektiven Überlegungen. Oft hängt es davon ab, ob er gut geschlafen hat, ob er unter einem akuten Schmerz oder unter Nervosität leidet – also von Gründen, die nichts mit der Börse zu tun haben. Die meisten Börsianer können deshalb nicht objektiv sein.

Beim Kaufen muß man Phantasie haben, beim Verkaufen weise sein.

Abends muß man die Idee haben, morgens die kritische Haltung und mittags den Entschluß treffen.

Die Börse, daß heißt der Finanzmarkt, ist eigentlich Theater, in dem immer dasselbe Stück gespielt wird, aber immer unter verschiedenen Titeln.

Damit eine Regierung ohne Gewalt regieren und die Finanzen in Ordnung halten kann, muß sie sehr hinterlistig sein.

Die Wirtschaftsexperten sind Gladiatoren, die mit verbundenen Augen kämpfen.

Es nützt nichts, in der Wirtschaft die Wahrheit zu verkündigen oder sogar nützliche Dinge zu empfehlen. Das ist die beste Art, sich Feinde zu machen.

Voltaire sagte: Jede schlechte Sache kann auch gute Folgen haben. Für die Börse ist dies außerordentlich zutreffend.

Für die Kursentwicklung ist es nicht wichtig, was heute geschieht, sondern was sich morgen und übermorgen ereignen wird. Denn was heute geschieht, ist in den Kursen bereits enthalten.

Der Börsianer ist nicht ein Mann der Systeme, sondern der Einfälle.

Ich verachte zwar die Parasiten der Börse, die kleinen Spieler, die jeden Tag kaufen und verkaufen, kaufen und verkaufen, aber ich gebe zu, daß ohne sie die Börse keine Börse wäre und daß ohne die Börse das kapitalistische System nicht existieren könnte. Bestes Beispiel: Die sozialistisch-kommunistische Regierung Frankreichs tat alles, um die Börse in einer optimistischen Stimmung aufrechtzuerhalten.

Mir imponieren nur die Millionäre, die mir auch imponieren würden, wenn sie keinen Knopf in der Tasche hätten.

Die Massenmedien, die zuschauen, wie man das Publikum prellt, sind an dem Schaden mitschuldig.

Die meisten Menschen, die die Eigenschaft besitzen, viel Geld zu machen, haben selten auch die Eigenschaft, es zu genießen.

Haben wir an der Börse vor einem schlechten Ereignis zu

große Angst, sind wir nach seinem Eintreffen schon einige Stunden später erleichtert. Das ist das berühmte Phänomen des *fait accompli.*

An der Börse sagt uns oft das Gefühl, was wir machen, und der Verstand, was wir vermeiden sollen.

Manchmal ist an der Börse ein zweideutiger Rat besser als ein eindeutiger und klarer.

Man versteht wirklich erst nach einer gewissen Zeit, was man gelernt hat (ich denke an meine Seminare).

Die Reaktionen der Spieler werden immer dieselben sein, egal, ob an einer großen oder kleinen Börse; denn die menschlichen Reaktionen der kleinen Sparer und der großen Manager unterscheiden sich kaum.

Beim Kauf soll man romantisch, beim Verkauf realistisch sein (und zwischendurch soll man schlafen).

Optionen kaufen? Genau wie bei einem Wechsel: Unterschreiben Sie, und Sie werden sehen, wie schnell die Zeit vergeht!

An der Börse ist es nicht der neue Besen, sondern der alte, der gut kehrt.

Wer an der Börse das Kleine zuviel ehrt, ist des Großen nicht wert.

Vor dem Boom und nach dem Krach herrscht große Stille. Was sich dazwischen abspielt, ist nur hysterischer Lärm ohne viel Verstand.

Bei jeder guten bürgerlichen französischen Familie hat man den dümmsten Sohn zur Börse geschickt. Bestimmt hatte das seine Gründe.

Die Baissespekulation (Leerverkauf) ist nur für einen intelligenten Börsianer verständlich. Ein Dummkopf wird nicht verstehen, wie man etwas verkaufen kann, was man noch nicht besitzt.

Für einen Börsenprofi wie für einen Finanzpublizisten ist es sehr gefährlich, zu oft recht zu bekommen. Die Kollegen werden neidisch und warten ungeduldig darauf, einen bei einem Fehlschlag zu ertappen.

Ein Börsianer darf, wenn es sich um Börsengerüchte handelt, nicht einmal seinem eigenen Vater trauen!

Jacques Ibert, der große französische Komponist, sagte einmal, Kunst bestehe zu 10 Prozent aus Inspiration und 90 Prozent Transpiration. An der Börse ist die Transpiration natürlich die Erfahrung.

Was an der Börse jeder weiß, macht mich nicht mehr heiß.

Die Inflation ist die Hölle der Gläubiger und das Paradies der Schuldner.

Rothschild sagte einmal: »Wer sich an der Börse nach mir richtet, wird schlechte Erfahrungen machen.«

90 Prozent der Börsenspieler haben keine Ideen, geschweige denn Überlegungen. Sogar Renn- und Totospieler haben Ideen und Motivationen. Die Börsenspieler gehen meist nur blind mit der Masse.

Das große Geld, auch in der Tasche eines Dummkopfes, will zur Geltung kommen und Anerkennung haben. Und die Macht des Geldes ist groß.

Der Präsident einer Wiener Großbank in der großen Inflationszeit sagte: »Wir sind nicht klug, wir sind nicht tüchtig, wir sind nur fein!« Ich glaube, er würde heute nicht sehr weit kommen.

Die sicherste Bremse gegen eine wilde Spekulationswut ist der Verlust.

Der Analytiker denkt, die Börse lenkt.

An der Börse muß man nicht alles wissen, nur alles verstehen. Und auch wenn man alles versteht, muß man nicht alles mitmachen.

Auch der leidenschaftlichste Börsenspekulant darf einmal Pause machen und eine Zeitlang zuschauen.

Ich frage mich oft, ob es nützlicher ist, während der Börsenzeit zu der Börse oder zum Angeln zu gehen. An der Börse kann man zwar Tips erfahren und dann das Gegenteil davon machen, beim Fischen kann man aber eher überlegen, was man nicht machen sollte.

Der Bankier, der mit dem Geld der Kunden spekuliert und Pech hat, wird oft zum Schwindler. Derjenige, der Glück hat, wird zum Genie.

Von vielen Börsianern kann man sagen, daß sie in der Jugend ausgeben, was sie im Alter verdienen.

Mein Herz liegt links, mein Kopf rechts, meine Brieftasche weder rechts noch links, sondern schon längst in Amerika.

Eine kluge Frau sollte einen Baissespekulanten in Reserve haben. Dann ist ihr Wohlergehen für alle Zeiten gesichert.

An der Börse ist eine halbe Wahrheit eine ganze Lüge.

Man sollte wissen, daß hinter den Fassaden großer Finanzinstitute keine Musterknaben sitzen.

Der Teufel hat die Börse erfunden, um die Menschen dafür zu bestrafen, daß sie glauben, wie Gott aus dem Nichts etwas schöpfen zu können.

Die einzige Fabrik, die Washington Tag und Nacht arbeiten läßt, ist die Geldfabrik, das heißt die staatliche Notenpresse.

Die Börse diskontiert nicht nur die Ereignisse des nächsten Jahres, sondern das, was das Publikum dann für das darauffolgende Jahr erwartet. Also eine Vorwegnahme der Vorwegnahme.

Oft gehen die Kurse zurück, und doch kann man sagen, daß der Markt fest ist, und auch umgekehrt: Die Kurse steigen, trotzdem muß man feststellen, daß die technische Verfassung des Marktes schwach ist.

Betriebswirte, Wirtschaftsingenieure, Volkswirte und andere Experten sollten der Börse fernbleiben. Sie ist für die eine gefährliche Falle, die sich ihr mit wissenschaftlichen Methoden annähern wollen. Ich kann für sie nur Dante zitieren: »Laßt jede Hoffnung hinter Euch, Ihr, die hier eintretet.«

Wenn's um Geld geht, gibt es nur ein Schlagwort: »Mehr!«

Man darf sich in eine Aktie nie verlieben und muß sich von ihr leicht trennen können, wenn SOS gerufen wird!

Einer Straßenbahn und einer Aktie darf man nie nachlaufen. Nur Geduld: Die nächste kommt mit Sicherheit.

Die beiden schwersten Sachen an der Börse sind, einen Verlust hinzunehmen und einen kleinen Profit nicht zu realisieren. Am schwersten aber ist es, eine selbständige Meinung zu haben, das Gegenteil von dem zu machen, was die Mehrheit tut.

Wenn irgendein Ereignis auf dem Markt eine psychologische Wirkung haben sollte, muß sie sofort kommen, denn am nächsten Tag ist das Ereignis vergessen.

Je mehr eine Regierung eine eventuelle Maßnahme dementiert, um so sicherer wird sie später beschlossen.

In den Augen der alten Millionäre sind die neuen Erfolgsmänner immer Emporkömmlinge. Sie können es nicht verstehen, daß im Laufe der Zeit auch neue Vermögen entstehen können, und vermuten oft hinter dem Erfolg etwas Verdächtiges und Anrüchiges.

Nicht das Geld stinkt bei den Börsianern, sondern nur das verlorene Geld!

Wenn die Börsenspekulation so leicht wäre, gäbe es keine Bergarbeiter, Holzfäller und andere Schwerarbeiter. Jeder wäre Spekulant.

Wirklich souverän ist der, der eine Einladung ohne Begründung absagen kann.

Die Greuelnachrichten aus Wirtschaft und Finanzen der letzten Zeit konnten nur die erfinden, die auf diesen Gebieten keine Erfahrung haben.

Der Tag, an dem der sonst hartnäckige Optimist zum Pessimisten wird, ist höchstwahrscheinlich der Wendepunkt in der Kurstendenz. Und natürlich auch umgekehrt. Wenn der eingefleischte Pessimist zum Optimisten wird, muß man so schnell wie möglich aus der Börse aussteigen.

Die nervösen Spekulanten sind am nervösesten, wenn sie keine Papiere haben und die Börse anfängt zu steigen.

Um beim Establishment Erfolg zu haben, muß man sich sehr naiv zeigen, aber sehr nüchtern denken.

Wenn man an der Börse Geld macht mit den Ratschlägen eines Profis, ist es ein Erfolg; ohne die Ratschläge ist es großer Erfolg, und wenn man justament gegen die Ratschläge der Experten Geld macht, so ist es ein Riesenerfolg.

Ich saß einmal bei einem Vortrag eines berühmten Börsengurus (ich ziehe vor, den Namen nicht zu nennen). Ich konnte seine albernen Erörterungen nicht weiter anhören und stand auf. Mein Nachbar fragte mich: »Sie wollen uns schon verlassen?« – »Verlassen?« antwortete ich. »Nein, ich gehe.«

Nicht Kapital, Taschengeld muß man haben. Manche ziehen sogar Taschengeld dem Vermögen vor.

Wenn die Investmentfonds ganz große Geldeinnahmen haben, ist das ein Zeichen, daß die dritte Phase einer Aufwärtsbewegung nahe am Ende ist.

Kostolanys Test

Mit dem folgenden Test können Sie feststellen, ob Sie Ihr Geld lieber in festverzinslichen Papieren anlegen sollten oder ob Sie sich zum Spekulanten eignen. Beantworten Sie die folgenden Fragen spontan und zählen Sie zusammen, wieviel a- beziehungsweise b-Antworten Sie gesammelt haben. Die Auswertung folgt unten.

Kostolanys Fragen

1. Planen Sie Ihre großen Ferien
   a) schon Monate im voraus oder
   b) erst kurz davor?
2. Die Ampel ist rot, aber es kommt kein Auto.
   a) Warten Sie auf Grün, oder
   b) gehen Sie bei Rot?
3. Sind Sie
   a) eher morgens oder
   b) meist abends guter Stimmung?
4. Auf Ihrem Teller liegt ein besonderer Leckerbissen.
   a) Lassen Sie ihn bis zum Schluß, oder
   b) fangen Sie damit an?
5. Wählen Sie Bilder hauptsächlich
   a) nach ihrem Anlagewert oder
   b) nach Ihrem Geschmack aus?
6. Sie besuchen ein fremdes Land zum ersten Mal. Gehen Sie
   a) in ein von Kennern empfohlenes deutsches Restaurant oder
   b) in ein unbekanntes einheimisches?
7. Bringen Sie Ihrer Frau aus Paris
   a) das bestellte Lieblingsparfüm oder
   b) eine neue Marke mit, die gerade »in« ist und die Sie mögen?
8. Wenn Sie im Flugzeug einen Platz suchen – achten Sie dann
   a) auf Sicherheit und Bequemlichkeit oder
   b) auf die Nachbar(inne)n?
9. Was spielen Sie beim Roulette (oder was würden Sie spielen, wenn man Sie verführte) –
   a) gleiche Chancen oder
   b) eine Zahl?

10. Worauf achten Sie bei der Wohnungsuche mehr,
a) auf den Schnitt der Wohnung oder
b) auf die Umgebung?

11. Auf dem Wege zum Krimifilm erfahren Sie, wer der Mörder ist.
a) Gehen Sie trotzdem noch in den Film, oder
b) lassen Sie es bleiben?

12. Ihre Firma wechselt das Domizil. Sie sollen in eine andere Stadt mitziehen.
a) Stört es Sie grundsätzlich, oder
b) erwarten Sie frohgemut den Umzug?

13. Möchten Sie, daß Ihre Frau
a) als Hausfrau zu Hause bleibt oder
b) daß sie arbeitet?

14. Welche Konstellation ist nach Ihrer Meinung für das Familienleben besser:
a) Der Mann achtet aufs Budget, die Frau ist etwas großzügiger, oder
b) der Mann hat im Geldausgeben die leichtere Hand, während die Frau auf Sparsamkeit achtet?

Auswertung:
14 a-Punkte: Sicherheit geht Ihnen über alles. In der Ungewißheit sehen Sie weniger den Reiz des Neuen als das Beunruhigende. Wenn Sie Geld verdienen, so ist Ihre größte Sorge, es zusammenzuhalten. Ihre Anlagestrategie sollte also genau vorhersehbare Resultate bringen: Halten Sie Ihren Notgroschen auf dem Bankkonto, erkundigen Sie sich bei Ihrer Bank über Anlagemöglichkeiten in Festgeldern und lassen Sie sich die Kurzläufer unter den Rentenpapieren empfehlen.
6–10 a-Punkte: Sie sind Abenteuern nicht abgeneigt, doch brauchen Sie dabei ein Grundpolster an Sicherheit. Ich möchte Sie als »Sparer mit kalkuliertem Risiko« charakteri-

sieren (wobei Ihre Risikobereitschaft mit dem Annähern an die 10-Punkte-Marke wächst). Für Sie gibt es die mittelfristigen Anleihen mit hohen Zinsen, die ertragreicheren Rentenpapiere und die »Blue Chips« unter den Aktien, die Sie aber sehr breit (aus vielen Ländern) gestreut kaufen sollten.

14 b-Punkte: Sie sind der typische Spekulant. Sie müssen mit Ihren Mitteln beweglich sein, das heißt: Für Sie gibt es keine Anlage auf längere Termine. Sie müssen die Börse und alles, was in der Welt passiert, ständig verfolgen und sofort reagieren; manchmal halten Sie sehr viele Papiere, zu anderen Zeiten wieder gar keine, dafür warten Sie auf den richtigen Zeitpunkt. Sie sind kein Anleger – sondern eben ein Spekulant. Falls Sie das nicht durchhalten können (weil Sie möglicherweise dazu keine Zeit haben), tragen Sie Ihr Vermögen lieber auf Ihr Sparkonto.

Kostolanys Kommentar

1) Die Improvisationskunst ist eine der wichtigsten Eigenschaften des Spekulanten.

2) Wer sich bereits vor jedem Risiko fürchtet, soll die Börse und alle Aktien meiden.

3) Der Morgenmensch, der gleich voll aufdreht und bis zum späten Nachmittag sein Fitneßpotential aufgebraucht hat, rechnet mit einem Routinetag ohne größere Überraschungen, wie er es auch von seinem Sparkonto erwartet.

4) Genießen Sie, solange Sie hungrig sind; wer sparsam seinen Leckerbissen aufhebt, der will auch das Sicherheitsgefühl haben, daß er die Früchte seines Kapitals – die Zinsen – am Ende auf jeden Fall erhält.

5) Der Romantiker kauft sündhaft teure Bilder nur zu seinem Vergnügen – er darf spekulieren.

6) Im exotischen Restaurant wartet die Überraschung, die den Spekulanten freut – auch wenn sie unangenehm sein kann.

7) Wenn Sie nicht mal wagen, Ihrer Frau ein neues Parfüm mitzubringen – was wollen Sie dann an der Börse, wo es um Ihr Geld geht?
8) Der Spekulantentyp übersieht kleinere Risiken oder Unbequemlichkeiten in der Hoffnung auf eine neue, interessante Bekanntschaft.
9) Wer schon am Roulettetisch steht und nicht einmal zwei oder fünf Mark verspielen mag, der soll nur fleißig weitersparen.
10) Der Spekulant achtet weniger auf das Naheliegende, Praktische; er möchte eine schöne Aussicht haben.
11) Ein Krimi ohne Spannung interessiert den Spekulanten nicht mehr. Der Sparer weiß hingegen stets genau, was ihn erwartet: Zinsen. Ihn stört es nicht, wenn er die Zukunft vorher kennt.
12) Spekulanten lassen sich so leicht nicht beunruhigen. Veränderungen sind sie ja gewohnt.
13) Wer nicht mag, daß seine Frau aushäusig ist, dem geht die Bequemlichkeit über alles; die Börse aber ist unbequem.
14) Natürlich weiß der Spekulant, daß man vernünftigerweise sparsam wirtschaften muß – aber er überläßt es gerne anderen.

Nachwort

Nun hoffe ich, lieber Leser, Sie auf die richtigen Gleise gesetzt zu haben, damit Sie die Anatomie der Börse besser verstehen.

Ich habe Ihnen meine Prinzipien vermittelt. Jetzt ist es an Ihnen, zu überlegen, wie Sie sich verhalten sollen. Nichts ist wichtiger und nützlicher im Leben und an der Börse, als den anderen zum Nachdenken zu veranlassen. Ich weiß, daß die Versuchung groß ist, eher der Meinung von Maklern, Bankern, von Gurus und Medien zu folgen, als sich selbst den Kopf zu zerbrechen. Aber probieren Sie einmal das souveräne Denken, und Sie werden daran ein wahrhaftes Vergnügen haben, wie auch der Kartenspieler daran seine Freude hat, wenn er sich entscheiden muß, ob er besser den Pikbuben oder die Herzdame ausspielen soll. Der Alte Fritz schrieb einmal: »Kenntnisse kann jeder haben, aber die Kunst zu denken ist ein seltenes Geschenk der Natur.«

Die Börse ist kein Roulette, obwohl Millionen von Menschen daraus ein Spielkasino gemacht haben. Sie ist kein Monte Carlo ohne Musik, wie viele behaupten. Die Börse hat ihre eigene Musik, man muß nur die Antenne haben, um sie zu empfangen. Es gibt auch kein größeres Vergnügen, als bei einer Spekulation recht zu bekommen, besonders, wenn es entgegen einer allgemein vorherrschenden Meinung geschieht. Oft bereitet dies sogar mehr Freude, als den Gewinn zu kassieren.

Die Börsenspekulation ist eine sehr schwierige Kartenpartie mit gefährlichen Gegnern und gezinkten Karten, bei der man die Regeln kennen muß. Sie ist keine mathematische Operation, denn die Welt ist voller Überraschungen und Unwägbarkeiten. Auch wenn alles stimmt, kommt der Erfolg nicht unmittelbar. Schon vor 40 Jahren prägte ich die Gleichung, daß an der Börse zwei mal zwei nicht vier, sondern fünf minus eins ist. Zuerst kommt es immer anders und später erst, wie man es erwartet hat. Zum Schluß siegt die Logik, man muß nur das »minus eins« abwarten können. Und das ist schwierig, denn nur 10 Prozent der Spekulanten können dieses fatale »minus eins« überleben. Es fehlt ihnen entweder an Geduld, Geld oder an Überzeugung. Deswegen wiederhole ich immer wieder, daß das an dieser bösen Börse gemachte (nicht: verdiente) Geld »Schmerzensgeld« ist. Zuerst kommen die Schmerzen, dann das Geld.

Viele fragen mich, wie ich es schaffe, mit über 80 noch so aktiv zu sein. Die beste Medizin ist, wie allgemein bekannt, geistige Gymnastik. Als Börsianer muß ich ja ständig denken, überlegen – wenn es sein muß, sogar mit mir selbst debattieren –, und jeden Tag lerne ich etwas dazu.

Ich muß mir auch darüber Gedanken machen, wie die Börsenlandschaft in zehn Jahren aussehen wird, denn für mich als Börsianer fängt das Leben erst mit 80 an.

Kostolanys Börsenpsychologie

Vorwort

Der Titel der ersten Kolumne aus Kostolanys Feder, die mir 1965 in die Hände fiel, hieß: »Bekenntnisse eines Spekulanten«.

In einem seiner Bücher bekennt er:
»Finanzminister sein: kann ich nicht,
Bankier sein: will ich nicht.
Spekulant und Börsianer: Das bin ich.«

Seit 70 Jahren hat er sich mit dieser geheimnisvollen, kapriziösen Börse beschäftigt, in der sich volkswirtschaftliche Fakten mit phantasievollen Geschichten und oft gezielt ausgestreuten Gerüchten, Halbwahrheiten und Tips vermischen, die – getrieben von Angst und Gier – oft zu scheinbar völlig unlogischen, irrationalen Kursbewegungen führen.

Sie ist für ihn nicht nur Tätigkeitsgebiet, sondern heute mehr denn je Studienobjekt. Nach dem Ersten Weltkrieg von seiner Heimatstadt Budapest nach Paris ausgewandert, begann für Kostolany eine Karriere, die mehr war als nur ein Beruf, sondern eigene Lebensgeschichte. Er nennt die Börse einen Dschungel, und das Lehrgeld, das er bezahlt habe, mache ein Mehrfaches von dem aus, was ein Harvard-Studium koste – und sei auch ein Mehrfaches wert.

Er kam von der Praxis zur Theorie und sammelte seine Erfahrungen mit eigenem Geld, im Gegensatz zu den meisten anderen, die von der Theorie zur Praxis gehen und ihre Erfahrungen mit fremdem Geld sammeln. Eine seiner ersten Erfahrungen war die, daß an der Börse alles möglich sei – sogar das, was logisch ist.

Für Kostolany genügt es nicht, an der Börse alle Daten zu kennen. Motor der Spekulation und Voraussetzung für den Erfolg bleibt die Phantasie. Daher verachtet er die Systemspekulanten und Börsencomputer, denn ihnen fehlt die Phantasie. Das Menschliche – oft Allzumenschliche – ist es, das Börsenbewegungen antreibt und vor allem übertreibt. Das ist der Hauptgegenstand dieses Buchs.

Gerade uns Deutschen hält er vor, wir seien der Tücke des Geldes nicht gewachsen. Das deutsche Volk der Romantiker, Philosophen und Musiker sei in Geldangelegenheiten unromantisch und verliere jeden Hang zur Philosophie und besonders zur Phantasie. Da könnte etwas Wahres daran sein. Als ich Kostolany 1969 zum ersten Mal in München traf, sprach ich ihn auf seine Äußerung an, uns Deutschen fehle 30 Jahre Investmenterfahrung, sonst wären wir zum Beispiel nicht auf den IOS-Rummel, vor dem er als einer der wenigen gewarnt hatte, hereingefallen. Ich stellte ihm die Frage, ob er bereit wäre, seine Börsenerfahrung in eine gemeinsame Aktivität einzubringen und so das Börsendefizit der Deutschen etwas abbauen zu helfen. So begann damals unser »Joint-venture« – Vermögensberatung und Börsenseminare –, das bis heute andauert.

Entgegen unserer ursprünglichen Erwartung erfreuten sich die Börsenseminare wachsenden Zustroms, besonders auch junger Leute. Der Lehrstoff ist in dem 1986 erschienenen Buch »Kostolanys Börsenseminar für Kapitalanleger und Spekulanten« enthalten. Das Buch wurde ein Bestseller. Viele, die es gelesen und die Ratschläge befolgt haben, konnten inzwischen schöne Börsengewinne machen und sich besser vor Verlusten schützen.

Auch das jetzige Buch ist Pflichtlektüre für erfolgreiche Börsianer und Kapitalanleger. Es lüftet Börsengeheimnisse, und es erzieht zu selbständigem, unabhängigem Denken und Handeln. Es ist kein Lehrbuch, mehr eine Erzählung von einem, der von sich sagt: »Ich lehre nicht, ich erzähle.«

Als geistig, beruflich und materiell Unabhängiger kann er die Rolle leben, die ihm auf den Leib geschrieben ist: als Antikonformist, couragiert, engagiert und manchmal enragiert für einen sauberen Kapitalismus zu kämpfen und mit seiner unnachahmlichen Chuzpe jeden einen Spitzbuben oder Schlimmeres zu nennen, den er dafür hält. Er nimmt auch Banken davon nicht aus, ja, es bereitet ihm diebische Freude, ihre Fehltritte justament vor ihren eigenen Kunden zu kritisieren.

Ich wünsche den Lesern dieses Buches geistiges Vergnügen und materiellen Erfolg und dem Autor, meinem väterlichen Freund und Partner Kostolany, daß er noch lange mit Charme, Esprit, Lebensfreude und unbändigem Optimismus seinen Lesern und Schülern den Weg zum Börsenerfolg weisen kann.

Gottfried Heller
(langjähriger Partner
von André Kostolany)

ANTRITTSVORLESUNG:

Neulich traf ich mich

Während einer internationalen Banking Conference in München konnte ich eines Abends in der berühmten Halle des Bayerischen Hofes, dem Treffpunkt der großen Welt, eine Versammlung der US-Hochfinanz beobachten. Da sah ich viele berühmte und bedeutende Wirtschafts- und Finanzpolitiker. Und in einem Winkel, etwas versteckt, aber ganz offenbar mit gespitzten Ohren, saß ein junger Mann von etwa zwanzig Jahren. Ich kenne ihn. Sein Name ist André Kostolany. Er nennt sich Spekulant, weil er nichts anderes im Leben tut, als Ereignisse analysieren, um danach an den verschiedenen Börsen zu operieren. Als ich ihn ansprach, erwiderte er unfreundlich: Ja, ich hab' dich auch erkannt. Du bist doch mein »Altes Ego«. Du fragst mich, was ich hier tue? Siehst du denn nicht, wer alles hier herumsitzt? Wenn ich nur ein Wort, eine Information erlausche, kann ich mir ein Vermögen daraus machen.

Ich: Mein Gott, bist du schlecht informiert, daß du Informationen so wichtig nimmst. Kennst du nicht meine Devise: »informiert = ruiniert«?

Er: Willst du denn behaupten, daß diese Herren nichts wissen?

Ich: Sie wissen das Wichtigste nicht. Sie kennen zwar alle Ziffern, aber sie können nicht einmal feststellen, ob die USA sich heute in einer Rezession befinden oder nicht. Der eine will die Geldmenge erhöhen, der andere vermindern. Einer ist für Steuererhöhung, der andere schwört auf ein Budgetdefizit. Einer sieht die größte Gefahr im Zahlungsbilanzdefizit, ein anderer pfeift darauf. Wenn sie nicht die gegenwärtige Situation richtig einschätzen können, wie wollen sie dann die Zukunft voraussehen?

Er: Ich sagte ja, du bist alt geworden. Weißt du denn nicht, daß man heute Computer und Analysen verwendet?

Ich: Ihr glaubt, das alles wäre exakte Wissenschaft. Es war ein Irrtum, diese Konferenz in der Akademie der Wissenschaften abzuhalten. Denn weder Volkswirtschaft noch Finanzlehre ist eine Wissenschaft. Sie sind eine Kunst. In der Münchner Pinakothek wäre die Konferenz eher zu Hause gewesen.

Er: Warum bist du ein solcher Pessimist?

Ich: Ich bin es durchaus nicht. Doch mit 70 Jahren Erfahrung bin ich kritisch geworden. Während meiner Laufbahn habe ich sehr oft Geld gerade damit verdient, daß ich das Gegenteil von dem gemacht habe, was als heißer Tip galt. Und die verantwortlichen Großen sagen auch fast immer das Gegenteil von dem, was sie planen. Hatte nicht Sir Stafford Cripps, britischer Finanzminister, vor dem Parlament einst erklärt, daß eine Pfundabwertung ausgeschlossen sei? Vierzehn Tage später wertete derselbe Finanzminister ab – ohne selber abzudanken – und ist doch ein perfekter englischer Gentleman geblieben. Auch in Deutschland herrscht in Währungsfragen die größte Verwirrung. Jeder sagt etwas anderes, und die Bundesbank scheint den Börsen-Spielern vorläufig nicht gewachsen zu sein. Hätte sie erfahrene Spekulanten als Berater, würde sie mit den DM-Manipulanten Katz und Maus spielen können. Werden nicht aus Ganoven die besten Gendarmen?

Er: Man soll also überhaupt nichts wissen!

Ich: Das habe ich durchaus nicht gemeint. Im Gegenteil. Man muß sehr viel wissen, aber nicht die Ziffern, die in allen Büchern und Computern zu finden sind. Man muß die Zusammenhänge verstehen und die Nachrichten interpretieren können. Man muß Inspiration haben, Erfahrung und wieder Erfahrung, gemischt mit vielen Watschen, und meine Bücher sorgfältig studiert haben. Und dann kann man ...

Er: Verstanden. Dann kann ich vielleicht in 60 Jahren so schlau sein wie du.

Erste Vorlesung:

Die Börse besteht zu 90 Prozent aus Psychologie

Mein Vetter George Katona, er lebte in den Vereinigten Staaten, hatte aber auch in Deutschland studiert, war Professor der ökonomischen Wissenschaften und hatte sich auf das Fachgebiet Wirtschaftspsychologie spezialisiert. Seine Fachbücher (u. a. »Der Massenkonsum«, »Psychological Economics«, »Das Verhalten der Verbraucher und Unternehmer«) dienen bis heute als Standardwerke für diese immer noch etwas vernachlässigte Forschungsrichtung.

Nach dem Erscheinen meines Buches »Si la bourse m'était contée« (in der deutschen Übersetzung lautete der Titel »Das ist die Börse«) vor bald dreißig Jahren bekam ich einen Brief von ihm: Er habe mein Buch mit Vergnügen und Zustimmung gelesen. Aber in einem Punkt stimme er mit mir nicht überein, nämlich daß, wie ich geschrieben hatte, die psychologischen Reaktionen des Börsenpublikums oder des einzelnen Anlegers nicht abzuschätzen und zu kalkulieren seien. »Sie sind meß- und abschätzbar«, fügte er hinzu, »und ich werde es Dir im Sommer erklären, wenn ich nach Paris komme.« Leider starb er kurz darauf und blieb mir so seine Erklärung schuldig.

Ich habe dann später viel darüber nachgedacht, welche Gründe ihn zu der Auffassung bewogen haben mochten, die Psychologie des Publikums sei berechenbar. Nach langem Überlegen über diese für jeden Spekulanten eminent wichtige Frage bin ich dann zu der Ansicht gelangt, daß die tieferen psychologischen Motivationen des einzelnen und der Masse sowie ihre Reaktionen in einer bestimmten Situation sich tatsächlich der Vorhersage entziehen. Doch die Intensität der Summe von Einzelentscheidungen, also die Heftigkeit der massenpsychologischen Reaktion wie auch den ungefähren Zeitpunkt kann man als erfahrener Börsianer tatsächlich manchmal – nein, nicht »voraussehen«, sondern – *ahnen* oder *erraten.*

Ich behaupte, daß die Rolle der Psychologie im Börsengeschehen gar nicht überschätzt werden kann: Kurz- und mittelfristig macht sie 90 Prozent aus! Börsenpsychologie ist eine »Wissenschaft«, die mit sehr viel Fingerspitzengefühl betrieben werden muß, sie ist fast eine Kunst. Die am häufigsten gebrauchten Wörter an der Börse sind: vielleicht, hoffentlich, möglich, es könnte, nichtsdestoweniger, obwohl, zwar, ich glaube, ich meine, aber, wahrscheinlich, das scheint mir ... Alles, was man glaubt und sagt, ist bedingt und kann auch ganz anders gesehen werden.

Die schwächste Aktie an allen Börsen der Welt ist heute die Aktie der »Logik-AG«, denn ihre Kurse folgen dem Trend überhaupt nicht. Sie wackeln hin und her und spiegeln nur die Reaktionen von 100 000 hysterischen Börsenprofis und Halbprofis wider, deren Meinung sich oft von Minute zu Minute ändert.

Gern wird behauptet, die Börse sei heute völlig undurchsichtig. Wäre sie durchsichtig, wäre sie keine Börse. Die Börsenspieler fischen im trüben Wasser, das sie selber mit ihrem vielen leeren Geschwätz noch trüber machen. Die Medien verbreiten solche *»Börsenweisheit«* weiter. Und so herrscht in den Berichten und Kommentaren *totale Konfusion.* Meist verändern sich erst die Kurse, und die rasch erfundenen Begründungen werden nachgeliefert.

Heute sagt man: Die Kurse fallen aufgrund der rückläufigen Arbeitslosigkeit, deren inflatorische Wirkungen zu höheren Zinsen führen. Ein paar Tage später hingegen ängstigt man sich vor einer steigenden Arbeitslosigkeit als Zeichen einer schwächeren Wirtschaft. Mal wird das tiefere Handelsbilanzdefizit als günstig interpretiert, mal wird es negativ aufgenommen, weil ein zu großer Export inflatorisch wirkt. Einen Tag hält man einen festen Dollar für gut, weil nun die FED die Zinsen nicht erhöhen müsse, was zufälligerweise auch logisch ist. Zwei Tage später bezeichnet man den Dollar als negativen Faktor und so weiter, und so weiter. Sind die Profis schlecht gelaunt, nützt alles nichts.

Ich muß zugeben, oft kann auch ich nicht erraten, ob die Reaktion des Publikums auf ein bestimmtes Ereignis, eine Finanzinformation, auch nur ein Gerücht positiv oder negativ ausfallen wird. Allein deswegen, weil die Anleger in der Regel selbst nicht wissen, wie sich eine bestimmte Nachricht auf das wirtschaftliche Geschehen auswirken wird, ob sie nun gut oder schlecht für ihr Engagement oder die Börse allgemein zu bewerten ist. Die Börse benimmt sich oft wie ein Alkoholiker; auf gute Nachrichten weint sie, auf schlechte lacht sie. Zur Illustration möchte ich ein Beispiel aus der Devisenspekulation anführen.

In den siebziger Jahren, als der Dollar unter Amerikas seelischen Komplexen leiden mußte, wurde das Öl-Syndikat der arabischen Länder gegründet, das in der Folge die Ölpreise stetig erhöhte. Bei jeder Preiserhöhung schrien die Dollarspekulanten auf: Höhere Ölpreise wirkten inflatorisch, und das sei äußerst schlecht für den Dollar. Also spielten sie *à la baisse,* und der Dollar fiel beständig.

Schon damals schrieb ich in meinen *Capital*-Kolumnen, wie unsinnig diese Reaktion gewesen sei. Wird der Ölpreis erhöht, so bedeutet das für die großen Industrieländer wie Japan, Frankreich oder die Bundesrepublik, daß ihr Dollarbedarf wegen der höheren Ölrechnungen wächst. Die Nachfrage nach Dollar vergrößerte sich also, und das wäre eher ein Hausse-Motiv gewesen. Statt dessen spielten die Spekulanten den Dollar immer weiter herunter.

Einige Jahre später, in den Achtzigern, als sich die amerikanische Währung auf erneuter Talfahrt befand, erklärte man dann diese Entwicklung – völlig entgegengesetzt – damit, daß sich der Ölverbrauch zum einen weltweit verringert habe und zum anderen der Preis gefallen sei. Diesmal traf die Schlußfolgerung immerhin zu: Die Industrieländer benötigten weniger Dollar, und somit ging die Nachfrage nach dieser Währung zurück.

In den siebziger Jahren, als der Begriff »Ölschock« geprägt wurde, hörte man auch andere Einschätzungen: Wenn der Ölpreis steige, so bedeute das, daß die arabischen Länder größere Dollarbeträge zu ihrer Disposition hätten, mit denen sie wiederum Waren aus den Industriestaaten des Westens erwerben könnten. Das sei gut für die Konjunktur. Wieder andere Stimmen wurden laut, die besagten, die enorm erhöhten Ausgaben der Verbraucher für Benzin und Heizkosten schränkten die Mittel für andere Konsumausgaben erheblich ein und bedeuteten damit eine ernste Gefährdung der wirtschaftlichen Entwicklung.

Kurz und gut: Die Erklärungen folgen immer im nachhinein. Die Börsen- oder Devisenkurse machen eine Bewegung herauf oder herunter, und nachher erklären die unzähligen Spieler, Spekulanten, Anlageberater und Analysten ganz genau – oft mit völlig gegensätzlichen Argumenten –, warum es einfach so kommen mußte. Die Kurse machen erst die Nachrichten – die dann weiterberichtet werden – und nicht die Nachrichten die Kurse!

Oft sind die Nachrichten aus der »Außenwelt« – wie immer sie auch interpretiert werden mögen – auch überhaupt nicht ausschlaggebend für die Kursentwicklung. Die Anleger sind oft pessimistisch, ohne einen wirklichen sachlichen Grund dafür zu haben. Ihnen geht es wie meinem alten Freund Grün, Wiener Flüchtling in New York, dem sein Kollege die Frage stellte: »Sag, bist du happy in Amerika?«

»Happy schon«, war die melancholische Antwort, »aber glücklich bin ich nicht.« Die Ursache für diesen Pessimismus ist im Charakter vieler Börsenteilnehmer angelegt, denn sie sind Spieler, die nicht viel nachdenken und wenig über äußere Ereignisse reflektieren, sondern die etwas kaufen oder verkaufen wollen, um schnell einen guten Schnitt zu machen und im Spiel zu bleiben: Menschen, bei denen die Leidenschaft durchgeht.

Je mehr diese Spieler ins Börsengeschehen eingreifen, um so instabiler wird das Börsenklima. Dann stehen subjektive Faktoren im Vordergrund, die Frage etwa, wie engagiert die Spieler sind, ob sie ihr ganzes Geld in Wertpapieren investiert haben oder sogar noch mehr, als sie hatten. Wenn bestimmte Ereignisse auf eine von Spielern dominierte Börse treffen, etwa bestimmte politische Geschehnisse, dann werden diese eine ganz andere Wirkung entfalten können, als wenn die Portfolios des Publikums leer wären.

Sehr häufig ist es der Fall, daß die Börsenkurse steigen und zugleich sehr große Umsätze gemacht werden. Die Analysten sagen in solchen Situationen, die Börse sei stabil, weil die hohen Umsätze davon Zeugnis ablegten, daß das Publikum sich für die Börse interessiere. Das ist meines Erachtens grundfalsch. Je höher die Umsätze an der Börse sind, bei steigenden Kursen, desto mehr Papiere wechseln von den »starken« in die »schwachen« Hände, das heißt von psychologisch festen zu psychologisch schwankenden Börsenteilnehmern. Befinden sich aber alle Papiere in den schwachen Händen, dann steht der Krach todsicher vor der Tür.

Die Intensität der psychologischen Reaktion des Publikums hängt meiner Überzeugung nach ausschließlich von dieser »technischen Verfassung« des Marktes ab – doch damit greife ich schon meiner ersten Lektion in »Börsenpsychologie« vor.

Mancher mag es vielleicht als Anmaßung empfinden, daß ich hier als »Börsen- und Wirtschaftspsychologe« auftrete, wo ich doch weder Volkswirtschaft noch Psychologie studiert habe. Letzteres gebe ich gerne zu, aber um so mehr habe ich im Dschungel eines langen Börsenlebens gelernt, wo ich viel mehr Lehrgeld zahlen mußte. Ein Glück! So bin ich stets bei objektiven Analysen vollkommen unvoreingenommen geblieben.

Aber, und darauf lege ich Wert: Überlegung, Logik, Präzision gehören durchaus zu meinem Handwerk. Ich mag keine Irrtümer in meinem Gedankengang, wenn ich eine Spekulation plane, wie auch keine falschen Noten in der Musik.

Nicht jeder schätzt die Arbeit des Nachdenkens so wie ich. Als ich kürzlich in Darmstadt an der Technischen Hochschule einen Vortrag vor eintausend Studenten hielt, stellte gegen Ende der anschließenden Diskussion einer von ihnen folgende interessante und geistreiche Frage: »Lohnt es sich denn überhaupt, zur Börse zu gehen, wenn man soviel denken und überlegen muß?« Er hatte wohl gemeint, man brauche nur regelmäßig Börsenbriefe zu lesen, um ein erfolgreicher Spekulant zu werden.

Professoren schmunzeln oft über meine Äußerungen und Thesen, hören mir aber dennoch aufmerksam zu, ganz zu schweigen von den Tausenden Interessenten, die meine Seminare besuchten, oder eben von den Studenten, für die ich an zahlreichen Hochschulen Vorträge hielt. Die Professoren halten mich wohl für einen ungeschulten Scharlatan. Welche Rolle spielt das in meinem Alter für mich? Dann bin ich eben ein alter Scharlatan. Denn lieber bin ich ein ungeschulter Spekulant, der seinen Buckel seit über 70 Jahren in 70 Börsen herumführte, als ein geschulter Wirtschaftsprofessor, der noch nie 24 Stunden auf dem Börsenparkett verbrachte.

Ich habe jetzt sogar einen Wirtschaftswissenschaftler der

Universität Konstanz, der mich vor seinen Studenten als Scharlatan bezeichnet hatte, zum Duell gefordert: Wir beide stellen uns einer Fachdebatte vor Publikum. Dann würden wir ja sehen, wer mehr von Wirtschaft und Finanzen verstehe. Aber bisher hat er auf meine Herausforderung nicht reagiert.

Daher lege ich nun meinen Lesern meine gesammelten Erfahrungen und Schlußfolgerungen zur Psychologie der Menschen und Massen vor – als eine Art Kolleg am Kaffeehaustisch, nicht mit übertriebener akademischer Strenge, dafür hoffentlich immer kurzweilig vorgetragen. Auch die Geschichten aus meinem Leben, meine Erinnerungen an Spekulanten, Spieler und andere Schlawiner, haben immer mit der Börse zu tun (sie ist mein Leben!) und gehören zur Summe der Lebenserfahrung, die es mir ermöglicht hat, das große ›Psychospiel‹ Börse zu durchschauen und – zumindest in 51 von 100 Fällen, wie ich gerne sage – erfolgreich durchzustehen.

Zweite Vorlesung:

Von der Faszination des Geldes

»Geld ist nicht alles, aber viel Geld ist schon etwas«, sagte George Bernard Shaw einmal treffend. Immer wieder haben die Philosophen die Frage leidenschaftlich erörtert: Ist der Drang nach Geld moralisch gerechtfertigt oder nicht? Ein objektives Urteil ist unmöglich. Aber eines ist sicher: Die Faszination des Geldes und der Drang danach ist der Motor für den wirtschaftlichen Fortschritt.

Eine präzise Analyse der Faszination des Geldes ist schwer. Sie hängt immer vom Charakter des Faszinierten ab: Warum er fasziniert ist und ab welcher Summe.

»Er ist ein schwerer Millionär«, sagten einst die Wiener, »er hat sicherlich 100 000 Gulden.« Das war zu dieser Zeit nicht einmal paradox, denn das Wort Millionär bedeutete nicht unbedingt, daß der Genannte tatsächlich eine Million besaß. »Millionär« stand – und steht wohl immer noch – für den reichen Mann, dem der geziemende Respekt gebührt, so wie es auch »ein Rothschild« oder »ein Krösus« heißt.

Ich habe Freunde, die sich, wenn sie hundert Mark in der Tasche haben, als Millionäre fühlen, und auch solche, die wie bei Meerwasser »immer durstiger werden, je mehr sie davon trinken« (Schopenhauer). Viele sind ganz besonders von dem Geld der anderen fasziniert und zerbrechen sich den Kopf darüber, wieviel Geld der eine oder der andere besitzt. Sie seufzen immer, wenn sie über einen prominenten Reichen hören: Wieviel Geld er wohl haben mag?! Ihre Gedanken über Menschen und Objekte kreisen immer um ihren Wert.

Eines Tages bekam ich einen Anruf von einer Finanzjournalistin, die eine Umfrage veranstaltete. Ihre Frage: »Herr Kostolany, Sie sind doch Börsenprofi mit großer Erfahrung. Wie erklärt es sich, daß Sie kein Millionär sind?« Ich war etwas konsterniert und gab zurück: »Erstens ist Ihre Frage reichlich indiskret. Zweitens: Woher wissen Sie, daß ich kein Millionär bin? Muß ich Ihnen mein Bankkonto offenlegen? Aber keine Sorge, ich werde Sie nicht anpumpen.«

Wie oft bekam ich die Antwort, wenn ich mich nach dem Wohlbefinden oder der Arbeit eines Bekannten erkundigte: »Oh, er hat sehr viel Geld.« Viele respektieren sogar das Geld, das andere einst hatten und jetzt nicht mehr haben. Es gibt auch solche, die von ihrem eigenen Geld fasziniert sind. Die liebkosen und bewundern ihr Geld, lassen sich davon hypnotisieren. Ein guter Freund, der ein Poet war, sagte mir einmal: »Wenn ich viel Geld hätte, würde ich mein ganzes Vermögen den Reichen überlassen, da sie das Geld so lieben.« Ich kannte einen, dessen Lieblingszeitvertreib es war, in seinem Bankkonto die Zahlen zu addieren. Er sagte, er könne seine Langeweile damit am besten töten.

Dann gibt es auch diejenigen, die zwar viel Schönes und Teures erwerben könnten, es aber nicht tun, weil ihnen der Gedanke genügt, es tun zu können. Sie spüren die Strahlung des Geldes – und das macht sie schon glücklich, reicht ihnen bereits aus.

Ich hatte einen Freund, der, wenn er das Wort Geld aussprach, seine Brieftasche durch den Stoff des Jacketts streichelte, mit dem Gefühl, daß alle Genüsse des Lebens im Scheckbuch kondensiert seien. Ich habe ihn einmal auf diese häßliche Geste aufmerksam gemacht, die ihm selbst ganz unbewußt war. Er war mir für diesen Hinweis sehr dankbar und unterließ sein obszönes Streicheln fortan. Ein anderer erzählte mir, daß er jedesmal, wenn er Kasse machte und sie sehr positiv war, Libido spürte. Für einen anderen dagegen war es klar, daß er an einem Tag, an dem er die Börse mit großem Verlust verlassen mußte, direkt ins Bordell ging.

Glücklicherweise gibt es Leute, die dank ihres Geldes alle Freuden des Lebens wirklich genießen wollen. Sie begnügen sich nicht mit dem Studium einer Speisekarte, sondern wollen sie auch auskosten.

Für viele bedeutet das Geld auch Macht und Statussymbol: Es bringt ihnen Freunde, Heuchler, Neider und Komplimente und zieht Schmarotzer an. Sie sind vom Geld fasziniert, weil sie wissen, daß ihr Geld viele andere fasziniert; sie wollen nicht nur den materiellen Luxus genießen, sondern auch die Macht des Geldes spüren, nämlich die Servilität der anderen.

Besonders fasziniert vom Geld sind diejenigen, die einmal viel Geld hatten; sie müssen einen starken Charakter besitzen, um den Schmerz überwinden zu können. Der französische Marquis Boni de Castellane, der berühmteste Kavalier um die Jahrhundertwende, schrieb in seinen Memoiren, wie unglücklich er an dem Tag gewesen sei, als er nicht mehr der Mann der amerikanischen Milliardärin Anna Gould war. Natürlich mußte er nicht Steine klopfen, aber die Zeit, wo er mit Millionen herumschmeißen konnte, war vorbei. Sein Kommentar: »Seit ich ruiniert bin, kenne ich meine Schwächen.«

Eine rein theoretische Faszination existiert bei den Hasardspielen. Wenn das Spiel nicht um Geld, sondern um Bohnen gehen würde, wäre das kein Nervenkitzel mehr. Das Geld kann für viele auch eine Entschädigung sein für Miseren, zum Beispiel physische Behinderung, Häßlichkeit und so weiter. Oder es tröstet einen, der gesellschaftliche Ambitionen hat, seiner bescheidenen Herkunft wegen aber daran gehindert ist. Geld kann ihm die Ahnen ersetzen. Die berühmte Gesellschaftsjournalistin Elsa Maxwell machte in den heroischen Jahren des amerikanischen Aufschwungs eine glänzende Karriere dadurch, daß sie die neuen amerikanischen Millionäre irischer Abstammung, die von den superfeinen »Mayflower«-Amerikanern nicht akzeptiert wurden, mit verarmten englischen Aristokraten zusammenbrachte. Diese neuen Millionäre fühlten sich plötzlich, durch ihren Umgang mit Earls und Dukes, dem steifen amerikanischen Geldadel ebenbürtig, und die Millionen der Neureichen faszinierten gleichzeitig den Adel, der kein Geld mehr hatte.

Vielen nützt das Geld, um damit protzen zu können. Einige lassen Bemerkungen fallen, um damit die Legende ihres Geldes zu verbreiten oder noch zu vergrößern. Kurz und gut, das Geld löst bei den Menschen die unterschiedlichsten Reaktionen aus.

Natürlich auch in der Liebe. Geld kann bei einer Frau aufrichtige Liebesgefühle erwecken. Das Geld symbolisiert in ihren Augen den Erfolg des Mannes, und ein erfolgreicher Mann fasziniert sie, besonders wenn sie auch davon profitiert. Sie liebt den Mann aufrichtig, auch weil er sie mit Luxus umgibt. Dagegen gibt es auch solche, die gerade den Mann hassen, von dem sie Geld bekommen, und den lieben, dem sie Geld schenken. Für viele gilt das Geld einfach nur als Maßstab des Erfolges, ohne daß sie vom Geld selber fasziniert sind. Ich habe noch heute in den Ohren, wie einst die berühmte Max-Reinhardt-Schauspielerin Lili Darvas gleich nach ihrer Ankunft in Paris zu mir sagte: »Jetzt werde ich mich sehr provozierend anziehen, dann gehe ich auf dem Boulevard spazieren und warte, daß man mich anspricht. Ich möchte wissen, wieviel man mir bietet, denn umsonst ist jede Frau schön!« Sie wollte herausfinden, wie hoch man sie als Frau in Bargeld einschätzte.

Ist jedoch eine Frau vom Geld an sich fasziniert, kann das für ihren Mann oder Freund sehr gefährlich sein. Auch der größte Luxus – Schloß, Juwelen, Pelze, Autos – hat seine Grenzen, und man wird von einem gewissen Punkt an übersättigt sein. Ein Bankkonto allerdings, in das sich eine Frau verliebt, hat keine Grenzen, es ist eine Art Faß der Danaiden.

Wie weit die Faszination des Geldes die Gedanken des Menschen pervertieren kann, soll folgende Anekdote illustrieren: »Hast du schon gehört?« fragt einer seinen Bekannten, »unser Freund Meier ist gestorben!« – »Oh, wie traurig«, ist die Antwort, »was hat er denn gehabt?« – »Ich schätze um die zwei Millionen.« – »Das meine ich nicht, sondern was ihm gefehlt hat?« – »Vielleicht so um die halbe Million.« – »Du verstehst mich immer noch nicht! Woran ist er gestorben?« »Ach so«, ist die Antwort, »ganz klar: an der Differenz!«

Cash muß man haben

Der Kosmos des Geldes – es ist nicht immer eine schöne Welt. Das Geld hat eine Radioaktivität, es kann korrumpieren und oft die häßlichsten Eigenschaften des Menschen ans Tageslicht bringen.

Heute habe ich zum Geld eine sehr neutrale Beziehung. Das war aber nicht immer so.

Als mein Vater mich in meiner frühen Jugend aus dem verarmten und heruntergekommenen Budapest nach Paris schickte, um dort in das Börsenhandwerk eingeführt zu werden, da war ich dank meiner Eltern versorgt, hatte die lebensnotwendigen monetären Mittel, aber ich kam eben nach Paris. Ich kam in eine Stadt, die damals Mittelpunkt der Welt war. Diese Stadt war phantastisch, ein gigantischer Lunapark. Alles war voll mit Waren, mit Luxus. Dieser Luxus und die Lust am Leben waren überall spürbar.

Paris ... »*J'ai deux amours, mon pays et Paris.*« Ich habe zwei Lieben, meine Heimat und Paris.

Die Bananen-Colliers einer bezaubernden Tochter der Antillen, Josephine Baker, wippten den Takt zu diesem Lied, das ich zu meinem Glaubensbekenntnis gemacht habe.

Paris, das bedeutete ein ganzes Leben von Luxus, Vergnügen und Festlichkeiten, das ich mit Hilfe des Orientexpresses kennenlernen wollte, als ich ihm eines schönen Abends entstieg wie Balzacs Held Rastignac seiner Postkutsche.

Ich wußte noch nicht, daß diese Welt ein verbotenes Paradies, zum Greifen nahe und doch unerreichbar, bleiben würde, wenn man nicht den Schlüssel hatte, um sich Zutritt zu verschaffen: das Geld. Und ich hatte nicht genug in der Tasche, bei weitem nicht.

Das Schauspiel war faszinierend anzusehen, aber das war nicht genug.

Mit Schildpattbrille und schwarzen Fransenhaaren erschien Fujita auf dem Montparnasse, gefolgt von Kiki, seinem Lieblingsmodell, um mit seinen Freunden Kisling, Vertès und anderen an den Holztischen der Rotonde und des Dôme zu diskutieren.

Die eleganten Damen ließen sich nach Longchamp und Auteuil begleiten, um beim Rennen die Kleider zu zeigen, die Poiret für sie entworfen hatte. Auf seiner Jacht in Boulogne empfing der Schneider als Grandseigneur seine Freunde aus der besten Gesellschaft und spielte ihnen, wenn schon der Morgen dämmerte, die neuesten Melodien aus New Orleans vor. Auf den Champs-Élysées und auf den Boulevards standen die Leute Schlange, um Chaplins Amerika in ›Goldrausch‹ und den Orient im ›Dieb von Bagdad‹ zu entdekken.

In den Romanen von Francis Carco machte man sich mit der Sprache des Volkes vertraut, und so gewappnet konnte man sich – denn das war chic – in den Bars der Pigalle unter das Volk mischen.

An anderen Abenden ging man, nachdem man mit Maurice Chevalier das neueste Couplet ›Valentine‹ mitgesummt hatte, bei Maxim soupieren, oder die Herren blieben im Café Weber unter sich, um über das neue Automodell oder die Beine der Mistinguette zu diskutieren. Die Engländer nahmen die Rasenflächen von Le Touquet in Beschlag, und die Gemeindeverwaltung erwog schon, die Straßennamen und Preisschilder in den Schaufenstern ins Englische zu übersetzen.

Wie ein Kind, das sich an der Scheibe einer Konditorei die Nase plattdrückt, so bestaunte ich dieses ungeheure Leben und Treiben.

Hier, in dieser Stadt, konnte man alles haben, man brauchte dafür wirklich nur eine einzige Sache: Geld.

So setzte sich ganz tief in meinem Kopf die Idee fest: Geld machen, viel Geld! Geld war damals noch viel wichtiger, lebensnotwendiger als heute, wenn man etwa an die Gesundheit denkt. Ich begann das Geld zu vergöttern, als einzigen Lebensinhalt, und seine Mehrung als einziges Lebensziel zu begreifen. Wenn man so den Mammon anbetet, dann verändert sich die Einstellung zum ganzen Leben, zur ganzen Welt. Alles andere, auch alle anderen Werte werden sehr niedrig eingeschätzt. Denn nichts ist irgend etwas an sich wert. Für Geld kann ich es überall und jederzeit bekommen. Cash muß man haben ...

An meinem ersten Tag an der Börse sprach mich ein sehr netter, älterer Herr an. »Junger Mann, was machen Sie hier? Ich habe Sie noch nie gesehen.« (Die meisten Börsenbesucher kennen einander vom Sehen.) »Ich bin Lehrling bei der Firma Alexandre.« – »Ach«, sagte er, »Ihr Chef ist ein guter Freund von mir, und so werde ich Ihnen die ganze Börse kurz und präzise erklären: Ganz egal, was die Leute hier erzählen, Tips usw., alles hängt nur von einer Sache ab: Ob mehr Dummköpfe da sind als Papiere oder mehr Papiere als Dummköpfe.« Diese Devise hat für mich bis heute Gültigkeit behalten, und meine ganze Börsenphilosophie ist darauf aufgebaut: Angebot und Nachfrage.

Diese erste Zeit an der Börse war für mich besonders aufregend. Es war wie in einem riesigen Spielkasino. Geld lag in der Luft. Man brauchte nur eine Antenne zu haben, um es zu spüren und zu – erwischen... Wollte ich meinem Mentor glauben, so war das nicht schwer. Es genügte, raffiniert zu sein, im Strom der Hausse schwimmen zu können, Vertrauen zu haben, »und am Ende des Monats geht man kassieren«, sagte er mit einem breiten Lächeln und klopfte mir auf die Schulter.

Ich verstand, ehrlich gesagt, nicht viel von dem Tohuwabohu, in dem ich einige hundert Personen sich umtun sah. Die fremden Namen der Wertpapiere (sogar noch viele alte russische Aktien), die ich noch nicht kannte, dröhnten in meinen halbtauben Ohren. Jüngere Knaben, die »grouillots«, eilten von einer Gruppe zur anderen. Mit dem kleinen Auftragszettel, den sie in der Hand hielten und auf dem Aufträge der Kunden verzeichnet waren, tanzten sie zwischen den verschiedenen Flügeln des Gebäudes eine schwindelnde Polka und stießen und drängten sich, ehe sie wieder in die verschiedenen Richtungen auseinanderliefen.

In der Mitte, am »Ring«, standen siebzig Herren, sommers wie winters dunkel gekleidet; es waren die Mitglieder der Kompanie der Kursmakler; mit den Ellbogen stützten sie sich auf die Balustrade, die sie vom Publikum trennte.

Wie die anderen schrien sie in diesem Höllenlärm: »Ich gebe, ich nehme.« Die ganze Welt schien in diesem Tumult vertreten zu sein.

Die einen rannten zu den Telefonzellen, um die ersten Ergebnisse durchzugeben. Andere flüsterten, die Hand als Sprachrohr vor dem Mund, ganz aufgeblasen von Wichtigkeit. Wieder andere kritzelten fieberhaft Zahlen in kleine schwarze Notizbücher.

Die allgemeine Nervosität ergriff mich gar nicht. Je mehr ich in diese neue Welt eindrang, um so mehr wurde ich von dieser aufschneiderischen Atmosphäre abgestoßen. Jeder behauptete, die beste Information geben zu können, prahlte, bei jedem Börsencoup zu gewinnen, seine Kunden immer richtig beraten zu haben, den unfehlbaren Tip zu kennen usw. Hörte man die umlaufenden Gerüchte, hätte man glauben können, es gäbe hier nur Genies oder Propheten. Alle berichteten selbstgefällig von ihren Erfahrungen oder Erfolgen, und jeder Satz begann mit den Worten: »Ich habe es doch gesagt.«

Trotz meiner Jugend und mangelnden Erfahrung gewann ich schon bald den Eindruck, daß man wohl nirgends auf der Welt so viele Dummköpfe und Aufschneider pro Quadratmeter finden könne wie hier, Typen, die sehr hoch über ihre geistigen Verhältnisse lebten. Dieser Meinung bin ich auch heute noch; nur gibt es diese Art von Börsentreiben heute nicht mehr. Die Transaktionen werden von den Büros aus, den Telekommunikationsposten getätigt. Wie in London, so auch in Paris sitzt der Händler vor einer Maschine mit Tastatur und tippt hinein, wieviel von welchem Papier und zu welchem Preis er kaufen oder verkaufen will. Und auch durch die Maschine bekommt er die Antwort von irgendeinem anderen Händler, daß er soundsoviel von dem verlangten Papier zu dem und dem Preis bekommen kann.

Dieselbe Arbeitsweise – allerdings nicht wie heute auf internationaler Ebene, sondern nur im kleinen – habe ich aber schon vor 60 Jahren in Stockholm sehen können. Wie in einem Schulsaal die Schüler, so saßen die Makler hier in einem Raum, jeder mit einer Tastatur vor sich. Am »Katheder« saß der Geschäftsführer, der die Papiere mit Namen nannte, und jeder mußte in die Tastatur eingeben, wieviel er kaufen oder verkaufen wollte. Die Rechenmaschine fixierte aufgrund von Angebot und Nachfrage die Kurse, bei denen die Transaktionen abgeschlossen wurden.

So wuchs ich allmählich in ein Milieu hinein, in dem alle

Menschen überzeugte Kapitalisten waren. Für diese Leute waren Musik, Bilder, Kunst, sogar ein gutes Essen vollkommen unwichtig. Das einzige, dem man wirklich etwas abgewinnen konnte, war der schnöde Mammon. Und ich wurde in meinem neuen Beruf in Paris ein ebenso materialistisch eingestellter Anhänger dieses Geldkultes.

Und weil ich mich besonders schlau fühlte, tat ich bald etwas, was alle tun, denen Geld wichtiger ist als alles andere, wichtiger sogar als Menschen – ich begann, an der Börse *à la baisse* zu spekulieren. Eine gute Portion intellektueller Hochmut war natürlich auch dabei. Meine Meinung über diese Großmäuler und Dummköpfe war so negativ, daß ich einfach, wenn diese alle *à la hausse* spielten, das Gegenteil tun mußte – eben auf die Baisse spekulieren.

Zufälligerweise hatte ich auch noch Erfolg damit. Denn es kam eine große Krise, eine Depression mit stürzenden Kursen; die Papiere fielen und fielen. Ich machte jeden Tag Bilanz, stellte fest, wie hoch meine Gewinne waren. Und da ich weiter *à la baisse* spekulierte, stiegen meine Gewinne jeden Tag.

Ich sagte »zufälligerweise«, denn ich war ja nicht aus fundamentalen Gründen Baisse-Spekulant geworden. Meine Motivationen waren rein persönlich, psychologisch. Zu jener Zeit kannte ich ja noch nicht einmal die sachlichen Argumente, ich war auch nicht pessimistisch für die Wirtschaft; ich wollte nur eines: GELD, und zwar um jeden Preis.

Der moralisch verwerfliche Aspekt des Baisse-Spekulierens wurde mir erst 1932 beim berühmt-berüchtigten Ivar-Kreuger-Bankrott klar. Ich erkannte, daß man dabei nur gewinnen konnte, wenn andere verlieren. Wenn man so will, bekam ich damals »meinen Moralischen«; aus einem Saulus wurde ein Paulus; der Gott Mammon purzelte von seinem Sockel.

Und Paulus predigte: Man darf nicht *à la baisse* spekulieren! Denn wenn ich dabei erfolgreich bin, habe ich nur dann meine Freude, wenn es anderen schlecht, sehr schlecht geht. Was nützt mir das ganze Geld, in ein elegantes Restaurant zu gehen, Champagner und Kaviar zu bestellen, wenn ich an die Leute denken muß, die ihre Existenz und ihre Stellung verloren haben. Lachen, wenn alle anderen weinen, das ist nicht gut.

Ich beschloß von da an, nur noch mit der Hausse zu schwimmen und *à la hausse* Gewinne zu machen und nicht mehr auf den Börseneinbruch zu spekulieren. Aber natürlich – bei aller Bescheidenheit – so, daß ich etwas mehr gewinne als all die anderen ... Dieser Weg vom Saulus zum Paulus wurde mir dadurch erleichtert, daß inzwischen die Weltkonjunktur ihren absoluten Tiefstand erreicht hatte und es nun wieder langsam, aber stetig aufwärts ging. Ich war so in der glücklichen Lage, mit der Hausse schon bald Geld verdienen zu können; und natürlich nicht ich allein, sondern tausend andere mit mir. In der fröhlichen Atmosphäre einer allgemeinen Prosperität gleichfalls Erfolg zu haben, das war dann doch angenehmer.

»Staatsfeind« Kostolany

Ein guter Spekulant muß eingebildet sein und das Publikum sogar ein wenig verachten, um unabhängig zu bleiben und sich von massenpsychologischen Stimmungen nicht anstekken zu lassen. Das ist sicher richtig. Zu sehr sollte er diese Arroganz allerdings nicht zeigen. Ich weiß, daß ich mich noch heute manchmal nicht zügeln kann und meinen Mitmenschen zu ironisch und zynisch begegne – doch das ist nichts im Vergleich zu der Arroganz meiner jungen Jahre. Einmal bekam ich durch meinen Hochmut sogar ernste Schwierigkeiten.

Im Herbst 1930, also zu Beginn der großen Krise, die ich

eben beschrieben habe, war eines der schlimmsten Debakel an der Pariser Börse und in der Börsengeschichte überhaupt der Oustric-Krach.

Albert Oustric war unbestritten einer der Finanzkönige seiner Zeit. In Frankreich war er der erfolgreiche Konglomerat-Finanzier, der überall seine Hand im Spiel hatte. In den Salons wie an der Börse sprach man von seinen Erfolgen, von seinen zahlreichen, sehr komplizierten Geschäften, die von Peugeot-Autos, Linoleum und Schuhen bis zu bolivianischen Silberminen oder italienischer Kunstseide reichten. Seine Unternehmen waren das typische Beispiel eines heute modernen Mischkonzerns.

Oustric besaß das »Know-how« und handelte entsprechend. Für seine verschiedenen Geschäfte hatte er zwei Finanzierungsgesellschaften gegründet, die »Holding Française«, im Börsenjargon die »Holfra« genannt, und »L'Extension de l'Industrie Française« (eine AG zur Entwicklung der französischen Industrie). Die Aktien dieser beiden Gesellschaften dienten ihm bei seinen Börsenmanipulationen lediglich als Mittel zum Zweck.

Durch massive Käufe, die er mit Hilfe von Krediten tätigte, trieb er die Kurse dieser Aktien künstlich in die Höhe. So veranlaßte er eine große Zahl von Spekulanten, die mit Recht annahmen, daß die Preise übersteigert waren, in denselben Aktien auf Baisse zu spekulieren und Leerverkäufe zu tätigen. Ich tat dasselbe.

Oustrics ganze Börsenmanöver waren auf dieser Idee aufgebaut, daß möglichst viele kleine Baissespekulanten (wie auch ich) in seinen Aktien Leerverkäufe tätigen würden und bei einem Ultimo nicht liefern könnten, da er schon alle Aktien aufgekauft hatte. Dann könnte er, Oustric, die Preise diktieren, zu denen die Baissiers ihre Leerverkäufe eindekken müßten.

Solche Manöver können aber nur einem Finanzier glükken, der praktisch unbegrenzte finanzielle Mittel zur Verfügung hat. Die meisten Oustrics stammten aber aus Bankkrediten und von Börsenmaklern, also aus unsicheren Quellen, die von heute auf morgen versiegen können. Die kleinste Kreditbeschränkung konnte Oustrics Kartenhaus zum Einsturz bringen. Und so geschah es dann auch.

In der Tiefe meiner Seele war ich ja damals schon Baissier, aber auf diesen betrügerischen Finanzier hatte ich einen speziellen Pik. Ich war vom Scheitern seiner Spekulationen überzeugt und bekam recht. Die »Holfra«-Aktien, die ich zum Kurs von 180, 170 leer verkauft hatte, stürzten in die Tiefe und konnten an der Börse überhaupt nicht mehr quotiert werden. In jener Nacht konnte ich nicht schlafen, aber nicht etwa, weil ich mir Sorgen machte. Ich wußte, ich brauchte das Geld nur noch zu schaufeln.

Die Gesellschaft ging in Konkurs, und der Handel und die Kursnotierungen ihrer Aktien wurden gestrichen. Ich konnte die Aktien zu drei Francs auf dem »Markt der nassen Füße« eindecken. Ein prozentual so hoher Gewinn wird selten durch Börsenspekulationen erreicht.

Der Krach ruinierte außer Oustric etwa fünfzehn Börsenfirmen: Makler und eine große Anzahl von Vermittlern und Gläubigern aller Art, Kunden, Freunde von Kunden und stille Gesellschafter. Er zog auch zwei alte Banken von sehr gutem Ruf mit in seinen Untergang. Die eine war die Bank der Fischer von Boulogne, die älter war als die Bank von Frankreich (gegründet 1776). Als Folge mußte die Hochseefischerei vierzehn Tage lang eingestellt werden.

Die Kettenreaktion zog sogar die englische Währung in Mitleidenschaft. Das Pfund Sterling gab auf verschiedenen Finanzmärkten um einige Punkte nach, da die beunruhigten französischen Kreditinstitute auf einen möglichen Ansturm ihrer Kunden vorbereitet sein wollten und deshalb Pfunde massiv verkauften.

Ich aber triumphierte und war wie in einem Rausch. Und da wurde ich übermütig, ja sogar arrogant. Ich legte eine schwarze Krawatte an, um zu zeigen, ich sei »in Trauer« wegen der Börse. Für Albert Oustric war doch alle Welt Feuer und Flamme gewesen; ich dagegen hatte gegen jeden und alle recht behalten und konnte zu meinen Börsengewinnen noch die gewonnenen Wetten auf seinen Zusammenbruch kassieren.

Ich pflegte damals an meinem Stammtisch in einem Restaurant direkt neben der Börse quasi hofzuhalten. Dorthin kamen meine Freunde und die Mitarbeiter der Brokerfirmen, in Paris damals »Agents de Change« genannt; sie brachten ununterbrochen die Kurse und nahmen Aufträge von mir entgegen. Eine Börsenkarte besaß ich, wie alle Ausländer, nicht. Zunächst spielte das keine Rolle; doch eines Tages wurde uns Nichtfranzosen der Zutritt zur Börse verwehrt, offiziell begründet mit dem Verdacht, die Ausländer wollten Frankreich durch Spekulation gegen die Staatsrenten ruinieren.

Und ebendiese fixe patriotische Idee machte sich ein kleiner französischer Jude, er hieß Israel, zunutze. Er saß oft am Nebentisch und verfolgte voller Neid das große Leben, das ich führte, belauschte meine Triumphgesänge und beobachtete die Bewunderung der anderen. Er zeigte mich an. (Daß er es war, habe ich erst später erfahren.) Ich würde angeblich gegen die französischen Rentenpapiere spekulieren, gegen den Staatskredit, gegen Frankreich.

Eines schönen Tages wurde ich, zusammen mit zwei Freunden, aus dem Restaurant heraus verhaftet. Auf dem Kommissariat neben der Börse folgte ein langes Verhör, Fingerabdrücke wurden genommen, und ich wurde wie ein Schwerverbrecher behandelt. Am nächsten Tag durchsuchte die Fremdenpolizei mein Studio gegenüber dem Palais Rothschild am Parc Monceau, es erfolgte eine peinliche Kontrolle meiner Korrespondenz und aller Börsenavisos. Abends hörte ich im Radio schon die Meldung: Hausdurchsuchung bei einem gewissen André Kostolany, Ungar, der verdächtigt wird, gegen den Staatskredit zu spekulieren. Eine veritable Staatsaffäre!

Zwei Wochen später erhielt ich eine erneute Vorladung, und man präsentierte mir auf der Préfecture ein Dekret: »Monsieur Kostolany hat Frankreich binnen 48 Stunden zu verlassen«, unterzeichnet vom Pariser Polizeipräfekten. Natürlich war ich in größter Sorge, mein geliebtes Paris verlassen zu müssen, zugleich reinsten Gewissens: Auf den Oustric-Krach hatte ich spekuliert, doch nie in französischen Renten. Es war sogar faktisch unmöglich gewesen, aus technischen Gründen.

Mein guter Freund und Chef der Agent-de-Change-Firma, bei dem ich damals als Makler attachiert war, Adrien Perquel, hatte die rettende Idee, an höchster Stelle um Beistand zu bitten: bei Exjustizminister Anatole de Monzie, der mit seinem Vater befreundet gewesen war und zum gleichen Kreis liberal gesinnter Konservativer gehörte. In den zwanziger Jahren war de Monzie, ein brillanter, äußerst kultivierter Mann, der übrigens eine besondere Sympathie für uns Ungarn empfand, Senator und wiederholt Minister gewesen. Er war es, der 1926 als Finanzminister in der Regierung Herriot seine erste Rede vor dem Parlament mit den berühmt gewordenen Worten begonnen hatte: »Meine Herren, die Kassen sind leer ...!«

Anatole de Monzie empfing mich auch sofort in seinem Büro; ich erläuterte ihm meine peinliche Lage und versicherte ihn meiner Unschuld. Er versprach, das Dossier zu prüfen. Am nächsten Tag – ich hatte schon meine Koffer gepackt und stand im Begriff, zum Bahnhof aufzubrechen, um Frankreich Richtung Belgien zu verlassen – erhielt ich in letzter Sekunde einen Anruf von der Sekretärin: »Fahren Sie nicht, Maître de Monzie läßt Ihnen ausrichten, daß er einen Aufschub von 14 Tagen erreicht hat.«

Der Justizminister hatte sich von der Haltlosigkeit der gegen mich erhobenen Anschuldigungen überzeugt; doch es war für ihn etwas delikat, die Entscheidung einer untergeordneten Dienststelle in aller Öffentlichkeit aufzuheben und damit den Pariser Polizeipräfekten, später übrigens einer der französischen Faschisten, die mit Hitler kollaborierten, zu brüskieren. Mir wurde also Aufschub um Aufschub gewährt. Ein Jahr lebte ich so in Paris mit einem ständig prolongierten Fetzen Papier statt eines ordentlichen Ausweises.

Dann aber wurde ich vollständig rehabilitiert, das ominöse Dossier wurde vernichtet, und ich erhielt sogar eine Börsenkarte, die ich bis heute als ständige Mahnung vor den Gefahren übersteigerten Hochmuts aufbewahre.

Und wie zu jeder lehrreichen Geschichte gibt es auch zu dieser einen Epilog: Nach dem Krieg kehrte ich aus der amerikanischen Emigration nach Paris zurück; auf Veranlassung von Général de Gaulle wurde ich, der frühere »Staatsfeind«, sogar zum Ritter der französischen Ehrenlegion geschlagen.

Und wen treffe ich eines Tages an der Börse, an der ich natürlich auch wieder aktiv war? Meinen Denunzianten Israel. Ich bemerkte sofort, daß seine Augen starr auf das rote Band der Ehrenlegion an meinem Revers fixiert waren. Er war einer dieser französischen Juden, die sich superpatriotisch gerierten und einen spezifisch jüdischen Antisemitismus pflegten, der sich gegen alle die Juden richtete, die aus Deutschland oder gar aus mitteleuropäischen Ländern vor Hitler geflohen waren.

Es wurmte ihn offensichtlich, daß ich wieder in Paris war, zudem an der Börse sehr populär und gefragt als Experte. Dennoch konnte er es sich nicht verkneifen, mich um einen

Tip anzugehen: »Sagen Sie, soll man jetzt kaufen oder verkaufen?« – »Ich bin Optimist, wie Sie wissen. Halten Sie Ihre Papiere!« antwortete ich knapp und ließ ihn stehen.

Aus Sentimentalität habe ich übrigens in den letzten Jahren ein paar von diesen »Holfra«-Aktien erworben, mit denen ich damals einen meiner größten Coups gelandet hatte, antiquarisch, zu vielleicht zehn Pfennig das Stück. Und auf einer Versteigerung historischer Wertpapiere, die kürzlich in Frankfurt am Main abgehalten wurde, sind einige dieser Erinnerungsstücke, die ich auf Wunsch signiert hatte, mit jeweils 200 Mark zugeschlagen worden. Das zum Thema Hochmut.

Eine bestimmte Variante von Hochmut leiste ich mir jedoch bis heute: Börsenkurse, insbesondere wenn sie für mich ungünstig sein könnten, schaue ich mir nie an, ich will auch nicht von ihnen hören.

Gewiß, ich verfolge ganz genau die Ereignisse in der Welt der Diplomatie, der Steuer- und Zinspolitik, der Industrie- und Handelsnachrichten, deren kühne Analyse meine Spezialität ist. Aber die Börsenkurse spiegeln die Ereignisse nicht immer so wider, wie man es logischerweise erwarten sollte. Die Börsenreaktionen sind vorübergehend oft falsch und entwickeln sich meistens erst nach einer gewissen Zeit so, wie ich sie mir erhoffe.

Ich bin jedoch ein unverwüstlicher Optimist: »Was ich nicht weiß, macht mich nicht heiß.« Deshalb will ich die schlechten Kurse gar nicht erst hören; sie klingen wie falsche Töne in meinem musikalisch geschulten Ohr.

Wenn die Börsentendenz sich für mich ungünstig entwikkelt, umgebe ich mich mit blauem Dunst und warte mit Zuversicht... (Das bedeutet nicht, daß ich für die Kurse nicht manchmal pessimistisch wäre; doch das Schlechte kann ich noch früh genug erfahren.)

Vor mehreren Jahren hatte ich an der Pariser Börse ein

besonders großes Engagement in französischen Aktien *à la hausse*. Jede kleine Bewegung auf- oder abwärts bedeutete eine ganz kokette Summe zu meinem Nutzen oder Schaden. Mein alter Sekretär, der seit Jahrzehnten für mich arbeitete, kannte meine Fehler und Schwächen genau. Er ging jeden Tag zur Börse, um meine Interessen zu vertreten. (Denn, wie ich es schon häufig erwähnt habe: Ein wirklicher Spekulant, dieses edlen Berufes würdig, darf nie persönlich an der Börse erscheinen.) Mein Sekretär war gut eingespielt. Er wußte genau: Bei schwacher Börse durfte er nicht nur mein Mittagsschläfchen nicht stören, sondern auch nachher mit keinem Wort den Ablauf dieser schlechten Börsensitzung erwähnen.

Auch heute noch, nachdem ich die Pariser Börse längst mit Verachtung behandle, halte ich bei den Wall Street-Brokers dieselbe Taktik ein. Es gibt mindestens zehn Stock-Exchange-Firmen, mit denen ich zuweilen in Verbindung stehe: Allen ist strengstens verboten, mir schlechte Kurse zu berichten. Der Broker, der es wagen sollte, mir unpassende Kurse zu melden, wird von mir bestimmt nicht mit Aufträgen überhäuft. Wehe dem, der mich von einem brutalen Kurssturz benachrichtigt: Er verliert mich auf Lebzeiten als Kunden. (Und sollte sich dieser Unfall ereignen, wenn ich gerade Musik genieße, kann ich mörderische Anfälle bekommen ...)

»Kein Wort mehr von Geld und Zinsen«

Schon früh wußte ich während meiner langen Laufbahn in dieser blutigen Arena, daß »pecunia non olet« (Geld nicht stinkt). Da ich aber einen empfindlichen Geruchssinn habe, hat mich lange Zeit der Komplex verfolgt, es könnte möglicherweise doch anders sein. Ich, der ich das leichte Geldmachen an den verschiedenen Börsen der Welt schon jung gelernt hatte, bekam plötzlich Schuldgefühle. Wenn ich das

Jahreseinkommen eines Gelehrten, eines Professors oder Arztes, die Frucht seiner jahrelangen Anstrengung und Studien mit den Summen verglich, die ein Börsianer manchmal mit einem einzigen Einfall oder Tip im Handumdrehen einstreichen konnte, hatte ich ein schlechtes Gewissen.

Ich erinnere mich noch genau an den Anfang des Zweiten Weltkrieges in Paris: wie wenig wohl ich mich in meiner Haut fühlte, als neutraler Ausländer in einem Land, das unter den Waffen stand. Meine Generation war eingezogen, alle Freunde bevölkerten die Kasernen, während ich ruhig von meinem Fauteuil aus – anstatt der Maginotlinie – meine Börsenpositionen überwachte. Denn obgleich die meisten Börsianer in Uniform waren, kletterten die Kurse an der Börse noch lange lustig in die Höhe. Ich gab mir – auch nach den schlechten Erfahrungen mit meinem Triumph über Oustric – die erdenklichste Mühe, die Empfindsamkeit meiner Mitmenschen nicht zu verletzen. So tauschte ich als erstes die provozierende Havannazigarre, Symbol des Wohlstandes, gegen die demokratische Pfeife ein, und in guten Restaurants zog ich mich bescheiden in eine Ecke zurück, um mich möglichst unbemerkt lukullischen Genüssen hinzugeben.

Inzwischen habe ich mich mit meinem Nimbus abgefunden: Die Börse reizt nun einmal die Menschen. Was immer ich tue, worüber ich auch immer sprechen möchte – Malerei, gutes Essen, Musik etc. –, ich bleibe »der Mann aller Börsen«, und die Leute wollen mit mir nur über Geld reden.

Einer meiner besten Freunde, Janos H. aus Budapest (später komme ich auf ihn noch zurück), war wieder einmal mein Gast an der französischen Riviera. Ein Mann von hervorragender Kultur und besonders in der französischen Literatur bewandert. Um ihm eine Freude zu machen, lud ich einen Freund und Nachbarn zum Essen ein, einen bekannten französischen Schriftsteller, Goncourt-Preisträger, Kunstkritiker und Professor für Literatur in Amerika. Begeistert bereitete sich Janos tagelang auf den literarischen Gedankenaustausch vor. Leider Gottes war aber nicht das geringste zu machen. Mein Ehrengast bombardierte mich mit Fragen nach meiner Meinung über elektronische und Ölwerte, Goldpreis und Geldmarkt.

Deshalb eine Warnung an alle gastfreundlichen Damen: Wenn Sie Schriftsteller, Künstler oder andere Schöngeister empfangen wollen, laden Sie mich nicht ein! Meine bloße Anwesenheit könnte die ganze Atmosphäre verpesten...

In einer Fernsehshow wurde ich kürzlich gefragt: Worin besteht für Sie die Faszination des Geldes? Ich mußte antworten, daß ich überhaupt nicht mehr davon fasziniert bin. Für mich gilt heute der Schlußmonolog aus dem berühmten Theaterstück »Volpone« von Ben Johnson und Stefan Zweig. Nachdem Volpone, der Geizhals, aus Venedig verbannt worden ist, erbt der kluge und lebenslustige Mosca Volpones Haus mit allen Schätzen. Er bewundert das Haus und jauchzt: »Die Fenster auf, die Türen auf! Luft und Licht und Menschen herein! Es riecht noch nach Angst, es muffelt nach Geiz und Habsucht und bösen Reden. Kein Wort mehr von Geld! Wir wollen jetzt lustig sein, von Volpones Schüsseln schmausen, von seinen Weinen trinken, über alle Narren lachen, und über die Geldnarren am meisten...!... Vorwärts! Munter! Musik! Musik!«

Natürlich braucht man Geld zur Unabhängigkeit und Freiheit und ab einem gewissen Alter zur Bequemlichkeit. Mein alter Freund Ernst Menzer hat neulich – obwohl er sonst leider im Kopf nicht mehr ganz klar ist – etwas sehr Wahres gesagt: »Welche Rolle spielt es für einen jungen Mann, ob er Geld hat? Aber im Alter bedeutet Vermögen zu haben eine große Genugtuung und Sicherheit.«

Zur Verschwendung neige ich wenig; ich habe alles, was ich brauche. Ich besitze sogar noch Socken, die ich vor fünfzig Jahren bei »Seymour« am Boulevard des Capucines gekauft habe – gleich zwei Dutzend, weil sie in dieser Qualität sonst nirgendwo zu bekommen waren.

Der einzige Luxus, den ich mir leiste, sind Sammelobjekte, Liebhaberstücke, insbesondere wertvolle Bücher. Bei Sotheby's in London wurde kürzlich ein Exemplar des ersten Buches über die Börse, »Die Verwirrung der Verwirrungen«, 1688 in Amsterdam gedruckt, angeboten, das ich schon seit 25 Jahren suche. Im Katalog war es mit 2 000 Pfund angesetzt, ich limitierte mein Gebot – auf den Rat des Schätzers hin – auf 5 000, um es seiner Meinung nach sicher erwerben zu können, doch dann ging es für den vierfachen Betrag – an einen Japaner. Kurz darauf tauchte ein zweites Exemplar bei einem Antiquar in München auf. Ich überlegte eine Nacht lang und akzeptierte dann den verlangten Preis von 30 000 DM, immerhin das Doppelte meines Limits bei der Londoner Versteigerung. Aber ich kam wieder nicht zum Zuge. Soviel Geld für ein kleines Büchlein, das ich schon kenne, das könnten manche Leute schon für eine gewisse Verschwendung halten...

Außerdem stellen ja Bücher, Bilder oder Briefmarken für den wahren Sammler nur rein theoretisch eine Kapitalanlage dar. Denn er trennt sich ja niemals von seinen Schätzen. Sammeln ist trotzdem die beste Kapitalanlage – allerdings erst für die Erben.

Schuldner und Schnorrer

Über den richtigen Umgang mit Geld sind viele Vorurteile in Umlauf. Frauen könnten nicht mit Geld umgehen, hieß es lange. Ich kenne viele Frauen, die hervorragend wirtschaften und das Familienbudget verwalten. Der Mann wurde von Gott erschaffen, um das Geld zu machen. Die Frau wurde von Gott erschaffen, um das Geld zu halten. Das ist das Ideale – auch für die ganze Familie –; wenn der Mann der Leichtsinnsvogel und die Frau der Geizhals ist. Mein Vater brachte meiner Mutter stets die schönsten Geschenke, doch erntete er dafür nur Beschimpfungen für seine Verschwendungssucht. »Warum denn«, antwortete er, »lieber so als für die Apotheke!«

Das Gegenteil – wenn der Mann sparsam ist und seine Frau das von ihm verdiente Geld mit vollen Händen zum Fenster herauswirft – kann zu einer Familientragödie werden. Ich habe dafür in meinem Bekanntenkreis und in meiner Familie zahlreiche Beweise.

Auch folgender Witz stammt natürlich noch aus den alten Zeiten, als Frauen in der Mehrzahl noch nicht berufstätig waren. Grün beklagt sich im Kaffeehaus: »Schrecklich, meine Frau, wieviel Geld die braucht! Immer will sie Geld!« – »Wofür braucht sie denn das viele Geld?« wird er gefragt. »Keine Ahnung«, antwortet Grün, »ich geb' ihr ja nie was!«

Oder die Klage über die »heutige Jugend«, die so alt ist wie die Welt. Natürlich sind die jungen Leute heute unbescheidener als ihre Eltern, schließlich sind sie ja in dem Wohlstand aufgewachsen, den eben ihre Eltern geschaffen haben; viele sind sogar regelrecht geldgierig. Das ist natürlich negativ, wenn es zu weit geht. Doch auf der anderen Seite sind für mich Bescheidenheit und Sparsamkeit durchaus nicht die höchsten Tugenden. Ich sehe eine viel größere Gefahr eher darin, daß bei den Jungen eine gewisse Bequemlichkeit und Denkfaulheit um sich greifen, und nicht nur weil der Computer für sie rechnet und denkt...

Doch das überkommene Ideal des treusorgenden und sparsamen Hausvaters (bzw. der Hausfrau) scheint für viele, besonders in Deutschland, noch immer gültig zu sein; Schulden machen gilt als ehrenrührig. Ich lasse dies nur in einem einzigen Fall gelten: Der Spekulant darf tatsächlich keine Schulden machen, will er unbelastet seinen Ideen folgen können.

Aber was wäre der moderne Kapitalismus ohne Kredite? Selbst der Hausbau stellt heute ein Risiko dar, wieviel mehr erst die Investition in Zukunftsindustrien. Selbst orthodoxe Unternehmensbereiche müssen sich in Zeiten des Umbruchs neuen Herausforderungen stellen, moderne Technologien um so mehr: Silicon Valley und andere High-Tech-Zentren sind voll von Industrieabenteuern. Und ohne Kredite können diese Abenteuer nicht gewagt und bestanden werden. Deshalb ist die Finanzwirtschaft heute auch viel großzügiger bei der Kreditvergabe, und auch die Anleger sind bereit, sich in »Ventures« zu engagieren.

Die Kreditvergabe und damit die Schulden wachsen zwar unaufhörlich, doch die Schulden von heute lassen sich mit denen von vor zwanzig Jahren nicht vergleichen, denn die Kaufkraft des Geldes ist ja stark gefallen, während die Produktivität der Wirtschaft stark gestiegen ist und damit die Fähigkeit der Schuldner, Kredite wieder zurückzahlen zu können. Es wird den Banken nicht so gehen wie meinem alten Freund Grün, der seinen Buchhalter zu einem säumigen Schuldner schickte. Bald war der Angestellte wieder da. Grün: »Nun, hat er bezahlt?« – »So gut wie bezahlt«, antwortete der Buchhalter. »Was heißt das: so gut wie...?« »Ich will es Euch erklären: Der Schuldner hat einen Sohn, der geht aufs Gymnasium. Nachher macht er seinen Doktor. Als Doktor kriegt er eine reiche Frau. Und sobald er die Mitgift hat, wird er seinem Vater Geld geben, und der wird uns bezahlen.«

Ernst Menzer kenne ich schon eine Ewigkeit. Ich mag ihn sehr gern und nenne ihn nur »Sir Ernest«. Er war der Berufsschnorrer par excellence, ein Mensch von komischer äußerer Gestalt, klein und mager und einfach unmöglich anzuschauen (später hat ihn dann ein Filmregisseur entdeckt, und er spielte kleine Rollen in Komödien, wo man seinen

Typ gebrauchen konnte), dabei sehr gescheit. Aber seine Talente waren ganz auf Schnorren ausgerichtet. Er war darin fast so genial wie Anton Kuh, der König der Schnorrer, der zum Beispiel einmal einen Freund um 1 000 Mark anpumpte. Der Freund gab ihm jedoch nur 500. Kuh schnappte sich das Geld sofort, kommentierte aber gleichzeitig: »Wie stehen wir nun? Schuldest du mir noch 500 Mark oder ich dir?« Und nach der Machtübernahme Hitlers reiste er nach Amerika mit der Begründung, »einen Schnorrer kann man überall gebrauchen«. Er war ein »Vollarier« – auch nach Hitlers Definition –, aber seine besten Kunden waren eben reiche Berliner Juden, denen er nachreiste.

Auch Sir Ernest pumpte mich ständig an, und da ich nicht immer die gleiche Debatte mit ihm haben wollte, gewährte ich ihm schließlich eine Rente. Doch nach drei Wochen war die monatliche Zahlung regelmäßig aufgezehrt, und er belieh sie bei meinen Freunden. Auch zu mir kam er dann: »Rente hin, Rente her, ich kann mein Zimmer nicht bezahlen.« – »Keine Sorge, lieber Freund, Sie werden schon bezahlen können.« – »Wie können Sie so sicher sein? Ich habe keinen Pfennig mehr.«

An dieser Stelle muß ich vorausschicken, daß ich zu der Zeit gerne folgenden alten jüdischen Witz erzählte, der eine tiefe philosophische Wahrheit enthält:

Der arme Kohn geht vor dem Passahfest zu seinem Freund, dem reichen Grün, und bittet ihn um Hilfe: Er hat kein Geld, um Matze zu kaufen, das obligatorische ungesäuerte Fastenbrot der Juden. »Du wirst haben Matze«, versichert ihm Grün freundlich. Die Zeit vergeht, und Kohn hört nichts von seinem Freund. Zwei Tage vor dem Fest geht er wieder zu Grün. »Ich sage dir, du wirst haben Matze«, lautet nochmals die Antwort. Doch Kohn hört wieder nichts von Grün. Am vorletzten Tag nimmt Kohn in seiner Not die Juwelen seiner Frau aus der Schublade und versetzt sie, um

Matze zu kaufen. Nach dem Fest treffen sich die beiden wieder, und Kohn beklagt sich. Darauf Grün: »Wieso? Was regst du dich auf? Hast du gehabt Matze, oder hast du nicht gehabt Matze?«

»Schauen Sie, Sir Ernest«, antwortete ich also auf seine Frage, woher ich denn so sicher sei, daß er sein Zimmer würde bezahlen können, »kennen Sie nicht die Geschichte von Kohn und ...« Beschwörend hob er die Hände: »Nein, nicht schon wieder den Matzewitz, Herr Kostolany, ist schon gut.« Dabei hatte es wieder funktioniert: Man hat ihm nicht gekündigt.

Irgendwann entdeckte ich durch Zufall, daß er – als verfolgter Jude, der den gelben Stern getragen hatte und nur unter großen Schwierigkeiten und gesundheitlich schwer angegriffen aus dem von den Deutschen besetzten Ungarn herausgekommen war – keinerlei Wiedergutmachung von der Regierung der Bundesrepublik beantragt hatte. Als ich ihn darauf ansprach, sagte er: »Kennen Sie nicht den Matzewitz? Ich werde sie schon bekommen.« Aber diesmal war mir nicht zum Spaßen zumute, weil ich befürchtete, daß er die Antragsfrist versäumen könnte: »Wenn Sie nicht sofort Ihre Rechte anmelden, sperre ich Ihre Rente.« Ich schleppte ihn zu einem Notar, und dort setzten wir seinen Antrag auf. Er gehörte zweifelsfrei zur Gruppe der Berechtigten, denn er wurde, so lautete die Formulierung des Gesetzes, zum »deutschen Kulturkreis« gezählt, weil er, ungarischer Abstammung, in Reichenberg an der Textilhochschule studiert hatte und perfekt Deutsch sprach.

Doch zu spät, der Antrag wurde abgelehnt, weil der Termin bereits verstrichen war. Nur unter einer Bedingung hätte eine Nachfrist eingeräumt werden können: Wenn man beweisen konnte, daß man den Termin nicht schuldhaft versäumt hatte, etwa weil man im Zustand geistiger Verwirrung in eine Klinik eingewiesen war. Wir beratschlagten, aber dieser Weg schien nicht sehr erfolgversprechend, und ich sah mich ihn schon bis an sein oder mein Lebensende unterstützen.

Monate später tritt er im Kaffeehaus an meinen Tisch und zieht eine Bestätigung der Pariser Nervenklinik aus der Tasche: »Herr Menzer wurde bei uns für einige Zeit wegen Geistesstörungen behandelt.« Ich gratulierte ihm zu seiner Tüchtigkeit. Später nahm ich ihn dann beiseite: »Im Vertrauen, wie sind Sie bloß an dieses offizielle Dokument gekommen?« – »Ganz einfach: Ich war tatsächlich dort zur Behandlung.«

Und auch daran war ich – unwissentlich – beteiligt gewesen. Die ungarische Kolonie in Paris veranstaltete häufig große Wohltätigkeitsbälle zugunsten ungarischer Flüchtlinge. Ich erhielt auch immer Einladungen, doch ich ging nicht gerne hin, denn mir war diese snobistische Clique mit ihren Tratschereien und Intrigen zuwider. Also gab ich eines Tages Ernst Menzer meine Einladungskarte, unter der boshaften Bedingung, er solle dort ein bißchen Skandal machen, irgendeine witzige Sache.

Gesagt, getan, er lieh sich einen Smoking aus, natürlich nachdem er sich bei mir das Geld dafür gepumpt hatte, war dort und profitierte wunderbar vom kalten Büfett. Aber die rechte Gelegenheit für einen kleinen Skandal bot sich nicht. Zwei Tage später holte er das Versäumte dann gründlich nach, wie ich erst viel später erfuhr. Er suchte Madame Tulgay, die Organisatorin der Bälle und Oberintrigantin des Zirkels, in ihrem Modesalon auf der Rue Royale auf. Er kam als ungarischer Flüchtling – das war er ja schließlich auch – und bat um Unterstützung. Frau Tulgay wies ihn ab, ein Wort gab das andere, bis er endlich ausrief: »Ich werde Sie anzeigen, weil Sie in Ihrem angeblichen Modesalon in Wirklichkeit ein Bordell betreiben!« Er machte einen solchen Aufstand, daß die Polizei gerufen wurde, die ihn in die Nervenklinik einlieferte, wo er tatsächlich einige Monate verbrachte.

Dank all dieser letztlich glücklichen Umstände erhielt er also nun eine monatliche Rente aus Deutschland, dazu die Erstattung der bislang nicht in Anspruch genommenen Zahlungen, eine – für seine Verhältnisse – erkleckliche Summe, die ich für ihn in sicheren Papieren anlegte und die von einer Schweizer Bank verwaltet wird.

Er lebt auch heute äußerst bescheiden, zieht sich an wie ein Clochard und wohnt in einem möblierten Zimmer. Aber sein Vermögen gibt ihm Sicherheit; und da er nie einen Pfennig abhebt, ist es mittlerweile mit Zins und Zinseszinsen auf einen ganz schönen Betrag angewachsen. Gewissermaßen hat Sir Ernest so eine wichtige Tugend des Spekulanten bestätigt: Man muß Geduld haben bei seinen Engagements und fast auf ihnen »einschlafen« können. (Der wahre Spekulant muß allerdings wie ein Krokodil mit offenen Augen schlafen!) Ich bin überzeugt davon, daß er selbst nicht weiß, wieviel auf seinem Konto liegt. Ich weiß es auch nicht, über meine Konti mache ich ja nie Bilanz, weil ich niemandem verantwortlich bin.

Vor ein paar Wochen nun, inzwischen ist er leider völlig senil geworden, treffe ich ihn wieder. Er bittet mich, für ihn auf Verlangen seiner Bank ein Testament aufzusetzen. Er kann nämlich nicht korrekt schreiben, nicht einmal ungarisch, geschweige denn französisch oder deutsch. Also gut, ich setze den Text auf, den er mir diktiert: »Im Falle meines Ablebens vermache ich mein gesamtes Vermögen meinen beiden Neffen...« (einer von ihnen ist Mathematiker in Harvard, Sir Ernest spricht von ihm nur als dem »zweiten Einstein«) etc., er unterschreibt, ich falte das Schreiben, stecke es in einen Umschlag und klebe die Marke drauf.

»Wissen Sie, lieber Freund, was ich in den Brief geschrieben habe?« frage ich ihn, »nein? Ich werde Ihnen die Geschichte von Gianni Schicchi erzählen, nach dem Libretto der berühmten Oper von Giacomo Puccini:

Der alte und sehr reiche Großbauer liegt im Sterben, die ganze Familie hat sich um sein Bett versammelt, in froher Erwartung des Erbes. Nachdem der Alte entschlafen ist, machen sich die lieben Verwandten sogleich auf die Suche nach dem Testament. Doch die Enttäuschung ist riesengroß: Er hat sein ganzes Vermögen einem Kloster vermacht. Ratlosigkeit. ›Regt euch nicht auf‹, erklärt der klügste unter den Bauern, eben Gianni Schicchi, ›wir haben den Tod unseres geliebten Onkels noch nicht bekanntgegeben. Ich werde mich an seiner Stelle ins Bett legen, und wir werden einen Priester und einen Notar kommen lassen. Vom Priester werde ich die letzte Ölung erhalten, dem Notar werde ich mein Testament diktieren.‹

So geschieht es. Mit zitternder Stimme diktiert er, wieder im Beisein der ganzen Sippe, nachdem er ein paar Kleinigkeiten für die übrigen Familienmitglieder aufgezählt hat: ›Und ansonsten vermache ich mein ganzes Vermögen meinem treuen Freund und Neffen Gianni Schicchi.‹

Und wissen Sie, Sir Ernest, was ich in Ihren Brief geschrieben habe? ›Nach meinem Ableben gehört mein Vermögen Monsieur Kostolany!‹« Da hat er den Umschlag voller Angst gleich wieder aufgemacht.

Im Leben kann man manchmal Dinge erleben, die sonst nur in der Oper geschehen.

Trotz aller Schattenseiten – eine moderne Gesellschaft, die ohne Geld funktioniert, kann ich mir nicht vorstellen. Karl Marx hegte ja solche Träume, oder vor ihm Thomas Morus. Das sind und bleiben Utopien. Geld, Kapital, Liquidität braucht der Kapitalismus, um zu prosperieren und alle – auch die »Armen«, die ja nicht ärmer, sondern, wie die »Reichen«, immer reicher werden – am wachsenden Wohlstand teilhaben zu lassen. Wie schon die Mutter von Karl Marx sagte: »Wenn doch Karlchen mehr Kapital gemacht hätte, als über Kapital zu schreiben ...« Im übrigen haben sich ja viele seiner Vorstellungen von einer gerechteren Gesellschaft verwirklicht – wenn auch auf andere Weise, als er prognostizierte.

Ich bewundere Marx, weil er ein großer Denker seiner Zeit war und weil ich seine Texte sehr schätze. Seine Prosa zählt für mich zum Besten, was ich in deutscher Sprache gelesen habe (auch wenn man sagt, Friedrich Engels habe sie verfaßt).

Dritte Vorlesung:

Die Massen sind unwissend

Der frühere Bundeskanzler Helmut Schmidt sagte nach dem weltweiten Börsenkrach vom Oktober 1987, die Börse sei von Psychopathen bevölkert. Obwohl ich nicht immer mit dem einverstanden bin, was Schmidt äußert – schließlich ist er ein geschulter Volkswirt –, muß ich zugeben, daß er hier zwar drastisch, aber zutreffend formuliert hat.

»Die Massen sind unwissend«, schrieb Gustave Le Bon in seiner klassischen Studie »Psychologie der Massen« (1895). Aber in dieser Eigenschaft liegt das Geheimnis ihrer Kraft – die sogar dann gültig ist, wenn die Masse aus besonders klugen, denkenden Menschen besteht. Wenn 100 höchst intelligente Menschen auf engem Raum zusammengepfercht werden, dann wird diese Masse nicht vom Geist, sondern von Emotionen gelenkt.

Der Börsenprofi entschließt sich morgens, aus diesem oder jenem Grund und nach reiflicher Überlegung, alle seine Papiere zu verkaufen. Er betritt den Börsensaal und erfährt, daß dort eine sehr optimistische Stimmung herrscht. In einer Sekunde kippt er um, ändert seinen Plan und, anstatt zu verkaufen, kauft er neue Papiere dazu.

In Amerika spielt diesbezüglich der Ticker eine große, oft entscheidende Rolle. Hunderttausende, wenn nicht Millionen, verfolgen den Ticker, der alle Transaktionen verzeichnet. Steigen die Kurse, laufen die *tape watcher* den Papieren nach, um noch schnell – auch ganz ohne Überlegung – auf den fahrenden Zug zu springen. Der Ticker mit den laufenden Kursen zeigt die Meinung der Massen und übt dadurch auf den einzelnen eine unwiderstehliche Anziehung aus, mitzulaufen. Der Ticker ist wie die Flagge auf dem Kampffeld: Solange sie hoch und stramm vorweggeht, marschieren die Truppen nach. Fällt die Flagge, kommt die Angst, daß der Vormarsch aufgehalten ist; der Mut ist weg, und die Truppen laufen auseinander. Genauso ist es an der Börse.

Deswegen müssen diejenigen, die an der Börsenhausse Interesse haben, darauf achten, daß die Flagge stolz in der Höhe bleibt und vorangeht; dann folgt die Truppe schon nach. Das nennen die Insider dann gern »Kurspflege«. Um auch nur ein wenig die Reaktion des Publikums auf die Ereignisse einschätzen zu können, ist meiner Ansicht nach die Analyse der technischen Verfassung des Marktes der beste Wegweiser.

Wie gesagt: Kurz- und mittelfristig macht die Psychologie 90 Prozent an der Börse aus! Langfristig spielen dann die fundamentalen Gründe eine größere Rolle.

Der entscheidende Faktor für die *kurzfristige* Börsentendenz ist neben der Psychologie die technische Verfassung des Marktes, das heißt, ob die Wertpapiere sich in den Händen kapital- und nervenstarker Anleger oder in den Händen von Zittrigen befinden.

Auf kurze Sicht hat die Wirtschaftslage gar keinen Einfluß auf die Kurse, auf Zins und Branchenkonjunktur auch nur insofern, als einige Spekulanten daraus für spätere Termine Schlüsse ziehen. Merke: Die Kurse steigen, wenn die Käufer stärker unter materiellem oder psychologischem Druck stehen als die Verkäufer. Nicht die Ereignisse beeinflussen die Börsenkurse, sondern die Reaktionen des Publikums auf die Ereignisse.

Der entscheidende Faktor für die *mittelfristige* Börsentendenz ist neben der Psychologie der Zinsfuß. Der Zins, also die Liquidität auf dem Kapitalmarkt, entscheidet, ob Nachfrage oder Angebot stärker sein werden. Der Zins hat einen direkten Einfluß auf den Anleihemarkt: Wenn die Rendite der Anleihen kleiner wird, kommen mehr flüssige Mittel zur Börse. Aber diese Zinswirkung auf die Börse macht sich erst nach einer gewissen Zeit bemerkbar: mittelfristig.

Für *langfristige* Tendenzen aber ist die Psychologie nicht mehr so wesentlich. IBM, Siemens oder Daimler-Benz wären nie das geworden, was sie sind, wenn es keine fundamentalen Gründe für ihren Erfolg gegeben hätte. Es war nicht die Psychologie, die die Aktien dieser Konzerne so hoch steigen ließ. Und wer will heute schon die Ängste, Hoffnungen und Vorurteile von übermorgen voraussehen? (»Langfristig sind wir alle tot«, sagte schon John Maynard Keynes.) Die allgemeine Konjunktur und besonders die Branchenkonjunktur entscheiden über Qualität und künftige Rendite der Aktien. Wer die Entwicklung einer Branche auf mehrere Jahre voraussehen kann, kann davon viel profitieren.

Entscheidend für die Börsentendenz insgesamt sind meiner Ansicht nach zwei Grundfaktoren, alle anderen Faktoren münden schließlich in sie ein:

1. Das Verhältnis zwischen der Geldmenge und neuen Wertpapieremissionen;
2. das psychologische Element, Optimismus oder Pessimismus, das heißt die Einschätzung der Zukunft.

Alle Ereignisse, alle politischen, wirtschaftlichen und finanziellen Maßnahmen, seien sie nun bedeutend oder unbedeutend, münden schließlich in diese beiden Tatsachen.

Ich habe diese Theorie schon früher in einer mathematischen Gleichung ausgedrückt, die das Grundprinzip jeder Börsentendenz sein sollte:

T (Tendenz) = G (Geld) + P (Psychologie)

Unter dem Faktor »Geld« verstehe ich das der Börse zur Verfügung stehende Geld. Wenn ständig große Emissionen von Obligationen (oder Wandelanleihen) zu hohen Zinssätzen aufgelegt werden, wenn Banken und Sparkassen für feste Gelder hohe Zinsen bezahlen, dann bleibt natürlich für den Ankauf von Aktien sehr wenig übrig. Kurz gesagt, der Faktor »Geld« hängt von den langfristigen Zinssätzen ab.

Dagegen ist der Faktor »Psychologie«, genau betrachtet, das Produkt einer großen Zahl verschiedener untergeordneter Faktoren. Nehmen wir an, die Gewinne und Dividenden einer Gesellschaft werden reduziert, die Steuern heraufgesetzt etc., also lauter negative Maßnahmen. Wenn aber das Publikum die Zukunft mit Optimismus beurteilt, nimmt es diese schlechten Nachrichten in Kauf, weil es überzeugt ist, daß die erwähnten negativen Einflüsse nur vorübergehend wirksam sind. Der Faktor P (Psychologie) bleibt in diesem Falle positiv, trotz der schlechten fundamentalen Nachrichten.

Dies hat sich auch bei dramatischen politischen Ereignissen bestätigt. Oft kommt es vor, daß Aktien einer Gesellschaft trotz eines Streiks nicht zurückgehen, einfach weil das Publikum den Streik als ungefährlich beurteilt.

Nicht die Tatsache Krieg oder Frieden ist für die Börsenmakler absolut entscheidend, sondern die psychologische Reaktion des Publikums darauf.

Auch die Beurteilung der Preis-Gewinn-Relation einer Aktie (in den USA *price earning ratio* genannt) ist rein psychologischer Natur. Es kann vorkommen, daß der

Markt, das heißt die Analysten, bei derselben Aktie eine Preis-Gewinn-Relation von 15:1 als tief beurteilen und damit das Urteil fällen, das Papier sei unterbewertet. Zu einem anderen Zeitpunkt bezeichnen sie aber dieselbe Relation bei demselben Papier als überbewertet.

Ich will nicht behaupten, daß die Analysten im gegebenen Moment unrecht haben, aber man kann aus dieser Beurteilung keine Rückschlüsse auf die weitere Entwicklung ziehen, da die Beurteilung »unter- oder überbewertet« kein arithmetisches Axiom ist, sondern eine relative Beurteilung, die in großem Umfang psychologisch bedingt ist. Deshalb muß ich immer wieder lächeln, wenn ich beobachte, wie Hunderte Analysten von dieser Preisrelation hypnotisiert sind.

Diejenigen, die die »price earning ratio« als das Einmaleins der Börsenkunst betrachten, hätten nie IBM, Daimler-Benz und viele andere Aktien kaufen dürfen, denn nach dieser Berechnung hätten diese Aktien im gegebenen Moment immer zu hoch gestanden.

Wie falsch diese starre, einseitige Einstellung ist, zeigt sich am besten bei Gesellschaften, die mit Verlust arbeiten. Den Analysten zufolge dürfte man diese Werte überhaupt nicht anrühren, denn theoretisch müßten sie ja aufgrund der *price earning ratio* unter Null stehen. Meine interessantesten Börsencoups habe ich aber immer mit den Aktien solcher Gesellschaften gemacht, die im Moment, als ich sie gekauft habe, mit Verlust arbeiteten. Wenn aber diese Gesellschaften dann wieder Gewinne erzielten (im Englischen nennt man dies eine *turn around situation*), schnellten die Kurse steil empor.

So war es auch kürzlich wieder, in der Krise Anfang der achtziger Jahre, bei den Aktien des schwer angeschlagenen US-Autokonzerns Chrysler. Meine Spekulation war so aufgebaut: Ich war sicher, daß die amerikanische Regierung die

Traditionsmarke Chrysler nicht pleite gehen lassen würde; ich rechnete fest mit einem allgemeinen Konjunkturaufschwung und einem enormen Nachholbedarf bei der Nachfrage nach Autos, und ich hatte Vertrauen zum neuen Mann an der Spitze des Unternehmens, Lee Iacocca. Hinzu kamen meine guten Erinnerungen an eine meiner bis dato kühnsten und erfolgreichsten Spekulationen: 1946 hatte ich in Italien just die Aktien der marodesten Automobilfirma, Isotta-Fraschini, früher ein großer Name, in einer ganz ähnlichen psychologischen und konjunkturellen Situation gekauft – und zehnfaches Geld gemacht. Meine Chrysler-Vision trug noch reichere Früchte: Ich verkaufte die zu fünf Dollar erworbenen Papiere beim Kurs von 105.

Die Börsenlogik ist mit der Alltagslogik nicht identisch

> »Du mußt versteh'n! Aus eins mach' zehn, und zwei laß' geh'n, und drei mach' gleich, so bist du reich. Verlier die Vier! Aus fünf und sechs, so sagt die Hex', mach' sieben und acht, so ist's vollbracht: Und neun ist eins, und zehn ist keins. Das ist das Hexeneinmaleins.«
>
> *J. W. Goethe, Faust*

Meiner Meinung nach kommt man mit Mathematik an der Börse überhaupt nicht weiter. Die Kurse lassen sich nicht mit dem Zollstab messen und Börsenentwicklungen nicht aufgrund mathematischer Berechnungen voraussagen. Nur *eine* Art von Mathematik an der Börse lasse ich gelten. Zur Erläuterung möchte ich folgende Geschichte erzählen: Eines Tages besuchte mich einer meiner alten Freunde, der ein vorzüglicher Spekulant war und dennoch sehr beunruhigt zu sein schien. »Wie erklären Sie sich dieses merkwürdige Phänomen?« fragte er mich. »Ich habe in letzter Zeit bei meinen Aktien-, Obligationen- und Warenspekulationen ein ungewöhnliches Phänomen entdeckt. Ich habe im Augenblick vielleicht zehn verschiedene Positionen an der Börse, die in keinerlei Beziehung zueinander stehen.

Ich spekuliere mit südafrikanischen Minen auf Hausse, mit französischen Staatsanleihen auf Baisse, mit amerikanischen Automobilwerken auf Hausse, mit englischen Banken auf Baisse, mit Zinn auf Hausse, mit Hafer auf Baisse, schließlich mit Erdölwerten auf Hausse und mit Kakao auf Baisse. Sie werden zugestehen, daß diese Spekulationen jeweils nicht viel miteinander zu tun haben. Und trotzdem, entweder ist alles günstig für mich, oder alles ist gegen mich. Entweder steigt alles, was fallen sollte, und alles fällt, was steigen sollte, oder es passiert auch, daß alles steigt, was steigen soll, und alles fällt, was fallen soll. Ich möchte wirklich wissen, welche Relation zwischen den Aktien der amerikanischen Automobilwerke und dem Kakao besteht, zwischen den Banken in London und dem Hafer in Winnipeg? Es ist zum Verrücktwerden. Im Augenblick sind alle meine Positionen auf den Kopf gestellt. Welche geheimnisvolle Kraft steckt dahinter, die es manchmal gut mit mir meint, die sich aber heute auf der ganzen Linie gegen mich verschworen hat?« Bei dieser Bemerkung hörte ich den für viele Spekulanten typischen Aberglauben heraus.

»Nun«, antwortete ich, »es gibt eine Aktie, die im Augenblick bestimmt schlecht im Kurs steht und auf die Sie am meisten rechnen: die Aktie der Logik. Bei Ihren Aktienspekulationen, nehme ich an, stützen Sie sich auf Bilanzen, Gewinn-und-Verlust-Rechnungen, Dividenden usw., und bei Ihren Rohstoffspekulationen auf Statistiken über Ernteerträge und Verbrauch, auf Handelsverträge, Innen- und in jedem Fall Außenpolitik. Im Augenblick befinden wir uns vermutlich in einer Periode, wo die Logik nicht Schritt halten kann, und deshalb ist alles gegen Sie. Gedulden Sie sich ein wenig. Die ›Logik‹ genannte Aktie wird wieder steigen, und alles wird dann in – logischer – Ordnung sein.

Sie kennen mein Glaubensbekenntnis: zwei mal zwei ist fünf weniger eins.

Nichts ist einfach, weder in der Spekulation noch im Leben. Die ganze Existenz beruht auf dieser Wahrheit. Die Erfahrung zeigt das. Man kommt ans Ziel, aber nie auf gerader Linie.«

Hier wird meine »Börsenmathematik« fast zur Metaphysik; aber auch in anderen Lebensbereichen gilt dieses Gesetz, etwa in der Religion oder Kunst. Ganz besonders die Musik ist ja auf der Abweichung aufgebaut; Spannung und Entspannung – das ist das ganze Geheimnis der Melodie.

»Im Augenblick«, erklärte ich meinem Freund weiter, »befinden wir uns sogar in der Kurve. Aus welchen Gründen steht die Logik so niedrig im Kurs? Darauf gibt es tausend und mehr Antworten.

Wenn Ihre Logik wirklich logisch ist, das heißt richtig aufgebaut, dann wird sie sich durchsetzen. Wann, das ist eine Frage der Imponderabilien, die Ihre Überlegung verzögern oder sogar ins Gegenteil verkehren können. Was gestern noch solide war, kann sehr leicht heute morsch sein. Aber wenn die Elemente Ihres Spekulationsgebäudes ihre Gültigkeit behalten, dann ist alles nur eine Frage der Zeit. Man muß in dem Augenblick, da irgend etwas in Unordnung gerät, die Situation richtig beurteilen können. Nichts ist so verdrießlich und sogar gefährlich, wie die Gründe nicht zu kennen, die sich der Logik widersetzen.

Man muß die Symptome erkennen. Wenn die Diagnose eine vorübergehende Störung erkennen läßt, heißt es festbleiben, die Ohren steifhalten. Wenn aber grundlegende Änderungen eintreten, Krieg oder Frieden, wichtige politische, wirtschaftliche oder finanzielle Entscheidungen, Regierungswechsel und so weiter, dann muß man sofort die Konsequenzen ziehen und notfalls heute über Bord werfen, was einem gestern noch lieb und teuer war.

In Ihrem Falle möchte ich folgende Diagnose stellen: Es gibt seit einiger Zeit eine ganze Menge Kapital, sogenanntes heißes Geld, es will nicht so angelegt werden, wie es ein Familienvater anlegen würde, sondern ist ständig auf der Suche nach großen Spekulationscoups. Dieses Wanderkapital wird ebenso wie Ihr Kapital für Spekulationen eingesetzt, die auf der reinen und einfachen Logik aufbauen. Sie sind also nicht der einzige, sondern Tausende von Spekulanten mit einer Riesenmenge Geld verfolgen denselben Weg wie Sie, in denselben Sektoren: Sie haben dieselben Waren und Werte gekauft und dieselben auch leer verkauft. Infolgedessen sind die Märkte, in denen Sie auf steigende Kurse spekulieren, überkauft (overbought) und die Märkte, in denen Sie auf fallende Preise spekulieren, überverkauft (oversold).

Sie sagten mir, Sie hätten Ölaktien. In letzter Zeit hat die internationale Spekulation ebenfalls Ölaktien aufgekauft und wartet nun auf die Hausse. In dem Moment, wo die Aktien aus fundamentalen Gründen zu steigen beginnen, wollen viele Spekulanten schnell Nutzen nehmen und verkaufen. Daher steigen die Aktien sehr wenig oder gar nicht. Andere Spekulanten werden ungeduldig, weil die erwartete Hausse nicht eintritt, und verkaufen ebenfalls etc.

So kann es geschehen, daß die fundamentalen Gründe, auf denen man seine Spekulation aufgebaut hat, durch technische Gründe neutralisiert werden. Dann entstehen jene Situationen, in denen der Spekulant nicht begreift, warum alle gültigen Argumente sich in den Kursen nicht widerspiegeln. Kurse drücken nämlich nur in Ausnahmefällen den realen Wert aus, sondern spiegeln das Verhältnis von Angebot und Nachfrage. Egal, woher das Angebot kommt, wenn es kommt, dann fallen die Kurse.

Diese Behauptung ist genauso logisch, wie es logisch wäre, daß die Ölaktien bei eventuell steigenden Dividenden in die Höhe gingen. Aber die Logik der technischen Gegebenheiten war in diesem Falle stärker als die Logik der fundamentalen Gründe, das heißt, Käufe und Verkäufe werden nicht nur aus fundamentalen Überlegungen getätigt.

Infolgedessen schwanken die Kurse ausschließlich unter dem Druck von Angebot und Nachfrage. Es wäre interessant, einmal alle Verkauf- und Kauforders eines einzigen Börsentages daraufhin zu untersuchen, welche Beweggründe die Verkäufer und Käufer zur Erteilung ihrer Aufträge veranlaßt haben.

Herr Maier verkauft seine Papiere vielleicht, weil er in den nächsten Tagen einen Wechsel einlösen muß; ein anderer wieder, weil er sich eine neue Wohnung kaufen will; der dritte, weil seine Tochter heiratet und er das Geld für die Mitgift braucht; ein vierter verkauft seine Papiere in der Hoffnung, sie billiger zurückkaufen zu können. Und warum kauft Herr Schulze am selben Tag Papiere? Weil er soeben ein Haus verkauft hat und ihm flüssiges Geld zur Verfügung steht; oder weil er dieselben Papiere schon höher verkauft hat und sie jetzt billiger zurückkaufen will.

Man kann diese These auch ad absurdum führen. Nehmen wir an, ein Wert steigt bis zu dem Niveau, mit dem die Anleger gerechnet haben. Damit gelangt er aber in eine Gefahrenzone. Vom Augenblick an übt nämlich der angemessene Kurs nicht mehr die gleiche Anziehungskraft auf die Spekulation aus. Es gibt nur wenig Kaufinteressenten, und diejenigen, die das Papier bereits im Besitz haben, versuchen es nun bei den erwarteten und eingetretenen hohen Preisen loszuwerden, um ihren Nutzen sicherzustellen. Dann wollen alle gleichzeitig durch ein und dieselbe Tür. Die Baisse ist da, obwohl die erwarteten Ereignisse eingetroffen sind, oder vielleicht gerade deswegen.

Der gleiche Prozeß vollzieht sich auch im umgekehrten Sinne. Nehmen wir irgendeinen Wert, der aus absolut einleuchtenden Gründen, zum Beispiel im extremen Fall, weil die Gesellschaft in finanziellen Schwierigkeiten ist, fallen sollte. Der Wert fällt und nähert sich dem tiefen Niveau, das er logischerweise erreichen müßte. Und dennoch bleibt er bei einem höheren Kurs stehen, ohne weiter zu fallen. Und das sogar eine ganze Zeit lang, trotz der schlechten Nachrichten.

In der Börsensprache nennt man dies das Fait accompli, die vollendete Tatsache. Es tritt deshalb ein, weil viele die Papiere bereits verkauft haben und diese nun in Händen von Leuten sind, die den Niedergang der Gesellschaft in Kauf nehmen und damit andere Absichten verfolgen. Die Baissiers, die schon früher umfangreiche Leerverkäufe getätigt haben, sehen jetzt ihre Erwartungen erfüllt und wollen ihren Gewinn sichern. Ihre Käufe verursachen das Steigen der Kurse. Ich habe in vielen Fällen das gleiche Phänomen erlebt. Notleidende Obligationen, Aktien von faulen Gesellschaften, die kurz vor dem Konkurs standen oder sogar schon in Konkurs waren, hielten sich noch lange auf relativ hohen Kursen, bevor sie ganz tief stürzten.

Dem Fait accompli kommt in der Kursentwicklung eine ganz besondere Bedeutung zu. Nehmen wir an, es besteht Kriegsgefahr. Viele Anleger verkaufen ihre Werte. Aber am Tag der Kriegserklärung steigen die Kurse plötzlich gegen alle Erwartung. Bei Kriegsausbruch 1939 war dies typisch für alle Börsen, in Amerika genauso wie in Europa. Und all das aus den hier erörterten technischen Gründen.«

Ich selbst war damals übrigens auf eine große finanzielle Katastrophe vorbereitet. Ich rechnete fest damit, daß sämtliche Banken schließen würden, die Börse und der Terminhandel natürlich ebenso, ich war auf strengste Devisenverordnungen vorbereitet. Das Wochenende ging in nervöser Anspannung vorüber; am Montag war es dann soweit: Der Krieg hatte begonnen. Ich war so durcheinander, daß ich meine eigene Telefonnummer vergaß, die ich bei der Anmeldung eines Auslandsgesprächs angeben mußte.

Doch als ich auf die Straße trat, sah ich voller Erstaunen, daß die Banken wie selbstverständlich geöffnet waren, auch die Börse und sogar der Terminhandel gingen weiter, als sei nichts geschehen. Die größte Überraschung aber war: Die Börse drehte sich um 180 Grad und stieg dann sechs Monate lang ununterbrochen. Das ist das Fait accompli. Wenn jeder mit dem Kurssturz rechnet, kommt justament das Gegenteil

Ein wenig erinnert mich dieses eigenartige Phänomen an den Verlauf einer Beerdigung. Vom Friedhof begibt sich die Trauergemeinde in ein Wirtshaus und hält Leichenschmaus. Nach kurzer Zeit und einigen Getränken hellen sich die Mienen auf, und die Gespräche werden lauter und lustiger, und bald ist alles schon wieder vergessen. Man hat vielleicht schon geraume Zeit mit dem Tod gerechnet, auf ihn gewartet. Wenn dann der Kranke nach langem Leiden stirbt, ist man gewissermaßen erleichtert und sogar getröstet: Gott hat's gegeben, Gott hat's genommen.

»Wenn man aber während des Krieges glaubt, der Friede sei nahe«, fuhr ich in der Antwort an meinen Freund fort, »und man beginnt Werte zu kaufen, dann steigt die Börse bereits während des Krieges. Bei Unterzeichnung des Waffenstillstandes kann es aber leicht passieren, daß die erwartete Hausse nicht eintritt. Im Gegenteil fallen die Kurse. Da spricht man dann von einem Fait accompli.

Dagegen kann es aber auch passieren, daß während des Krieges das nervöse Publikum den Großteil der Wertpapiere schon abgestoßen hat, und wenn der Friede dann ganz überraschend kommt, schlägt die Börse sofort um und schießt wie eine Rakete empor.

Kurz gesagt, nach meiner Erfahrung haben sensationelle und erschütternde Ereignisse zur Folge, daß sich die Börsentendenz um 180 Grad dreht. Kommen wir auf unser Beispiel Kriegsausbruch 1939 zurück. Wären die Börsen monatelang vor Kriegsausbruch gestiegen, so hätte es bei Beginn der Feindseligkeiten einen Riesenkrach gegeben. Anstatt des Fait accompli hätte es sich um eine dramatische schlechte Nachricht gehandelt.

Krieg und Frieden sind natürlich extreme Fälle. Das Phänomen des Fait accompli kann man jedoch auch bei vielen anderen politischen und wirtschaftlichen Ereignissen beobachten. Diese Beobachtung hat sich so oft bestätigt, daß ich sie fast zur Regel erhoben habe.

Ich möchte also folgendes Fazit ziehen: Ihre Logik stützt sich nur auf die sogenannten Fundamentalien, die statistischen, wirtschaftlichen, politischen und sonstigen Faktoren. All das aber wurde von den erwähnten technischen Faktoren überspielt. Mit einem Wort, Ihre Überlegungen waren zu theoretisch, und deshalb entsprechen sie nicht den Gegebenheiten der Praxis.«

Die Antwort, die ich meinem Freund im Hinblick auf seine vielerlei Hausse- und Baisse-Engagements für Effekten und Rohstoffe gab, läßt sich auch auf die allgemeine Börsentendenz anwenden.

Von Zeit zu Zeit fragt man sich erstaunt, warum die Börse trotz des Konjunkturrückganges steigt und warum sie in einer Periode der Hochkonjunktur fällt. Die Erklärung dafür ist, daß Börsentendenz und Konjunkturtrend zwar voneinander abhängig und den gleichen Gesetzen unterworfen sind, aber nicht parallel verlaufen.

Ich habe schon vor Jahren folgendes Beispiel geprägt, das mittlerweile oft zitiert wird: Stellen Sie sich einen Mann vor, der mit seinem Hund eine Straße entlanggeht. Der Mann schreitet gleichmäßig voran; das ist die Wirtschaft. Der Hund stürmt vorwärts, springt hierhin und dorthin, kommt zu seinem Herrn zurück, läuft wieder davon und kommt wieder zurück; sein Weg stellt die Bewegungen der Wertpapiere dar. Beide kommen voran, Herr und Hund. Schließlich erreichen sie gemeinsam das Ziel ihres Spazierganges. Während der Mann einen Kilometer gegangen ist, hat der Hund den gleichen Weg drei- oder viermal zurückgelegt. Genauso ist es mit den Bewegungen an der Börse; indem sie vorauläuft und dann wieder zurückkommt, begleitet sie die wirtschaftliche Expansion.

Zwei wesentliche Faktoren, die *Geld- und Kreditsituation* einerseits und die *Psychologie der Massen* andererseits, wirken sich nicht gleichzeitig mit der Konjunktur auf die Börse und die Wirtschaft aus. Der Geldmarkt und das Wirtschaftsleben stehen in engem organischen Zusammenhang. Aber was für die Geschäftswelt günstig ist, ist sehr oft für die Börse ungünstig.

Meiner Ansicht nach sind für die allgemeine Börsentendenz, also nicht für einzelne Aktien, die Faktoren Phantasie und Geld viel ausschlaggebender als die fundamentalen Tatsachen. Allerdings gibt es auch da wieder Ausnahmen: Eine Aktie kann durchaus auch in einer sehr pessimistischen Situation etwas steigen, wenn tiefe und fundamentale Gründe dafür vorhanden sind. Das geschieht aber sehr langsam, weil sie gewissermaßen gegen den Strom schwimmen muß. So gilt auch umgekehrt: Wenn fundamentale Gründe für ein Papier sprechen in einer optimistischen Tendenz, dann wird es viel schneller steigen als die übrigen Aktien. Oder ein schlechtes Papier wird wegen seiner fundamentalen Gründe in die Tiefe gehen, obgleich der Markt insgesamt optimistisch ist. Die gesamte Börse hat also eine Tendenz, und jedes Papier hat seine eigene Tendenz aus fundamentalen Gründen. Die Fundamentalien sind sehr wichtig, aber gegen den starken Strom der Kapitalbewegung können sie sich nicht völlig durchsetzen.

Sehr oft ist die Kursentwicklung sogar entgegengesetzt zu der fundamentalen Richtung. Denn eine Wirtschaftseuphorie bringt höhere Zinsen (wie ich es oben schon erklärt habe), schlechtere Liquidität, weil die Unternehmen selber alle zur Verfügung stehenden Gelder für direkte Investitionen benötigen. Daher kommt es häufig vor, daß während einer Wirtschaftsrezession und eines Rückgangs der Zinsen die Börse steigt, obwohl die fundamentalen Faktoren, das heißt Gewinne und Dividenden, dies nicht erwarten lassen. In einer Periode des wirtschaftlichen Booms, wenn Handel und Industrie florieren und die verfügbaren Kapitalien für die Expansion verwendet werden, greifen die Behörden (Notenbank, Regierung) zu restriktiven Maßnahmen, um eine Wirtschaftsüberhitzung zu vermeiden. Der Diskontsatz wird erhöht, und Kreditrestriktionen werden eingeführt. Die Geldmenge wird gedrosselt. Die Banken erhöhen die Debetzinsen, beschneiden oder streichen im äußersten Fall sogar die zugestandenen Kredite usw ...

Es liegt auf der Hand, daß die Kurse der Aktien niemals ihrem wahren Wert entsprechen. Sie sind immer höher oder tiefer. Hat eine Aktie überhaupt einen meßbaren Wert? Wäre dem so, dann könnte man den genauen Wert einer Industriefirma angeben, und es gäbe überhaupt keine Börse. Es gäbe einen festen Preis für die Aktien, der mit Hilfe eines Computers zu errechnen wäre. Dies ist aber nicht der Fall. Und deshalb versagen auch alle Experimente, mit Computern eine Börsentendenz voraussagen zu wollen.

Schätzungen und Beurteilungen einer Aktie hängen von der einzelnen Person ab: Ein und derselbe Mensch hat aber auch über die Aussichten und die Zukunft eines Unternehmens jeden Tag eine andere Ansicht. Viele Faktoren beeinflussen das Urteil. Die gute oder schlechte Stimmung des Käufers, persönliche Probleme spielen auch eine Rolle.

Und das gleiche gilt, wenn man die allgemeine Börsentendenz beurteilen will. Letztlich ist die Stimmung an der Börse eine Frage der Übereinkunft zwischen den Börsenteilnehmern. Eine Übereinkunft über die Frage, ob deren Mehrheit optimistisch oder pessimistisch eingestellt ist. Dieses daraus entstehende sogenannte Börsenklima ist ausschlaggebend für die Entwicklung der Kurse, bei der es sich dann wiederum herausstellt, ob es für die Aktienbesitzer wichtig oder notwendig ist, Papiere zu verkaufen, oder ob es für die Geldbesitzer notwendig ist, Aktien zu kaufen.

Es ist auch schwer zu sagen, wie eine Stimmung überhaupt entsteht. Denn die Stimmung hat nichts mit der Zukunft zu tun, sie hat mit dem Präsens zu tun. Über Pessimismus und Optimismus entscheiden verschiedene Faktoren, historische, politische, wirtschaftliche oder beispielsweise das Vertrauen oder Mißtrauen in die Finanzpolitik. Diese Faktoren sind aber nicht wirklich objektivierbar.

Das, was wir die Stimmung oder das Klima an der Börse nennen, folgt keiner Logik und überrascht auch die Experten oft. Merke: Die Börsenlogik ist mit der Alltagslogik nicht identisch.

Steigt die Börse, kommt das Publikum, fällt die Börse, geht das Publikum

Wenn man es ganz genau nähme, dürfte man gar nicht von »Börsenpsychologie« sprechen, denn die Börse *ist* Psychologie. »Die Verwirrung der Verwirrungen« heißt das erste Buch, das 1688 über die Börse erschien.

Zyklen wie Ebbe und Flut, die Abfolge der Jahreszeiten, der beständige Wechsel der Mondphasen prägen die Natur; und auch im gesellschaftlichen Leben begegnen uns Zyklen, etwa die Abfolge von Boom und Rezession in der Wirtschaft, Krieg und Frieden zwischen den Völkern, überhaupt der Pendelschlag zwischen Optimismus/Innovation und Pessimismus/Stagnation in der Geschichte menschlicher Gemeinschaften. An der Börse ist es genauso, und auch hier treibt die Massenpsychologie als entscheidender Motor diese immerwährende Bewegung an.

Ich habe – um das Geschehen an den Finanzmärkten etwas durchsichtiger zu machen – nach jahrzehntelanger Erfahrung und Beobachtung eine Theorie der zyklischen Kursentwicklung an der Börse (sei es bei Aktien, Anleihen, Edelmetallen, Rohstoffen – also bei all jenen Märkten, auf denen spekuliert wird) entwickelt. Hier möchte ich mein Modell nur kurz referieren:

Jeder Börsenzyklus besteht aus drei Phasen:
1. der Phase der Korrektur,
2. der Phase der Anpassung oder Begleitung,
3. der Phase der Übertreibung.

Nehmen wir als Beispiel eine Aufwärtsbewegung. Während der neuen ersten Phase wird der Kurs, der zu tief gefallen war, auf ein Niveau korrigiert, das gewissermaßen realistisch und berechtigt ist. In der zweiten Phase entwickelt sich der Kurs parallel zu den laufenden Ereignissen. Sind sie für den Artikel ungünstig, geht der Kurs berechtigterweise wieder zurück. Sind die Ereignisse positiv, begleitet die Notierung sie in einer Aufwärtsbewegung. An einem gewissen Punkt der zweiten Phase besteht nun die Gefahr, daß, begünstigt durch weitere positive Ereignisse, automatisch in die dritte Phase übergegangen wird. In dieser Phase des Bullmarktes springen die Kurse von Stunde zu Stunde in die Höhe. Die Kurse und Stimmungen eskalieren sich gegenseitig. Die gestiegenen Kurse erzeugen eine rosige Stimmung, der Optimismus kennt keine Grenzen mehr und wird zur Euphorie, und diese treibt die Kurse jetzt noch weiter in die Höhe. Sie haben keine Bedeutung mehr, sind ausschließlich von der Massenhysterie bestimmt.

In einer zyklischen Baissebewegung erzeugen die tiefen Kurse in der dritten Phase einen schwarzen Pessimismus, der wiederum auf die Preise drückt, und die Kurse fallen wie

Blätter im Herbst. Diese Baisse- oder Haussewelle der letzten Phase dauert immer so lange, bis ein psychischer Elektroschock aus irgendeiner Richtung den Teufelskreis zu durchbrechen vermag. Wenn der Elektroschock nicht kommt, obwohl Argumente für die Gegenrichtung bereits vorhanden sind, dann tobt sich diese letzte rein psychologische Phase langsam aus. Und eines Tages wendet sich die Markttendenz ohne jede erkennbare Veranlassung zur größten Überraschung des Publikums und sogar der Experten, die darauf nicht vorbereitet waren. Nun beginnt die zyklische Gegenbewegung (in unserem Falle die Korrektur, die Anpassung und die Übertreibung in einer Abwärtsbewegung). Das ist die ewige Rotation oder Paternosterfahrt an der Börse.

Wie soll sich nun der Spekulant in diesen drei Phasen verhalten? In der dritten, das heißt in der Übertreibungsphase des Bearmarktes, sollte er kaufen und auch nicht erschrekken, wenn die Preise weiter zurückgehen. Denn wie die alten Börsianer schon auf der Budapester Getreidebörse sagten: »Wer den Weizen nicht hat, wenn er zurückgeht, hat ihn auch nicht, wenn er steigt.« In der ersten Phase der Aufwärtsbewegung sollte er weiterkaufen, denn der Tiefpunkt ist überwunden. In der zweiten Phase sollte er eigentlich nur Zuschauer sein, nur passiv mit der Bewegung gehen und sich seelisch darauf vorbereiten, in der dritten Phase bei der allgemeinen Euphorie aus dem Markt auszusteigen. Das heißt, bei der zyklischen Börsenbewegung soll man zu zwei Dritteln gegen die Tendenz und zu einem Drittel mit der Tendenz gehen.

Es ist natürlich sehr schwierig für einen Spekulanten, gegen die dritte Übertreibungsphase der Baisse zu gehen, das heißt gegen den allgemeinen Konsensus zu handeln und zu kaufen, wo die Kollegen, die Massenmedien und Experten zum Verkaufen raten (und vice versa). Denn sogar jener, der diese Theorie kennt und ihr folgen möchte, ändert im letzten Moment unter dem Druck der Massenpsychose seine Meinung und sagt sich, theoretisch müßte ich zwar jetzt einsteigen, doch ist die Situation diesmal anders. Es stellt sich ja erst spät heraus, daß auch diesmal antizyklisches Handeln das beste gewesen wäre. Man muß sehr trainiert, mißtrauisch, zynisch und auch ein wenig eingebildet sein, um sich der Massenhysterie entziehen und sagen zu können: »Ihr seid alle Dummköpfe, nur ich weiß etwas, oder jedenfalls weiß ich es besser!« Zugegeben, das ist kein schöner Charakterzug, aber sehr nützlich, um selbständig zu denken und die conditio sine qua non zum Erfolg. Deshalb gelingt es an der Börse auch nur einer Minderheit, erfolgreich zu spekulieren. Die Mehrheit zählt ja zu den Verlierern.

Kürzlich gab Johannes Gross in seinem »Notizbuch« folgende Einsicht wieder: »Um beim Spekulieren richtig Geld zu verdienen, berichtet John Train, muß einer die Lage nicht nur richtig beurteilen – es müssen auch alle andern falsch liegen. Die erfolgreichen Geldjäger merkten immer mit Vergnügen auf, wenn in der Finanzwelt sich eine Übereinstimmung herausbildet. Die Meinung der vielen sei regelmäßig falsch und eröffne immer beutereichen Jagdgrund.«

Selbstverständlich habe ich mich sehr gefreut, im *FAZ-Magazin* auf dem Umweg über den Gewährsmann John Train mein ewiges Spekulanten-Credo wiederzufinden.

Doch zurück zum Spekulieren in den drei Phasen: Natürlich stellt sich jetzt die Frage, in welcher man sich befindet. Dafür gibt es kein Lehrbuch, so wie es auch keine vollkommene Spekulation gibt. Es gibt auch keine Methode, die man blind anwenden kann. Ich muß – aus Erfahrung – erraten, wie die Lage ist. Wie, in welcher Intensität, wird das Publikum reagieren? Wie ist die technische Verfassung der Börse, in welchen Händen befinden sich die Papiere, werden sie von psychologisch festen oder schwankenden Börsenteilnehmern gehalten?

Es gibt keine wissenschaftliche Methode, zu berechnen, wann eine Phase in die andere umschlägt, und noch weniger Wahrscheinlichkeit, um kalendarisch genau zu berechnen, wann die Wende kommt. Eine Aufwärtsbewegung kann jahrelang dauern (wie wir es trotz der Unterbrechung durch den Oktoberkrach 1987 in den letzten Jahren erlebt haben) oder auch nur Monate. Diese Einschätzungen muß man selbst vornehmen aufgrund der Erfahrungen und der Symptome. Wer Börsenkurse oder -tendenzen mit »wissenschaftlichen« Methoden voraussagen will, ist entweder ein Scharlatan oder ein Dummkopf oder beides zur gleichen Zeit.

Nur eine sehr lange Erfahrung gibt einem, was man das Fingerspitzengefühl nennt. Auch der erfahrenste, mit allen Wassern gewaschene Spekulant kann sich irren. Er muß sich sogar oft irren, um die notwendige Erfahrung zu sammeln. Ein Börsenspekulant, der in seinem Leben nicht wenigstens zweimal pleite war, ist dieser Bezeichnung nicht würdig. Wir sind alle in einem dunklen Raum, aber gewiß wird sich jener, der sich schon seit Jahrzehnten in diesem Zimmer aufhält, besser zurechtfinden als einer, der erst vor kurzem eingetreten ist.

Bei Begriffen wie »Kunst« oder »Fingerspitzengefühl« hätte mich mein Vetter George Katona vielleicht etwas skeptisch angeschaut, denn er war dem wissenschaftlichen Diskurs verpflichtet. Doch ich glaube, er hätte verstanden, daß die Börsenpsychologie eine permanente Improvisation ist: An der Börse kann man die Ereignisse und die Reaktion des Publikums nie »voraussehen«, nur erraten!

VIERTE VORLESUNG:

Der große Krach – ein Lehrbeispiel der Massenpsychologie

Massenpsychologische Reaktionen sind wie ansteckende Krankheiten: Einer gähnt im Theater, und in kürzester Zeit gähnen alle; einer hustet, und sofort husten alle. So ist es auch an der Börse.

Allein der Schmerz sei positiv, schreibt der Philosoph Schopenhauer. Glück sei nur die Abwesenheit des Leidens. Auch für den Spekulanten ist der Schmerz das einzig Positive: der Verlust, also bei der Börse die Baisse oder mehr noch der Börsenkrach.

Die öffentliche Meinung wird sich der Börse erst wirklich in dem Augenblick bewußt, da Zeitungsüberschriften wie »Börsenkrach mit soundsoviel Millionen« erkennen lassen, daß ein Rad der Riesenmaschine sich gelöst hat.

Der Börsenkrach ist eine für das Wohlbefinden des Spekulanten sehr fühlbare Realität, um so mehr, als er überraschend kommt. Die Hausse steigt sanft, sie erklimmt Absatz um Absatz, ohne daß man es eigentlich merkt, während der Börsenkrach plötzlich und mit der Heftigkeit göttlicher Rache kommt. Er läßt die Vermögen zu Staub zerfallen, läßt sie zuerst unter dem Aufprall zersplittern und zermalmt sie schließlich vollständig.

Die Lage an der Börse ist befriedigend, wenn das Barometer auf beständig steht. Wenn alles gutgeht, streicht der Herr Spekulant vergnügt seinen Gewinn ein. Daß die Börse gutgeht, erscheint ihm absolut normal, zur natürlichen Ordnung der Dinge gehörend. Daß sie auch schlechtgehen kann, und noch dazu auf so gewalttätige Weise, kommt ihm gar nicht in den Sinn: Das wäre eine persönliche Beleidigung.

Und wenn der Börsenkrach wirklich kommt, wenn die Baisse sein Kapital annagt, dann empfindet er natürlich die finanzielle Einbuße schmerzlich, dann fühlt er sich vom Schicksal ungerecht behandelt: Das allein ist positiv. Der Gewinn ist nur eine Illusion, allein der Verlust ist Realität.

Kriege, Börsenkräche sind die Meilensteine auf der langen Straße der Geschichte. Sie sind selbst Geschichte, sie durchziehen die Geschichte und unterteilen sie in Perioden.

Die Geschichte der Börse ist gekennzeichnet durch den Wechsel zwischen guten und schlechten Perioden: den Booms und Börsenkrächen. Beide sind ein unzertrennliches Gespann.

Die Booms schwellen im Rhythmus der Prosperität zunächst gemächlich an wie eine Schweinsblase. Und dann, ganz plötzlich, ist fatalerweise ein riesiger Ballon daraus geworden, der durch einen Nadelstich platzen kann. Es gibt ein Gesetz bei der Spekulation: Kein Börsenkrach, kein Knall, dem nicht ein Boom vorangegangen ist, und kein Boom, der nicht mit einem Börsenkrach endet.

Für Börsenkrach haben die Franzosen das deutsche Wort »Krach« entlehnt, das sie »Krack« aussprechen und das sie an das Zerbrechen eines Spiegels erinnert. Auf englisch heißt er *crash*. Wie ein Gewitter kommt er plötzlich bei blauem Himmel zum Ausbruch, ohne daß auch nur die kleinste Wolke ihn angekündigt hat.

Noch heute spüren die Anleger den weltweiten Börsenkrach vom 19. Oktober 1987 in ihren Knochen. Wie kam es zu dieser für die meisten wieder unerwarteten Katastrophe?

Während der Sommermonate 1987 fingen die Zinsen an, langsam zu steigen, obwohl es keinen Grund dafür gab. Aber der Optimismus war noch stärker als die steigenden

Zinsen, und die Kurse gingen weiter in die Höhe – wie immer, wenn der Markt erst einmal läuft. Dann aber wurde von der Federal Reserve, der amerikanischen Notenbank, nochmals die Zinsschraube in den USA festgezogen, als Folge der deutschen Bundesbankpolitik, die unter Leitung von Herrn Schlesinger höhere Zinsen zur Inflationsbekämpfung (eine heilige Kuh in Deutschland!) festsetzte.

Das war der Nadelstich, durch den der geschwollene Ballon platzte.

Es war abzusehen, daß die Luft mit steigenden Zinsen in einigen Monaten von selbst aus dem Ballon weichen würde.

Eine 25prozentige Talfahrt als Reaktion auf Spitzenkurse und eine fünfjährige Aufwärtsbewegung ist nichts Neues, das habe ich schon 20mal erlebt. Aber das Absacken des Dow-Jones-Index um 500 Punkte (22 Prozent) an *einem* Tag war auch für mich eine Überraschung; auch wenn die Kurse ihren Höchststand bereits im Juli/August erreicht hatten und schon etwas abgebröckelt waren. Daß aber der Knall so plötzlich kam und so heftig ausfiel, war die Folge einiger technischer Ereignisse:

Erstens war da der Übermut der Hasardspieler in Chicago. Dort kann man mit einem Einsatz von gut 5 Prozent in milliardenschweren Aktienkontrakten spielen – ein ganz perverser Zustand.

Der Handel mit Indexkontrakten ist eines der vertracktesten Spiele, mit denen die Verführer heute das Publikum in das große Spielkasino locken, das sie aus der Börse gemacht haben. Außer den institutionellen Aktienbesitzern nehmen auf diesem Markt vor allem die kleinen Spieler einen großen Platz ein.

Der Index ist nichts anderes als der Durchschnittspreis. Indexe gab es immer, aber damit zu handeln war eine Erfindung der Chicago-Broker, die in Warentermingeschäften während der Inflationsjahre viel Geld gemacht hatten. Als der Handel in Rohstoffen zu Ende ging, weil die Inflation erfolgreich bekämpft worden war, sattelten sie um auf das Geschäft mit Indexkontrakten. Ein Indexkontrakt besteht aus 500 verschiedenen Aktien zum Betrag von zirka 170 000 Dollar (Stand: Juli 1990). Um damit spielen zu können, mußte man nur 10 000 Dollar einsetzen. In der Bankierssprache würde man sagen, daß auf die gekauften Wertpapiere ein Kredit von 94 Prozent eingeräumt wird. Das ist pervers. So ein Hebeleffekt hat Seltenheitswert (sogar auf den Warenterminmärkten); es gab ihn nicht einmal an den euphorischen Börsen der zwanziger Jahre, wo immerhin mindestens 10 Prozent eingesetzt werden mußten.

Da die kleinen Kontraktspieler ja selber gar nicht den Wert des Kontraktes ausrechnen können, der aus den Kursen von 500 Aktien besteht, gibt es seit einiger Zeit eine neue Masche für die Profis: das ausgeklügelte Computerprogramm. Der Computer des Händlers zeigt an – von Minute zu Minute –, wie zirka 50 bis 100 der insgesamt 500 Aktien an der Börse stehen.

Welche 50 bis 100 aus den 500 Aktien herausgepickt werden sollen, berechnet ebenfalls der Computer. Es sind solche Aktien, deren Bewegungen mit dem Durchschnitt am besten parallel gehen. Je nach Computeranzeige reagiert dann der Händler. Wenn zum Beispiel der Indexkontrakt nur ein halbes Prozent höher steht als die Aktienkurse zur selben Zeit, verkauft er den Kontrakt und kauft die Aktien.

Steht der Kontrakt dagegen ein halbes Prozent tiefer, als es sein sollte, kauft er Indexkontrakte und verkauft die Aktien. Das heißt dann Positions-Arbitrage, denn die Aktien werden nie übernommen und auch nicht geliefert. Das Ganze ist darauf aufgebaut, daß all diese kleinen Diskrepanzen sich in kürzester Zeit ausgleichen oder sogar in die entgegengesetzte Richtung umkippen – daß zum Beispiel der höher verkaufte Kontrakt in kürzester Zeit, wenn die Tendenz umschlägt, tiefer stehen wird, als es sein sollte. Dann verkauft der Arbitrageur die erworbenen Aktien und kauft den verkauften Indexkontrakt zurück. Es ist nichts anderes als ein blitzschnelles Berechnen der Disparitäten ohne jede Überlegung oder Motivation.

Bei den durch den Zinsanstieg fallenden Kursen nun mußten die Spieler Geld nachschieben, weil die Baisse ihre 5 Prozent Deckung aufzehrte. Ist der Einschuß indes nicht auf die Minute genau eingezahlt, werden die notleidenden Engagements zwangsexekutiert. Das war die erste Welle von massiven Verkäufen.

Der zweite technische Grund für den Crash vom 19. Oktober 1987: Die obergescheiten Geldmanager von großen Instituten (die sogenannten Golden Boys), die in ihren Wertpapierdepots über Milliarden von Aktien frei verfügen, hatten Angst bekommen (zu Recht, denn allein in New York verloren 60 000 von ihnen nach dem Krach ihre gutdotierten Jobs, ihre Luxusappartements und Porsche-Flitzer) und wollten die Portfolios – wie sie sagten – »versichern«. Also verkauften sie ihre Papiere in Chicago für Milliarden auf dem Indexmarkt per Termin und rissen damit die Preise noch weiter in die Tiefe.

Diese sogenannte Portfolio Insurance war ursprünglich als Sicherungsinstrument für große Finanzinstitute gedacht, die sich vor einem möglichen Einbruch an der Börse schützen wollten. Sie verkaufen nicht die Papiere selbst – was sehr umständlich wäre –, sondern eben die Indexe. Doch so wie es die Golden Boys betrieben, ist mir das eine schöne Versicherung – nach der Methode: Das Haus ist verkauft und dadurch gegen Feuer versichert!

Natürlich entstand eine Kettenreaktion. Denn je weiter die Kurse fallen, desto mehr Kontrakte werden verkauft. Daß der Markt auf Talfahrt ging, war die Folge der Zinserhöhung. Daß daraus ein Crash wurde, war die Schuld des perversen Spiels in Chicago. Dazu kamen die Zwangsexekutierungen vieler Tausender kleiner Zaungäste, und sogleich wurde das ganze Publikum von Panik ergriffen.

Wenn das Publikum einen Dow-Jones-Rückschlag von 500 Punkten sieht, rennt es wie die Schafe eins dem anderen nach: ein totaler Ausverkauf von Aktiendepots. Ich war an dem Tag bei einem Broker und habe gehört, wie die Kunden in Panik anriefen: »Alles verkaufen!« Nicht das eine oder andere Papier – alles!

Zwangsexekutionen, Ausverkauf der institutionellen Portfolios, Panik des Publikums: Das ist die Geschichte des 1987er Börsencrashs in der Nußschale.

In der allgemeinen Aufregung mußte ich damals tagelang Interviews geben, im Fernsehen und Radio, für die Presse, und bekam unzählige Telefonanrufe. Ich selbst war ganz ruhig, wie meist bei großen Börsenkrächen. Ich mußte wieder einmal an meinen guten alten Freund Eugene Weinreb denken, einen routinierten Börsenfuchs, der schon im Alter von zehn Jahren zu spekulieren begonnen hatte. Eines Tages kam sein Sekretär voller Aufregung zu ihm: »Die Papiere gehen dramatisch zurück!« Seine Antwort: »Die Papiere gehen zurück? Soll ich mich aufregen? Ich war drei Jahre in Auschwitz...«

Viele Beobachter sprachen damals von »Wahnsinn, Chaos, Panik, Psychose«; Psychologen, die sich auf dieses Gebiet spezialisiert haben, sahen ihre Theorie bestätigt, daß sich an solchen »schwarzen« Börsentagen finstere, sozusagen todessehnsüchtige Mächte aus dem Unterbewußtsein einer Sphäre bemächtigen, die sonst allein von der Vernunft regiert wird. Gewiß, übertriebenen Pessimismus habe ich schon immer für ein Übel gehalten, doch ich habe eine bessere Meinung von der menschlichen Natur. Nicht dunkle Mächte aus der Tiefe der Seele haben den Krach ausgelöst, sondern der Übermut.

In Zeiten der Hochkonjunktur werden Anleger besonders übermütig, in ihrer Euphorie sehen sie nicht, daß der Ballon auch platzen kann. Doch der Nadelstich kommt immer. Es ist die alte Geschichte: Hausse und Baisse, Euphorie und Krach, ein Zyklus wie Ebbe und Flut – mit einem Unterschied: Die Ozeanographen können Ebbe und Flut auf die Sekunde berechnen.

Auch ich als alter »Ozeanograph« der Börse hatte den genauen Zeitpunkt des Krachs und seine Intensität nicht voraussehen können. Aber schon im Juni 1986 hatte ich in meiner *Capital*-Kolumne geschrieben: »... die Qualität der Käufer der letzten Monate ist nicht gut, und zwar ganz gleich, ob es sich um In- oder Ausländer handelt ... Millionen von Aktien befinden sich momentan in zittrigen Händen, die bei höheren Kursen verkaufen möchten. Melden sich keine neuen Käufer, verlieren sie die Geduld und verkaufen dann auch tiefer.«

Im September 1987 bekräftigte ich dann meine Einschätzung der damaligen technischen Börsenverfassung und sagte, daß ich meine deutschen Aktien schon 15 Monate vorher verkauft hätte und urbi et orbi predigen würde, aus dem deutschen Markt auszusteigen. Ich hatte doch gesehen, wie eine Emission nach der anderen aufgelegt wurde, wie die Banken die Hysterie zusätzlich anheizten. Ich weiß, wie so etwas vor sich geht: Der Direktor einer großen deutschen Bank ruft Mr. Jones in Schottland an und sagt: »Mr. Jones, man muß jetzt einsteigen in Siemens.« Dem jungen Mann dort imponiert es natürlich, wenn ein bedeutender deutscher Bankdirektor ihn ins Vertrauen zieht, und er kauft sofort 50 000 Papiere. So wird die Hausse gemacht.

Dabei wissen diese jungen Portfolio-Manager, die an der London School of Economics oder an der Harvard Business School gerade ihr Examen gemacht haben und von der Schulbank sofort in die Finanzbank kommen, doch gar nicht, wie die Börse funktioniert. Und auch die deutschen Händler haben die Dimension der deutschen Börsen völlig überschätzt. Wenn alle verkaufen wollen, dann entsteht der berühmte Flaschenhalseffekt; die deutschen Börsen sind zu klein für solche enormen Beträge.

In meiner Oktober-Kolumne, einen Monat vor dem 19. Oktober 1987 verfaßt, hieß es dann:

»Angesichts des permanenten Börsenaufstiegs in der Welt liegt die Frage nahe: Wie lange kann das noch so weiter gehen, wann droht die Wende, zumindest aber ein heftiger Rückschlag? Zur Erinnerung: Anfang der achtziger Jahre, inmitten des allgemeinen Pessimismus, schrieb ich, der Börsenaufstieg könne um so explosiver (sic!) werden, je später er sich einstelle. Die Explosion ist da, nicht allein an der Wall Street, sondern überall, inklusive der exotischen Minibörsen.«

Mein Motto »Immer Angst haben, nie erschrecken!« hat sich wieder einmal als richtig erwiesen. Über der Kolumne stand in fetten Buchstaben: »Der nächste Einbruch an der Börse kommt bestimmt. Doch langfristig wird es am Markt aufwärts gehen – den Sowjets sei Dank!«

»Die Gorbatschow-Hausse«

Das war ein dreifacher Volltreffer, ein »Hattrick« in der Sportlersprache. Der Einbruch fand statt; doch am Aktienmarkt ging es wieder aufwärts, und völlig zu Recht nennt man die gegenwärtige Aufwärtsentwicklung auch die »Gorbatschow-Hausse«.

Für das gewandelte Ost-West-Verhältnis sind zwei Personen verantwortlich: der damalige US-Präsident Ronald Reagan, der Milliarden und Abermilliarden für Rüstung, Überrüstung und Nachrüstung ausgab und dafür sogar Haushaltsdefizite in Kauf nahm, und Michail Gorbatschow, der kluge und vernünftige Staatsmann (ich wiederhole: nicht

Politiker, sondern Staatsmann). Er sah ein, daß der Sowjetwirtschaft beim kostspieligen Wettrüsten die Puste ausgehen würde – und zwar eher als dem Kapitalismus.

Dreimal hat Gorbatschow bei den Verhandlungen in Genf die Sitzung verlassen und fast platzen lassen. Doch Ronald Reagan blieb hart. Also mußte der Kreml-Chef wiederkommen – mit konstruktiven Vorschlägen. Noch heute vertreten europäische Ökonomen die Ansicht, daß der »Cowboy«, der »Schmierenschauspieler« Reagan Amerika mit seiner Hochrüstung an den Rand des Abgrundes gebracht habe.

Die beste Antwort darauf ist ein Witz aus Budapest, der größten Witzschmiede der Welt:

Der kluge und vorsichtige Grün will 100 000 Forint anlegen. »Lassen Sie bei uns ein Depot mit guter Verzinsung verwalten«, sagt der Sparkassendirektor. »Aber was geschieht, wenn Sie Pleite machen?« fragte der ängstliche Grün. »Für uns garantiert die Nationalbank und die ungarische Regierung.« – »Und wenn diese auch pleite gehen?« – »Unmöglich, denn für sie garantiert die Sowjetregierung.« – »Schön und gut«, antwortet der vorsichtige Sparer, »und was, wenn diese auch zugrunde geht?« – »Aber Herr Grün, unter uns, wäre Ihnen das die 100 000 Forint nicht wert?«

War die grundlegende Änderung des Weltklimas nicht das amerikanische Haushaltsdefizit wert?

Michail Gorbatschows Politik der Vertrauensbildung und Abrüstung und die von ihm eingeleitete Öffnung zum Westen hatten zur Folge, daß Washington die COCOM-Liste, die den Export von Tausenden von Artikeln in die Sowjetunion und den ganzen Ostblock verbietet, lockerte und möglicherweise später sogar ganz abschaffen wird. Die Sowjets kaufen Tausende von Artikeln, zu denen sie vorher keinen Zugang hatten. In erster Linie natürlich in den USA, und hier vor allem High-Tech-Produkte, aber auch in Westeuropa und Japan. Und die Sowjets sind erstklassige Kunden.

Ich erinnere mich an die zwanziger Jahre, als die junge Sowjetrepublik für die deutsche Industrie gigantische Aufträge vergab. Viele meiner Bekannten – meist russische Flüchtlinge mit Sitz in Berlin (die reichen Aristokraten und ihre schönen Frauen, viele von ihnen wurden Mannequins bei den großen Modehäusern, gingen nach Paris; die Geschäftsleute nach Berlin) – machten glänzende Geschäfte, oft sogar ein Vermögen damit, daß sie die Wechsel, mit denen die Moskauer Regierungsunternehmen ihre Importe bezahlten, diskontierten. Die deutschen Unternehmen zahlten 30 Prozent pro Jahr Zinsen, um ihre Exporte in die Sowjetunion zu finanzieren. Es ist leicht, sich vorzustellen, wie hoch die Profite dieser Unternehmer gewesen sein müssen, um solche Zinsen wegstecken zu können. Und nicht ein einziger Wechsel ist je geplatzt. Die Sowjets kauften alles, was sie bekommen konnten.

Auch jetzt, wo die »Schwarze Liste« gelockert oder, horribile dictu, aufgehoben wird, werden sie alles, was »ihr Herz begehrt«, kaufen wollen – so ungeheuer groß ist ihr Nachholbedarf. Vorsichtige werden jetzt fragen: »Haben sie auch genug Geld?« Die Antwort ist »Ja«, dank der immensen Bodenschätze, die dieses Riesenreich sein eigen nennt, aber bis jetzt noch nicht genügend ausbeuten kann.

Zuverlässig sind die Sowjets auch. Ich habe viele Freunde, die schon vor dem Zweiten Weltkrieg mit russischen Handelsdelegierten zu tun hatten. Ihre Meinung ist uniform: Man mußte mit den Delegierten nächtelang hart und zäh in verräucherten Hotelzimmern bis zum Morgengrauen verhandeln und handeln und Wodka trinken, bis sie endlich bereit waren, einen Vertrag zu unterschreiben. Hatten sie aber endlich unterschrieben, gab es hinterher nie mehr den geringsten Einwand. Und gezahlt wurde, als seien sie die Bank von England.

Meine große Hoffnung ist nur, daß Gorbatschow nichts

passiert. Sein Beispiel zeigt, wie ein herausragender Politiker, der auch die seltene Gabe des Charismas hat (Ronald Reagan, obwohl immer als unbedarfter Schauspieler gescholten, besaß sie auch – und allein das ist entscheidend), das für die Wirtschaft so wichtige Klima des *Vertrauens* und der Zuversicht schaffen kann. Denn was steht hinter all den Effekten, den Aktien, den Obligationen, hinter dem Stückchen Papier mit vielen Unterschriften, den Anleihen, welche die Regierungen oft kiloweise herausgaben und nicht immer respektierten? Hinter all dem steht allein das Vertrauen – und oft ein mißbrauchtes Vertrauen.

Gorbatschows Popularität im Ausland soll allerdings viel größer sein als sein Ansehen zu Hause. Doch man hat ihn schon zehnmal beerdigt, er ist immer wieder auferstanden. Er ist ein Stehaufmännchen – wie ein richtiger Börsianer. Deshalb bin ich zuversichtlich, denn, wie beschrieben, basiert meine große Vision auch auf der von ihm betriebenen Politik.

Ich werde auch oft gefragt, was ich vom EG-Binnenmarkt ab 1992 halte. Für die Institution bin ich zuversichtlich, nicht unbedingt für den Termin. Ihn halte ich für nicht realistisch, doch ist er auch gar nicht so wichtig. Warum das so ist, illustriert ein 1930 uraufgeführtes französisches Theaterstück von Jules Romains, das noch heute manchmal in der Comédie Française gespielt wird: Ein junger Mann will wegen seiner Mißerfolge Selbstmord begehen. Im letzten Moment begegnet er dem alten Le Trouhadec, Professor für Geographie, der auch stark angeschlagen ist, weil ihn ein Rivale im Wettbewerb um die Akademiemitgliedschaft als unseriösen Wissenschaftler entlarven konnte. Der Rivale weist nach, daß das Land Donogoo-Tonka, irgendwo in Südamerika, wo riesige Goldvorkommen gefunden worden sein sollen und das Le Trouhadec in einem Buch exakt beschreibt, überhaupt nicht existiert, eine Erfindung des Professors ist.

Der Selbstmordkandidat ist auf einmal hellwach: »Was? Donogoo-Tonka existiert nicht? Dann werden *wir* es eben erschaffen.« Der Mann gründet eine AG zur Ausbeutung des Goldes von Donogoo-Tonka, kontaktiert Bankiers, Finanziers, die Presse und gibt mit großem Tamtam Aktien aus. Bald spricht die ganze Welt über Donogoo-Tonka. Abenteurer, Goldschürfer, verkrachte Existenzen, alle ziehen zu den Goldadern, die der Professor beschrieben hat, und fangen an zu arbeiten. Gold finden sie zwar nicht, aber sie müssen ihr Leben dort organisieren, bauen Hütten, aus den Hütten werden Steinhäuser, und es entsteht eine kleine Stadt. In der letzten Szene des Stückes freuen sich die Leute am zehnten Jahrestag ihrer Ankunft in Donogoo-Tonka, daß alles so wunderbar gelaufen ist. Während sie noch feiern und eine dem wissenschaftlichen Irrtum gewidmete Statue enthüllen, kommt ein Telegramm, daß Professor Le Trouhadec in die Akademie gewählt worden ist.

Genauso wird es in Europa sein, wo in der Hoffnung auf 1992 schon jetzt fieberhaft investiert, gebaut und gegründet wird. Wie auch immer der Binnenmarkt ab 1992 aussehen wird, die Vorbereitungen schaffen eine Wirtschaftseuphorie, die – erst recht im Zusammenhang mit der »Gorbatschow-Hausse« – nur dem Wohl Europas dienen kann. Wer letztlich am meisten profitieren wird, sollen die Betriebswirte analysieren. Gewiß ist: Alle, außer den Pessimisten, werden beim Binnenmarkt gewinnen.

Und so muß ich zum zehnten Mal wiederholen – und hoffen, daß auch diese Prognose eintrifft –, daß wir einer Weltkonjunktur entgegengehen, wie sie die heutige Generation noch nicht erlebt hat.

Wäre ich erst 70, also noch jung genug, würde ich die Hoffnung hegen, über die Berufspessimisten wahrhaft zu triumphieren. Die drei Jahre nach 1987 waren schon eine kleine Bestätigung – man konnte davon viel profitieren –, aber an der Börse sind drei Jahre nicht genug, um ein Gurudiplom zu erwerben. Dafür braucht man mindestens 40 Jahre.

Können Computer spekulieren?
Nach einer Legende bauten die holländischen Einwanderer auf der Spitze von New-Amsterdam (heute New York oder Manhattan genannt) eine Mauer, um sich vor den Indianern zu schützen. Es wäre nicht übel, an derselben Stelle, die heute Wall Street heißt, wieder eine Mauer hochzuziehen – als Schutz gegen die Millionen von hysterischen Spielern, die die Finanzmärkte durcheinanderbringen.

Seit dem Börsen-Crash vom 19. Oktober 1987 diskutieren Politiker, Professoren und Börsen-Offizielle, wie man verhindern könnte, daß sich ähnliche dramatische Ereignisse wiederholen. Leider haben Professoren und Politiker nicht genügend Erfahrung, um sich dem Kern des Problems zu nähern. Dabei ist auch hier eine richtige Diagnose Voraussetzung für die nötige Therapie.

Nach einem langen Börsenleben traue ich mich heute, den Vorschlag zu machen, Index-Future-Geschäfte etwas zu reformieren. Für mich ist es unbestreitbar, daß der Ursprung des Zusammenbruchs vom 19. Oktober auch auf dem Chicago-Index-Future-Markt lag. Bevor ich meinen Vorschlag erläutere, möchte ich erklären, was Programm-Trading ist und welche Rolle der Computer im Finanzgeschehen spielt.

Thomas Watson jr., der größte Förderer und Pionier des Computers, müßte sich im Grab umdrehen, wenn er hören könnte, wie heute der Computer für alle Übel in der Finanzwelt verantwortlich gemacht wird. Das ist natürlich Unsinn und der arme Computer völlig unschuldig.

Was die Computer ausführen, hätten die Geldmanager auch ohne Elektronik tun können. Der Computer ist genauso unschuldig wie das Besteck, mit dem man einen faulen Fisch ißt. Das Übel ist allein der stinkende Fisch. EDV-Systeme verarbeiten nur das, womit sie gefüttert werden: Kommt Mist rein, kommt auch Mist raus.

Computer können ein wichtiges Hilfsmittel sein, zum Beispiel dann, wenn es darum geht, Daten bereitzustellen, wenn man wissen will, wie die Bilanz irgendeiner Gesellschaft beschaffen ist. Man bekommt auf einfachste Art Informationen, die man zwanzig Jahre vorher nur durch längeres Herumsuchen in den Bibliotheken hätte finden können. Der Computer kann also dazu beitragen, Informationen über die Vergangenheit, über abgeschlossene Geschäftsjahre zur Verfügung zu stellen. Aber er kann nicht in die Zukunft hineindenken, und er kann dem Anleger auch das Denken nicht abnehmen.

Nun, was ist Programm-Trading, und was ist faul daran? Im Prinzip geht es um den schnellen Umgang mit *stop loss*, eine Methode, Verluste so schnell wie möglich zu begrenzen, d. h. sofort zu verkaufen; und umgekehrt, wenn die Preise steigen, schnell zu kaufen, bevor sie weiter steigen. Die Methode stammt aus den euphorischen zwanziger Jahren in Wall Street, als der Markt, wie heute, ein wahrhaftiger Dschungel war. Den Brokern ging es auch damals schon so sehr um die Provision, daß sie auch Kaufaufträge mit nur zehnprozentiger Deckung akzeptierten. Aber Sicherheit wollten sie natürlich trotzdem: Bei einem Kauf von 100 000 Dollar zum Beispiel mußte der Kunde 10 000 Dollar hinterlegen und gleichzeitig einen *stop loss*-Verkaufsauftrag bei einem, sagen wir, um 2 Prozent tieferen Kurs geben. Denn eine 10prozentige Deckung kann ja bereits nach fünf Tagen mit jeweils 2 Prozent Kursabweichung aufgezehrt sein. So mußte der Broker seinen Kunden nicht nachlaufen, um weiteres Geld zu bekommen, wenn die halbe Deckung verloren war.

Die Motivation der Golden Boys ist heute anders, als sie 1929 war; die pfeifen auf Deckung oder Garantie, denn alles geht auf Rechnung ihrer großen Institutionen. Sie können nicht denken, da sie es anscheinend an der Wirtschaftshochschule nicht gelernt haben. Sie legen im voraus fest, zu welchem Kurs sie automatisch kaufen oder verkaufen. Und dann stützen sie ihre Transaktionen auch noch auf solche unsinnigen Chartbilder wie zum Beispiel »Kopf-und-Schulter-Formationen« oder »Untertassen« (zu den Charttheorien später mehr).

Heute sind *stop loss*- und *stop buy*-Aufträge für die Geldmanager das wichtigste Instrument des Börsenspiels. Sie handeln gemäß einem alten Motto eingefleischter Börsenspieler: »Was tief fällt, muß noch tiefer fallen; was hoch geht, wird noch höher gehen.« Folglich heißt für sie *stop loss*: Papiere nur dann zu verkaufen, wenn sie im freien Fall auf einen bestimmten Kurs sinken, aber nicht darüber. Beispiel: Eine Aktie steht bei 100, der in den Computer getippte *stop loss*-Verkaufsauftrag heißt »bei 90 veräußern«. Man kann sich lebhaft vorstellen, was am Markt passiert, wenn 10 000 Spieler *stop loss*-Verkaufsaufträge bei 90 in ihre Computer getippt haben – und das Papier tatsächlich fällt. Die Verkäufe drücken den Kurs weiter in Richtung 85. Es kommen neue *stop loss*-Verkaufsaufträge bei 85 – das drückt den Kurs in Richtung 80. Neue *stop loss*-Aufträge befehlen, bei 80 zu verkaufen und so weiter. – So kommt es zum Sturz und zur Panik.

Die Rolle des Computers bei diesem *program trading* ist nur, *stop loss*-Verkaufsaufträge zu registrieren und durchzuführen. Fallen die Kurse oder Indizes um soundsoviel Prozent, verkauft der Computer automatisch Papiere oder Indexkontrakte – genauso, wie die Geldmanager es ihm befahlen. Je mehr die Kurse fallen, desto mehr wird verkauft. Umgekehrt ist es genauso: Der Rechner muß soundso viele Aktien kaufen, aber erst wenn sie eine bestimmte Höhe erreichen, jedoch nicht darunter.

Ich gebe zu, daß all das *program trading* unter Umständen ausnahmsweise eine Hilfe sein kann. Aber die Gelddisponenten von heute bedienen sich ja des Computers regelmäßig und automatisch. Sie und nicht die EDV-Maschinen sind also verantwortlich für Panikverkäufe oder für das Verschleudern von Papieren.

Die *stop loss*-Verkäufe lösten eindeutig die Panik in den Oktobermonaten von 1987 und auch 1989 aus. Vielleicht waren die Trader auch abergläubisch und wollten beim letzten Mal, am Freitag, dem 13. Oktober 1989, ihre Papiere alle zur gleichen Zeit noch in der letzten Stunde des Börsentages loswerden. Am nächsten Börsentag gaben dann dieselben Trader *stop buy*-Aufträge, falls der Markt wieder steigen sollte.

Wenn man diese Aufträge schon einige Tage vorher schriftlich oder mündlich gegeben hätte, wären die Folgen dieselben gewesen. *Program trading* ist also nichts Neues oder Revolutionäres gegenüber den Spielmethoden von anno dazumal. Das Ganze beruht auf dem Prinzip vieler Börsenspieler: »Gewinne laufen lassen. Verluste begrenzen!«

Die Regel hat einiges für sich, ist aber reine Geschmackssache. Früher glaubte ich auch einmal daran, aber damals war ich noch ein Spieler. Seither mußte ich viel lernen und reichlich Schulgeld bezahlen. Heute bin ich langfristiger Spekulant und Anleger und neige aufgrund meiner 70jährigen Erfahrung zu der Meinung, daß man das große Geld nur mit antizyklischem Verhalten und nur auf lange Sicht machen kann. Deshalb: Der Program Trader kann mal gewinnen, mal verlieren, aber pleite gehen muß er.

Auch auf Nachrichten handeln die Geldmanager mit Hilfe ihrer Computer automatisch. Der Händler einer großen

Maklerfirma erzählte mir, daß er vor der Veröffentlichung des amerikanischen Handelsbilanzdefizits immer den Auftrag bekomme, sofort Tausende Aktien zu verkaufen, falls das Defizit etwas größer ausfalle als im vergangenen Monat.

Computerberechnung existiert auf dem Anleihemarkt übrigens schon seit Jahrzehnten. Die Versicherungsanstalten, die für Milliarden festverzinsliche Papiere im Besitz haben, versuchen laufend, mit dem Computer herauszufinden, welche Anleihe zum Beispiel ein Sechzehntelprozent mehr Rendite bringt als eine andere, mit dem Ziel natürlich, sie gegen letztere einzutauschen, um so das Bestmögliche herauszuschlagen.

Die Indexkontrakte, die in Chicago gehandelt werden, werden nach gewissen Computersignalen für Milliardenbeträge verkauft. Keiner denkt dabei eine Sekunde nach, denn alles ist automatisch im Computer festgelegt. Alles geschieht zudem hysterisch und nicht nach einer schlaflosen Nacht, in der man grübeln und nachdenken kann, was zu tun ist.

Die an einem Tage gehandelten Kontrakte entsprachen einem Aktienvolumen von zirka 27 Milliarden Dollar, während man an der Börse nur für zirka zehn Milliarden Aktien handelt. Perverserweise macht nicht Wall Street die Indexe, sondern Chicago macht die Kurse! Die Schwankungen im Laufe eines Tages werden immer größer und hysterischer, aber à la longue bleiben für die weitere Entwicklung immer die gleichen Einflußfaktoren und Prämissen gültig – genau dieselben wie an der ersten organisierten Aktienbörse (Amsterdam) im 17. Jahrhundert.

Mein Vorschlag zur Reform der Index-Future-Geschäfte nun lautet folgendermaßen: Man sollte den Terminhandel für Indexkontrakte nicht abschaffen, sondern den weiterlaufenden Handel während der Börsenzeit in New York verbieten. Der Handel sollte nur nach Börsenschluß stattfinden und nur zu einem fixen Kurs pro Tag, bei dem alle Angebote und Nachfragen durchgeführt würden, genau wie beim Goldmarkt in London, wo man täglich nur zweimal alle Aufträge zu einem sogenannten Fixing-Preis kompensiert.

Das wäre nichts Neues. Schon vor dem Zweiten Weltkrieg wetteten wir im Kaffeehaus auf den Dow-Jones-Schlußkurs des Abends. Das fortlaufende Handeln, das heißt das fortlaufende Wetten, führt zur Hysterie, und die wird dann zur Wall Street weitergeleitet. Ob man mit diesem Plan die menschliche Dummheit abschaffen kann, weiß ich nicht, aber die Hysterie würde mit Sicherheit gebremst werden.

Gewiß entgehen so den Maklern viele Millionen an Provisionen, aber dies würde dem allgemeinen Interesse bestimmt dienen. Man trifft ja auch strenge Maßnahmen gegen das Nikotin, obwohl es die Tabakindustrie Milliarden kostet.

Ich werde meinen Vorschlag einmal bei einem Congressional Hearing vorlegen, glaube aber nicht, daß er ernst genommen werden wird. Die Makler, diese bösen Geister, haben eine zu mächtige Lobby gegen alles, wodurch ihnen Provisionen entgehen könnten.

Die Computerprogramm-Händler jedenfalls sind geistige, auf schnellen Kauf und Verkauf getrimmte Holzhacker. Der Spekulant jedoch muß ein Denker sein, fern von verrückten Massen und Computern. Mister Watson junior, der Gründer von IBM, hat sicherlich ein schlechtes Gewissen oder sogar Angst gehabt, das freie Denken der Menschen könne durch den Computer gebremst oder entartet werden.

Weswegen hätte er sonst befohlen, auf den Schreibtischen aller seiner Mitarbeiter ein kleines Kupferschild anzubringen mit einem einzigen Wort: »Think!«?

Auf der letzten CEBIT-Messe in Hannover kam ich bei einem Rundgang auch zum IBM-Stand. Der Direktor erkannte mich und fragte: »Herr Kostolany, was kann ich Ihnen zeigen, was interessiert Sie besonders?« Ich erwiderte: »Ein Computer, der den Börsenkurs des folgenden Tages ausspuckt. Für alles übrige besitze ich bereits einen Personalcomputer.« Natürlich wollte er wissen, welches Modell ich mir zugelegt hätte. »Meinen eigenen Kopf«, war meine Antwort, »und ich werde Ihnen sagen, wie so ein PC funktioniert.« Dann erzählte ich ihm den folgenden Witz, den ich von Fritz Muliar gehört habe:

Es war in einem kleinen Städtchen in Galizien, irgendwann im letzten Jahrhundert. Der Nachtwächter bezieht seinen Posten auf dem Marktplatz, setzt sich in das Wachhäuschen, stellt seine Hellebarde und seine Laterne neben sich und nickt schließlich ein. Plötzlich weckt ihn ein heller Lichtschein auf. Was ist das? fragt er sich – noch mit geschlossenen Augen – und beginnt zu überlegen. Vielleicht eine Straßenlaterne? Aber wo gab es im 19. Jahrhundert schon Straßenlaternen in Galizien? Dann der Mond? Er rechnet nach, Neumond war gerade erst, nein, der Mond kann es auch nicht sein. Er streckt seine Hand aus dem Wachhäuschen heraus, zieht sie zurück. Es regnet. Das Licht der Sterne kann ihn also auch nicht geweckt haben. Daraufhin schaltet sein »persönlicher Computer« auf Schnellgang, er geht die einzelnen Gedankenoperationen noch einmal rasch durch: Es ist keine Straßenlaterne, es handelt sich nicht um den Mond, es sind nicht die Sterne: »Feuer!« bricht es aus ihm heraus.

Mit dieser Geschichte hatte ich bei den Herren von IBM solchen Erfolg, daß sie mich seitdem häufig zu Vorträgen einladen. Und jedesmal muß ich den Muliar-Witz erzählen.

Fünfte Vorlesung:

Über Propheten, Professoren und andere Gurus

Die Panik des Publikums nach dem Crash vom 19. Oktober 1987 resultierte zweifellos aus dem Vergleich mit 1929, den die Gurus ununterbrochen, ohne zu überlegen, anstellten.

Memento 1929: Arbeitslosigkeit, geschlossene Fabriken, Suppenküchen, Bankiers, die auf der Straße Äpfel verkauften oder Schuhe putzten. Sind solche Vorstellungen möglich bei eher niedriger Arbeitslosigkeit, höchster Beschäftigung, wenn die Wirtschaft auf vollen Touren läuft?

1929 war alles zu kaufen, aber niemand hatte zehn Groschen in der Tasche. Heute reißen sich die größten Finanzgesellschaften um die verschiedensten Unternehmen. Sie überbieten einander mit Milliardenangeboten. Besser noch: Diese Milliarden werden dadurch mobil gemacht und in den Finanzmarkt hineingepumpt. Es ist mehr Geld da als verfügbare Unternehmen. Denn auch in der Wirtschaft gibt es nicht das kleinste Anzeichen für eine Krise oder Rezession.

Ein weiterer Unterschied ist, daß die Weltwirtschaft nicht mehr auf dem Goldstandard aufbaut. Die Notenbank kann daher die Geldmenge erhöhen, wenn die Wirtschaft es verlangt. Als am 20. Oktober Mr. Greenspan erklärte, daß die Federal Reserve dem Markt mit jedem Betrag zur Verfügung stehe, war für mich die Gefahr beseitigt.

Zudem: Gegen jede Erwartung stieg Gold nicht; die Staatspapiere dagegen rauschten in die Höhe. Ein Beweis, daß das Vertrauen in den Staat und das System intakt blieb. Das Mißtrauen wirkte sich nur auf die Aktien aus – fallen sie, schwindet das Vertrauen zu ihnen. Wer handelt schon antizyklisch? Immer nur eine Minderheit! Und wer nach dem 87er Crash eingestiegen ist, hat heute Superprofite in den Büchern stehen.

Jeder Vergleich mit 1929 sei ein Verbrechen, schrieb ich, und das müsse auch das Publikum langsam spüren und feststellen. Dann könne auch eine kleine Zinssteigerung nicht viel Schaden anrichten, denn es sei doch das wichtigste, daß der Alpdruck von 1929 endlich verschwinde.

In den Medien der ganzen Welt wurde wiederholt festgestellt, daß die Berufsvolkswirte samt Professoren mit ihren Prognosen völlig auf die Nase gefallen sind. Anfang November 1987 – also kurz nach dem Crash – trafen sich 33 Professoren aus aller Welt in Washington zu einem Symposium und prophezeiten die düstersten, dramatischsten Dinge für die Weltwirtschaft. Prompt schrieb ich: »33 Professoren, o schöne Welt, du bist verloren!«

Auf meinen Optimismus antwortete mir ein Journalist im *Effecten-Spiegel:* »Ich bleibe bei meiner negativen Einschätzung. Im übrigen verstehe ich nicht, daß ein angeblicher Börsenprofi wie André Kostolany positive Prognosen in die Welt setzt.« Sein Artikel amüsierte mich sehr, besonders die Wendung vom »angeblichen Börsenprofi«. Hätte er vom »angeblichen Börsenguru« oder »Börsenpapst« gesprochen – Schwamm drüber. Ist »Börsenprofi« jedoch eine solch würdige gesellschaftliche Position, daß man damit angeben könnte? Ich würde viel lieber damit protzen, Komponist oder Poet zu sein. Oscar Wilde sagte einmal: »Ein guter Anzug und ein maßgeschneidertes Hemd können sogar aus einem Börsianer einen Gentleman machen.«

Immerhin erreichte mich damals auch eine positive Reaktion aus der Presse. Ende 1987 hielt ich vor 2 000 Zuhörern einen Vortrag in München im Deutschen Museum. Mein Co-Referent war Herr Genscher. Er sprach über Außenpolitik und ich über die zukünftige Entwicklung der Wirtschaft und der Börse. Die *Süddeutsche Zeitung* berichtete ausführlich und schrieb, wie angenehm es gewesen sei, endlich einen Optimisten zu hören, mitten in den Zeiten des tiefsten Pessimismus.

Falsche Semantik:
Müll-Anleihen in Venture-Country

Der Journalist vom *Effecten-Spiegel* beherrschte offenbar die Regeln der Semantik nicht. Diese Unfähigkeit – oder der Unwille –, Dinge beim richtigen Namen zu nennen, beobachte ich häufig.

Welcher Aberwitz sich hinter dem Begriff »Portfolio Insurance« verbirgt, habe ich bereits beschrieben: Man versichert sein Haus, indem man es verkauft. Ein anderes Beispiel ist das Wort »Bankkaufmann«. Den Begriff »Geldkaufmann« könnte ich akzeptieren, aber die Zusammensetzung von Bank und Kaufmann versucht Unvereinbares zusammenzubringen: Der Bankier handelt mit Geld, der Kaufmann mit konkreten Waren. Ihre Interessen sind nicht dieselben: Der Bankier kassiert Zinsen, je höher, um so besser, der Kaufmann muß Zinsen zahlen, je niedriger, desto besser; der erste sucht die Sicherheit einer Anlage und der zweite die Phantasie. Entweder man ist das eine oder das andere; beide stehen sich »antagonistisch« gegenüber.

Oder der Begriff »Junkbonds«, der seit einigen Jahren im Wall-Street-Jargon zirkuliert. Das heißt übersetzt etwa soviel wie Müll- oder Abfall-Anleihen. Der Begriff charakterisiert diese Papiere äußerst bösartig.

Junkbonds waren ursprünglich während des Zweiten Weltkriegs und unmittelbar danach deutsche, italienische, japanische Anleihen, jahrzehntelang auch zaristisch-russische, chinesische und viele ähnliche Papiere, bei denen auf eine Zinszahlung zu warten so gut wie hoffnungslos schien. Ich bin allerdings das Risiko oft eingegangen und habe gerade mit diesen »authentischen Junkbonds« großes Geld gemacht, so nach dem Zweiten Weltkrieg mit deutschen und italienischen Papieren. Vor zwei Jahren hatte ich die Idee, alte russische Anleihen zu einem Prozent zu kaufen. Vielleicht läßt sich der damalige Erfolg wiederholen – dank Gorbatschow.

Die heutigen industriellen Junkbonds werden in Amerika von Gesellschaften emittiert, die mit diesem Fremdkapital andere Unternehmen aufkaufen wollen, die nach ihren Vorstellungen an der Börse stark unterbewertet sind.

Diese neuen Bonds sind natürlich alles andere als eine mündelsichere Anlage. Aber wären sie es, würden sie schließlich auch nicht 16 bis 18 Prozent Rendite abwerfen. Der Käufer nimmt ein Risiko auf sich, wird dafür jedoch kräftig belohnt, da er eine 8 bis 10 Prozent höhere Verzinsung als etwa bei erstklassigen Regierungsanleihen einstreichen kann.

Er nimmt also in gewissem Umfang die Chancen der Transaktion wahr, trägt andererseits auch die Risiken mit. Das heißt, er nimmt am Schicksal des übernommenen Unternehmens teil. Sein Risiko ist, daß der Cash-flow (Mittelzufluß) der übernommenen Firma nicht reicht, die Zinsen zu bezahlen – was im Extrem die Pleite für den Emittenten bedeutet. Es sei denn, die Gläubiger akzeptieren ein Moratorium oder eine Zinssenkung.

Eine andere Möglichkeit der Junkbonds emittierenden Gesellschaften, wenn sie in Schwierigkeiten geraten: Sie können die Anleihen in Aktien umtauschen. Bis heute sind übrigens nur einzelne Junkbonds geplatzt.

Im Kapitalismus gibt es keine Gewinne ohne Risiko. Erfindung und Einführung der Dampfmaschine, des Automobils oder der elektronischen Rechenmaschinen von heute wären ohne Abenteurer nie möglich gewesen, die ihr Geld aufs Spiel setzten und ihrer Phantasie freien Lauf ließen.

Nicht anders verhält es sich mit Wolkenkratzern in Amerika, dem Suezkanal in Ägypten oder anderen Weltwundern. Genaugenommen ist die ganze Welt ein Abenteuer oder, modernistisch gesprochen, ein »Venture«.

Die verschiedenen Zweige der Familie Société Anonyme, Limited, Aktiengesellschaft, Corporation haben einen gemeinsamen Vorfahren: das Abenteuer.

In Rom predigte Cato, der viel über die Fragen des Geldes und des Zinses philosophierte, daß für den Betrieb von Handels- und Schiffahrtsunternehmungen Gruppen, d.h. Gesellschaften gegründet werden sollten.

»Man soll ein Schiffahrtsunternehmen nicht allein beginnen. Um ein Schiff auf See zu schicken, tut euch zusammen mit neunundvierzig eurer Freunde und macht alle fünfzig zusammen den Versuch.«

Der Ausdruck »Abenteuer« hat für manche Ohren einen etwas unseriösen oder romantischen Beiklang, aber im 17. Jahrhundert hatte er eine sehr genaue rechtliche Bedeutung: Das »Abenteuer« war ein kaufmännisches Unternehmen, öfter noch ein Kolonialunternehmen, das gegründet worden war, um ein gewagtes Geschäft oder eine Expedition auszuführen. Die Gründer der Gesellschaft, die Aktionäre, trugen offiziell den Namen »Abenteurer«. Diese Bezeichnung findet sich noch heute in den Urkunden der ältesten Aktiengesellschaft, der 1670 gegründeten anglo-kanadischen Gesellschaft Hudson Bay. Traditionsgemäß begann der Präsident die Eröffnungsrede bei der jährlichen Generalversammlung mit der Anrede »Meine Herren Abenteurer«, was unter der Mahagonidecke des großen Sitzungssaals ungewöhnlich gravitätisch klingt.

Heute, 300 Jahre nach der Ausgabe der ersten Aktien der Hudson Bay Company, ist das Wort »Venture« wieder sehr populär geworden. Zuerst an der Wall Street, seit einigen Jahren aber auch bei uns. Das ist auch der verstärkten Werbung um Risikokapital und für die Einführung neuer Unternehmen an der Börse zu verdanken, wie sie vor allem die Deutsche Bank betrieben hat.

Jetzt, wo der Vertrieb von Ventures in Deutschland angelaufen ist, kommen mir allerdings einige Zweifel. Sie brauchen nur die Anzeigenseiten der einschlägigen Tagespresse durchzusehen, um auf reißerische Versprechungen zu stoßen. In den letzten 25 Jahren nämlich waren in der Anlagebranche zu viele Haie tätig, die das Sparkapital von Millionen geplündert haben. Was liegt näher, als daß dieselbe Armada von Vermittlern jetzt ihr Unwesen mit dem Modewort »Venture« treibt – die gleichen Leute, die schon mit IOS-Fonds, Beteiligungen an Ölbohrungen, Abschreibungsgesellschaften und ähnlichen »Anlagen« bleibende Erinnerungen hinterlassen haben.

Wir alle werden wohl mit dieser Gefahr leben müssen. Denn ohne Risiken gibt es keinen Fortschritt. Ohnehin ist Geldanlage stets ein Abenteuer, sie war es immer und wird es immer sein. Was mich und andere seriöse Kollegen natürlich nicht daran hindert, scharf die Spreu vom Weizen zu trennen. »Ja« zum Abenteuer, »Nein« zu Abenteurern, die nur in die eigene Tasche wirtschaften.

Ich wiederhole: Es ist geschmacklos, das Wort »Junkbonds« zu benutzen. »Junk« ist Alteisen oder sind Lumpen; diese Anleihen jedoch sind legitime, normale Kapitalanlagen mit kalkuliertem Risiko.

Zudem sind sie nicht mehr »Junk« als Hunderte von Venture-Kapital-Anteile, die heute so populär sind. Sogar der Telefonkonzern AT&T hat beschlossen, in seinen Pensionsfonds etwas weniger Blue Chips, aber mehr Venture-Kapital zu packen. Wahrscheinlich aus dem Grund, weil diese Venture-Anteile nicht an der Börse gehandelt werden und man daher nicht so recht sehen kann, wieviel sie gerade an Wert verloren haben.

Das Risiko ist klar: Im Falle einer Wirtschaftskrise oder gar einer Depression würden Junkbonds in Schwierigkeiten geraten. Dann nämlich könnten die Käufer der übernommenen Firmen deren Aktiva nicht zu vernünftigen Preisen veräußern, was beim Aufkauf meist fest eingeplant ist. Man hofft dabei, mit dem Gegenwert einiger abgestoßener Aktiva die Gläubiger sozusagen aus der Westentasche bezahlen zu können.

Die meisten Übernahmetransaktionen sind eigentlich eine Spekulation auf die weitere günstige Entwicklung der Wirtschaft. Dann nämlich können die übernommenen Gesellschaften im Wert mächtig steigen, während die Verschuldung konstant bleibt.

Man darf auch nicht vergessen, daß bei der für Junkbonds typischen hohen Verzinsung die Anleihenbesitzer mit jedem vergangenen Tag in einer stärkeren Position sind. Denn nach etwa vier Jahren ist durch Zins und Zinseszins der Kaufpreis weitgehend abgedeckt.

Wie hysterisch sich die Finanzmärkte gelegentlich benehmen, kann man daraus ersehen, daß wegen der riesigen Übernahmen der ganze Markt von Industrieanleihen einen großen Schock erlitten hat. Die Angst der Anleger dabei ist, daß andere große Gesellschaften aufgekauft und dadurch die Kreditwürdigkeit der Alt-Anleihen abgewertet werden könnte.

Kurz und gut: Die Übernahmen auf Kredit sind auf die Annahme gegründet, daß die Federal Reserve Bank eine Depression in Amerika einfach nicht zulassen wird, und daß sie mit den ihr zur Verfügung stehenden Mitteln die Wirtschaft fest im Griff hat.

Leser, glaubt dem Guru nicht,
ganz egal, was er verspricht!

Es gibt nicht wenige Panikmacher, die seit zehn Jahren den Weltuntergang prophezeien. Auch mein guter Freund, der Frankfurter Exbankier Philipp Freiherr von Bethmann, veröffentlichte immer wieder ganzseitige Annoncen in der *Frankfurter Allgemeinen*, in denen er vor dem kommenden wirtschaftlichen Zusammenbruch der Welt warnte. Immerhin ließ er sich die Veröffentlichungen einen schönen Betrag kosten, im Gegensatz zu vielen anderen, die mit der Angst gute Geschäfte machen.

Vor ungefähr fünf Jahren nahm ich an einem Seminar teil, bei dem alle Endzeitprediger versammelt waren. Einer nach dem anderen malte die Situation in noch düstereren Farben; man überlegte, wie man sich und sein Vermögen am besten in Sicherheit bringen könne, nach Amerika – bis es mir zuviel wurde. Ich stand auf und verabschiedete mich von meiner Nachbarin. »Sie wollen uns schon verlassen?« fragte sie erstaunt. »Verlassen?« antwortete ich. »Nein, ich gehe.« Leider hatte ein Journalist beobachtet, wie sehr mich diese Veranstaltung abstieß und schrieb darüber in der *Zeit*.

Die Panikmacher bilden sich ein und wollen auch die anderen davon überzeugen, daß der allgemeine Zusammenbruch schon da ist. Nur wüßten wir es noch nicht. Genauso wie Dr. Knock es seinerzeit sagte, der Scharlatan-Arzt des gleichnamigen Stücks von Jules Romains, das vor dem Krieg auch in Deutschland mit großem Erfolg gespielt wurde: »Jeder, der sich wohl fühlt, ist eigentlich ein Kranker, nur weiß er es nicht.«

»Leser, glaubt dem Guru nicht, ganz egal, was er verspricht!« Auch wenn er Professor ist. Letzten Sommer nahm ich wieder einmal, wie jedes Jahr, am Alpbach-Forum teil. Alpbach ist für mich immer »a Hetz«, kein Wunder, denn ich als k. u. k.-Produkt bin natürlich entzückt von diesem gigantischen Kaffeehaus mit herrlicher Kulisse und würziger Luft. Darin liegt auch der Erfolg Alpbachs – mehr als in dem, was man dort lernen kann, obwohl es, läge es in Frankreich, dort bestimmt *»Au rendez-vous des professeurs«* heißen würde.

Und eben mit den Professoren habe ich so meine Schwierigkeiten. Letzten Sommer saß ich abends mit drei Wirtschaftswissenschaftlern noch auf ein Glas in der Bar zusammen. Zwei von ihnen arbeiteten auf dem Spezialgebiet Devisenwirtschaft. Ich war perplex, welch engen Horizont sie im Gespräch offenbarten. Die wirklich wichtigen Vorgänge hinter den Kulissen des internationalen Devisenhandels waren ihnen komplett verborgen geblieben. *Ich* habe ihnen dann so einiges verraten, und sie haben auch aufmerksam zugehört. Einem von ihnen, er lehrt an der Universität Innsbruck, habe ich dann mein Buch »... und was macht der Dollar?« geschickt, im Tausch gegen eine wissenschaftliche Studie aus seiner Feder.

Ich habe nichts gegen Professoren, ich bin ihnen sogar dankbar, daß sie mir das Alphabet, das Einmaleins und fremde Sprachen beibrachten – aber für Prognosen in der Wirtschaft oder an der Börse taugen sie nicht. Da höre ich mir lieber Astrologen oder Wahrsager an. Vor allem beherzige ich die Worte des Michel de Montaigne, des vielleicht klügsten Mannes der französischen Literatur. Der sagte: »Ich ziehe anstelle eines verschrobenen Palavers ex cathedra vor, daß mein Sohn in einer Kneipe sprechen lernt.«

Einer von den »Gurus«, die das Blaue vom Himmel herunterflunkern, war eine Zeitlang ein gewisser Robert Prechter. Mit Mitte Dreißig wurde er als der berühmteste Börsenguru der Welt gehandelt. Im August 1987 prophezeite er für das Jahr 1988 einen Dow Jones von genau 3 686 Punkten, wie ein Meteorologe, der im Januar für den 15. August eine exakte Temperatur von 25,4 Grad Celsius prognostizieren würde. Unmittelbar nach dem Crash setzte Prechter plötzlich einen Dow Jones von nur noch 1 300 Punkten, einige Wochen danach sogar nur noch von 400 Punkten an. Die Börse kann um 1 000 Punkte fallen oder steigen, aber solche Prophezeiungen sind purer Schwachsinn. In chaotischen

Zeiten wie heute wachsen die Gurus aus dem Boden wie Pilze nach einem Wolkenbruch.

Und dann gibt es da noch Mr. Robert Farrell, Analyst von Merrill Lynch und populärster Hellseher der Wall Street. In einem technischen Börsenkommentar gab er mal dies zum besten: »Es kann sein, daß die Börse im Begriff ist, einen zyklischen Gipfel zu bilden, um dann auf eine Talfahrt zu gehen. Es kann aber auch sein, daß sich die Aufwärtsbewegung fortsetzt und auf ein unerwartet hohes Niveau führt.« Das ist ein niedriges Niveau wie das »Wenn der Hahn kräht auf dem Mist, ändert sich 's Wetter oder 's bleibt, wie es ist.«

Das erinnert mich an die Worte von John Pierpont Morgan. Als ein Journalist ihn während des Wall-Street-Krachs 1907 fragte, wie er die weitere Entwicklung einschätze, antwortete er lakonisch, aber vielsagend: »Die Börse wird fluktuieren.« Dies sagte er aber aus Spaß. Ich hätte noch die Worte aus dem Pariser Stadtwappen hinzugefügt: »Fluctuat nee mergitur.« (Es schwankt, aber es geht nicht unter.)

Die Liste all dieser Besessenen ist lang und wäre eines neuen Buches würdig.

Fazit: Man muß die größte Vorsicht walten lassen und all diesen Wahrsagereien und Prophezeiungen widerstehen. Aber leider vergißt das Publikum schnell, und je größer die Verheißung, um so eher fällt es darauf herein. Die meisten denken, etwas müsse doch daran sein. Sie wollen Propheten und machen jemand, der ein- oder zweimal mit seinen Prognosen richtig lag, erst zum Börsenguru.

Auch die Prognosen oder Börsentips von Insidern, sei es aus Politik, Wirtschaft oder Wissenschaft, sind oft nicht zutreffender als die von selbsternannten Experten. In den dreißiger Jahren war ich öfters in London, wo einer meiner besten Jugendfreunde von einem anderen Ungarn, der dann Lord Balogh hieß und Finanzberater der Labour Party war,

Tips für die Londoner Börse erhielt. Lord Balogh war als Analyst bei der Firma Falk & Co. angestellt. Stiller Partner dieser Firma war kein Geringerer als John Maynard Lord Keynes, der größte Nationalökonom unserer Zeit. Paradoxerweise war aber kein einziger Börsentip, den ich von dieser Firma über meinen Freund erhielt, richtig.

Lord Keynes hat sich aber durch erfolgreiche Spekulationen ein Vermögen erworben. Er spekulierte nach dem Ersten Weltkrieg in indischen Rupien, in französischen Franken, in Mark, in Lira, und zwar hauptsächlich auf Baisse. Seine Währungsspekulationen waren immer erfolgreich – seine Börsentransaktionen wahrscheinlich weniger –, bis auf eine Ausnahme: Nach dem Krach von 1929 stieg er in Wall Street groß ein und hielt durch, bis die stürmische Hausse kam.

Kürzlich tauchte ein neuer Guru auf, diesmal aus der amerikanischen Wirtschaftspolitik: Martin Feldstein. Er gehörte zum Beraterteam von Präsident Ronald Reagan, bis der ihn entließ. Heute hat sich der Ruf verbreitet, daß er einer der Berater George Bushs sei. Ich glaube es nicht, und ich sah bis heute auch nicht die kleinsten Anzeichen dafür.

Warum auch? Vor zirka fünf Jahren hatte ich ein Gespräch mit Feldstein, über ein Thema, das er aufgrund seines Rufes beherrschen müßte. Ich stellte ihm die Frage, wie hoch er die Ölimporte in den Vereinigten Staaten einschätze. Er zuckte und antwortete mit Verlegenheit, er könne sich wirklich nicht erinnern!

Wie das? Der große Fachmann für Außenhandelsprobleme weiß nicht, wieviel die Ölimporte ausmachen, die doch ein Viertel der Gesamtimporte darstellen?

Dieser Mann (er ist ja auch Professor) soll darüber dozieren, wie das doppelte amerikanische Defizit, das im Außenhandel und das im Staatshaushalt, zu sanieren ist? Mit seinen heftigen Angriffen gegen den Dollar, der seiner Ansicht nach auf gerade noch 13 Groschen fallen müßte, um das

Handelsdefizit auszugleichen, wirkt er eher als ein Vertreter der US-Exportlobby. Denn diese wird verständlicherweise nicht müde, für noch weiter sinkende Dollarkurse zu plädieren.

Es würde den Rahmen des Buches sprengen, alle Argumente Feldsteins zu widerlegen. Ich möchte aus diesem Grund nur einige Worte dazu bemerken.

Die japanischen Autos (ein Drittel der totalen Importe) sind zu teuer, und so bauen die tüchtigen Japaner ihre Autos in den Vereinigten Staaten. Schon heute stammt deshalb in der amerikanischen Autoproduktion jeder fünfte Wagen von Japanern, und bald wird es jeder dritte sein. Diese Automobile werden dann ins Ausland, auf Dauer sogar in die japanische Heimat, exportiert, und diese Exporte könnten zugunsten der US-Handelsbilanz durchaus 30 Milliarden ausmachen.

Und noch etwas: Die japanische Autoindustrie hat seit zwei Jahren Milliarden Dollar vorverkauft, um sich einen zwar nicht günstigen, aber doch akzeptablen Dollarkurs zu sichern, für Autos, die noch nicht einmal bestellt, geschweige denn gebaut sind. Was wird mit diesen vorverkauften Dollar geschehen? Das möchte ich Herrn Feldstein fragen.

Ich gründe eine Optimistenschule

Die Crash-Gurus rechneten mit fallenden Kursen – aus wirtschaftlichen Gründen.

Daß Wall Street auf die Nachricht über den irakischen Gewaltakt gegen Kuwait kräftige Rückschläge erlitt, wundert nicht. Wie könnten Spekulanten, Spieler oder Händler anders als mit Angst und Entsetzen auf den Blitzkrieg im Nahen Osten reagieren?

Geradezu hysterische Reaktionen löste indes nicht Saddam Hussein, sondern die neueste US-Arbeitslosenstatistik aus. Denn als die Meldung über die von 5,2 auf 5,5 Prozent gestiegene Arbeitslosenquote über die Wall-Street-Ticker flimmerte, bekamen Uncle Sams Börsianer erst wirklich richtig das ganz große Nervenflattern. Noch ein paar Monate vorher hatten sie die Aktienkurse aus einem anderen Grund fallen lassen: Damals war die Arbeitslosenquote zurückgegangen. Sie sehen also, amerikanische Stocks können auch dann ins Schleudern kommen, wenn die Wirtschaft Optimismus verbreitet.

Schlimm: Die Profis auf dem US-Börsenparkett sind mittlerweile zu Sklaven der Statistik abgesunken. Einen Tag verfallen sie in tiefsten Pessimismus, weil zum Beispiel ein guter Konjunkturverlauf die Notenbank davon abhält, die amerikanischen Zinsen zu senken. Den nächsten Tag wiederum sorgen sie sich darüber, daß die Wirtschaft angeblich nicht laufen will. Prompt purzeln die Wertpapierkurse an der Wall Street ebenfalls in den Keller. Was wäre, wenn die Zinsen fielen und zur gleichen Zeit nur gute Nachrichten aus den Unternehmen kämen?

Die jüngste Monatsmeldung über zunehmende Arbeitslosigkeit in Amerika versetzte die Wall-Street-Börsianer deshalb in Panik, weil sie nunmehr einen heftigen Rückschlag in der Konjunktur voraussehen. Tatsache dagegen bleibt: Schon vor einem Jahr kündigte FED-Chef Alan Greenspan in aller Öffentlichkeit seine Absicht an, das Wachstum der amerikanischen Wirtschaft auf 2 bis 2,5 Prozent herunterzufahren, um auf diese Weise die Konjunktur abzukühlen. Gerade das ist ihm jetzt gelungen. Und wieder geben sich die Spekulanten nicht zufrieden.

Greenspan versprach etwas und hielt es. Die 1990er Wachstumsrate wird auf 2 bis 2,4 Prozent geschätzt. Aber die Börse, diese böse Börse, will einfach nicht laufen. Wall Street schielt immer nur darauf, was morgen sein wird. Die Börsianer spielen Rot oder Schwarz, wie beim Roulette, und schaffen mit ihren Käufen oder Verkäufen genau die Kurse, die sie für den nächsten Tag erwarten.

Die meisten Profis wissen offensichtlich auch schon morgens, ob sie kaufen oder verkaufen wollen. Kann man aber frühmorgens programmieren, ob man abends mehr oder weniger essen will? Hängt die Entscheidung nicht vom Appetit oder davon ab, was die Speisekarte bietet?

Wirkliche Profis schenken den kurzen Zickzacks, arabischen Despoten und der Arbeitslosenstatistik keine Beachtung. Die ausgefuchsten Anleger lassen sich auch nicht von den Kurvendeutern beeindrucken, die nach dem vergeblichen Sturm des Dow-Jones-Index auf die Marke von 3 000 Punkten nunmehr anscheinend resignieren.

Der Dow Jones hat zweimal die Marke von 2 999,75 Punkten erreicht. Das war ein Memento für die Chart-Analysten: Wenn der Index die Schallmauer nicht überschreiten kann, dann muß er eben wieder fallen. Dabei handelt es sich bei dem berühmten Börsenbarometer aus den Vereinigten Staaten eigentlich nur um eine nichtssagende, synthetische Zahl. Die Schwelle von 3 000 Punkten hat für die Börse deshalb ebensowenig Bedeutung wie die von beispielsweise 1 000 oder 2 000.

Viel wichtiger ist: Seit 1925 haben sich viele kleine Aktien mittlerer Qualität im Kurs so mal eben verhundertfacht, Blue Chips kletterten immerhin noch um das 25fache.

In aller Bescheidenheit möchte ich sagen: Alle Gurus, die seit acht Jahren den wirtschaftlichen Zusammenbruch prophezeien, sind bisher auf die Nase gefallen und warten deshalb ungeduldig auf den Tag, an dem sie stolz melden können: »Na, habe ich es nicht gesagt!« Meine Antwort lautet: »Nein!« Denn trotz der Irak-Krise werden sie nicht recht bekommen. Die Börse ist eine ganz andere Sache. Im Gegenteil: Es könnte sogar wieder so geschehen wie beim Kriegsausbruch 1939, als die Kurse plötzlich in die Höhe schnellten (dieses Phänomen des Fait accompli habe ich oben bereits beschrieben).

Die meisten US-Portfolio-Manager verfehlten die Aufwärtsbewegung des Dow-Jones-Index von 1 900 bis fast 3 000 Punkten. Seither liefen sie hinter den Kursen her, und die liefen vor ihnen weg. Nun möchten die Wall-Street-Spekulanten bei tieferen Kursen wieder einsteigen.

Viele Broker wünschten sich auch tiefere Kurse, weil sie ihren Kunden aus Angst vom Kauf abgeraten haben und später Vorwürfe bekamen. Außerdem sind die Broker in einer pessimistischen Stimmung und laufen mit langen Gesichtern herum, weil sie mit den heutigen Umsätzen ihre Spesen nicht verdienen. Rund 150 Millionen Aktien pro Tag sind der Mindestumsatz, bei dem sie aus den roten Zahlen herauskommen – und ebendiesen Mindestumsatz erreichen sie häufig nicht.

Dann redeten diese Spieler, die nach dem Crash vom Oktober 1987 eine Deflation mit Depression à la 1929 voraussagten, die Inflation herbei: Die heißgelaufene Wirtschaft, so argumentierten sie, müsse eine Inflationspsychose herbeiführen. Inflation wiederum würde die US-Notenbank zu höheren Zinsen zwingen, und höhere Zinsen würden die Kurse an der Börse in die Tiefe reißen.

Prompt interpretierten die Auguren täglich jedes kleinste Ereignis als Vorzeichen einer bevorstehenden Inflation. Arbeitslosigkeit auf dem tiefsten Stand: schlecht! Viele neue Arbeitsplätze: schlecht! Steigende Exporte: auch schlecht, weil sie eine heiße Wirtschaft noch mehr anheizen und so inflatorisch wirken.

Die einseitige, kurzsichtige Verfolgung der Nachrichten ist an der Börse totaler Unsinn, denn man muß global denken, auf lange Sicht hin. Steigen die Zinsen, bedeutet dies noch lange nicht, daß sie im Verhältnis zu den rasant steigenden Gewinnen der Gesellschaft zu hoch sind. Nichtsdestoweniger wirken die hohen Zinsen wie eine Bremse, doch der Bremskurs muß nicht in den Crash münden. Außerdem werden schon Symptome einer Abkühlung der Wirtschaft spürbar, da die Federal Reserve Bank die Zinsen seit einem Jahr langsam kontinuierlich erhöhte. Sie hat die Wirtschaftsentwicklung dank ihrer Zinspolitik fest im Griff.

Diejenigen, die ununterbrochen Inflationsängste anheizen, stellen sich auch wieder die Frage, ob der beste Schutz nicht Gold sei. Gold bleibt in meinen Augen totes Kapital. Sein Kurs ist zwar tief, aber die Sowjetunion verkauft ununterbrochen das gelbe Metall, weil sie heute dank der Lockerung der westlichen Boykottliste viel Ware kaufen kann, die vorher nicht zugänglich war.

Da der Goldkurs so tief steht, kann es passieren, daß er als Reaktion auf irgendein politisches Ereignis etwas steigt. Der Einmarsch des Iraks in Kuwait war so ein Ereignis, das den Goldkurs beeinflußt hat. Die Sowjetunion hat die höheren Kurse ausgenutzt und noch massiver Gold auf den internationalen Markt geworfen.

Was bleibt dann als beste Anlage in einer schleichenden, aber nicht galoppierenden Inflation?

Vor einigen Wochen ging ich in Wien durch die Kärntner Straße, und plötzlich kam mir eine Erinnerung aus dem Jahr 1919: An einer bestimmten Straßenecke stand dort jeden Tag ein schwerkriegsbeschädigter Invalide auf zwei Krücken, ein Bündel Schnürsenkel in der Hand. (Er hatte übrigens eine – im nachhinein – gespenstische Ähnlichkeit mit Adolf Hitler, der zur gleichen Zeit dort auf dem Korso seine Bilder ohne Erfolg anbot; auch das erfuhr ich natürlich erst viel später.) Der Invalide wiederholte ununterbrochen den Marktschrei, an den sich noch jeder ältere Wiener erinnert: »Kein Stroh, kein Papier, echte Friedensware.« Das brachte mich auf einen Satz, den ich als Marktschrei verbreiten möchte: »Kein Gold, kein Silber, echte Friedensware: Aktien!«

Fazit: Es existiert also eine pessimistische Schule von Professoren, Volkswirten, Wirtschaftsexperten, der sich Crash-Propheten und Berufsschwarzmaler von Staatsbankrotten, Bankenkrisen, Zinskatastrophen und ähnlichen Miseren anschließen. Ich annonciere hiermit die Gründung einer Optimistenschule von Antiexperten. Kandidaten sind willkommen.

Sechste Vorlesung:

Die Börse und der Rest der Welt

Von seiner politischen Einstellung sollte sich ein Spekulant aber nicht beeinflussen lassen. Die Erfahrung sagt, daß viele Börsianer ganz große Erfolge versäumt haben, nur weil sie politisch zu stur und unbeweglich eingestellt waren.

Doch die meisten Börsenprofis – überall auf der Welt – sind a priori dagegen gefeit, politische Überzeugungen überzubewerten. Sie sehen jedes Ereignis aus der Perspektive ihres Börsenengagements. Einer meiner Freunde war da ganz typisch. Jedes neue Gesetz, jede Regierungsentscheidung, die für seine Spekulation ungünstig war, erklärte er prompt für dumm und höchst unmoralisch: »Die Regierungen sind die größten Verbrecher!« Umgekehrt, wenn eine Verordnung ihm in den Kram paßte, war alles klug und moralisch sehr in Ordnung: »Wie gescheit die Regierung doch ist!«

Ich werde manchmal gefragt, ob ein Spekulant sich von moralischen Erwägungen leiten lassen darf. Ich meine, es hängt davon ab, ob es sich um eine Moral in humanitärer Sicht oder eine Moral in bezug auf die Gesetzgebung handelt, welche gerade viele Spekulanten als unmoralisch bezeichnen. Das bezieht sich besonders auf Länder, in denen Devisenzwangswirtschaft herrscht. Ich kannte einmal einen Spekulanten, der aus Wien nach Paris kam. Die erste Frage, die er im Kaffeehaus einem Kollegen stellte, lautete: »Kinder, sagt mir, was ist hier verboten?« Es war die Zeit, in der die größten Profite mit solchen komplizierten Geschäften gemacht wurden, mit denen man gewisse Gesetze oder Verordnungen überlisten konnte.

In humanitärer Hinsicht halte ich Commodity-Spekulationen, also Preisbrecherei in einem wichtigen Rohstoff wie Baumwolle oder bei Lebensmitteln, für eindeutig unmoralisch, denn solche Aktionen sind gegen die Interessen der betroffenen Bevölkerung gerichtet.

Aber ausgesprochenen Altruismus, Nächstenliebe, kenne ich an der Börse nur in einer Spielart: Wenn ein Baisse-Spekulant oder eine Gruppe, die auf den Kurssturz einer bestimmten Aktie gespielt haben, mehr leerverkauft haben, als überhaupt Papiere vorhanden sind, dann ist der Altruist derjenige, der die Papiere besitzt und sie »großzügig« den abgewürgten Baisse-Spekulanten zur Verfügung stellt. (Auf den Typus des Baissiers komme ich später noch zurück.)

Erst kommt die Spekulation, dann die Musik

Bert Brecht sagte: »Erst kommt das Fressen, dann die Moral.« Bei mir mußte die Musik dran glauben, der doch meine ganze Liebe gilt; und nun will ich beichten. Es handelt sich um meine unvollendet gebliebene Musikstiftung, die einem Geldabenteuer zum Opfer fiel.

Zum Ende des Zweiten Weltkrieges stürzte ich mich als Spekulant auf die verschiedenen entwerteten Staats- und Kommunalpapiere, überzeugt, daß nach dem Chaos, das auf diesem Markt herrschte, sich alles wieder normalisieren würde. Es gab Schuldner unter den Staaten und Städten, die ihren Verpflichtungen schnell nachkamen, andere ließen sich lange bedrängen, bis sie sich endlich zur Zahlung ihrer Schulden bequemten. Unter diesen notleidenden Werten gab es eine Anleihe der französischen Regierung, mit der ich schon lange kokettierte. Ohne jeden Rechtsgrund wollte die Regierung diese Obligationen nicht honorieren und nur diejenigen zurückbezahlen, die im Besitz der Urzeichner geblieben waren. Die französische Regierung wollte den Börsenspielern, die diese Papiere spottbillig aufgekauft hatten, den spekulativen Nutzen vorenthalten. Ein Standpunkt, der zwar sehr ethisch sein mag, aber im Widerspruch zur Börsenmoral steht.

An der Börse gilt es als eine Tugend, solche Papiere aufzukaufen, die grundlos zu tief gefallen sind. Wie sollen wir Spekulanten leben, wenn man uns bestraft, nur weil wir Werte billig aufkaufen und die künftige Preisentwicklung richtig beurteilen? Dies war hier nämlich der Fall.

Ich kaufte also einige Kilo von diesen Obligationen für einen Pappenstiel. Ich verfolgte dabei einen speziellen Plan. Ich hatte mir folgendes ausgedacht: Dieses Mal werde ich nicht für meine Tasche, sondern für die holde Kunst spekulieren. Ich werde von der französischen Regierung den vollen, das heißt den Nominalwert ihrer Schuldscheine einfordern. Aber um zu beweisen, daß ich kein gieriger Spekulant bin, werde ich die ganze Summe, die ich bekommen sollte, sofort für einen ideellen Zweck zur Verfügung stellen: für eine Stiftung zur Förderung französischer Musik.

Während ich die Obligationen für einen Bruchteil des Nominalwertes gekauft hatte, würde der Totalbetrag ausreichen, um damit etwas Nützliches für die Musik zu schaffen. Zur gleichen Zeit könnte mein Name auch irgendwo in Gold graviert werden. Oder ich könnte einen Preis Kostolany spendieren, finanziert von den Zinsen der Stiftung. Welch erhabenes Gefühl, daran zu denken, daß vielleicht in hundert Jahren immer noch jährlich eine Komposition mit dem Prix Kostolany ausgezeichnet würde!

Ich entwarf meine Strategie sehr genau, beriet mich mit Fachleuten und Persönlichkeiten, denen mein Plan gefiel. Ich träumte bereits von meiner Stiftung. Ja, ja, Börsianer kann schließlich jeder werden, aber nicht Musiker. Wenn das Schicksal es schon wollte, daß ich kein Musiker wurde, dann sollte wenigstens mein Name, als der eines Mäzens, in die Musikgeschichte eingehen. Dies alles war wunderbar geplant, aber die Börse kreuzte einmal mehr meine Pläne...

Während ich in einem Büro des Finanzamtes meinen Plan einer Stiftung vortrug, philosophierten in einem anderen Winkel desselben Gebäudes verantwortliche Herren über Kreditmoral, das gegebene Wort des Schuldners etc. und trafen plötzlich eine überraschende Entscheidung: Die französische Regierung wird alle zur Diskussion stehenden Schuldscheine voll zurückzahlen, sowohl an die Urzeichner als auch an die neuen Inhaber. Die »einige Kilo« von den gewissen Obligationen wurden zum vollen Nominalwert ausbezahlt. Ich brauchte nur zum Schalter zu gehen. Mein Sinn für Kapitalismus aber war zu sehr ausgeprägt und die ausgezahlte Summe für meine Verhältnisse zu bedeutend, als daß ich es über mich gebracht hätte, schon jetzt aus eigener Tasche eine enorme Summe zu spenden. Ich bin wohl ein leidenschaftlicher Liebhaber der Musik, vielleicht auch ein tüchtiger Spekulant, aber darum doch kein Engel. Von meiner Musikstiftung sind nur drei Noten übriggeblieben: do-la-re.

Die politisierende Börse

Die Börse und die Devisenmärkte auf der einen Seite, Politik und Wirtschaft auf der anderen – so scheinen sich zwei Sphären gegenüberzustehen. Zwar ist es offensichtlich, daß zwischen beiden Bereichen vielfältige Wechselbeziehungen wie in einem System kommunizierender Röhren bestehen; doch eine Frage wird oft gestellt: Wer beeinflußt wen, machen Politik und Wirtschaft die Börsenstimmung, oder strahlt umgekehrt die psychologische Verfassung der Finanzmärkte auf die übrige Gesellschaft aus?

Letztlich ist dies die Frage nach dem Ei und dem Huhn. Natürlich ist der Einfluß der nationalen Politik auf die Börse groß. Zins-, Kredit- und Steuerpolitik hängen von der Regierung ab. Die politischen Strömungen (rechts und links) beeinflussen die Psychologie der Anleger und die Zukunft der Unternehmen. Auch die internationale Lage wirkt stark auf die Börse. Die Weltsituation (Spannung und Entspannung) beeinflußt die Psychologie des Publikums, internationale Entwicklungen beeinflussen ganze Branchen, nationale Zahlungsbilanzen, Handelsverträge und so weiter. Die Irakkrise ist ein aktuelles Beispiel.

Aber, wie ich schon gesagt habe, Börsianer interpretieren sich je nach ihrer psychologischen Grundeinstellung als Haussier oder Baissier die Ereignisse zurecht. Eine kleine Geschichte, die ich einmal gehört habe, illustriert das komplizierte Verhältnis zwischen Börse und Politik vortrefflich.

Ein alter Börsenfuchs sitzt mit einigen seiner besten Kunden gemütlich beisammen. Man gerät ins Philosophieren, und einer aus der Runde wirft die Frage aller Fragen auf: »Was ich schon immer wissen wollte, wie entstehen denn nun eigentlich Hausse und Baisse?«

Der alte Börsianer beginnt zu erklären: »Nun, ich will ein Beispiel geben. Es war vor einigen Jahrzehnten, da verbreiteten die Zeitungen eines Tages, daß sich ein junger und schöner Prinz aus altem schottischen Geschlecht mit einer liebreizenden spanischen Infantin verlobt habe. Alle Welt war sehr angetan von diesem schönen Paar, über das man bald mehr erfuhr, und man verfolgte voller Anteilnahme die weitere Entwicklung ihrer Romanze. Dieses Ereignis löste eine solche positive Stimmung beim Publikum aus, daß sich der allgemeine Optimismus auch auf die europäischen Börsen übertrug. Die Kurse stiegen und stiegen. Viele Anleger wurden wohlhabend, mancher machte ein Vermögen, man kaufte sich Häuser, ein Gut, investierte, die Wirtschaft florierte. So entsteht eine Hausse.«

Alle in der Runde nickten beifällig und erinnerten sich dieser goldenen Zeit, von der ihre Eltern ihnen noch erzählt hatten. »Aber«, fuhr der Börsenfuchs in seiner Erklärung fort, »eines Tages nun kam ganz unerwartet eine schlechte Nachricht aus den beiden Fürstenhäusern: Die Verlobung war geplatzt, Prinz und Infantin hatten sich im Streit getrennt. Diese Nachricht wirkte wie ein Schock und löste den größten Krach an der Börse aus, die Papiere fielen ins Bodenlose, Existenzen wurden vernichtet, es gab Selbstmorde. Das ist die Baisse.«

Betroffenes Schweigen, das der philosophische Fragesteller schließlich verärgert unterbrach: »Aber hören Sie, was hat denn die Heiratspolitik des Hochadels mit der Börse zu tun?« Darauf der alte Börsianer: »Sonderbar. Als ich die Hausse erklärte, haben Sie mich das nicht gefragt.«

Ich habe einmal den Spruch geprägt: Die größte Spekulation der Welt wäre es, einen Politiker zu dem Wert einzukaufen, den er hat, und ihn zu dem Wert zu verkaufen, den er sich selbst einräumt. Mit der häufig anzutreffenden Selbstüberschätzung vieler Politiker, Staatsmänner und all derer, die für die wichtigen Entscheidungen in Wirtschaft und Staatsfinanzen verantwortlich sind, mag es zusammenhängen, daß sie sich nicht bewußt sind, was sie selbst mit dem, was sie *sagen,* in der sensiblen Massenseele, bei Herrn Jedermann, anrichten können. Wie François-Marie Voltaire einmal von sich selbst sagte: »Monsieur Voltaire ist sehr mächtig, aber Monsieur Tout-le-Monde ist noch mächtiger.«

Hinzu kommt, daß Politiker oft die Machenschaften der internationalen Spekulanten nicht erfassen. Sie kennen weder ihre Mentalität noch ihre Wirkungskraft und können doch mit unüberlegten Erklärungen und semantisch falschen Definitionen Spekulationen extrem anheizen.

Es braucht nur von irgendeiner verantwortlichen Stelle ein leichtsinniges Wort zu fallen, und schon laufen Tausende von großen und kleinen Spielern, um zu »kaufen« oder zu

»verkaufen«. Und dies ohne jede Überlegung. Oft gegen jede Logik. Diese spekulativen Transaktionen nahmen in den letzten Jahren immer größere Dimensionen und immer aggressivere Formen an und haben daher in der Wirtschaft sehr viel Schaden angerichtet. Sie üben eine außerordentliche Wirkung auf die Massenmedien aus, die ihrerseits den Schaden noch vergrößern, weil sie auf die Preisentwicklungen und Handelsmärkte fast immer einen ungünstigen Einfluß haben.

Ein klassisches Beispiel: Als im Sommer 1977 US-Finanzminister Michael Blumenthal und Bundeskanzler Helmut Schmidt zu gleicher Zeit spontan erklärten – obwohl niemand eine diesbezügliche Frage stellte –, daß sie gegen eine wirtschaftlich begründete weitere Abwertung des Dollar nicht einschreiten würden. Damit hatten sie aber schon eingegriffen, und zwar zugunsten des Kurssturzes des Dollar, obwohl dieser wirtschaftlich vollkommen unbegründet war.

Die Erklärung war richtig gedacht, denn das Nichteingreifen ist ja das Prinzip des »sauberen Floatens«. Aber es war überflüssig, dies noch zu betonen.

Ein solcher Wink von oben ist für die Spekulanten eine Aufforderung zum Tanz, und die Kettenreaktion erledigt das übrige. Der Schaden war angerichtet. Auch der damalige Wirtschaftsminister Otto Graf Lambsdorff machte seinerzeit einmal eine forciert geistreiche, aber überflüssige Bemerkung: Er fürchte, daß zwei Artikel bald den gleichen Preis von 1,50 Mark haben werden, nämlich Benzin und der Dollar.

Wozu war das gut? Die Druckerschwärze einer solchen Meinung ist noch nicht trocken, und schon laufen alle Spieler und jonglieren mit dem Dollar oder spielen den Dollar hinunter. Die Herren Politiker müßten den Mechanismus der Spekulation und die psychologische Einstellung der Spekulanten kennen. Sie begnügen sich aber lieber damit, Kurs- und Preisverschiebungen mit Klischees zu erklären, ohne nach den wahren Gründen zu forschen. In dieser Weise kann man einen ordentlichen Markt – sei es für Rohstoffe, sei es für Währungen – vor Unfug nicht schützen.

Im Gegenteil sollten Politiker den Spekulanten zuvorkommen, zumindest aber ihre Zunge im Zaum halten. Es ist doch eine Binsenwahrheit auf allen Börsen und Märkten: Wenn die Spekulanten für eine Ware, Währung oder ein Wertpapier einen hohen oder tiefen Kurs erwarten oder sich dies durch die Massenmedien einreden ließen, dann kaufen oder verkaufen sie dieses Spekulationsobjekt so lange und in einem so hohen Maße, bis der von ihnen erhoffte Preis eingetroffen ist. In der Hysterie denkt doch niemand mehr nach, denn keiner kann sich der Massenpsychose entziehen. Die Spieler, die eine x-beliebige Ware kaufen, nehmen nicht nur Ereignisse vorweg, sondern sogar die Voreiligkeit derjenigen, die ihnen die Ware abkaufen werden.

Nach Keynes ist das eine Kumulation der Antizipationen, das heißt die Vorwegnahme im Quadrat. Und das Ende der Kursbewegungen gegen Logik und wirtschaftliche Tatsachen ist der Zusammenbruch.

Die Spieler, die auf Nummer »todsicher« gespielt haben (auf der Rennbahn nennt man sie »Tuttisten«), werden enttäuscht und bestraft. Denn natürlich kauften die meisten zum höchsten Kurs. Anderenfalls wäre dieser ja nicht zustande gekommen. Die Spieler, ob sie nun kaufen oder verkaufen, zum Schluß werden sie so oder so ihr Geld verlieren. Das wäre ja noch gerecht. Aber inzwischen haben sie viel Unheil angerichtet.

Was sollten also die verantwortlichen Stellen gegen diese dummen oder bösen Spekulanten unternehmen, um ihre Machenschaften unschädlich zu machen? Es gibt zahlreiche Methoden und Möglichkeiten. Im alten Ungarn sagte man einmal, daß aus Ganoven die besten Polizisten werden. Die Politiker, Finanzminister oder Notenbankdirektoren sollten daher an ihrer Seite auch immer einen Exspekulanten als Berater haben. Der könnte ihnen oft Hilfe leisten.

Das rote Fahrrad

Der erfolgreiche Spekulant muß ein scharfsinniger politischer Analytiker, aber auch ein geschulter Massenpsychologe sein. Denn er hat zur selben Zeit zwei Rätsel zu raten: die politischen Ereignisse und die Reaktion der Sparer auf diese. Bei jenen kann man noch eine gewisse logische Entwicklung ermessen, die Reaktion der Sparer aber folgt ganz eigenen, kapriziösen Gesetzen. Wie ich schon erwähnt habe: Wie oft erlebten wir, daß ein Kriegsausbruch die Kurse in die Höhe sausen ließ, aber auch das Gegenteil, wie Aktienpreise auf die gleichen Nachrichten hin in die Tiefe stürzten. Die alte Börsenweisheit »Kaufen beim Donner der Kanonen, verkaufen bei der sanften Musik der Violinen« gilt heute nicht mehr. Denn was alle wissen, ist keine Weisheit mehr an der Börse. Gewogen und geeicht muß der sein, der sich in dieses Gedränge einläßt.

Ich selbst habe schon vor sehr langer Zeit, noch als Kind, am eigenen Leib erfahren, daß man mit Spekulationen den Tagesnachrichten nicht hinterherlaufen darf.

Und zwar: Der Pulvergeruch in den ersten Sommertagen des Jahres 1914 hatte ein wahres Spekulationsfieber ausgelöst. Man stürzte sich vor allem auf die Waren, bei denen Gefahr bestand, daß sie nicht mehr nach Ungarn eingeführt werden könnten. Deshalb stiegen die Kurse für ausländische Erzeugnisse. Man spekulierte mit allem, mit den verschiedensten Waren – Vanille, Pfeffer, Gewürznelken und so weiter. Vor allem spekulierte man mit Raffia, denn Raffia war unentbehrlich im ungarischen Weinbau. (Winzer brauchen dessen Blätter für die Herstellung von Bast.)

Mein Bruder war damals Volontär in einer Großbank, die sich auf Rohstoff-Finanzierungen spezialisiert hatte. Er bekam einen Börsenwink über Raffia. Mit einigen Freunden kaufte er auf Pump bei der Bank einige Kontrakte des wertvollen Strohs auf den Namen eines weniger wertvollen Strohmannes. Der Preis war damals durch die Spekulation schon stark überhöht.

Das Glück schien zuerst der Raffiafaser hold zu sein. Der Krieg brach aus, und ihr Preis schnellte wie ein Pfeil in die Höhe. Doch die Kriegsnachrichten machten den jungen Spekulanten einen Strich durch die Rechnung. Und zwar einen dicken. Die österreichisch-ungarische Armee stieß blitzschnell tief nach Serbien vor, gleichzeitig gelangten die deutschen Truppen bis an die Marne. Der alte Feldmarschall Hindenburg schlug die Russen bei Tannenberg in Ostpreußen. Die Scheinsiege an drei Fronten ließen auf einen baldigen Frieden hoffen; alles würde bald wieder normal werden.

Die Raffiakurse begannen zu gleiten ... und das Strohkonto war schon stark im Debet. Die Bank forderte neue Zahlungen, aber leider waren die Taschen alle leer ...

Das Gesicht meines Bruders wurde vom Frühstück bis zum Abendbrot immer länger, und jeden Tag ein bißchen mehr. Ein Haussepunkt ließ ihn aufatmen, drei Baissepunkte stürzten ihn um so tiefer in Verzweiflung. Wir alle erlebten dieses ständige Auf und Ab intensiv mit. So wichtig uns die Nachrichten von den Fronten waren, genauso wichtig waren uns ihre Auswirkungen auf den Börsenkurs der Raffia. Mein Bruder wurde von Furcht geschüttelt, als er sich darüber klar wurde, daß mein Vater seinen Hilferufen kein sehr williges Ohr leihen wollte. Auch die mütterliche Vermittlung machte den Vater nicht freigebiger. Wir zitterten alle, als mein Bruder, durch die Forderungen der Bank in Panik versetzt, sogar von Selbstmord sprach. Das Schreckgespenst eines Dramas schwebte über dem ganzen Haus.

Schließlich wurde sich mein Vater der drohenden Tragödie bewußt; er erkannte, daß mein Bruder es als Ehrensache betrachten und ernst machen würde. Er bewilligte ihm die notwendige große Summe.

Seitdem wurde das Wort Raffia in unserer Familie gemieden wie der Strick im Hause eines Gehenkten. Es gab keine Tragödie, die Familienehre blieb unangetastet. Aber ich, ich bekam das rote Fahrrad nicht, von dem ich geträumt hatte...

Kaum war dieser gefährliche Spekulantennotstand überwunden, da kam die Marneschlacht und mit ihr die Rückschläge an den anderen Fronten. Die Hoffnungen auf einen raschen Sieg waren dahingeschmolzen. Der Krieg zog sich hoffnungslos hin. Die Raffiakurse kletterten rasch den Berg wieder hinauf und gewannen alles wieder, was sie verloren hatten. Aber nun war es zu spät...

Und das Ende der Geschichte: Die handelnden Personen, meine Eltern, mein Bruder sind längst alle tot. Die Raffiaspekulation erscheint mir heute so winzig, so simpel im Vergleich zu den gigantischen Spekulationen auf den Weltmärkten (der damals erwartete Gewinn entspräche heute dem Gegenwert eines Abendessens in New York). Aber ich fühle heute noch den Schreck von damals in den Knochen: Er blieb mir ein Memento fürs Leben, ein Memento für meine Spekulationen.

Wenn die Börse »talk of the town« ist

Wie politische Ereignisse über Wohl und Wehe an der Börse entscheiden können, haben wir gesehen. Umgekehrt beeinflußt die Börsenentwicklung auch die Stimmung in Wirtschaft, Politik und Gesellschaft. Besonders deutlich wird das in der Zeit einer übersteigerten Börseneuphorie.

Dann spricht man auf den *dîners en ville,* auf den Cocktailpartys, in den Wandelgängen des Parlaments – überall –

nur noch von der Börse. Es ist fein, Tips auszutauschen, die Chancen der einen oder anderen Aktie zu analysieren. »Börsianer« ist ein angesehener Beruf. Genau zu diesem Zeitpunkt, wenn die Börse »talk of the town« ist, muß man unbedingt aussteigen!

Ein gutes Beispiel ist der Winter 1961/62, als in der Wall Street eine wahre Fiesta herrschte und das Leben schön war für die Börsianer. Das Börsenfieber hatte damals in Amerika einen Höhepunkt erreicht. Viel Verstand brauchte man nicht, um seine Taschen zu füllen, man mußte nur heute kaufen und morgen verkaufen oder morgen kaufen und übermorgen verkaufen. Wenn man das Glück hatte, die Aktie einer neuen heißen Emission zu erwischen, war das schon ein Treffer (genau wie in der zweiten Hälfte der Achtziger in der Bundesrepublik). Die neuen Emissionen kamen vormittags mit zehn Dollar heraus, und nachmittags waren sie schon 20 oder 30 Dollar wert. Man mußte nur den Friseur der Frau des Managers kennen, um auf der Liste jener Glücklichen zu figurieren, die bei einer neuen Emission ihre Portion Aktien bekamen.

Ein genialer Kapellmeister dirigierte das Orchester, bei dessen Tönen immer neue Schichten des gewinnlüsternen Publikums in den Hexentanz hineingerissen wurden. Die Konglomerate, die wunderbare Erfindung der neuen Finanziers, florierten. Das gesamte Brokerestablishment arbeitete mit Volldampf, etwa dreihunderttausend Makler mit hundertprozentiger Kapazität. Die meisten von ihnen rührten sich vom Telefon überhaupt nicht weg. Denn mit einem einzigen Anruf konnten wieder fünfhundert bis tausend Aktien einer neuen Emission verkauft werden. Die Emissionen waren natürlich alle »heiß«, zumal sie auch genügend angeheizt wurden und sogar so sehr angeheizt, daß sich die Kunden dabei die Finger verbrannten. Aber die Zahl der Makler und Finanziers schien noch immer nicht auszureichen. Denn sie suchten in Funk und Pressewerbung weitere Mitarbeiter. Der Wertpapierumsatz stieg täglich, jeder Tag brachte einen neuen Rekord. Die Brokerfirmen arbeiteten die Nächte durch, ihr Hunger nach neuen Kunden schien unersättlich.

Diese überspannte Atmosphäre, die mich an 1929 erinnerte, war aber auch notwendig, denn nur in einer solchen Euphorie konnte man dem Publikum alles verkaufen, gleichgültig, ob es die Luftschloß AG oder Mondimmobilienaktien waren. Es war der berühmte Boom, der schließlich mit dem Krach von 1962 endete.

Psychologie und Propaganda spielen eine besonders große Rolle in solchen Zeiten des Booms. In der Bundesrepublik hatten wir vor einigen Jahren auch einen solchen Fall einer heißen neuen Emission. Ein Unternehmen der Freizeitindustrie ging erstmals an die Börse. Um diese Neuemission an den Mann zu bringen, wurde ein enormer Propagandarummel veranstaltet, an dem auch sehr bekannte Persönlichkeiten des öffentlichen Lebens teilnahmen. Es war abzusehen, daß die Papiere mehrfach überzeichnet sein würden, und so liefen die kleinen Leute von Bank zu Bank, um hier zehn Aktien und dort zehn Aktien zu zeichnen und wenigstens einen Bruchteil zugeteilt zu bekommen. Der Emissionskurs lag etwa bei 370.

An der Börse wurde das Papier dann schon mit 500 eingeführt, und selbst zu diesem Preis war es noch nicht zu bekommen. Dann, der Kurs stand schon über 1 000, kamen große Quantitäten, vor allem aus England, auf den Markt. Plötzlich konnte man so viele Aktien erwerben, wie man wollte, und das deutsche Publikum hat sie geschluckt. Jeder, der zuvor zu kurz gekommen war, wollte sich jetzt eindekken. Das Ganze hatte rein psychologische Gründe, denn die Banken wußten zu diesem Zeitpunkt längst, daß die Firma ihr Stammkapital in Amerika verloren hatte. Dennoch rieten sie dem Publikum weiterhin zum Kauf. Ihre Absicht war es natürlich, ihre eigenen Lager zu räumen. Deshalb wiederhole ich immer wieder in meinen Seminaren: Folgen Sie unter keinen Umständen den Tips der Banken. Das ist genauso wie in meinem Stammbistro: Wenn mir der Wirt »Boeuf à la mode« empfiehlt, weil er noch fünf Portionen in der Küche stehen hat und loswerden will, so bestelle ich justament dieses Gericht nicht.

Natürlich ist der Ballon dann geplatzt, wie immer, heute steht das betreffende Papier nur noch auf 300.

Später hatte ich einmal die Gelegenheit, dem Vorstand der Emissionsbank, bei der ich einen Vortrag hielt, ein Zitat aus Richard Wagners »Die Meistersinger von Nürnberg« unter die Nase zu reiben: »... daß Ihr mit Biederkeit der ärgste aller Spitzbuben seid!« (III. Akt, 1. Teil, Beckmesser zu Hans Sachs)

Siebte Vorlesung:

Zur Psychologie der Deutschen

Politische Hellseherei ist eine Gabe, die ich gern besäße – ob sie mir aber auch Erfolg bei meinen Finanzengagements bringen würde, erscheint mir fraglich. Hätte ich beispielsweise Anfang 1989 den Fall der Berliner Mauer und die damit verbundenen Ereignisse vorausgesehen, so wäre es für mich doch sehr schwer zu erraten gewesen, wie die Menschen in den beiden deutschen Staaten – und das Börsenpublikum – darauf reagieren würden.

Man kann nicht behaupten, daß die jüngsten Ereignisse von den Deutschen nur euphorisch beurteilt wurden. Ich persönlich bin auf lange Sicht sehr optimistisch, denn nichts ist besser für die Ökonomie und die Finanzmärkte als, global gesehen, das Scheitern der sozialistischen Planwirtschaft und die Chance für einen dauerhaften Frieden sowie, auf Deutschland bezogen, der Einigungsprozeß. Viele Deutsche sind aber nicht so angetan von der Aussicht, die Wiedervereinigung auch materiell zu unterstützen. Und daß so viele Flüchtlinge und Aussiedler aus der DDR, zuvor aus Polen und der Sowjetunion, ins Land kamen, stieß auch nicht überall auf Begeisterung.

Das erinnert mich daran, wie ich einmal – es war unmittelbar nach Kriegsende – mit Ferenc Molnár den Broadway entlangspazierte, als die Zeitungsverkäufer die Nachricht verkündeten, Ungarn habe seine Grenzen für die Ausreise wieder geöffnet. Darauf begann Molnár zu wehklagen: »Diese armen Ungarn, meine arme Schwester, meine armen Neffen und Nichten...« Ich tröstete ihn: »Aber mach dir doch keine Sorgen. Jetzt ist doch alles gut. Sie werden nach Amerika kommen, einer nach dem anderen.« – »Das ist es ja«, jammerte er, »sie sind schon alle da.«

Die wirtschaftliche Ausgangslage der Bundesrepublik ist hervorragend, hohe Exportüberschüsse, eine blendende Konjunktur und unerwartet hohe Steuereinnahmen. Dennoch wird die Wiedervereinigung sicherlich zunächst auch viel Geld kosten. Doch da kann ich nur Molière zitieren: *»Vous l'avez voulu, George Dandin!«* (Sie haben es so gewollt!)

Was die Währungsunion betrifft, sie ist nicht nur für alle akzeptabel, sie war auch dringend nötig; aber ein heikles Unternehmen. Es gibt auch Präzedenzfälle. Österreich und Ungarn hatten zum Beispiel vor 1918 eine Währungs-, Zoll- und Wirtschaftsunion, trotz verschiedener Parlamente und Gesetzgebung, sogar zwei Armeen, aber bei einem gemeinsamen Staatsoberhaupt, das Gesetze beider Staaten paraphierte.

Man hat sich für ein bestimmtes Procedere, etwas im Hauruckverfahren, entschieden. Ich hätte einen anderen Plan angeboten, obwohl ich in Deutschland kein Wahlrecht habe. Diese Lösung sah vor, die Ostmark langsam durch in- und ausländische Banken aufkaufen zu lassen und ihren Wert auf diese Weise zu verdoppeln. Die größten Märkte waren dafür Zürich und Wien, und beide entfalteten im Blick auf die Ostmark damals auch rege Aktivitäten.

Mein provisorischer Plan hätte erreicht, daß sich der Lebensstandard in der DDR sofort erhöht hätte, und außerdem verhindert, daß die DDR an Spekulanten ausverkauft wird.

Mit einer endgültigen Reform hätte man allerdings bis nach der Bundestagswahl warten müssen. Am besten wäre natürlich gewesen, diese so weit wie möglich vorzuziehen, um den diversen Demagogen nicht noch länger Gelegenheit zu geben, mit ihrem chauvinistischen Geschwätz Unheil anzurichten. Deutscher Nationalismus ist äußerst schlecht für das Image im Ausland. Und wie manche Politiker jetzt auftreten, das war man von den Deutschen nicht mehr gewohnt.

Jeder Bürger dieser Welt macht sich Gedanken zu den Ereignissen – ob es nun um den Zusammenbruch des Kommunismus geht oder um die Frage der Wiedervereinigung. Jeder hat eine Idee, einen Plan, wie alle diese Probleme zu lösen oder zumindest anzugehen sind. Es gibt so viele Lösungen wie Stammtische auf dieser Welt.

Ich habe mich auch eingemischt, weil die deutsche Frage, abgesehen davon, daß sie die wichtigste ist, auch für die Wirtschaft, für die Finanzen und damit für die Börse entscheidende Daten setzt. Die berühmten Worte des französischen Finanzministers Baron Louis an seinen König Louis Philippe sind noch immer gültig und lassen sich auch an Kanzler Kohl richten: »Machen Sie mir eine gute Politik, Sire, so mache ich gute Finanzen!«

Ich appelliere an Herrn Pöhl

Bei der Politik des deutschen Notenbankpräsidenten, Karl Otto Pöhl, habe ich neuerdings das Gefühl, daß er die richtige Politik macht. Ich habe den Verdacht, daß man in der Bundesrepublik endlich die Fenster geöffnet hat, um frische Luft hereinzulassen, und nicht mehr dem Motto folgt, daß null Inflation das höchste Ziel sei, auch wenn die deutsche Wirtschaft daran schwer leide. Das war, glaube ich, bisher das Credo des Vizepräsidenten Helmut Schlesinger und seiner monetaristischen Clique.

Es scheint mir, daß sich Herr Pöhl mittlerweile mit einer geschmeidigen Zins- und Geldpolitik durchsetzt, obwohl ja letztendlich nur der Zentralbankrat entscheiden kann, ob die Zinsen steigen oder nicht. Es ist schwer, sich vorzustellen, daß über solche lebenswichtigen Fragen für die Wirtschaft nicht der Bundesbankpräsident bestimmt, sondern Männer, die laut Einschätzung des *Spiegel* nicht gerade die höchstqualifizierten sind, da ihre Ernennung oft von politischen, demagogischen oder rein persönlichen Motivationen abhängt.

Eine ganz sanfte Inflation ist noch immer ein kleineres Übel als die kleinste Deflation (die nach dem 19. Oktober 1987 zu befürchten war). Inflation ist bis zu einem gewissen Grad ein leichtes Gift – unschädlich, solange es unter Kontrolle bleibt und die Wirtschaft nur leicht stimuliert, so wie Nikotin und Alkohol den Menschen (nur darf man kein Alkoholiker oder Kettenraucher werden!). Die Deflation ist glücklicherweise oft nur psychologisch vorhanden (wenn die Notenbank nicht hilft). Sie schafft soziale Unruhen, die sich in Wahlergebnissen widerspiegeln.

Fällt die kommende gesamtdeutsche Wahl sehr schlecht für die Koalition aus, was nicht unmöglich ist, dann werden hohe Zinsen und tiefer Dollarkurs auch nicht helfen, die Inflation zu zügeln. Ich fürchte, auf eine rot-grüne Machtübernahme würde das Sparerpublikum so dramatisch reagieren, daß man eine Devisenzwangswirtschaft nicht vermeiden könnte.

Mit einer richtigen Finanzpolitik kann Karl Otto Pöhl Kanzler Kohl unter die Arme greifen, denn eine Hochkonjunktur hilft ihm sehr. Im Falle einer rot-grünen Koalition dagegen wäre der Kampf gegen die Inflation eine Sisyphusarbeit – zur großen Freude jener, die auf Inflation spekulieren. Deflationspolitik ist eine sehr kurzsichtige Angelegenheit; sie endet immer mit negativen politischen Folgen.

Der Bundesbankpräsident erklärte vor einiger Zeit, ein höherer Dollarkurs spiele für die deutsche Wirtschaft keine große Rolle. Wie wahr! Das klingt anders als das, was der ehemalige Finanzminister Stoltenberg mehrmals wiederholte: Ein sinkender Dollar könne für die Deutschen gar keine Wirkung haben, die Bundesrepublik exportiere viel zuwenig nach Amerika. Eine solche Bemerkung vom Finanzminister eines Landes mit einer Exportquote von 38 Prozent war blanker Unsinn. Und auch wenn die D-Mark sich durch die Währungs- und Wirtschaftsunion und die damit verbundenen Belastungen etwas im Kurs verschlechtert, so ist das kein Malheur.

Ich appelliere an Herrn Pöhl: »Lassen Sie sich von den Mitgliedern des Zentralbankrats nicht mehr terrorisieren! Von Ihnen hängt auch des Kanzlers Schicksal ab.« Die Stärke eines Landes liegt weder im Dollarkurs noch in der Zinshöhe, sondern in den Tugenden des Landes oder in der wirtschaftlichen Potenz seiner Führung. Mut muß man haben – ich glaube, der Notenbankpräsident hat ihn. Denn noch immer gilt Napoleons Maxime: »Der Mutige gewinnt jede Schlacht!«

Das gilt auch für die wirtschaftlichen Perspektiven, die sich durch die Wirtschafts- und Währungsunion eröffnen. Die staatliche Form, ob und wann es nun ein gemeinsames Parlament und eine gemeinsame Armee geben wird, ist dabei ohne Bedeutung. Wichtig ist nur, daß die Grenze gefallen ist. Jetzt werden alle westdeutschen Unternehmer, die schon Investitionen in Ungarn oder vielleicht in Polen ins Auge gefaßt hatten, ihre Mittel in den Wiederaufbau der DDR stecken. Das ist eine Riesenchance und wird der DDR ein zweites deutsches Wirtschaftswunder bescheren.

Die Deutschen haben heute zu ihrer Wirtschaft eine sehr positive Einstellung. Diese Einstellung und ihre Art, damit umzugehen, entspricht tatsächlich ein wenig dem Klischee vom typischen Deutschen. Obwohl ich solche Verallgemeinerungen eigentlich nicht mag, glaube ich doch, daß solche Eigenschaften, wie man sie dem deutschen Charakter gerne zuschreibt, existieren und bei der wirtschaftlichen Entwicklung der (ehemaligen) DDR eine Rolle spielen werden: Pünktlichkeit (im Liefern), Verantwortung (für die Qualität der Waren), auch Fleiß. Obwohl man den Fleiß in der DDR und auch in der Bundesrepublik etwas verlernt hat. Aber vielleicht werden sich sogar die Einwohner von Leipzig, Dresden, Chemnitz, wenn sie endlich wieder Ziele vor Augen haben und anständig bezahlt werden, sich als tüchtiger herausstellen als die verwöhnten Bundesbürger.

Auch der den Deutschen nachgesagte Hang zur Romantik könnte in Wirtschaftsdingen durchaus positiv sein, obwohl ich davon noch nicht viel bemerkt habe. Zuviel Nüchternheit in der Wirtschaft ist ja nicht gut; Ideen, Wagemut, Phantasie sind heute gefragt und sollten mobilisiert werden.

In der Politik denke ich nicht so gut über die deutsche romantische Ader. Man kann das deutsche Volk doch so leicht manipulieren. Natürlich, der Nationalsozialismus war aus der Armut geboren, konnte nur in der wirtschaftlichen Misere gedeihen, und heute sieht die Lage wahrlich anders aus. Aber: Noch vor einem Jahr hätte ich eine solche Aufwallung nationaler Gefühle in diesem zufriedenen Land nicht für möglich gehalten.

In der Wirtschaft würde mir dieser romantische »touch« besser gefallen. Doch Romantik in Geldangelegenheiten konnte ich bei den Deutschen bisher nicht entdecken; da sind sie sehr bieder und kennen keinen Spaß.

Jedes Land hat die Börsianer, die es verdient

In Deutschland haben eindeutig die »Zittrigen« die Mehrheit. Die deutschen Anleger sind nicht so trainiert in Gelddingen, ihnen fehlt die Routine, und sie sind letztlich am internationalen Geldmarkt Neulinge, denn das Wachsen der Börsengeschäfte haben die Deutschen in den ersten Jahren nicht miterlebt. Unter Hitler herrschte von 1933 an Zwangswirtschaft, und nach dem Krieg war es in Deutschland in dieser Hinsicht bis Mitte der sechziger Jahre sehr still. In den letzten zwanzig Jahren allerdings hat sich die deutsche Einstellung zur Börse und zur Spekulation dramatisch verändert. Aber zwanzig Jahre sind letztlich eine kurze Zeit und reichen nicht, um einen Erfahrungsschatz zu bilden, wie ihn andere Länder besitzen. Dieses trifft vor allen Dingen für die Börsenprofis zu.

Das deutsche Publikum ist konservativ. Zwei verheerende Inflationen haben die deutschen Sparer ängstlich gemacht. Die Deutschen sind ein Rentnervolk geworden, das nur Sicherheit will: Festgeld, Anleihen, Renten.

Und selbst wenn sie etwas wagen wollen, dann mit eigenartigen Hintergedanken. Kürzlich schrieb mir ein junger Mann. Er wollte wissen, wie er zur Börse kommen könne, denn er wolle schnell Geld machen, um dann möglichst bald in den Ruhestand zu gehen. Er war gerade 18 Jahre alt! Er fragte mich auch, warum ich mich denn immer noch damit strapaziere, Vorträge zu halten und Bücher zu schreiben, wo ich doch finanziell unabhängig sei. Warum ich denn nicht lieber irgendwo im Süden auf einer Insel in der Sonne liege? Ich stellte die Gegenfrage: »Haben Sie es denn schon einmal ausprobiert?« Als er verneinte, war meine Antwort: »Aber ich.«

Die meisten Deutschen wollen einfach ihr Geld so anlegen, daß kein Risiko besteht, daß sie etwas verlieren könnten. Denn das muß man ja wissen, wenn man Aktien kauft, besteht immer die Möglichkeit, daß deren Kurs auch wieder fällt. Und das deutsche Publikum mag schon aus diesem Grund am liebsten Festgeld.

Da kann dann zwar nichts passieren, aber es ist letztlich eine sehr schlechte Sache, denn wenn das Publikum sein Geld fest anlegt, kann es langsam ärmer und ärmer werden, da die Kaufkraft des Geldes zurückgeht und die Zinssätze nicht hoch genug liegen, um diese Verluste zu kompensieren.

Die Aktien sind hingegen eine wesentlich bessere Anlage, sie sind trotz aller Risiken x-mal besser als jede Form der Festgeldanlage.

Eine kleine Statistik: Seit 1925 hat sich der Preis von Aktien mittlerer Qualität verhundertfacht, die Blue Chips sind seitdem um das 25fache gestiegen, während Festgeld und Anleihen eine Performance mit dem Koeffizienten 12 erlebten. Im letzten Jahrhundert sagten die Franzosen: »*Bête comme l'actionaire.*« Klug wie ein Aktionär wäre zutreffender gewesen. Und ein alter Spruch lautet: »Wer gut schlafen will, kauft Anleihen, wer gut essen will, bevorzugt Aktien.«

Und wenn die Deutschen sich trotz aller Vorbehalte doch an die Börse wagen, dann zittern sie – mangels Erfahrung vielleicht – wie Espenlaub. In den anderen kapitalistischen Ländern kommen auf zehn Hartgesottene 90 Zittrige; in der Bundesrepublik stehen nur fünf Hartgesottene 95 Angsthasen gegenüber.

Eben die deutschen Tugenden wie Disziplin und Tüchtigkeit sind an der Börse eher abträglich, denn Spekulieren ist in diesem Sinne keine Arbeit, es ist eher eine Kunst, etwas Intuitives. Die Deutschen sind der Tücke des Geldes nicht gewachsen. Das Volk der Romantiker, Philosophen und Musiker ist in Geldangelegenheiten leider unromantisch, verliert jeden Hang zur Philosophie und mehr noch zur Phantasie.

Der berühmte Satiriker Karl Farkas, der nicht unbedingt ein Freund der Deutschen war, prägte den Spruch: »Die Deutschen arbeiten nicht nur viel, sondern auch gern. Recht geschieht ihnen.« Aber – auch deshalb bin ich optimistisch für den wirtschaftlichen Aufbau der ehemaligen DDR.

Achte Vorlesung:

Mein Börsenzoo

Es gibt eine amüsante Definition der Börse: Sie sei »Monte Carlo ohne Musik«. Dagegen muß ich protestieren. Ich lebe im Sommer oft an der französischen Riviera, einige Minuten von Monte Carlo entfernt, und wenn ich hin und wieder Lust habe auf ein wenig Börsenatmosphäre, laufe ich bestimmt nicht nach Monte Carlo hinüber.

Armes Monte Carlo, ein trauriges Bild: Die paar hundert alten Herren und Damen, die mit einigen Chips ihren täglichen Kuchen zu gewinnen versuchen. Ein trauriges Bild, wenn ich an die Millionen Aktien denke, die täglich an der New Yorker Börse gehandelt werden.

Es ist wahr, daß viele Spieler in Wall Street mit ihrem Geld genauso umgehen, als wäre die Börse ein Riesenkasino; eine so leichtsinnige Einstellung rechtfertigt es jedoch nicht, die 37 roten und schwarzen Zahlen auf dem grünen Roulettetisch mit dem Kursblatt der Börse zu verwechseln. Das Spiel an der Börse bewegt das Kapital. Der Reiz des Gewinns lockt die Millionen der Mammut- und die Sparpfennige der Mikrokapitalisten in neue Industrien und wissenschaftliche Projekte. Wo wären die Eisenbahnen des 19., die Automobile des 20. Jahrhunderts, die elektronischen, die Computer- und andere revolutionäre Unternehmungen, wenn die Börsenspekulation nicht die nötigen Milliarden geliefert hätte? Und wenn auch manchmal das wilde Börsenspiel zu monumentalen Krachen führt – auch aus deren Trümmern ersteht immer eine wunderbare neue Industrie. Mit einem Satz: Die Spekulanten, diese Parasiten der Wirtschaft, haben ihre spezifische Rolle im liberalen Kapitalismus der Privatunternehmen.

Die pittoreske Gesellschaft der Börsen-Glücksritter habe ich kürzlich wieder einmal genießen können, und zwar nicht in Monte Carlo, sondern an einem Pariser Abend in Frack, Klack und Lack.

700 Börsenspieler und Spekulanten waren zu einer der glanzvollen Soireen der Pariser Saison im Bois de Boulogne eingeladen. Eine der angesehensten Brokerfirmen in Wall Street feierte ihr hundertjähriges Bestehen. Der Seniorpartner, aus New York angereist, eröffnete den Ball, nachdem er die Creme der Pariser Spekulanten begrüßt hatte. Zu den Klängen dreier Orchester drehten sich die Börsianer beiderlei Geschlechtes bis zum Morgengrauen. Ich habe mich recht wohl amüsiert. Kaviar à gogo (mit dem Löffel) und der beste Champagner in Strömen, exotische Früchte, die schönsten Blumenkörbe. Lakaien mit weißen Perücken bedienten. Alles war gut, schön und teuer. Was spielt so ein kleiner Spaß schon für eine Rolle, wenn man bedenkt, welche Kommissionen die Herren Broker täglich einstecken. Der ganze Zoo war hier versammelt: alle Typen und alle Sorten – Spieler, die von einem Tag auf den anderen operieren, Spekulanten größten Formats und Verwalter von riesigen Investmentfonds. Tips flatterten von einem Tisch zum anderen, Börsenkurse, Ziffern der Bilanzen; Argumente wurden getauscht.

Hier versucht eine junge Dame im Glanz der Diamanten ihrem Tischnachbarn den sicheren Tip zu entreißen, um sich für den nächsten Winter den neuen Nerz bestellen zu können; ein dicker Herr mit Zigarre bespricht seine Ideen mit einem Kollegen und denkt schon an den Swimmingpool, den er sich mit dem Gewinn leisten wird. »Ich habe meine neue Jacht ›Boeing‹ getauft«, sagt zu mir ein alter Bekannter, »da ich sie mit meinem Profit aus Boeing finanziert habe. Hätte ich die Aktien einige Monate später verkauft, hätte sie doppelt so groß sein können.« Man sprach alle Sprachen, alle Nationalitäten waren vertreten: Angelsachsen, Armenier, Russen oder chinesische Flüchtlinge, die in Wall Street als die scharfsinnigsten und erfolgreichsten Operateure gelten. Dieser Abend war das beste Symbol des friedlichen Zusammenlebens unter dem Zeichen des Dollar. Es war ein Abend, amüsanter und farbiger als in Monte Carlo. Es war halt »die Börse mit Musik«.

Bären und Stiere

Seit siebzig Jahren lebe ich in einem Zoo der verschiedensten Menschenspezies. Ich hatte viele Freunde: Uradelige, Intellektuelle, kleine Schieber und große Diebe, Reiche wie Krösus und Arme wie Kirchenmäuse. Und an der Börse? Nicht jeder, der sich dort bewegt, ist ein »Spekulant« (ich meine, man darf den Begriff nicht mißbrauchen). Es gibt solche und solche Börsianer. Es gibt den Doktor der Börsenkunst und den Börsenspieler von einem Tag zum anderen oder sogar von einer Stunde zur anderen. Es gibt Amateure, Halbamateure, es gibt Winkelspekulanten und so fort.

Und dann gibt es noch das ganze Heer der technischen Armatur: Bankiers und ihre Angestellten, Makler, Zensale, Remissiers, Agenten und Subagenten, abgebrannte Anlageberater, deren Beruf eher dem eines Staubsaugerverkäufers als dem eines Vermögensverwalters ähnelt, und ein ganzes Heer von Menschen, die durch die Börse oder auch nur an der Börse leben, von Kommissionen, Provisionen, Vermittlungsgebühren und so weiter.

Die wichtigsten Figuren aber sind »Haussetrottel«, »Baissegeier« und andere Käuze – sie bevölkern die Welt, in der ich mich seit sieben Jahrzehnten bewege. Nach einer so langen Zeit darf ich mich über die Börsenzoologie, von der ich mich selbst nicht ausschließe, ein wenig lustig machen. Mit etwas Glück können Jüngere davon sogar profitieren.

Die Börse ist eine bunte Welt, eine Art von Dschungel, wo der Starke den Schwachen auffrißt. Vae victis: Es herrscht unter den Profis ein permanenter Kampf und ein dazu bestens geeignetes Zweiparteiensystem. Es gibt Baissiers und Haussiers oder – wie die Angelsachsen es malerisch ausdrücken – Bears and Bulls (Bären und Stiere).

Der Bulle ist das Sinnbild des Spekulanten, der voranstürmt und mit seinen Hörnern alles in die Höhe schleudert, an erster Stelle natürlich die Kurse. Der Baissier ist der Jäger, der das Fell verkauft, bevor er den Bären geschossen hat. Es kann ihm nämlich passieren, daß er den Bären nicht trifft und dann mit Verlust das zu früh verkaufte Fell zurückkaufen muß.

In allen Börsen der Welt mögen die Bulls die Bears und die Bären die Bullen nicht. Ihre Weltanschauung ist so grundsätzlich verschieden voneinander, daß es kein wirtschaftliches oder politisches Ereignis gibt, bei dem sie ein und derselben Meinung wären. Der Baissier kommentiert jede Nachricht pessimistisch, der Haussier gibt zur gleichen Zeit eine optimistische Interpretation.

Ich kann, wenn ich mich zehn Minuten mit einem Börsianer unterhalten habe, sagen, ob er Haussier oder Baissier ist – ohne ein Wort über die Börse zu verlieren. Meine »Börsenpsychoanalyse« im Schnellverfahren arbeitet sofort. Denn wenn zwei Börsianer sich treffen, fragen sie nicht: »Wie geht es Ihnen?«, sondern »Wie sehen Sie den Markt?«

Der Baissier ist ein ganz merkwürdiger Kauz, dessen Motivation sich aus unterschiedlichen Quellen speisen kann. Ein ganz typischer Vertreter des »intellektuellen Baissiers« war ein gewisser Victor Lyon, der in Börsenkreisen allgemein nur »der Blutsauger« genannt wurde. Er bemühte sich immer, durch Geheiminformationen herauszubekommen, in welcher Höhe jeweils Kreditengagements an der Börse bestanden. Wenn er wußte, daß viele Hunderte Millionen, ja Milliarden in einer Hausse-Spekulation engagiert waren, spielte er natürlich auf die Baisse. Er wiederholte immer wieder: Die technische Verfassung des Marktes ist entscheidend; wenn alle Papiere von den »schwachen Händen« gehalten werden, dann muß der Krach kommen. Und er hat immer recht bekommen. Victor Lyon pflegte zu sagen: »An einem Baisse-Tag mache ich mehr Geld als in dreißig Tagen des Kursanstiegs.«

Neben den »Intellektuellen«, die ihre Spekulation auf Überlegungen stützen, gibt es auch psychologische Baissiers. Dieser Typus hat keine Ahnung, ob die Papiere überbewertet oder unterbewertet sind, er kümmert sich auch nicht recht darum. Seine Entscheidung, Baissier zu werden, hat rein (individual-)psychologische Gründe: die Überbewertung des Geldes etwa, das man »cash« in der Tasche hat (ich selbst war früher ein Exemplar dieser Gattung, wie ich oben beschrieben habe). Oder jemand, der am Magen leidet und deshalb immer schlecht gelaunt ist, wird niemals ein Haussier sein.

Mein erster Kunde überhaupt, den ich an der Börse hatte, war solch ein »psychosomatischer« Baissier. Börsenrat Gustav Hofmann, ein guter Freund meines Vaters, nannte sich zwar Bankier, aber sein einziger Kunde war er wohl selbst. Hofmann spielte grundsätzlich auf Baisse. Eines Tages kam er nach Paris zu Besuch, ich nahm ihn mit zur Börse, um ihm einiges zu erklären. Die Kurse waren sehr stabil, und er fragte mich, wie die Aktie der »Paris-Bas« stünde. Ich nannte ihm den Kurs, und seine spontane Antwort war: »Zu hoch! Das ist ein frivoler Kurs.«

In ihren materiellen Interessen stehen sich Bullen und Bären ebenfalls entgegen. Der Ausgang des Kampfes hängt dennoch nicht von der Stärke der beiden ab, sondern, wie beschrieben, von vielen politischen, wirtschaftlichen und psychologischen Faktoren, von Imponderabilien verschiedenster Art.

Die Bulls können sich nicht einmal vorstellen, daß Kurse auch zurückgehen können. Kurssteigerungen erscheinen ihnen normal und selbstverständlich. Einen Kurssturz halten sie für unmöglich. Jedoch verträgt der Haussetrottel eher Verluste, wenn die Börse zurückgeht, als versäumte Gewinne, wenn sie steigt und er nicht dabei ist. Der Bär dagegen sucht in einer fast perversen Sehnsucht nach dem Schmerz, aber nach dem Schmerz anderer. Er wurde einmal von einem Börsendichter mit folgenden Reimen definiert: »Der Baissier wird von Gott verachtet, weil er nach fremdem Gelde trachtet!« Das stimmt auch, denn er kann nur dann Geld machen, wenn die anderen durch den Kurssturz ihrer Aktien Verluste erleiden, während der Haussier dank des Wachstums eines Unternehmens von höheren Kursen profitiert, ohne dadurch anderen Schaden zu verursachen. Der Baissier triumphiert, wenn die anderen klagen, denn erfahrungsgemäß sind unter hundert Börsenprofis nur fünf Baissiers. Wenn dann der Krach kommt, auf den der Bär spekuliert, kann er mit Wilhelm Busch lächeln: »Ist fatal!« – bemerkte Schlich – »Hehe! Aber nicht für mich.«

Die Käuze wiederum kümmern sich nicht darum, was Bullen und Bären tun. Sie haben ihre eigene Welt, so etwa die theoretischen Spieler. Diese Spezies kauft und verkauft, aber nur in Gedanken. Sie verbucht Gewinne und Verluste nur im Kopf, die Brieftasche spürt nichts davon. Aber diese Spieler fühlen sich glücklich, wenn sie einen theoretischen Gewinn einstreichen.

Dann gibt es Wochenendspieler, die nur freitags Papiere kaufen, wenn an diesem Tag die Börse fest ist, da sie sicher sind, daß das Publikum nach einem optimistischen Wochenende am Montag sich zum Kauf entschließt. Ich habe noch keine Millionäre unter ihnen gefunden. Dann gibt es wieder andere, die sich nur mit Aktien von Pleitegesellschaften befassen, die man im Börsenjargon »feuchte Füße« nennt. Sie meinen, es könnte doch ein Wunder geschehen. Es geschah hier und da. Immerhin konnte man solche Aktien noch als Dekoration verkaufen.

Auch in Fragen des Appetits sind die Profis verschieden. Es gibt Bescheidene und Vorsichtige, die meinen: »Sicher ist sicher.« Mit kleinen Gewinnen sei noch niemand zugrunde gegangen, sagen sie und laufen mit zehn Prozent Profit glücklich davon.

Und dann gibt es ambitionierte Spekulanten, die nur aufs große Los hoffen und propagieren: Wer das Kleine zu sehr ehrt, ist des Großen nicht wert. Sie haben ja recht. Wenn man sich schon in Sachen wie die Börse einläßt, dann soll es sich doch wenigstens lohnen. So dachten schon die frommen Juden: »Wenn schon Schweinefleisch, dann muß es von Fett triefen.«

Am häufigsten aber sind die Glückspilze, die immer richtig lagen. Die meisten Börsianer haben leider die häßliche Eigenschaft, herumzuprotzen, wenn ihre Papiere um ein paar Punkte gestiegen sind. Mit dem Gewinn geben sie an, den Verlust verschweigen sie. Sie haben alles vorausgesehen und wiederholen: »Ich habe es dir doch gesagt!« Sie haben immer zum niedrigsten Kurs gekauft und beim höchsten verkauft und halten sich für Genies. Ich halte sie für Lügner.

Und viele Broker sind gleichsam aus Gründen der Werbung Angeber. Sie leben auf großem Fuß, geben viel Geld, auch für die Toiletten ihrer Frauen aus, damit sie aller Welt zeigen können: Seht, wie erfolgreich ich bin!

Doch letztlich kann man – wie eingangs erwähnt – den ganzen Börsenzoo auf zwei Grundtypen reduzieren: Pessimisten, Menschen mit einer Wuchererseele, der Harpagon-Typ (der Geizige), alle Magenkranken und schlecht Gelaunten sind die geborenen *Baissiers*.

Optimisten, Draufgänger, Abenteurer, auch Verschwender und Leichtsinnige, Romantiker, die die Bäume nur in den Himmel wachsen sehen (ihr Geld können sie gleichwohl verlieren), sie sind immer unter den *Haussiers* zu finden.

Eine ganz besondere Spezies: der Spekulant

Haussiers und Baissiers, Bears and Bulls – beide können sie Spekulanten sein. Aber dieser Bezeichnung sind nur wenige würdig. Es sind Börsianer, die ihr Vermögen – aber auch ihren Ruin – mit der Börse machen. Sie gehen Abenteuer ein und riskieren dabei die eigene Haut.

Und ein bürgerlicher Beruf ist das nun wirklich nicht: Spekulant. Eher schon eine Berufung. Der Spekulant hat seine wirtschaftliche Berechtigung und steht im Dienste des freien kapitalistischen Systems, auch wenn er zum Sozialprodukt nichts beiträgt. Er steht irgendwo in der Mitte zwischen Investoren und Börsenspielern und ist quasi eine Mischung aus beiden: der notwendige bewegliche Geldanleger, der seine Anlagen stets an die zyklischen Schwankungen von Preisen oder Kursen anpaßt.

Welch ein merkwürdiger Mensch ist dieser Homo speculator. Er wird als Spekulant geboren, wie man als Philosoph geboren wird, sei es auch nur als Miniphilosoph. Der Spekulant hat – mehr als andere Menschen – Ideen, Einfälle und Visionen und erwägt pausenlos die Pros und Kontras der Dinge, die ihm begegnen, zieht daraus Konklusionen und kauft oder verkauft irgendeine beliebige Aktie. War seine Überlegung richtig, bekommt er seinen Lohn (von der Börse); war sie falsch, zahlt er (der Börse) eine Geldstrafe. Das ist die Essenz der Spekulation.

Unter Visionen verstehe ich eine außerordentliche, nonkonformistische Idee, die zwar zunächst unwahrscheinlich erscheint, über die sich das Börsenpublikum lustig macht, die aber dann doch wahr wird.

Der Spekulant braucht Erfahrung, um immer wieder analoge Situationen ins Gedächtnis zurückrufen zu können. Der große Erfinder Thomas Edison prägte den Satz: »Jede Entdeckung besteht aus 10 Prozent Inspiration und 90 Prozent Transpiration«, das heißt auf die Börse übertragen: 90 Prozent Erfahrung, die man sich »erschwitzen« muß. Der Spekulant addiert, subtrahiert und multipliziert schon nahezu unbewußt. Wie ein Schriftsteller an seinem Roman, wie ein Musiker an seinem Thema, so arbeitet der Spekulant an seiner Idee.

Nachdem er die Melodie gefunden hat, setzt er sie in Form, harmoniert und instrumentiert sie. Und wie der Dirigent die fertige Sinfonie, so führt der Bankier an der Börse die Transaktionen seines Spekulanten-Kunden aus.

Was muß ein Spekulant zur Ausübung seines Handwerks wissen? Edouard Herriot sagte einmal: »Die Kultur ist das, was übrigbleibt, wenn man alles schon vergessen hat.« Ähnlich ist es mit dem Börsenwissen. Es ist das, was übrigbleibt, wenn es einem gelungen ist, Einzelheiten zu vergessen, Bilanzen, Dividenden, Jahresberichte und Statistiken: Computerwissen. Ein ungarischer Spruch, der auch für den Spekulanten gilt, lautet: »Ein guter Priester lernt bis zu seinem letzten Tag.«

Der Spekulant soll keine Enzyklopädie sein. Er muß lediglich Zusammenhänge im rechten Augenblick erkennen und entsprechend handeln. Er muß nicht viel wissen, aber schlechthin alles verstehen. Kurz, er muß ein Denker sein.

Welch ein fürstlicher Beruf! Keine Angestellten, kein Chef. Kein Zwang zu freundlichem Lächeln, kein Hin- und Herhandeln, keine nervösen Kunden wie bei Bankiers und Maklern. Ein Edelmann, der über seine Zeit frei verfügt, eingehüllt in den Rauch seiner Zigarre, bequem im Sessel sitzend, denkt er nach, fern vom Lärm der Geschäftemacher. Seine Werkzeuge: Telefon, Radio und Zeitungen, die er freilich zu lesen weiß – zwischen den Zeilen.

Sage aber niemand, daß ein solcher Börsianer ein Magier sei, allein seiner Intuition vertrauend. John Maynard Keynes, zum Lord erhoben und sicherlich der größte Nationalökonom unseres Jahrhunderts, war ein passionierter Spekulant. Unter sein Porträt im Weltausstellungspavillon bei der Expo 67 in Montreal, wo die größten Söhne Großbritanniens gewürdigt wurden: Shakespeare, Sir Isaac Newton, Francis Bacon, hatte die britische Regierung eine Laudatio setzen lassen: »J. M. K., dem es gelungen ist, ohne Arbeit ein Vermögen zu erwerben.«

Man hätte dem Beruf des Spekulanten kein größeres Kompliment machen können. Kein Wunder, daß er von vielen beneidet, wenn nicht sogar neidvoll gehaßt wird.

Die angelsächsische Tugend des Spekulierens (sie wird allerdings auch von lateinischen Völkern keineswegs verachtet) hat bei den Deutschen noch immer einen eher anrüchigen Ruf. Sogar die Börse wird hier nur als ein Markt für die Aktien und nicht als der Tempel der Spekulation betrachtet – obwohl eine Börse ohne Spekulation ihres Namens nicht würdig ist. Böse Zungen behaupten, der Teufel habe die Börse erfunden, um den Menschen zu beweisen, daß sie wie Gott aus dem Nichts auch etwas schaffen könnten. Falsch. Nicht der Teufel hat die Börse erfunden. Sie ist spontan entstanden unter einem Baum, an der Straßenecke oder in einem Kaffeehaus, bis sie in ein Palais eingezogen ist, wo auch die Regeln und Usancen der Börsentransaktionen festgelegt wurden.

Der Werdegang der Spekulanten – wie auch immer sie aussehen – begann jedenfalls gleich. Ungefähr so, wie ein unschuldiges Mädchen manchmal zum ältesten Beruf der Menschheit gelangt: Zuerst ist es Neugier, dann Vergnügen, Leidenschaft sogar, und zum Schluß nur noch Geldgier. Ich bin glücklicherweise erst in der zweiten Phase. Noch immer ist die Börse für mich eine Leidenschaft.

Neunte Vorlesung:

Unternehmer, Kunden und andere Schlawiner

Manchmal ziehe ich bei meinen Börsenentscheidungen auch ganz persönliche Erfahrungen in Betracht. Ich möchte zunächst von einem aufschlußreichen Erlebnis mit der amerikanischen Telefongesellschaft AT&T berichten, die damals noch A. T. T. genannt wurde und ein De-facto-Monopol in den Vereinigten Staaten genoß.

1960, nach einer Reise in den Orient, wohin wir Journalisten Präsident Eisenhower begleitet hatten, blieb ich mit einer Grippe in New Delhi liegen. Somit kehrte ich später als geplant nach New York zurück. Meine Post hatte sich in New York angehäuft. Ich fand in meiner Wohnung einige Kilo Briefe und darunter eine Rechnung der Telephone Company über 8 Dollar 31 Cents, seit zwei Monaten unbezahlt. Mein Telefon war außer Dienst, eine wahrhafte Katastrophe für einen Spekulanten.

Natürlich rannte ich in die nächste Telefonzelle, um die zuständige Stelle anzurufen. Ich präsentierte meine Entschuldigung, erklärte, daß ich den Scheck schon eingesandt habe, und bat um sofortige Wiederinbetriebnahme meines Anschlusses. In einer Sekunde hatte mein Gesprächspartner mein Dossier vor sich – die Computer arbeiten schnell –, und groß war mein Erstaunen, als ich folgende Rede anhören mußte: »Nicht so schnell, Mister Kostolany. Es genügt nicht, Ihre Schulden zu bezahlen; wer nicht pünktlich zahlt, hat bei uns seinen Kredit verloren. Um Ihre Linie herzustellen, müssen Sie ein Garantiedepot von 200 Dollar einrichten, damit sich solche Fälle nicht wiederholen. Außerdem werden Sie

14 Tage warten müssen.« Durch meine verzögerte Rückkehr war ich schon genügend nervös (vielleicht war auch die Börse schwach); es fehlte nicht mehr viel, und ich wäre explodiert. Ich empfand das Ganze als persönliche Beleidigung. Und was macht ein Börsianer ohne Telefon? 14 Tage schienen mir eine Ewigkeit.

Ich entschloß mich sofort, die große Schlacht meines Lebens zu schlagen, den Kampf Davids gegen Goliath Telefon. Ich schärfte also meinen Degen, d. h. meine Zunge und erwiderte in aggressivstem Ton: »Sie machen also Diskriminierungen unter Ihren Abonnenten. Ohne genauere Prüfung ziehen Sie Rückschlüsse in puncto Kreditwürdigkeit eines alten Kunden, nur weil er eine Rechnung von lumpigen 8 Dollar 31 mit Verspätung bezahlt. Sie wollen mir auf die Finger klopfen wie einem Kind, um mich zur Disziplin zu erziehen?«

»Das sind unsere Vorschriften«, kam die strenge Antwort vom anderen Ende des Drahtes.

»Gut«, erwiderte ich jetzt ironisch, herablassend und zu gleicher Zeit auch gehorsam. »Ich werde Ihnen also die 200 Dollar einschicken. Warum fordern Sie nicht 500 oder 5 000 Dollar? Die müßte ich ja auch bezahlen, was könnte ich sonst tun? Sie sind das Riesenmonopol und ich der kleine Normalverbraucher. Wenn es noch eine andere Telefongesellschaft gäbe, könnte ich leicht sagen, zum Teufel mit euch, ich gehe zur Konkurrenz. Aber diese existiert ja nicht, und da man in New York ohne Telefon nicht leben kann, muß ich kapitulieren, und so wird der kleine Mann vom Riesenmonopol zerschmettert. Ich werde meinen Senator und meinen Kongreßmann fragen, wie sie darüber denken.«

Die vorher so energische Stimme klang auf einmal sanft und sagte beschwichtigend: »Bitte, bitte, Mister Kostolany, nehmen Sie es nicht so tragisch, wir werden sofort nachprüfen.« Und nach einer Minute hörte ich ein Tremolo: »Seien

Sie versichert, mein Herr, wir werden alles tun, um Sie zufriedenzustellen. Morgen früh wird unser Techniker zu Ihnen kommen, um Ihr Gerät wieder anzuschließen. Wir verzichten auf das Depot, nur bitten wir Sie freundlichst, uns eine längere Abwesenheit mitzuteilen.«

Um 7 Uhr am nächsten Morgen kam der Techniker und stellte meinen Anschluß wieder her. Und ab 8 Uhr empfing ich einige Anrufe der Telefongesellschaft, ob alles in Ordnung sei. Auch in den folgenden Jahren konnte ich wiederholt feststellen, daß mich die Gesellschaft bevorzugt behandelte.

Wie jeder, der in Amerika lebt und ein paar Dollar anlegen kann, hatte ich auch immer Aktien der A. T. T. Nicht mehr jedoch nach diesem Abenteuer. Denn bei einer Gesellschaft, die sogar ich einschüchtern kann, bleibe ich gerne Kunde, aber niemals Partner.

Die großen Unternehmen und ich

Das war in Amerika. In der Bundesrepublik machte ich später ganz andere Erfahrungen mit großen Unternehmen, und zwar oft nicht besonders schmeichelhafte. Denn je größer, angesehener und mächtiger eine Firma ist, als desto kleinlicher und knauseriger entpuppt sie sich oft.

Etwa Siemens. Die PR-Abteilung dieses Unternehmens bat mich einmal um ein Vorwort zu einem neuen Btx-Katalog. Innerhalb von 14 Tagen sollte ich mein Manuskript abliefern; ein Honorar von 5 000 DM wurde vereinbart. Ich erfüllte den Auftrag mit absoluter Pünktlichkeit. Der zuständige Direktor rief mich daraufhin an: Man sei sehr zufrieden, und der Scheck würde zum Monatsende bei mir eintreffen.

Eine Woche später erhielt ich einen weiteren Anruf: Man nähme in den Katalog auch gerne ein Foto von mir auf, da er für Börsenteilnehmer gedacht sei, die mich aus Fernsehen,

Rundfunk und Presse kennen. »Bitte«, war meine Antwort, »rufen sie *Capital* an, dort hat man Hunderte von Porträts. Wählen Sie doch eines der weniger mißlungenen aus, auf dem ich etwas jünger ausschaue!« Doch Siemens wollte ein ganz bestimmtes Foto haben, das in einem anderen Magazin erschienen war. Warum sie sich darauf versteift hatten, weiß ich bis heute nicht. Jedenfalls war meine Antwort: »Gut, nehmen Sie sich, was Sie wünschen.« Darauf folgte ein erneuter Einwand: »Der Fotograf verlangt leider ein Honorar von 500 DM. Da dies den Rahmen unseres Budgets sprengt, möchten wir Sie um Ihr Einverständnis bitten, den Betrag von Ihrem Honorar abziehen zu dürfen.« – »Machen Sie Scherze?« erwiderte ich, »Sie wollen mein Porträt für Werbezwecke verwenden und verlangen von mir, dafür zu bezahlen, wo doch eigentlich ich eine Lizenzgebühr erhalten sollte. Wo haben Sie diese Geschäftspraktiken gelernt? Ich halte dies für eine Zumutung; in jedem Falle habe ich ein wunderbares Thema, über das ich einmal mit Vergnügen schreiben werde.«

Natürlich habe ich über den Vorfall in der Presse nie berichtet, aber hier in meinem Buch, nach so vielen Jahren, kann ich es mir nicht verkneifen.

✧ ✧ ✧

Zu Ehren meines siebzigsten Geburtstages richtete mein Freund Johannes Gross ein großes Abendessen aus. Es waren vielleicht vierzig Gäste geladen, allesamt Manager großer Firmen, deren Jahresumsatz viele Milliarden beträgt. Einer meiner Tischnachbarn war der Direktor des Riesenunternehmens Dr. Oetker. Um Konversation zu machen, erzählte ich ihm, wie gut ich mich noch an die Werbeslogans erinnere, mit denen in meiner Jugend für Dr.-Oetker-Backpulver geworben wurde. Denn dieses Produkt war in Ungarn bereits zu Anfang des Jahrhunderts sehr populär.

Einige Wochen später bekam ich einen sehr lieben Brief von ihm, in dem er mir vorschlug, in der Firmenzeitschrift einen Artikel über meine Jugenderinnerungen an die segensreiche Backhilfe zu veröffentlichen. Er machte mich gleich darauf aufmerksam, daß nur ein kleines Budget zur Verfügung stände, und bat mich, meine Honorarvorstellungen dieser Tatsache anzupassen. Ich schrieb ungefähr wie folgt zurück: »Im Augenblick ist meine Zeit sehr stark in Anspruch genommen, so daß ich noch nicht sagen kann, wann ich auf Ihr freundliches Angebot zurückkommen werde. Da Sie sich aber offenbar in Liquiditätsschwierigkeiten befinden, mache ich Ihnen schon vorsorglich den Vorschlag, mich nicht bar, sondern in Naturalien zu entlohnen. Darunter will ich keinen Waggon Backpulver verstanden wissen; mir ist aber bekannt, daß der Firmeninhaber auch das herrlichste Restaurant der Welt besitzt, das ›Eden-Roc‹ in Cap d'Antibes an der Côte d'Azur. Da ich selbst eine Villa kaum zehn Minuten entfernt besitze, wäre es doch nett, wenn Sie mir mein Honorar in Form eines Kredits gewähren würden, den ich dort dann nach und nach aufzehren könnte.« Ich bekam prompt eine Antwort auf meinen Vorschlag: Er gefalle ihnen sehr, um so mehr, als Herr Oetker mich schon immer einmal zum Mittagessen im »Eden-Roc« hatte einladen wollen. Es war offensichtlich, daß man meinen Brief nicht so recht verstanden hatte. Ich hielt es für klüger, überhaupt nicht darauf zu antworten.

✧ ✧ ✧

Der Direktor der Filiale der Deutschen Bank in Wuppertal machte mir am Telefon den Vorschlag, dort einen Vortrag zu halten. Wir sprachen nicht über ein Honorar, da ich es für selbstverständlich hielt, daß die Deutsche Bank keine Gratisdienstleistungen erwartet. Ich hatte schon für andere Filialen dieses größten deutschen Kreditinstituts Vorträge gehalten, so daß die Wuppertaler über meine Konditionen informiert sein mußten. Am vereinbarten Abend wurde ich vom örtlichen Direktor feierlich und mit großem Tamtam empfangen und hielt programmgemäß meine »Vorlesung« über Finanzwesen und Börse.

Eine Woche später erhielt ich einen Scheck über – 500 DM! Natürlich, damals waren 500 DM mehr wert als heute, aber doch nicht mehr als das Äquivalent einer Dinnerparty mit fünf Gästen. Ich bat also die Bank freundlich, wie es meine Art ist, die Differenz von 2500 DM zu meinem damals üblichen Honorar zu begleichen. Darauf erhielt ich eine Antwort, die ich nicht vergessen werde – nicht etwa vom Direktor, sondern von der juristischen Abteilung. Ich habe den Brief allein deswegen bisher nicht veröffentlicht, weil ich eigentlich einen gewissen Respekt für die Deutsche Bank empfinde. Die jungen Juristen schrieben mir etwa in dem Sinne, daß sie empört seien über meine Frechheit, überhaupt Forderungen zu stellen, anstatt geschmeichelt zu sein, vor einem solch vornehmen Publikum wie dem der Deutschen Bank (ich nehme an, Hausfrauen, Zahnärzte usw.) referieren zu dürfen und zusätzlich noch für mein soeben erschienenes Buch (»Geld, das große Abenteuer«, ein Taschenbuch für 9,80 DM) Werbung machen zu können. Wenn ich von meinen Forderungen nicht Abstand nähme, würden sie die Direktion davon unterrichten, damit man in Zukunft wisse, mit wem man es zu tun habe.

Der Brief war mehr als eine Frechheit, er war eine Erpressung. Ich wußte nicht einmal, wie ich auf so eine Unverfrorenheit reagieren sollte. In meiner Verstörung erzählte ich die ganze Geschichte einem guten alten Freund, Dr. Horst Schmitz, damals Redakteur bei *Capital*. Er war so empört, daß er sich dazu entschloß, dem damaligen Vorstandssprecher der Deutschen Bank, Dr. Christians, von der Sache zu berichten. 48 Stunden später bekam ich ohne Kommentar den Scheck mit der erwähnten Summe zugeschickt.

Ich hielt auch später Vorträge bei der Deutschen Bank, einmal sogar gratis vor Trainees in München, veranstaltet von meinem treuen jungen Freund und Schüler Peter von Quadt, der selber Trainee war. Es war für mich ein Vergnügen, den jungen Leuten von meinen Börsenerfahrungen zu berichten, und ich glaube, sie waren auch sehr zufrieden und lernten etwas dazu.

✧ ✧ ✧

Nach einem meiner Seminare trat ein junger Mann von der Bausparkasse der Westdeutschen Landesbank zu mir und stellte mir die Frage, ob ich bereit sei, für die hauseigene Werbezeitschrift einen schönen Artikel über Eigentumswohnungen zu schreiben. Die Schrift wurde an eine Million dreihunderttausend Haushalte verteilt. Ich sagte ihm, ich könne nichts Neues verfassen, aber vor einigen Monaten sei in einem Wirtschaftsmagazin ein wunderschöner, fast sentimentaler Artikel über Eigentumswohnungen aus meiner Feder erschienen, der mir beim Wiederlesen noch heute die Tränen in die Augen treibe. Ich müßte also annehmen, daß der Text eine passable Werbung für diese Anlageform darstelle. Sie sollten sich einfach um die Nachdruckgenehmigung bemühen, ich gäbe hiermit meine Zustimmung.

Einige Wochen später rief die WestLB an: Alles in Ordnung, ich möge doch nur noch einige kleine Änderungen vornehmen, damit der Artikel ihren Zwecken noch besser entspräche. Auch ein Foto wollten sie haben; und für meine Veröffentlichung erhielte ich selbstverständlich ein Honorar.

Das traf dann auch ein: 300 DM – für einen millionenfach verbreiteten Artikel! Ich schickte den Scheck mit einem

Begleitbrief zurück, den sie sich sicher nicht eingerahmt haben: »Bin ich so tief gesunken, daß man mich mit einem Trinkgeld abspeist?« lautete der Tenor. Zur Illustration führte ich gleich zwei Anekdoten an. Die eine:

Mein Freund, der berühmte ungarische Schriftsteller Franz Molnár, eher Geizhals als Spender, spazierte in Karlsbad auf der alten Wiese. Ein Mann näherte sich ihm: »Herr Molnár, entschuldigen Sie, daß ich Sie anspreche. Ich bin auch aus Ungarn, heiße Kovacs und bin in großen Nöten. Ich bitte Sie um eine Unterstützung.« Franz Molnár zog aus seiner Tasche einen Geldschein von zwanzig Kronen hervor und gab ihn dem Pumper. »Was«, sagte der aggressiv, »ein Molnár gibt zwanzig Kronen?« – »Nein«, antwortete mein Freund ruhig, »einem Kovacs gibt man zwanzig Kronen.« – Meint die Westdeutsche Landesbank, ich sei ein Kovacs?

Die andere Anekdote (von den vielen, die ich noch in Reserve hätte): Der größte Star der französischen Klassik (Molière, Racine) verließ in den zwanziger Jahren das Nationaltheater für die Folies Bergères, das berühmt-berüchtigte Revuetheater. Als sie zum ersten Male mit Pailetten und Riesenfedern geschmückt eine endlose Treppe heruntergeschritten, von dem großen Orchester begleitet, und langsam unten angekommen war, drehte sie sich um und deutete auf die Treppe mit den Worten: *»L'ai je le bien descendu?«* Zu deutsch: »Bin ich gut heruntergekommen?« (Sie meinte von der Comédie Française zu den Folies Bergères.)

»Nun«, schrieb ich in meinem Brief, »hätten Sie mir eines Ihrer Werbegeschenke geschickt, einen Kugelschreiber, Schlüsselanhänger oder Aschenbecher, so hätte ich ja nichts gesagt; aber die beleidigende Summe von 300 DM? Wenn meine Freunde von diesem Scheck erfahren, werden sie mich auslachen oder bemitleiden. Übrigens erhält Herr Poullain, der allmächtige Präsident Ihrer Bank, eine Kopie dieses Schreibens.«

Nach mehreren Wochen ohne Antwort traf dann eines Tages ein Geschenk von der WestLB ein: ein sehr schönes altes Buch über Finanzen und Banken. Sie hatten wohl von meiner Sammelleidenschaft erfahren und so das Problem doch noch ritterlich gelöst.

Geschichten von Großindustriellen

Soweit meine persönlichen Erfahrungen mit großen Unternehmen. Zwei, drei Geschichten möchte ich in diesem Zusammenhang noch erzählen, in denen ich aber keine Hauptrolle spiele.

Das Unternehmen Csepel auf der Csepelinsel in der Donau bei Budapest war im 19. Jahrhundert von Manfred Weiss gegründet worden, der später zum »Baron Weiss« geadelt und auch »der stahlharte Mann« genannt wurde. Er war ein genialer Industrieller, der das Unternehmen von der anfänglichen Produktion von Konservenbüchsen in alle metallurgischen Geschäftsbereiche hinein erweiterte; heute ist es ein Industrieimperium. Während des Ersten Weltkriegs war Manfred Weiss einer der größten Munitionslieferanten für die Armee. Nach dem Krieg, als Ungarn sich in einer mißlichen Lage befand, hat er sich in einer Art patriotischer Depression das Leben genommen. Zahlreiche Kinder und Enkelkinder überlebten ihn (ich kannte und kenne sie persönlich), doch sein Imperium wurde unter kommunistischer Herrschaft verstaatlicht.

Einer der Enkelsöhne des Firmengründers reiste aus dem französischen Exil häufig nach Budapest, und man sagte, er hätte dort eine Liebesaffäre. Bei einer seiner Reisen hatte er die unglückliche Idee, das alte Familienunternehmen zu besuchen. In der Eingangshalle fragte ihn der Pförtner nach seiner Identität, und er gab sich als Enkel des Gründers Baron Weiss zu erkennen. Die Nachricht verbreitete sich schnell, daß ein Weiss-Erbe in der Fabrik zu Besuch sei.

Scharen von Arbeitern liefen neugierig zusammen; es entwickelte sich ein sehr lebhaftes Gespräch, wobei es an aggressiven Bemerkungen beider Seiten wahrscheinlich nicht fehlte.

Es war ein unglücklicher Besuch, und als er dann die Fabrik verlassen hatte, sagte einer der Arbeiter zu dem Gewerkschaftsvorsitzenden: »Man müßte dem Weiss eigentlich verbieten, hierherzukommen.« »Nein, nein«, erwiderte der Gewerkschafter, »sie sollen nur kommen, damit alle Kollegen sehen, was für ein Trottel heute Chef wäre, wenn wir die Fabrik nicht verstaatlicht hätten!«

Ein anderer Firmenbesuch verlief erfreulicher für den früheren Chef. André Citroën, der aus einer armen jüdischen Familie stammende Gründer der gleichnamigen Autofirma, war in den zwanziger Jahren in Frankreich fast ein Symbol für den wirtschaftlichen Erfolg, sozusagen der Iacocca seiner Zeit. Doch nicht jeder kannte ihn persönlich. Als er einmal über die Grenze von Spanien nach Frankreich fuhr, fragte ihn der Zöllner nach seinem Namen. »Citroën«, war die Antwort, worauf ihn der Beamte anherrschte: »Ich habe Sie nicht nach der Marke Ihres Wagens gefragt, sondern nach Ihrem Namen!«

André Citroën war ein genialer Geschäftsmann und auch bei seinen Arbeitern außerordentlich beliebt wegen der menschlichen Wärme und Großzügigkeit, mit der er ihnen entgegentrat. Leider verlor er sein Unternehmen buchstäblich am grünen Tisch, im Spielkasino von Deauville, und starb als armer Mann. Wie es dazu kam, erzähle ich in einem späteren Kapitel.

In den dreißiger Jahren, als er bereits keinen Heller mehr besaß, besuchte er einmal die von ihm gegründete Fabrik. In Windeseile verbreitete sich die Nachricht, daß »Monsieur André« auf dem Firmengelände sei. Die Arbeiter kamen auf den Hof gelaufen, um ihm die Hand zu drücken und ihn zu feiern. In der oberen Etage saß ein Mitglied der Familie Michelin, der neuen Besitzer. Überrascht vom Radau, fragte er einen Aufseher, was dort unten los sei. »Monsieur André ist da, und die Arbeiter feiern ihn«, war die Antwort. Michelin war verärgert und setzte sofort einen Brief an André Citroën auf, in dem er ihn aufforderte, nicht mehr in die Fabrik zu kommen, da seine Popularität die Arbeit behindere.

Ein anderer genialer französischer Industrieller war Marcel Dassault, der größte Flugzeughersteller des Landes und Vater so berühmter Serien wie Mirage, Mystere usw. Als er neunzig Jahre alt wurde, schenkte er die Hälfte seines Unternehmens dem Staat, aber unter der Bedingung, weiter in seinem Unternehmen tätig sein zu können.

Charakteristisch für seine Person ist die folgende Geschichte. Madame Dassault wurde gekidnappt... Der Entführer forderte ein Lösegeld von umgerechnet drei Millionen Mark. Als Journalisten ihm die Frage stellten, was er nun zu tun gedächte, bewies er seine übliche Gelassenheit: »Ich werde bezahlen müssen.«

Doch er war zeitlebens ein Glückspilz (ein autobiographisches Buch von ihm trägt den Titel »Talisman«). Man fand seine Frau, die in einem Haus in Fontainebleau festgehalten worden war, noch vor der vereinbarten Geldübergabe. Der Erpresser namens Casanova wurde wenig später gefaßt. Madame Dassault bat die Justizbehörden, ihn nicht zu streng zu bestrafen, er habe sich ihr gegenüber äußerst korrekt verhalten. Und ihr Mann spendierte dem Gangster für den Tag seiner Haftentlassung einen Betrag als Starthilfe für den Beginn eines neuen Lebens.

Dassault war sehr populär und großzügig und ein komischer Kauz. Er hatte ständig 500-Francs-Banknoten in der Tasche und verteilte sie an alle Bedürftigen. Immerhin war er der reichste Mann Frankreichs, außerdem ein Wahlverwandter, nämlich ein begeisterter Börsenspekulant. Er war der einzige Kunde einer amerikanischen Brokerfirma in Paris, der er im Handumdrehen den Auftrag gab, hunderttausend Aktien zu kaufen oder zu verkaufen. Der Broker konnte von ihm alleine gut leben.

Wie gesagt, ein komischer Kauz. Seine Sommerferien verbrachte Dassault immer im Palace Hotel in Gstaad in einer großen Suite, mit ihm kamen Dutzende von Mitarbeitern und Freunden. Über vierzig Jahre hatte er dort jeden Sommer denselben Masseur, der sich eines Tages am Ende der Saison von ihm verabschiedete. Ihm sei aus Altersgründen gekündigt worden. »Dabei werden wir es nicht belassen«, sagte Dassault. Er stellte den Direktor zur Rede und fragte ihn, warum man seinen Lieblingsmasseur entlasse. Er sei zu alt, war die Antwort. »Wie alt?« fragte Dassault. »Zweiundsiebzig.« – »Das nennen Sie alt? Ich bin vierundneunzig«, gab Marcel Dassault zurück und fügte hinzu, daß er mit seinem ganzen Gefolge das Hotel verlassen würde, wenn man dem Masseur kündige. Natürlich brauchte er auch in den folgenden Jahren nicht auf dessen Dienste zu verzichten.

Dassault war auch Besitzer einer großen Illustrierten, für die er mich um eine regelmäßige Börsenkolumne bat. Doch daraus wurde nichts, denn das Magazin wurde kurz darauf in eine reine Modezeitschrift umgewandelt, in der sich meine Betrachtungen etwas verloren ausgenommen hätten. Wie man mir später sagte, sei es eine große Auszeichnung für mich gewesen, daß er einmal zwei Stunden mit mir »ratschte«, denn normalerweise langweile er sich sehr schnell.

Dassault war jüdischer Herkunft und hatte mehrere Jahre im Konzentrationslager Buchenwald verbracht, später ließ er sich von seinem guten Freund Père Riquet, einem katholischen Priester, taufen. Er wurde in der Kirche St. Louis des Invalides beigesetzt. Ich behalte ihn in meiner Erinnerung als einen nicht nur klugen, sondern auch sehr liebenswürdigen alten Herrn.

Der Kunde, also der Feind

Ein berühmter französischer Spruch an der Börse lautet: »Le client, voilà l'ennemi« (Der Kunde, also der Feind). Im allgemeinen Geschäftsleben gilt meist: »Der Kunde ist König«, aber in der Finanzwelt trifft der französische Spruch eher zu.

Natürlich habe ich in meinem Leben auch viele Erfahrungen mit Kunden gesammelt, in jeder Hinsicht. Was man da alles erleben kann! Kunden zu werben ist eine große Kunst, und sie erfordert viel psychologisches Geschick und Einfühlungsvermögen. In meinem Börsenleben habe ich es mit rund 600 Kunden zu tun gehabt; in meinen jungen Jahren, bevor ich Spekulant auf eigene Rechnung wurde, war ich ja als Makler tätig. Unter den 600 Kunden waren solche, die täglich Geschäfte machten, und andere, die nur einmal im Jahr eine Transaktion vornahmen. Es gab darunter sehr interessante und pittoreske Persönlichkeiten, aber auch absolut uninteressante, farblose Alltagsmenschen.

Mein Bekanntenkreis reichte von Taschendieben bis zu Mitgliedern königlicher Familien, von Freudenhausbesitzern bis zu Kirchenfürsten. In solch einem Varieté kommt man mit vielen Menschen zusammen, und davon bleiben einige auch als Kunden hängen – oder es sind solche, die zwar keine Kunden werden, aber Kunden vermitteln. Einer von der zweiten Sorte, ein Ungar, war den ganzen Tag auf Kundenfang, sei es für Tanzlokale, Nachtclubs oder Spielhöllen. Es gab in Paris in jener Zeit viele private Spielkasinos, für die sogenannte Schlepper tätig waren.

Der Ungar, ein primitiver, aber braver Bursche, dem man nichts nachsagen konnte, wollte seine Position bei dem Kasino stärken, für das er arbeitete. Da ich viel in Europa herumreiste, bat er mich, von den Luxushotels aus Post an ihn zu schicken, mit der Andeutung, ich werde bald nach Paris kommen – natürlich immer unter einem anderen Namen.

Auf einen solchen Brief bekam er sofort einen Vorschuß von 100 Francs, denn es war selbstverständlich, daß er seine Freunde ins Kasino lotsen würde. Aus Spaß schrieb ich ihm einmal einen Brief aus dem Palace Hotel in St. Moritz mit folgendem Text: »Lieber Freund, ich komme bald nach Paris und hoffe, Sie dort zu sehen. Vergessen Sie nicht, für Unterhaltung zu sorgen und ein gutes Kasino zu finden. Sie wissen, wie sehr ich den Nervenkitzel liebe.« Dieser Brief war in seinen Händen viel wert, bestimmt 300 Francs. Wir ungarischen Schlawiner halten doch zusammen! Der eine schleppt die Kunden ins Kasino, der andere verführt sie zu Börsenspekulationen. So groß ist der Unterschied manchmal nicht.

Eines Tages, es war Anfang der dreißiger Jahre, kam der Schlepper in mein Büro. Ich arbeitete damals bei einer sehr großen und vornehmen Maklerfirma, einer der einflußreichsten an der Pariser Börse. Er berichtete mir aufgeregt, daß er einen großen Kunden für mich habe, der stark an der Börse interessiert sei. Ich nahm die Sache nicht sehr ernst; welche Beziehungen konnte er schon haben? Dennoch versprach ich, mir den Kandidaten anzusehen.

Ich erinnere mich noch genau an den Tag, als ich meinen potentiellen Kunden im Pariser Grand Hotel kennenlernte, seinem ständigen Wohnsitz. Sein Name war A. J. Vyth, er war etwa 60 Jahre alt und stammte irgendwo aus dem deutsch-holländischen Grenzgebiet. In seiner Jugend hatte er in London gelebt, war in der Textilbranche tätig gewesen als Produzent und Händler und hatte ein großes Vermögen gemacht. Später mußte er sich jahrelang mit einem Steuerprozeß herumschlagen, den er zwar schließlich gewonnen hat, aber um den Preis seiner Gesundheit. Nach einem Nervenzusammenbruch verbrachte er Jahre in einem Sanatorium, bis er nach Paris in das genannte Grand Hotel zog.

Mein Ungar hatte recht: Der Mann war steinreich. In dieser Zeit, als die New Yorker Börse in der tiefsten Krise steckte, war sein Portfolio immer noch mehrere Millionen Dollar wert, und dies bei den extrem tiefen Preisen. Heute wäre es unvorstellbar groß. Er war also ein sehr interessanter Kunde für einen jungen Makler wie mich. Wir sprachen über Politik und Börse. Vyth zeigte mir dann die Liste seiner Depots und erwartete von mir Vorschläge, welche Änderungen vorzunehmen wären. Der Ungar blieb ein stummer Zuhörer unseres Gesprächs, doch er wußte, daß er von mir großzügiger honoriert würde als von seiner Spielhölle.

A. J. Vyth war wohl von meinen Vorschlägen angetan, denn er eröffnete bei meiner Firma ein großes Konto und blieb bis zu seinem Tod Ende der dreißiger Jahre mein Kunde. Er war durch und durch krank und sehr zerbrechlich, dabei äußerst gescheit und klug. Ich hatte immer den merkwürdigen Eindruck, daß er irgendwie von mir fasziniert war, zu gleicher Zeit aber auch mißtrauisch, nicht nur mir, sondern der ganzen Welt gegenüber.

Da er von Wertpapieren nichts verstand, drohte er ständig, die Transaktionen scharf zu kontrollieren. Damit wollte er wohl sicherstellen, korrekt behandelt zu werden. Das war natürlich ein Scherz, denn der Agent de Change, der meiner Firma vorstand, wurde als »officier ministériel« (Ministerialbeamter) vom Präsidenten der Republik ernannt. Es war unmöglich, daß diesen Maklern, die bis vor einigen Jahren als die Aristokratie der französischen Finanzwelt galten, die kleinste Inkorrektheit unterlaufen konnte. Dennoch sagte Vyth ständig zu mir: »Sie ungarischer Schlawiner mit Ihren Schlitzohren [er hatte ein Foto von mir in seiner Brieftasche], ich lasse meinen Schwager Moritz Leviticus nach Paris kommen, und der wird alle Transaktionen in den Büchern auf das schärfste kontrollieren!«

Nun, eines Tages kam Leviticus tatsächlich nach Paris, beide suchten mich in meinem Büro auf und »kontrollierten auf das schärfste« alle Kurse und ob auch nichts verschwunden sei. Wie gesagt, ein Scherz. Aber nach dem Besuch seines Schwagers war mein Freund beruhigt.

Es gab einen anderen Stolperstein in unserem Verhältnis: Er war alt und krank, ich war jung und gesund. Ich mußte also versuchen, seinen unausgesprochenen Neid nicht herauszufordern und möglichst zu mildern. Er erwartete von mir, daß ich jeden Tag nach Börsenschluß auf ein paar Minuten bei ihm vorbeischaute, um ihm zu referieren. Bei diesen Gelegenheiten beklagte ich mich oft, hier oder da an Schmerzen zu leiden oder ganz schlecht geschlafen zu haben, kurzum, wie sehr ich doch zu bedauern sei. Das verschaffte ihm sichtlich Genugtuung.

Er war oft in London und logierte immer im Victoria Hotel, einer verstaubten alten Schachtel, die aber immer noch einen sehr guten Ruf besaß. Ich war manchmal zur gleichen Zeit in der Stadt, wohnte im Savoy, aber wenn er mich nach meiner Unterkunft fragte, gab ich die Adresse einer kleinen Pension in der Halfmoon Street an. Hätte er vom Savoy gewußt, wäre seine Reaktion gewesen: »Natürlich, von meinem Geld!« Zugegeben, er war ein guter Kunde, und ich habe anständig an seinen Transaktionen verdient.

Er engagierte sich auch in französischen Staatspapieren, die damals ständig emittiert wurden. Er zeichnete große Beträge bei jeder Emission, ich erhielt jeweils ein Prozent Kommission. Aber – ich mußte ihm jedes Mal einen Brief unterschreiben, in dem ich die Rückzahlung der Staatsanleihe garantierte. In dem Falle, daß der französische Staat eines Tages seinen Verpflichtungen nicht nachkäme, würde ich, André Kostolany, für den Staat eintreten. Und das war für ihn kein Spaß, er meinte es todernst.

Einige Jahre später ist er dann gestorben; ich habe ihm selbst bei der Beerdigung in Den Haag das letzte Geleit gegeben. In seinem Testament hatte er seine fünf Schwestern enterbt und sein ganzes Vermögen dem jüngeren Bruder, Hugo Vyth, einem totalen Dummkopf, überlassen.

Der schrieb mir einige Monate nach der Beisetzung, er habe unter den Dokumenten mehrere Schreiben gefunden, in denen ich für den französischen Staat garantiere. Da inzwischen der Franc abgewertet worden sei, fordere er mich auf, den entstandenen Verlust zu ersetzen. Natürlich habe ich auf den Brief nicht geantwortet. Es war mir zu dumm, ihm zu erklären, daß in modernen Zeiten, wenn der Staat bankrott ist, nicht die Zahlungen eingestellt, sondern die Währung abgewertet wird. Doch ich denke noch heute mit großer Sympathie an meinen Kunden und Freund A. J. Vyth, für den ich kreditwürdiger war als der französische Staat, trotz aller seiner Beschimpfungen, daß ich ein ungarischer Schlawiner sei.

✧ ✧ ✧

Eines Tages rief mich ein mir unbekannter Herr in meinem Büro an, er stellte sich als Herr Lieber vor und sagte, er habe schon viel Gutes über meine Arbeit gehört. Natürlich stellte er mir sogleich die stereotype Frage: »Wie sehen Sie den Markt?« Ich gab ihm einige ganz neutrale Hinweise, da ich es vermeide, Menschen, die ich nicht kenne, Vorträge über die Börse zu halten. Ich muß ja erst wissen, ob er Spieler, Spekulant oder Anleger ist, sein Vermögen und auch den Charakter seines Vermögens kennen, erfahren, welcher gesellschaftlichen und intellektuellen Klasse er angehört, ob er geschulter Geschäftsmann oder Autodidakt ist...

Unser Gespräch verlief aber dennoch sehr freundlich, und in den folgenden Wochen rief er mich ständig an, hielt mich sogar von der Arbeit ab, so daß ich ihm endlich vorschlug, uns doch einmal persönlich zu treffen. Er war sofort Feuer und Flamme. Einige Tage später saßen wir uns also in dem berühmten Börsenlokal »Au petit coin« gegenüber. Zunächst gab es natürlich das übliche Gespräch über den Markt, bis mich dieses banale Geplänkel zu langweilen begann. Ich beschloß, ihn etwas zu reizen.

»Ich habe eine Idee, bei der ich viel Phantasie sehe«, begann ich meine Werbestrategie, »aber ... Garçon!« Damit brach ich meinen Satz ab und sagte irgend etwas Unwichtiges zum Kellner. »Was denn?« fragte Herr Lieber interessiert, »wie lautet denn Ihre Idee?« – »Ja, die Idee habe ich schon, aber es ist noch etwas zu früh ...«, gab ich zurück und nahm einen großen Schluck Wein aus meinem Glas. »Obwohl ich die Überzeugung habe ...« Wieder rief ich den Kellner. Da sah ich in den Augen meines Gegenübers, wie sehr er schon auf die Folter gespannt war, und wußte, daß ich so fortfahren mußte, ein Wort, ein Schluck ... Plötzlich brach es mit Ungeduld aus ihm hervor: »Nun sagen Sie doch schon, was ist Ihre ›Idee mit Phantasie, nur noch zu früh‹?« Ich beschloß, den Armen nicht weiter zu quälen, und sagte: »Lieber Freund, warum sind Sie eigentlich nicht mein Kunde?« Damit hatte ich ins Schwarze getroffen. »Natürlich«, meinte er, »Sie haben recht. Ich werde bei Ihnen ein Konto eröffnen.« Gesagt, getan. Er wurde am nächsten Tag mein Kunde.

Was meine »Idee mit Phantasie« war, weiß ich heute nicht mehr, ich hatte so viele, die ich täglich zusammensponn. Aber allzu schlecht war sie bestimmt nicht.

✧ ✧ ✧

Ein anderes Mal klingelte bei mir das Telefon, die Anruferin stellte sich mit dem Namen Mendelssohn vor. Sie war britische Staatsbürgerin, eine Erbin der berühmten Bankiersfamilie aus Berlin und lebte in Paris. »Sie sind also eine Ururenkelin von Nathan dem Weisen!?« Lessing hatte seine Figur ja nach dem Vorbild von Moses Mendelssohn modelliert. »Ja«, sagte sie stolz, »und auch eine Verwandte von Felix

Mendelssohn-Bartholdy, dem großen Komponisten.« Damit war ihr Status geklärt. Sie war mir gleich sympathisch.

Nach dem Kriege hatte sie eine Wiedergutmachungszahlung für die Enteignung des Berliner Bankhauses bekommen und dieses Geld in Wertpapieren angelegt. Die Liste wollte sie mir zur Begutachtung vorlegen. Ich besuchte sie also in ihrem Appartement im zehnten Stock ohne Aufzug, bei St. Germain des Près, dem Viertel der Intellektuellen. Sie sprach ein sehr schönes, gebildetes Deutsch und erzählte mir, daß sie Bücher über soziologische Themen verfasse.

Ich prüfte ihr Wertpapierkonto, das sie bei einer Großbank in der Bundesrepublik unterhielt: eine faire Zusammenstellung von Anleihen und Blue Chips, international gestreut. Es war nichts dagegen einzuwenden.

»Und wo zahlen Sie Steuern?« fragte ich sie. »Natürlich in der Bundesrepublik, schließlich stammt das Geld ja auch aus Deutschland.« Ich erwiderte: »Aber Sie sind doch englische Staatsbürgerin, Sie leben in Frankreich. Das Depot liegt zwar in Deutschland, aber das verpflichtet Sie nicht, dort auch Steuern zu zahlen. Mit Hilfe Ihres biographisch-geographischen Dreiecks können Sie eine Menge Geld sparen.« »Nein, nein«, war die Antwort, »der Direktor meiner Bank, ein guter Freund, würde keine Steuertricks zulassen.« Daraufhin erzählte ich ihr zunächst eine Anekdote.

Der Ort ist Frankfurt, um 1800 herum. Der alte Rothschild sitzt in seinem Kontor und prüft die Bücher. Plötzlich öffnet sich die Tür, es tritt herein ein preußischer Offizier und stellt sich in Hab-Acht-Stellung vor: »Freiherr von Primnitz! Adjutant Seiner Majestät, des Königs von Preußen!« – »Bitte, nehmen Sie sich einen Stuhl«, sagt Rothschild freundlich. »Ich wiederhole: Freiherr von Primnitz, Adjutant Seiner Majestät, des Königs von Preußen, Ritter des Malteserordens.« – »Bitte, nehmen Sie sich einen Stuhl«, wiederholt Rothschild höflich. »Mein Herr, Sie haben mich nicht verstanden: Ich bin Freiherr von Primnitz, Adjutant Seiner Majestät, des Königs von Preußen, Ritter des Malteserordens und – päpstlicher Kämmerer!« – »Bitte, bitte«, sagt Rothschild ganz resigniert, »nehmen Sie sich zwei Stühle.«

»Bitte, bitte, Frau Mendelssohn, zahlen Sie drei Steuern!« Zuerst lachte sie herzlich, doch dann fing sie sich wieder, da sie nicht nur eine Berliner Jüdin, sondern auch eine Preußin war, der Witze über Steuerangelegenheiten nicht angenehm sind. Das war wohl auch der Grund, warum ich nie wieder etwas von ihr hörte. Dabei hatte ich sie doch nicht zur Steuerhinterziehung anstiften wollen, es ging nur darum, den günstigen Standort auszuwählen. Ein unschuldiger Ratschlag, der in der deutschen Presse ununterbrochen propagiert wird.

Soweit einige Erlebnisse mit Kunden. Doch ich muß feststellen, daß mein angenehmster Kunde immer noch ich selber war und bin. Ich bitte keine Broker und Banker um Ratschläge. Ich frage sie nie nach ihrer Meinung, so tragen sie mir gegenüber auch keine Verantwortung. Und wenn man mir einen Tip zuflüstert, mache ich immer exakt das Gegenteil davon, eingedenk meines alten Mottos »Information is ruination«.

ZEHNTE VORLESUNG:

Kleine Börsenpsychopathologie: Aberglaube, Fetischismus, Spielsucht

Viele Börsenspieler (und auch manche Spekulanten) neigen zum Aberglauben und zum Fetischismus. Das kann gefährliche Dimensionen annehmen. Es gibt aber auch relativ harmlose Varianten, etwa, daß eine bestimmte Aktie für eine Zeitlang zum Modefetisch erhoben wird. Aber der Spekulant ist fast notwendigerweise abergläubisch. Denn oft stellt er eine These auf, die in jeder Hinsicht logisch ist und mit den sichersten Argumenten unterbaut. Es muß so kommen, denkt er sich, aber nichtsdestoweniger stellt sich dann heraus, daß die Spekulation falsch war. Und dann sagt er sich: Ich habe Pech gehabt. In dem Moment, in dem er Mißerfolg mit Pech begründet, ist er schon abergläubisch.

Der Aberglaube ist aber oft mit Intuition verbunden, und die ist sehr nützlich. Hat man das Gefühl, daß man mit seinem Börsenengagement im falschen Boot sitzt, muß man rausspringen. Aber man muß der Überzeugung sein, daß es ein falsches Boot ist, und das ist eine Mischung von Überlegung und Intuition. Von der Meinung eines Maklers soll man sich nicht beeinflussen lassen. Hat man eine schlaflose Nacht wegen eines Börsenengagements, soll man es sofort lösen!

Der Spekulant sollte auch der Meinung einer Frau eine gewisse Bedeutung beimessen. Frauen haben eine besonders starke Intuition und auch Instinkt: Diese Qualitäten können die logischen Überlegungen des Mannes ergänzen.

Intuition ist eigentlich nichts anderes als unbewußte Logik, die wiederum ein Produkt langjähriger Börsen- und

Lebenserfahrung darstellt, gemischt mit Phantasie. In der Nacht entsteht eine Idee, eben durch unbewußte Gedankenarbeit, morgens ist sie dann plötzlich da – und man nennt es Intuition, Inspiration. Sich allein auf Phantasie zu verlassen, wäre gefährlich.

Ich muß gestehen, daß ich auch abergläubisch bin. Wenn ich zum Beispiel auf der Straße feststelle, daß ich eine wichtige Unterlage für eine Besprechung zu Hause vergessen habe, so kehre ich dennoch nicht wieder um – das könnte Unglück bringen! Oder wenn ich eine Münze verliere, sage ich mir, dieser Verlust wird – quasi als Kompensation – bestimmt einen großen Gewinn bringen.

Wenn es das Glück einmal besonders gut mit mir meint, so ziehe ich auch daraus meine »Schlüsse«. Kürzlich hielt ich einen Vortrag in Essen, vor einer Vereinigung von Steuerberatern. Als ich gerade mit dem Taxi zum Kölner Flughafen aufbrechen wollte, bietet mir ein Teilnehmer an, mich in seinem Wagen mitzunehmen. Das war der erste Glücksfall. Am Flughafen, ich hatte nicht mehr reservieren können, bekam ich zwanzig Minuten vor Abflug durch Zufall noch einen Platz in der ausgebuchten Maschine. Glück Nummer zwei.

Nummer drei folgte sogleich: Neben mir saß überraschend mein guter Freund Carl Zimmerer, der auch nach München unterwegs war. Wir sprachen über dieses und jenes, und beiläufig erwähnte er, daß er gerade ein bestimmtes Papier gekauft habe. Das genügte mir schon. Kaum in München angekommen, gab ich ebenfalls eine Kauforder. Und bis jetzt habe ich auch damit Glück gehabt.

Manchmal folge ich auch sentimentalen Erwägungen. Als Kind las ich den Roman »Der Tunnel« von Bernhard Kellermann, damals ein europäischer Bestseller. Es war die Science-fiction-Geschichte eines Tunnelbauprojekts zwischen Amerika und Europa. Ich weiß noch, wie sehr mich die Szene fasziniert hat, als sich die Bautrupps beider Seiten unter großem Jubel auf der Mitte trafen. Ich habe mir jetzt Aktien der britisch-französischen Eurotunnel-Gesellschaft gekauft – allein für den spektakulären Moment des Durchstichs unter dem Ärmelkanal. Vielleicht werde ich 50 Prozent verlieren, vielleicht aber auch viel gewinnen – ich leiste mir diese Papiere aus Sentimentalität oder Liebhaberei.

Ich besitze auch viele Talismane und trage einige davon immer bei mir. Mein Haupttalisman ist ein kleiner heiliger Antonius, der von zwei Würdenträgern der katholischen Kirche gesegnet wurde, von Papst Johannes dem XXIII. und von Kardinal Lustiger, dem Erzbischof von Paris. Oder, wenn im Kaffeehaus ein Glas zerspringt, hebe ich sofort eine Scherbe auf und packe sie als Glücksbringer ein. Bisher ist es mir in meinem Leben auch immer gutgegangen, dafür bin ich dem Herrgott dankbar. Aber wieviel davon soll ich meinen Glücksbringern zuschreiben? Glaube oder Aberglaube? Beides mischt sich bei mir.

Wenn man aber seine finanziellen Engagements wirklich vom Aberglauben abhängig macht, so ist man ein Spieler. Das war ich als junger Mann; ich weiß, was spielen ist und habe unter Schmerzen gelernt. (Merke: Das in der Spekulation gemachte Geld ist Schmerzensgeld; zuerst kommt der Schmerz, dann das Geld.) Jetzt bin ich, vielleicht auch durch die Weisheit des Alters, ein wirklicher Hartgesottener; ich denke, ich leiste mir heute ein bißchen harmlosen Aberglauben und Fetischismus als Luxus.

Manche Börsenspieler glauben an Zahlenmagie und die Bedeutungen von kalendarischen Wiederholungen. An einem Freitag, dem 13., werden wohl die meisten Menschen etwas vorsichtiger mit wichtigen Entscheidungen sein (obwohl ich mir selbst, wenn ich von einer Idee wirklich überzeugt bin, auch sagen könnte: Gerade an diesem Datum wage ich es!). Auf dem Future-Index-Markt in Chicago kehrt alle paar Monate ein bestimmter Tag wieder, an dem Optionen mit drei verschiedenen Laufzeiten gleichzeitig fällig werden. Diese sogenannte »Triple-witch« gilt bei den Chicagoer Händlern als »Hexendatum«, und sie fürchten regelmäßig, daß sich an diesem Tag eine Katastrophe an der Börse ereignen könnte. Das ist natürlich purer Aberglaube. Genausogut könnte man die Börsentendenz nach den Baseball-Resultaten oder der Rocklänge in der Damenmode bestimmen.

Pathologisch wird es, wenn die Spieler solche Dinge nicht mit Leichtigkeit und Humor nehmen, sondern ihren fixen Ideen verbissen anhängen und sie fetischisieren. Die Fetische ändern sich mit der Zeit, aber eines haben sie alle gemeinsam: Sie enttäuschen ihre Gläubigen.

Der Ölpreis und sein angeblicher Einfluß auf den Dollarkurs war in den siebziger Jahren so ein Fetisch, wie ich bereits erläutert habe.

Dann waren jahrelang alle Börsenspieler von der Geldmenge hypnotisiert. Die Begründung hatte durchaus etwas Logik. Steigt die Geldmenge, dann ist anzunehmen, daß die Notenbanken die Zinsen erhöhen, und hohe Zinsen sind schlecht für die Börse. Wenn die Wirtschaftskonjunktur etwas nachgab, hoffte man auf bessere Börsen, weil man dann annehmen konnte, daß die FED die Zinsen wieder heruntersetzen werde, um die Wirtschaft anzukurbeln. Tiefe Zinsen, also mehr Liquidität, sind das beste Stimulans für die Börse.

Später war die Wachstumsrate der neue Fetisch. Stieg diese Zahl um zwei, drei Punkte hinter dem Komma, kauften die Börsianer aggressiv, obwohl eine steigende Wachstumsrate auf höhere Zinsen hindeutet, was wiederum für die Börse ein negativer Faktor ist und umgekehrt. Das Ärgste dabei: Auch die Wachstumsrate wird jede Woche revidiert.

Noch absurder waren die Thesen der Warenterminspekulanten: Vor einiger Zeit glaubten sie, daß zwischen dem Silberpreis und dem Preis für Sojabohnen eine konstante Spanne bestünde. Steigt der Silberpreis bis zu einem gewissen Kurs, muß der Sojabohnenpreis ebenfalls steigen. Warum? Weil die Hunt-Brüder in beiden Waren spekulierten. Wenn Silber soundso hoch geht, haben die Hunt-Brüder soundsoviel mehr Cash zur Verfügung, um Sojabohnen zu kaufen.

Auf den gleichen Automatismus schworen auch die Spieler in Edelmetallen: Wenn der Goldpreis X ist, dann muß Platin soundsoviel höher stehen. Und was geschah: Platin fiel für eine längere Zeit noch unter den Goldpreis zurück. Genauso falsch lagen sie bei dem Spiel Platinum contra Palladium.

Alle diese Theorien halte ich für eine Verdummung des Publikums; sie sind nur für die Makler gut, weil sie ihren Kunden etwas bieten müssen. Ihre Voraussagen treten fast nie ein, abgesehen davon, daß sie ihre Meinung auch noch jeden Tag ändern. Für die Katz arbeiten sie mit Dutzenden von Analysen. Diese Analysen sind keine zehn Pfennig wert: je wissenschaftlicher die Analysen, desto dramatischer ihre Folgen. Der Page Oscar in Verdis »Maskenball« singt: »Oscar weiß es, er sagt es aber nicht.« Die Broker sagen, aber wissen es nicht.

Börse oder Roulette – Spieler sind sie alle

Alchimisten, Sterngucker, Auguren gibt es noch heute, besonders unter Spielern; nur ihre Methoden haben sich geändert. Die modernen Alchimisten hoffen nicht mehr, aus Kupfer Gold zu schaffen, sondern wollen mit Hilfe ihrer Theorien die Entwicklung des Goldpreises errechnen und daraus profitieren. Andere Hellseher erforschen die Gewinnzahlen des Lottos oder des Roulettes oder lesen die kommenden Börsenkurse »aus den Sternen«, dem »Kaffeesatz« oder (im besten Falle) aus den Börsenkurskurven. Dabei nehmen sie Computer, Lineal und Zirkel zu Hilfe und arbeiten mit mathematischer Präzision.

Ob Lotto, Roulette oder Börse, ich nenne all diese angeblich wissenschaftlichen Spieler – egal, mit welchen Instrumenten sie arbeiten – Besessene, wenn sie selber daran glauben, und Scharlatane, wenn sie ihre Systeme auch noch für Geld verkaufen. Meistens sind sie besessene Scharlatane. Ich halte es für verlorene Zeit, mit ihnen zu diskutieren, denn ihre Argumente gehören dem Bereich der okkulten Wissenschaften an. Beim Publikum können sie zumindest über kurze Zeit Erfolg haben, denn je unwahrscheinlicher die Versprechungen sind, desto größer ist die Zahl der Anhänger. Was die Masse nicht erfassen kann, hat Anziehungskraft: »Es könnte doch etwas dran sein.«

Bis zu einem gewissen Grad gehören auch die Börsenchartisten zu den Besessenen. Von den Brokern werden sie intensiv unterstützt (das Spiel mit Charts ist ja die beste Provisionsmaschine). Das Chartlesen ist meiner Ansicht nach eine Wissenschaft, die vergebens sucht, was Wissen schafft. Ich schau mir die Charts ja auch an, denn schon Konfuzius sagte: »Erzähle mir die Vergangenheit, und ich werde dir die Zukunft erkennen!«

An Hand eines Charts sieht man am klarsten, was gestern war und was heute ist, aber damit hat es sich. Bis heute ist die Preiskurve Wahrheit, ab morgen, wenn sie vorgezeichnet wird, ist sie Dichtung, gute oder schlechte. Der Chart macht daher nur einen einzigen Stein unter den Dutzenden in dem Mosaik aus, auf dem eine Analyse aufgebaut sein muß. Sich aber von den verschiedenen Chartformen wie »Schulter-Kopf-Schulter«, »Seitenflanke«, »Untertasse« und ähnlichen verrühren zu lassen bedeutet »Geldmord«.

Robert Prechters »Elliot-Wellen-Theorie«, die er durch Börsenbriefe und sein Buch propagiert, gleicht in meinen

Augen auch dem Kaffeesatzlesen. Er empfiehlt, Aktien leerzuverkaufen. Die Kurse freilich steigen. Und so müssen sich die Jünger, weil der Kurs um ein paar Punkte klettert, sofort eindecken. Derartige Empfehlungen wiederholte er viele Monate lang Woche für Woche. Seine Leser können folglich Woche für Woche ihr ganzes Geld verlieren.

Ein gewisser Mr. Elliot hat nach der Legende jahrelang auf dem Krankenbett die Bewegungen der Börse bis weit in die Vergangenheit studiert und daraus »Gesetzmäßigkeiten« abgeleitet. Ich habe das Ganze nicht verstanden. Und auch seine Jünger wie Robert Prechter konnten es mir nicht erklären: »Fragen Sie nicht, warum; es ist so!« schreibt er sinngemäß im Vorwort seines Buches. Sein einziges Argument lautet: Was damals so war, muß auch heute so sein.

Ich kenne nicht einen einzigen Chartisten, der an der Börse erfolgreich gewesen wäre: Sie sind alle pleite gegangen. Im alten Wien nannte man sie »junge Börsianer, alte Schnorrer«. Und keiner von ihnen hatte die Größe, wie sie einmal der Gast einer illustren Party bewies, den ich beim Gespräch mit der Dame des Hauses belauschte. Er flüsterte ihr zu: »Schauen Sie mal, gnädige Frau, der junge Mann dort, wie fürchterlich der aussieht.« – »Ach«, meinte die Gastgeberin, »das ist mein Sohn.« Worauf der Gast die einzig richtige Antwort gab: »Gnädige Frau, so eine Blamage ist nicht gutzumachen; ich gehe.«

Charts individueller Aktien haben eine gewisse Berechtigung, denn aus ihren Bewegungen lassen sich unter Umständen Rückschlüsse ziehen, die sonst nicht möglich gewesen wären. Wenn zum Beispiel die Kurskurve einer Aktie gegen die generelle Tendenz geht, so kann dies auf Transaktionen der Großaktionäre hinweisen. Diese wissen, daß es der Firma schlechtgeht und wollen ihre Aktien abladen.

Charts für den gesamten Markt hingegen sind etwa so sinnvoll wie der Einfall des Chefarztes einer Klinik, statt der

Fieberkurve über dem Bett eines jeden Kranken eine Durchschnittsfieberkurve aller seiner Patienten zu erstellen.

Gewinnen kann man, verlieren muß man!
Die Chartgucker sind genauso besessen wie Roulettespieler, die mit Computern arbeiten. In vielen Kasinos gibt es Spielsyndikate. Der eine setzt die Zahlen, die der zweite in den Computer stopft, während der dritte mit den Berechnungen dauernd zwischen den beiden anderen hin und her läuft. So arbeiten sie stundenlang (erst kürzlich habe ich sie wieder in Deauville beobachtet). Aber fragen Sie nicht, wie das endet! Am Abend sind sie noch aufgeblasen, ihres Glückes sicher und glauben, »die« mathematische Formel gefunden zu haben. Um drei Uhr früh betteln sie um einige Mark, damit sie das unfehlbare System von neuem anfangen können.

Ich besitze mehrere Zigarettenetuis aus Gold und Platin, die mir Spielsüchtige aufgedrängt haben, um weiterspielen zu können. Ich habe schon Hunderte Stunden in Roulettesälen verbracht, nur um die Typen dort zu beobachten, aber selbst setze ich nie einen einzigen Jeton. Dieser besondere Nervenkitzel ist mir fremd, selbst an der Börse, daher studiere ich auch nie die aktuellen Kurse. Die ununterbrochenen Variationen interessieren mich nicht.

Das größte Unglück für einen Besessenen ist, wenn er gleich am Anfang seines Systemspiels gewinnt, denn dann wird er noch besessener. Im alten Wien hieß es einst: »Ein Jude verliert mit den letzten 1 000 Dollar auch seinen Verstand.« Hier gilt: Der Spieler verliert seinen Verstand mit dem Gewinn der ersten 1 000 Dollar.

Einem meiner Freunde meldete man einmal im Park des Kasinos, sein Sohn sei im Spielsaal beim Roulette tätig. »Sitzt er, oder steht er?« war die spontane Frage. Denn steht er, spielt er nur sporadisch, er kann verlieren oder auch gewinnen. Sitzt aber sein Sohn, dann spielt er ununterbrochen und wird so das Kasino todsicher ohne einen Pfennig verlassen. Wie man vor hundert Jahren in Monte Carlo sagte: »Weder Rot noch Schwarz kann gewinnen, nur Weiß!« Den Gebrüdern Blanc (franz.: weiß) gehörte damals die Spielbank.

Sicherlich genießt der Roulettespieler das Gewinnen. Aber schon sein zweitgrößter Genuß ist das Verlieren, denn sein Vergnügen ist der Nervenkitzel, nicht das Geld. Darum finden sich unter den Millionären auch die leidenschaftlichsten Glücksspieler, egal, mit welchen Summen sie ihr Glück testen.

Welche Folgen die Spielsucht haben kann, dafür ist ein interessantes Beispiel der Fall des André Citroën, den ich in anderem Zusammenhang bereits erwähnt habe. Der geniale Autokonstrukteur und Industrielle verfiel der Spielsucht auf besonders tragische Weise. In den zwanziger Jahren war er der Star in Frankreich. André Citroën veranstaltete spektakuläre Autorundfahrten, die sogenannte Schwarze Rallye führte durch den afrikanischen Kontinent, die Gelbe Rallye nach China. Seine vielbeachtete Idee war es auch, den Eiffelturm mit dem gigantischen Schriftzug »Citroën« zu schmücken. Und eben sein besonderer Sinn für Öffentlichkeitsarbeit wurde ihm zum Verhängnis.

Deauville war in dieser Zeit ein sehr eleganter Badeort, wo sich die Pariser Society an den Wochenenden traf, und im Zentrum des mondänen Lebens stand das Kasino. Citroën war eigentlich kein Kartenspieler, doch er begann in Deauville Bakkarat zu spielen, in der Absicht, vielleicht hier ein bißchen zu gewinnen, dort ein bißchen zu verlieren – Hauptsache, die Zeitungen vermeldeten am nächsten Morgen in der Klatschspalte: André Citroën, der berühmte Industrielle, verlieh dem Abend besonderen Glanz und hat groß gespielt.

Doch gleich am ersten Abend gewann er – und wurde

süchtig. Er verbrachte nun jedes Wochenende im Bakkaratsaal und verlor und verlor. Seine Frau versuchte seinen Ausschluß vom Spiel zu erreichen, doch die Regel aller Kasinos zum Selbstschutz der Spielsüchtigen lautet, daß nur diese selbst verlangen können, ihnen den Zutritt zu verwehren.

André Citroën aber dachte gar nicht daran, er entnahm Unsummen aus seinem Unternehmen, verschuldete sich immer mehr bei seiner Hausbank, A. Spitzer und Cie., bis eines Tages der Chef dieser Bank Deauville besuchte und sah, daß Citroën wie ein Wahnsinniger spielte. Das Ende vom Lied: Sämtliche Kredite wurden gesperrt, Citroën verlor die Autofabrik, die er aufgebaut und zum Erfolg geführt hatte, am grünen Tisch.

Spielen ist eine Droge und kann den Süchtigen ruinieren wie Morphium oder Kokain.

Viele Börsenspieler gehen ihrer Leidenschaft nicht nur an der Börse nach. Ein guter Freund von mir war der totale Spieler: Vormittags war er an der Börse, mittags ging er zum Pferderennen, nachmittags spielte er Bridge und abends Roulette. Er ist natürlich als armer Mann gestorben.

Das Vergnügen der Spieler ist die Herausforderung des Schicksals. Ich kenne einen, der Geld wie Heu hat, aber oft seine Fahrkarte in der Straßenbahn nicht entwertet. Sein Spiel geht so: Habe ich entwertet und der Schaffner kommt nicht, habe ich Pech; kommt er, habe ich Glück. Habe ich die Karte nicht entwertet und werde kontrolliert, ist das besonderes Pech, werde ich aber nicht kontrolliert, so habe ich das große Los gezogen.

Die intelligentesten Menschen lassen ihre ganze Intelligenz in der Garderobe, sobald sie einen Spielsaal – oder den Börsensaal – betreten. Ich bin mit einem Mathematiker befreundet, der als Koryphäe seines Fachs gilt (er wurde im zartesten Alter Kaiser Franz Joseph als »Wunderkind« vorgestellt). Als wir einmal am Roulettetisch in Monte Carlo standen und die Spieler beobachteten, sagte er plötzlich zu mir: »Schau mal, André, dieser Trottel dort, er setzt ununterbrochen auf Schwarz. Merkt er denn nicht, daß wir eine rote Serie haben?«

Psychologen sprechen in einem solchen Fall von *gambler's fallacy*, sie meinen damit den typischen Trugschluß des Spielers, das Glück quasi in seine statistische Normalverteilung zwingen zu wollen. Wie es Dostojewski in seinem Roman »Der Spieler« sagt: »Selbstverständlich setzt beim Roulette niemand mehr auf Rot, wenn die Kugel bereits zehnmal bei Rot stehengeblieben ist.« Genauso gehen die Börsenteilnehmer oft davon aus, daß eine »schwarze Serie« nun beendet sein müsse, das heißt, daß ein Kurs, der ihnen zu hoch erscheint, nun wieder fallen müsse. Nur: In statistischer Hinsicht ist dies keineswegs berechtigt, denn für den Einzelfall, einen ganz bestimmten Tag an der Börse, kann man nie vorhersagen, ob der Kurs steigen oder fallen wird. Dort gibt es mitunter sehr lange rote oder schwarze Serien.

Börsensüchtig

Auch die Börse kann süchtig machen; denn dort herrscht eine ganz besondere Atmosphäre. Die Luft, die man im Innern dieser tumultreichen Kampfstätte atmet, wirkt wie eine Droge. Ich kannte viele, die nur durch Zufall an die Börse kamen und sich nicht mehr losreißen konnten. Am besten illustriert dies die folgende Anekdote: Nach dem Börsenkrach 1929 in New York waren Tausende von Börsenprofis total pleite und mußten andere Beschäftigungen finden, sogar minderwertige Jobs. Zwei ehemalige Kollegen von der Börse treffen sich, und der eine fragt: »Was machst du jetzt?« – »Ich verkaufe Zahnbürsten für eine Firma. Und du?« »Ganz im Vertrauen sage ich es dir«, ist die Antwort, »ich bin noch immer bei der Börse. Aber meine Frau glaubt, ich spiele Klavier in einem öffentlichen Haus.« (Das war noch immer besser, als Börsianer zu sein.)

Ein Freund von mir war börsensüchtig. Er arbeitete in der Stahl- und Eisenbranche und wickelte während des Koreakrieges Millionengeschäfte ab. Er tat sich groß damit, sein Geld mit Fleiß und Schweiß zu verdienen. In seinen Augen waren wir Börsianer Nichtstuer, Faulenzer und Parasiten der Wirtschaft. Eigentlich hatte er recht, obwohl ich mich bestimmt nicht schäme, niemals gearbeitet zu haben und trotzdem ein sehr angenehmes und bequemes Leben zu führen. Ich warnte meinen Freund: Auch der Koreakrieg dauere nicht ewig, und eines Tages würde er glücklich sein, sein »ehrlich verdientes« Geld in guten Aktien anlegen zu können; und da das bald einzutreffen drohe, solle er sich schon vorher mit dem Kursblatt vertraut machen.

Am nächsten Tag kam er zu mir. Er hatte über meine Bemerkung nachgedacht, gab mir Papier und Feder, und ich sollte ihm eine Liste von Börsenwerten aufstellen, die er zur Probe einkaufen wollte. Er dachte nicht an Spekulation, wollte nur ein wenig mitmischen. An erster Stelle schrieb ich ihm deutsche Young-Anleihen, französische Serie, an zweiter Stelle die südafrikanischen De-Beers-Aktien und dann noch einige amerikanische Blue Chips auf. Die Liste erwies sich als wunderbar. Die Youngs stiegen bald auf das Hundertfache, die De Beers auf das Zehnfache, alle anderen ebenfalls mächtig. Als sich nun gleich nach den ersten Ankäufen die Kurse so günstig entwickelten, legte sich mein Freund mehr und mehr Aktien zu, in New York, in Europa und sogar in Australien. Zuerst kaufte er mit seinem Bargeld, dann machte er immer mehr flüssig, zum Schluß kaufte er auf Kredit. Auf dem Höhepunkt seines Engagements fing er an zu rechnen und entdeckte, daß seine Börsendifferenzen von einem Tag auf den anderen das Fünffache seines Familienbudgets ausmachten. Außerdem entdeckte er, daß Kurse auch fallen können. Und die Börse wurde immer hektischer, die Differenzen immer größer, so daß die Nerven meines Freundes diese Aufregungen nicht mehr aushielten. Eines schönen Tages, während der Börsensitzung (vielleicht fielen gerade die De Beers vorübergehend um einige Punkte), erlitt er einen Nervenzusammenbruch und wurde in ein Krankenhaus eingeliefert.

Seine Familie hielt in großer Aufregung Kriegsrat. Sie beschlossen, das ganze Börsenengagement abzuwickeln. Man verkaufte alle Papiere, und sein ganzes Vermögen lag nun nicht mehr in schwankenden Aktien, sondern in feinem Bargeld bei der Bank. Und was geschah dann? Während der langen Monate, in denen mein Freund sich einer Heilschlafkur unterzog, krachte die Börse. Es war der heftige Kursverfall aller Weltbörsen im Frühjahr 1962. Als mein Freund völlig geheilt aus dem Krankenhaus entlassen wurde, waren die Kurse auf dem tiefsten Stand. Er aber war ruhig und lächelte wie neugeboren. Die Schlafkur hatte sein Vermögen gerettet. Mit seinen auf Kredit gekauften Papieren wäre er ohne den Verkauf zugrunde gegangen. Auch mein Gewissen war rein; ich hatte ihn zwar zum Börsenspiel verleitet, aber: Ende gut, alles gut ...

Aber so einfach ist es nicht, wenn man einmal vom Börsenfieber angesteckt ist. Hat man Papiere, so zittert man, sie könnten fallen; hat man keine, so zittert man, sie könnten steigen. Mein genesener Freund zitterte auch. Als sich die Kurse vom Tiefstand erholten, wurde er nervös. Als die Aktien weiter in die Höhe kletterten, ergriff ihn Panik, die Hausse könnte vor den Toren stehen, und er sei nicht dabei. Vergebens warnte ich ihn: Er fing wieder an zu kaufen ...

Ich verachte zwar die Parasiten der Börse, die Spieler, die jeden Tag kaufen und verkaufen, aber ich gebe zu, daß ohne sie die Börse keine Börse wäre, und daß ohne Börse das kapitalistische System nicht existieren könnte. Denn je mehr

Parasiten im Spiel sind, desto größer die Umsätze und die Liquidität. Und je größer die Liquidität, desto höher ist die Garantie auch für den Suigeneris-Anleger, seine Aktien in einem liquiden Markt mit hohen Umsätzen immer verkaufen zu können.

Wenn ich in einem Satz die Geschichte der Spekulation zusammenfassen wollte, müßte ich sagen; der »Homo ludens« wurde geboren, er hat gespielt, gewonnen oder verloren und wird nie sterben.

Darum bin ich auch der Überzeugung, daß nach jeder Börsendepression, in der die Menschen ein wahrer Ekel vor Aktien und vor der Börse befällt, wieder Zeiten folgen, wo alle Wunden der Vergangenheit vergessen sind und die Menschen sich wieder von der Börse anlocken lassen wie die Motten vom Licht. Und wenn sie es nicht aus eigenem Antrieb tun, dann sorgt schon die hochentwickelte Börsenindustrie dafür, und an erster Stelle der Köder Geld.

Ich könnte den »Homo ludens« und den Spezialfall des Börsianers mit einem Alkoholiker vergleichen, der nach einem schweren Rausch am nächsten Tag in seinem Katzenjammer beschließt, nie wieder ein Glas Alkohol in die Hand zu nehmen. Aber am Nachmittag trinkt er doch wieder einen Cocktail und dann noch einen und noch einen, und um Mitternacht ist er wieder genauso betrunken wie am Abend zuvor.

Also alles Besessene oder Narren? Vielleicht ist es gut so, denn was wäre die Welt ohne Narren und was erst die Börse? Woher kämen die Börsengewinne ohne Narren?

Elfte Vorlesung:

Der bleibende Wert der Dummen

Fürst Johannes von Thurn und Taxis, mit dem ich mich immer gerne treffe und der ganz entgegen seines öffentlichen Playboy-Images ein sehr gescheiter, hochgebildeter Mensch ist, dazu ein brillanter Unterhalter mit abgründigem, manchmal fast bösartigem Witz, hat mir einmal vorgeschlagen, mit ihm gemeinsam ein Buch über die menschliche Dummheit zu verfassen. Das wäre sicherlich ein Thema für viele Bände!

Mein väterlicher Freund, Professor Albert Hahn, hatte mich ständig gemahnt: »Sie können die menschliche Dummheit nicht genügend überschätzen.« Und ich werde nie den Ausspruch eines Börsianerfreundes vergessen, den ich vor sechzig Jahren häufiger traf und der damals schon achtzig war. Seine ganze Börsenweisheit faßte er in einem einzigen Satz zusammen, den er mir ständig wiederholte: »Die ganze Börse hängt nur davon ab, ob es mehr Aktien gibt als Idioten oder mehr Idioten als Aktien.«

Gott sei Dank gibt es sehr viele Dummköpfe an der Börse. Was wäre die Börse, wenn es keine Dummköpfe gäbe? Ich gehe gerne in die Börsensäle (egal, in welchem Land), denn nirgends auf der Welt kann ich pro Quadratmeter so vielen Menschen begegnen, die stark über ihre geistigen Verhältnisse leben. Jeder, dem es einmal gelingt, einen Kursschnitt von 100 auf 110 zu machen, bildet sich ein, ein Genie zu sein; und schon rechnet er sich sein neues Jahreseinkommen aus. Die Armen, sie wissen noch nicht, welche Watschen sie erwarten.

Es ist ja auch wichtig, sie zu kennen und zu hören, wie sie die Welt- und Wirtschaftsereignisse analysieren – wie auch ein guter Karten-, speziell ein Pokerspieler die Gedankengänge seiner Partner kennen muß. Von der Dummheit der anderen kann der Spekulant oft mehr profitieren als von seiner eigenen Klugheit. Man kann auch von einem Dummkopf etwas lernen, besonders, was man nicht tun soll.

Karl Farkas, der berühmte Conférencier im Wiener Kabarett Simpl, kam eines Abends auf die Bühne, schaute auf das Publikum herunter und sagte in vollem Ernst: »Lauter Bleede!« Darauf brach helles Gelächter aus. Ich wünschte mir, ich könnte einmal in meinem Kabarett, dem Börsensaal, dem Publikum dasselbe sagen. Dieses Publikum würde aber bestimmt nicht lachen, denn meine Kollegen sind viel zu eingebildet und halten sich für viel zu klug.

Die Oberschlauen

Die Börsianer eines Platzes bilden sich aber auch immer ein, daß ihre Kollegen jenseits der Grenzen zwar nicht klüger, jedoch besser informiert seien als sie. Zur Illustration möchte ich eine Geschichte aus der Zeit nach dem Zweiten Weltkrieg erzählen.

Damals bestanden in Frankreich wegen der Devisenknappheit sehr strenge Vorschriften hinsichtlich ausländischer Währungen. Die Franzosen waren verpflichtet, unter staatlicher Aufsicht ihre Auslandswerte in Bankdepots unterzubringen. Auf der Liste der zu deponierenden Effekten waren nur unbedeutende Aktien und notleidende Obligationen nicht aufgeführt, die im Ausland unverkäuflich waren und von denen nicht erwartet werden konnte, daß sie Devisen einbrächten. Nur diese zweitrangigen und uninteressanten Werte waren von der Vorschrift ausgenommen.

Andererseits hatte die Devisenkontrolle ebenfalls zu sehr strenger Kontingentierung der Ein- und Ausfuhr ausländischer Werte geführt. Man konnte kein ausländisches Wertpapier nach Paris einführen, wenn man nicht ein anderes Wertpapier im gleichen Betrage exportierte, um sich die entsprechenden Devisen zu verschaffen.

So wurde, fast automatisch, das notwendige Gleichgewicht hergestellt.

Zu jener Zeit hatten die Erdölwerte, und besonders die Royal Dutch, in Frankreich Liebhaberwert. Um aber Royal Dutch-Aktien einzuführen, mußte man einen anderen Auslandswert in Höhe dieses Betrages ausführen.

Gewisse notleidende japanische Obligationen standen nicht auf der offiziellen Liste. Und die unfruchtbaren Verhandlungen zwischen der französischen und der japanischen Regierung hatten nicht den geringsten Erfolg gehabt. Wenige Leute an der Pariser Börse kannten diese vergessenen Titel, und noch weniger bekannt waren sie im Ausland.

Doch plötzlich tauchten diese japanischen Obligationen in der Schweiz auf, als kämen sie aus der Büchse der Pandora. Die erstaunten Beobachter sahen, wie sich der Markt immer mehr mit ihnen füllte. Niemand verstand das.

In Paris verdichtete sich inzwischen immer mehr das Gerücht, daß die Schweizer als Käufer auftreten würden. Tatsächlich kauften einige auf die internationale Arbitrage spezialisierte französische Banken unaufhörlich, und die gut informierten Leute wußten, daß dies geschah, um die Papiere in der Schweiz weiterzuverkaufen.

In der Schweiz lief wiederum das Gerücht um, daß Paris Käufer sei; tatsächlich kauften die Schweizer Arbitrage-Banken unaufhörlich, und die gut informierten Leute wußten, daß dies geschah, um die Papiere in Paris weiterzuverkaufen.

Man tuschelte jetzt in Paris, die Schweizer wüßten Bescheid über eine wahrscheinliche Einigung mit Japan, und die Schweizer ihrerseits glaubten, die Franzosen hätten günstige Nachrichten über die Verhandlungen mit Tokio. Alle waren sich darüber einig, daß irgend etwas in der Luft lag. Viele Leute ließen sich vom Strom mitreißen, weil sie durch die großen Transaktionen beeindruckt waren, die eine ausgezeichnete Regelung anzudeuten schienen.

Die Außenseiter, die Kleingeschäftemacher, wurden unruhig, spionierten und verfolgten die Vorgänge. Die Kurse stiegen allmählich bis zu dem Tage, wo das Papier die Grenze der Vernunft überschritt.

Und im Fernen Osten gab es immer noch nichts Neues, war immer noch keine Regelung erreicht. Wo lag also die Wahrheit? Was war das Geheimnis? Hier ist die Erklärung: Da der französische Markt sich Royal Dutch-Aktien verschaffen wollte, kauften die Arbitragisten das Papier an den Schweizer Börsen, um es in Paris zu verkaufen. Die Operation war völlig legal, unter der ausdrücklichen Voraussetzung, daß man mit Devisen bezahlen konnte, die man durch den Verkauf eines anderen ausländischen Wertes, der von Paris in die Schweiz exportiert wurde, erhielt.

Man mußte also einen in ausreichender Menge in Paris käuflichen und in der Schweiz ohne Verlust verkäuflichen ausländischen Wert finden. Die »Japaner« paßten dafür großartig. Man konnte in Frankreich jede beliebige Menge kaufen und in der Schweiz offenbar auch jede beliebige Menge verkaufen.

Warum? Ganz einfach, weil andere Arbitragisten in der Schweiz die japanischen Obligationen kauften, sie auf mehr oder weniger legale Weise nach Frankreich schickten und sie an der Pariser Börse verkauften. Mit dem Gegenwert in französischen Francs besorgten sie sich auf dem schwarzen Markt die ausländischen Devisen, um ihre Käufe in der Schweiz zu bezahlen. So kam es, daß die gleichen Papiere ständig zwischen Frankreich und der Schweiz hin und her reisten. Die großen Arbitrage-Banken schickten die »Japaner« von Paris nach Zürich, und die Schwarzmarkt-Arbitragisten sandten genau die gleichen Papiere wieder nach Paris zurück. Wenn die Spazierfahrt Paris–Schweiz auch ohne Verletzung der gesetzlichen Bestimmungen unternommen wurde, so erfolgte die Rückreise Schweiz–Paris zweifellos nicht auf dem Pfad der Tugend ... Logischerweise hätte sich der Kurs gar nicht ändern dürfen, weil genau die gleiche Anzahl Papiere auf den beiden Wiegeschalen der Waage zum Kauf und Verkauf zur Verfügung standen.

Aber diejenigen, denen der Bratenduft verlockend in die Nase stieg und die in den großen Transaktionen ein Anzeichen für eine günstige Regelung erblickten, diese Leute störten das Gleichgewicht. Ein kleines Pfund mehr, ein paar Gramm auf einer der Waagschalen, und schon steigt das Papier ohne Ende.

Das ging so weiter, bis eines Tages eine für die Inhaber der Obligationen und für die Spekulanten sehr ungünstige Regelung mit Japan getroffen wurde, die die Kurse um ungefähr 50 % fallen ließ, und zwar bis auf das im Abkommen festgesetzte Niveau.

Das war eine gute Lehre für diejenigen, die stets glauben, daß ihre Kollegen an anderen Märkten mehr wüßten als sie selbst! Man bildet sich immer ein, der Rasen des Nachbarn sei grüner als der eigene.

Es gibt auch gelehrte Dummköpfe

Warum gibt es, besonders in der Bundesrepublik, so viele junge Leute, die Volkswirtschaft studieren? Ganz einfach: Sie brauchen auf ihrer Visitenkarte in fetten Buchstaben das Wort Diplom-Volkswirt. Große Unternehmen und Banken ziehen bei einer Anstellung seit einigen Jahren solche Kandidaten vor, bei denen sie den Beweis haben, daß sie keine Analphabeten sind.

Unter den Diplomen ist das der Volkswirtschaft das einfachste, bestimmt leichter als das eines Doktor-Ingenieurs. Man muß nur einige Bücher auswendig lernen, viel Kopfzerbrechen braucht man dazu nicht. Und so werden unzählige Diplomvolkswirte gezüchtet. Ich bedaure sie dafür, daß sie vier Jahre ihrer wertvollen Zeit verplempern müssen, und behaupte, daß Volkswirtschaft eine Pseudo-Wissenschaft ist. Das wenige, das man lernt, veraltet von einem Jahr zum anderen.

Ich bin nicht der einzige, der diese Ansicht vertritt. Die zweitgrößte Maklerfirma an der Pariser Börse (400 Angestellte) schiebt Bewerber, die sich mit einem Wirtschaftsdiplom melden, sofort zur Seite mit der Begründung, daß diese mit Scheuklappen leben, nicht global denken und zudem noch Besserwisser sind. Wie sagte schon Molière: »Ein gelehrter Dummkopf ist ein größerer Dummkopf als ein unwissender Dummkopf.«

Unterhalte ich mich mit einem Börsenkollegen, so brillant er auch sein mag, merke ich nach zwei Sätzen, daß er Volkswirtschaft studiert hat. Seine Argumente und Analysen sind in ein Korsett eingezwängt, aus dem er nicht herausfindet. Und dafür hat er vier oder fünf Jahre studiert?

Das erinnert mich an eine Anekdote. Einstein, um ein paar Worte über die Relativitätstheorie gebeten, antwortete: »Wenn ich eine schöne junge Dame eine halbe Stunde auf meinem Schoß sitzen habe, kommt mir das wie fünf Minuten vor. Wenn ich aber nur fünf Minuten auf einem heißen Ofen sitzen muß, kommt es mir wie eine halbe Stunde vor.« Darauf flüsterte ein Zuhörer seinem Nachbarn zu: »Und dafür hat er den Nobelpreis bekommen?«

Wie aufrichtig und vielsagend war mit seinem Eingeständnis Al Smith, Gouverneur vom Staat New York, ein berühmter, sehr populärer amerikanischer Staatsmann, der beinahe Präsident geworden wäre. Bei einer Volksversammlung rief ihm jemand zu: »Hi, Herr Gouverneur, an welcher Universität haben Sie graduiert?« – »Ich? Am Fischmarkt von New York City!« Auch Albert Hahn, Professor der Volkswirtschaft, der ein Vermögen von rund 40 Millionen Dollar hinterließ, beschrieb seine Börsenspekulationen kurz, aber ehrlich: »Ich gebe doch nichts auf meine eigenen Dummheiten, die ich als Professor verkünde!«

Mein Rat für alle jungen Leute, die Volkswirtschaft studieren und später an die Börse wollen, lautet deshalb: Alles sofort und radikal vergessen, was Sie an der Uni gelernt haben. Es ist nur eine Belastung für Ihre spätere Tätigkeit.

Die IOS und ich – ein Kapitel aus der Geschichte der menschlichen Dummheit

Vielleicht ist es die Gnade der späten Begabung, daß unsere Wege über ein Vierteljahrzehnt auffällig parallel verliefen. Denn Adolf Theobald, der Gründer von *Capital,* machte mich zum ständigen Kolumnisten des Magazins – was ich zu diesem Zeitpunkt keineswegs vorhatte. Schließlich habe ich nie einen Hehl daraus gemacht, ein Spekulant zu sein – ich bin sogar stolz darauf. Wie sich später herausstellte, war das eine ideale Voraussetzung, über Geld und Börse zu sinnieren. Heute bin ich das älteste Möbelstück der Redaktion.

Börsentips freilich, die man eigentlich von mir hören wollte, habe ich nie gegeben. Weil es eben keine echten Tips gibt. Ich halte es eher mit einem chinesischen Wahlspruch: »Hast Du einen Freund, so schenke ihm einen Fisch. Wenn Du ihn jedoch wirklich liebst, so lehre ihn fischen.«

Nicht gespart habe ich an »negativen« Tips – an Warnungen. Meinen ersten großen Kampf führte ich in den sechziger Jahren gegen die IOS des berüchtigten Bernie Cornfeld und seiner Partner – gegen massive Widerstände von vielen Seiten, auch von der damals zuständigen *Capital*-Redaktion. Man sagte mir, meine Warnungen vor der grassierenden Fonds-Manie und dem absehbaren Betrug an den Anlegern wolle das deutsche Publikum nicht lesen. Informationen, wie man reich werden könne, ja, aber keine düsteren Prophezeiungen, daß man sein ganzes Geld verlieren würde. Ganz wie bei Erich Kästner: Wo bleibt das Positive?

Ich habe mich dann doch durchgesetzt, und in den nächsten Monaten publizierte ich eine Fülle von Artikeln zum Thema. Wie das Abenteuer IOS endete, ist heute schon ein Kapitel in der Finanzgeschichte und in der ewigen Geschichte der menschlichen Dummheit. Frühere IOS-Vertreter, die mir damals Protest- und sogar Drohbriefe schrieben – ich verdürbe ihnen ihr Geschäft –, sagen mir heute: »Herr Kostolany, Ihr Bild hängt immer über meinem Schreibtisch.« Wie wahr sind doch die Worte des geistreichen Franzosen Antoine Rivarol: »Hat man 24 Stunden früher recht als die anderen, so gilt man 24 Stunden lang als närrisch.«

Beinahe wäre ich übrigens selbst bei IOS gelandet – man wollte mich zumindest engagieren. Henry Buhl III. stand an der Spitze der Portfolio-Verwaltung. Er suchte Geldmanager und hörte sich bei Fachleuten um. Mein Freund Gaston Coblenz, früher Europakorrespondent der *New York Herald Tribüne,* sagte ihm, er kenne da einen alten Börsenfuchs, »viel älter als wir alle«, mit großer Erfahrung. Henry Buhl wollte mich daraufhin unbedingt kennenlernen, doch ich zierte mich zunächst, denn ich wußte bereits, was es mit der IOS auf sich hatte. Aus Neugier nahm ich schließlich seine Einladung zu einem Treffen in Genf an.

Beim Mittagessen im Hotel du Rhône sagte er mir dann, er suche Händler, die permanent hin- und herhandeln, ständig auf Kursverschiebungen reagieren, nicht nur im Zeitraum von einer Stunde, sondern von zwei Minuten. »Performance« war das Zauberwort. Das habe auch eine kostspielige Untersuchung ergeben, die er in Auftrag gegeben hatte: Nur diejenigen Portfoliomanager hätten Erfolg, die sich ständig drehen und Nutzen nehmen.

Ich gab ihm folgendes zu bedenken: Der eine Händler habe vielleicht auf einen guten Sektor gesetzt, etwa die Computerindustrie, die damals einen großen Aufstieg erlebte. Natürlich, bei einem Kursanstieg von 100 auf 200 hat er ausreichend Spielraum, um immer wieder rein und raus zu gehen, das heißt bei 100 kaufen, bei 105 verkaufen, bei 110 wieder einsteigen etc. Er hat dann zwar die ganze Bewegung von 100 auf 200 mitgemacht, aber im Endeffekt nur 40 Punkte, nicht 100 verdient. Alles übrige war die Luft dazwischen.

Der andere Händler hatte vielleicht Pech, mit Aktien von Fluggesellschaften zum Beispiel, die zu der Zeit einen Einbruch erlebten und etwa von 100 auf 70 fielen. Er hatte gar keine Chance, »Performance« zu machen, denn er wollte ja keine Verluste riskieren, die bei der in diesem Geschäft üblichen monatlichen oder sogar wöchentlichen »Erfolgskontrolle« seiner Karriere geschadet hätten. Also wartete er, der Kurs fiel auf 90, er mußte weiter warten – und blieb hängen. *Das* macht den Unterschied und entscheidet über den Erfolg des einzelnen Händlers, nicht die kurzfristige »Performance«, wie die Untersuchung angeblich ergeben hatte.

Henry Buhl war so beeindruckt, daß er mir trotz meiner fundamentalen Kritik an seiner Philosophie anbot, bei IOS einzusteigen und gleich von Anfang an mit zehn Millionen Dollar zu arbeiten. Auf meine Frage, wie die Firma (die zirka drei Milliarden Mark aus deutschen Spargeldern verwaltete) verhindern wolle, daß ich nicht gerade 10 000 IBM-Aktien kaufe, während ein anderer Kollege (wir wären zehn Händler gewesen) 10 000 IBM-Aktien verkaufe, war die Antwort von Henry Buhl III. kurz, aber vielsagend. Das störe ihn überhaupt nicht. Wenn wir geschickt wären, könnten wir beide Profit machen. Meine Abfindung wären übrigens 20 Prozent von dem Ergebnis gewesen, um das ich den Dow-Jones-Index geschlagen hätte. Daß der Dow Jones auch einmal zurückgehen kann, davon war natürlich überhaupt nicht die Rede.

Was ich in diesem Gespräch gehört hatte, reichte mir. Ich ging nicht zur IOS. Statt dessen schrieb ich meinen ersten Artikel gegen dieses Schwindelunternehmen.

Leider kam meine Entlarvungskampagne damals zu spät. Jahrelang hatten Presseorgane die Tätigkeit der Investmentfonds in den schönsten Farben geschildert. Ich bin überzeugt, daß gerade die ausführlichen, farbenprächtigen Reportagen über das glanzvolle und luxuriöse Leben der Fondsgründer und -manager dazu beigetragen haben, daß Tausende von kleinen Sparern diesen Abenteurern und ihrem neuen König Midas, alias Bernard Cornfeld, ihr Vertrauen schenkten. Die Tagespresse berichtete ausführlich und neutral über die Ereignisse in der Off-shore-Fonds-Industrie. Aber sie hat die Fonds im Grunde nie angegriffen. Diese Tatsache allein war schon die beste Propaganda. Wenn man sich an die marktschreierischen und betrügerischen Versprechungen der Fondsverkäufer erinnert und sie mit den »Erfolgen« vergleicht, so kann man nur die Frage stellen: Wie konnte das geschehen? Wie konnten die verantwortlichen Behörden in Deutschland diesem betrügerischen Treiben so lange untätig zusehen? Man steht vor der Frage, warum die Off-shore-Fonds-Industrie in Deutschland einen so ungeheuren Erfolg hatte, einmal davon abgesehen, daß die Werbung völlig frei war.

Man hatte einen neuen Trick gefunden, denn Off-shore-Fonds sind Investmentfonds, die in einem exotischen Land registriert werden, wo sie keinerlei Kontrolle durch die Gesetzgebung oder andere Überwachungsorgane unterliegen. Infolgedessen können ihre Leiter auch kaum jemals zur Verantwortung gezogen werden, dem »Diebstahl« sind also Tür und Tor geöffnet!

Waren Herr Cornfeld & Co. Genies? Bestimmt nicht. Der

ganze Fondszauber ist ihnen durch eine glückliche Konstellation in den Schoß gefallen. Ich bin davon überzeugt, daß Cornfeld kein Betrüger war. Er war nur unerfahren, ungebildet, primitiv und wußte nicht, was die Börse überhaupt ist; auch von Börsengeschichte hat er nicht die mindeste Ahnung gehabt. Er hat tatsächlich geglaubt, er hätte das Schießpulver erfunden. Er wußte auch nicht, daß man schon im 17. Jahrhundert an der Amsterdamer Börse ebenso lustig herumspekulierte wie heute in Wall Street. Da die Kurse einige Jahre ununterbrochen gestiegen sind, hat er die These aufgestellt, daß die Effekten jährlich an der Börse 15 Prozent eintragen. Und diesen monströsen Irrtum hat er auch dem Publikum eingeredet.

Das Heer seiner Mitarbeiter sah zu ihm auf wie zu einem Apostel. Sein Privatleben, der Luxus, mit dem er sich umgab, hat seinen Nimbus in den Augen dieser jungen Männer nur noch erhöht. Jeder wollte ein zweiter Cornfeld werden. Und die kleinen Leute dachten, wenn sich Herr Cornfeld mit seinen Fonds ein solches Vermögen erwerben konnte, würden auch sie dasselbe erreichen. Sie haben aber nicht daran gedacht, daß Cornfelds Luxusleben mit ihrem Geld finanziert wurde.

Ich gebe zu, daß auch ich einmal so etwas wie Neid auf den »großen« Bernie Cornfeld empfand. Es war auf der Antiquitätenausstellung im Grand Palais in Paris, die ich gern besuche. Ich bewunderte die wunderschönen Stücke und dachte plötzlich: Bernie Cornfeld könnte sich, auch wenn er nichts davon versteht, alles leisten, was hier angeboten wird, selbst über die höchsten Preise würde er nur lachen. Der Neid begann an mir zu fressen. Doch plötzlich erklang Musik, eine Brahms-Sinfonie, die ich sehr liebe. Da war ich sofort getröstet. Das habe *ich,* sagte ich mir, das hat *er* bestimmt nicht.

Sein unerwarteter Erfolg erklärte sich durch die Diskrepanz zwischen einem plötzlich explosiv anwachsenden Sparkapital auf der einen und einer mangelhaften, fast nicht existenten Infrastruktur für Anlageverwaltung auf der anderen Seite. Und woher sollte diese Infrastruktur auch stammen? Das deutsche Publikum war seit 1930 aus dem internationalen Kapitalstrom ausgeschaltet. Wo sollte also Deutschland echte Fachleute auf dem Anlagengebiet und speziell auf dem internationalen hernehmen?

Kein Wunder also, daß sich der kleine deutsche Sparer glücklich fühlte, wenn nun ein sogenannter »Anlageberater« an seine Tür klopfte. Er war hochwillkommen, wurde ins Haus zu einer Tasse Kaffee eingeladen.

In keinem anderen zivilisierten Land außerhalb der Bundesrepublik wurde dieser Unfug in diesem Maße zugelassen. Deshalb waren die Off-shore-Investment- und Immobilienfonds nur auf das Ausplündern des deutschen Publikums aus. Sie trugen alle das Etikett: »Made *for* Germany.«

Die Fondsmanager jonglieren mit den gefährlichsten und oft wertlosen Papieren hin und her – ich glaube, bis heute. Ihre Methode ist folgende: Kaum haben sie eine Aktie gekauft, so stoßen sie diese mit kleinem Nutzen wieder ab, springen auf ein anderes Papier über und so weiter, mit der Absicht, den zukünftigen Fondskäufer mit bestechenden Erfolgen anzulocken. Wenn diese Manager aber unglücklicherweise auf schlechte Aktien gesetzt haben, dann bleiben sie im Verlust stecken. Kleine Gewinne, große Verluste. Kein Fachmann mit Erfahrung kann Spielern dieser Art Gutes voraussagen. Sie bleiben Winkelspekulanten, auch wenn sie mit Milliarden umgehen. Es sind die gleichen Methoden, und es ist die gleiche Mentalität.

Die Performance Funds sind keine Anlagefonds (wie die europäischen Banken sie verstehen), sondern ganz vulgäre Spielsyndikate. Die deutschen Sparer wissen nicht einmal, daß man mit ihren Sparpfennigen rücksichtslos und unverantwortlich, oft in Schwindelpapieren, herumfuchtelt. Ich bin selber Spekulant und weiß also, was Spekulieren heißt, welches Risiko man eingehen muß. An der Börse spielen, ja, aber mit eigenem Geld!

Außerdem ist das Versprechen eines jährlichen Gewinns von 15 Prozent eine Vorspiegelung absolut falscher Tatsachen. Die Fondsmanager sind durchschnittlich fünfundzwanzig Jahre alt und haben von den tückischen Fallen der Börse nicht die geringste Ahnung. In den nächsten Jahren werden sie einige Erfahrungen machen, dann wird es aber für die Anteilbesitzer längst zu spät sein. Die Fondsmanager haben nur eine Erfahrung, nämlich die, wie man die Fonds am besten den gutgläubigen Käufern anhängen kann. Und warum auch erst ein langjähriges Wissen über Wirtschaftspolitik, Geld und Kapitalmarkt ansammeln, wenn doch nur nach dem Grundsatz gehandelt wird, den schon Alexandre Dumas formuliert hat: »Das gute Geschäft, das ist immer das Geld der anderen!«

Wäre es mir damals gelungen, auch nur einen Sparer davon abzubringen, 1 000 DM in Fondszertifikaten anzulegen, hätte ich meine Mission als erfüllt angesehen. Warum war ich so pessimistisch? Die Führung eines Investmentfonds verlangt drei Voraussetzungen: Ehrlichkeit, Verantwortungsgefühl und Erfahrung. Über die Ehrlichkeit will ich mich nicht weiter auslassen, zumal ich jeden so lange für ehrlich halte, bis er das Gegenteil bewiesen hat. Ich habe zwar hinsichtlich des Anstands der Fondsmanager meine persönliche Meinung. Da ich aber keinen Einblick in die Bücher habe, kann ich kein sachliches Urteil abgeben. Meine pessimistische Einstellung beruht auf meiner jahrzehntelangen Börsen- und Menschenerfahrung. Was ihr Verantwortungsgefühl betrifft, kann ich aber bedenkenlos die schärfste Kritik üben. Man hat kleine Leute, die von Börse und Spekulation keine Ahnung hatten, davon überzeugt, daß sie jährlich einen Gewinn von 15 Prozent einstreichen würden. Diese Art von Börsenphilosophie beruht auf einem optischen Irrtum, ihre Verbreitung ist schlechthin kriminell. Man kann an der Börse verdienen, viel verdienen, eventuell sogar reich werden, man kann aber auch verlieren, viel verlieren und auch zugrunde gehen. Aber nie kann man durch Börsenspiel ein Pro-Jahr-Einkommen in festen Prozentsätzen sicherstellen.

Und raffiniert und geschult waren die Verkäufer tatsächlich. Ich habe einmal einen von ihnen empfangen, weil ich die Werbestrategie kennenlernen wollte. Ein Freund gab meine Adresse weiter mit dem Hinweis, da sei jemand, kein Geschäftsmann, sondern Musiker und Schriftsteller, ein sehr wohlhabender Mann, der wäre was für IOS. (Heute ginge so etwas leider nicht mehr, jetzt bin ich zu bekannt durch die Medien.) Ich habe mir den Sermon angehört und muß sagen, es war wirklich phantastisch, wie er mir das IOS-Konzept schmackhaft machte. Ich war fast besiegt!

Zum Thema Erfahrung möchte ich folgendes feststellen: Die Fondsmanager haben selbst an den jährlichen Zuwachs von 15 Prozent geglaubt und an die Art und Weise, wie sie diesen an der Börse erspielen wollten; dies aber ist ein Beweis für ihre Unerfahrenheit. Und da sie unerfahren waren, handelten sie auch unverantwortlich. Sie ahnten nicht, welche Fallen ihnen die Börse stellen würde.

Die Fondsmanager haben versucht, ihr persönliches Fiasko der Börse in die Schuhe zu schieben. Sie seien nicht dafür verantwortlich gewesen, daß die Kurse gefallen seien. Das ist grundfalsch. Erstens notierte der Dow-Jones-Index im Januar 1972 nicht viel tiefer als sein historisch höchster Stand. Hätten die Fondsmanager mit den Sparpfennigen der kleinen Leute erstklassige Werte gekauft, wären überhaupt keine Verluste entstanden, die Zertifikatsbesitzer hätten sogar Profite zu verzeichnen gehabt. Sie haben aber eine Menge von Nonvaleurs und Schwindelpapieren gekauft, und oft haben sie die erworbenen Aktien, die sogenannten letter stocks (Aktien, von denen nur ein kleines Quantum offiziell notiert ist und der Großteil gesperrt bleibt) mit betrügerisch hohen Preisen in ihre Bilanzen eingereiht. Außerdem sind sie verantwortlich dafür, daß sie die kleinen Leute zu diesen wilden Börsenspekulationen verführt haben, obwohl jene vorher mit ihren Sparkonten, Pfandbriefen etc. ein bescheidenes, aber sicheres Einkommen besaßen. Ich habe Hunderte von Briefen kleiner Sparer erhalten, die sich darüber beklagten, daß sie sich wegen der Fonds heute in tragischen finanziellen Situationen befänden.

Welche Lehre ich aus der Geschichte des Fondszaubers ziehe? Für jeden, sogar den kleinen Kapitalisten, der über hinreichende Mittel verfügt, um ein kleines Portfolio mit relativ breiter Palette aufzubauen, bleiben Wertpapiere (Aktien, Wandelanleihen etc.), die er mit Hilfe eines erfahrenen Fachmannes auswählt, eine gute Anlage. Für den Minisparer, dessen Mittel zu einer Variierung der Anlagen nicht ausreichen, sind Investmentfonds – aber ausschließlich solche, die von europäischen Behörden kontrolliert werden – eine mögliche Lösung.

Und Bernie Cornfeld und Co.? Sie leben auch heute noch in Luxus, und Herr Cornfeld protzt manchmal in einem Interview in Hollywood, daß er sein Privatvermögen noch immer auf 40 bis 50 Millionen Dollar schätze. Und das alles auf Kosten der kleinen Sparer. Erstaunlich bleibt nur, daß es bis heute auch nicht zum kleinsten Zwischenfall mit einem seiner Opfer gekommen ist. Die Chuzpe dieser Fondsherren und die Dummheit der kleinen Sparer sind wahrlich nicht zu überschätzen.

Zwölfte Vorlesung:

Keine Börse ist der anderen gleich

Wenn die europäischen Börsen ihre Pforten schließen, wacht New York auf. Einige Stunden später Chicago, dann San Francisco, und zu der Stunde, wo in Amerika Nacht ist und Wall Street sich zur Ruhe begibt, empfängt die Börse in Tokio am anderen Ende der Welt die Menschenmenge, die sich täglich über sie ergießt. Nach Hongkong folgen Singapur, Sidney, Taiwan, dann Bombay, und am frühen Morgen übernehmen Tel Aviv und Athen die Schicht; dann Mailand, auch Madrid, und zu gleicher Zeit Frankfurt, Paris und London. Einige Stunden später kommt wieder Wall Street, und so ist der Kreis der 24 Stunden geschlossen.

Ich werde heute mit der neuesten Geburt einer Börse, der Budapester Börse, beginnen. Anläßlich dieser Geburt (1990) hielt ich einen Vortrag in ungarischer Sprache, wo ich die jungen Kommunisten im Auftrag von Fachleuten davon zu überzeugen suchte, daß eine Börse für die wirtschaftliche Entwicklung unerläßlich sei.

Salvador Dalí behauptete, daß der Bahnhof von Perpignan der Nabel der Welt sei. So weit will ich nicht gehen und behaupten, daß die Budapester Börse der Nabel der Welt der Finanzen sei. Obwohl ein winziger Kern von Wahrheit darin steckt. Wertpapier- und Getreidebörsen befanden sich nebeneinander in demselben monumentalen Gebäude des Jugendstils. Die Getreidebörse und ihr Terminhandel waren vor 1914 die bedeutendsten in Europa, das Kornlager der k. u. k.-Monarchie. Ganz Ungarn spekulierte in Getreide, in erster Linie Hafer – der für die Armee so wichtig war wie heute Benzin. 1949 wurden beide Börsen geschlossen, und den letzten Tag habe ich noch selber miterlebt.

Nach 40 Jahren Winterschlaf wurde, dank der neuen Entwicklung, die Wertpapierbörse 1988 wieder ins Leben zurückgerufen – als Mikrobörse. Nun, seit 1990, hat sie sich zur Minibörse gemausert, mit nur 60 Aktien, 400 Anleihen, 35 Teilnehmerbanken und Maklern, die um einen hufeisenförmigen Tisch sitzen und von 10 bis 12 Uhr mit lautem Wort jedes Angebot und jede Nachfrage aufrufen. Eine Minibörse zwar mit Minitransaktionen, aber dennoch eine Börse – in einer Stadt, wo die Universität bis 1990 noch Karl-Marx-Universität hieß. Eine große Errungenschaft für die Renaissance eines Mikro- oder Minikapitalismus in Ungarn, mit der großen Hoffnung, daß kleine Fische auch einmal groß werden...

Als ich vor vielen Jahren die Sowjetunion bereiste, wollte ich auch den berühmten »verstorbenen« Börsen von Moskau und Petersburg meine Reverenz erweisen (ich ahnte damals noch nicht, daß sie sich einmal als bloß scheintot, wenn auch für lange Jahrzehnte, herausstellen könnten). Kein Mensch in Moskau konnte mir sagen, wo die alte Börse zu finden sei; die meisten wußten noch nicht einmal mit dem Begriff etwas anzufangen. Endlich traf ich einen alten Herrn, der mich zu dem ehrwürdigen Gebäude führte, das seinerzeit schon als Lager für das Kaufhaus Gum diente. In Leningrad wußte ich von alten Stichen, wo sich die Börse befindet: an der Newa, gegenüber des Liegeplatzes des Panzerkreuzers Aurora. Heute beherbergt sie das Marinemuseum. Ich besitze von beiden Erinnerungsfotos.

Vor vier Jahren kamen nach einem Vortrag an der Westfälischen Wilhelms-Universität in Münster zwei Professoren aus Moskau zu mir und sagten: »Sie werden es noch erleben, daß wir Sie einladen, an der Moskauer Universität eine Vorlesung über die Börse zu halten.« Ich würde mich freuen, auch an der Wiedereröffnung der alten Börsen von Petersburg und Moskau teilnehmen zu können.

Von Budapest wandern wir wie die Sonne in Richtung Westen. Die nächste Station heißt Wien: eine süße kleine Börse heute, aber mit großer Tradition aus der Zeit, als Wien noch das Zentrum der k. u. k.-Monarchie war. Das ist sie zwar nicht mehr, aber sie hat sich doch vor drei, vier Jahren als die erfolgreichste Börse entpuppt, wo man prozentual gesehen die größten Gewinne machen konnte – aber natürlich mit relativ kleinen Quantitäten. Nichtsdestoweniger ist sie heute sehr stolz auf ihre »Performance«.

Im Gegensatz zu Wien steht die Züricher Börse in umgekehrtem Verhältnis zur Größe des Landes. Große Umsätze, großer Lärm, große Spekulanten mit internationalen Wärtern aus aller Welt. Die Schweizer haben es nicht nötig, in Amerika zu spekulieren. Wenn Europäer von der Tendenz von Wall Street des vorhergehenden Abends in der einen oder anderen Richtung beeindruckt sind, können sie sofort, ohne die New Yorker Eröffnung abwarten zu müssen, an der Züricher Börse mit amerikanischen Papieren handeln.

Zur selben Zeit geht auch in Mailand der Handel munter weiter. Ein Spielsaal mit risikofreudigen Teilnehmern, wo auf der Besuchergalerie auch Frauen eifrig mithalten. Daneben Venedig: eine Minibörse am schönsten Boulevard der Welt – dem Canale Grande. Neben der Kirche von San Moise ruhen die Gebeine von John Law, dem größten Spekulanten der Geschichte, der aber als armer Bettler starb. Wenn ich durch Venedig komme, versäume ich nie, ein Blumensträußlein auf sein Grab zu setzen. Dann Rom: errichtet im Jahre 1821 aufgrund eines Erlasses der Vatikanregierung.

Was den Süden betrifft, so darf man Madrid und Lissabon nicht vergessen. Madrid hat den schönsten Börsensaal mit besonders eleganten Agenten. Das Publikum darf gratis auf die Galerie, aber das lohnt sich nicht mehr. Es wird hier leider im wörtlichen Sinne immer stiller, da die Agenten mehr und mehr mit ihrem bunten Treiben durch Computer in den einzelnen Büros ersetzt werden. Interessant übrigens, daß Francos Bild noch immer in einem der Kongreßsäle der Börse hängt. Die spanische Börse ist zwar heute noch relativ unbedeutend, aber man kann ihr eine brillante Zukunft voraussagen.

Barcelona hat den Vorteil, daß jeder gegen ein Entgelt von 50 Peseten sogar auf das Parkett darf.

Lissabon hat schon immer existiert, aber nach einer großen Euphorie – importiert aus Rio – stellte sie sich scheintot unter Spinola, wo nicht nur alle Unternehmen verstaatlicht, sondern auch alle Aktiendepots streng blockiert wurden. Bei einem Besuch erlebte ich selbst mit, wie nur drei Transaktionen (in Staatspapieren) an einem Tag getätigt wurden – weniger, als am Flohmarkt gegenüber am Tajo-Ufer. Die Erklärung fand ich bald, als ich die Namen der drei Straßen las, die die Stadt mit der Börse verbinden: Straße des Silbers, Straße des Goldes und Straße der Lumpensammler. Mir war klar: Das Publikum kam auf den ersten beiden Straßen zur Börse hin, verließ diese aber auf der letztgenannten ...

Nun aber, mit der Euphorie der Weltbörsen und dem Eintritt Portugals in die EG, ist die Scheintote wieder zum Leben erwacht. Sogar ich mußte dort schon einen längeren Vortrag für Studenten und Spekulanten halten und sie in die Geheimnisse der Spekulation einweihen.

Parallel laufen Frankfurt und alle deutschen Börsen mit. Frankfurt – einst das Leben der Rothschilds. Das hat sich seither gewaltig geändert. Noch heute erzählt man die Anekdote, in der diese den Wunderrabbiner von Fürth befragen, wie sie sich im folgenden Jahr verhalten sollen. Die Antwort kam prompt, aber zweideutig: »Kaufen nicht verkaufen« – ohne Komma! Auch der Klügste konnte daraus nicht schlau werden.

Düsseldorf ist eine spätere Börse, nach deutscher Manier straff organisiert. Berlin, ehemals riesig mit Terminhandel, Optionen und allen Schikanen (wie jetzt in Frankfurt wieder begonnen), heute aber noch eine Provinzfiliale von Frankfurt und Düsseldorf. Dank der letzten Ereignisse kann daraus wieder eine Weltbörse werden.

München: Eine Bronzetafel am Eingang mit der Inschrift »Spekulation« sagt uns unverblümt, was in dem Gebäude vor sich geht. Die erste Börse auf dem Gebiet der ehemaligen DDR könnte Leipzig sein.

Weiter nördlich treffen wir auf die Börsen von Brüssel und Amsterdam; erstere einst mit der größten Frauenkundschaft und infolgedessen auch ziemlich hysterisch. Letztere stolz auf ihre Vergangenheit als die erste Börse im modernen Sinn. Schon im 17. Jahrhundert funktionierte sie genauso wie die modernen Börsen von heute vor einer Computerisierung.

Noch nördlicher liegt Kopenhagen: Untergebracht in einem alten königlichen Palast, ist sie die freundlichste Börse der Welt. Der Besuch eines ausländischen Börsianers ist immer eine willkommene Gelegenheit zu zahlreichen kulinarischen Genüssen.

Oslo: »Jeder anständige Mensch darf hier eintreten«, sagt ein Paragraph. Bliebe nur festzustellen, was ein anständiger Mensch ist.

Stockholm: die leiseste Börse – man könnte eine Stecknadel zu Boden fallen hören – und mit viel nordischem Phlegma. Schon 1932 besuchte ich den Börsensaal; und schon damals erfolgten die Notierungen durch elektrische Geräte; es gibt kein »Ich gebe ... ich nehme ...«; man braucht nur einen Knopf zu drücken, um Angebot und Nachfrage, Quantität und Kurs anzuzeigen; das übrige erledigt der Computer.

Und wie könnte ich Paris vergessen, wo ich doch selber aufgewachsen bin? Die leidenschaftlichste und aufnahmefreudigste für neue Ideen! Vor einigen Jahren noch war hier das zahlreichste Publikum vertreten: zwischen 5 000 und 10 000 Personen – je nach der Sensation des Tages. Heute ist es leider still um Paris geworden. Wir paar Hundert treffen uns noch dort, aber nur noch, um uns Anekdoten zu erzählen. Die Pariser Börse war bis heute oft das Schlachtfeld von Syndikaten. Außerdem waren große Kursschwankungen möglich – dank der Verstaatlichung und der darauffolgenden Privatisierung.

London: Mit ihrer Tradition und ihrer Etikette die aristokratischste und internationalste aller Börsen. Aber ... horribile dictu: Vor kurzer Zeit konnte ich in dem großen, schönen Börsensaal nicht mehr als 20 Personen zählen – der Fluch des Computers! Und dank dieser Computer jonglieren die jungen »golden boys« mit den Milliarden ihrer Arbeitgeber herum. Nach dem Krach von 1987 wurden 60 000 von ihnen gefeuert, denn sie hatten horrende Verluste hinterlassen.

Die Spekulation ist gleichermaßen aktiv an den Warenbörsen, von den Edelmetallen bis zum Pfeffer. Es gibt hier einen ganz besonderen Markt: den Handel mit Gold und Silber. In einem Büro des Bankhauses Rothschild versammeln sich jeden Tag um 10.30 Uhr die fünf »bullion brokers«, die führenden Makler für Edelmetalle. Nicht etwa, um gemeinsam Tee zu trinken, sondern um die Kurse für Gold und Silber festzulegen. Obwohl für diese Art von Handel Chicago schon eine starke Konkurrenz darstellt, sind in ihren Büchern alle Aufträge der Welt erfaßt. Vor nicht allzu langer Zeit nahm auch Moskau für sich in Anspruch, auf diesem Markt vertreten zu sein, da es schon längere Zeit als Verkäufer auftritt. – Wenn die Sitzung nach ein paar Minuten ohne Trubel und Tumult beendet ist, werden die Kurse in alle Winkel der Erde gekabelt und können dort viel Lärm verursachen.

Nach Europa mache ich nun einen »kleinen« Sprung zu einigen Börsen Südamerikas.

Buenos Aires: großes Kasino, laut und widerlich. Man fischt hier im trüben und setzt alles daran, daß das Gewässer trübe bleibt. Die Börse ist sehr stark beeinflußt von den innenpolitischen Ereignissen, die manchmal Kursschwankungen von 1 bis 100 verursachen.

Lima: die winzigste Börse, wo ich bei einem Besuch drei Personen zählte: den Präsidenten, der präsidierte, den Kursmakler, der notierte, und einen Teilnehmer, der jedesmal den Kopf schüttelte, wenn der Kurs eingetragen wurde.

Caracas: Die Börse begann im 19. Jahrhundert mit Zusammenkünften im Schatten eines Baumes; bis heute hat sie sich zu einem sehr modernen Hochhaus emporgearbeitet.

Rio de Janeiro: Hat hie und da seine Glanztage gehabt, die sogar Lissabon angesteckt haben. Die »Senores« verhandeln oft über Immobilienspekulationen, aber auch über Effekten dank der galoppierenden Inflation.

Montevideo lächelt, wenn die anderen Südamerikaner die Zähne zusammenbeißen. Die Geschäfte – besonders mit Devisen – blühen, wenn überall sonst in Südamerika Unordnung herrscht, und sie sind rückläufig, wenn anderswo wieder Ruhe eingekehrt ist. Gewissermaßen die Schweiz dieses Kontinents.

Jetzt landen wir glücklich in Wall Street, über die schon unzählige Bücher, Artikel und Abhandlungen veröffentlicht worden sind. Und so bleibt mir nicht mehr viel Neues zu sagen. Amerikas Herz schlägt nach dem Puls von Wall Street. Es ist das El Dorado der großen Finanzleute, von den heroischen Zeiten bis heute. Aber gewissenhafte Staatsbeamte überwachen die Operationen und sollten das so oft geplünderte Publikum schützen. Leider gelingt ihnen das nicht immer; die Gruppeninteressen sind zu stark und können so viele wichtige, wünschenswerte Maßnahmen verhindern.

Die moderne Technik steht dem Publikum von ganz Amerika zur Verfügung. Das Band des Kurstickers läuft gleichzeitig mit der Notierung, und so müssen die Makler am Pazifik schon um sechs Uhr früh in ihren Büros sein. Ein harter Beruf! Von der kleinsten Stadt in Indiana oder New Mexico aus können die Spieler in der gleichen Minute an den New Yorker Transaktionen teilnehmen, vielleicht sogar besser, als wenn sie direkt mit von der Partie wären. Der Rhythmus des Tickers gibt das Volumen der Operationen an. Läuft er ruhiger, bedeutet das, daß das Geschäft kleiner ist. Und wenn das Band schnell aus der Maschine springt und den Transaktionen nicht einmal nachkommen kann, bedeutet das, daß sich große Dinge in Wall Street tun. Boom oder Panik, das läßt sich am Klang des Tickers erkennen.

Chicago, die Königin der Getreidebörsen, das »board of trade«, diktiert den Preis unseres täglichen Brotes. Doch heute ist sie viel mehr: Nicht nur, daß es ein »Muß« ist, diesem Getümmel und Herumgefuchtel und dem ganzen anderen Drum und Dran zuzuschauen, Chicago ist auch das gigantischste Roulettespiel in Zinsen, Währungen und Indexspekulationen. Mit minimalem Einsatz kann man Millionen er- und verspielen. Gegen dieses perverse Roulettespiel ist die Wertpapierbörse eine kleine Skatpartie. Ich schreibe immer dagegen; aber was ist schon mein kleines Wort in der Wüste!

Zwei Stunden später kommt San Francisco, wo man Geschäfte machen kann, indem man die Nachrichten auswertet, die dank des Zeitunterschiedes erst nach »Redaktionsschluß« in New York kommen.

Überqueren wir nun den großen Teich: Tokio ist die lebhafteste Börse der Welt, Attraktionszentrum des täglichen Lebens der Japaner. Sie haben ja soviel Geld, daß sie nicht wissen, was sie damit anfangen sollen. Und so kaufen sie in der ganzen Welt alles, »what money can buy«. Warum sollen sie dann nicht auch ihre eigenen Aktien kaufen, wenn sie schon alles andere in der Welt überbezahlen? Die ganze Stadt redet nur von der Börse; Bestseller der japanischen Verlage: Bücher über die Spekulation. Auch die Regierung spielt eine große Rolle für die Tendenz; denn nur eine Ukase der Regierung, zu kaufen oder zu verkaufen, setzt schon damit die Tendenz fest. Die Mentalität des Publikums ist eine ganz andere und einem Europäer durch und durch unverständlich.

Ziehen wir nun weiter und kommen in Hongkong an: Die Börse, der Turm von Babel, von Englisch bis Chinesisch, von Französisch bis Ungarisch, von Jiddisch bis Russisch ist jede Sprache vertreten; sie ist die Nachfolgerin von Schanghai, aber wie lange noch?

Sidney: Englische Tradition, amerikanische Wirtschaftskonzeption, die Hauptakteure sind Europäer. Sie wurde von ungarischen Flüchtlingen gegründet. Und so ist sie auch kein Markt für Schulkinder oder Herzkranke. Die Aktien sind leicht zu kaufen, aber es ist oft schwer, sie wieder abzustoßen.

Johannesburg ist dagegen im englischen Stil organisiert, nach dem Muster des Londoner Stock Exchange vor der Computerzeit. Ein sehr seriöser Markt trotz der politischen Komplikationen, wo die Goldminen in ganz großem Stil gehandelt werden.

Auch Bombay handhabt seine Börse sehr britisch: Parsen mit starkem Oxfordakzent sind die Hauptakteure. Die Menge, die noch zahlreicher ist als in Europa, macht Geschäfte am Goldmarkt, der durch Schwarzeinfuhren gespeist wird. Man spekuliert mit allem: Baumwolle, Jute, manchmal sogar mit Whisky; spezielle Buchmacher nehmen Wetten an, wie wohl der Dow-Jones-Schlußkurs in Wall Street aussehen wird. Die kleinsten Leute versuchen hier ihr Glück.

Auf der Reise Richtung Westen kommt man in Tel Aviv vorbei. So paradox es auch klingen mag, ist dort die Börse nur sehr schwer zu finden. Vor einigen Jahren wußten einige Leute, die ich danach fragte, nicht einmal, daß es sie überhaupt gibt. Aus den Kindern sind aber seither Erwachsene geworden. Vor Jahren, während des israelisch-ägyptischen Krieges, flüchteten die Börsenangehörigen während eines Bombenalarms in die Luftschutzkeller, aber sobald die Gefahr vorüber war, liefen sie wieder zurück, und die Börse machte munter weiter, als wäre nichts geschehen.

Die Börse von Istanbul ist im Hof der Kaviarlagerhäuser am Ufer des Bosporus untergebracht; das Publikum ist bunt gemischt: Griechen, Syrer, Armenier, Juden, die ganze Welt, nur keine Türken.

Und nun, bevor die 24 Stunden abgelaufen sind, sind wir in Athen, einer modernen, 1901 gegründeten Börse. Zwei Schritte von dem Baum des Sokrates entfernt, wo die Nachfolger der Geldwechsler sich schon lange in Jackett und Zylinder zusammengefunden haben.

Alle diese Börsen wirken in zunehmendem Maße wie kommunizierende Röhren, werden voneinander immer abhängiger. Es wird irgendwo in der Welt auf einen Knopf gedrückt, und in 5 000 Kilometer Entfernung kann man die Wirkung spüren. Das ist die Börse ... ein Reich wie das des Kaisers Karl V., in dem die Sonne nie untergeht.

ABSCHLUSSKOLLOQUIUM:

Meine drei Karrieren

Bald werde ich 85. So bleibt zwar noch viel Zeit, alt zu werden. Doch Anlaß, wieder einmal Bilanz zu ziehen, besteht allemal. Wie ist der Saldo? Kann ich zufrieden sein? Jein!

Nein, weil die Zeit zu schnell vergangen ist. Ja, weil ich nur eine Ambition hatte, nämlich materielle und intellektuelle Unabhängigkeit zu erlangen. Dies ist erfüllt, und so kann ich sie genießen. »So ist es gut, so ist es recht, niemandes Herr, niemandes Knecht!« Das ist mein Erfolg.

Meine Eltern waren wohlhabende Großbürger: Mein Vater ein kluger, angesehener Unternehmer in Budapest, meine Mutter – sehr musikalisch – ein wahrhaftiger Schöngeist, deren Talente zu malen und schreiben nicht zum Tragen kamen, weil sie ihr ganzes Leben der Erziehung ihrer vier Kinder gewidmet hat. So wie Goethe sagt: »Vom Vater hab' ich die Statur, des Lebens ernstes Führen, vom Mütterchen die Frohnatur und Lust zu fabulieren.« Das ganze Hab und Gut ging freilich nach dem Zweiten Weltkrieg verloren. Doch dank der Ausbildung, die sie mir gegeben hatten, konnte ich für sie in ihrem hohen Alter in der Schweiz königlich sorgen.

Ich studierte Philosophie und Kunstgeschichte an der Uni von Budapest. Zur Musikwissenschaft ist es schon nicht mehr gekommen, da ich mit einem Fallschirm an der Pariser Börse landete und dort auch blieb. Später studierte ich im Dschungel der Finanzwelt in New York, London und Zürich. Ich bin heute in zehn Städten zu Hause, spreche vier Sprachen: Ungarisch mit dem lieben Gott, Französisch mit meinen Freunden, Englisch mit den Bankiers, Deutsch mit meinen Schülern und alle vier mit den Damen.

Als 35jähriger schon – meine erste Karriere war sozusagen vollendet – konnte ich mit dem Einkommen meines Kapitals in Ruhestand gehen. Doch ohne Aktivitäten und Sorgen wurde ich mit 50 neurotisch, mich quälten sogar Depressionen. In dieser Krise begann meine zweite Karriere als Finanzjournalist und Buchautor – dank eines Professors der Psychologie. Ich bat den berühmten Leopold Szondi, der in Zürich lehrte und praktizierte, um Rat. Er unterzog mich seinem auch heute noch überall angewandten Szondi-Test: Ich mußte 48 Fotos auswählen und nach Sympathie und Antipathie sortieren, Szondi mischte die Karten erneut, und ich wiederholte die Übung mehrere Male. Dann begann er zu rechnen und kalkulieren, schließlich fragte er mich unvermittelt: »Wer in Ihrer Familie war ein Sadist? Erschrecken Sie nicht, ich meine damit jemanden, der besonders viel Energie besitzt und leicht explodiert.« – »Natürlich mein Vater«, antwortete ich spontan, »er konnte schrecklich jähzornig sein. Meine Mutter war besonders sanft.«

»Dann haben Sie die Natur Ihres Vaters geerbt. Sie haben sehr viel Energie in sich aufgestaut, die explodieren möchte, aber kein Ventil findet. Haben Sie manchmal Wutanfälle?« Ich mußte es zugeben. »Sehen Sie. Und da Sie ein zivilisierter Mensch sind, kämpft Ihre Natur gegen den Ausbruch der aufgestauten Energie, es entsteht ein seelischer Konflikt. Wenn Sie ein primitiver Mensch wären, würde ich Ihnen raten: Hacken Sie Holz, biegen Sie Eisen, klopfen Sie Steine! Wenn Sie in dem entsprechenden Alter wären, gäbe ich Ihnen die Empfehlung: Studieren Sie Chirurgie, da können Sie schneiden. So aber rate ich Ihnen: Schreiben Sie! Was interessiert Sie besonders?« Ich sagte ihm, meine beiden großen Leidenschaften seien die Musik und die Börse. »Dann schreiben Sie darüber.«

Ich bedankte mich und versprach, es mit der vorgeschlagenen Therapie zu versuchen; und ich erinnere mich noch daran, wie beschämt ich mich fühlte, als mir der weltberühmte Professor nach einer Konsultation von Stunden seine Honorarrechnung überreichte: fünfzig Franken.

Und so wurde ich außer Börsenprofi (was keine Energie verbraucht) Finanzschriftsteller. Denn ich bin zwar ein großer Melomane (ein schönes Wort für »Musikbesessener«), doch nicht geschult genug, um die Musik zu einem Beruf zu machen. Mein erstes Buch, auf französisch geschrieben, wurde in sieben Sprachen übersetzt und erschien 1960 bei Henry Goverts unter dem Titel »Das ist die Börse«; einige Zeit später begann ich als Kolumnist bei *Capital*. Depressionen kenne ich seit der Zeit nicht mehr. Voltaire sagte zwar: »Es ist leichter, über Geld zu schreiben, als Geld zu machen.« Doch bei mir war es umgekehrt. Ich mußte zuerst Geld machen, um darüber schreiben zu können.

Als »Das ist die Börse« vor nunmehr 30 Jahren erschien, gab es neben vielen positiven Besprechungen auch eine Rezension in der Züricher *Weltwoche*, die die Überschrift »Bekenntnisse eines Hochstaplers« (statt »Bekenntnisse eines Spekulanten«) trug. Da hatte man mich offenbar mit Felix Krull verwechselt.

Meine Schwester, die in Zürich lebte, war empört darüber, daß man ihren kleinen Bruder Hochstapler nannte. Und Freunde rieten mir, mich vor Gericht zur Wehr zu setzen, doch ich dachte nicht daran. Wunderbar, sagte ich mir: Man liest doch viel lieber die Bekenntnisse eines »Hochstaplers« als die trockene Abhandlung irgendeines Finanzexperten. Das Buch wurde ein großer Erfolg.

Und in dem angesehenen Wirtschaftsmagazin *Trend*, das in Wien erscheint, gab es vor einigen Jahren einen großen Artikel über mich, wieder mit diesem ominösen Wort aufgemacht. Man hatte einige Börsianer nach ihrer Meinung über mich gefragt, und mein Freund, der ungarische Aristokrat Graf Ambrozy, vor seiner Pensionierung in leitender Stellung bei einem Wiener Bankhaus tätig und heute Orchideenzüchter, äußerte sich folgendermaßen: »Ich halte André Kostolany, den ich im übrigen sehr schätze, für einen Hochstapler.« Beweis: Ich hätte ihn einmal zum Abendessen eingeladen und zum Schluß den Kaffee zahlen lassen.

Das war natürlich ein schlechter Scherz von ihm, doch die Zeitschrift nahm seine Äußerung freudig auf. Und was geschah? Gerade auf diesen Artikel hin erhielt ich aus Wien besonders viele Anmeldungen zu meinem Börsenseminar. Wie werde ich Hochstapler? – das wollte man gerne lernen. Wenn das keine Werbung für mich war.

Mit den Börsenseminaren, die ich seit 16 Jahren zusammen mit meinem Freund und Partner Gottfried Heller veranstalte, begann meine dritte Karriere – als »Börsenprofessor«. Ich war damals schon gern gehörter Gastreferent bei Banken und an Universitäten gewesen, doch da mir nirgends ein offizieller und permanenter Lehrstuhl angeboten wurde, gründete ich – wenn auch nicht an der Uni, so doch am Kaffeehaustisch – mein eigenes Seminar über Börsenkunde und Börsenprognosen. So konnte ich mir meinen Wunsch nach einem eigenen Katheder erfüllen, von dem aus ich – zusätzlich zu meiner journalistischen Tätigkeit – meine Theorien und Erfahrungen der neuen Generation vermitteln kann.

Was ursprünglich, 1974, als Versuch mit 30 Teilnehmern begann (und mit dem Hintergedanken, Kunden für die von Gottfried Heller betriebene individuelle Depotverwaltung zu gewinnen), erwies sich bald auch als *profit making enterprise* (was billig ist, ist auch nichts wert) mit der zehnfachen Teilnehmerzahl. Inzwischen haben weit über 30 000 Schüler und Schülerinnen an meinen Seminaren teilgenommen, vom Studenten mit ein paar Groschen bis zum Multimillionär, der soeben sein Unternehmen verkauft hat und wissen möchte, was er mit seinem Geld anfangen soll, vom Bordellbesitzer bis zum bischöflichen Verwalter. Manche kommen sogar mehrfach; ich muß vermuten, daß es Fans gibt, die etwas »Kostolany-« oder jedenfalls »börsensüchtig« sind.

Mir selbst wird es auch nie langweilig, im Gegenteil, die Seminarwochenenden sind für mich ein riesiges Kaffeehaus und immer »a Hetz« (das sollte ich nicht zu laut sagen). Die politische und ökonomische Lage, die ich analysiere, verändert sich ständig, und mein Repertoire ist ja nicht klein. Alfred Biolek, dessen journalistische Qualitäten ich sehr schätze, sagte am Ende einer Serie von Talkshows, die ich mit ihm auf einer Messe veranstaltete, bewundernd zu mir: »Ich stelle Ihnen jeden Abend dieselben Fragen, und Ihre Antworten klingen nie gleich.«

Börsentips allerdings gebe ich nie. Tips sind eine Sache der Banken und Broker, die Papiere abladen oder Provisionen kassieren wollen, das wiederhole ich ständig. Aber ich bin überzeugt, daß meine »Schüler« bei mir lernen, nachzudenken, zu analysieren, durchzuhalten und weniger zittrig zu sein. Daß sie auch erfolgreicher sind, schließe ich aus den Dankschreiben, die mich erreichen.

Ich bin auch allgemein bekannt als großer »Kaffeehaus-Amateur« – kein Wunder, denn das Kaffeehaus ist der ideale informelle Treffpunkt für Börsianer. Ich hatte Kaffeehaus-Stammtische in vielen Städten dieser Welt: in Paris natürlich – bis heute –, in New York, in Cannes, auch in Hamburg, Frankfurt oder im gastlichen Foyer einer großen deutschen Bank in Düsseldorf. In München gibt es sogar einen regelmäßigen »Kosto-Stammtisch« im Keller des Bayerischen Hofes, gegründet von meinem alten Freund und Schüler Peter Rieger. Er ist zwar Staatsbeamter, betätigt sich aber in freien Stunden als Börsenspekulant – mit viel Leidenschaft, Ideen und Originalität.

Peter Rieger selbst hat ebenfalls bereits Schüler, die auch

keine Berufs-Börsenprofis sind – was nicht heißt, daß sie weniger von der Spekulation verstünden als Makler und Händler. Im Gegenteil! Zwei der versiertesten Börsenkenner in der Schweiz waren zum Beispiel Optiker und Graveur von Beruf, der eine von ihnen arbeitete dann sogar jahrelang als Kellner bei einer bekannten Schweizer Gastronomiekette; auch ich verdanke ihnen einige wertvolle Ideen. Heute sind beide sehr erfolgreich als Finanzberater mit großem Kundenkreis tätig. Wie sagte doch Albert Einstein: »Phantasie ist wichtiger als Wissen.«

Am »Kosto-Stammtisch« wird regelmäßig das Schicksal der Welt intensiv besprochen und entschieden, je nach Lage mit Optimismus oder Pessimismus. Journalisten wundern sich oft, daß ich soviel Zeit im Kaffeehaus zubringe. Ich antworte ihnen dann: Ich kann meiner Profession überall nachgehen, nicht nur im Börsensaal oder am Schreibtisch. Denken kann man überall.

Manchmal hängt man – ausgerechnet – mir das Etikett »Börsenguru« an – eine Bezeichnung, die ich nicht akzeptiere und niemals in Anspruch genommen habe. Gurus sind, wie der Papst, qua definitionem unfehlbar, während wir alle, auch mit noch so großer Erfahrung, irren können. Ein »Börsenprofessor« mit 70 Jahren Erfahrung, das würde ich eventuell akzeptieren.

Kürzlich nannte mich ein Freund scherzhaft den »Reich-Ranicki der Börse«. Nun, Marcel Reich-Ranicki wird ja auch als (Literatur-)»Papst« bezeichnet, beide neigen wir wohl zu apodiktischen Urteilen, haben eine akademische Karriere versäumt und werden von Kollegen angefeindet. Dennoch hat Reich-Ranicki eine Generation von Literaturkritikern geprägt, und ich möchte nicht wissen, wie viele Herausgeber von Börsenbriefen oder deren Spione schon in meinen Seminaren gesessen haben. Vielleicht ist an dem Vergleich wirklich was dran?

Mit Marcel Reich-Ranicki teile ich auch eine gespenstische Erfahrung. Er spricht darüber im Interview mit Herlinde Koelbl, das in deren Buch »Jüdische Porträts« erschienen ist. Ich habe ähnliches erlebt. Wenn ich bei einem Vortrag in der Bundesrepublik bestimmte Wörter gebrauche, etwa »Hitler«, »Jude« oder besonders »Auschwitz«, dann spüre ich einen kalten Lufthauch im Raum, es ist, als ob ein schwarzer Engel durch den Raum ginge. Ich habe dann im ersten Moment das Gefühl, etwas ganz Dummes gesagt oder ein Tabu verletzt zu haben. Diese Wörter dürfen nicht ausgesprochen werden.

Trotz dieses unheimlichen Phänomens, das wohl mit schlechtem Gewissen und unbewältigter Vergangenheit zu tun hat, mußte ich nach dem Krieg in Deutschland nur wenige Erfahrungen mit offenem Antisemitismus machen. Ein einziges Mal kam es zu einem wirklich schlimmen Zwischenfall, ich erstattete deswegen sogar Anzeige. Es war bei einer Konferenz in Frankfurt am Main, wo über Staatsbankrott und pro und contra Gold debattiert wurde. Einige der anwesenden »Propheten« prognostizierten, daß die Deutsche Mark bald ihren Wert total verlieren würde. Ich wandte dagegen ein, daß sich das deutsche Geld immer nur nach einem verlorenen Krieg entwertet habe, nach dem Ersten Weltkrieg und nachdem Hitler Deutschland zugrunde gerichtet hatte. Abends erhielt ich dann im Hotel einen Brief, in dem stand, daß man aus meiner Kopfhaut auch noch einmal Lampenschirme machen würde.

Doch das war die absolute Ausnahme. Häufig höre ich philosemitische Bemerkungen, die hinter meinem Rücken getan werden und also authentisch sind. Fürst Johannes von Thurn und Taxis sagte einmal während einer Diskussion über Gott und das Geld leise zu seiner Nachbarin: »Mal sehen, was der g'scheite alte Jud dazu sagt.« Das hat mich nicht gestört; bei ihm spüre ich nicht den Hauch eines antijüdischen Ressentiments, ich höre eher ein Kompliment heraus. Ich denke, daß ein Teil meines Erfolges auch daher rührt: Ich trage einen ungewöhnlichen Namen, den man sich leicht merken kann, ich stamme noch aus den alten Zeiten und als k. u. k. Ungar von einem anderen Planeten und habe meinen Buckel seit 70 Jahren an allen Börsen dieser Welt herumgetragen: »Dieser alte kosmopolitische Jud, von dem kann man vielleicht etwas lernen«, mag sich mancher denken.

Ich habe Deutschland und die Deutschen im Grunde sehr gern (sie sind nicht so eingebildet wie etwa die Franzosen), und die Ewiggestrigen befinden sich heute sicherlich in der Minderzahl. Allerdings bringen gewisse superpatriotische Sprüche, die man jetzt wieder hören kann, die Gefahr mit sich, daß in Deutschland der Antisemitismus wieder auflebt – auch wenn es in diesem Land kaum noch Juden gibt. Mehr beunruhigt mich der Judenhaß in Polen, in der Sowjetunion, leider auch in Ungarn, wo ebenfalls das leibhaftige Feindbild kaum noch existiert.

Ich bin jüdischer Herkunft, aber als katholischer Christ getauft; auch meine Eltern liegen beide christlich begraben in Zürich am Zürichberg. Ich habe meine Herkunft nie gespürt, bis Hitler an die Macht kam. Für ihn war ich Jude. Als er seine Greueltaten an den Juden verübte, empfand ich einen tiefen Schmerz und fühlte mich genauso getroffen wie jeder Jude: Mit der jüdischen Religion verbindet mich eigentlich nichts, aber wie der Erzbischof von Paris, Kardinal Lustiger, dessen Mutter in Auschwitz starb und der, schon als Christ, den gelben Stern trug, verleugne ich meine Wurzeln nie.

Nach der Besetzung Frankreichs im Juni 1940 bin ich aus Paris über Spanien nach Amerika emigriert. Das bereitete einige Probleme, denn die Einwanderungsquote für Ungarn lag sehr niedrig, die Wartezeit betrug 20 Jahre. Ich bekam dann ein Besuchervisum, da ich beweisen konnte, daß ich – als getaufter Christ, nach damaligem ungarischen Gesetz – kein Jude bin und nicht unter die – damaligen – ungarischen Judengesetze fallen würde, also jederzeit nach Ungarn zurückkehren könnte. Als Jude galt ich erst, nachdem die Deutschen Ungarn besetzt und die deutschen Rassengesetze eingeführt hatten.

Für Hitler war es ein leichtes, die Juden beim Volk zu diffamieren, indem er sie als Spekulanten bezeichnete, was sie ja teils auch waren. Handels- und Zinsspanne blieben – trotz Hanse und Fugger – durch Jahrhunderte ausländisches Instrumentarium. Die Juden beschäftigten sich mit dem Geldhandel, weil ihnen andere Berufe nicht offenstanden. Das Neue Testament verbietet den Wucher. Also nahmen sie zeitweise eine fast monopolistische Stellung auf diesem Sektor ein, der Vater gab den Beruf an den Sohn weiter. Später spielte es in der antisemitischen Propaganda noch eine Rolle, daß viele Juden aus einem gewissen Drang, aus der Diaspora herauszukommen, große Karrieren gemacht haben (das provozierte den Neid der anderen); nicht nur in Finanzberufen, sondern auch in der Mathematik, in der theoretischen Physik oder in der Musik. In jedem Fall ist der Geldhandel keine genuin jüdische Domäne. Die Chinesen waren darin genauso versiert, auch die Armenier. Und an Wall Street findet man heute jede Rasse, jede Nationalität.

Ich möchte dieses ernste Thema (das aber nun einmal auch zur Lebenserfahrung des »kosmopolitischen alten Juden« gehört) mit einer tröstlichen Geschichte abschließen.

Vor Jahren besuchte ich wieder einmal Venedig. Nachdem ich bereits durch unzählige Gäßchen und über eine Vielzahl von Brücken gewandert war, fand ich mich auf einem geschlossenen Platz. Plötzlich kroch aus einem der Keller eine alte zahnlose Frau, in Fetzen gehüllt, und begrüßte mich freundschaftlich: »Schalom« (hebräisch: Friede). Ich war im jüdischen Getto. Der Platz ist arm und leer.

Die Alte versuchte, mir auf italienisch ihre Dienste anzubieten, das Getto zu besichtigen. Wir gingen durch ein paar armselige Gassen. »Hier ist die alte, hier die neue Synagoge, hier das Altersheim, hier das Kinderheim, die Talmudschule«, sagte die Alte. Aber ehrlich gesagt, es war nicht interessant, und ich fragte aus reiner Routine: »Und wie viele leben hier in diesem Viertel, das ihr Getto nennt?«

»Ach, Signore«, war die Antwort, »wir sind 300 geblieben. Einst waren wir hier 30 000 Juden – trente mille. Es wimmelte von Menschen, jungen und alten, Händlern und Handwerkern. Aber das ist alles lange her.« Ich dachte an das Unheil, das Hitlers Legionen angerichtet hatten. »Und wo sind sie alle«, fragte ich, auf das Entsetzlichste vorbereitet.

»Ach«, sagte die Alte seufzend und melancholisch, »sie sind alle weg, weit von hier. Auf der Piazza San Marco, am Canale Grande. Sie sind *negozianti, Banchieri, millionari...*«

Fliege und Monokel

Ein Journalist schrieb einmal, kaum jemand habe für die Börse so viel getan wie André Kostolany – weil ich eine ganze Generation »verführt« hätte, sich mit der Börse zu beschäftigen. War das wirklich so positiv gemeint? Ich will es annehmen.

Natürlich bin ich für Zustimmung und Beifall empfänglich. Darum schreibe ich ja Bücher und halte Vorträge. Nicht die zehn Prozent Autorenhonorar sind mein Vergnügen, sondern der zehnfache Betrag, den die Leser bereit waren, für meine Gedanken zu opfern. Zweifellos ist die Tatsache, honoriert zu werden, die größere Freude als das Geldverdienen selbst. Auch für arrivierte Künstler bleibt der Erlös für ein Bild die wichtigste Bestätigung ihres Erfolges. Und selbst eine sehr reiche, schöne Frau wird mit Vergnügen für Modellfotos Honorare nehmen, sind sie doch der beste Beweis, daß sie tatsächlich schön und begehrenswert ist.

Auch der Kontakt zur Jugend bedeutet mir viel. Wenn mich Studenten zu Vorträgen einladen, spüre ich zunächst immer großen Respekt bei ihnen, bis sie dann merken, daß ich ein ganz einfacher Mensch bin und bereit, mit ihnen stundenlang zu plaudern. Als ich selbst an der Börse anfing, habe ich das meiste dessen, was man durch Überlieferung (und nicht durch eigenes Handeln) lernen kann, von alten Börsenprofis erfahren, die 30, 40 Jahre älter waren als ich. Heute sind meine Schüler oft 50 oder 60 Jahre jünger als ich.

Manche Gespräche haben gar nicht mal mit Finanzgeschäften zu tun. Junge Leute wollen von mir zum Beispiel auch in Fragen der Umgangsformen und Etikette lernen, Höflichkeit oder Kleidungstips etwa. Einige kopieren mich sogar in der Kleidung, nicht unbedingt, daß sie nun auch Fliege tragen, aber doch den Stil. Fachmann in Fragen der Kleiderordnung war ich schon immer. Eine meiner besten Anlagen, antwortete ich kürzlich bei einem Interview, war meine Garderobe. In meiner Jugend habe ich viel Gewicht darauf gelegt, vielleicht weil ich Komplexe wegen meines Äußeren hatte, ich hielt meine Physiognomie für unbedeutend, jedenfalls war ich kein gutaussehender junger Mann. Deshalb zog ich mich sehr gut an, ich war damals so etwas wie ein – freilich immer korrekt gekleideter – Dandy. Den Tip gebe ich immer, wenn ich gefragt werde: Man sollte sich eher etwas zu konservativ, aber nie zu modisch geben. Ungefragt kritisiere ich niemals, wie sich jemand ausstaffiert, ich möchte keinen auf diesem empfindlichen Gebiet verletzen.

Manchmal kann ein Accessoire die ganze Erscheinung retten. Ein guter Freund aus Budapest besuchte mich regelmäßig an der Côte d'Azur. Eines Sommerabends waren wir zu einer eleganten Cocktailparty eingeladen. Er war in puncto Garderobe sehr heruntergekommen, und ich konnte ihm mit seinen ein Meter achtzig nicht aushelfen. Was tun? Ich kam schließlich auf die Idee, ihm ein Monokel zu besorgen, das verleiht jedermann im Handumdrehen Eleganz. Tatsächlich machte er im Glanz der mondänen Party eine gute Figur. Dabei muß ich an Ferenc Molnár denken, der einmal sagte: »Es ist sehr elegant, Monokel zu tragen, aber man sieht doch besser ohne.«

Nicht reich muß man sein, sondern unabhängig

Für alle meine drei Karrieren gilt: Nicht der neue Besen kehrt gut, sondern der alte. Die materielle gab mir auch die intellektuelle Unabhängigkeit, jedem, den ich nicht mag, und besonders all jenen, die mich nicht mögen, Goethe zitieren zu können. Es ist logisch, daß man in einem solchen Fall viele Neider hat. Das stört mich aber nicht. Denn ich wünsche mir lieber tausend Neider als einen, der mich bedauert. Nichtsdestoweniger habe ich Hunderte Freunde; mein jüngster ist 15, mein ältester ist mit 105 kürzlich verstorben. Beruflich geht's von Schülern bis zu Professoren und Multimillionären, in der sozialen Hierarchie von kaiserlich-königlichen Prinzen und kirchlichen Fürsten bis zu kleinen Gaunern und Taschendieben.

Und was habe ich nicht alles erlebt, wo habe ich noch nicht gelebt und spekuliert? Vor einiger Zeit hatte ich Probleme einzuschlafen, und da begann ich zu zählen, eine alte Methode. Nicht Schäfchen, sondern zunächst meine Schulkameraden, dann die Städte und Länder, in denen ich gelebt, die Opern, die ich besucht und die Frauen, die ich gekannt habe. Aber erst als ich die Broker durchging, die es mit mir zu tun hatten, und die Börsen, an denen ich zu tun hatte (in beiden Fällen eine runde Zahl von 75), wurde ich ruhiger, und bei der 50. Börse, ich glaube, es war in Lissabon, bin ich dann eingeschlafen.

Welche Nach- und welche Vorteile bringt mir das Alter? Mit dem Alter verändert sich die generelle psychologische Einstellung und auch das Empfinden der Zeit. Als junger Mann erschien es mir sehr dringend, schnell Geld zu machen, ich fühlte mich sehr von abenteuerlichen, riskanten Spekulationen, ja, vom Spiel angezogen und dachte sehr kurzfristig. Heute sehe ich die Dinge des Lebens mit Gelassenheit und einer gewissen philosophischen Einstellung: Ich weiß nicht, was morgen sein wird, aber ich weiß, was gestern war und heute ist, und das ist schon sehr viel. Nun denke ich langfristig und plane auf Jahre, dabei weiß ich nicht einmal, ob ich in einem Jahr noch da bin. Die Zeit vergeht mir heute zu schnell – nicht in Gelddingen, da habe ich große Geduld –, doch um allen meinen Interessen nachgehen zu können, brauchte ich einen 48-Stunden-Tag.

Ich kann keine neuen Materien mehr erlernen, die ich nicht vorher schon studierte. Dagegen werden wir Alten immer kreativer in unserem Fach. Jeden Tag lerne ich dazu, jede kleinste Lebenserfahrung, jedes kleinste Ereignis wird in meinen persönlichen Computer (meinen Kopf) gestopft, aufgenommen, gewichtet, das Überflüssige rausgeschmissen und nur das Wesentliche automatisch unter allen alten Kenntnissen klassifiziert.

Durch die unzähligen Probleme auf dem Finanzmarkt mußte ich mich ständig konzentrieren, und so trainierte ich eine Eigenschaft besonders intensiv, die nach Ansicht vieler Psychologen sehr selten ist: Wenn ich meinen Kopf nicht brauche, kann ich ihn abschalten und darin ein totales »Blackout« schaffen; wenn ich ihn dann wieder brauche, um ein Problem zu lösen, kann ich das »Licht« anschalten, und sehe die Situation so klar, als sei sie mit Reflektoren beleuchtet. – In meinem Arbeitszimmer ist die größte Unordnung, ein wahrhaftiger Stall, aber in meinem Kopf ist noch immer die größte Ordnung.

Ein 25jähriger fragte mich einmal etwas schadenfroh und böswillig, ob ich mit ihm tauschen würde? »Natürlich«, war meine Antwort, »unter der Bedingung jedoch, meine Erfahrung und meine Erlebnisse in einem Koffer mitnehmen zu können!« Er wußte nicht, daß auch das Alter seine Pläsierchen hat. Er konnte auch nicht wissen, daß wir über 80jährigen von der Stadt Paris ein besonders großes Geschenk erhalten: Wir können in der U-Bahn von 9 bis 17 Uhr mit dem Billett zweiter Klasse in der ersten fahren. Das Leben fängt mit 85 erst an. Habe ich nicht recht?

Kostolanys beste Geldgeschichten

1 000 profitable Ideen für
Geldanleger und Spekulanten

Vorwort

»Die Phönizier haben das Geld erfunden, aber warum so wenig«, fragte Nestroy. André Kostolany wollte sich mit diesem Mangel schon in früher Jugend nicht zufriedengeben. Er wurde deshalb »Geldmacher«, Spekulant, wählte den »schönsten Beruf der Welt«. Ich habe mich gelegentlich gefragt, warum Kostolany nicht Notenbankier geworden ist, also Geldmacher im wahrsten Sinne des Wortes. Heute habe ich zwei Antworten auf diese Frage: Die Philosophie des Notenbankiers besteht darin, Geld knappzuhalten; diese Auffassung würde für Kostolany Selbstverleugnung bedeuten, schließlich hält er ein bißchen Inflation für ein angenehmes warmes Bad. Außerdem hätte der Beruf des Notenbankiers ihm wohl kaum ein so abwechslungsreiches Leben und seinen Lesern nicht die amüsanten und lehrreichen Geldgeschichten beschert.

Kostolanys Geldgeschichten erinnern an ein anderes großes Buch über einen, der auszog, um als Spekulant Geld zu machen, an den Menachem Mendel von Scholem Alejchem. Der in Odessa glücklose Menachem ist sozusagen das volkstümliche Gegenbild zum weltläufigen Finanzier André. Beide verbindet der Esprit und die Freude am Spekulieren. Ansonsten ist die Beschäftigung der Literatur mit dem Thema Geld in der Regel alles andere als humoristisch. Sophokles sieht im Geld die Verkörperung des Bösen, Ovid läßt seinen Midas um die Reinwaschung von seinem Gold-Touch flehen, Goethes Faust durchzieht der Zusammenhang von Geld, Gier und Geschlechtlichkeit wie ein roter Faden, und für Karl Marx ist das Reich des Geldes eine »vollkommen verhexte und verzauberte Welt voll metaphysischer Spitzfindigkeiten und theologischer Mucken«.

Auch Völkerkundler und Psychologen betonen eher die dunkle Seite des Geldes, das die Phönizier erstmals aus den Opferspießen gemünzt haben und das auf den heutigen Geldscheinen angeblich bemerkenswert häufig mit den Symbolen des Todes versehen ist.

Das Verhältnis zum Geld und zur Spekulation sollte von solchen Düsterkeiten und Verkrampfungen frei sein. »Warum sollte das Geld an allen Unsauberkeiten, die es verursacht, schuld sein?« fragt Emile Zola zu Recht am Ende seines Romans »Geld«. Die Geldwirtschaft ist ein wesentliches Element der Marktwirtschaft und damit letztlich einer Ordnung, die der Freiheit des Individuums hohen Rang einräumt. Für André Kostolany ist die Geldwirtschaft so wichtig wie die Luft zum Atmen. Wie er sie nutzt, das ist faszinierend bei ihm nachzulesen. Bedauerlich wäre es, wenn das Zeitalter des Spekulanten mit Nase à la Kostolany abgelöst würde von der Herrschaft der Computerprogramme mit *stop loss order.* Welche Geldgeschichten hätten die uns schon zu erzählen?

Karl Otto Pöhl

Der schönste Beruf der Welt: Spekulant

Zu den bürgerlichen Berufen zählt er nicht, und schon gar nicht verspricht er sicheren Erfolg. Aber ein gesunder Beruf ist er – der Beruf des Spekulanten. Denn jedermann weiß, daß für die physische Verfassung des Menschen die Kopfarbeit ein wesentliches Element ist. Deshalb lieben ältere Menschen auch Kreuzworträtsel oder Schach oder Kartenspiel. Denn die Beschäftigung damit verlangt permanente geistige Anstrengung. Spekulation ist ebenfalls solch eine geistige Gymnastik, ein Sport. Und ein Amüsement.

Dem richtigen Spekulanten kommt es zudem nicht nur einfach auf das Vergnügen am Geldmachen an, er möchte auch recht behalten. Der Beruf des Spekulanten steht außerdem dem Beruf des Journalisten nahe, einem ebenfalls sehr schönen Beruf. Beide analysieren Ereignisse und ziehen ihre Schlußfolgerungen daraus – der Journalist in seinem Kommentar, der Spekulant in seinem Engagement. Freilich existiert ein nicht ganz unwesentlicher Unterschied: Gibt der Journalist eine falsche Prognose ab, bleibt er dennoch Journalist. Liegt der Spekulant daneben, muß er sich bald eine neue Beschäftigung suchen.

Homo speculator, welch ein fürstlicher Beruf. Der Spekulant braucht keinen Kontakt zum Publikum. Er muß sich nicht in staubigen Hallen bei rauher Arbeit die Hände schmutzig machen. Und er pfeift auf die täglichen, langweiligen Debatten mit Kaufleuten und anderen Geschäftemachern. Der Spekulant lebt wie ein Philosoph, wenn er auch oft nur ein Philosoph im Westentaschenformat ist.

Eingehüllt in seinen Zigarrenrauch, überhört er den Lärm des Alltags. »Glücklich, wer weit von seinen Geschäften«, sagt Horaz. Sein Handwerkszeug hat der Spekulant neben sich, ein Telefon, ein Radio und womöglich noch eine Zeitung. Doch er hält sich nicht sklavisch an die Buchstaben, er versteht sich auf die Kunst, zwischen den Zeilen zu lesen. Es gibt keinen Chef und keinen Angestellten. Und anders als Bankiers oder Makler muß er keine nervösen Kunden ertragen. Ein Edelmann!

Der Edelmann kann über sich und seine Zeit verfügen. So wie er es will. Kein Wunder, daß viele ihm seine Beschäftigung neiden oder es ihm nachtun wollen. Wie oft höre ich die Frage, wie man erfolgreicher Spekulant werden kann!

Sein Geist kommt nie wirklich zur Ruhe, sogar im Schlaf debattiert er mit sich selbst: »Soll ich kaufen, soll ich verkaufen, oder soll ich nur zuschauen?« Wie ein Orgelspieler muß er alle Register ziehen können. Er muß Ereignisse erraten und die Reaktion der Masse darauf. Das ist nicht immer einfach, denn das große Publikum kann die Ereignisse und Konsequenzen für die Börse nur schwer einschätzen. Anders der Spekulant: Manchmal gleicht er dem Alkoholiker. Über gute Nachrichten weint er, über schlechte lacht er.

Was muß der Spekulant können? Ein großer Denker sagte einmal: »Kultur ist, was übrigbleibt, wenn man schon alles vergessen hat.« Genauso verhält es sich mit dem Börsenwissen. Es ist das, was übrigbleibt, wenn es Ihnen gelingt, all das zu vergessen, woran die Volkswirte ständig herumnagen: Bilanzen, Kurse, Statistiken und anderen Kram – kurz das ganze Rüstzeug, das in Computern oder verstaubten Bibliotheken steckt. Nichts wissen, aber alles verstehen, das Gras wachsen hören und Phantasie haben – das alles macht den idealen Spekulanten aus.

Verwechseln Sie nicht die Begriffe: Den Finanzier trennen Welten vom Spekulanten. Der Finanzier steckt ständig bis über beide Ohren in den von ihm konstruierten Geschäften. Weil er für seine Unternehmen und Unternehmungen permanent Kasse benötigt, wendet er sich an die Aktienbörse, um seine Liquiditätsengpässe zu beseitigen. Sein Ziel bleibt freilich immer eine bestimmte Transaktion, aber sein Handeln löst Überlegungen und Bewegungen aus, die sich ihrerseits wieder auf den Börsenkurs übertragen. Und jetzt der Spekulant: Er gefällt sich als Zuschauer, der von Entwicklungen profitiert, die er nicht auslöste.

Ja, ich wiederhole: Es ist ein schöner Beruf, Spekulant zu sein, reich an Phantasie, aber auch an Risiken. Man kann Geld machen (nicht verdienen), und man kann reich werden. Aber man kann auch verlieren, sogar viel verlieren und so mal eben über Nacht pleite gehen.

An einer Uni fragte mich vor langer Zeit einmal ein wißbegieriger Studiosus: »Hätten Sie gerne, daß Ihr Sohn Spekulant wäre?« Meine Antwort: »Hätte ich nur einen Sohn, würde der Musiker werden. Den zweiten würde ich zum Bildhauer oder Maler ausbilden, den dritten zum Schriftsteller oder Journalisten. Der vierte allerdings müßte Spekulant werden: Einer muß die drei anderen armen Brüder schließlich ernähren.«

Pech nur, wenn der vierte Filius auf meinen Onkel hören würde, einen eingefleischten Junggesellen und Spekulanten. Der nämlich liebäugelte mit folgender Theorie: »Man kann sein Vermögen auf drei verschiedene Arten verspielen: am schnellsten mit Roulette, am angenehmsten mit Frauen, am dümmsten an der Börse.«

Dieses Foto spiegelt treu meine Person wider:
Es sind Charts an der Wand – ein Börsianer kündigt sich an. Vor der Schreibmaschine: Journalist. Große Zigarre im Mund: ein Wohlleber. Alles zusammen: ich in meinen jungen Jahren.

Auch ich fing klein an

Ich habe gewiß ein sehr schlechtes Gedächtnis, besonders für Ziffern und Namen, aber an meine ersten Börsengeschäfte werde ich mich, wie ein Don Juan an sein erstes Abenteuer, immer erinnern.

Ende der zwanziger Jahre hatte ich in Paris mein erstes Börsenerlebnis. Der Tip kam vom Bürodiener unserer Firma. Die erste Riesenaktion: Barkauf von zwei Aktien der französischen Eisenerzgesellschaft Laurium zu rund 400 Francs und der Kreditkauf auf Termin von 25 Aktien der englisch-portugiesischen Minengesellschaft Moçambique zu 30 Francs das Stück.

Die Tendenz war ganz auf Hausse gerichtet. Es war eine Einbahnstraße, wie hätte es anders sein können im Rausch der Inflation. Man mußte nur heute kaufen und morgen verkaufen oder morgen kaufen und übermorgen verkaufen. Leicht konnte ich mit den beiden Aktien mein Stammkapital verdoppeln.

Nur Ideen muß man haben, dachte ich und war der festen Überzeugung, die Börse sei die größte Erfindung der Welt. Seitdem ist fast ein halbes Jahrhundert verflossen, und ich bin noch immer derselben Auffassung, um so mehr, weil ich seitdem ausschließlich von Börsenoperationen gelebt habe, gut gelebt sogar. Und gut zu leben heißt für einen Ungarn nicht dasselbe wie für einen Schotten. Natürlich bin ich der Ansicht, daß die Börse nicht nur die wichtigste, sondern auch die schönste Erfindung des kapitalistischen Systems ist.

Mit meinem verdoppelten Kapital kaufte ich wieder auf den Rat des Dieners 25 Maltzoff- und 25 Lianosoff-Aktien, die trotz des Kommunismus in Rußland noch immer an der Börse in Paris notiert wurden. Sie waren eigentlich wertlos, aber in der Euphorie war es gleichgültig, ob eine Aktie wertlos war oder nicht, Hauptsache, man konnte darin spielen. Natürlich stiegen die Nonvaleurs wie auch alles übrige. Mein Geld verdoppelte sich wieder, und ich war plötzlich ein Minikapitalist mit einer Barschaft von sage und schreibe 200 Dollar, deren Kaufkraft heute 30 000 Mark entsprechen würde.

Da mein Erfolg moralisch und materiell vollkommen war, wollte ich auch den Ort des Geschehens aufsuchen. Einer meiner Kollegen übernahm die ehrenvolle Pflicht, mich mit meiner neuen Liebe, der Börse, in physischen Kontakt zu bringen. Es kam ihm ungefähr so vor, als führe er einen jüngeren Freund zum ersten Male ins »Maison de Joie«.

Doch meine damaligen Eindrücke waren nicht besonders gut. Alles kam mir spanisch vor. Es wurde ein unverständlicher Jargon gesprochen, komische Worte, mysteriöse Ziffern. Hunderte von Menschen, greise und junge, rasten von einer Telefonzelle in die andere, flüsterten vertrauliche Informationen in die Ohren der Männer, die am Telefon hingen.

Sie sprachen mit London, Amsterdam oder Mailand. In einer Stadt kauften sie eine Aktie, in der anderen verkauften sie sie wieder. Sie spekulierten nicht auf Kursverschiebungen in der Zeit, sondern auf Preisdifferenzen im Raum, zum Beispiel zwischen Paris und London. Ich verstand nichts von diesem Tohuwabohu, nur eines hörte ich klar heraus: daß jeder den besten Tip besaß, daß jeder ein Prophet war oder mindestens ein Genie.

In diesen Tagen war ich nur ein Wickelkind an der Börse, aber etwas gefiel mir nicht. Ich hatte den Eindruck, alles sei nur Bluff. Die zerfahrenen Erklärungen der Tips schienen mir kindisch, primitiv und ohne jede Logik und Überlegung. Mein Entschluß war gefaßt. Wenn alle *à la hausse* spekulieren, dann muß ich haargenau das Gegenteil machen. Von meinem Mentor hatte ich erfahren, daß man auch auf die Baisse spekulieren könne. Mein Entschluß war gefaßt. Ich wollte nun meine Karte auf Baisse setzen, mit fallenden Kursen verdienen und zu gleicher Zeit die Genugtuung haben, daß alle diese Großmäuler verlieren würden. Gesagt, getan. Die Technik der Baissespekulation war schnell begriffen, ich mußte auf Termin Aktien verkaufen, die ich noch gar nicht besaß, und so ging ich mit einem Sortiment von kleinen Werten à la baisse, die mir besonders verdächtig erschienen.

Dieser erste Börsenentschluß entschied mein Schicksal für die nächsten Jahre. Ob es Spürsinn war oder einfach nur Glück, eine erfolgreiche Periode meines Lebens hatte begonnen. Die Jahre, die nun kamen, waren die finstersten Zeiten der Wirtschaftsgeschichte, und das ganze kapitalistische System hing an einem dünnen Faden. Börsenkrachs haben wir seitdem viele gehabt, aber sie wurden überstanden, und auch die Wunden der Wertpapierbesitzer heilten in kurzer Zeit.

Ich hielte es für wünschenswert, wenn junge Männer und Mädchen schon in ihren Schuljahren in die Börsenpraxis und, wenn möglich, in die Börsenphilosophie eingeführt würden. Der Umgang mit Wertpapieren wäre ihnen dann später vertraut wie unseren Müttern Kochen und Haushalt. Die beste Methode bleibt das persönliche Training.

Der Börsianer lebt von seinen Erfahrungen und Überlegungen und von seinem Spürsinn. Der Engländer sagt: *My home is my castle*. Des Börsianers Devise ist: *My nose is my castle*.

Geschichten
aus dem Börsenkindergarten

Hafer und Fußball

Meine erste Konfrontation mit der Börse hatte ich jedoch schon 15 Jahre früher, und gerade diese blieb mir paradoxerweise in schlechter Erinnerung.

Es geschah im Budapest meiner Kindheit, und ich war gerade in dem Alter, wo man mit Murmeln spielt. Im täglichen Leben des damaligen Ungarn erstrahlte die Getreidebörse in einem ganz besonderen Glanz. Das Land war Großproduzent von Brotgetreide, Mais und Hafer. Es war der lebhafteste Markt von ganz Europa. Man machte hier gewaltige Umsätze; Telegramme aus Übersee, Verkaufs- und Einkaufsorders ergossen sich über die Stadt und gaben ihr einen ungewöhnlichen Auftrieb. Die Riesengeschäfte boten auch Gelegenheit zu Spekulationen kleineren Umfangs, an denen jedermann sich beteiligen konnte, und das war etwas, was der fröhlichen Mentalität der Ungarn sehr lag.

Das Getreide war also »in aller Munde« – und genauso alles, was seinen Kurs beeinflussen konnte. Das Hauptelement bei diesem Spiel, nun ja, das war das Wetter, die Farbe des Himmels, die zu starke Sonne, die die Ernte gefährdete, oder der Regen, der sie verbessern würde.

Der Kurs stieg oder fiel wie der Wetterfrosch auf den Sprossen seiner Leiter, je nach den Wetterberichten. Auf den in der Stadt so zahlreichen Kaffeehaus-Terrassen, an den Straßenecken hielt man, besonders in jenem überaus trockenen Sommer, eifrig nach Wolken Ausschau, denn wenn kein Regen kam, war die Halerernte in Gefahr. Sogar die hohen Militärs machten sich Sorgen, weil damals dem Hafer die

Rolle zukam, die das Benzin in einer modernen Armee spielt. Zu den meteorologischen Kümmernissen des Augenblicks gesellte sich eine neue Sorge: das Fußballspiel, das die ungarische Elf gegen eine ausländische Mannschaft austragen sollte.

Es ging um die sportliche Ehre, die jedermann als ein schwerwiegendes persönliches Anliegen betrachtete. Dem so lang erwarteten sportlichen Ereignis gelang es sogar, die lähmende Schwüle dieses zu heißen Sommers zu überwinden.

Ich war doppelt erregt. Es war mein erstes wirkliches Fußballspiel, und darüber hinaus sollte ich zu diesem neuen Vergnügen von meinem Lieblingsonkel mitgenommen werden.

Am Morgen des Wettspiels sprang ich Hals über Kopf aus dem Bett, um den Himmel zu begutachten. Aber ach, der Horizont war ganz bezogen, eine Menge grauer Wolken kam herauf, getrieben von einem regenbringenden Wind, die Luft war schwer, man hörte schon fast den Donner grollen. Ich wurde von Unruhe ergriffen, und ebenso mein Vetter, der auch zum Sportfest mitkommen sollte.

Den ganzen Vormittag über verschlimmerte sich die Lage immer mehr, und im selben Maße wuchs unsere Enttäuschung.

Dennoch trafen wir zur festgesetzten Stunde bei unserem Onkel ein und waren überzeugt, daß er ebenso betrübt sein würde wie wir. Welche Überraschung! Seine Augen strahlten, er lächelte glücklich und zufrieden und rieb sich die Hände, als sei ihm gerade ein guter Coup gelungen. Gewöhnlich war er nie häßlich zu uns Kindern, nicht einmal im Scherz. »Meine lieben Jungen, welch ein Tag, seht nur, es regnet in Strömen, das Fußballspiel ist abgesagt.«

Meinem Vetter und mir verschlug es die Sprache. Kein Fußballspiel! Und er wagte es, von einem schönen Tag zu sprechen. Soviel Gemeinheit war uns unverständlich.

Und mit noch größerer Grausamkeit fuhr er fort: »Das ist wirklich fabelhaft, dieser Regen ist prächtig!«

Es war nicht zu glauben. Dann rief er: »Ihr versteht aber auch gar nichts. Der Regen ist ein Glück! Morgen wird der Hafer an der Börse fallen. Ich habe seit Wochen darauf gewartet.«

Der Onkel hatte recht, am nächsten Tag gab es einen Börsensturz beim Hafer, die Ernte war gerettet. Diejenigen, die auf Baisse spekuliert hatten, konnten den erwarteten Gewinn einstreichen, und die Militärs waren beruhigt – alles auf Kosten unseres Fußballspiels.

Dieses ins Wasser gefallene Vergnügen hatte die Börse auf dem Gewissen, aber am gleichen Tage schwor ich mir, zu gegebener Zeit Rache dafür zu nehmen.

Die Raffiaspekulation meines Bruders

Der erfolgreiche Spekulant muß ein scharfsinniger politischer Analytiker, aber auch ein geschulter Massenpsychologe sein. Denn er hat zur selben Zeit zwei Rätsel zu raten: die politischen Ereignisse und die Reaktion der Sparer auf diese. Bei jenen kann man noch eine gewisse logische Entwicklung ermessen, die Reaktion der Sparer aber folgt ganz eigenen, kapriziösen Gesetzen. Wie ich schon erwähnt habe: Wie oft erlebten wir, daß ein Kriegsausbruch die Kurse in die Höhe sausen ließ, aber auch das Gegenteil, wie Aktienpreise auf die gleichen Nachrichten hin in die Tiefe stürzten. Die alte Börsenweisheit »Kaufen beim Donner der Kanonen, verkaufen bei der sanften Musik der Violinen« gilt heute nicht mehr. Denn was alle wissen, ist keine Weisheit mehr an der Börse. Gewogen und geeicht muß der sein, der sich in dieses Gedränge einläßt.

Ich selbst habe schon vor sehr langer Zeit, noch als Kind, am eigenen Leib erfahren, daß man mit Spekulationen den Tagesnachrichten nicht hinterherlaufen darf.

Und zwar: Der Pulvergeruch in den ersten Sommertagen des Jahres 1914 hatte ein wahres Spekulationsfieber ausgelöst. Man stürzte sich vor allem auf die Waren, bei denen Gefahr bestand, daß sie nicht mehr nach Ungarn eingeführt werden könnten. Deshalb stiegen die Kurse für ausländische Erzeugnisse. Man spekulierte mit allem, mit den verschiedensten Waren – Vanille, Pfeffer, Gewürznelken und so weiter. Vor allem spekulierte man mit Raffia, denn Raffia war unentbehrlich im ungarischen Weinbau. (Winzer brauchen dessen Blätter für die Herstellung von Bast.)

Mein Bruder war damals Volontär in einer Großbank, die sich auf Rohstoff-Finanzierungen spezialisiert hatte. Er bekam einen Börsenwink über Raffia. Mit einigen Freunden kaufte er auf Pump bei der Bank einige Kontrakte des wertvollen Strohs auf den Namen eines weniger wertvollen Strohmannes. Der Preis war damals durch die Spekulation schon stark überhöht.

Das Glück schien zuerst der Raffiafaser hold zu sein. Der Krieg brach aus, und ihr Preis schnellte wie ein Pfeil in die Höhe. Doch die Kriegsnachrichten machten den jungen Spekulanten einen Strich durch die Rechnung. Und zwar einen dicken. Die österreichisch-ungarische Armee stieß blitzschnell tief nach Serbien vor, gleichzeitig gelangten die deutschen Truppen bis an die Marne. Der alte Feldmarschall Hindenburg schlug die Russen in Ostpreußen. Die Scheinsiege an drei Fronten ließen auf einen baldigen Frieden hoffen; alles würde bald wieder normal werden.

Die Raffiakurse begannen zu gleiten ... und das Strohkonto war schon stark im Debet. Die Bank forderte neue Zahlungen, aber leider waren die Taschen alle leer ...

Das Gesicht meines Bruders wurde vom Frühstück bis zum Abendbrot immer länger, und jeden Tag ein bißchen mehr. Ein Haussepunkt ließ ihn aufatmen, drei Baissepunkte stürzten ihn um so tiefer in Verzweiflung. Wir alle erlebten dieses ständige Auf und Ab intensiv mit. So wichtig uns die Nachrichten von den Fronten waren, genauso wichtig waren uns ihre Auswirkungen auf den Börsenkurs der Raffia. Mein Bruder wurde von Furcht geschüttelt, als er sich darüber klar wurde, daß mein Vater seinen Hilferufen kein sehr williges Ohr leihen wollte. Auch die mütterliche Vermittlung machte den Vater nicht freigebiger. Wir zitterten alle, als mein Bruder, durch die Forderungen der Bank in Panik versetzt, sogar von Selbstmord sprach. Das Schreckgespenst eines Dramas schwebte über dem ganzen Haus.

Schließlich wurde sich mein Vater der drohenden Tragödie bewußt; er erkannte, daß mein Bruder es als Ehrensache betrachten und Ernst machen würde. Er bewilligte ihm die notwendige große Summe.

Seitdem wurde das Wort Raffia in unserer Familie gemieden wie der Strick im Hause eines Gehenkten. Es gab keine Tragödie, die Familienehre blieb unangetastet. Aber ich, ich bekam das rote Fahrrad nicht, von dem ich geträumt hatte...

Kaum war dieser gefährliche Spekulantennotstand überwunden, da kam die Marneschlacht und mit ihr die Rückschläge an den anderen Fronten. Die Hoffnungen auf einen raschen Sieg waren dahingeschmolzen. Der Krieg zog sich hoffnungslos hin. Die Raffiakurse kletterten rasch den Berg wieder hinauf und gewannen alles wieder, was sie verloren hatten. Aber nun war es zu spät...

Und das Ende der Geschichte: Die handelnden Personen, meine Eltern, mein Bruder sind längst alle tot. Die Raffiaspekulation erscheint mir heute so winzig, so simpel im Vergleich zu den gigantischen Spekulationen auf den Weltmärkten (der damals erwartete Gewinn entspräche heute dem Gegenwert eines Abendessens in New York). Aber ich fühle heute noch den Schreck von damals in den Knochen: Er blieb mir ein Memento fürs Leben, ein Memento für meine Spekulationen.

Die Oceanic

Die verschiedenen Zweige der Familie Société Anonyme, Limited, Aktiengesellschaft, Corporation haben einen gemeinsamen Vorfahren: das Abenteuer.

In Rom predigte Cato, der viel über die Fragen des Geldes und des Zinses philosophierte, daß für den Betrieb von Handels- und Schiffahrtsunternehmungen Gruppen, d.h. Gesellschaften gegründet werden sollten.

»Man soll ein Schiffahrtsunternehmen nicht allein beginnen. Um ein Schiff auf See zu schicken, tut euch zusammen mit neunundvierzig eurer Freunde und macht alle fünfzig zusammen den Versuch.«

Der Ausdruck »Abenteuer« hinterläßt heute einen schlechten Nachgeschmack, aber im 17. Jahrhundert hatte er eine sehr genaue rechtliche Bedeutung: Das »Abenteuer« war ein kaufmännisches Unternehmen, öfter noch ein Kolonialunternehmen, das gegründet worden war, um ein gewagtes Geschäft oder eine Expedition auszuführen. Die Gründer der Gesellschaft, die Aktionäre, trugen offiziell den Namen Abenteurer. Diese Bezeichnung findet sich noch heute in den Urkunden der ältesten Aktiengesellschaft, der 1670 gegründeten anglokanadischen Gesellschaft Hudson-Bay. Traditionsgemäß beginnt der Präsident die Eröffnungsrede bei der jährlichen Generalversammlung mit der Anrede: »Meine Herren Abenteurer«, was unter der Mahagonidecke des großen Sitzungssaals ungewöhnlich gravitätisch klingt.

Abenteuer... Abenteurer – das sind Ausdrücke, die in unseren Ohren zugleich anrüchig und romantisch sind.

Und wer hat nicht seine Abenteuer, zum mindesten finanzielle?

Die meinen (jedenfalls das erste) datieren noch aus der Zeit der lateinischen Übersetzungen und der kurzen Hosen, als ich in Budapest aufs Gymnasium ging.

Der kleine Kreis von Kameraden, zu dem ich gehörte, hatte sich in löblichem Streben nach Kultur feierlich »Literarische und musikalische Gesellschaft« getauft.

Ich war zum Kassenwart ernannt worden, und da ich meine Funktion sehr ernst nahm, verfolgte ich die allgemeine Wirtschaftslage mit ebensoviel Leidenschaft wie berufsmäßiger Gewissenhaftigkeit.

Es war die Zeit, da ganz Mitteleuropa unter der Springflut der Inflation den Siedepunkt erreicht hatte. Bei Büroschluß stürzte man sich nicht auf die lustigen Karikaturen in den Zeitungen, sondern auf die Börsenkurse.

Ungarn lebte im Rhythmus der Kronen-Schwankungen in Zürich, und die Krone stürzte senkrecht ab.

Die Wirtschaft war völlig in Aufruhr, und es konnte passieren, daß sich die Kurse von heute auf morgen verdoppelten oder verdreifachten. In dieser Treibhausluft schossen die Gerüchte wie Pilze aus dem Boden – und manchmal wie Giftpilze.

Alle möglichen Informationen tuschelte man seinem Nachbarn ins Ohr. Natürlich büßten sie bei jeder Weitergabe an Wahrheit ein. Und wer hatte nicht einen Freund, dessen Friseur durch die Portierfrau des Bankdirektors (oder aus ähnlicher Quelle) ganz genau wußte, daß man dieses oder jenes Papier kaufen sollte!

Man mußte schon sehr standhaft sein, um nicht Lust zu verspüren, auf diesem großen Ball der Spekulation mitzutanzen, sich in diesen Wirbel zu stürzen, wo man reich werden konnte, ohne genau zu wissen, wie!

Natürlich waren auch wir Kinder von der Spekulationswut angesteckt. Hätten wir gestern diese oder jene Aktie gekauft, so hätten wir heute das Dreifache in der Kasse. Man müßte es einfach versuchen.

Diese Überlegung quälte mich unablässig. Ich wollte ja gar nicht den Teufel versuchen, nicht in einem Tage Millionär werden, sondern nur die neueste Ausgabe des Großen Brockhaus kaufen können, wenn allerdings auch zu einem sehr teuren Preis.

Eines Morgens hörte ich meinen Vater am Telefon sagen, die Regierung führe Verhandlungen, um die durch den Waffenstillstand von 1918 verlorenen Schiffe wiederzuerlangen, und ein Boom für die Schiffahrtsgesellschaften bahne sich an.

Soll man einen väterlichen Tip in Zweifel ziehen? Das war unmöglich. Diesmal hieß es handeln: großer Kriegsrat im Gymnasium über eine Liste der Schiffahrtsgesellschaften.

Die Mittel des Klubs waren beschränkt, wir konnten also nicht zu einem Großangriff übergehen. Die »Oceanic« lag preislich in unserem Rahmen; sie wurde gewählt. Wir setzten bereits unser ganzes Vertrauen in die Ladungen Getreide oder Kohlen, die uns das Glück bringen sollten. Zitternd ging ich zur Bank und gab den Auftrag. Die Würfel waren gefallen.

Ein paar Tage später gab es eine schöne Panik. Ein neuer Finanzminister begann einen Feldzug für eine Preis-Baisse. Der Angriff gegen die hohen Lebenshaltungskosten traf die Luxusindustrie ebenso wie die ambulanten Händler – und noch mehr die Aktien.

Die »Oceanic« trieb steuerlos dahin. Bald forderte die Bank eine Erhöhung der Deckung, und wo sollte ich die Mittel hernehmen?

Eine nette Kusine erwies sich zum Glück einsichtsvoll und ließ sich überreden, ihre Ersparnisse für die gute Sache zu opfern. Der zweite Vorstoß ins Land der Hoffnung war unternommen.

Tatsächlich dauerte die neue Baisse-Welle nur kurz. Der Minister verlor den Verstand bei diesem Abenteuer, trat von der politischen Bühne ab und kam ins Irrenhaus; er wurde zur Zielscheibe des allgemeinen Spottes. Die Hausse kam wieder.

Kaum hatte sich die »Oceanic« erholt, da verwandelte sie sich zur allgemeinen Erleichterung in zehn Bände des heißersehnten Brockhaus, und außerdem sprang bei diesem Geschäft noch die Britische Enzyklopädie heraus.

Alles ging gut. Es war uns nur ein kleiner Irrtum bei unserem schönen Geschäft unterlaufen: Einige Tage nachdem diese erste Begegnung mit der Welt der Finanzen abgeschlossen war, entdeckte ich, daß die »Oceanic« keineswegs eine Schiffahrtsgesellschaft war, sondern ... Fischkonserven herstellte!

Und die Moral von der Geschichte: Ich habe ziemlich früh gelernt und konnte das später nutzbringend anwenden, daß es nicht immer notwendig ist, gut informiert zu sein, wenn man an der Börse verdienen will.

Erfahrungen mit Insiderspekulationen

Der Anruf aus Zürich

Vor mehreren Jahrzehnten rief mich mit aufgeregter Stimme ein alter guter Freund, Ernst Gall, aus Zürich an, damals der erste Prokurist und Börsenhändler des großen Bankhauses Julius Bär & Co. Man müßte Aktien von »Papier St. Moritz« kaufen. »Warum?« – »Egal, ganz egal«, war die Antwort. »Sie werden steigen.« Die aufgeregte Stimme verriet mir, daß mein guter Freund zwar keine Erklärung geben konnte, aber fest überzeugt war. Hier hilft nur Glaube, dachte ich, vox populi, vox dei, und ich kaufte »Papier St. Moritz« zum Kurs von 162.

Als er den Hörer auflegte, fiel mir plötzlich ein, daß ja auch der Präsident der Papierfabrik La Chapelle (das einzige Aktivum der »Papier St. Moritz«) ein guter Bekannter von mir war: Monsieur George Hereil, ehemaliger Präsident der Sud Aviation, Schöpfer der Caravelle, später Präsident von SIMCA und Vizepräsident von Chrysler.

Die Antwort auf meine Frage, was er von diesem Papier halte, war niederschmetternd: »Der Preis an der Züricher Börse ist ein glatter Nonsens, der Buchwert ist kaum vierzig Franken, gar keine Aussicht auf Dividenden. Es ist ein Unfug der Spekulation, den Kurs so in die Höhe zu treiben. Die in Zürich sind verrückt geworden, die Aktie ist um den Preis glatt abzustoßen und bestimmt nicht zu kaufen.«

Die Heftigkeit, mit der er seine Auskunft unterstrich, veranlaßte mich, die Angelegenheit etwas näher anzuschauen. Ich stellte tatsächlich fest, daß der Preis unverhältnismäßig hoch lag und der Präsident recht hatte. Doch überzeugt davon, daß die Börsentorheit keine Grenzen kennt, traf ich meine Dispositionen.

Ungeduldig wartete ich den nächsten Tag ab, um meinen Freund bei Bär zurückzurufen. »Sie sind ein Feigling, nicht mehr gekauft zu haben«, tönte es mir aus dem Telefon entgegen. »Heute steht ›Papier St. Moritz‹ schon auf 165.«

Es machte mir Spaß, einem Bankier eine Lektion zu erteilen, obwohl er mein guter Freund war. Ich wiederholte ihm wörtlich, was mir Präsident Hereil mitgeteilt hatte und was ich selbst feststellen konnte. Vom anderen Ende der Leitung war eine verängstigte Stimme zu hören: »Was sollen wir tun, Herr Kostolany, wollen Sie wieder verkaufen?«

»Was wir tun sollen? Kaufen Sie mir weitere ›St. Moritz‹ dazu.« Es folgte eine lange Pause, ich sah meinen Freund als stummes Fragezeichen vor mir. Ich setzte hinzu: »Ich wollte Ihnen nur zeigen, welche Bedeutung ich der Bilanzanalyse und einer Insiderinformation beimesse, selbst wenn diese von Präsidenten stammt.«

Am nächsten Tag erzählte ich am Stammtisch meinen Freunden von diesem extravaganten Entschluß, auch sie können als Zeugen auftreten. Dann vergaß ich die ganze Angelegenheit. Einige Monate später las ich in der *New York Times* über die Entwicklung der St.-Moritz-Aktien, die gerade von 1 200 auf 1 400 gesprungen waren. Ich rief meinen Freund in Zürich wieder an und verkaufte fröhlich alle meine »St. Moritz«.

Als er mir die Ausführung am Telefon meldete, fragte ich ihn – eigentlich im Scherz: »Nun, lieber Herr Gall, habe ich einen guten Tip gehabt?« Beleidigt antwortete mein Züricher Freund: »Wieso denn Sie? Ich habe doch den Tip gehabt!« (Er hatte ja nicht unrecht.)

Einige Zeit später stiegen die »St. Moritz« noch höher, und dann verschwanden sie von der Börse, da die Firma von der englischen Gesellschaft Bowater zu einem hohen Preis übernommen wurde. Erst kürzlich unterhielt ich mich mit Präsident Hereil über diese Geschichte, und wir lachten herzlich darüber. Heute kennt auch er, was er damals nicht kennen konnte: die finsteren Fusionspläne von Bowater. Seine Bilanzanalyse war absolut richtig gewesen, doch *der Analytiker denkt, und die Börse lenkt.* Die Börse ist keine Wissenschaft, sondern eine Kunst. Genau wie in der Malerei muß man auch an der Börse für Surrealismus Verständnis haben. Auch wenn der Kopf manchmal unten und die Beine oben sind. Und werden nicht solche Bilder oft von Tausenden bewundert? Ich kaufte »Papier St. Moritz« nicht trotz der schlechten Informationen, sondern vielmehr gerade deshalb.

Oft denke ich an dieses amüsante Abenteuer, wenn ich sehe, mit welch wissenschaftlicher Exaktheit die Analysten arbeiten. Man macht Computeranalysen, zeichnet genaue Kurven, macht Berechnungen, man multipliziert, dividiert, subtrahiert, um die zukünftige Kursentwicklung der Aktien festzustellen.

Und dann kommt doch alles anders.

Das Palace Hotel in St. Moritz

Wenn ich in einer Stadt ankomme, ist der Taxifahrer meine erste Informationsquelle. Während der Fahrt frage ich ihn, was er verdient, wieviel er zum Leben braucht, wie hoch die Preise sind, nach seinen innen- und außenpolitischen Einstellungen, nach seinen Reaktionen auf die internationalen Ereignisse usw. Und das geht so während des ganzen Tages, bei den verschiedensten Leuten, mit denen ich zusammentreffe.

Was die Tagesnachrichten betrifft, so beginne ich mit dem Rundfunk um sieben Uhr morgens, ich höre die Nachrichten aus verschiedenen, auch kommunistischen Ländern, da die Ereignisse je nach dem Land verschieden interpretiert werden. Die Zeitungen brauche ich nicht besonders zu erwähnen. Beim Zeitunglesen habe ich die Routine gewonnen, die für mich wichtigsten Nachrichten sofort zu bemerken. In den Zeitungen interessieren mich die Nachrichten viel mehr als die Kurse, denn die Kurse sind – wie schon gesagt – bereits Vergangenheit, die Nachrichten aber sind eventuell die Kurse von morgen.

Ohne Zweifel bedeutet an der Börse »informiert« sehr oft »ruiniert«. So ist es auch mir einmal anfangs der dreißiger Jahre ergangen, als ich einen Winter in St. Moritz verbrachte. St. Moritz war damals ein Symbol für Luxus und Reichtum. Das Palace Hotel mit Halle, Bar und Grill spielte eine besondere Rolle. Es war der Treffpunkt der internationalen Hochfinanz, der Playboys und der Prominenz aus aller Welt.

Der Leser kann mich also mit Recht fragen, was ich in diesem exklusiven Kreis zu suchen hatte. Als Zuschauer absolvierte ich meine Lehrjahre im kosmopolitischen Lebensstil und gewann dadurch Lebenserfahrung, die mir bis heute nützlich ist. Diese kleine farbige Welt ist verschwunden wie der Schnee vom vergangenen Jahr. Wenn ich aber heute durch die Halle des Palace gehe, sind die Geister der Vergangenheit noch immer lebendig. In einer Ecke der Halle sehe ich den Autokönig *André Citroën* – es war noch vor seiner Pleite. An einem anderen Tisch sitzt *Sir Henry Deterding,* Herr des Royal-Dutch-Shell-Konzerns. In seiner Nähe diniert die Konkurrenz: *Mr. Walter C. Teagle,* Präsident der Standard Oil. Nach dem Dorfklatsch trafen die beiden Potentaten des Erdöls (die Vorfahren von *Scheich Jamani und Co.)* jedes Jahr hier zusammen, um ihre Probleme zu besprechen: Preise, Märkte, Öl. Genau wie heute die Öl-Scheichs in einer OPEC-Konferenz. Zwei Schritte von ihnen sehe ich *Kees van Dongen,* den weltberühmten Maler, und *Charlie Chaplin.* Nie fehlte hier mein Landsmann *Dr. Arpad Plesch,* der brillante Spekulant und größte Fachmann für Goldanleihen. Auf der anderen Seite saß im immer gleichen Fauteuil und in Gedanken versunken *Dr. Fritz Mannheimer,* der einflußreichste Bankier dieser Zeit, ein gebürtiger Stuttgarter, Chef des Bankhauses Mendelssohn & Co. in Amsterdam. Er hatte als Devisenhändler nach dem Ersten Weltkrieg in Amsterdam begonnen, wo er als Vertreter der Deutschen Reichsbank fungierte und die Aufgabe hatte, durch Interventionen den Kurs der deutschen Reichsmark zu stützen. Seine Tätigkeit war sehr erfolgreich, weniger für die Reichsbank als für ihn selber. Denn die Reichsmark fiel auf Null; Dr. Mannheimer aber schuf sich ein Vermögen. Mit den verdienten Millionen gründete er den holländischen Zweig der Berliner Firma Mendelssohn & Co. und wurde später unter anderem Bankier der französischen und belgischen Regierungen. Als ungekrönter König des damals so wichtigen Finanzplatzes Amsterdam imponierte er mir natürlich am meisten. Er war untersetzt, arrogant, sich seiner Macht und Bedeutung wohl bewußt.

Ich verfolgte diese Show im Palace mit den Augen eines Privatdetektivs, analysierte die Gesten der auftretenden Figuren, ihre Physiognomien und hätte gern ihren Gesprächen gelauscht. Sicher sprachen sie nicht über das Wetter!

Und durch einen merkwürdigen Zufall wurde meine Neugier befriedigt. Eines Abends klopfte der Page an meine Tür und überreichte mir ein Telegramm, das ich ungeduldig aufriß. Der Text bestätigte die Ausführung eines gigantischen Kaufauftrags von vielen tausend Royal-Dutch-Aktien auf allen Märkten der Welt (im Gegenwert von mehreren Millionen Gulden).

Ich verstand nicht, worum es sich handelte, wendete das Telegramm und sah erst jetzt, daß es an Dr. Mannheimer adressiert war. So ein Irrtum kann sogar im Palace vorkommen! Mein Zimmer lag auf der Schattenseite, genau gegenüber der auf der Sonnenseite liegenden Suite von Dr. Mannheimer. Heute, einige Jahrzehnte später, fühle ich noch immer den Schock, der mich damals durchfuhr. Ich war plötzlich in die Geheimnisse der Götter eingeweiht. Erst vor einigen Tagen hatte ich in einer Ecke Sir Henry mit Dr. Mannheimer in lebhaftem Gespräch entdeckt. Die haben, so dachte ich mir, gewiß etwas ganz Besonderes in Royal Dutch ausgekocht. Das war unmißverständlich.

Ich läutete dem Pagen, gab ihm das Telegramm verschlossen zurück und versuchte Ordnung in meine aufgescheuchten Gedanken zu bringen. Damals war ich Baissespekulant. (Das hatte mir schließlich erlaubt, Gast im Palace Hotel zu sein.) Ich war aus wirtschaftlichen und politischen Gründen pessimistisch und für Haussetips nicht besonders empfänglich. Es war auch noch mitten in der großen Baisseperiode dieser Zeit. Aber eine solche Auskunft, die mir ein teuflischer Zufall zugespielt hatte, so etwas passiert kaum zweimal im Leben! So einem Tip muß man folgen. Und ich folgte ihm. Ich kaufte mir Royal Dutch, und von diesem Augenblick an begann der Kurs zu fallen – bis auf ein Drittel meines Kaufpreises. Ich verlor das ganze Geld, das ich in diesen Tip gesteckt hatte.

Ich habe nie erfahren, was die beiden in der Halle des Palace besprochen hatten. Ich weiß nur, daß die Firma Mendelssohn, Amsterdam, im Herbst 1939 mit großem Skandal Bankrott machte, daß das Börsenspielkonto Dr. Mannheimers mit riesigen Schulden belastet war. Aus meiner Erfahrung konnte ich jedenfalls zwei Schlüsse ziehen: Ein großer Finanzier kann auch ein schlechter Spekulant sein, und beim Wintersport kann man auch lehrreiche Börsenerfahrungen sammeln.

Einer meiner intimen Freunde, *Adrien Perquel,* erzählte mir bei einem Mittagessen, daß er mit dem Vorstandsvorsitzenden der Compagnie Française de Petrole, einer der größten Erdölgesellschaften der Welt, eine lange Unterhaltung gehabt hatte und daß dieser ihm ausdrücklich bestätigte, daß die Aktien der Française Petrole bei einem Kurs von 10 000 (damaligen) Francs stark überbewertet seien. Ich hatte einen größeren Posten gehabt und war schon auf den kommenden Tag ungeduldig, um sie alle zu verkaufen. Es klingt fast wie ein Spaß, aber nachdem ich sie verkauft hatte, sind sie in den kommenden Monaten raketenhaft auf 60 000 Francs gestiegen. Und das war eine Insiderinformation.

Ich nehme an, der Präsident war in seiner Auskunft absolut bona fide, nur, wie ich es immer wiederholen muß, wissen Insider eben selber nicht, wie ihre Aktien an der Börse stehen werden.

Natürlich gibt es auch Fälle, wo Finanziers absichtlich irreführende Informationen oder Meinungen ausbreiten. Folgende Geschichte soll als Schulbeispiel gelten:

Der Vorsitzende einer bekannten Finanzgruppe in Frankreich, namens L., die schon einige an der Pariser Börse notierte Unternehmen kontrolliert, sagte mir einmal vertraulich, er wäre auf lange Sicht sehr optimistisch für die Aktien Hutchinson. Die Gesellschaft werde ganz neu organisiert, mit frischem Kapital aufgerüstet usw... Aber, fügte er hinzu, ich brauche noch nicht zu kaufen, er werde mir den gegebenen Augenblick signalisieren.

Ich erkundigte mich an der Pariser Börse bei meinem Makler, was bei dieser Aktie auf dem Markt vorgeht, und bekam folgende Information: Die Aktie war in der vergangenen Zeit von 250 auf 60 abgebröckelt, kein Mensch kümmerte sich um die Papiere, nur einen Käufer gab es auf dem Markt, die Gruppe L., die sie bei tiefen Kursen sammelte.

Komisch, dachte ich mir, es ist doch merkwürdig, daß der interessierte Finanzier mir den Ratschlag gibt, die Aktie vorläufig noch nicht zu kaufen. Gerade deswegen und aufgrund langer Erfahrungen kaufte ich die Aktie sofort. Einige Tage später fing die Hausse-Bewegung an und sprang bis 300, ja sogar 400, wo sie dann von einer anderen Gesellschaft übernommen wurde. Meine Insiderinformation war also: bis zum Signal nicht zu kaufen, denn es sei noch zu frühzeitig. Inzwischen hatte die Gruppe selber gekauft; das Signal kam erst bei 300. Über diese Insider kann sich jeder ein eigenes Urteil bilden.

Die Tannenbaum-Aktie

Welche Bedeutung aber präzisen Informationen bei Börsenspekulationen zukommen kann, lehrt die folgende amüsante Geschichte.

Es war während des Krieges in New York. Eines Tages rief mich eine gute Bekannte sehr aufgeregt aus einem Broker-Office an. Sie verbrachte Tage und Stunden in diesen Wertpapier-Banken in der Hoffnung, irgendeinen fetten Tip aufzuschnappen, der sich dann in einem neuen Nerzmantel oder in einem Armband materialisieren sollte. Seit Jahren wollte sie auch von mir Tips erfahren.

Zu meinem Erstaunen wollte sie diesmal nichts wissen. Im Gegenteil, sie hatte einen »not tip« für mich. Ganz erregt erzählte sie mir, daß sie in den Besitz einer phantastischen Information geraten sei. In einem vornehmen Broker-Office in der Fifth Avenue hatte sie zufällig (ich glaube, eher absichtlich) ein Gespräch zweier bedeutender Finanzleute mitgehört. Es handelte sich um eine gewisse Tannenbaum-Aktie, und wie sie aus dem Gespräch zu entnehmen glaubte, war das Unternehmen über den Krisenpunkt hinweg und ging nach der Meinung des Experten Professor C. einer definitiven Gesundung entgegen. Die beiden Herren beurteilten die Entwicklung der nächsten Wochen mit größtem Optimismus.

Die Dame bat mich, für sie diese Aktien bei einem meiner Broker zu kaufen. Ihrem ständigen Makler (in dessen Büro sie das Gespräch belauscht hatte) wollte sie den Auftrag nicht geben, da es ihr natürlich peinlich gewesen wäre, wenn man sie bei einer Indiskretion ertappt hätte. Außerdem bestand sie darauf, auch ich sollte von dieser Insiderinformation profitieren.

Ich war bereit, ihr den Wunsch zu erfüllen, aber ich suchte vergebens in der *New York Times* und im *Wall Street Journal* nach einer Aktie »Tannenbaum«. Endlich fand ich mit Hilfe meiner Broker-Freunde im Katalog der nichtnotierten Werte die Aktie einer Gesellschaft, die nicht Tannenbaum, sondern »Tannenberg Company« hieß. Sie fabrizierte irgendwelche kleine Bestandteilchen für die Rüstungsindustrie. Ihre Aktien standen auf ungefähr 5 Dollar, nachdem sie von 30 Dollar langsam abgerutscht waren. Das Unternehmen war wohl in Schwierigkeiten geraten und nun an dem Punkt angelangt, wo es sich langsam wieder von seiner Krise erholen würde.

Solche *Turn-around*-Situationen sind für die Spekulation immer die interessantesten, und gewiß war es dies, worüber die beiden belauschten Finanzexperten gesprochen hatten. Über all das informierte ich meine Bekannte, die jetzt fest davon überzeugt war, das Wort falsch verstanden zu haben, so daß es sich bestimmt um Tannenberg und nicht um Tannenbaum gehandelt haben mußte. Sie wiederholte daher ihren Wunsch, den Kaufauftrag für die Tannenberg-Aktien weiterzuleiten.

Ich führte den Auftrag aus, war aber skeptisch, zumal man ja, wie schon gesagt, mit den besten Insiderinformationen unter Umständen am sichersten zugrunde gehen kann und ich eher dazu neige, das Gegenteil von dem zu machen, was mir die Broker empfehlen. Ich kaufte also für meine Rechnung keine einzige der famosen Aktien. Leider! In wenigen Wochen stieg das Papier auf 30 Dollar. Ich war geradezu krank vor Ärger, meine Bekannte aber triumphierte. Der neue Nerzmantel war gedeckt, und sie lud mich zu einem Festessen ein. Sie machte mir schwere Vorwürfe, daß ich ihren Informationen aus so guter Quelle nicht gefolgt war. Aber was sollte ich sagen? Entweder hat man Prinzipien, oder man hat keine.

Dennoch war ich neugierig, was sich eigentlich in dieser Tannenberg Company abgespielt hatte. Und was mußte ich nach langen Untersuchungen erfahren? Eine »wahre« Komödie. Meine Bekannte hatte das Gespräch ganz richtig gehört. Es handelte sich tatsächlich nicht um Tannenberg, sondern um Tannenbaum, allerdings um keine Aktie, sondern um Herrn Joseph L. Tannenbaum, der schon ein alter Herr war und schwer krank. Seit Wochen schwebte er zwischen Leben und Tod. Das Flüstergespräch bezog sich auf seinen Gesundheitszustand. Er war es, der die Krise überstanden hatte und für den der Professor C. eine Erholung voraussagte.

Der Herr Tannenbaum war noch einige Monate krank, und trotz des Optimismus des Professors ist er dann schließlich doch gestorben. Da ich diese gute falsche Information nicht ausgenutzt hatte, war mein Ärger grenzenlos. Hätte ich nur geahnt, daß es sich um ein monumentales Mißverständnis handelte, so wäre ich bestimmt auf den falschen Tip eingestiegen. Da für mich jeder Tip a priori falsch ist, muß doch ein falscher »falscher« Tip richtig sein ... Minus mal minus gibt plus.

Verlasset Euch auf Prinzen!

Ich wurde einmal gefragt, ob es zuverlässige Insiderspekulationen gebe. Dazu kann ich zwei Geschichten erzählen:

Als junger Mann war ich Mitarbeiter einer Firma, unter deren Kunden sich Senior Bingen befand, ein Exbankier aus Genua, der Schwiegervater von André Citroën, dem genialen französischen Autoindustriellen. Er kaufte bei uns Citroën-Aktien, noch und noch, und diese stiegen langsam, aber sicher in die Höhe. Wer hätte über die Citroën-Aktien besser informiert sein können als Senior Bingen, und so traute ich mich in eine kleine Spekulation mit Citroën-Aktien gemäß meinen Mitteln. Es war nicht zu glauben, aber sechs Monate später ging Citroën in Konkurs, obwohl das Unternehmen sechs Monate früher noch 50 Francs Dividende zahlte. Nach dem Konkurs konnte es nicht einmal seine fälligen Wechsel bezahlen.

Dies war zwar keine Insiderinformation, aber im großen und ganzen gleichwertig. Die Gesellschaft ging pleite, und Monsieur André Citroën ist als armer Mann gestorben. Wie man später erfuhr, war dies nicht die Folge mangelnder Qualität des Unternehmens und seiner Produkte, die auch heute noch zu den besten Wagen der Welt zählen, sondern stand im Zusammenhang mit dem Charakter von André Citroën. Er war einer der begabtesten Großindustriellen Frankreichs, phantasievoll und optimistisch, und arbeitete mit großen Krediten. Leider wählte er sich schlechte Gläubiger aus. (Oft glaube ich, daß es wichtiger ist für einen Schuldner, einen guten Kreditgeber zu finden, als für den Gläubiger, einen guten Schuldner.) Citroën war auch ein großer Hasardspieler und hat an Wochenenden in Deauville groß Bakkarat gespielt. Als zwei große Privatbanken, die seine Kreditgeber waren, dies erfuhren, haben sie ihm plötzlich und radikal die Kredite gekündigt. Und so kam es zur Katastrophe für ein blühendes Unternehmen.

Das konnte auch Senior Bingen nicht voraussehen, der für seinen Schwiegersohn eine unbegrenzte Bewunderung hatte. Wie hätte ich es voraussehen sollen? Ich mußte einen ganz hübschen Verlust hinnehmen.

In meinen 70 Jahren Börsenleben profitierte ich zweimal, weil ich Insiderinformationen befolgt habe, und zweimal, weil ich genau das Gegenteil von dem machte, was ich nach der Information hätte tun sollen. Und unzählige Male hatte ich wegen Insiderinformationen Verluste.

Ich profitierte einmal von einer Insiderinformation, besser gesagt, ich konnte dank einer solchen Information, die ich mir selbst besorgte, einen großen Verlust vermeiden. Ich interessierte mich während des letzten Krieges in New York für europäische Regierungsanleihen, besonders solche, deren Schuldnerländer von der deutschen Armee besetzt waren.

Das war auch der Fall bei den Schuldnerscheinen des Königreichs Dänemark, die an der New Yorker Börse gehandelt wurden. Die Zinscoupons wurden bezahlt, aber die Frage blieb offen, ob eine sich gefährlich nähernde Rückzahlung möglich sei oder nicht. »Zahlen oder nicht zahlen« war hier die Frage für die dänische Regierung. Es handelte sich um 6prozentige Gutscheine, die an der Börse 60 Prozent des Nominalwertes notierten und die in sechs Monaten zu 100 eingelöst werden sollten. So ein anomaler Abschlag war für eine Anleihe dieser Qualität nicht denkbar, um so weniger, als die Schuldnerin, die dänische Regierung, in US-Banken einen großen Betrag an Dollars besaß.

Ich hatte von diesen Papieren schon ein kleines Paket zu einem Kurs 30:40 gekauft. Warum sollte man sie schon zu dem damaligen Kurs von 60:70 verkaufen, wohin sie langsam kletterten, wenn man in einigen Monaten einfach zum Schalter würde gehen können, um sie zu 100 einzulösen. In der Welt der Finanzen ist alles möglich, und der Appetit eines Spekulanten ist unbegrenzt.

Ich hatte einen Nachbarn, René de Bourbon-Parma (Bruder der kürzlich verstorbenen Kaiserin Zita), der der Schwiegersohn des Königs von Dänemark war. Ich hatte ihm einen Vorschlag gemacht, natürlich mit einem schönen Honorar, den er auch mit Freude akzeptierte: Er sollte nach Washington fahren, dort den Botschafter von Dänemark, den er gut kannte, aufsuchen und sich bei ihm erkundigen, ob diese fraglichen Anleihen am l. Dezember 1941 bezahlt werden sollten oder nicht. Zum festgesetzten Tag, zur festgesetzten Stunde rief mich der Prinz aus Washington an (Pünktlichkeit ist die Höflichkeit der Könige): »Die Anleihen werden nicht bezahlt!« Es war zwar nichts faul im Staate Dänemark, die Dänen hätten genügend Dollars in den USA, um ihre Schuldscheine einzulösen, aber sie hätten ihre Kassen leeren müssen und für andere Anleihen mit späterer Fälligkeit, die noch im Umlauf waren, keine Zinsen mehr zahlen können. Die Zinsen für die 6prozentigen Anleihen sollten auch weiter bezahlt werden, aber nicht das Kapital.

Ich konnte nun meine dänischen Papiere sehr günstig verkaufen, weil sie nur einen Monat vor Fälligkeit weiter in die Höhe stiegen und sogar 90 erreichten, wo ich dann die Courage hatte, auch leer zu verkaufen. Der Kurs hielt sich zu meiner Überraschung, ich begann sogar, an meinem Prinzen zu zweifeln. Doch es dauerte nicht lange, da erschien eines Morgens in der *New York Times* eine große Annonce mit dem Text: »Die Regierung von Dänemark bedauert, es ihren

Gläubigern schweren Herzens mitteilen zu müssen, daß ...« Der Rest war all das, was ich schon von dem Prinzen erfahren hatte. Die Anleihen stürzten auf 40 Prozent, meine Insiderinformation war von Erfolg gekrönt.

Aber seither traue ich nicht mehr der dritten Strophe, Psalm 143, König David, der besagt: »Verlasset Euch nicht auf Prinzen.«

Das Spielen auf dem Samt

Die Weekend-Spekulation

Die, wenn man so will, »sicherste« Variante der Insiderspekulation ist das sogenannte Spielen auf dem Samt. Hiervon spricht man, wenn der Informierte auch gleichzeitig am richtigen Hebel sitzt und das (von ihm erhoffte) Ereignis entscheidend mit beeinflußt. Und hierfür fallen mir drei typische historische Beispiele ein.

Ein Jahr hat 52 Wochenenden. Und keines ähnelt dem anderen. Jeder findet einen anderen Reiz in ihnen: Der eine spielt Golf, der andere begeistert sich für Ski, wieder andere haben Freude am häuslichen Garten. Und dann gibt es welche, die am Wochenende ihr materielles Schäfchen ins trockene bringen wollen. Sie spekulieren auf große politische, besonders aber finanzielle Ereignisse, die nach den zwei freien Tagen eintreten können.

Wenn sich eine Regierung zu einer großen finanziellen Transaktion, sagen wir zu einem Währungsharakiri, entschließt, ist es fast sicher, daß sie die 48 Stunden dazu aussucht, während deren Handelsherren, Bankleute, Finanziers auf der faulen Haut liegen. Es gab eine Zeit, in der die Herren Weekend-Spekulanten besonders unternehmungslustig waren. Sie verkauften schon am Freitagabend irgendeine Währung (ohne sie zu besitzen) mit Lieferung am Dienstag, in der Hoffnung, sie montags nach der Entwertung billig einkaufen zu können.

Schlug ihre Spekulation nicht ein, hatten sie nur einige Pfennige, das heißt die Spesen, verloren. Das war nur eine

Bagatelle für sie, während sie insgeheim ihre Hoffnung auf das große Geschäft setzten: Eine Ab- oder Aufwertung von 30 bis 40 Prozent konnte enorm große Gewinne einbringen, da Riesenbeträge investiert wurden. Die Gewinne, die man erlangen konnte, waren also ungleich größer als die minimalen Verluste, wenn die erwartete Entwicklung nicht eintraf. Und sie wiederholten diese Weekend-Spekulationen häufig und so lange, bis ihnen der große Coup gelang. Manchmal reüssierten sie, aber manchmal schlug die Spekulation auch dramatisch fehl. Was alles an Wochenenden passieren kann, möchte ich an einem Beispiel, an dem auch ich mehr oder weniger glücklich beteiligt war, illustrieren.

Ein berühmtes Weekend war das vom 19. zum 21. September 1931, ein Meilenstein in der Finanzgeschichte. Dieses Wochenende fiel zufälligerweise auf Jom Kippur, den höchsten jüdischen Feiertag. Während dieses Wochenendes gab die Regierung Seiner Majestät bekannt, daß Großbritannien den Goldstandard aufgäbe. Das verursachte selbstverständlich auf den internationalen Finanzmärkten eine sofortige Entwertung des englischen Pfundes um 40 Prozent. Die großen Verlierer waren zahlreiche Devisenhändler, die wieder einmal falsch lagen.

Seit Monaten hatten sie auf den Sturz der spanischen Peseta spekuliert. In Spanien herrschte schon seit einiger Zeit ein großes Chaos, das fünf Jahre später sogar zum blutigen Bürgerkrieg zwischen den Linksparteien und General Franco führte. Der Untergang der Peseta schien aber schon damals unvermeidlich, so meinten wenigstens die Spekulanten und Währungsexperten.

Nun, wenn man auf den Sturz einer Währung spekulieren will, muß man sie auf Termin gegen eine andere Währung verkaufen. (Natürlich liegt man dann in der anderen Währung à la hausse. In unserem Falle hätte die andere Währung gegen die Peseta also steigen sollen.) Die Spekulanten waren vom kommenden Sturz der Peseta überzeugt. Sie kauften massenhaft Pfund gegen Peseten. Aber was tat der liebe Gott? Er drehte den Spieß um. Der Untergang der Peseta ließ noch einige Jahre auf sich warten, das Pfund hingegen wurde am genannten Tag über Nacht entwertet. Abgesehen von der weltgeschichtlichen Bedeutung dieses britischen Entschlusses, war dies für die Spekulanten ein elementarer Schlag, ihre Verluste waren riesengroß. Mehrere Spekulationsbanken mußten ihre Schalter schließen.

Es gab aber einen Dritten, der sich ins Fäustchen lachte. Er legte bei dieser Katastrophe des englischen Pfunds den Grundstock seines Vermögens. Dies war Monsieur Pierre Laval, der berühmte französische Ministerpräsident (der dann 1940 mit der deutschen Besatzungsmacht zusammenarbeitete und nach dem Krieg als Vaterlandsverräter erschossen wurde). Wie kam es zu der Transaktion von Pierre Laval?

Während der Krise der dreißiger Jahre in Amerika floß der Dollarstrom nach Europa immer spärlicher und versikkerte schließlich völlig. Die Dollars fehlten besonders den Ländern, deren Widerstandskraft sowieso schon geschwächt war. Der europäische Handel hatte seinen größten Kunden, Amerika, verloren. Die amerikanischen Banken waren nicht mehr liquide genug, um Europa zu finanzieren, und die Kaufkraft des amerikanischen Publikums war dramatisch gefallen.

Unter diesen Umständen litt Großbritannien natürlich besonders. Die Deviseneinnahmen der Bank of England stürzten senkrecht in die Tiefe, und der berühmte Spruch »solide wie die Bank von England« begann langsam zu verblassen. Die alte Dame aus der Threadneedle Street, wie die Engländer die Bank of England liebevoll nannten, hielt traditionsgemäß kleine Goldreserven. Als die Devisenvorräte dahinschmolzen, wandte sich Norman Montague, Gouverneur der Bank of England, persönlich an die Banque de

France und die amerikanische Notenbank und bat um Unterstützung, das heißt einen größeren Devisenkredit. Aber die Kassen der Bank of England hatten mehr Löcher als die Fässer der Danaiden. Außerdem setzte die internationale Spekulation auch auf den Sturz des Pfunds, im Gegensatz zu den Pesetenspekulanten. Die Goldreserven waren schon unter das gesetzliche Minimum gesunken.

Die Bank of England wandte sich also wieder einmal an die Banque de France und bekam eine positive Antwort. Die Franzosen sicherten ihre Hilfe zu unter der Bedingung, daß die Amerikaner auch mitmachten. Die Banque de France wollte im Interesse der französischen Exporte eine Pfundentwertung unbedingt verhindern und war bereit, dafür alles zu tun. Doch reichte natürlich die Intervention Frankreichs allein nicht aus.

Laval erfuhr jedoch schon am Donnerstag abend, daß die Amerikaner ihre Zustimmung versagt hatten. Infolgedessen zog sich die französische Regierung auch zurück, und die Konsequenz lag auf der Hand: England konnte den Pfundkurs nicht weiter halten. Die Regierung löste das Pfund vom Gold, und der Sterling sackte auf den Weltmärkten um 40 Prozent in die Tiefe.

In den wenigen Stunden am Freitag vor dem Wochenende brachte es Laval fertig, auf den Börsen der ganzen Welt durch Strohmänner englische Pfund auf Termin leer zu verkaufen. Das schwarze Weekend, das Drama der englischen Währung, ging vorbei, und Monsieur Laval konnte sich am Montag Dollarmillionär nennen, denn sein Profit aus dieser Transaktion ging tatsächlich in die Millionen.

Auch die Engländer waren zufrieden. Sie waren überzeugt, vergänglich sei das Gold und nicht ihr Pfund. Premierminister MacDonald erklärte sogar mit Überzeugung: »Solange das Pfund 20 Schilling wert ist, hat sich in seiner Bewertung nichts geändert.« Viele Zeitungen begrüßten die

Transaktion mit Schlagzeilen, daß alles gut werde, da England endlich von den Fesseln des Goldes befreit sei.

Es gab natürlich auch Volkswirte und andere Experten, speziell unter den französischen Goldnarren, die in diesen Jubel nicht einstimmten und ihn mit La Fontaines Fabel verglichen, in der der Fuchs die Trauben, die er nicht erreichen konnte, für sauer erklärte. Meine Antwort darauf ist aber, daß in diesem Fall der Fuchs die Trauben eines Tages doch erreichte und dann feststellen mußte, daß sie tatsächlich sauer waren. Daß Leo Trotzki in seinem Buch »Europa und Amerika« die Entwertung des Pfund Sterling als den besten Beweis für die Dekadenz Englands bezeichnete, kann mich nur vom Gegenteil überzeugen.

Dies war tatsächlich der erste Schritt zur Trennung des Währungssystems vom Gold. Seitdem wurde das Gold daraus vollkommen ausgeschaltet, das gelbe Metall ist eine banale Ware geworden. Jeder Sparer, auch in Amerika – nachdem es dort jahrelang verboten war –, kann, wenn er Lust dazu hat, in seinem Tresor Gold sammeln.

Nach dem großen Goldfieber Anfang der achtziger Jahre kann man heute eine entgegengesetzte Tendenz beobachten, nämlich daß sich die Welt vom stupiden Mythos des Goldes langsam befreit. Schon Bismarck bemerkte über den Goldstandard, obwohl er kein Wirtschaftswissenschaftler war: »Die Golddeckung für Währungen ist eine Decke, unter der zwei Personen liegen und jeder versucht, die Decke auf sich zu ziehen.«

Ich kann noch eine Definition meinerseits hinzufügen, die zwar nicht so klug und weise ist, aber trotzdem den Goldstandard gut illustriert: Der Goldstandard ist ein Korsett, welches der Dame eine schöne Figur macht, ihr aber jegliche Bewegungsfreiheit raubt.

Kurz und gut: Ein Kurssturz um 40 Prozent bedeutete einen Riesenprofit für die Spekulanten, die richtig gelegen hatten, aber umgekehrt natürlich auch eine Katastrophe für diejenigen Devisenhändler, die mit dem Pfund Sterling à la hausse waren. Ich kannte mehrere große Spekulationsfirmen in Amsterdam, die deswegen Konkurs anmelden mußten, wie zum Beispiel die Firma Schönberger und Co. (eigentlich Deutsche, aber in Amsterdam ansässig).

Diesbezüglich hatte ich eine spezielle Information. Einer meiner guten Freunde, leidenschaftlicher Spekulant in allem und so auch in Devisen, hatte ein Engagement von 700 000 Pfund *à la hausse*. Er hatte die Pfund auf Termin gegen Hollandgulden gekauft und alle drei Monate prolongiert, um die Zinsdifferenz, die zwischen Pfund und Gulden bestand, auszunützen (sie machte etwa 4 Prozent pro anno aus). Das war eine ähnliche Transaktion wie die, die die »Karpaten« jahrelang in Amsterdam getätigt hatten zwischen Gulden und Reichsmark, wo ebenfalls eine beträchtliche Differenz bestand. Aber davon später.

Mein Freund, ein routinierter Spekulant mit viel Spürsinn, hatte schon einige Tage vor der Pfundentwertung ein schlechtes Gefühl. Binnen einer Minute, wie es einem guten Spekulanten geziemt, entschloß er sich, die 700 000 Pfund loszuwerden. Mit einem Telefonanruf von drei Minuten veräußerte er das ganze Quantum an Schönberger & Co., denen diese Transaktion den Hals brach. Meinen Freund aber rettete seine Riesenerfahrung und sein außerordentlicher Spürsinn. In diesem Falle hat sich wieder gezeigt, wie richtig der von mir geprägte Satz ist: *My nose is my castle!*

Obwohl ich der Meinung bin, daß sich Informationen in der Regel nicht für Spekulationen eignen, war Lavals Pfundspekulation eine besondere Angelegenheit. Es waren nicht nur eine bestimmte Konstellation und Entscheidungen auf höchster Ebene erforderlich, man mußte dazu auch der Chef einer der involvierten Regierungen sein. Und so etwas kommt eben nur alle Jubeljahre vor.

Auch offizielle Erklärungen von Regierungen oder Finanzministern können irreführend oder gar falsch sein. Am Wochenende vom 17. zum 19. September 1949 wurde das englische Pfund erneut abgewertet, obwohl der Schatzkanzler im englischen Parlament, Sir Stafford Cripps, einige Wochen vorher ein Gerücht über die eventuelle Abwertung feierlich und demonstrativ dementiert hatte. Daher kam die Entscheidung für die meisten Bankiers und Spekulanten vollkommen unerwartet. Wer hätte geglaubt, daß der Schatzkanzler im britischen Parlament eine so spektakuläre Erklärung machen würde, obwohl er von vornherein wußte, daß er sie nicht einhalten konnte. Aber gerade wegen dieses heftigen Dementis war ich unter den wenigen, denen die Operation einen Gewinn einbrachte. Zynismus zahlt auf der Börse häufig hohe Dividenden.

Zur großen Freude aller Spaßmacher fand diese Abwertung wiederum an einem Jom Kippur statt. »Man kann die Christen wirklich nicht einen Tag allein lassen«, kommentierten Juden an der Börse.

König Nikitas Baisse-Attacke

Wie man also sieht, gehen Politik und Börse häufig Hand in Hand. Es ist auch nicht erstaunlich, daß diejenigen, die politische Geheimnisse erfahren, versucht sind, sie auszunützen.

In Washington zum Beispiel sitzen heutzutage Hunderte von »Kontaktmännern«, die von ihren Firmen hoch dafür bezahlt werden, daß sie von irgendeinem Ministerium oder einer anderen staatlichen Stelle Informationen einholen. Auch in den Salons von Washington, bei den gesellschaftlichen Ereignissen, spitzen Hunderte von Börsenspielern ihre Ohren, um das kleinste Wort eines hohen Beamten aufzufangen. Am folgenden Morgen laufen sie zum nächsten Börsenbüro, um den Tip auszuspielen. Die Klatsch- und Tratschinformationen sind zahlreich, meistens jedoch irreführend oder falsch.

Wenn man Geld verdienen will, ist jeder Trick gut. Eine unwiderstehliche Macht treibt den Menschen zum Gewinn. Was gibt es Einfacheres als die Spekulation? Besonders wenn es nur eines leichten Daumendrucks bedarf, um den Lauf des Schicksals zu ändern.

Um das Ziel zu erreichen, ist dann jedes Mittel recht. Währungsmanipulationen, Handelsabkommen, Erlässe aller Art, nationale oder sogar internationale Beschlüsse, Salonspionage, Liebesromanzen, ja selbst bewaffnete Konflikte, wenn es nötig ist.

Es ist allgemein bekannt, daß die Spekulation oft von Kriegen profitiert. Aber wer stellt sich vor, daß ein Krieg die Folge einer Spekulation sein könnte?

Im Jahre 1912 hat sich auf dem Balkan folgende Geschichte abgespielt. Ein Kunterbunt von Nationalitäten, Königreichen und Religionen – und alle mußten miteinander koexistieren. Immerhin fanden sich vier Balkanstaaten, die sich gegen ihren gemeinsamen Feind, die Türkei, zusammenschlossen. Ein Militärabkommen vereinte die christlichen Länder Griechenland, Serbien, Montenegro und Bulgarien gegen das Ottomanische Reich.

Im Frühjahr 1912 roch es nach Pulver. Montenegro, ein kleines Königreich an der Adria von der Größe eines deutschen Regierungsbezirkes, wurde von einem Herrscher regiert, für den das Spekulieren eine Existenzfrage war. Seine Staatskassen waren ständig leer. Es war König Nikita.

Um sich ein Taschengeld für seine kleinen Ausgaben zu verschaffen, wandte er eine, wenn nicht elegante, so zumindest geniale Methode an. Von einem Land zum anderen gibt es ein Post-Clearing – die internationalen Anweisungen werden zwölf Monate lang verbucht und dann am Ende des Jahres en bloc verrechnet. König Nikita schickte an einige Strohmänner in der ganzen Welt montenegrinische Postanweisungen. Die Post zahlte die angegebenen Summen aus und verbuchte sie zu Lasten von Montenegro. Die Strohmänner Nikitas kassierten das Geld ein. Als dann die Rechnung bei der Post in Cetinje, der damaligen Hauptstadt von Montenegro, eintraf, ließ der König durch seinen Postminister erklären, er könne nicht zahlen, und bat um ein Moratorium. Die List war gelungen. Sogar der strenge Kaiser Franz Joseph mußte sich großzügig erweisen und die Schulden seines in Schwierigkeiten geratenen Kollegen an die k.u.k. Post streichen.

In meiner Jugend erzählte man sich über Nikita Dutzende Anekdoten. Eine davon hat meine Kinderphantasie besonders beschäftigt.

Ein bekannter amerikanischer Geschäftsmann und Multimillionär bereiste den Balkan und kam auch nach Montenegro. Er wurde von König Nikita zu einem großen Gastmahl eingeladen.

Nach dem Festmahl gingen der König und sein Gast auf den Balkon des königlichen Palais, um sich der Bevölkerung zu zeigen, die sich auf dem kleinen Platz vor dem Palast angesammelt hatte.

Beeindruckt von der Szene (mit einem König auf dem Balkon zu stehen und vom Volk gefeiert zu werden), griff der Amerikaner in die Tasche und streute Goldstücke unter das Volk. Er ergötzte sich an dem Schauspiel und wandte sich hierauf an den König, um ein anerkennendes Lächeln zu erhalten. Er drehte sich nach rechts, nach links, aber der König war vom Balkon verschwunden.

Nach einigem Suchen entdeckte er Nikita inmitten der Menge und sah, wie auch er eifrig dabei war, die Goldstücke aufzulesen.

Se non è vero, è ben trovato. Jedenfalls spiegelt diese kleine Geschichte die damalige Atmosphäre gut wider.

Für seine großen Ausgaben wandte der König andere Tricks an. Er spielte an der Börse. Er gab seinen Bankiers, »Gebrüder Reitzes« in Wien und O. A. Rosenberg, Paris – London (ich habe ihn als Börsenlehrling in den dreißiger Jahren noch persönlich gekannt), »Tips« über die Geheimpolitik auf dem Balkan, um gemeinsam mit ihnen von etwaigen Rückwirkungen auf die Börse zu profitieren.

Eines Morgens im September 1912 traf beim Bankhaus Reitzes in Wien ein Abgesandter König Nikitas ein, Prinz Danilo, sein eigener Sohn (das Vorbild für den Helden der Wiener Operette »Die lustige Witwe« von Franz Lehár). Er überbrachte eine sehr dringende Nachricht. Am selben Morgen übermittelte ein anderer Abgesandter dem Bankier O. A. Rosenberg in Paris die gleiche Nachricht.

»Verkaufen Sie alles, und verkaufen Sie auch leer«,

schrieb der König, »der Krieg gegen die Türkei steht unmittelbar bevor.«

Rosenberg und Reitzes verkauften an allen Plätzen auf Rechnung des Königs, auf ihre eigene Rechnung und auf die einiger guter Freunde. Sie verkauften leer an den Börsen in Wien, Frankfurt, Paris und London serbische, türkische, bulgarische usw. Renten, eine ganze Speisekarte von Effekten. Auch mit russischen Werten, mit denen zwischen Paris und St. Petersburg ein sehr lebhaftes Geschäft im Gange war, spekulierten die beiden Bankiers in großem Maßstab auf Baisse.

Zunächst bestätigten die Ereignisse die Informationen König Nikitas. Die Türkei zog ihre Truppen an den Grenzen zusammen, und die vier alliierten Balkanstaaten antworteten am 1. Oktober mit einer allgemeinen Mobilmachung. Die Börse reagierte sehr heftig mit einer Baisse. Dann kam der französisch-russische Bündnisvertrag. Die beiden Partner einigten sich darauf, alle Risiken einer Verwicklung auf dem Balkan zu vermeiden. Die Lage war noch nicht reif für eine allgemeine Abrechnung, die dann 1914 kam.

Zar Nikolaus und der Präsident der französischen Republik, Poincaré, legten ihr Veto gegen jedwede Grenzveränderungen auf dem Balkan ein und damit auch gegen einen eventuellen Angriff auf die Türkei, den »kranken Mann am Bosporus«. Präsident Poincaré verbürgte sich persönlich für Reformen in Mazedonien. Man glaubte, der Krieg sei wirklich umgangen. Die Börse reagierte mit einer stürmischen Hausse. Die Bankiers König Nikitas fühlten sich wenig wohl in ihrer Haut. Sollte sich ihr königlicher Kunde getäuscht haben?

Die Intervention von Präsident Poincaré hatte tatsächlich den Markt wieder in die Höhe gebracht und den Baissespekulanten erhebliche Verluste zugefügt. Bei Rosenberg und Reitzes traf diesmal ein Telegramm mit folgendem Text ein:

»Keine Sorge stop Weiterverkaufen stop Nikita.« Und das taten die Bankiers auch. Sie verkauften auf der ganzen Linie, wobei sie trotz der Versicherung des Königs, der Balkankrieg werde stattfinden, weiterhin recht beunruhigt waren.

Am 18. Oktober wurde der erste montenegrinische Kanonenschuß auf Skutari, einen kleinen türkischen Hafen an der Adria, abgefeuert. Montenegro hatte sich über die kategorischen Entscheidungen der Großmächte einfach hinweggesetzt und der Türkei den Krieg erklärt. Die Bündnisverpflichtungen wurden wirksam, Serbien, Griechenland und Bulgarien wurden zwangsläufig in die Feindseligkeiten hineingezogen.

Die Börsenwerte begannen abzubröckeln, die russischen, türkischen, serbischen und bulgarischen aber stürzten in die Tiefe. Nikita, Rosenberg, Reitzes und ihre Teilhaber kassierten enorme Gewinne ein ...

Man darf sich die Frage stellen: Hätte der Balkankrieg vermieden werden können, wenn Nikita von Montenegro nicht Feuer ans Pulverfaß gelegt hätte, um seinen Börsenprofit zu sichern? Die Geschichte gibt einige Rätsel auf. Jedenfalls ist sie seit sechzig Jahren von Mund zu Mund überliefert worden.

In meiner Familie wurde über diese Geschichte besonders oft gesprochen. Wiederholt habe ich meine Mutter sagen hören: »Wäre der Balkankrieg einige Wochen früher ausgebrochen, wären Onkel Oskar und sein Sohn heute schwere Millionäre (Millionäre vor dem Ersten Weltkrieg!)«, obwohl gerade sie als die armen Verwandten der Familie galten.

Mein Onkel war damals ein internationaler Spekulant an allen Börsen. Er spekulierte auf Baisse in Erwartung des Balkankrieges – und sogar in großem Stil. In den fatalen Wochen, als es so aussah, als ob der Balkankrieg vermieden würde und die Kurse rapide in die Höhe sausten, mußte er seine Baisse-Engagements mit immensen Verlusten lösen, wodurch er sich ruinierte.

Es ist immer das gleiche Verhängnis: Ein Spekulant, der nicht durchhalten kann, bekommt dann recht, wenn es zu spät ist.

Der Bankier Rosenberg meiner Geschichte stand zwei Jahre später wieder im Mittelpunkt des Börsentratsches.

Als der Erste Weltkrieg 1914 ausbrach, munkelte man, daß Rosenberg ganz groß auf die Baisse der französischen Renten spekuliert hätte. Es gab natürlich damals einen großen Börsenkrach, und speziell in französischen Renten. Rosenberg hätte also immense Profite eingestrichen.

Als er am ersten Tag nach Kriegsausbruch an die Börse kam, wurde er mit faulen Eiern beworfen und beschimpft, um so mehr, als er ja österreichischer k.u.k. Staatsbürger war. (Wie man in Frankreich damals sagte: L'Autrichien – l'autre chien, der andere Hund.) Er mußte die Börse sofort verlassen. Ob er aber mit den französischen Renten wirklich viel Geld verdient hat, konnte ich bis heute nicht feststellen.

Das Eigentor von J. Laniel

Aber selbst für Regierungschefs gilt, daß der Samt auch Löcher haben kann und die Spielchips, deren man sich schon so sicher war, darin verschwinden. Und genauso erging es einem französischen Regierungschef.

Es gibt wohl kein besseres Beispiel dafür, daß bei Spekulationen und besonders im Devisenhandel auch die intimsten Informationen wertlos, ja sogar gefährlich sein können, als die Geschichte des ehemaligen französischen Ministers und späteren Präsidentschaftskandidaten J. Laniel. Seitdem sind fast 40 Jahre vergangen, und ich nehme mir nun die Freiheit, selbst die Namen zu nennen.

Bis heute kennt niemand die Einzelheiten dieses Falles. Ich erhielt aber durch Zufall die Gelegenheit, diese Geschichte aus Informationsfragmenten verschiedener Quellen zusammenzustellen.

Ich hatte einen guten Bekannten, ein gebürtiger Franzose, der aber ein erfolgreicher Geschäftsmann in Mexiko geworden war. Er hatte zwischen der mexikanischen Regierung und französischen Industriellen große Geschäfte abgewickelt und stand in einer gewissen Partnerschaft mit den verschiedenen Firmen der Familie Laniel. Einige Tage vor den Osterfeiertagen 1952 traf ich ihn in der Halle des Carlton Hotels in Cannes. Er setzte sich zu mir und stellte mir folgende merkwürdige Frage: »Was halten Sie, André, vom französischen Franc? Glauben Sie nicht, daß er abgewertet wird?«

Erstaunt bemerkte ich: »Warum, ich sehe keinen Grund dafür.«

»Doch«, war die Antwort, »es gibt verschiedene Argumente dafür, die zu kompliziert sind, um sie Ihnen hier zu erklären. Aber ich glaube, daß er abgewertet wird.«

»Ich verstehe wirklich nicht, warum«, meinte ich.

Er war aber hartnäckig und behauptete, der französische Franc werde noch vor dem Herbst devalviert. Viel später erst verstand ich den Grund für seine Sicherheit. Er war ja ein Eingeweihter, da er mit der Gruppe Laniel in enger Verbindung stand und wahrscheinlich sogar an den Transaktionen der Gruppe gewisse Interessen hatte.

Kurz und gut, einige Tage später, am Ostermontag abends, kam er im Kasino auf mich zu und meldete mit entsetzter Miene: »Soeben erfuhr ich, daß die mexikanische Regierung den Peso um 35 Prozent abgewertet hat.« Er war außer sich, die Nachricht hatte ihn ungeheuer schwer getroffen. Warum, das entdeckte ich dann erst später ...

In dieser Zeit war Senator Joseph Laniel Regierungschef. Die finanziellen Schwierigkeiten, die in Frankreich herrschten, waren die Folge eines Mangels politischer Stabilität, den die ganze Welt beklagte, den aber nur wenige zu beheben überhaupt versuchten.

Senator Laniel war Anfang der fünfziger Jahre an die Macht gekommen. Er hatte mit seinen Vorgängern nicht viel Ähnlichkeit. Laniel stammte aus einer der größten Familien der Industrie und des Handels und war Herr über eine Vielzahl von blühenden Unternehmen, die ebenso erfolgreich wie solide waren. Vielleicht aus nationalen Gründen, aber wohl auch, weil sich seine persönlichen Geschäfte dadurch noch abrunden würden, wünschte er eine Abwertung des Franc und arbeitete insgeheim darauf hin. Trotz entsprechender Gerüchte, die sich auch hartnäckig hielten, erforderte die Situation jedoch keineswegs eine solch strenge

Maßnahme. Jedenfalls glaubten gut informierte Leute wie zum Beispiel mein Freund fest an die Abwertungspläne der Regierung, und sie täuschten sich diesmal nicht ganz.

Der Regierungschef wollte die Abwertung wohl deswegen, weil er schlicht und einfach gegen den Franc spekuliert hatte. Dabei bediente er sich einer wahrlich genialen Kombination, bei der alle Gesellschaften seiner Familie engagiert waren. Diese Firmen hatten in großem Stil Waren nach Mexiko verkauft. Die mexikanischen Importeure, unter ihnen auch der Staat, hatten mit auf Pesos lautenden Wechseln bezahlt, eine damals durchaus solide Währung. Die Laniel-Firmen brachten natürlich die Wechsel der französischen Notenbank zum Diskont. Sie waren also im Besitz eines Guthabens in mexikanischen Pesos und einer Schuld in Francs gegenüber der Notenbank. Das Interesse des Ministerpräsidenten und seiner Familie an einer Abwertung ist leicht zu verstehen, um so mehr, als es sich bei diesem Geschäft um riesige Summen handelte. Eine Schuld in Francs gegen ein Guthaben in mexikanischen Pesos ist genaugenommen eine Devisenspekulation auf den Sturz des französischen Franc.

Es war soweit alles »in Butter«, als ein Hindernis auftauchte, das das ganze schöne Gebäude zum Einsturz brachte. Aufgrund gebieterischen Vetos des Fachmanns auf diesem Gebiet, des Finanzministers Edgar Faure, fand die Abwertung nicht statt. Er erklärte mir viele Jahre später: »Ich habe überhaupt keine Notwendigkeit dafür gesehen.« (Von den mexikanischen Wechseln wußte er natürlich nichts, er kannte lediglich die scharfe Argumentation Laniels für die Abwertung.)

Was jedoch dann stattfand, war noch viel dramatischer. Ohne die geringste Vorankündigung, ohne Vorwarnung, gab die mexikanische Regierung am Samstag vor Ostern 1952 eine Blitzabwertung des Peso um 35 Prozent bekannt.

Für den Ministerpräsidenten und seine Familie verringerte sich das Peso-Guthaben um 35 Prozent, aber die Schuld in Francs blieb leider gleich. Das zu stopfende Loch war so groß, daß die Familienreserven, die, wie es hieß, sehr bedeutend gewesen waren, darin verschwanden. Ein Regierungschef, der seine Familie zu Spekulationen gegen die Währung des eigenen Landes veranlaßt, das sollte doch eigentlich ein sicherer Tip sein!

Ich frage mich sogar, ob ich mich dieses eine Mal – und wenn ich rechtzeitig gewußt hätte, daß Laniel auf den Sturz des Franc spekulierte – nicht doch auch hätte verführen lassen, trotz meiner Überzeugung, daß alle Tips falsch sind. Aber so ein Tip!

Noch mal: Politik und Börse gehen häufig Hand in Hand. Es ist nicht erstaunlich, daß diejenigen, die politische Geheimnisse erfahren, versucht sind, sie auszunützen. Um Geld zu verdienen, ist jedes Mittel recht, bis hin zu bewaffneten Konflikten, wie im Falle König Nikitas.

Die »sicheren« Arbitragegeschäfte in Raum und Zeit

Der Speck-Mais-Straddle

Nichts kann überzeugender wirken als Marktberichte; Ernte- und Konsumziffern, Lagerbestände und so weiter reihen sich mit unwiderlegbarer Logik aneinander. Es mutet fast wie ein Kinderspiel an, die Kursentwicklung von Sojabohnen, gefrorenen Krebsen oder Schweinebäuchen vorauszuberechnen. Nur vergißt man dabei leicht die Imponderabilien, die bei Spekulationen viel ausschlaggebender sind als die genauesten Statistiken.

Dazu will ich eine meiner zahlreichen Erinnerungen erzählen. Bacon (Speck) ist in der angelsächsischen Welt ein unentbehrlicher Bestandteil des Frühstücks. Im Frühjahr 1933 war er Mittelpunkt eines leidenschaftlichen Börsenspiels. Eine Armee von Börsenmaklern aus Chicago überschwemmte die Vereinigten Staaten und Europa, und sie erzählten allen von ihrem wunderbaren Tip. Sie hatten die »Spekulation des Jahrhunderts« entdeckt und wollten die Masse ihrer Kunden davon profitieren lassen.

Seit die Welt besteht, gibt es eine konstante Preisrelation zwischen Mais und Schweinespeck, denn aus dem Mais wird in der wunderbaren »Fabrik Schwein« der Speck erzeugt. Wenn wir also annehmen, daß der Kurs für Mais auf 100 steht, dann muß der Speck natürlich auf 120 stehen. So war es seit eh und je.

Doch so unwahrscheinlich es auch scheinen möchte, der Mais stand damals auf 90 und der Speck auf 130. Jeder Spekulant, der diesen Namen verdient, war es sich schuldig, nach diesem Geschenk des Himmels zu greifen. Man mußte einfach auf der Warenbörse von Chicago Mais kaufen und damit à la hausse spekulieren, dann Speck auf Termin leer verkaufen und à la baisse spielen. Es lag auf der Hand, daß die Kursspanne viel zu groß war und sich schnell wieder verringern mußte. Wie viele meiner Freunde konnte auch ich der Versuchung nicht widerstehen. Doch gegen alle Erwartungen hielt das Schicksal nur schmerzliche Überraschungen für uns bereit. Der Mais-Kurs rutschte tiefer und tiefer, und der Speckpreis kletterte höher und höher. Die Niederlage war ebenso hart wie unverständlich.

Was war geschehen? Ein neuer Mann war in Washington ins Weiße Haus eingezogen, Franklin D. Roosevelt. Mit ihm begann eine neue Ära, auch für die Wirtschaft. Unter den zahllosen Verordnungen, die den New Deal einleiteten, war auch ein Erlaß, der die Abschlachtung von Millionen Ferkeln verlangte. Das Resultat war, daß nicht mehr genügend Schweine da waren, um den Mais zu fressen. So kam der Kurssturz in Mais. Es waren aber auch nicht mehr genug gemästete Schweine da, das Schweineschmalz fehlte ebenfalls, und sein Preis sauste in die Höhe.

Eine wahre Panik bemächtigte sich der fettverarbeitenden Industrie. Die fast vollkommene Spekulation war zusammengebrochen, weil wir vielleicht einen Augenblick lang vergessen hatten, daß man auch bei der scheinbar sichersten Kombination mit allem rechnen muß. Vor allem mit dem Unerwarteten.

Aber das erfährt der Spekulant immer nachher. Es sind ja gerade die Überraschungen, die aus gewissen Handelstransaktionen Spekulationen machen. Andernfalls würden sie unschuldige bürgerliche Geschäfte bleiben.

Der Hedge in französischen Staatsanleihen

Es gibt solche Hedgeoperationen aus der Ansicht, daß gewisse Kursdifferenzen zwischen zwei verschiedenen Artikeln gleichen Charakters zu groß oder zu klein sind. An Hedgegeschäften habe ich manchmal verdient und oft verloren. Bestimmt aber bin ich durch sie an Erfahrungen reich geworden.

Nun will ich von einer ähnlichen Transaktion in Wertpapieren berichten, die sich an der Pariser Börse vor dem Krieg abgespielt hat und an der viele meiner Kollegen beteiligt waren. Es gab in den dreißiger Jahren in Paris eine umfangreiche Spekulation mit französischen Staatsanleihen.

Große und kleine Börsianer spielten intensiv in Staatspapieren. Die Kurse stiegen und fielen wie bei Aktien. Es gab verschiedene Serien von Anleihen: 3prozentige, 4prozentige, 4½prozentige und auch andere.

Die Börsenspieler sprangen von einer Seite auf die andere, um kleine Gewinne einzustreichen. Die Kalkulation war einfach: Da es sich um die gleiche Anleihe handelte (derselbe Schuldner, die gleiche Währung, dieselben Garantien), mußte man nur ausrechnen, welche Serie im Vergleich zu den anderen zu tief oder zu hoch stand. Es war das Paradies der Hedgegeschäfte: Die billigen Serien mußte man kaufen und die zu hoch notierten leer verkaufen, das heißt »hedgen«.

Gegen Ende der dreißiger Jahre ergab sich eine besonders auffallende Konstellation. Die 4½prozentige Anleihe stand auf 80, die 3prozentige auf 70. Letztere notierte natürlich viel zu hoch im Verhältnis zur ersteren. Jeder Handelsschüler konnte sich ausrechnen, daß dies mathematischer Unsinn war. Eines war jedenfalls klar: Entweder stand die eine Serie zu hoch oder die andere zu tief.

Alles stürzte sich folglich auf die einmalige Gelegenheit. Man mußte die 4½prozentige Anleihe kaufen und die 3prozentige hedgen, das heißt leer verkaufen. Wie immer es auch kommen mochte, entweder würde die eine Serie steigen oder die andere fallen. Das war klar wie der lichte Tag. Und wie hat diese »sichere« Spekulation geendet? Mit der größten Katastrophe. Die 4½prozentige fiel noch tiefer, auf 70, und die 3prozentige stieg – es war kaum zu glauben – auf 90.

Diese Entwicklung war genauso logisch wie die Grundidee der mißlungenen Spekulation. Die 4½prozentige Anleihe hatte eine besonders große Auflage. Sie stammte aus einer kurz zuvor durchgeführten Konversion, und deshalb kamen noch immer Angebote auf den Markt. Die 3prozentige war die älteste französische Staatsanleihe aus dem Jahre 1825. Ihre Besitzer waren darauf fast eingeschlafen. Es kam keine Ware auf den Markt, und die Leerverkäufer konnten nur bei steigenden Preisen zurückkaufen.

Die Verluste waren ungeheuer, denn dieses Hedgegeschäft schien so gefahrlos, daß die Profis mit großen Posten eingestiegen waren. Das ist ein geradezu klassisches Beispiel dafür, wie der »sicherste« Hedge enden kann.

Auch die vollkommen aufgebaute Spekulation auf der Börse kann mißlingen, nicht weil sie einen logischen Fehler enthält, sondern weil die Logik der Börse auf der technischen Seite die der Fundamentalien zuweilen überspielt. Auch der beste Computer könnte eine solche Situation nicht vorausberechnen.

Es grünt so grün: des Nachbars Rasen

Die Börsianer eines Platzes bilden sich immer ein, daß ihre Kollegen jenseits der Grenzen zwar nicht klüger, jedoch besser informiert seien als sie. Zur Illustration möchte ich eine Geschichte aus der Zeit nach dem Zweiten Weltkrieg erzählen.

Damals bestanden in Frankreich wegen der Devisenknappheit sehr strenge Vorschriften hinsichtlich ausländischer Währungen. Die Franzosen waren verpflichtet, unter staatlicher Aufsicht ihre Auslandswerte in Bankdepots unterzubringen. Auf der Liste der zu deponierenden Effekten waren nur unbedeutende Aktien und notleidende Obligationen nicht aufgeführt, die im Ausland unverkäuflich waren und von denen nicht erwartet werden konnte, daß sie Devisen einbrächten. Nur diese zweitrangigen und uninteressanten Werte waren von der Vorschrift ausgenommen.

Andererseits hatte die Devisenkontrolle ebenfalls zu sehr strenger Kontingentierung der Ein- und Ausfuhr ausländischer Werte geführt. Man konnte kein ausländisches Wertpapier nach Paris führen, wenn man nicht ein anderes Wertpapier im gleichen Betrage exportierte, um sich die entsprechenden Devisen zu verschaffen.

So wurde, fast automatisch, das notwendige Gleichgewicht hergestellt.

Zu jener Zeit hatten die Erdölwerte, und besonders die Royal Dutch, in Frankreich Liebhaberwert. Um aber Royal-Dutch-Aktien einzuführen, mußte man einen anderen Auslandswert in Höhe dieses Betrages ausführen.

Gewisse notleidende japanische Obligationen standen nicht auf der offiziellen Liste. Und die unfruchtbaren Verhandlungen zwischen der französischen und der japanischen Regierung hatten nicht den geringsten Erfolg gehabt. Wenige Leute an der Pariser Börse kannten diese vergessenen Titel, und noch weniger bekannt waren sie im Ausland.

Doch plötzlich tauchten diese japanischen Obligationen in der Schweiz auf, als kämen sie aus der Büchse der Pandora. Die erstaunten Beobachter sahen, wie sich der Markt immer mehr mit ihnen füllte. Niemand verstand das.

In Paris verdichtete sich inzwischen immer mehr das Gerücht, daß die Schweizer als Käufer auftreten würden. Tatsächlich kauften einige auf die internationale Arbitrage spezialisierte französische Banken unaufhörlich, und die gut informierten Leute wußten, daß dies geschah, um die Papiere in der Schweiz weiterzuverkaufen.

In der Schweiz lief wiederum das Gerücht um, daß Paris Käufer sei: Tatsächlich kauften die Schweizer Arbitrage-Banken unaufhörlich, und die gut informierten Leute wußten, daß dies geschah, um die Papiere in Paris weiterzuverkaufen.

Man tuschelte jetzt in Paris, die Schweizer wüßten Bescheid über eine wahrscheinliche Einigung mit Japan, und die Schweizer ihrerseits glaubten, die Franzosen hätten günstige Nachrichten über die Verhandlungen mit Tokio. Alle waren sich darüber einig, daß irgend etwas in der Luft lag. Viele Leute ließen sich vom Strom mitreißen, weil sie durch die großen Transaktionen beeindruckt waren, die eine ausgezeichnete Regelung anzudeuten schienen.

Die Außenseiter, die Kleingeschäftemacher, wurden unruhig, spionierten und verfolgten die Vorgänge. Die Kurse stiegen allmählich bis zu dem Tage, wo das Papier die Grenze der Vernunft überschritt.

Und im Fernen Osten gab es immer noch nichts Neues,

war immer noch keine Regelung erreicht. Wo lag also die Wahrheit? Was war das Geheimnis? Hier ist die Erklärung: Da der französische Markt sich Royal-Dutch-Aktien verschaffen wollte, kauften die Arbitragisten das Papier an den Schweizer Börsen, um es in Paris zu verkaufen. Die Operation war völlig legal, unter der ausdrücklichen Voraussetzung, daß man mit Devisen bezahlen konnte, die man durch den Verkauf eines anderen ausländischen Wertes, der von Paris in die Schweiz exportiert wurde, erhielt.

Man mußte also einen in ausreichender Menge in Paris käuflichen und in der Schweiz ohne Verlust verkäuflichen ausländischen Wert finden. Die »Japaner« paßten dafür großartig. Man konnte in Frankreich jede beliebige Menge kaufen und in der Schweiz offenbar auch jede beliebige Menge verkaufen.

Warum? Ganz einfach, weil andere Arbitragisten in der Schweiz die japanischen Obligationen kauften, sie auf mehr oder weniger legale Weise nach Frankreich schickten und sie an der Pariser Börse verkauften. Mit dem Gegenwert in französischen Francs besorgten sie sich auf dem schwarzen Markt die ausländischen Devisen, um ihre Käufer in der Schweiz zu bezahlen. So kam es, daß die gleichen Papiere ständig zwischen Frankreich und der Schweiz hin und her reisten. Die großen Arbitrage-Banken schickten die »Japaner« von Paris nach Zürich, und die Schwarzmarkt-Arbitragisten sandten genau die gleichen Papiere wieder nach Paris zurück. Wenn die Spazierfahrt Paris – Schweiz auch ohne Verletzung der gesetzlichen Bestimmungen unternommen wurde, so erfolgte die Rückreise Schweiz – Paris zweifellos nicht auf dem Pfad der Tugend ... Logischerweise hätte sich der Kurs gar nicht ändern dürfen, weil genau die gleiche Anzahl Papiere auf den beiden Wiegeschalen der Waage zum Kauf und Verkauf zur Verfügung standen.

Aber diejenigen, denen der Bratenduft verlockend in die

Nase stieg und die in den großen Transaktionen ein Anzeichen für eine günstige Regelung erblickten, diese Leute störten das Gleichgewicht. Ein kleines Pfund mehr, ein paar Gramm auf einer der Waagschalen, und schon steigt das Papier ohne Ende.

Das ging so weiter, bis eines Tages eine für die Inhaber der Obligationen und für die Spekulanten sehr ungünstige Regelung mit Japan getroffen wurde, die die Kurse um ungefähr 50 Prozent fallen ließ, und zwar bis auf das im Abkommen festgesetzte Niveau.

Das war eine gute Lehre für diejenigen, die stets glauben, daß ihre Kollegen an anderen Märkten mehr wüßten als sie selbst! Man bildet sich immer ein, der Rasen des Nachbarn sei grüner als der eigene.

Der perfekte Arbitrageur

Unter gewissen Umständen und zu gewissen Zeiten würde ich Arbitragegeschäfte doch als Wissenschaft bezeichnen. Dann nämlich, wenn dazu mehr nötig ist, als nur ein Blitztelefonat zu führen, und wenn der Arbitrageur vielseitige und genaue technische Kenntnisse besitzen muß. Aufgrund zunehmender Beschränkungen für solche Transaktionen, aufgrund von Währungskontrollen, Steuerbestimmungen und anderen Maßnahmen sind Arbitragen im Laufe dieses Jahrhunderts komplizierter geworden. Unter solchen Voraussetzungen müssen die verschiedenen raffinierten Operationen geschickt verknüpft werden.

Die Arbitragegeschäfte – obwohl sie immer schon Devisenarbitragen waren, da sie auf Währungsdiskrepanzen beruhen – haben mittlerweile ein Netz über die ganze Erde geworfen und den Rahmen normaler Devisenarbitragen gesprengt. Der Arbitrageur springt, je nachdem, wie es seine Transaktionen erfordern, von einem Platz zum anderen, tauscht Wertpapiere gegen Rohstoffe, Aktien gegen Staatsanleihen, Anleihen gegen Edelmetalle oder gegen die verschiedensten freien oder gesperrten Währungen. Diesem wirbelnden Reigen vermag ein Laie unter keinen Umständen zu folgen.

Im Zuge dieser Zauberkunststücke machen die Transaktionen fast eine Reise um die Welt durch 80 Börsen – allerdings in noch nicht mal acht Tagen – und bringen denjenigen, die sie erdacht, aufgebaut und schließlich ausgeführt haben, einen nicht unbeträchtlichen Gewinn ein.

Da war zum Beispiel jene Rundreise, die mit wahrer Meisterschaft in den Nachkriegsjahren aufgezogen wurde.

Als der Zweite Weltkrieg Frankreich aus seinen Klauen gelassen hatte, begann das Land wieder im Rhythmus seiner zurückgewonnenen Freiheit zu leben. In der Zeit der Feindseligkeiten war der Kreislauf des Kapitals sowohl aus praktischen als auch aus psychologischen Gründen unterbrochen gewesen. Zu der Schwierigkeit, Zinsen für die Coupons ausländischer Wertpapiere ausgezahlt zu bekommen, kam das Mißtrauen, der Schutzinstinkt, der dem einzelnen eingibt, bei drohender Gefahr zuerst sich selbst und gleich danach sein Hab und Gut zu verbergen. Vergraben unter Bäumen, versteckt auf dem Grund irgendwelcher trockengelegter Brunnenschächte oder auch verborgen in den Erdhöhlen eines uralten Waldes, so warteten die Wertpapiere, bis sie in weniger schwierigen Zeiten wieder ans Tageslicht kommen konnten.

Statt gleich zu ihren Verstecken zu laufen, hatten die Eigentümer dieser Wertpapiere (hauptsächlich südafrikanische Goldminen-Aktien) Verstand genug, erst einmal zu überlegen, ob das plötzliche Wiederauftauchen so vieler Wertpapiere die Regierung nicht in Versuchung führen könnte, diese einfach zu beschlagnahmen. Für Monsieur Martin wie für Madame Dupont gab es nur einen einzigen Zufluchtsort, nur einen einzigen sicheren Hafen – so glaubten sie jedenfalls naiverweise seit Jahr und Tag –, wo ihr Vermögen vielleicht den nächsten Sturm überstehen könnte: im Gold. Nicht in Franken, nicht in Dollar, nur in purem Gold, in Barren oder Napoleon-Münzen (diese Münze war in Frankreich so verbreitet wie heute in der Bundesrepublik die Krüger-Rand-Münze).

Man mußte sich also dieser Wertpapiere, die im Dornröschenschlaf lagen, entledigen und diese vielen Tonnen Papier in wirkliches, gelbes Metall verwandeln. Wieder einmal wirkte das Fluidum des Goldes, von dem jedermann, angefangen bei Volpone und Mercadet, glaubt, daß es den Menschen vor allen Mißlichkeiten beschütze. In den tiefsten Tiefen der Geldschränke sollten die guten Goldbarren oder Münzen die Goldminen-Aktien ersetzen, die ihrerseits dann eine überstürzte Reise in alle Himmelsrichtungen antraten. Spezialisten des Grenzverkehrs wußten ihnen den Weg aus Frankreich nach Genf zu bahnen, wo die Goldminen-Aktien einem amerikanischen Arbitrageur zur Verfügung gestellt wurden. Er bezahlte dafür in Dollar.

Der Arbitrageur, mein Freund Lacy Kux, stammte nicht aus Boston und nicht aus Texas. Er war in der Slowakei geboren, hatte in Wien die Schule besucht, in London und Leipzig Nationalökonomie studiert und an der Sorbonne klassische Kultur in sich aufgenommen. Schließlich kam er nach Amsterdam, wo er an der Börse volontierte, bevor er in London seine Ausbildung als Bankier bei der Firma Singer und Friedländer begann. Während des Zweiten Weltkrieges ging er nach New York, wo er bei der Firma Sutro Brothers das Arbitragegeschäft leitete.

Kurz, er war der perfekte Arbitrageur ... Außerdem hatte er einen Bruder in Johannesburg, einen Vetter in Sydney, einen Schwager in London und viele Freunde, Kollegen und Berufsgenossen überall in der Welt, unter ihnen auch mich.

Er hörte das Gras da wachsen, wo es sproß, und wußte seine Entscheidungen innerhalb einer Sekunde zu treffen. Er kannte auch die Verordnungen und Regeln aller Länder und alle Tricks, wie man Schwierigkeiten umgehen kann. Die Arbitragemöglichkeiten, die einen großen Profit abwerfen, sind nicht jedermann bekannt, und sie werden auch nicht kolportiert. Im Gegenteil, sie werden wie das Herstellungsverfahren eines wertvollen Produktes streng geheimgehalten. Arbitragemöglichkeiten muß der Fachmann selber finden oder *erfinden*. Mein Freund Lacy Kux war der genialste Virtuose dieser komplizierten Geschäfte, aber dies war ja schließlich auch sein Beruf.

Dank seiner Dollars konnten die Barren, die Napoleon-Münzen und die Sovereigns, dieses ganze so heiß ersehnte Gold, den Weg nach Frankreich einschlagen, wo das französische Publikum wegen der großen Nachfrage nach den Goldmünzen sogar eine Prämie von 100 Prozent Aufschlag auf den eigentlichen Goldwert zahlte. Dazu kam dann noch ein Profit von 10 Prozent für die Schieber, die die Münzen aus Genf oder manchmal auch aus Tanger schmuggelten.

Im 32. Stock eines Wolkenkratzers in Wall Street, im traurigen Mosaik dieser Glaskäfige mit ihren luxuriös-unpersönlichen Büros, überlegte Lacy Kux, ob ihm hier wohl der schönste Coup seiner Laufbahn als Arbitrageur gelingen werde. Mit einem Telefongespräch würde er die Papiere aus Genf in ein Land dirigieren, wo der Staat, speziell in Steuerangelegenheiten, eine weniger schwere Hand hatte: nach Havanna in Kuba.

Denn während der Kriegsjahre hatten die in Frankreich begrabenen Aktien einen »langen Bart« bekommen, das heißt, sie waren mit einem langen Streifen von rückständigen Coupons, deren Inkasso unterblieben war, versehen. Im Nothafen Kuba wurde der Bart der Coupons abrasiert und nach London geschickt, wo die Zahlung in steuerfreien Dollars erfolgte, da er für kubanisches Konto abgerechnet wurde.

Von ihren Coupons befreit, gingen auch die Wertpapiere auf die Reise, und zwar nach New York. Von seinem Hauptquartier aus bereitete Lacy Kux die nächste Etappe vor: Die zweite Überquerung des Atlantiks führte die Minenaktien zur Stock Exchange in London, wo sie verkauft werden sollten. Die britischen Käufer bezahlten den Gegenwert der Papiere in »gesperrten Pfund Sterling« (»switch Sterling«

genannt). »Switch Sterling« waren nur für den Kauf anderer Wertpapiere verwendbar; das heißt, sobald sie auf dem Konto der amerikanischen Firma lagen, waren sie »gesperrt«.

Lacy Kux kaufte an der Londoner Börse mit den Sperr-Pfund brasilianische Staatsanleihen sowie argentinische Aktien jeglicher Art (Brauereien, Mühlen, Eisenbahnen etc.), denn er hätte bei einer direkten Konversion der gesperrten Pfund Sterling in Dollar einen Abschlag von 40 Prozent hinnehmen müssen.

Daraufhin lancierte er die Papiere von seinem Wolkenkratzer in Manhattan aus nach Buenos Aires und Rio de Janeiro, in ihre Ursprungsländer, die begierig waren, ihnen wieder Heimatrecht zu geben. In Argentinien und Brasilien wurden die Aktien mit gesperrten Cruzeiros und Pesos bezahlt – gesperrt, weil in beiden Ländern das Geld nur verwendet werden durfte für den Einkauf von Erzeugnissen, deren Export gefördert werden sollte: Kaffee, Kakao, brasilianische Baumwolle oder auch argentinisches Gefrierfleisch.

Lacy Kux besaß nun Sperr-Cruzeiros und Sperr-Pesos, hatte aber nicht die Dollars zurückbekommen, die er in Genf ausgegeben hatte.

Was sollte er mit den Cruzeiros und Pesos machen? Er kam hier mit einer eisernen Regel in Konflikt, die Brasilien und Argentinien aufgestellt hatten: Für sie war Amerika gleich Dollar, wie auch heute noch. »Wenn die Yankees unseren Kakao, unseren Kaffee trinken, unser Fleisch essen wollen, dann sollen sie gefälligst auch in harten klingenden Dollars bezahlen – oder wir verkaufen ihnen gar nichts«, sagten sie. Doch die armen Verwandten der Nachkriegszeit, die Japaner, die Finnen und die Russen zum Beispiel, die durften ihre Einkäufe in Brasilien und Argentinien mit gesperrtem Geld bezahlen.

Sofort verkaufte unser Lacy Kux seine Sperrguthaben in

Helsinki, Tokio oder Moskau, wo sie sich in Kakao, Baumwolle, Kaffee oder Gefrierfleisch – importiert aus Brasilien oder Argentinien – verwandeln durften. Der Reigen ging manchmal noch weiter, denn es kam vor, daß Finnland einen Teil der eingekauften Waren nach Rußland leitete, um damit alte Schulden zu bezahlen. Obwohl Finnland ein armes und vom Krieg geschlagenes Land war, hatte es dennoch die Dollars zur Verfügung, um Lacy Kux in New York zu bezahlen. Finnland exportierte Papierbrei aus seinen Wäldern im hohen Norden in alle Länder der Welt.

Man könnte hier nach dem Sinn dieses Geldtanzes fragen. Warum haben Helsinki oder Tokio gesperrtes Geld gekauft, um damit Waren zu kaufen, die sie sich leicht mit ihren eigenen Dollars hätten beschaffen können? Der Grund dafür war einfach: Die gesperrten Devisen erhielten sie ja mit großem Abschlag.

Der Mechanismus dieser Reise war also folgender: Das französische Publikum wollte sich seiner Goldminen-Aktien entledigen und war auf das Metall Gold versessen. Also wurden die Aktien zu Spottpreisen verschleudert, und für Gold in Münzen und Barren wurden überhöhte Preise gezahlt. Lacy Kux konnte sich dadurch seine Cruzeiros und Pesos so billig beschaffen und sie so günstig weiterverkaufen, daß die Finnen und Japaner ihre Warenimporte aus Südamerika mit diesen Geldsorten vorteilhafter finanzieren konnten, als wenn sie die Waren gleich in Dollar bezahlt hätten. Für Lacy Kux jedenfalls war das eine schöne runde Sache; der Kreis war geschlossen, er hatte seine Dollars zurück.

Aber es gab noch viele andere Variationen des gleichen Themas. Eine auf den Metallhandel spezialisierte Firma in Beirut – die Stadt galt damals als die Schweiz des Nahen Ostens – hatte zum Beispiel entdeckt, daß die Gesetze eine Lücke aufwiesen. Wenn unter bestimmten Umständen englische Pfund zugunsten einer dänischen Bank transferiert wurden, dann konnte man sie gemäß dem anglo-dänischen Abkommen von 1917 zum Einkauf von Rohstoffen aus dem britischen Imperium verwenden. Die Entdeckung wurde bald in klingende Münze verwandelt. Unter dänischer Flagge segelten Zinn aus Singapur und Kautschuk aus Malaya nach Rotterdam. Singapur und Malaya gehörten damals ja noch zum britischen Empire. Dann bezahlten die Amerikaner in Dollar, und der Kreis war wiederum geschlossen.

Eine weitere Lücke dieser Art war die Basis für eine dritte Variante. Absprachen mit der Bank von England ermöglichten den Ankauf von Silber im Fernen Osten, in Indien und China gegen die erwähnten Sperr-Pfund. Das weiße Metall ging in die Münze nach Wien, wo es zu Maria-Theresia-Talern geprägt wurde. Diese wurden nach Dschibuti geschifft und dort von denen gekauft, die sie für Einkäufe in Abessinien brauchten.

So merkwürdig es erscheinen mag, diese Münzen mit dem Profil der habsburgischen Kaiserin waren gültiges Zahlungsmittel im Reiche des Negus, und da die Käufer der Taler in Dollar zahlten, war der Kreis erneut geschlossen!

Was war bei diesem Reigen des Geldes und der Waren aus den in London verkauften Goldminen-Aktien geworden? Ein Teil der Papiere war auch nach Johannesburg gelangt, um gegen englische Staatspapiere eingetauscht zu werden, die nach Großbritannien zurückkehrten. Die Nachkriegszeit hatte überall eine umfangreiche Heimkehr-Bewegung für nationale Wertpapiere hervorgerufen. Die Argentinier kauften ihre Brauereien und ihre Eisenbahnen zurück, die Brasilianer ihre Staatsanleihen, die Südafrikaner ihre Goldminen und die Engländer alle möglichen Wertpapiere, die sich außerhalb ihrer Grenzen befunden hatten. Diese Repatriierungswelle ergriff unversehens alle Märkte der Welt. Dies war keine neue Sache, denn schon nach 1930 waren solche Reaktionen zwischen zentraleuropäischen Staaten mit Devisenbeschränkungen und Amerika vorgekommen, als Schuldnerländer ihre einheimischen Papiere zurückkauften.

Der andere Teil der Goldminen-Aktien verwandelte sich aus Inhaberpapieren in Namenspapiere und kehrte in dieser Form auf den Kontinent nach Paris zurück. Andere Martins und Dupons kauften sie, doch diesmal ohne alle Heimlichkeit, mit Geldern, die dem Fiskus nicht verhehlt wurden.

Meine Erfahrungen mit Rohstoffen, Gold und Silber

Wie Roosevelt mich ruinierte

Wenn die Aktien fallen, träumen viele Leute von einer anderen Spekulation – dem Warentermingeschäft. Das ist die Spekulation mit Produkten: Kakao, Weizen oder Schweinespeck.

Ich habe von Warenterminspekulationen schon als Baby gehört, sie waren sozusagen in meiner Familientradition verankert. Das Ungarn meiner Kindheit war Großproduzent von Getreide und die Budapester Produktenbörse der lebhafteste Terminmarkt auf dem Kontinent. Man spielte mit Leidenschaft in Weizen, Hafer oder Pflaumenmarmelade, und wenn einer besonders spitzfindig war, so operierte er in Chicago oder Liverpool. Ernteaussichten, Konsumstatistik und Wetterprognosen gehörten zum Stadtgespräch. Ein besonders heißer Sommer oder ein lang erwarteter Regenschauer konnten für den Spekulanten Vermögen oder Bankrott bedeuten.

Viele Jahre später, während meiner Pariser Lehrjahre, sah ich mit Erstaunen, wie die seriösen Herren der Pariser Warenbörse alle zehn Minuten aus dem inneren Saal auf die Straße liefen, um den Himmel zu beobachten. Das größte Spielobjekt war damals Zucker. Und Zuckerrüben benötigen sehr viel Regen, damit sie gehörig gedeihen. Wenn der Himmel blau war, dann stieg der Zuckerpreis um einige Punkte. Zogen hingegen dunkle Wölkchen auf, fiel er zurück. Das war die Börsenlogik – auf kurze Sicht. Denn selbst jemand, der ein unfehlbares Barometer in der Tasche trug, war nicht sicher, damit reich zu werden.

Natürlich hatte es Josef von Ägypten leichter, der zweifellos der erste Spekulant der Geschichte war. Pharaos Traum von den sieben fetten und den sieben mageren Kühen war ein unfehlbarer Tip für seine gigantische Getreidespekulation. Er kaufte das Korn während der sieben fetten Jahre auf und verkaufte es sicherlich mit immensem Gewinn während der sieben mageren Jahre. Doch heute, 7 000 Jahre später, verfügen wir Spekulanten nicht über so präzise Insiderinformationen. Die Börsenspieler des 20. Jahrhunderts sind auf Statistiken oder Computer angewiesen. Und die sind lange nicht so unfehlbar. Und wie ich es schon anhand des Speck-Mais-Straddles verdeutlichte, vergißt man dabei die Imponderabilien, die leider bei Spekulationen noch viel ausschlaggebender sind als die genauesten Statistiken.

Dazu will ich nur eine meiner zahlreichen Erinnerungen heraufbeschwören: Es war im Jahre 1940/41. Europa befand sich bereits im Krieg, während Amerika, wo ich damals lebte, noch neutral blieb. Da ich zur Zeit sehr viel Geld flüssig hatte, wollte ich etwas unternehmen. Auch in Amerika roch es bereits nach Pulver. Wertpapiere wollte ich nicht kaufen, also begann ich, die Warenmärkte zu studieren. Nicht nur klug wollte ich sein, sondern sogar raffiniert. Ich kaufte darum nicht Weizen, Mais oder Baumwolle: Erzeugnisse, die auf amerikanischem Boden gediehen und bei denen eine Knappheit kaum anzunehmen war. Dagegen erwartete ich, daß die Einfuhr von Gütern aus den Tropen und fernen Ländern immer beschränkter würde. Wegen der Gefahr des U-Boot-Kriegs und den damit verbundenen steigenden Frachtsätzen und Versicherungsprämien mußten sogar im neutralen Amerika die Preise unweigerlich in die Höhe klettern. Dazu kam, daß man den Eintritt Amerikas in den Krieg erwartete.

Das war die Situation. Ich stellte also eine Liste der auf Termin zu kaufenden Waren auf. An der Spitze stand der

Kautschuk, das strategische Produkt Nummer 1; ferner Seide in Anbetracht der feindseligen Beziehungen zu Japan; Pfeffer und Zinn, deren Einfuhr von Java gefährdet schien; schließlich Wolle aus dem fernen Australien für die vielen Uniformen, wenn Krieg kommen sollte.

Die Theorie war wundervoll, die Praxis sah leider anders aus. Kautschuk hatte so eine strategische Bedeutung, daß er sogar schon vor dem Eintritt Amerikas in den Krieg von der Regierung zu einem tiefen Preis requiriert wurde, eine Maßnahme, die es in Friedenszeiten noch nie gegeben hatte. Seide blieb stabil, weil Du Pont de Nemours das Nylon auf den Markt brachte und die Nachfrage für Naturseide folglich stark zurückging. Als dann der Krieg mit Japan ausbrach und die Kurse wirklich hinaufschnellen sollten, wurden der Handel in Seide an der Börse eingestellt und die Kontrakte zu einem Zwangskurs glattgestellt. Und dieser Zwangskurs war natürlich tiefer. Die Kurse für Wolle nahmen eine ebenso unerwartete Entwicklung. Die großen Frachtdampfer, die Munition nach Australien brachten, luden auf dem Rückweg ganze Schiffsladungen von Wolle, um nicht leer zu fahren. Diese forcierte Einfuhr ließ die Vorräte ansteigen, und dadurch wurde jede Kurssteigerung gestoppt. Mit Pfeffer und Zinn ging es aus ähnlichen Gründen nicht besser.

Dagegen erwiesen sich die rein amerikanischen Produkte als die richtigen Spekulationsobjekte – obwohl dies gegen jede Logik schien. Präsident Roosevelt war gezwungen, trotz seiner großen Autorität ein gewisses Maß von Demagogie anzuwenden. Er brauchte für seine proenglische Politik auch die Stimmen aus dem Süden und dem Mittelwesten. So gewährte er den Baumwollplantagen-Besitzern und Landwirten Preis- oder Kreditgarantien für ihre Produkte. Er mußte die Preise nicht nur stützen, sondern ihre Steigerung sogar begünstigen. So hat Roosevelt mich um ein Vermögen gebracht.

Die Imponderabilien hatten wieder einmal die scheinbar sichersten Berechnungen über den Haufen geworfen. Und so ist es mir in Dutzenden anderer Fälle gegangen. Krieg, Kriegsgefahr oder Frieden, Revolution oder soziale Ruhe, Außen- oder Innenpolitik und eine Unzahl anderer Elemente gehören ebenso zum Datenmaterial eines Spekulanten wie die sachlichen Informationen. Vielleicht sogar noch mehr. Hier hört die Wissenschaft auf, und es beginnt die Intuition. Und Intuition ist das Produkt der Erfahrung von Jahrzehnten.

Gold: Runter vom Podest

Die Geschichte des Goldes geht mehrere Jahrtausende zurück. Aber die Epoche, die vor 40 Jahren begann, ähnelt einem Abenteuerroman. Interessanterweise wurden die ersten Kapitel dieses Romans erst nach dem Ende des Zweiten Weltkrieges geschrieben, denn unmittelbar vor dem Jahre 1939 und auch während der Feindseligkeiten waren die Worte »Gold« oder »Goldpreis« noch keineswegs Tagesgespräch.

Während der letzten Wochen vor Kriegsausbruch, in einer Zeit, in der alle Welt schon sicher war, daß es zum Krieg kommt, wurde Gold in Frankreich – in diesem goldsüchtigen Land par excellence – breit angeboten. Man konnte Gold in Barren, Bruch oder in schön geschmiedeten Objekten (Dosen, Etuis etc.) unter dem Goldpreis erwerben. Ich besitze noch heute eine Sammlung von Golddosen, die ich damals günstig einkaufte, nicht aus Goldleidenschaft, sondern weil es besonders attraktive Stücke waren. Das Publikum, die Sparer, zogen in ihrer Kriegsangst hingegen Bargeld dem gelben Metall vor. Und auch in den Kriegsjahren wurde Gold in ganz Europa – besser gesagt: in Lissabon, wo die Lieferungen in die USA verschifft wurden – einige Prozent unter 35 Dollar pro Unze, dem offiziellen amerikanischen Kaufpreis, gehandelt.

Die europäischen Regierungen, insbesondere das Deutsche Reich, aber auch Italien, benötigten Dollars und nicht Gold. Denn für Dollars bekam man all das, was man zum Kriegführen brauchte. Gold kauften in Frankreich nur die älteren Menschen, die ihre Erfahrungen im Ersten Weltkrieg gemacht hatten. Aber diese Beträge waren sehr klein im Verhältnis zum immensen Dollarbedarf der kriegführenden Regierungen.

So war Gold in Lissabon natürlich unter dem amerikanischen Einkaufspreis zu bekommen, da man die Transportkosten und die hohen Versicherungskosten (wegen des Krieges) einkalkulieren mußte, außerdem den Zinsverlust für die sieben- bis zehntägige Reise über den Atlantik sowie die Marge für den Arbitrageur, der die Transaktion durchführte. Als Verkäufer traten die europäischen Banken auf, und das amerikanische Schatzamt kaufte alles. Wie richtig sagte doch mein Bruder, als ich ihm 1914 die Frage stellte, warum die k. u. k. Regierung Gold brauche: um damit Dollars zu kaufen.

Nach dem Krieg aber, nach den Vereinbarungen von Bretton Woods, setzte das Goldfieber langsam ein und stieg dann in den folgenden Jahren immer höher.

Die großen Umschlagplätze für den Goldhandel, ob Barren oder Münzen, waren Tanger – damals noch eine neutrale Steueroase, wo alles erlaubt war – und Zürich, ebenfalls ein neutraler Platz ohne jegliche Einschränkungen oder Devisenverordnungen. Aus Tanger, Zürich und auch aus Genf schmuggelten die Profis das Edelmetall in Form von Münzen in alle Länder Europas, insbesondere auch nach Paris, wo Goldhandel sowie dessen Ein- und Ausfuhr strengstens verboten waren. Das französische Publikum bezahlte das Gold 50 bis 100 Prozent über dem Tanger- und Zürichpreis, wo der Handelspreis auch schon bedeutend höher war als der offizielle Preis. Denn zum offiziellen Preis konnten nur die Notenbanken Gold erwerben. So kam es öfter vor, daß das französische Publikum beim Kauf der Napoleon-Münze, für die es eine besondere Schwäche hatte, 100 Prozent Aufgeld auf den Wert des in der Münze enthaltenen Goldanteils zahlte.

Es ist zwar eine Tatsache, daß Gold seit uralten Zeiten eine fast magnetische Anziehung auf die Menschen ausübt, wie die Literatur und die Mythologie (insbesondere die germanische) beweisen, als Anlage sollte man es jedoch unter die marginalen Werte einreihen. In unserem kapitalistischen System können wir den Wert einer Anlage nur aufgrund ihrer Rendite oder ihrer möglichen zukünftigen Rendite einschätzen. Gold, wie auch Diamanten, können nur im Rahmen des jeweiligen Marktes bewertet werden. Und dieser ist oft das Objekt großer Manipulation. Daß Angebot und Nachfrage oft von psychologischen Motiven bestimmt werden, macht Manipulation noch einfacher. Kriegsangst, Revolution, Bürgerkriege, Geldentwertung: Dies alles sind Argumente, mit denen man ein Publikum, das um sein Hab und Gut zittert, leicht bange machen kann. Und besonders effektvoll können Spekulanten den Preis in die Höhe treiben und das Gold dadurch fürs Publikum attraktiver machen, indem sie es selber kaufen.

Da das Gold aus den Minen der größte Devisenbringer Südafrikas ist und der Goldpreis für das Land eine Existenzfrage bedeutet, setzt seit jeher die Regierung in Pretoria alles daran, den Preis so hoch wie möglich zu treiben. Weil aber die geförderte Menge größer ist als der industrielle Bedarf, stapelten sich zu manchen Zeiten in den Tresoren der südafrikanischen Regierung die Goldbarren zu Bergen. Ein hoher Preis ist dann nur dadurch zu erzielen, daß man das Publikum goldsüchtig macht. Gelingt es, die Kauflust des Publikums anzuheizen, treten auch gewisse Notenbanken als Käufer auf. Die beste Waffe in diesem Kampf ist immer eine internationale Währungspanik. Anfang der achtziger Jahre hat diese Praxis sogar die Dresdner Bank geübt, als sie die führende Rolle im Goldsyndikat spielte.

Die Preistreiberei der Burenherrscher wurde mir einmal von kompetentester Seite hundertprozentig bestätigt. Im

Oktober 1972 stellte ich auf einer Goldkonferenz in London Walter Frev, dem Direktor des Schweizerischen Bankvereins (der Hausbank der südafrikanischen Regierung), die Frage, ob Südafrika als der größte Produzent noch Gold kaufe. Die Antwort war kurz, aber aufschlußreich: »Die südafrikanische Regierung kauft selber kein Gold, aber wir, die Bank, kaufen für ihre Rechnung.« Dann wurde er noch deutlicher: »Wir müssen auf dem Goldmarkt intervenieren und den Preis stützen, wenn zum Beispiel störende Elemente (er meinte Frieden, Preisstabilität, sozialer Frieden und so weiter) oder russische Verkäufe auf die Preise drücken. Dann kommen auch günstigere Zeiten für uns (er meinte Krieg, Revolution, soziale Unruhe, Inflation, Sintflut oder Feuersbrunst), und dann können wir wieder verkaufen.«

Was könnte dieses Vorgehen besser illustrieren als ein bekannter alter Witz: Der junge Grün zieht aus der Provinzstadt nach Budapest, um dort Geschäfte zu machen. Nach einigen Wochen ruft er seinen Vater an und berichtet:

»Papa, ich mach' gute Geschäfte und hab' einen großen Posten Ziegenhäute gekauft zu 100. Sie stehen schon 110.«

»Bravo, mein Sohn, du bist sehr tüchtig.«

Nach einer Woche ruft er wieder an und berichtet mit Freude: »Papa, die Ziegenhäute sind schon 120.«

»Bravo, mein Sohn, du bist ein Genie.«

Zwei Wochen später ruft er wieder an und jubiliert.

»Papa, Ziegenhäute sind 150.«

»Phantastisch«, sagt der Vater. »Aber jetzt verkaufen und Nutzen nehmen.«

»Verkaufen, aber wem? *Ich* kauf' sie ja.«

Meine geheime Gold-Spekulation

Ich bin ein Spekulant von Geburt. Meine Arena ist die Börse. Doch ich bin auch Idealist und habe oft meine Energie für Dinge verschleudert, die unnütz erscheinen. Ich möchte jene bekämpfen, deren Leben ausschließlich am Golde hängt, jene also, die aus theoretischer Überzeugung oder einfach aus Spekulationsgründen den Goldpreis erhöhen möchten. Ich habe es immer wieder geschrieben und gepredigt, im Fernsehen ebenso wie in der Presse und am Kaffeehausstammtisch, daß jene Unsinn verlangen.

Verständlich, daß vor allem die Russen und die Südafrikaner für den einzigen Artikel, den sie unlimitiert exportieren können, gern den doppelten Preis erreichen möchten. Es ist bekannt, daß die Russen in der letzten Zeit Schulden machten, statt Gold abzugeben, weil sie überzeugt waren, daß der Goldpreis erhöht werden müßte.

Nun, diese Kampagne hatte um die Jahreswende 1967/68 immense Dimensionen angenommen. Ja, ich muß gestehen, dieser weltweite Wirbelsturm hat sogar mich engagierten Verteidiger des stabilen Goldpreises erschüttert. Denn ich habe zwar eine feste Überzeugung, aber auch Demut. Und wie einst ein griechischer Philosoph von sich behauptet hat, daß er nur wisse, daß er nichts wisse, so muß ein echter Spekulant trotz seiner festen Überzeugung auch wissen, daß er irren kann. Angesichts dieses weltweiten Wahnsinns der Goldspekulation fragte ich mich eines Morgens doch, ob ich nicht vielleicht irrte. Und an jenem Morgen, an dem Mr. Martin, der damalige US-Notenbankchef, aus Basel wieder nach Washington zurückflog, zog ich mich in meinen Elfenbeinturm zurück und begann zu grübeln: Wenn man gegen jede Logik den Goldpreis doch erhöhen würde, konnte ich es dann überhaupt noch wagen, auf die Straße zu gehen, in mein Stammcafé, dorthin, wo ich alle meine Bekannten wiederfinden würde, denen ich stets meine »goldenen Theorien« gepredigt hatte?

Also griff ich zum Telefon! Ich rief in der Schweiz an und kaufte Gold. Ach, wie tief war ich gesunken: Gold zu kaufen wie die dummen Spekulanten, folgend den falschen Propheten und Theoretikern, die ihre Mitmenschen ängstigen, um daraus Profit zu schlagen.

Ich kaufte zehntausend Unzen Gold, kreditiert von der Crédit Suisse in Genf. Ganz geheim natürlich. Doch durch die Indiskretion eines Freundes wurde mein Hochverrat in einer großen Pariser Tageszeitung zur besonderen Schadenfreude meiner Bekannten verkündet. Aber ich war ja gar kein Renegat geworden! Ich hatte keineswegs Gold gekauft, sondern nur eine Freiprämie akzeptiert. Gold konnte nur steigen, nicht aber sinken. Und welcher Spekulant könnte darauf verzichten, wenn ihm eine Freiprämie angeboten wird? Ich würde, ohne zu zögern, auch eine Freiprämie auf den Kölner Dom annehmen. Außerdem wurde ich von einer Überlegung geleitet: Ich hatte ja nie daran gezweifelt, daß ein eventuelles Embargo gewisse Preisverschiebungen auf dem privaten Sektor möglich machen könnte. Wenn ich aber eine Blamage erleben mußte, so wollte ich für die Demütigung wenigstens ein kleines Trostpflästerchen haben, einen Trostpreis in finanzieller Form kassieren. Würde der Preis wirklich erhöht, konnte ich auch zur Kasse marschieren.

Was nachher geschah, ist bereits Geschichte. Das Goldembargo wurde vier Tage nach diesem Schritt erklärt, der Preis auf dem privaten Markt stieg – sehr bescheiden – an, doch war von einer offiziellen Erhöhung bis zu jenen Phantasiepreisen, von denen die Spekulanten geträumt hatten, keine Rede mehr, und auch für die Zukunft bestehen in dieser Hinsicht keine Hoffnungen.

Ich sehe mit Genugtuung, daß meine Analyse richtig war, doch sitze ich jetzt zwischen zwei Sesseln: Steigt der Goldpreis, kränkt sich der Theoretiker, fällt er, so ärgert sich der Praktiker. Aber so passiert es eben, wenn ein Spekulant theoretisiert und mit seinen Ideen hausieren geht.

Silber: das weiße Metall

Nun werde ich einen Sprung machen, obwohl ich dabei im Bereich des Edelmetalls bleibe. Ich möchte einige Worte über Silber sagen und von den Abenteuern der Silberspekulanten berichten, die ich während der letzten 55 Jahre persönlich verfolgen konnte und bei denen ich selbst mitgemischt habe.

Die Geschichte dieses weißen Metalls ist ein ruhmreiches Heldenepos. Zwar haben schon die alten Griechen Silbermünzen geprägt, die heroischen Zeiten beginnen aber mit der spanischen Kolonisation, als die Konquistadoren, geblendet durch das von ihnen entdeckte märchenhafte Amerika, dem spanischen König unglaubliche Berichte schickten. Von Potosi im geheimnisvollen Peru bis Madrid hätte man eine Silberbrücke spannen können mit den phantastischen Silberadern, die sie gefunden hatten.

400 Jahre später übte das weiße Metall wieder einmal seine Faszination aus, und dieses Mal auf Henry Morgenthau jr., der ein intimer Freund des Präsidenten Roosevelt war. Er verstand es, eine seiner Lieblingsideen praktisch zu verwirklichen.

Die große Krise, die mit dem schwarzen Börsentag des Jahres 1929 begonnen hatte, war im Jahre 1933 zum Höhepunkt gelangt. Die Gelddeflation, der tragische Geldmangel, erstickte buchstäblich das durch eine Vertrauenskrise erschütterte Land. Henry Morgenthau jr. glaubte, daß eine Aufwertung des Silberpreises die Situation entspannen könnte. Außerdem übten die silbererzeugenden Staaten der

USA aus egoistischen Gründen einen gewissen politischen Druck aus. Auch wollte die Regierung die Kaufkraft der silberherstellenden Länder, zum Beispiel Mexikos, heben und ebenfalls die Kaufkraft der Länder, die einen bedeutenden Silbervorrat besaßen. Der Geheimschatz der Chinesen, der Sparstrumpf der Inder, das war Silber: Es genoß die gleiche Wertschätzung wie das Gold im Westen (die Rupie, das indische Zahlungsmittel, und der chinesische Dollar waren Silberwährungen).

Ohne ein Programm für eine ausgesprochene Doppelwährung zu haben, wollte Morgenthau der Federal Reserve Bank und dem amerikanischen Tresor zu einem großen Silberbestand verhelfen, der im gleichen Verhältnis zum Gold-Stock stand. Ein Gesetz legte den Preis fest, zu dem die Regierung das ausschließlich aus amerikanischer Produktion stammende Silber aufkaufen mußte, und verbot überdies die Einfuhr ausländischen Silbers. Ein neuer, beträchtlich höherer Kurs wurde festgesetzt, der ungefähr mit 70 Schilling pro Unze an der Londoner Börse notiert war. Zuvor notierte Silber in London 15 Schilling (in den USA wurde Silber damals auf dem freien Markt nicht gehandelt).

Eine Riesendiskrepanz, die natürlich die Spekulanten der ganzen Welt aufs äußerste reizte. Sie stürzten sich in London auf Silber (ich natürlich auch!) und kauften enorme Mengen zu einem Kurs, der so unglaublich viel niedriger war als Morgenthaus Einkaufspreis. Man nahm an, daß diese Diskrepanz sich mit der Zeit ausgleichen, zumindest verringern würde.

Langsam stieg der Kurs, doch blieb die Sache immer noch interessant aufgrund des gewaltigen Preisunterschiedes, und viele Spekulanten kauften bei steigenden Preisen mit ihrem Papierprofit weitere Silberkontrakte auf dem Londoner Terminmarkt.

Aber! Und da kommt das große, unvorhergesehene Aber.

Das Silber, das sich nach und nach aus seinen Verstecken in Indien und China wagte, gelangte in Mengen in die Vereinigten Staaten.

Die Chinesen waren immer die geschicktesten und erfolgreichsten Schmuggler der Welt gewesen, und so war es ein Kinderspiel für sie, den Silberstrom von Hongkong nach Amerika zu leiten. Das Silber strömte also diesmal nicht aus Peru nach Madrid, sondern aus dem Fernen Osten nach Amerika. Man konnte keinen Unterschied zwischen Silber und Silber feststellen. Das aus China importierte Silber hatte die gleiche Farbe wie das aus Montana, und das aus Montana ähnelte merkwürdigerweise den Schiffsladungen, die aus Bombay geschmuggelt wurden. Das Schatzamt bezahlte alles. Es war ja seine Absicht gewesen, die Geldmenge drastisch zu erhöhen und diesmal nicht gegen Gold, sondern Silber zu decken.

Aber eine kleine beiläufige Geschichte hat die ganze Transaktion noch spannender gemacht: Die Chinesen ihrerseits kauften mit dem Erlös ihrer Silberverkäufe Waffen und Munition in Deutschland, da der Bürgerkrieg bei ihnen schon in der Luft lag. Sie erzielten für ihr Silber einen so hohen Preis, daß sie das Kriegsmaterial bezahlen konnten, das die deutschen Fabriken heimlich herstellten. Die Hitler-Regierung preßte die Arbeiter in der Rüstungsindustrie des Dritten Reiches immer mehr aus, um den Waffenexport zu forcieren – zu einem Preis, den die Chinesen ohne den Silberschmuggel nicht hätten akzeptieren können.

Und so kam es, daß die unüberlegte Geldpolitik eines Finanzmannes durch den geheimnisvollen Kreislauf des Geldes zu einer Stärkung der Nazis führte ...

Nach einer Nacht, die Morgenthau mit Überlegungen verbracht hatte, weil der Silberstrom nicht versiegte und er immer mehr Dollars in Silber investieren mußte, wurde das Gesetz vom Kongreß aufgehoben. Die Einkäufe wurden gestoppt. Sofort stürzten in Hongkong, Bombay und natürlich in London die Kurse.

Auf dem Papier war ich, wie auch viele andere meiner Kollegen, mit dieser Spekulation Millionär geworden, da der Kurs in London bis 50 geklettert war und mir einen astronomischen Gewinn gebracht hatte. In 24 Stunden war die Fata Morgana meiner Millionen verschwunden. Zum Schluß konnte ich nur noch meine Haut retten, und das nur deshalb, weil ich mich bei den gleitenden Kursen schnell gedreht hatte und durch Zufall ein kleineres Quantum leer verkaufen konnte.

Eine sehr kleine Revanche gab mir das weiße Metall fast 30 Jahre später. Ich hatte wieder Silber gekauft, zu einem Plafondpreis von 90 Cent, der von der US-Regierung künstlich gehalten wurde, um die Preise nicht in die Höhe gehen zu lassen.

Gewisse Symptome und Umstände veranlaßten mich damals, in Silber einzusteigen. Die chemische Industrie kaufte große Mengen, und der Vorrat war nicht zu hoch. Außerdem bekam ich von einem meiner Freunde (bei der Firma Merrill-Lynch) einen Anruf mit dem Hinweis, die Broker der Federal Reserve hätten die Instruktion bekommen, daß sie für amerikanische Bürger und Residenten keine Silberkontrakte mehr kaufen dürften. Was tut in so einem Fall der Spekulant? Ich rief die Banque de l'Indochine in Lausanne an, mit der ich in freundschaftlicher Verbindung stand, ob sie bereit sei, für meine Rechnung ein größeres Quantum Silber (disponible Ware, also kassa) zu kaufen und zu finanzieren. Die Antwort war sofort positiv, und sie führten meinen Auftrag aus. 14 Tage später hatte die amerikanische Regierung den Plafondpreis um 33 Prozent, also auf 120 hinaufgesetzt. Der Coup war gelungen, wenn er auch nur einen bescheidenen Gewinn erbrachte.

Kaum 40 Jahre nach meinem ersten Silberabenteuer war

das Edelmetall wieder Tagesgespräch, als die gesamte Weltpresse über die sensationellen Silbertransaktionen der Hunt-Brüder berichtete. Die berühmten Texas-Millionäre hatten schon durch andere große Coups (Öl, Sojabohnen und so weiter) von sich reden gemacht. Anfang der achtziger Jahre faßten sie den Plan, die Silberbestände in der Welt aufzukaufen, den Preis in die Höhe zu treiben und dann bei einem astronomisch hohen Preis das Silber den Konsumenten zur Verfügung zu stellen. Eine Transaktion dieser Art heißt im Jargon »Corner«.

Das entsprechende deutsche Wort für »Corner« (eigentlich »Ecke«) ist »Ring«, und es bedeutet, daß eine Gruppe von Spekulanten die Produktion und die verfügbaren Lagerbestände einer Ware aufkauft und dann durch aggressive Propaganda das Publikum zur Spekulation verführt, das heißt, diese Ware auf Termin, also auf Kredit, zu kaufen.

Die Grundidee der Hunts war, daß die Diskrepanz zwischen Produktion und Verbrauch immer größer wird, zum Beispiel durch die in der Welt ununterbrochen wachsende Fotomanie und die Nachfrage nach anderen Produkten der chemischen Industrie. Die Hunt-Brüder rissen die Kontrolle mehrerer Silberminen an sich und hielten die Produktion zurück. Durch eine geschickte Propaganda gelang es ihnen, das Publikum in die Spekulation zu locken. Eine todsichere Sache, dachten die Haussiers. Die Makler riefen alle ihre Kunden an und überzeugten sie, unbedingt in Silber einzusteigen: Die Hunts kaufen, und wenn sie kaufen, dann wissen sie, warum sie es tun.

Zur gleichen Zeit stiegen andere Spekulanten in ein Baisse-Engagement ein, das heißt, sie verkauften Silber, welches sie noch nicht besaßen, in der Hoffnung, es später viel billiger zurückzukaufen. Solche Spekulanten gab es Tausende in Amerika, aber auch in Bombay, Hongkong, Mexico City, überall, wo Silber ein Heimprodukt ist. Sie alle waren der Ansicht, daß der Preis schon übertrieben hoch sei.

Aber der Preis stieg weiter, das Syndikat verknappte die Ware immer mehr, bis sie fast völlig vom Markt verschwand. Die Preise kletterten noch weiter, die Baissiers wurden auch immer wilder und verkauften immer mehr Baisse-Terminkontrakte. Auch die Broker riefen weiter ihre Kunden an und empfahlen ihnen, weitere Silberkontrakte zu kaufen, mit der Begründung, daß die Baissiers vom Hunt-Syndikat erwürgt werden würden ... Das alte Lied.

So strömten die Kaufaufträge herein, die Kurse stiegen, mit dem Papiergewinn erwarb man weitere Kontrakte, denn das Spiel war leicht, man mußte ja nur 10 Prozent Garantie zahlen. Auf diese Weise geschah es dann, daß der Kurs von 5 auf 50 Dollar pro Unze stieg. Alle Börsenspieler der Welt beobachteten mit Spannung, wie die gigantische Pokerpartie enden würde. Einer meiner Freunde, ein Finanzjournalist, bot mir eine Wette an, daß der Kurs auf 500 Dollar pro Unze steigen würde. Vergebens warnte ich ihn, daß die Behörden eingreifen könnten, denn gewisse Kreise riefen schon »Skandal!« über den Silberwucher. Auch das spielt keine Rolle, erwiderte er, das Syndikat pfeift auf die Behörden. Vor den Silberscheiden standen die Menschen Schlange, weil sie ihr Haushaltssilber zu nie erhofften Preisen verkaufen konnten.

Niemand rechnete damit, daß der Silberboom jemals enden könnte – etwa dadurch, daß die Regierung oder die Börsenkammer eingreift. Und doch geschah es so. Dank verschiedener Maßnahmen, wie neuer Kreditbestimmungen, brach der Ring wie ein Kartenhaus zusammen.

Vor allem aber hatten die Hunts vergessen, daß man über unbegrenzte Mittel verfügen und die absolute Kontrolle über die Weltbestände haben muß, um einen »Corner« erfolgreich abzuschließen. Nur dann kann man die Baissiers abwürgen, indem man sie zwingt, die Ware bei turmhohen Preisen abzunehmen. Der Silberring eines viel mächtigeren

Finanziers, nämlich der amerikanischen Regierung, von dem ich bereits berichtet habe, ist dafür das beste Beispiel. Ihr standen tatsächlich unbegrenzte Mittel zur Verfügung – die Dollars der Federal Reserve Bank.

Sicher kannten die Hunt-Brüder den Spruch nicht, den die Spaßmacher der Budapester Börse geprägt haben: »Der Ring der Nie-gelungen.«

Der Ring der »Nie-gelungen«

Die Budapester Getreidebörse war speziell für Termingeschäfte vor dem Ersten Weltkrieg die bedeutendste in Europa, denn Ungarn war ja die Kornkammer Mitteleuropas. Und wo eine Terminbörse existiert, gibt es auch zahlreiche Gelegenheiten für Manipulationen. Unter Manipulation verstehe ich künstliche Preistreiberei (nach oben und nach unten), insbesondere, wenn dies von Interessengruppen organisiert wird. Hafer war oft das Objekt solcher Manipulationen. Er war ja das Öl jener Zeit, der Brennstoff der Verkehrsmittel, der Pferde also, besonders in der Armee.

Eine kleine Gruppe von Spekulanten rechnete sich (wieder einmal) um die Jahrhundertwende aus, daß aufgrund der Erntestatistik, der Wetterprognosen und des in etwa kalkulierten Verbrauchs der k.u.k. Armee der Haferpreis à la hausse orientiert sein müßte. Es lag also auf der Hand, sich darin à la hausse zu engagieren und möglicherweise die Preissteigerung künstlich zu unterstützen.

Einige Spekulanten gründeten daher ein Syndikat mit einem gut ausgearbeiteten Plan (was man nun »Corner« oder »Ring« nannte). Sie ließen durch Strohmänner im ganzen Land Hafer aufkaufen, um die effektive Ware zu blockieren, und erwarben gleichzeitig immer mehr Terminkontrakte an der Börse. Der Kurs stieg langsam an zur größten Überraschung der Baissiers, die davon überzeugt waren, die k. u. k. Armee habe sich mit Hafer schon eingedeckt. Außerdem erhielten sie von ihren Chicago-Korrespondenten eher pessimistische Preisvoraussagen, da man im Middle West eine gute Ernte erwartete.

Während die Preise langsam weiter stiegen, entdeckten sie plötzlich, daß hinter dieser Bewegung ein Manöver steckte, in dessen Erfolg sie jedoch kein Vertrauen hatten, weshalb sie noch mehr Hafer-Terminkontrakte leer verkauften. Dadurch entstand wieder einmal die typische Situation für einen Ring, wie zum Beispiel in dem beschriebenen Hunt-Silber-Corner. In beiden Fällen hatte das Syndikat mehr Terminkontrakte aufgekauft, als überhaupt Ware vorhanden war. Dies hier also war der berühmte Hafer-Ring, von dem man an der Budapester Börse noch jahrzehntelang sprach.

Da die Wettervoraussagen in Ungarn nicht günstig waren, hätte man schon aus diesen Gründen eine für die Baissiers fatale Preissteigerung erwarten können. Diese waren nicht müßig und zerbrachen sich den Kopf darüber, wie man dem Corner Einhalt bieten könne. Einer hatte dann eine glänzende Idee: Man solle gegen die gemeinen Preistreiber in der ungarischen Presse eine Kampagne starten unter dem Motto »Die Aushungerer der Armee« und dann eine Delegation zu Baron Auffenberg ins Kriegsministerium entsenden, um ihn gegen die Ausbeuter der Armee aufzuhetzen. Die Information der Baissiers, die Armee sei mit Hafer schon eingedeckt, war nämlich falsch gewesen.

Die Haussepartei frühstückte jeden Morgen in einem kleinen Kaffeehaus neben der Börse, wo die Herren ihre Pläne auskochten. Eines Morgens erschienen in der gesamten ungarischen Presse unisono Anklageartikel gegen die Bösewichte der Börse, die die nationale Armee schändlich ausnützen wollten. Ein äußerst antipatriotisches Benehmen, gegen das man an höherer Stelle eingreifen müsse. Das Hauptziel der Angriffe war natürlich der Chef des Syndikats, Armin Sandor, ein besonders kluger, gerissener Börsenhase, der alle Kniffe der Branche beherrschte. Man beschimpfte ihn ganz persönlich mit den schlimmsten und derbsten Ausdrücken.

Die Syndikatskollegen saßen also im Kaffeehaus und warteten auf die Reaktion des Chefs. Endlich kam er in dem verrauchten Lokal an, setzte sich an den Tisch seiner Kollegen und bestellte einen Kaffee mit Haut* und Butterkipferl, als sei überhaupt nichts passiert. Als endlich ein Kollege es nicht mehr aushält und ihn fragt, was er denn zur Tagespresse sage, meint er: »Ich lese nur die Taims« (dazu muß man wissen, daß Sandor nicht ein Wort Englisch konnte).

Damit war für ihn die Angelegenheit erledigt, nicht aber für den Corner. Die Delegation der Baissiers erreichte eine Audienz bei Baron Auffenberg (den die Ring-Teilnehmer seitdem den »Esel auf dem Berg« nannten). Er intervenierte bei der ungarischen Regierung, die daraufhin bei den Budapester Banken erreichte, daß die für den Kauf der effektiven Ware gegebenen Kredite sofort gekündigt wurden. Damit platzte der Corner mit großen Verlusten, und die Baissiers strichen wieder kräftig ein. Ich betone »wieder«, denn in Hafer waren schon häufig Corners gebildet worden, die jedoch aus irgendwelchen Gründen immer platzten, und die Baissiers konnten dann immer »einstreichen«. Deshalb nannte man den Hafer-Corner den »Ring der Nie-gelungen«.

Interessanterweise habe ich aus dieser Geschichte 80 Jahre später selbst Nutzen gezogen. Ich machte die Bekanntschaft des Chefredakteurs der Londoner *Times*, eines besonders reizenden und sympathischen Herrn, dem ich die Geschichte erzählte. Er amüsierte sich so darüber, daß er mir ein Gratis-Jahresabonnement anbot. Für dieses Angebot wollte ich mich revanchieren und erzählte ihm eine zweite Anekdote über die *Times*:

---

* Im früheren Mitteleuropa servierte man den Kaffee nicht mit Schlagsahne, sondern mit der Haut, die sich beim Kochen auf der Milch gebildet hatte.

Ich hatte in Paris einen Börsenkollegen, einen gebürtigen Frankfurter namens Löwengard, der jedoch »British Subject« war. Als der Weltkrieg 1914 begann, hatte er als gebürtiger Deutscher Angst, in Frankreich oder England zu bleiben, und zog in die Schweiz, wo er die ganze Kriegszeit verbrachte. Als er 1918 nach dem Krieg seinen abgelaufenen britischen Paß bei dem Züricher Konsul verlängern wollte, schaute dieser ihn eisig an, prüfte seinen Paß und fragte streng: »Was haben Sie im Krieg für England getan?«

Löwengard antwortete mit größter Selbstsicherheit: »Ich las jeden Morgen die *Times*.«

Mein neuer Freund, der Chefredakteur, brach in Lachen aus und erhöhte das Gratisabonnement auf zwei Jahre.

Um ihm meine Dankbarkeit auszudrücken, zitierte ich ihm dann den Titel der meistgelesenen Rubrik in einer Budapester Wochenzeitung: »Was ist Intimes in *Times*?« In dieser Rubrik waren alle Klatsch- und Bettgeschichten der Stadt beschrieben.

Ich möchte hier auch erwähnen, daß über ungarische Journalisten und die ungarische Presse Dutzende von Anekdoten und Witze zirkulieren. Meiner Ansicht nach ist die folgende Anekdote wohl die beste:

In einer kleinen Gemeinde – 3 000 Einwohner – kommt abends der Chefredakteur des Lokalanzeigers zum Stammtisch.

Er erklärt mit Pathos: »Der Zar aller Reußen wird zerspringen, ich sage euch, zerspringen wird er.«

»Was ist denn geschehen?« war die Frage im Chorus.

»Ich habe einen strengen Leitartikel gegen ihn geschrieben.«

Keine Währung währet ewig ...

Der Devisenhandel nach dem Ersten Weltkrieg

Als Folge der Niederlage der Mittelmächte Deutschland, Österreich-Ungarn, Bulgarien, Türkei war im Herbst 1918 die Donaumonarchie zusammengebrochen. Zu dieser Zeit war die Frage »Was macht der Dollar?« nicht nur aus Neugierde in ganz Europa Gesprächsthema Nummer eins. Sie war die wichtigste Frage überhaupt, nicht allein für Geschäftsleute und Spekulanten, nein, auch für jeden Normalverbraucher. Denn der Dollarkurs bestimmte nicht nur den Wert der Reichsmark oder der k. u. k. Krone, sondern war auch das beste Anzeichen dafür, wie die Zukunft dieser Länder international beurteilt wurde.

Die großen Umschlagplätze für Währungen stellten Zürich und Amsterdam dar, und die Kurse, die dort notiert wurden, waren nicht nur zugleich Thermometer und Barometer für die Gesundheit der betreffenden Länder, sondern auch Spielobjekte der Spekulation. Das große Spiel mit diesen Währungen war nicht nur für die Kurse entscheidend, sondern manchmal auch für das Schicksal der Völker.

Der europäische Devisenhandel wurde immer komplizierter – um so mehr, als nach dem Zerfall der k. u. k. Monarchie die neuen Staaten, denen vorher ausschließlich oder teilweise die österreichisch-ungarische Krone als Währung gedient hatte (im neuen Polen zum Beispiel kursierten neben der k.u.k. Krone früher auch Reichsmark und Rubel), nun eigene Währungen einführen wollten.

Diese neuen Währungen entstanden physisch zunächst dadurch, daß man die geerbten Banknoten ununterbrochen ab- und nachstempelte, und auch diese Stempel änderten sich von Tag zu Tag. Schließlich wurden die neuen Banknoten eingeführt, in den verschiedensten Farben und mit den Porträts der neuen Staatsoberhäupter von Deutsch-Österreich, der Tschechoslowakei, von Polen, Jugoslawien und so weiter verziert.

Das Ganze war ein Chaos. Darin mußte man schwimmen können; und für jeden, der das miterlebt und sogar überlebt hat, war es die beste Schule. Man konnte lernen, was alles auf dem Devisenmarkt möglich ist – und daß auch jederzeit das Gegenteil einer erwarteten Entwicklung eintreten kann.

Denn mitunter gab es auch Gegenströmungen auf dieser Devisen-Einbahnstraße, die für die zentral- und osteuropäischen Währungen praktisch bei Null endete. Manchmal waren diese Gegenströmungen die Folgen einer Überspekulation, manchmal waren bestimmte wirtschaftliche oder politische Ereignisse schuld daran. (Genau wie wir es in den vergangenen 20 Jahren wieder erleben konnten.)

Ich kannte zum Beispiel in den zwanziger Jahren an der Pariser Börse einen kleinen, mittellosen Makler, der, bevor er zugrunde ging, ein großer Spekulant gewesen war. Er hatte sich nach der russischen Oktoberrevolution in einer großen Baisse-Spekulation auf den Sturz des russischen Romanow-Rubel übernommen. Zwar hatte er die Lage richtig beurteilt, nämlich daß die alte zaristische Währung auf Null fallen würde, und einen Riesenbetrag leer verkauft. Zum Stichtag aber konnte er nicht liefern, weil die Rubel aus irgendwelchen technischen Gründen plötzlich vom Markt verschwunden waren. Er wurde »zwangsexekutiert« und war pleite. Einige Monate später fiel der Rubel tatsächlich auf Null, aber zu spät für ihn. Als ich ihn kennenlernte, war er schon ein armer Mann.

Dieser Fall ist ein klassisches Beispiel dafür, wie man auch mit dem größten Scharfsinn alles verliert, wenn man sich in einer Spekulation zu hoch engagiert und sogar einen *kurzen* Gegenstrom nicht überleben kann. Derartige Unglücksfälle, über die ich auf den folgenden Seiten noch einige Male berichten werde, kommen häufig vor. Wie es der große deutsche Dichter Heinrich Heine so schön besungen hat, wenn auch aus Liebeskummer und nicht für Börsenverluste:

»Es ist eine alte Geschichte,
Doch bleibt sie immer neu;
Und wem sie just passieret,
Dem bricht das Herz entzwei.«

Auch auf Regierungsebene kann es solche Pleiten geben. In Ungarn etwa, als das Land Anfang der zwanziger Jahre unter einer permanenten Geldentwertung stöhnte, machte als neuer Finanzminister Professor Roland Hegedüs Schlagzeilen, der als Genie gehandelt wurde. Er wollte die Krone retten; aber sein Experiment (radikale Geldknappheit) endete nach einer kurzen Phase des Erfolgs mit einer totalen Niederlage. Die Inflationsrate stieg in neue Höhen – noch immer als Folge des verlorenen Krieges und des Verlustes von zwei Dritteln des ungarischen Territoriums –, und der arme Minister beendete seine Tage, unter dem Spott der Bevölkerung, in einer Irrenanstalt. (Was aber nicht heißen soll, daß es allen so geht, die die Inflation bekämpfen wollen. Ob so ein Kampf gelingt oder nicht, hängt schließlich weniger vom Finanzminister ab als von den Tugenden und Untugenden des betreffenden Volkes.)

Es gab natürlich auch Spekulanten mit glücklicherer Hand, wie John Maynard Keynes etwa, der größte Nationalökonom der vergangenen 70 Jahre, der in den Jahren nach dem Ersten Weltkrieg mit der Spekulation auf den wirtschaftlichen Niedergang Mitteleuropas und den Sturzflug der Währungen ein Vermögen verdiente.

Aber mit Dollars handeln ist doch verboten?

Wie immer, wenn es im Reich von Wirtschaft und Finanzen drunter und drüber ging, florierte nach dem Ersten Weltkrieg der Schwarzmarkt. Man handelte mit Millionen, egal ob in Budapest, Berlin, Wien oder Paris. In Budapest kannte ich einen besonders zuverlässigen Devisenhändler namens Boschkowitz. (Diese Schwarzhändler sind sehr zuverlässig, häufig sogar zuverlässiger als die anderen Börsianer; man kann ihnen Millionen anvertrauen, es fehlt am Schluß kein Pfennig.)

Eines Tages wurde mein Freund von der Wirtschaftspolizei gefaßt und zur Wache gebracht. Der Hauptmann schaute ihn schräg an und sagte drohend: »Boschkowitz, Sie haben mit Dollars gehandelt!« Boschkowitz machte eine erstaunte Miene und sagte todernst: »Wieso denn, Herr Hauptmann, mit Dollars handeln ist doch verboten?« Der Hauptmann war wie vor den Kopf geschlagen, überlegte eine Sekunde und sagte: »Es handelt sich um ein Mißverständnis, Herr Boschkowitz, vielleicht. Bitte, Sie können jetzt gehen.«

Ein weiteres Beispiel, um zu illustrieren, wie ehrlich der Devisenhandel auf dem Schwarzmarkt abgewickelt wurde. Ein gewisser Nikolaus Hofbauer, der nach dem Zweiten Weltkrieg große Schwarzmarktgeschäfte tätigte, hatte bei sich hohe Geldbeträge von Kunden deponiert, die dafür ausländische Devisen haben wollten. Eines Abends bekam er den Wink, die Devisenpolizei habe Beweise gegen ihn und wolle ihn verhaften. Sofort sprang er in ein Taxi und fuhr zu all diesen Kunden, gab ihnen ihr Geld zurück und floh erst anschließend ins Ausland.

Die verlorene Franc-Schlacht

Glücksritter der Inflation gab es zu Hunderten – wenn ihr Erfolg manchmal auch nur von kurzer Dauer war. Einigen bin ich noch persönlich begegnet.

Einer der erfolgreichsten war ein junger Deutscher aus Stuttgart, der schon erwähnte Dr. Fritz Mannheimer. Auf dem Amsterdamer Markt war er einer der geschicktesten Devisenhändler. Als Sohn eines bescheidenen Stuttgarter Kaufmanns hatte er noch vor 1914 in Paris das Bankgeschäft bei einer Firma für den Exporthandel nach Rußland gelernt. Bei Kriegsausbruch ging er nach Deutschland zurück und kam mit der Reichsbank in Verbindung. Gleich nach dem Krieg schickte ihn das Institut nach Amsterdam, zum damals wichtigsten Finanzmarkt der neutralen Länder, um dort als Kenner des internationalen Bankgeschäftes auf dem Devisenmarkt für die Reichsbank tätig zu sein.

Sein Auftrag in den geschilderten Jahren der Markentwertung lautete, mit geschickten Devisentransaktionen für die Verteidigung der Reichsmark zu sorgen. Er arbeitete sich zum größten Händler in Amsterdam hoch und war so erfolgreich, daß er für sich ein Vermögen schaffen konnte, während die Reichsmark – wie ich bereits beschrieben habe – bis fast auf Null fiel. (Das erinnert mich an Dany Dattel, der vor einigen Jahren bei der Herstatt-Bank für sich selber Millionen erwirtschaftete, während die Bank Pleite machte!) Es war natürlich nicht die Schuld von Dr. Mannheimer, daß die Reichsmark zusammenbrach; dafür gab es Dutzende andere Gründe – aber er profitierte davon.

Mir wurden manche Anekdoten über ihn erzählt, die meisten von dem äußerst eleganten Chefportier des Hotels Doelen in Amsterdam (der so distinguiert war, daß er wie ein preußischer Offizier Monokel trug). Mannheimer sei anfangs so arm gewesen, »daß er neben den Schuhen ging, bevor er bei uns Quartier nahm«.

Ein paar Jahre später gründete Mannheimer mit den verdienten Millionen die holländische Filiale der Berliner Firma Mendelssohn und Co. (Nachkommen des Philosophen und Lessing-Freundes Moses Mendelssohn) und wurde unter anderem Bankier der Regierungen von Frankreich und Belgien.

Als ungekrönter König des damals so wichtigen Finanzmarktes Amsterdam imponierte er mir jungem Anfänger ganz besonders. Zu der Zeit konnte ich ja sein trauriges Ende noch nicht voraussehen: Er starb einige Wochen vor Ausbruch des Zweiten Weltkrieges, und zwei Tage später mußte seine Bank Konkurs anmelden – es war die größte Pleite jener Zeit. Eine seiner interessantesten Transaktionen – und zugleich eine der bemerkenswertesten der Devisengeschichte – betraf aber nicht die Mark.

In Österreich war der bekannteste Nutznießer des Monsters Inflation ein gewisser Camillo Castiglioni, Sohn eines Rabbiners aus Triest. Viele Wiener meiner Generation können sich seiner noch erinnern. Er fing vor 1914 als Vertreter und Handelsreisender der Semperit-Reifenfabrik an. Nach dem Krieg erkannte er die großen Möglichkeiten der Geldentwertung und verstand es, sie voll auszunützen. Wie Stinnes in Deutschland – man nannte ihn später auch den »österreichischen Stinnes« – kaufte er in Österreich Sachwerte auf Kredit, egal, zu welchem Preis, und egal, aus welcher Branche, und zahlte seine Schulden später mit wertlosem Geld zurück.

Eine Zeitlang war er die Legende in Wien. Jeder kannte

ihn. Ich erinnere mich noch genau, es muß so um 1922 gewesen sein, als wir wie so oft zur Sommerfrische am Semmering bei Wien weilten. Damals steckten die Leute jedesmal die Köpfe zusammen und raunten ehrfürchtig: »Das ist doch der Castiglioni!«, wenn dieser die Halle oder den Speisesaal des Südbahn-Hotels betrat. Er genoß das Leben und lebte geradezu wie ein Fürst in seinem Stadtpalais in der eleganten Prinz-Eugen-Straße, gleich um die Ecke vom Palais der Rothschilds; außerdem war er ein Kunstmäzen. Er hatte eine prachtvolle Bildersammlung und finanzierte unter anderem den Beginn der Salzburger Festspiele. Als Max Reinhardt das alte Josefstädter Theater, noch heute eines der vornehmsten deutschsprachigen Theater, wiedereröffnete und auf die Bühne trat, um die Begrüßungsrede zu halten, verbeugte er sich damals nicht nur vor dem Publikum, sondern auch in Richtung Castiglioni-Loge – so wie man es in alten Zeiten vor regierenden Fürsten getan hatte.

Trotz aller Erfolge endete die Karriere Castiglionis, wie so oft bei Spekulanten, mit einer dramatisch unglücklichen Spekulation, die viele Hunderte »Co-Spekulanten« und Devisenspieler in den Abgrund zog. Den Anstoß zu seinem Untergang gab die gemeinsam mit seinem Freund Dr. Mannheimer unternommene und mißglückte Spekulation auf den Sturz des französischen Franc.

Diese verlorene Franc-Schlacht bleibt eine ganz besonders interessante Geschichte der Devisenspekulation. In Frankreich wird sie als »Marne-Schlacht« oder als »Marne-Wunder« bezeichnet. (Die berühmte, echte »Marne-Schlacht« hat gleich am Anfang des Ersten Weltkrieges 1914 stattgefunden. Dabei hatte der Generalstab alle Pariser Taxen mobilisiert, um die Soldaten an die Front am Marnefluß zu transportieren. Der erfolgreiche Ausgang dieser Schlacht war vielleicht für den Ablauf des Krieges entscheidend gewesen.)

Ein Mitarbeiter Castiglionis, Dr. Nelken, erzählte mir vor vielen Jahren, wie der Plan zu dieser Spekulation entstand. Im Februar 1924 war Dr. Mannheimer zu Gast bei Castiglioni in Wien. Zwischen zwei Gängen wandte sich Castiglioni mit folgenden Worten an Mannheimer: »Machen wir ein Geschäft mit dem französischen Franc! Es ist eine todsichere Sache. Was der deutschen Mark und der Krone passiert ist, wird sich bestimmt in Frankreich wiederholen. Frankreich hat zwar gesiegt, aber den Krieg verloren, es ist ausgeblutet. Das Land besitzt zwar Gold, aber die Wirtschaft liegt am Boden. Der Franc wird sich nicht halten können. Fangen wir an, auf gemeinsame Rechnung 100 Millionen Francs leer zu verkaufen! Ich kann noch weitere 100 Millionen Francs pumpen und die Rückzahlungsfälligkeit auf Jahre hinausschieben.«

Dr. Mannheimer hatte zwar zunächst Bedenken, akzeptierte aber schließlich mit Handschlag. An das Duo Castiglioni/Mannheimer schlossen sich noch weitere Bankiers und Spekulanten aus Amsterdam, der Schweiz, aus Wien und von vielen anderen Finanzplätzen an. Es wurde ein Syndikat gebildet, das auf den Sturz des französischen Franc spekulierte und ihn herausforderte.

Man verkaufte aggressiv auf drei oder sechs Monate Lieferung Millionen von Francs in Basel, Amsterdam, Genua, Madrid, New York und London, pumpte so viele Francs wie möglich und kaufte damit Dollars und Pfund sowie ausländische Aktien (Goldminen, internationale Ölwerte usw.) an der Pariser Börse auf Termin.

Gleichzeitig ließ man durch die Weltpresse Alarmnachrichten über Frankreichs Finanzen verbreiten. Darauf erwarb auch das französische Publikum aus Angst um seine Ersparnisse ausländische Wertpapiere und förderte damit den Kapitalexport aus Frankreich – was wiederum den Franc-Kurs drückte.

All das wirkte wie eine Kettenreaktion. Der Franc fiel, das verbreitete Pessimismus, und der Pessimismus wiederum bewirkte weitere Franc-Verkäufe. Von 30 Schweizer Rappen für einen französischen Franc sank der Kurs in Basel innerhalb weniger Monate bis unter 20 Rappen.

Die Alarmnachrichten über den Franc verbreiteten sich schnell. Besonders in Wien merkte man auf, da die Wiener Bankiers – große Institute wie kleine »Spielbuden« – persönlich und in Zirkularen zum Franc-Spiel animierten. (Ganz ähnlich wurde in den letzten Jahren – und wird noch heute – in Chicago, Frankfurt oder Zürich gegen den Dollar gespielt.) Das ganze Wiener Publikum hängte sich ins Schlepptau des bewunderten Castiglioni. Geschäftsleute, Industrielle, jeder, der nur ein wenig von der Spekulationslust angehaucht war, wollte mitmischen. Es war ja auch sonst nichts zum Spielen vorhanden. Die Aktienbörse in Wien war schon seit Monaten auf Talfahrt; für den »Homo ludens« blieb nur die Franc-Baisse als heißer Tip, und jeder wollte daran teilhaben. Es war die reinste Spekulationsorgie. Sogar Frankfurt, Prag und Budapest wurden angesteckt. Wirtschaftskrise hin, Wirtschaftskrise her, für so ein todsicheres Spiel hatte jeder noch ein paar Pfennige im Sparstrumpf. In diesen Städten hatten die Spieler alle den früheren Sturz ihrer eigenen Währungen vor Augen.

Die Vehikel für dieses Spiel waren von verschiedener Art. Wie gesagt, es ging darum, Francs auf Terminlieferung zu verkaufen. An der Wiener Börse entwickelte sich sogar – obwohl auf dem Papier verboten – ein regelrechter Devisenterminhandel für französische Francs; man handelte mit Hunderten von Millionen. Man kaufte auch Waren aus Frankreich auf Kredit, ganz egal, welche: Wein, Champagner in rauhen Mengen, die für Jahre reichten, Spitzen, Luxusautos, für die man noch gar keine Kunden hatte... Freunde von mir kauften eine ganze Porzellanfabrik, obwohl sie von Porzellan soviel verstanden wie ich von der chinesischen Schrift. Das war alles egal. Hauptsache, man bekam es auf Pump.

Ganz groß war auch die Spekulation an der Pariser Warenterminbörse. Rohgummi, Raps, Weizen, vor allem aber Zucker waren die Lieblingsartikel. Mit einem minimalen Garantieeinsatz kauften die Leute Millionen Zentner Zucker auf lange Termine. Es war ja sicher, daß mit dem Franc-Sturz alle diese Waren steigen würden. (Auch mein Vater ließ sich zu einem Zuckerengagement verführen ...)

Im Grunde waren diese Käufe keine Warengeschäfte, das war reine Devisenspekulation. Die Zinsen waren zwar hoch und kletterten noch höher, aber das war den Leuten bei der Aussicht auf üppige Kursgewinne egal.

Die Banque de France sowie die französischen Politiker und Experten verfolgten mit Entsetzen diesen Unfug um ihre nationale Währung. Der Dollar stieg in Paris immer höher, von 5 Francs pro Dollar, dem Vorkriegskurs, auf 15 und 20, und erreichte im März 1924 schließlich die Wahnsinnshöhe von 28 Francs. Da beschloß die französische Regierung endlich, das Bankhaus Lazard Frères (noch heute die größte Privatbank in Paris) zu beauftragen, auf dem Devisenmarkt zur Stützung des Franc einzugreifen. Die Firma nahm den Auftrag an und kaufte auf allen Märkten die angebotenen Francs auf.

Als dann noch die Nachricht durchsickerte, daß die New Yorker Bank J. P. Morgan & Co. der Banque de France einen Kredit von 100 Millionen Dollar (heute wären dies rund zwei Milliarden Dollar) für Interventionen zur Verfügung gestellt hatte, platzte der Ballon. Unter den Franc-Spekulanten brach Panik aus. Und nachdem Lazard Frères Paris von der New Yorker Filiale noch kurz zuvor die Depesche erhalten hatte: »Französische Francs sind unverkäuflich!«, drehte sich der Markt binnen einer halben Stunde, und die ganze

Welt wollte auf einmal nur Francs kaufen. Aus Basel, Amsterdam, Genua, Wien und so weiter kamen die Kaufaufträge, es ging um Millionenbeträge; bei den Firmen gab es nicht genügend Telefone und Angestellte, um alle Orders anzunehmen. Es war ein Sturm in die entgegengesetzte Richtung. Der Dollar fiel in Paris von zirka 28 Francs in wenigen Tagen bis zum 8. März 1924 auf 15 Francs zurück. Die französische Währung war gerettet. Das war also das berühmte »Marne-Wunder«, die siegreiche Schlacht Frankreichs auf den Finanzmärkten.

Für die anderen, die Wiener etwa, war es der sogenannte »Frankenkrach« – obwohl ja nicht der Franc »krachte«, sondern sie selbst... Ganz Wien und Prag waren pleite, und sogar die besser gepolsterten Amsterdamer Bankiers erlitten entsetzliche Verluste; einige von ihnen kamen in ernsthafte Schwierigkeiten. Denn die Franc-Schulden – egal ob in Devisengeschäften, ob für Wein, Spitzen, Luxusautos oder Porzellanfabriken – mußten nun bei einem verdoppelten Preis gedeckt werden. Hunderte von Firmen, unter ihnen viele Importeure, Bankiers, Makler, mußten ihre Bilanz deponieren, da auch ihre Kunden zu Tausenden ihre Spargelder verloren hatten und die Spekulationsdifferenzen nicht bezahlen konnten. (Mein Vater hatte mit seinem Zuckerengagement ebenfalls Federn lassen müssen; doch das hatte auch seine gute Seite. Dank seiner Verbindung zu einer Pariser Maklerfirma schickte er mich nach Paris »in die Lehre«, weshalb ich heute Racine zitieren kann: »Ich wurde im Serail genährt, und so kenne ich alle Tricks.«)

Der größte Verlierer unter allen war natürlich Camillo Castiglioni. Mit dieser Niederlage begann die Talfahrt seiner Karriere. Sein Ruhm geriet langsam in Vergessenheit; in Wien war er bald kein Gesprächsthema mehr. Nach dem Zweiten Weltkrieg tauchte er in Italien auf, ohne je wieder eine wichtige Rolle zu spielen.

Das zweite »Marne-Wunder« des Franc

Frankreichs Miseren um seinen Franc aber gingen weiter. Nur waren es diesmal nicht die aggressiven Spekulanten, die bösen Börsenspieler, die die französische Währung umbringen wollten; vielmehr waren wie so oft die Politiker, oder besser gesagt der Leichtsinn und der Partisanenkampf der Parteien, für den neuerlichen Verfall des Franc verantwortlich. Denn die Castiglioni-Operation war zwar eine gigantische Pokerpartie gewesen – und Castiglioni hatte sie verloren –, aber im Grunde kann eine Währung nur im eigenen Bette sterben oder genesen.

Private Spieler können eine Währung in einer Pokerpartie auf ausländischen Devisenmärkten nicht kaputtmachen. (Deshalb ist es auch unmöglich, mit der Spekulation den Dollar zu zerstören.) Die meisten Miseren entstehen aus dem Mißtrauen der Sparer. Dieses Mißtrauen wird natürlich durch fundamentale wirtschaftliche Tatsachen und politische Ereignisse hervorgerufen. (Eine Regierung kann jedoch, wenn es ihren wirtschaftspolitischen Interessen entspricht, ihre Währung auch künstlich heruntersetzen. Dies war in den letzten Jahren, seit 1985, der Fall, als der amerikanische Finanzminister Baker den Dollar immer weiter herunterredete.)

Im Mai 1924 war im französischen Parlament nach Neuwahlen das sogenannte Linkskartell an die Macht gekommen, das auch den Präsidenten Alexandre Millerand zur Abdankung zwang, der in den Augen der neuen Abgeordneten zu stark rechts eingestellt war. Die beiden politischen

Führer der bürgerlichen Radikalen und der Sozialisten waren Édouard Herriot und der berühmte Leon Blum. Der erste war Bürgermeister von Lyon, Philosoph, Musikologe, Beethoven-Forscher und ein ehrlicher Freund Deutschlands, der zweite ein eher maßvoller Sozialist und Deutschland ebenfalls sehr freundlich gesinnt. Leider genossen beide nicht das Vertrauen der kleinen und großen Sparer, und sie begingen den gleichen Fehler: Verschwendung der Staatsgelder. – Schon zu dieser Zeit kam ich zu der Überzeugung, zu der ich auch heute noch stehe: *Die Sozis kommen, machen Pleite, werden gegangen, aber die Pleite bleibt!*

Keiner der Politiker hatte die Stärke, eine permanente, feste Mehrheit zusammenhalten zu können. So folgte nun eine Periode, in der die Regierungen nur so purzelten; Finanzminister kamen und gingen. Damals lernte ich auch, daß es keine guten Finanzminister gibt. Finanzminister können nur schlecht oder noch schlechter sein.

Was auch immer eine Regierung dem Parlament zur Sanierung der Staatsfinanzen vorschlug, wurde von einer Gruppe der Abgeordneten abgelehnt. (Das Land hatte ja damals nicht den Spielraum, über den heutzutage Amerika verfügt, um sein Haushaltsdefizit über Nacht etwa durch die Einführung einer kleinen Umsatzsteuer auszugleichen.) Eine Krise folgte der anderen. Die Staatsausgaben stiegen, die Inflation machte weitere Fortschritte, und auf dem Schreibtisch jedes Geschäftsmannes notierte die Sekretärin jeden Morgen den Dollarkurs.

Wie gesagt, ein Minister folgte dem anderen; aber interessanterweise waren immer dieselben Namen im Spiel, nur mit einem kleinen Unterschied: Wer heute Finanzminister war, wurde morgen Justizminister, und wer heute Justizminister war, bekam morgen den Posten des Handelsministers – und der Franc fiel immer tiefer und tiefer.

Im Juli 1926, als der Dollar einen historischen Höchstpreis von 50 Francs und damit das Zehnfache seiner Vorkriegsparität erreicht hatte, verbreitete sich Panikatmosphäre im Land, besonders in Paris. Und wie immer zu solchen Zeiten setzte sich das Pariser Volk in Bewegung. Ich erinnere mich als Augenzeuge an die Demonstrationen auf den Champs-Élysées und vor dem Parlament. *Le peuple de Paris* war in Rage. Man bewarf die Busse der Touristen mit Steinen und schrie: »Die Ausländer kommen und essen unser Brot auf!«, und den Kinos, die amerikanische Filme spielten, wurden die Scheiben eingeworfen. Bei allen Krisen galten in Frankreich zunächst immer die Fremden als Sündenböcke, erst später wurden die Politiker verantwortlich gemacht.

Nach dem Sturz verschiedener Regierungen wurde wieder Herriot Ministerpräsident, mit Anatole de Monzie als Finanzminister, einem besonders brillanten Mann, den ich viel später persönlich gut kennenlernte – er war sogar mein Anwalt. De Monzie hatte Sinn für Humor und fing seine erste Rede vor dem Parlament mit den Worten an: »Messieurs, die Kassen sind leer!« Es blieb seine letzte Rede, zumindest als Finanzminister dieser Regierung, denn die Regierung überlebte den Abend nicht ...

Die Aufregung ging weiter und schlug sogar noch stürmischere Wellen, da geschah wieder ein Wunder, das zweite »Marne-Wunder« in zwei Jahren. Es wurde ausgelöst durch die Nachricht, die am 23. Juli 1926 aus dem Élysée-Palast kam, daß nämlich Raymond Poincaré akzeptiert habe, eine neue Regierung zu bilden und gleichzeitig Finanzminister zu werden.

Es geschah das gleiche wie im März 1924. Quasi über Nacht drehte sich der Devisenmarkt. Der Franc stieg in den darauffolgenden dreißig Tagen um 50 Prozent und bis Ende Dezember – also innerhalb von fünf Monaten – um insgesamt 100 Prozent; das heißt, nach anfänglich 50 Francs stürzte der Dollarkurs bis Ende Dezember auf 25 Francs. (Die heutige Generation der Devisenfritzen hätte sich solche Kursverschiebungen binnen zweier Jahre sicher nicht vorstellen können, bis sie dann in den achtziger Jahren die Steigerung des Dollars von DM 1,70 auf DM 3,40 erleben mußten. Seitdem ist zwar wieder eine dramatische Talfahrt eingetreten, aber Achtung! Auch mit dem Franc hat sich das Spiel zweimal wiederholt.)

Zurück zum Jahr 1924. Was war geschehen? Die finanzielle Lage konnte sich nicht über Nacht geändert haben. Nein, das hatte sie auch nicht. Aber ein neuer Mann war da. Und eigentlich war es nicht einmal ein neuer Mann, denn Poincaré war ja schon während der Kriegsjahre Staatspräsident gewesen, ein glühender Patriot, ein Deutschenhasser – was damals mit Patriotismus identisch war –, ein Symbol der Integrität. Er war bestimmt kein Genie, im Gegenteil, nach der Meinung seiner Zeitgenossen eher beschränkt, ein trokkener Jurist, der von Wirtschaft und Finanzen überhaupt nichts verstand (sicherlich weniger als später Präsident Reagan!) – aber der Name genügte. Nicht »wer« er war, sondern »was« er war – ein Aushängeschild –, zählte. Die massenpsychologische Reaktion der Franzosen und auch der ausländischen Spekulanten war stark genug, um eine atmosphärische Änderung und eine rasante Tendenzwende zu bewirken.

Und wieder waren Tausende von Franc-Schuldnern pleite, aus kommerziellen wie aus spekulativen Gründen. Ich war zu der Zeit schon an der Pariser Börse tätig, als Anfänger – damals hätte man »Laufbursche« gesagt –, und erlebte diese Paniktage und die heftigen Kursbewegungen nach beiden Seiten selbst sehr intensiv mit.

Die ausländischen Werte und Devisen waren unverkäuflich, die französischen Renten und Aktien dagegen konnte man nicht notieren. Es gab überhaupt kein Angebot; wie immer standen alle Spieler auf ein und derselben Seite; sie kauften französische Werte und verkauften die ausländischen. Die größten Verlierer waren diesmal die Devisenhändler bei den Banken, die alle gegen den Franc spekuliert hatten. Und dies alles geschah innerhalb kürzester Zeit dank einer Nachricht aus dem Élysée-Palast, daß ein neuer Mann die Regierung übernommen hat. (War es nicht derselbe Fall, als Reagan ins Weiße Haus einzog und ebenfalls eine Wende einleitete?)

Nach dieser erneuten »Marne-Schlacht« des Franc stieg dieser unaufhaltsam weiter. Man erzählte sich sogar an der Börse, daß Dr. Mannheimer diesmal ganz groß in eine Hausse-Spekulation auf den Franc eingestiegen sei – was ich durchaus für möglich halte. Er war sicherlich ein elastischer Spekulant: gestern noch zu Tode betrübt, heute himmelhoch jauchzend!

In der Folgezeit entstand eine Kontroverse zwischen der Banque de France und der Poincaré-Regierung. Poincaré schaute dem raketenartigen Aufstieg des Franc – der Dollarkurs stand mittlerweile bei 20 Francs – mit unverhohlenem Vergnügen zu, denn er hatte keine sachliche, sondern eine rein emotionale Einstellung in dieser Frage. Seine fixe Idee war: »Le franc, c'est la France.« Er sah im Franc-Kurs das Prestige Frankreichs (ähnlich sah es Ronald Reagan in der Zeit des Dollar-Höhenfluges): Der Franc sollte nach seinem Wunsch auf die Parität von 1914 steigen – 5 Francs für den Dollar –, zur Ehre der Trikolore und zugunsten der alten Rentner. Die Banque de France dagegen, unterstützt von Wirtschaftsführern und -experten, war anderer Meinung. Sie wollte die spekulative Aufwärtsbewegung des Franc bremsen, wenn nicht sogar stoppen, aus wirtschaftlichen Gründen und mit einem Blick auf die Zukunft (genau wie sich die US-Regierung am 22. September 1985 entschloß, den Dollar in die Tiefe zu drücken).

Nach zwei Jahren voller Debatten, während deren der Kurs zwar de jure floatend, aber de facto stabil war, wurde der Franc 1928 auch de jure stabilisiert und an Gold gebunden. Diese neue Währung bekam den Namen »Franc Poincaré« und stand zum Dollar 25 zu 1.

Die Parallelen zwischen der Franc-Schlacht und den Ereignissen auf dem Dollarmarkt der vergangenen Jahre drängen sich geradezu auf. Nur selten ähneln sich zwei Situationen so sehr, auch wenn sie 60 Jahre auseinanderliegen und verschiedene Währungen betreffen.

Sperrmark-Spekulationen

Einige Jahre nach dem Ende des Zweiten Weltkriegs hatte ich mir eine fixe Idee in den Kopf gesetzt: den großen Erfolg eines wirtschaftlichen Wiederaufbaus Deutschlands beziehungsweise der Bundesrepublik.

Ich war in einer eher deutschfeindlichen Atmosphäre aufgewachsen. Zwar hatte ich als Kind in Ungarn eine deutsche Gouvernante, die aber von allen Nachbarn und Dienstboten gehaßt wurde, weil sie Deutsche war. »Ungar, glaub dem Deutschen nicht« war ein Sprüchlein der ungarischen Folklore. Auch später als Student in Budapest und Paris machte ich keine besseren Erfahrungen. Und dann kam noch die fürchterliche Hitlerei dazu. Es war kaum möglich, sich einer Germanophobie zu entziehen.

Aber all das änderte sich wie ein Wunder nach dem Kriege, und bei einer Selbstanalyse kann ich leicht feststellen, daß diese Metamorphose indirekt von der Person Adenauers bewirkt wurde; jedenfalls von all dem, wofür er kämpfte und was er erreicht hat. Selten war in der Geschichte eine solche Chance geboten worden, sich ein Vermögen zu erspekulieren, wie in der Zeit kurz nach dem Kriege: Man mußte nur wagen, die deutsche Karte zu spielen. Ich weiß, daß im Ohr vieler solider Geschäftsmänner Worte wie »Spekulieren« oder »Spielen« einen schrillen Klang haben. Trotzdem scheue ich mich nicht, deutschen Lesern zu gestehen, daß ich auf Deutschlands Prosperität und sein internationales Ansehen setzte, recht bekommen habe und davon auch profitierte.

Um den wirtschaftlichen Wiederaufbau der Bundesrepublik mit einer Finanzspekulation vorwegzunehmen, gab es mehrere Möglichkeiten: deutsche Anleihen in ausländischer Währung oder Industrieaktien zu kaufen. Auf die sicherste und leichteste Weise aber ließ sich mit der deutschen Währung selbst, das heißt mit der »Sperrmark«, spekulieren.

Nach der Währungsreform von 1948 waren alle auf Mark lautenden Ausländerguthaben bei den Banken gesperrt worden. Eine sehr strikte Vorschrift begrenzte die Fälle, in denen über diese gesperrten Mark-Beträge verfügt werden durfte: Die ausländischen Kontoinhaber konnten sie nur zu Investitionen in deutschen Effekten, Immobilien oder Neugründungen verwenden. Die in Rede stehenden Markbestände beliefen sich auf beträchtliche Summen, und zu den bereits bestehenden Guthaben kamen die Zinsen, die während des Krieges angesammelten Coupons und neue Guthaben, die aus deutschen Wiedergutmachungen nach dem Kriege stammten.

Die Sperrmark war also beschränkt verwendbar, um so mehr, als man sie von einem Konto nicht auf ein anderes übertragen konnte. Nichtsdestoweniger konnten die Spekulanten die Sperrmark von jenen ausländischen Großbanken erwerben, die sie schon besaßen. Der Kauf konnte also unter der Voraussetzung stattfinden, daß die Sperrmark nicht auf das Konto des Käufers bei der Deutschen Bank übertragen wurden, sondern vorläufig auf dem Konto der ausländischen Großbank blieben. Nur in den Büchern der ausländischen Bank wurde die Sperrmark auf das Konto von X oder Y verbucht.

Der Handel in dieser Form war jedoch sehr beschränkt bis zu dem Tag, an dem die Bundesbank die Übertragung von Sperrmark von einem Konto auf ein anderes erlaubte. Da fing nun ein großer Handel mit Sperrmark im Ausland an, und zwar zu einem Preis von 12½ Cent für die Mark, obwohl der offizielle Kurs bei zirka 25 Cent lag.

Zu diesem Kurs wurden in Amerika und in der Schweiz große Umsätze getätigt. Man konnte damit deutsche Effekten, Immobilien und verschiedene andere langfristige Anlagen kaufen. Es bot sich hier einem Spekulanten, der genügend Phantasie und Mut hatte, ein sehr großes Betätigungsfeld. Zusammen mit einigen Freunden kaufte ich größere Beträge dieser Sperrmark zu 12½ Cent. Und da viele andere ebenfalls kauften, stieg der Kurs langsam auf 14, ja sogar 15 Cent. Die Sache schien sich wirklich gut anzulassen.

Deutschlands wirtschaftlicher Wiederaufstieg setzte sich von Tag zu Tag fort, die Städte wurden neu aufgebaut, die Fabriken modernisiert, und gleichzeitig nahmen die ausländischen Investitionen zu. Die großen Gesellschaften, heute Multis genannt, errichteten Niederlassungen, ausländische Firmen jeder Branche eröffneten Zweigstellen in der Bundesrepublik. Sie kauften natürlich Sperrmark zu 14 und 15 Cent für ihre Neugründungen und den Ausbau der alten Niederlassungen.

Nach einer langsamen Aufwärtsbewegung machte die Sperrmark von einem Tag auf den anderen einen großen Sprung und stieg von 15 auf 18 Cent, was für eine Währung ein erstaunlicher Anstieg ist: 20 Prozent in wenigen Tagen. Aber sogar zu diesem Kurs war die Spekulation in Sperrmark noch äußerst interessant, da ja noch immer ein Kursunterschied zwischen der Sperrmark und der freien D-Mark bestand.

Ein paar Tage nach dieser plötzlichen Hausse rief mich einer meiner Freunde an – er war ein getreuer Gefährte meiner Börsenabenteuer.

»Was hältst du von der Erklärung der Bundesbank über die Sperrmark?« Seine Stimme verriet eine große Unruhe.

»Welche Erklärung?«

»Sie steht doch in allen Zeitungen und klingt mir sehr unangenehm. Zwei hohe Beamte der Deutschen Bundesbank erklärten, daß die Hausse der Sperrmark jeder Grundlage entbehre und keinesfalls den Tatsachen entspreche. Sie sagen zwar, die nächsten Monate würden eine starke Liberalisierung in der Verwendung der Sperrmark bringen, doch auch dies rechtfertige nicht einen so gewaltigen Sprung.«

»Aber das ist ausgezeichnet, glaube mir«, war meine Antwort.

»Wieso denn?«

»Glaube mir, daß ich da besser Bescheid weiß als die hohen Beamten der Bundesbank. Diese Nachricht ist ausgezeichnet. Und da ich spüre, daß du jetzt erstaunt bist und mich für eingebildet hältst, wiederhole ich dir, daß ich besser Bescheid weiß als sie, daß du besser Bescheid weißt und daß jeder gute Spekulant auch besser Bescheid weiß als die Bundesbank. Daß sie darüber sprechen, ob sie die Liberalisierung der Sperrmark beschränken oder ausweiten werden, das ist ihr Beruf. Aber sie sollten sich nicht in eine Diskussion über die Kurse einlassen, denn das ist unser Gebiet, das Gebiet der Spekulanten. Das Urteil des Spekulanten kann nicht dasselbe sein wie das der Beamten, so hoch ihre Stellung bei der Bundesbank auch sein mag. Gerade durch ihre Erklärung bin ich für die Sperrmark noch optimistischer als zuvor.«

Mein Freund versuchte gar nicht erst, mit mir zu streiten. Ich muß zugeben, es wäre für ihn auch schwierig gewesen mit einem, der so eigensinnig ist wie ich.

Nach acht Monaten erreichte die Sperrmark schließlich den Kurs von 25 Cent, das heißt denselben Kurs wie die freie Mark. Da hörte, als alle Guthaben schon frei waren, ihre Existenz als Sperrmark auf. Zuvor war es sogar noch besser gekommen: Eine Zeitlang lag die Sperrmark 3 bis 5 Prozent über dem Preis der freien Mark.

Diese Kursdifferenz ist einfach zu erklären. Die Zinsen waren in der Bundesrepublik lange Zeit höher als jene auf dem internationalen Kapitalmarkt. Die Bundesbank wollte damit den Investitionsboom und die Kreditnachfrage in Deutschland etwas bremsen (genau wie manchmal in Amerika die Federal Reserve). Deshalb waren natürlich auch die internationalen Anleger an solchen Anleihen interessiert. Sie konnten diese jedoch damals nur mit Sperrmark kaufen. Also nahm die Nachfrage nach der Sperrmark immer mehr zu, und ihr Kurs lag dementsprechend über dem der freien Mark. Denn es lohnte sich für die Anleger, die Sperrmark höher zu bezahlen, um die Anleihen al pari zu bekommen. Und wie wir wissen, wurde die D-Mark dann zu einer der härtesten Währungen der Welt.

Die Sperrmark-Spekulation war eine überlegte und gut aufgebaute Devisenspekulation. Vor allem mußte man überzeugt sein und sich für die Idee begeistern können. Die Zukunft Deutschlands war wolkenlos, die möglichen Gewinnspannen waren sehr groß, aber man mußte abwarten können, bis die Situation von selbst reif wurde.

Es stellte sich erstaunlicherweise immer wieder heraus, und das Beispiel der Sperrmark hat es auch wieder einmal gezeigt, daß gute Spekulanten mit globalem Blick in die Zukunft am besten beurteilen können, ob ein Kurs überhöht ist oder nicht. Beamte, Ingenieure, Techniker, Wirtschaftswissenschaftler oder Betriebswirte und sogar die Leiter einer Gesellschaft sind am wenigsten dazu fähig, bei einem Börsenkurs die Diagnose zu stellen.

Zuviel Wissen ist letzten Endes schädlich. Es ist ähnlich wie bei einem Kriminalfall: Auch wenn der Zeuge am Tatort war, so besitzt er doch nicht die notwendigen praktischen Kenntnisse. Der Experte verfügt über wissenschaftliche Einsichten auf diesem Gebiet – aber was nützt ihm das, wenn er bei dem Verbrechen nicht anwesend war. Ein guter Richter darf nicht zu sehr Experte und nicht zu sehr Zuschauer sein, er muß sich in der goldenen Mitte halten, wo er ganz objektiv bleiben kann. Genauso ist es mit dem guten Spekulanten.

Hoch soll er stehen, der Franken!

In den sechziger und siebziger Jahren notierte der Schweizer Franken unter einer Mark. Dann kam eine langsame Steigerung, und der Frankenkurs erreichte 1975 die Schwelle von einer Mark. Viele Spekulanten, Spieler, aber auch Amateurbörsianer, die eigentlich nicht viel von Währungsproblemen verstehen, waren der Ansicht, daß der Kurs übertrieben hoch sei. Ich wiederhole: Auch Amateure, die davon nichts verstehen. Denn ich habe die Erfahrung gemacht, daß bei größeren Kursverschiebungen Normalverbraucher, die nicht hinter die Kulissen sehen können, immer der Ansicht sind, daß eine große Bewegung, weil sie sie nicht verstehen, ungerechtfertigt sei.

Sie standen also alle ratlos dieser Kursentwicklung gegenüber, zumal ja die Inflationsrate der Schweiz größer war als die der Bundesrepublik und das Land mit diesem hohen Wechselkurs nun eines der teuersten Pflaster der Welt geworden war. Muß eine solche Situation nicht zum Ruin eines Landes führen, fragten sie sich, jedenfalls für den Tourismus und die Industrie?

Die Schweizer selber sahen dies nicht so. Die Preise waren international gesehen hoch, aber sie meinten, sie dürften ruhig noch steigen. Denn sie glaubten alle an die Qualität ihrer Währung. Sie meinten, man brauche keine gigantischen Ferienkolonien, keine Massentouristen, die in Motels wohnen und mittags heiße Würstel essen. Der Jet-set und seine Nachahmer füllen die Luxusherbergen mehr als ausreichend. Das eleganteste Hotel in St. Moritz hatte ausgerechnet, daß zum Beispiel fünf seiner Gäste im Durchschnitt genausoviel Geld lassen wie 100 Autobustouristen.

Grund genug, die schönen Landschaften vor modernen Bauten zu bewahren, die überall sonst wie Pilze emporschossen, die grünen Wiesen, Wälder, Bergseen und Bächlein vor der Verschmutzung zu retten. Neue Fabriken sollten mit Schweizer Kapital nur im Ausland gebaut werden. Ja, die Schweiz, dieser schöne Garten inmitten des industrialisierten Europas, mit allen ihren Schornsteinen und Abfallhalden, sollte zehn Minuten vor Torschluß als idyllischer Raum bewahrt werden, so wie in Amerika die Nationalparks.

Aber es ging nicht nur um Romantik und Tourismus. Die wilde Expansion der Nachkriegsjahre hatte die Zahl der Gastarbeiter, die man in der Schweiz Fremdarbeiter nennt, auf 15 Prozent der erwerbstätigen Bevölkerung ansteigen lassen. Und 861 000 Gastarbeiter waren für eine Bevölkerung von 6,5 Millionen nun einmal zuviel. In der Bundesrepublik würde dies etwa acht Millionen Gastarbeitern entsprechen. Mit einer solch hohen Zahl ist jedoch der Nährboden für eine Xenophobie vorbereitet. Wenn die Zahl der Italiener noch stark zunehmen würde, dachten viele Schweizer, könnten sie eines Tages den Anschluß des Tessins an Italien fordern, worauf nach dem Fall von Frankreich 1940 Mussolini schon Anspielungen gemacht hatte.

Es ist daher auch nicht erstaunlich, daß Anfang der siebziger Jahre die »Fremdarbeiterinitiative« für die radikale Reduzierung der ausländischen Arbeitskräfte in der Schweiz rund 35 Prozent der Stimmen bekommen hatte, trotz der gigantischen Gegenpropaganda von Kirchen, Regierungsstellen, Wirtschaftsführern und der gesamten Presse. Natürlich war die Mehrheit der Bevölkerung noch immer eher geschäftstüchtig eingestellt. Doch eine so große Minderheit von 35 Prozent mußte der Regierung zu denken geben.

Vergeblich hatte Bundesratsmitglied Nello Celio in weiser

Voraussicht schon Jahre vorher einen Plan gegen die unkontrollierte Wirtschaftsexpansion gefordert. Und er dachte dabei nicht nur an die Italiener. Ergänzung und Ausbau der Infrastruktur des Landes wurden nämlich in den Jahren der Expansion nicht ausreichend berücksichtigt. Mitte der siebziger Jahre war es dafür schon beinahe zu spät. Nach einer damals veröffentlichten Studie hätte die Industrie, um die nötige Infrastruktur zu schaffen, dem Staat einen Betrag von mindestens 10 000 Franken pro Arbeiter zahlen müssen.

Nun hat alles seine Grenzen. Um diese zu ziehen, war es das einfachste, einen hohen Frankenkurs zu halten. Der Markt der Schweizer Franken war ja nie gigantisch groß gewesen. Die Schweizer Nationalbank konnte diesen Markt jahrelang total kontrollieren und im Griff halten. Besonders vor einer Aufwertung der Mark hatte die Schweiz große Angst, denn ein höherer Markkurs hätte den internationalen Kapitalstrom noch stärker in die Schweiz gelenkt – der dank der neutralen politischen Lage, absoluter Devisenfreiheit und strengen Bankgeheimnisses bereits sehr kräftig floß.

Die Eidgenossen sollten, das war die Ansicht der Regierung und der Notenbank, weniger Arbeiter ins Land holen und dafür mehr Kapital exportieren. Und da, wie gesagt, die Schweizer Nationalbank auf dem Markt des Franken omnipotent war, hielt sie einen hohen Kurs. Das war die beste Medizin, so konnte man im Handumdrehen die verschiedenen Probleme lösen, inklusive das der Gastarbeiter, ohne daß man die Schweiz wegen Rassismus hätte anklagen können.

Diese Medizin war zwar kein Wundermittel, aber sie schlug durchaus an. Mit einem Wort: Der Kurs der Franken war kein devisentechnisches, sondern eher ein demographisches, soziales und ökologisches Problem. Da aber so viele Devisenspekulanten und -spieler diese Probleme nicht erkannt hatten, waren sie von der Idee besessen, daß der Schweizer Franken wieder auf eine Mark zurückfallen müsse. Doch je mehr auf den Sturz des Schweizer Franken gegenüber der D-Mark spekuliert wurde, um so stärker war nachher die Reaktion, als alle diese Spieler ihre Baisse-Engagements in Franken wieder decken mußten. So stieg der Franken unter dem Druck dieser Deckungen bis auf über 1,25 D-Mark und verursachte den Spekulanten enorme Verluste.

Ein so hoher Kurs konvenierte der Schweizer Nationalbank auch nicht, und nach den Deckungen der Spekulation ließ sie ihre Währung wieder etwas zurückfallen.

Vom menschlichen Standpunkt her muß man anerkennen, daß die Schweizer in einer gewissen Art auch recht hatten. Ich bin zwar selber ein »Usländer«, aber ich fühlte damals mit den Schweizer Bürgern: Hoch soll sie leben, die Schweiz, hoch soll er stehen, der Franken.

Die Anatomie einer Geldabwertung

Das Geschehen auf dem Devisenmarkt ist rein psychologisch bedingt. Alle rennen in die gleiche Richtung, einer ruft in den überfüllten Raum der Devisenbörse »Feuer!«, und schon drängt alles zur selben Tür. Tote und Verwundete bleiben dann auf dem Feld, ohne daß ein einziges Streichholz aufgeflammt wäre. Wie es bei Devisentransaktionen zu einer plötzlichen Panik kommen kann, möchte ich mit einer Entwicklung, wie ich sie mehrfach beobachtete, illustrieren:

1. Die Handelsbilanz der USA befindet sich im Defizit, in der Bundesrepublik dagegen gibt es einen großen Überschuß im Außenhandel. Es entsteht der erste Strom von Dollarverkäufen gegen Mark. Um die durch den Export eingegangene D-Mark-Liquidität abzuschöpfen, erhöht die Bundesbank die Zinssätze.

2. Die hohen Marktzinsraten locken neue Beträge in Marktanlagen: ein erneuter Druck auf den Dollarkurs.

3. Der gedrückte Dollar läßt Unternehmer und Geschäftsleute befürchten, daß der Dollar ab- oder die Mark aufgewertet werden könnte. Die amerikanischen Importeure decken nicht nur ihren unmittelbaren, sondern auch ihren zukünftigen Bedarf an D-Mark schnell ein, und die deutschen Exporteure verkaufen genauso schnell auf Termin nicht nur ihre gegenwärtig bestehenden Dollarforderungen, sondern auch die zu erwartenden Exporterlöse für Waren, die sie nicht einmal produziert, geschweige denn geliefert haben. Die angebotenen Dollarbeträge werden immer größer, und die Kettenreaktion geht weiter.

4. Auch die Finanzdollar-Anleger (Anleihen- und Aktienbesitzer) bekommen Angst, verkaufen ihre Werte und verschleudern die dafür erworbenen Dollars auf dem Markt. Diese Summe beträgt nun schon ein Vielfaches des Handelsüberschusses der Bundesrepublik.

5. Die internationalen Spekulanten riechen den Braten und verkaufen Milliarden Dollar, die sie sich nur aus Spekulationsgründen pumpen, denn sie sind überzeugt davon, daß sie sich billiger eindecken werden.

6. Die Kettenreaktion steigert sich zur Hysterie, die Bundesbank kann keine weiteren Dollars aufnehmen, und der Kurs stürzt in die Tiefe.

Dies ist – in der Nußschale – die Geschichte einer Abwertung, wie sie etwa im Februar 1973 geschah, als der Dollar über Nacht 10 Prozent abgewertet wurde.

Die oben angeführten sechs Wellen übten auf den Dollar einen fatalen Druck aus. Der damalige amerikanische Finanzminister George P. Shultz flog nach Europa, um mit seinen Kollegen die Lage zu besprechen. Er setzte die Europäer unter Druck, sie sollten ihre Währungen aufwerten. Die Bundesregierung hätte dem Wunsch entsprochen unter der Bedingung, daß Frankreich mitmacht. Die Aufwertung der D-Mark – allein – hätte nämlich für Frankreich einen großen Exportvorteil bedeutet. Frankreich wiederum stand vor Wahlen (Valéry Giscard d'Estaing war Finanzminister) und wollte das Risiko einer Franc-Aufwertung nicht eingehen. Die Linksopposition hätte sonst behauptet, die Regierung hätte dem Druck nachgegeben und im amerikanischen Interesse gehandelt.

Was nun geschah, war eine Intrige hinter den Kulissen. Eine oder mehrere Großbanken, eingeweihte Freunde der republikanischen US-Regierung, ahnten oder wußten, daß, falls kein Einverständnis mit der europäischen Währungsschlange erzielt werden würde, Präsident Nixon den Dollar abwerten wollte.

Die Banken, die alle Geheimnisse der Götter kannten, verkauften also binnen 48 Stunden zirka 10 Milliarden Dollar – damals ein astronomisch hoher Betrag – (sie hatten ja genügend fremdes Geld zur Verfügung) an die Bundesbank, die diesen Betrag noch vor Torschluß aufnehmen mußte. Am nächsten Tag stand der Dollar 10 Prozent tiefer. Der Coup war gelungen, die Banken strichen einen Gewinn von einer Milliarde Dollar ein.

Eine solche Information kommt einmal in Jahrzehnten vor, aber sie gelangt gewöhnlich nicht bis zu den Ohren der Spekulanten und Devisenhändler. Von zwei ähnlich gelagerten Fällen habe ich bereits in diesem Buch berichtet: Pierre Laval, dem berühmten französischen Ministerpräsidenten, war ein ähnlicher Coup mit dem Pfund gelungen, da er selbst eingeweiht war. Der andere französische Ministerpräsident Joseph Laniel hatte kein Glück mit dem französischen Franc, da sein Plan an dem Veto des Finanzministers scheiterte.

Den Devisenhändlern und Spekulanten würde ich also den Rat geben, solchen oder ähnlichen Informationen nicht nachzulaufen. Denn wirkliche Insiderinformationen sind für sie nicht zugänglich. Sie sollen sich auch nicht von einer Hysteriewelle mitreißen lassen, wie es 1976 beim Pfund der Fall war, sondern nachdenken und überlegen, was hinter einer Währung steht. Und sie sollten auch den Spruch des französischen Philosophen Descartes beherzigen: »Cogito ergo sum« (Ich denke, also bin ich). Ich möchte diesen Grundsatz noch erweitern: »Ich denke, also bin ich Spekulant...«

Wie hektisch und manchmal wirtschaftlich unbegründet heftige Kursschwankungen des Dollarkurses gegenüber der D-Mark stattfinden, dafür ist auch folgender Fall eine gute Illustration:

Ende 1986 war der französische Franc heftig angegriffen (die Studenten wollten Chirac in die Enge treiben). Und die internationale Devisenspekulation spielte auf Nummer Sicher! Sie erwartete die Aufwertung der D-Mark oder die Abwertung des Franc oder beides. Die Devisenhändler kauften Milliarden von D-Mark gegen französische Francs. Die Banque de France war verpflichtet, Deutsche Mark gegen Francs zu geben, und da sie über keine DM-Devisen verfügte, mußte sie für 10 Milliarden Dollar Deutsche Mark kaufen. Das drückte auf den Dollarkurs. Entscheidend war also ein technischer Faktor, wirtschaftlich war der Kursrückgang keineswegs begründet.

Den Einfluß solcher Ereignisse wollte Finanzminister Stoltenberg aber nicht anerkennen. Er wollte nicht die kleinste Inflation zulassen und war äußerst stolz auf seine Popularität bei den Hausfrauen, die ihn besonders schätzten, wenn die Kartoffeln auf dem Markt fünf Pfennige billiger wurden. Sie hätten sich aber bestimmt nicht gefreut, wenn ein paar Monate später ihre Männer arbeitslos geworden wären. Daß Herrn Stoltenberg der rechte Weitblick fehlte, konnte man schon aus einer seiner Bemerkungen anläßlich des Dollarsturzes der letzten Jahre entnehmen. Er behauptete, der schwache Dollar spiele für die deutsche Wirtschaft keine Rolle. Begründung: Der Export nach Amerika sei für Deutschland nicht besonders bedeutend.

Das Problem der Dollar-Abwertung nur aufgrund des deutsch-amerikanischen bilateralen Handels zu beurteilen ist indessen Unsinn. Man muß vielmehr global denken. Frankreich etwa hat bereits ein dramatisches Handelsbilanzdefizit. Wenn es seine Importe zusätzlich reduziert, wird dies auch die Bundesrepublik spüren, da Frankreich ihr größter Kunde ist. Vom Handelsbilanzdefizit Amerikas hat ja die ganze Welt, die Bundesrepublik inbegriffen, mächtig profitiert. Das amerikanische Wachstum und der hohe Dollarkurs waren ein großes Glück für die ganze Weltwirtschaft.

Als vor 20 Jahren Präsident Richard Nixon einen 10prozentigen Importzoll-Zuschlag einführte, waren die Exporteure der ganzen Welt, die Bundesrepublik eingeschlossen, in heller Aufregung. Dabei wurde damit nur die Bremse gegen Importe gezogen, aber kein Stimulans für den Export und die Konkurrenzfähigkeit gegeben. Da spielt die Verteuerung der D-Mark um 40 Prozent für den Außenhandel eine ganz andere Rolle, wo doch die deutsche Wirtschaft zu rund 30 Prozent exportorientiert ist. Wenn wir dann enttäuschende Zahlen lesen, sollten wir auch dies bedenken: Der Dollarsturz auf unter 1,80 DM im Jahre 1986 war nicht die Folge fundamentaler wirtschaftlicher Faktoren, sondern das Ergebnis zweier technischer Ereignisse: zum einen die Reaktion der Banque de France auf den oben angesprochenen Angriff auf den Franc, zum anderen hatte der US-Finanzminister James Baker Japan und die Bundesrepublik ermahnt, ihre Wirtschaften anzukurbeln, sonst könne der Dollar noch weiter zurückgehen. Daraufhin haben alle Exporteure der Welt, besonders die Japaner, massenhaft Dollars verkauft.

Das waren also technische Faktoren plus Spekulation. Denn wirtschaftlich war und ist der amerikanische Dollar unterbewertet. Das aber wollte Stoltenberg als damaliger Finanzminister nicht anerkennen.

Goldene Flügel

Die Wirtschaftsexperten und die Gurus bilden ein Zweiparteiensystem. Die einen prophezeien Inflation, die anderen eine dramatische Deflation.

Sie bekämpfen einander wie Gladiatoren mit verbundenen Augen, in ihren Prognosen herrscht Chaos. Viele haben zudem ein Interesse daran, alles noch verworrener zu machen, um besser im trüben fischen zu können. In einer Sache sind sich die Gurus allerdings einig: daß die große Katastrophe mit Sicherheit kommen wird – die Optimisten erwarten sie in zwei bis drei Jahren, für die Pessimisten kann sie jeden Moment eintreffen.

Oft zitieren die Propheten die Ereignisse von 1929, weil ähnliche Symptome wie damals auch heute Unruhe verbreiten. Diese Symptome sind aber nur Erscheinungen an der Oberfläche, und sie werden sophistisch, also spitzfindig, vorgestellt. Doch das allein genügt nicht, man muß auch die Ursachen kennen. Hat ein Mensch Kopfweh, so kann das die Folge des Föhns oder eines Geschwürs im Kopf sein. Dieselben Symptome brauchen aber nicht dieselbe Ursache zu haben. Den Symptomen liegt heute ein voll und ganz veränderter Anlaß zugrunde. Den Unterschied, nach dem ich fünf Diplomvolkswirte, 60 Bankdirektoren und 2 000 Studenten der Volkswirtschaft vergeblich fragte, kann ich in einem Wort ausdrücken. Dieses eine Wort heißt: Goldstandard.

Die gesamte Welt- und Finanzwirtschaft war damals auf dem Goldstandard aufgebaut. Es bedeutete, daß der jeweilige Besitz von Gold den Notenbanken vorschrieb, die Zinsen zu erhöhen oder zu reduzieren, die Geldmenge abzuschöpfen oder zu erweitern. Gold war der Diktator der Wirtschafts- und Geldpolitik. Monsieur Jacques Léon Rueff (de Gaulles Währungsexperte mit dem Spitznamen »Herr Goldstandard«) hat dieses System einen »souveränen Monarchen« genannt, der über die Ordnung in der Weltwirtschaft wache. »Aber wo hat der Monarch seine Armee«, fragte ich Herrn Rueff einmal in einer Fernsehdebatte, »eine radikale Deflation durchzuführen, das Gold in dem Lande zurückzuhalten?« Schon 1932 hat Rueff das Goldstandardsystem in den Himmel gerühmt, hatte das Beispiel Deutschland genannt und die Deflationspolitik Brüning/Luther zitiert, weil es gelungen war, die Goldreserven zu erhöhen. Wie wir wissen, war die Politik so erfolgreich, daß ein Jahr später Adolf Hitler an die Macht kam.

Genial sagte es Fürst Bismarck, obwohl er kein Wirtschaftsexperte war: »Die Goldreserve ist wie eine Decke über zweien, und jeder versucht, die Decke über sich zu ziehen.« Seit 1926 zog Frankreich diese Decke aggressiv an sich, und so blieb nicht genügend Gold für die Notenbanken in den USA und Großbritannien, um der Wirtschaft und den Banken mit Liquidität zur Hilfe zu kommen. Das strikte Einhalten des Goldstandardsystems verhinderte jegliche Elastizität. Man mußte die Goldreserven mit großen Opfern verteidigen, auch wenn Arbeitslosigkeit, Krise und Konkurse folgten.

Die gesamte Finanz- und Bankkrise in den USA wurde 1933 im Handumdrehen gelöst, indem Präsident Franklin D. Roosevelt den Dollar vom Gold losriß (wie die Engländer schon 1930).

Wenn manche Volkswirte und Politiker den Goldstandard erwähnen, denke ich immer an folgendes Beispiel: Solange ein Kind Klavier spielen lernt, hat es ein Metronom vor sich, um mit dem Ticktack sein Spiel im Takt zu halten.

Die Weltwirtschaft und die Finanzmärkte des 19. Jahrhunderts waren das Klavierspiel eines Kindes – man konnte sie mit dem Goldstandard-Ticktack im Takt halten. Für die Aufführung eines großen Orchesterwerkes ist das Metronom indes nicht ausreichend – es braucht einen genialen Dirigenten, wie auch die heute gigantische Weltwirtschaft mit allen ihren Problemen geniale Manager und Politiker braucht.

Diese gibt es zwar kaum. Eine Sache steht immerhin fest: Geld- und Zinspolitik werden heute von den Notenbanken unabhängig vom Gold entschieden, wie die Wirtschaft es erfordert. Den Wert des Goldes hat am klügsten auch nicht ein Volkswirt, sondern ein großer, nobelpreisgekrönter Hindu-Poet definiert, Rabindranath Tagore (ich habe ihn als Knabe noch persönlich erlebt): »Faß die Flügel eines Vogels in Gold, und nie wieder wird er sich in die Lüfte schwingen.« Gold ist eine banale Ware geworden, es kann steigen oder fallen, aber das Goldstandardsystem ist Tempi passati, die Wirtschaft kann sich wieder in die Lüfte erheben.

Kleine Währungskunde

»Eine Währung kann nur im eigenen Bette sterben« ist das einzige Postulat, an das ich mich noch aus meinen Universitätsjahren erinnere. Alle anderen habe ich glücklicherweise längst vergessen. So bleibe ich von verstaubten und verkalkten Vorurteilen vollkommen unbelastet.

Natürlich kann eine Währung auch nur im eigenen Bette genesen. Das bedeutet, daß jedes Land jene Währung hat, die es verdient oder, besser gesagt, die es selber schmiedet. Diese These steht in totalem Gegensatz zu dem oft propagierten Argument, die Qualität einer Währung hänge von ihrer Golddeckung ab. Dies ist der Grundgedanke all jener Experten, die immer wieder mit dem Plan, zum Goldstandard zurückzukehren, hausieren gehen. Über dieses Thema könnte ich auf Hunderten von Seiten philosophieren, einer praktischen Analyse ist das Problem aber nicht würdig, so kindisch und einfältig argumentieren die Befürworter der Rückkehr zum Goldstandard. Ich betone »Goldstandard« als Währungssystem, denn es geht nicht darum, ob man Gold für die Spekulation oder als Anlage kaufen soll. Die eine Sache hat mit der anderen überhaupt nichts zu tun.

Wenn also nicht das Gold die sicherste Deckung für eine Währung ist, was denn dann? Ich werde versuchen, meine These ganz kurz und einfach zu definieren. Die »Conditio sine qua non« für die Qualität einer Währung ist die Qualität des Managements der Staatsfinanzen und die der Wirtschaft. Beide hängen aber von den Tugenden und Lastern des betreffenden Volkes ab.

Ich habe einmal zusammengestellt, welche Tugenden, Eigenschaften und Besitztümer die einzelnen Währungen repräsentieren.

Dollar:
politische Sicherheit, absoluter Respekt vor dem Privateigentum in den USA sowie die immer noch äußerst hoch entwickelte Technologie, der Reichtum an Rohstoffen und die Dynamik der Unternehmer.

D-Mark:
politische Stabilität (jedenfalls bis heute), Arbeitsfleiß, Sinn zum Sparen und Disziplin des deutschen Volkes.

Englisches Pfund:
die Überbleibsel des Vermögens eines ehemaligen Weltimperiums, der Welthandel und die »City of London«, noch immer das Zentrum des internationalen Bank- und Versicherungswesens, sowie die Schiffahrt und als Draufgabe das Nordseeöl.

Schweizer Franken:
jahrhundertelange Neutralität und das gesetzlich geschützte, wenn auch nicht absolute Bankgeheimnis.

Französischer Franc:
seit Jahrzehnten gehortete internationale Anlagen, französischer Lebensstil und Geschmack sowie die Findigkeit der Franzosen – sie haben zwar kein Öl, aber sie haben Ideen.

Yen:
Robotisierung der Industrie und Bescheidenheit der Arbeitnehmer.

Lire:
Kirchen, Museen und Palazzi; Rom, Venedig, Florenz.

Gulden:
Erbschaft eines Kolonialreiches, große Handelsflotte, Sinn zum sturen Sparen und etwas Erdgas.

Norwegische Krone:
Nordseeöl und Öltransportflotte.

Österreichischer Schilling:
Wiener Schmäh und die Ausgaben vieler Amerikaner mit ihrer Nostalgie nach den k.u.k. Zeiten.

Ungarischer Forint:
die Pfiffigkeit der Ungarn.

Israelisches Pfund:
Spenden aus der Diaspora (Israel ist das einzige Land, das seine größten Steuerzahler im Ausland hat).

Rubel:
Angst vor Sibirien, die Diktatur und viel Gold (das alles nützt freilich nichts, denn auf dem grauen Markt ist der Rubel zu einem Bruchteil des amtlichen Kurses erhältlich). Und aktueller denn je ist mal wieder mein kleines Rubel-Gedicht:
Keine Währung währet ewig –
Selbst das beste Geld wird schäbig.
Der Rubel nur ist auserkoren:
Schäbig wird er schon geboren.

Kurz und gut, das sind all jene Eigenschaften, Tugenden und Gegebenheiten, die den Rang der Währungen bestimmen.

Behaupten sich die Tugenden, wird die Währung mehr wert, lassen sie nach, verliert sie an Bedeutung. Nicht die Golddeckung stützt auf lange Sicht die Währung, sondern das Gold fließt in das Land mit der besseren Währung und verläßt jenes, in dem die Tugenden schwinden oder die Laster sich behaupten. Die D-Mark wurde ohne ein Gramm Golddeckung geschaffen und ist mit die härteste Währung der Welt geworden.

Natürlich spielen auch die Gegebenheiten des Schicksals eine große Rolle: Ölfunde etwa oder militärisch-strategisch günstige Lage. Massenhysterien, angeheizt von Spekulanten, Manipulationen und Massenmedien, haben eine zwar große, aber lediglich kurzfristige Wirkung auf die Kurse.

Am Ende kommt immer die Stunde der Wahrheit. Die Golddeckung ist nur eine Illusion, die leicht verschwindet, wenn das Management versagt.

Gefängnis oder Dschungel

Seit langer Zeit besteht die Kontroverse, ob für die Wirtschaft absolute Freiheit oder staatliche Planung angemessener sei, ob Wirtschaft ohne Wissenschaft oder Wissenschaft ohne Wirtschaft existieren kann. Spitz formuliert müßte die Alternative jedoch eigentlich Dschungel oder Gefängnis heißen.

Die Distanz zwischen den beiden Extremen ist groß. Die Anhänger beider Theorien haben auch, jeder für sich, unendlich viele und ernstzunehmende Argumente auf ihrer Seite. Totale Freiheit für die Wirtschaft – das würde in den Dschungel führen und damit letztlich gefährliche politische Folgen nach sich ziehen. Ich gebe zu, daß der Dschungel wenigstens noch gewisse Vorteile hätte, wenn er nur von Engeln oder engelartigen Kreaturen bewohnt wäre. Aber leider laufen dort auch Raubtiere herum, die nicht nur ihresgleichen, sondern auch unschuldige Zuschauer angreifen.

Lieber ist mir deshalb ein starker Staat, der zwar pragmatisch handelt, in dem aber trotzdem Recht und Ordnung herrschen, die Schwachen vor den Starken, die Naiven vor den Cleveren geschützt werden. Denn unter dem Vorwand der Freiheit wurde den deutschen Sparern in der Vergangenheit viel Schaden zugefügt. Obskure exotische Investmentfonds, Ölabschreibungen, waghalsige Warentermingeschäfte haben sie um ihre schwerverdienten Spargroschen gebracht.

Das Geld – Endziel aller, die in der Wirtschaft tätig sind – ist radioaktiv und korrumpiert. Es verführt die Menschen und auch große Institutionen zu Geschäften, die vielleicht rentabel, aber gegen das allgemeine Interesse sind. In Wien nannte man das »Schweizer System«: Jeder Kan ton, was er will. Schon Charles de Montesquieu schrieb im 18. Jahrhundert: »Die Freiheit des Handels bedeutet nicht, daß die Händler berechtigt sind, alles zu machen, was sie wollen. Und was die Freiheit der Händler begrenzt, behindert nicht unbedingt die Freiheit des Handels.«

Man kann die Wirtschaft sehr wohl unter Kontrolle halten, ohne die drei tragenden Säulen unseres Systems zu gefährden: freies Unternehmertum, Profit und freie Konkurrenz. Die Tage des totalen Laisser-faire, Laisser-passer sind wohl endgültig vorbei, abgesehen davon, daß die Notenbanken durch ihre Geld- und Zinspolitik immer schon wirksam eingreifen konnten.

Ein maßvolles Eingreifen des Staates oder staatlicher Institutionen ist sogar wünschenswert, wenn – und das ist das große Wenn – damit nicht politische Ziele verfolgt werden. Das ist etwa dann der Fall, wenn der Staat mit seiner Geld-, Kredit-, Zoll- und Steuerpolitik bestimmte Gesellschaftsschichten und Branchen zum Nachteil anderer begünstigt. Mit solchen Methoden kann man ein Land langsam in den Sozialismus führen, ohne daß die Mehrheit der Bürger, die die Regierung gewählt haben, dies gewünscht hätte.

Ordnung halten – ja! Die Finger auf dem Puls der Wirtschaft halten – ja! Damit jedoch politische Ziele erreichen – nein!

Gewiß pendeln sich viele Dinge von selber ein. Nachfrage und Angebot finden meistens sehr schnell ein Gleichgewicht. Die Wirtschaftsgeschichte verlief immer schon in zyklischen Bewegungen. Es ist unvermeidlich, daß diesen Ups and Downs viele zum Opfer fallen. Nur ein kleiner Teil der Interessenten kann sich schützen. Wenn dies alle könnten, gäbe es ja keine Ups and Downs mehr.

Man kann Ebbe und Flut zwar durchaus auf die Minute genau berechnen, verhindern kann man sie jedoch nicht. Nur schützen kann man sich gegen die Gezeiten und präventive Maßnahmen treffen. Diejenigen, die in der Wirtschaft die Zeitpunkte von Ebbe und Flut berechnen können, gelten schon als besonders begabt und klug. Doch waren dies, wie die Erfahrungen der vergangenen Jahre gezeigt haben, immer nur sehr wenige.

Pragmatisch muß man deshalb sein, nicht theoretisch. Grau ist bekanntlich alle Theorie, komme sie auch zu noch so wünschenswerten Lösungen. Optimal sind diese Lösungen ohnehin in den seltensten Fällen. Praktikabel erst recht nicht, weil sie nicht den gerade herrschenden politischen und psychologisichen Gegebenheiten entsprechen. Weiß man dann, was zu tun ist, bleibt nur noch die Frage, ob es sich tatsächlich durchführen läßt. Die klassischen Monetaristen geben selber zu, daß die meisten Maßnahmen, die man treffen müßte, aus politischen und sozialen Gründen nicht möglich sind. Trotzdem propagieren sie ihre Thesen, sagen aber gleichzeitig: »Nach uns die Sintflut.«

Kurz und gut: Ob Laisser-faire oder Planwirtschaft, ob Fiskalismus oder Monetarismus, die beste Antwort auf diese Frage gab vor langer Zeit schon der französische Poet Alexis Piron (1689 bis 1773) in einem galanten Epigramm: »Colin bewundert die Marmorschenkel seiner Liebe. Mal dünkt ihm der rechte schöner, mal der linke. ›Zaudre nicht, mein Freund‹, ruft sie, ›laß mich entscheiden! Die Wahrheit liegt zwischen beiden.‹«

Optionslehren

Wie oft wurde mir die Frage gestellt, was ich von Optionsgeschäften halte. So formuliert, weiß ich auf diese Frage keine Antwort. Denn der Optionsmarkt ist ein Zweiparteiensystem (wie auch die ganze Börse): Es gibt Stillhalter, die Optionen veräußern (im Börsenjargon Schreiber genannt), und diejenigen, die Optionen kaufen. Man muß sich also entscheiden, von welcher Partei die Rede ist. Ich könnte ein ganzes Buch darüber schreiben, da ich seit 70 Jahren beiden Parteien angehöre und in den zwanziger und dreißiger Jahren Millionen Optionen gehandelt habe (in Paris, Berlin oder Zürich). Zu einer Zeit also, in der man in Wall Street nicht mal wußte, was Optionen sind.

Mal habe ich gewonnen, mal habe ich verloren.

Der Optionsmarkt ist ein riesiges Spielkasino, das allerdings auf dem Finanzmarkt eine nützliche Funktion erfüllt. Optionshandel fördert die Spekulation und dadurch die Liquidität der Börse. Eine liquide Börse wiederum ist eine wesentliche Voraussetzung für das Funktionieren der freien Marktwirtschaft. Tausende von Optionskäufern werden Tausende von Geldanlegern veranlassen, Aktien zu kaufen, damit sie auf der Basis dieser Aktien mit Optionen stillhalten. Ich möchte daher für alle diejenigen, die in den Optionshandel einsteigen wollen, eine kleine philosophische Analyse dieses Geschäfts vornehmen.

Der Optionskäufer ist ein Spieler, der Stillhalter (Schreiber) ein Kapitalist – ein Wucherer, der die Aktien voll bezahlt, die der Optionskäufer nicht bezahlen will oder kann. Er eröffnet damit dem Spieler die Chance, von einer möglichen heftigen Kursveränderung in relativ kurzer Zeit zu profitieren. Die Schreiber lassen die Spieler quasi auf ihrem Rücken spielen, wofür sie einen bestimmten Betrag kassieren. Dieser hieß einst trefflich »Reuegeld«, weil die Spieler sehr häufig bereuen mußten, Optionen gekauft zu haben.

Der Optionskäufer verliert seinen ganzen Einsatz, wenn die erwartete Aufwärtsbewegung auch nur einen Tag zu spät eintrifft. In diesem Falle hat er zwar richtig spekuliert, soweit es die Tendenz anbelangt, aber falsch gespielt. Die Strategie war richtig, die Taktik falsch.

Wie oft habe ich selbst bei einer Optionsspekulation schon recht behalten, aber leider zu spät.

Der Gewinn des Optionsschreibers hingegen ist begrenzt. Schlimmstenfalls entgeht ihm ein großer Kursgewinn. Der Käufer aber ist sein Geld los, wenn er schiefliegt. Kurz und gut: Der Optionskäufer hat die Phantasie und der Stillhalter das Geld.

Man kann mit Optionen manchmal auch reich werden (in den dreißiger Jahren machte ich ein Vermögen mit Verkaufsoptionen), aber wenn man ständig nur Optionen kaufte, würde man sich langsam übernehmen. Der Optionskäufer sollte jedenfalls genauer wissen, was er tut, als jeder andere Spekulant. Denn die gigantische Werbung für den Optionsmarkt erläutert den Charakter der Optionen nicht genügend und führt zu häufigen Mißverständnissen, besonders für Neulinge. Irreführend klingt auch das Wort »Optionsanlage«. Denn Optionen sind keine Anlage im konservativen Sinne, sondern nur eine Wette mit begrenztem Zeithorizont.

Jeder, der in klassischen Spielen wie Pferderennen oder Roulette Erfahrung gesammelt hat, kennt Außenseiter und Favoriten. Die Stillhalter sind wie die Favoritenspieler beim

Rennen oder diejenigen, die beim Roulette soviel Zahlen wie möglich setzen. Das Prinzip ist dasselbe: je größer die Chancen, desto kleiner der Profit, je kleiner die Chancen, um so größer der Lohn. Es gibt natürlich kleine Verschiebungen in der Relation von Risiko und Belohnung, aber das sind Nuancen, die man erst nach langjähriger Erfahrung erkennen kann. Die meisten Sparer, die zu diesen Geschäften verführt werden, haben solche Erfahrungen nicht. Oft genug mußte ich feststellen, daß selbst die Spezialisten, die solche Angebote machen, nicht über entsprechende Erfahrung verfügen.

Ich bin empört über Annoncen in der Presse, mit denen Sparer in miese Geschäfte gelockt werden. Die Texte sind praktisch immer betrügerisch. Ihre Verfasser versprechen bei Optionsanlagen 100, sogar 200 Prozent Profit, und sie können das sogar beweisen. Aber diese Optionen sind keine Anlage, sondern »Spielgeld«. Am Roulettetisch gesetzt, bringt dieses Spielgeld »doppelt oder nichts«. Es ist daher ein Witz, mit 100 Prozent Gewinn zu protzen, wie es auch ein Witz wäre, wenn ein Roulettespieler an einem Nachmittag sein Spielgeld verdreifacht und sich dann damit rühmt. Ich war selber dabei, als Winston Churchill oder der schwedische König Gustav V. in Monte Carlo am Roulettetisch hier und da den großen Treffer landeten. Das Publikum klatschte Beifall – doch nur, um den alten Herren eine Freude zu machen.

Nach einer Statistik der US-Börsenaufsicht verlieren 80 Prozent der Optionskäufer das eingesetzte Geld. Die Option ist keine Anlage, sondern ein Lotterielos. Der Käufer verliert seinen ganzen Einsatz, wenn die erwartete Kurssteigerung auch nur einen Tag zu spät eintritt. In diesem Fall hat er zwar in der Tendenz richtig spekuliert, aber falsch gespielt.

Was die Käufer verlieren, gewinnen die Stillhalter, die nicht zufällig meist mit den großen Banken und Versicherungen identisch sind. Diese Institutionen verfügen über riesige Aktiendepots, auf die sie ununterbrochen Optionen verkaufen. Der größte Stillhalter, erzählt man sich an der Wall Street, sei der Vatikan. Warum auch nicht, soll sich auf diese Weise doch 20 bis 25 Prozent aus dem Kapital schlagen lassen. Was natürlich auch niemand garantieren kann. Denjenigen, die mit kleinem Geld den großen Coup machen wollen, rate ich eher, eine Serie von Aktien zu kaufen, deren Kurse wegen der hohen Zinsen oder vorübergehender betrieblicher Schwierigkeiten total zusammengebrochen sind. Damit kann man seinen Einsatz ebenso verdoppeln oder verdreifachen wie mit Optionen. Aber mit dem Vorteil, daß die Chancen zeitlich nicht begrenzt sind.

»Sag mal, lieber Kollege«, fragte in alten Zeiten ein jüdischer Börsianer seinen Freund, »woher nehmen die Christen nur das viele Geld, für das sie uns Optionen abkaufen?« Das ist sehr lange her. Seitdem haben die Christen, sogar der Vatikan, diese Masche gelernt.

Am besten um die Ecke denken: Kostolanys Börsenquiz

Haben Sie Talent für die Börse?

Fragen

1. *An welches Spiel erinnert die Börse?*
a) Schach, ☐
b) Skat, ☐
c) Fußball-Toto, ☐
d) Roulette, ☐
e) Pferderennen. ☐

2. *Vor einer Kauf- oder Verkaufsentscheidung ist wichtiger: die Analyse*
a) der Wertpapiere, ☐
b) des Marktes. ☐

3. *Ich beurteile meine Papiere immer im Verhältnis zum*
a) Kaufpreis, ☐
b) Tagespreis. ☐

4. *Beim Kauf eines Wertpapiers ist wichtiger*
a) die Auswahl, ☐
b) der Zeitpunkt. ☐

5. *Entscheidend für die kurzfristige Börsentendenz ist*
a) die allgemeine Konjunktur, ☐
b) die Branchenkonjunktur, ☐
c) der Zins, ☐
d) die Psychologie, ☐
e) die technische Verfassung des Marktes. ☐

6. *Entscheidend für die mittelfristige Börsentendenz ist*
a) die allgemeine Konjunktur, ☐
b) die Branchenkonjunktur, ☐
c) der Zins, ☐
d) die Psychologie, ☐
e) die technische Verfassung des Marktes. ☐

7. *Entscheidend für die langfristige Börsentendenz ist*
a) die allgemeine Konjunktur, ☐
b) die Branchenkonjunktur, ☐
c) der Zins, ☐
d) die Psychologie, ☐
e) die technische Verfassung des Marktes. ☐

8. *Ich verkaufe ein Wertpapier*
a) auch mit einem kleinen Gewinn, ☐
b) nur mit großem Gewinn, ☐
c) unabhängig davon,
ob ich Gewinn oder Verlust mache. ☐

9. *Ich kaufe ein Wertpapier, wenn*
a) es steigt, ☐
b) es fällt, ☐
c) aus ganz anderen Gründen. ☐

10. *Ich würde ein Wertpapier, das ich tief verkauft habe, hoch zurückkaufen:*
a) ja, ☐
b) nein. ☐

11. *Ich würde auch Aktien von Firmen, die fast pleite sind, ebenso wie notleidende Anleihen kaufen:*
a) ja, ☐
b) nein. ☐

12. *Wenn Kurse bei kleinem Umsatz gestiegen sind, so ist das für den Markt*
a) günstig, ☐
b) ungünstig. ☐

13. *Wenn der Markt trotz guter Nachrichten nicht sofort steigt, werde ich schnell die Gelegenheit nutzen, eher*
a) zu kaufen, ☐
b) zu verkaufen. ☐

14. *Bei einer Kapitalanlage ist wichtiger*
a) Taktik, ☐
b) Strategie. ☐

15. *Wofür haben Charts Bedeutung?*
a) für langfristige Tendenz, ☐
b) für kurzfristige Tendenz, ☐
c) weder noch. ☐

16. *Der Gedankengang eines Börsianers ähnelt am meisten dem eines*
a) Ingenieurs, ☐
b) Kaufmanns, ☐
c) Anwalts, ☐
d) Betriebswirts, ☐
e) Arztes, ☐
f) Politikers. ☐

17. *Die zwei besten Eigenschaften eines Börsianers sind:*
a) Scharfsinn, ☐
b) Intuition, ☐
c) Elastizität, ☐

d) Nüchternheit, ☐
e) Phantasie, ☐
f) Aggressivität. ☐

18. *Die zwei schlechtesten Eigenschaften eines Börsianers sind:*
a) Eigensinn, ☐
b) Unentschlossenheit, ☐
c) Übermut, ☐
d) Ungeduld, ☐
e) Pedanterie, ☐
f) Emotionalität. ☐

19. *Was ist für einen Börsianer am gefährlichsten?*
a) objektive Übernahme von Informationen, ☐
b) falsche Informationen, ☐
c) falsche Interpretation falscher Informationen, ☐
d) falsche Interpretation richtiger Informationen. ☐

20. *Worin liegt der Unterschied zwischen Börsenspiel und Spekulation?*
a) in der Qualität der Wertpapiere, ☐
b) in der Zeitersparnis, ☐
c) in der relativen Höhe des Betrags, ☐
d) in der Art der Überlegung. ☐

21. *Kann die Börse nach allgemeinen Steuererhöhungen steigen?*
a) ja, ☐
b) nein. ☐

22. *Können Aktien in einer Rezession steigen?*
a) ja, ☐
b) nein. ☐

23. *Ein Papier, das die größten Firmen einstimmig empfehlen, werde ich*
a) kaufen, ☐
b) prüfen, ☐
c) eher verkaufen, ☐
d) nicht kaufen. ☐

24. *Welche Bedeutung messe ich auf kurze Sicht den Transaktionen der Geldmanager großer Institutionen bei?*
a) große, ☐
b) geringe, ☐
c) keine. ☐

25. *Von den Empfehlungen eines Insiders über die Aktien seiner Firma halte ich*
a) viel, ☐
b) wenig, ☐
c) nichts. ☐

26. *Welche Bedeutung messe ich der Meinung eines alten erfahrenen, aber erfolglosen Börsianers bei?*
a) große, ☐
b) geringe, ☐
c) keine. ☐

27. *Die nationale Politik beeinflußt die Börse*
a) wenig, ☐
b) stark, ☐
c) überhaupt nicht. ☐

28. *Wenn ich einen Entschluß gefaßt habe, dann*
a) handle ich sofort, ☐
b) überlege ich noch einmal. ☐

29. *Die internationale Politik beeinflußt die Börse*
a) wenig, ☐
b) stark, ☐
c) überhaupt nicht. ☐

30. *Kann man verlorenes Geld zurückgewinnen?*
a) niemals, ☐
b) manchmal. ☐

31 . *Diejenigen Spekulanten, die immer beim tiefsten Kurs kaufen und beim höchsten verkaufen, sind*
a) die bestinformierten, ☐
b) die erfahrenen alten Profis, ☐
c) Lügner, ☐
d) Glückspilze. ☐

32. *Ich studiere das Kursblatt*
a) täglich, ☐
b) wöchentlich, ☐
c) monatlich. ☐

33. *Spekulation und Anlage unterscheiden sich durch die*
a) Qualität der Wertpapiere, ☐
b) Zeitspanne, ☐
c) relative Höhe des Betrags (gemessen am Vermögen), ☐
d) Art der Überlegung. ☐

34. *Ist es wichtig, vergangene Ereignisse zu analysieren?*
a) ja, ☐
b) ein wenig, ☐
c) nein. ☐

35. *Wann darf ein Spekulant Kasse machen?*
a) nach jeder Transaktion, ☐

b) monatlich, ☐
c) jährlich, ☐
d) niemals. ☐

36. Wenn alle Symptome für eine Wende nach einem Börsenkrach sprechen, dann kaufe ich Aktien, die
a) sich behauptet haben, ☐
b) wenig gefallen sind, ☐
c) stärker gefallen sind, ☐
d) zusammengebrochen sind. ☐

37. Der größte Computerhersteller der Welt, IBM, klagt gegen Control Data wegen Monopolismus. Das spricht für
a) IBM, ☐
b) Control Data, ☐
c) keinen von beiden. ☐

38. Unter den Firmen, die am Ölboom in der Nordsee partizipieren werden, bevorzuge ich
a) die großen internationalen Ölkonzerne, ☐
b) solche, die ausschließlich in der Nordsee engagiert sind. ☐

Auswertung

1. Der Börsianer muß seine Kombinationen und Entscheidungen an die sich ständig ändernde Situation anpassen wie der Kartenspieler sein Spiel an die Karten, die er erhält. Die Ereignisse können für den Börsianer günstig oder ungünstig sein wie die Kartenverteilung für den Spieler. Ein guter Börsianer zieht sich wie ein guter Kartenspieler aus der Affäre: Mit guten Karten gewinnt er viel, mit schlechten Karten verliert er wenig.

a) Schach	0 Punkte	
b) Skat	3 Punkte	
c) Fußball-Toto	1 Punkt	
d) Roulette	0 Punkte	
e) Pferderennen	2 Punkte	□

2. Die allgemeine Börsentendenz ist ausschlaggebend für alle Papiere. Die beste Aktie kann bei einer Talfahrt der gesamten Börse nicht steigen (oder nur schwer). Dagegen reißt eine allgemeine Euphorie die schlechten Aktien auch mit in die Höhe, manchmal sogar mehr als die guten.

a) Wertpapier	1 Punkt	
b) Markt	3 Punkte	□

3. Was die Aktie einmal gekostet hat, gehört der Vergangenheit an und hilft nicht mehr, die künftige Entwicklung zu beurteilen.

a) Kaufpreis	0 Punkte	
b) Tagespreis	3 Punkte	□

4. Mit richtigen Papieren können Sie Geld verlieren, wenn Sie zur falschen Zeit ein- oder ausgestiegen sind, und mit falschen Papieren können Sie gewinnen, wenn Sie zur rechten Zeit ein- oder aussteigen.

a) Auswahl 1 Punkt
b) Zeitpunkt 3 Punkte ☐

5. Auf kurze Sicht hat die Wirtschaftslage gar keinen Einfluß auf die Kurse, auf Zins und Branchenkonjunktur auch nur insofern, als einige Spekulanten daraus für spätere Termine Schlüsse ziehen. Merke: Die Kurse steigen, wenn die Käufer stärker unter Druck stehen als die Verkäufer – und umgekehrt. Die Psychologie und die technische Verfassung des Marktes beeinflussen Käufe und Verkäufe am unmittelbarsten und fast hemmungslos.
a) Allgemeine Konjunktur 0 Punkte
b) Branchenkonjunktur 1 Punkt
c) Zins 1 Punkt
d) Psychologie 3 Punkte
e) Techn. Verfassung des Marktes 3 Punkte ☐

6. Der Zins, also die Liquidität auf dem Kapitalmarkt, entscheidet, ob Nachfrage oder Angebot stärker sein wird. Der Zins hat einen direkten Einfluß auf den Anleihemarkt: Wenn die Rendite der Anleihen kleiner wird, kommen mehr flüssige Mittel zur Börse. Aber diese Zinswirkung auf die Börse macht sich erst nach einer gewissen Zeit bemerkbar: mittelfristig.
a) Allgemeine Konjunktur 0 Punkte
b) Branchenkonjunktur 1 Punkt
c) Zins 3 Punkte
d) Psychologie 2 Punkte
e) Techn. Verfassung des Marktes 2 Punkte ☐

7. Die Psychologie ist auf lange Sicht wertlos. Wer will heute die Ängste, Hoffnungen und Vorurteile von übermorgen voraussehen? Die allgemeine Konjunktur und besonders die Branchenkonjunktur entscheiden über Qualität und künfti-

ge Rendite der Aktien. Wer die Entwicklung einer Branche auf mehrere Jahre voraussehen kann, kann davon viel profitieren.

a) Allgemeine Konjunktur	2 Punkte	
b) Branchenkonjunktur	3 Punkte	
c) Zins	1 Punkt	
d) Psychologie	0 Punkte	
e) Techn. Verfassung des Marktes	1 Punkt	□

8. Der Entschluß, ob man ein Wertpapier verkaufen soll oder nicht, ist vom (vergangenen) Kaufpreis vollkommen unabhängig, sondern hängt von der (künftigen) Entwicklung ab. Man muß ein absolut objektives Urteil fällen.

a) Auch mit kleinem Gewinn	0 Punkte	
b) Nur mit großem Gewinn	0 Punkte	
c) Unabhängig von Gewinn oder Verlust	3 Punkte	□

9. Ob ein Wertpapier gefallen oder gestiegen ist, sagt nichts über die Zukunft. Für den Kauf müssen Sie andere Gründe haben.

a) Wenn es steigt	0 Punkte	
b) Wenn es fällt	0 Punkte	
c) Aus ganz anderen Gründen	3 Punkte	□

10. Ihr Urteil muß objektiv sein, unabhängig von Ihren vergangenen Transaktionen.

a) Ja	3 Punkte	
b) Nein	0 Punkte	□

11. Die Aktienkurse einer fast bankrotten Firma spiegeln schon deren schlechte Situation wider, sind also sehr tief. Wenn die Pleite ausbleibt, schnellt der Kurs in die Höhe. Der Unterschied zwischen »fast pleite« und »saniert« ist größer

als der zwischen »fast pleite« und »pleite«. Das Entsprechende gilt auch für notleidende Anleihen.

a) Ja 3 Punkte
b) Nein 0 Punkte ☐

12. Bei kleineren Umsätzen bleiben die Papiere bei denjenigen, die sie in der Baisse gekauft haben, in festeren Händen. Denn diese Käufer sind wahrscheinlich kapitalkräftiger als diejenigen, die nur bei steigenden Kursen kaufen. Wenn umgekehrt bei steigenden Preisen der Umsatz groß wird, so können Sie daraus schließen, daß die Papiere von kapitalkräftigen Händen in kapitalschwächere Hände übergehen – und das ist wiederum ungünstig für den Markt.

a) Günstig 3 Punkte
b) Ungünstig 0 Punkte ☐

13. Schlagen Sie schnell alles los, denn die Börse wird ihre Gründe haben, wenn die Kurse nicht steigen.

a) Kaufen 0 Punkte
b) Verkaufen 3 Punkte ☐

14. Wenn Sie Wertpapiere als langfristige Kapitalanlage kaufen, ist es gleichgültig, ob sie heute, morgen oder übermorgen etwas billiger oder teurer zu haben sind.

a) Taktik 0 Punkte
b) Strategie 2 Punkte ☐

15. Langfristig – wie Börsianer mit jahrzehntelanger Erfahrung bestätigen. Warten Sie ab.

a) Für langfristige Tendenz 2 Punkte
b) Kurzfristige Tendenz 0 Punkte
c) Weder noch 0 Punkte ☐

16. Genau wie ein Börsianer muß der Arzt zuerst eine Pro-

gnose stellen. Aus ihr ergeben sich alle weiteren Überlegungen. Arzt und Börsianer tasten also erst einmal die Lage ab, bevor sie ihre endgültigen Entschlüsse fassen. Und auch danach müssen sie ihre Entscheidungen sofort wieder ändern, wenn sie merken, daß sie in eine falsche Richtung führen. Der Gedankengang eines Ingenieurs oder Betriebswirts ist genau entgegengesetzter Art: Er ist rein mathematisch. Sie dürfen sich unter keinen Umständen von Intuition leiten lassen.

a) Ingenieur	0 Punkte	
b) Kaufmann	1 Punkt	
c) Anwalt	2 Punkte	
d) Betriebswirt	0 Punkte	
e) Arzt	3 Punkte	
f) Politiker	1 Punkt	□

17. Intuition ist nichts anderes als unterbewußte Logik, gemischt mit Phantasie. Sich allein auf Phantasie zu verlassen wäre zu gefährlich. Elastizität ist ebenfalls wichtig, denn der Börsianer muß es sich sofort eingestehen, wenn er irrt. Nur der Ochs ist konsequent, der immer vom gleichen Heu frißt (behauptete Bismarck).

a) Scharfsinn	2 Punkte	
b) Intuition	3 Punkte	
c) Elastizität	3 Punkte	
d) Nüchternheit	1 Punkt	
e) Phantasie	2 Punkte	
f) Aggressivität	0 Punkte	□

18. Genau wie Elastizität die beste Eigenschaft ist, so sind Eigensinn und Unentschlossenheit die schlechtesten. Sie brachten vielen Börsianern schon oft große Verluste.

a) Eigensinn	3 Punkte
b) Unentschlossenheit	3 Punkte

c) Übermut 0 Punkte
d) Ungeduld 2 Punkte
e) Pedanterie 0 Punkte
f) Emotionalität 2 Punkte □

19. Falsche Informationen sind weniger gefährlich als die falsche Interpretation einer richtigen Information. Falsch informierte Börsianer bleiben in ihrer Überlegung kritisch. Die falsche Interpretation einer richtigen Information ist das Resultat einer falschen Überlegung, und es ist die Überlegung, die entscheidet. Falsche Interpretation einer falschen Information kann dagegen zu einem guten Ergebnis führen.

a) Objektive Übernahme von Informationen 1 Punkt
b) Falsche Informationen 2 Punkte
c) Falsche Interpretation falscher Informationen 0 Punkte
d) Falsche Interpretation richtiger Informationen 3 Punkte □

20. Der Spekulant kauft oder verkauft nach seinem objektiven Urteil. Er glaubt, daß aus diesem oder jenem Grund sein Papier steigt oder fällt. Der Spieler dagegen verkauft seine Papiere, weil er einen Gewinn kassieren will. Ob das Papier noch eine Chance hätte, weiter zu steigen, überlegt er nicht. Er sieht nur Gewinn oder Verlust.

a) Qualität der Wertpapiere 0 Punkte
b) Zeit sparen 0 Punkte
c) Relative Höhe des Betrags 0 Punkte
d) Art der Überlegung 3 Punkte □

21. Wenn die Regierung die Steuern erhöht, kann sie auf dem Geldmarkt liberaler handeln. Niedrigere Zinsen schaffen mehr Liquidität, sind also günstig für die Börse.

a) Ja 3 Punkte
b) Nein 0 Punkte ☐

22. Ja; ein Beweis dafür war die Börsenentwicklung der späten siebziger Jahre. Die Arbeitslosigkeit stieg, und die Börse erholte sich trotzdem. Vielleicht gerade deswegen, denn die Regierung hat damals zwar wenig, aber doch etwas Gas gegeben.
a) Ja 3 Punkte
b) Nein 0 Punkte ☐

23. Vorsicht – eine Finanzgruppe will ein bestimmtes Papier loswerden.
a) Kaufen 0 Punkte
b) Prüfen 1 Punkt
c) Eher verkaufen 1 Punkt
d) Nicht kaufen 3 Punkte ☐

24. Diese Geldmanager handeln mit solch großen Mengen, daß sie mit ihren Transaktionen die Kurse aber nur auf kurze Sicht stark beeinflussen können.
a) Große 2 Punkte
b) Geringe 0 Punkte
c) Keine 0 Punkte ☐

25. Die Insider kennen zwar ihre eigene Gesellschaft, aber die Entwicklung auf dem Kapitalmarkt hat damit nichts zu tun. Auch sind sie nur selten aufrichtig. Nach der Erfahrung müßte man fast immer das Gegenteil von dem machen, was ein Insider empfiehlt.
a) Viel 0 Punkte
b) Wenig 0 Punkte
c) Nichts 3 Punkte ☐

26. Der Erfolg ist kein Maßstab für die Intelligenz und Fachkenntnis eines Profis. Er kann die Börsentendenz und die Chancen gewisser Wertpapiere besonders gut beurteilen. Für sich jedoch konnte er davon nicht profitieren, weil er unentschlossen, ängstlich, nervös oder ungeduldig war und in seine eigene Meinung kein Vertrauen hatte.

a) Große	2 Punkte	
b) Geringe	0 Punkte	
c) Keine	0 Punkte	□

27. Zins- und Steuerpolitik liegen in den Händen der Regierung. Die politischen Strömungen (rechts oder links) beeinflussen die Psychologie der Anleger und die Zukunft der Unternehmungen.

a) Wenig	0 Punkte	
b) Stark	3 Punkte	
c) Überhaupt nicht	0 Punkte	□

28. Die Erfahrung lehrt: Der spontane Entschluß ist oft der beste.

a) Handle sofort	3 Punkte	
b) Überlege noch einmal	0 Punkte	□

29. Die Weltlage (Spannung oder Entspannung) beeinflußt die Psychologie des Publikums. Internationale Entwicklungen beeinflussen ganze Branchen, nationale Zahlungsbilanzen, Handelsverträge und so fort.

a) Wenig	0 Punkte	
b) Stark	3 Punkte	
c) Überhaupt nicht	0 Punkte	□

30. Was verloren ist, ist verloren. Neue Geschäfte können neue Gewinne bringen, aber sie haben nichts mehr mit der Vergangenheit zu tun.

a) Niemals 3 Punkte
b) Manchmal 0 Punkte ☐

31. Nicht einmal die Glückspilze können immer am höchsten verkaufen und am tiefsten kaufen.
a) Die bestinformierten 0 Punkte
b) Die erfahrenen alten Profis 0 Punkte
c) Lügner 3 Punkte ☐

32. Sie müssen schon informiert sein, aber die Tagesschwankungen der Kurse zu verfolgen schadet der Überlegung. Sie können den kaltblütigsten Spekulanten nervös machen.
a) Täglich 1 Punkt
b) Wöchentlich 3 Punkte
c) Monatlich 2 Punkte ☐

33. Ein sogenanntes hochspekulatives Papier kann für einen reichen Anleger, der nur wenig darin investiert, als Anlage mit kalkuliertem Risiko gelten. Dagegen ist es eine halsbrecherische Spekulation, wenn sich ein kleiner Sparer hoch verschuldet, um mündelsichere Papiere zu kaufen.
a) Qualität der Wertpapiere 2 Punkte
b) Zeitspanne 0 Punkte
c) Relative Höhe des Betrags 3 Punkte
d) Art der Überlegung 0 Punkte ☐

34. Wenn man schon die kommenden Ereignisse nicht voraussehen kann, soll man wenigstens die vergangenen richtig verstehen. Das bereichert die Erfahrung und erleichtert künftige Überlegungen.
a) Ja 3 Punkte
b) Ein wenig 0 Punkte
c) Nein 0 Punkte ☐

35. Solange Sie an der Börse operieren, ist das gewonnene Geld nur geliehenes Geld, und die Börse ist ein arger Wucherer. Oft müssen Sie das geliehene Geld mit sehr hohen Zinsen zurückzahlen. Ein Spekulant darf also niemals Kasse machen.

a) Nach jeder Transaktion 0 Punkte
b) Monatlich 0 Punkte
c) Jährlich 0 Punkte
d) Niemals 3 Punkte ☐

36. Daß sich die stabilen Werte behaupten konnten, wird gute Gründe haben, die wir nicht kennen. Die völlig zusammengebrochenen Werte waren wahrscheinlich fast pleite; diese können Sie auch kaufen.

a) Die sich behauptet haben 3 Punkte
b) Die wenig gefallen sind 0 Punkte
c) Die stärker gefallen sind 0 Punkte
d) Die zusammengebrochen sind 2 Punkte ☐

37. Wenn eine Mammutgesellschaft eine viel kleinere anklagen muß, so ist das für die kleinere ein Kompliment. Sie wird bestimmt große Qualitäten haben.

a) IBM 0 Punkte
b) Control Data 1 Punkt
c) Keinen von beiden 0 Punkte ☐

38. Für die großen Gesellschaften spielen die Nordseebohrungen nur eine kleine Rolle.

a) Internationale Ölkonzerne 0 Punkte
b) Solche, die ausschließlich in der Nordsee engagiert sind 1 Punkt ☐

Summe der Punkte ☐☐

Mein Urteil

Über 85 Punkte: Profi
Sie haben an der Börse schon viel mitgemacht und wissen über alle Tricks und Fallen Bescheid; aber nicht nur das: Sie haben auch Ihre Erfolge und Mißerfolge sorgfältig analysiert und daraus die richtigen Schlüsse gezogen. Sie werden also – zum Beispiel – nicht überrascht sein, wenn die Börsenkurse sich nicht nach den wirtschaftlichen Ereignissen richten (was sie nach der naiven Ansicht der Außenseiter stets tun sollten).

61 bis 85 Punkte: Fortgeschrittener
Sie verstehen die Zusammenhänge und können die Ereignisse und Tendenzen richtig beurteilen, aber Ihnen fehlt es an Erfahrung. Sie haben vielleicht schon große Erfolge errungen, aber noch nicht genügend Mißerfolge einstecken müssen, um bei Überraschungen nicht die Nerven zu verlieren. Bevor Sie ein Profi werden, müssen Sie noch einige Feuerproben bestehen und dabei Verluste verschmerzen.

26 bis 60 Punkte: Hoffnungsvoller Anfänger
Ihre Ansichten über die Geschehnisse verraten noch eine zu große Unbefangenheit. Nach Ihren Enttäuschungen wissen Sie nicht, über welche Hürden Sie gestolpert sind. Ein Anfänger sieht noch nicht ein, daß zwar am Schluß immer die Logik triumphiert, aber die Börse ihre eigene Logik hat. Darum schimpfen Sie nicht über die Börsianer, wenn es anders kommt, als Sie denken, sondern lernen Sie dazu. Vielleicht winkt Ihnen bald ein guter Gewinn.

25 Punkte oder weniger: Außenseiter
Sie haben völlig falsche Vorstellungen von dem, was an der Börse los ist. Sie denken zu sachlich, zu mathematisch-gera-

deheraus und lassen sich zuwenig von der Phantasie führen. Die Finanzspekulation ist schließlich keine Wissenschaft, sondern eine Kunst. Wenn Ihnen aber das Talent zum Börsenkünstler fehlt, ist Ihnen mit einfacheren Geldanlagen, Rentenpapieren oder Sparbüchern beispielsweise, besser gedient. Oder Sie beginnen, auch um die Ecke zu denken.

Die Spekulation auf Kredit

Meine ganz persönlichen Erfahrungen

Oft werde ich gefragt, ob man Papiere auf Kredit kaufen kann oder soll? Meine Antwort darauf ist unwiderruflich: Nur derjenige darf Papiere auf Kredit kaufen, der über noch andere, viel größere Vermögensposten verfügt als der Betrag, den er schuldet. Ich bin fast geneigt zu sagen, daß man Aktien unter keinen Umständen auf Kredit kaufen soll, es sei denn, man wäre ein waghalsiger Hasardeur. Natürlich ist es auch eine Frage der Proportion und der Qualität der Papiere; wenn man für 100 000 DM festverzinsliche Wertpapiere kauft und darauf 20 000 DM schuldig bleibt, ist das keine Katastrophe. Oder wenn einer bei einem Wert von 300 000 DM an Wertpapieren 100 000 DM schuldig bleibt, aber zur gleichen Zeit über eine Million in Immobilien verfügt, ist dies keine Sünde. Doch jeder Fall muß einzeln geprüft werden.

Um zu beweisen, wie gefährlich, schädlich und sogar dramatisch es sein kann, Papiere auf Kredit zu kaufen, und welche Stärke es dem Spekulanten dagegen gibt, keine Schulden zu haben, möchte ich von meinen vielen Erfahrungen ein paar besonders markante Fälle zitieren.

Mitte der fünfziger Jahre war an der New Yorker Börse eine günstige Börsenentwicklung, und die neuen revolutionären Industrien wie Elektronikunternehmen schienen besonders phantasiereich und zukunftsträchtig. Ich kaufte also mit meinen letzten Dollars Elektronik- und verwandte Aktien, und als ich schon alles investiert hatte, kaufte ich noch weiter auf Schulden. Meine Kreditmöglichkeiten nutzte ich maximal aus.

Der amerikanische Präsident hieß Dwight D. Eisenhower, der zwar Kriegsheld, aber ansonsten kein Genie war. Sein Image in den Augen der amerikanischen Bevölkerung war makellos (obwohl viel gemunkelt wurde, daß er mit Marlene Dietrich ein Liebesverhältnis habe). Das Vertrauen des amerikanischen Volkes zu seinem Präsidenten ist eines der wichtigsten Elemente für eine günstige Atmosphäre in Wall Street. Wir standen etwa ein Jahr vor den nächsten Präsidentenwahlen, und man nahm mit 100prozentiger Sicherheit an, daß General Eisenhower wiedergewählt werden würde. Ganz Wall Street baute darauf. Warum sollte man seine triumphale Wiederwahl auch an der Börse nicht vorwegnehmen? Alle waren dieser Meinung und ich auch.

Und da geschah das so gefährliche Unerwartete: 1955 erlitt Präsident Eisenhower eine Herzattacke. Am nächsten Tag fielen an der New Yorker Börse alle Aktien spektakulär um 10 bis 20 Prozent in die Tiefe. Da ich auf meinen Papieren Schulden hatte, mußte ich schnell einen großen Teil der Aktien abstoßen. Dies war sehr schmerzhaft, aber ein »Muß«, bevor die Broker noch weitere Garantien gefordert hätten.

Der Krach kam, weil das Publikum die Hoffnung aufgegeben hatte, daß Eisenhower wiedergewählt werden könnte. Wie ohne Eisenhower die Wahlen ausfallen würden, war eine große Frage, und Fragezeichen sind an der Börse immer ein störendes Element. Weder das Publikum noch die zittrigen Spieler haben genug Nerven, um bei einem unerwarteten Ereignis den Problemen fest ins Auge zu schauen, auch für den Fall, daß es ein gutes Ereignis ist. Abgesehen davon können die meisten gar nicht beurteilen, was für die Börse gut oder schlecht ist.

In einem solchen Fall wollen alle Zittrigen, aber auch alle, die auf ihren Depots Schulden haben, so schnell wie möglich verkaufen – die letzteren sind sogar dazu gezwungen. Der

Krach der ersten Stunde kann dann eine Kettenreaktion nach unten auslösen.

Nach einigen Tagen besserte sich der Gesundheitszustand Eisenhowers. Die Hoffnung kam wieder auf, daß er für eine Wiederwahl kandidieren könnte, die Börse beruhigte sich, und auch die Kurse fingen wieder an zu steigen und stiegen noch viel höher, als sie vor dem unglücklichen Ereignis gestanden hatten. In den kommenden Jahren erreichten die Kurse spektakuläre Gewinne, manchmal sogar das Zehnfache, aber für mich leider zu spät.

Wie man so eine Situation überstehen kann, wenn man ohne Schulden ist, soll das folgende Erlebnis vor Augen führen. Es war der Februar 1962. Ich war wieder einmal vollgestopft, diesmal mit französischen Aktien an der Pariser Börse. Aber diesmal war alles voll bezahlt, ich schuldete nicht einen Knopf. Es war während des französischen Krieges in Algerien. General de Gaulle, der damalige Präsident von Frankreich, wollte eigentlich Algerien loswerden, mußte aber in seiner Politik hin und her lavieren wegen der öffentlichen Meinung, die in der Algerienfrage sehr gespalten war. Und da geschah wieder das große Unerwartete (ich nenne es das große I – für Imponderabilien): der Aufstand von vier französischen Generälen in Algier gegen die Regierung, das heißt gegen General de Gaulle. Es war ein für das französische Publikum erschütterndes Ereignis, vielleicht das größte Ereignis in Frankreich seit dem Ende des Krieges. Die Generäle fürchteten de Gaulles Absicht, Algier zu befreien, was sie unter keinen Umständen akzeptieren wollten. Am Abend herrschte in Paris eine ausgesprochene Panikstimmung.

Den nächsten Tag ging ich nicht zur Börse, ich wollte meine Nerven schonen und nicht zusehen, wie meine Papiere in die Tiefe purzeln könnten.

Anstatt zur Börse ging ich in mein Lieblingsrestaurant »Chez Louis« (ein international bekanntes tschechisches

Beisl), damals Treffpunkt von bekannten Film-, Fernseh- und Presseleuten, und studierte dort die Speisekarte, ohne an die Börse zu denken.

Da kam zufällig ein Börsenkollege ins Lokal und berichtete mir mit Entsetzen, was für ein Krach – ein wahrhaftiges Blutbad – an der Börse stattgefunden hatte, genauso, wie es manchmal in Börsenromanen beschrieben wird.

»Soooo?« war meine Antwort, und ich genoß in aller Ruhe meinen Lunch.

Ich war ja überzeugt davon, daß de Gaulle bei diesem Machtkampf als Sieger hervorgehen würde.

Für mich war es also, was die Börse anbelangte, nur ein Tagesereignis, das mit der Zeit bald in Vergessenheit geraten würde. Wäre ich zur Börse gegangen, so hätte ich mich mit Sicherheit ausverkauft. Den Luxus, an einem solchen Tag nicht zur Börse zu gehen, konnte ich mir gerade dadurch erlauben, weil ich keine Schulden hatte. Diese bösen Börsenstunden habe ich also in einem guten Restaurant verbracht. Eine Stunde nach Börsenschluß erfuhr ich dann, daß die Börse sich gedreht hatte und daß man die Hälfte der Kursverluste schon wieder aufgeholt hatte.

Abends hielt de Gaulle dann wieder eine seiner berühmten Fernsehansprachen. Er appellierte an sein geliebtes Frankreich (*»Ma chère vieille France«*), und in diesem Augenblick stand das ganze französische Volk hinter ihm. Das »Quarteron« (ein Wort, von General de Gaulle geprägt aus dem Satz *»quatre generaux felons«*), also die vier untreuen Generäle, gaben auf, und alles war vergessen – nicht nur in der politischen Situation, sondern auch an der Börse. Der Krach stellte sich als eine Eintagsfliege heraus, und dank meiner sicheren Position, ein unbelastetes Wertpapierdepot zu besitzen, war ich gegenüber der Panikstimmung immun geblieben.

Hätte ich Schulden gehabt, wäre meine ganze Logik pervertiert gewesen; denn mein Kopf hätte wegen der Angst aufgrund der Schulden anders reagiert. Anstatt mir in aller Ruhe auszudenken, wie wohl die Reaktionen de Gaulles und des ganzen französischen Volkes sein würden, hätte ich mich trotz meiner Prinzipien von der Panik mitreißen lassen, und der Schaden wäre groß gewesen.

Deshalb mein Postulat: Ich ziehe vor, ein kleineres Quantum an bezahlten Aktien einer hochverschuldeten Gesellschaft zu besitzen als ein großes Quantum an erstklassigen Papieren eines angesehenen Unternehmens – aber auf Schulden gekauft. Mit einem kleinen Quantum an vollbezahlten Papieren kann man die Aufwärtsbewegung lange abwarten, während man mit großen Quantitäten auf Kredit gekaufter Papiere schon bei kleinen Gewinnen geneigt ist, zu verkaufen.

Einer meiner Kollegen und ich kauften einmal aufgrund einer gemeinsamen Idee dasselbe Papier, ich einhundert voll bezahlt, er eintausend auf Kredit. Ich blieb zwei Jahre lang ruhig auf dem Papier sitzen und konnte einen Kursgewinn von 200 Prozent einstecken. Mein Kollege begnügte sich schnell mit einem kleinen Gewinn, da er ja wegen seiner Schulden sehr vorsichtig sein mußte.

Zwar kann man ohne Risiko an der Börse keine Profite machen, aber wenn man auf eine festere Tendenz der Börse – statt erstklassige Aktien auf Kredit – spekuliert (Liquidität + Psychologie + Wirtschaft), soll man Aktien der stark verschuldeten Unternehmen kaufen, die durch eine schlechte Wirtschaftslage und vorherige hohe Zinsen in eine kritische Lage geraten sind, und diese Papiere aber voll bezahlen. An zweiter Stelle sollte man noch eher Optionen kaufen, aber immer mit dem Gedanken, daß das ganze Geld, das man in die Optionen steckt, total verlorengehen könnte.

Zugegeben, eine Spekulation auf Kredit kann auch gutgehen: Ich schrieb an anderer Stelle, daß ich nach dem Zweiten Weltkrieg und der großen deutschen Schuldenregelung einen spektakulären Gewinn mit der Aufwärtsbewegung der deutschen Auslandsanleihen gemacht habe.

Mein ganzes Geld war in dieser Spekulation investiert, und ich habe darauf noch die maximalen Kredite in Anspruch genommen, die ich mir bei Schweizer Banken besorgen konnte (weder in den USA noch in der BRD hätte man auf diese Anleihen Kredite eingeräumt).

Da die ganze Spekulation auf Deutschlands Zukunft basierte, war sie – ganz klar – mit Adenauers persönlichem Image verbunden. Er wollte unbedingt – koste es, was es wolle – das Abkommen durch den Bundestag ratifizieren. Die SPD bot einen großen Widerstand, aber man konnte es als sicher betrachten, daß Adenauer seinen Plan, die Anerkennung des Londoner Abkommens, durchboxen würde. Adenauers Person spielte in dieser Spekulation die größte Rolle, und so war auch damit eine gewisse Gefahr verbunden.

In einer so sensiblen, total politisierten Angelegenheit können Imponderabilien einen Strich durch die Rechnung machen: eine unerwartete Mitteilung über Adenauers Gesundheitszustand, geschweige denn eine Gefahr für sein Leben.

Ich mußte damals auf einige Zeit nach Amerika und war sehr besorgt um meine deutschen Anleihen, die mit schweren Schulden belastet waren. Was alles könnte mit meinen deutschen Anleihen geschehen, wenn man eines Morgens eine dramatische – vielleicht sogar eine fatale – Nachricht über Adenauer melden würde? Wahrscheinlich ein Krach in allen diesen Papieren. In einem solchen Fall hätte ich sofort meinen ganzen Bestand liquidieren müssen, und zwar hauptsächlich wegen der Schulden! Morgens aber, wenn man in Europa Nachrichten hört, ist es in New York noch tiefe Nacht, und die Stunde, in der man die entscheidende Nachricht erfahren kann, ist vielleicht schon zu spät.

Meine Absicht war also, den Banken einen Auftrag zu hinterlassen, daß in dem Falle einer derartigen Nachricht mein ganzes deutsches Depot verkauft werden solle.

Keine der Banken war aber bereit, einen Auftrag dieser Art anzunehmen, mit der Begründung, daß sie die Verantwortung nicht übernehmen wollten, abzumessen, inwieweit Adenauers Gesundheit gefährdet sei.

Verkaufen wollte ich nicht. Zitternd flog ich nach Amerika und vereinbarte mit den Banken, mich im Falle einer negativen Nachricht (die hoffentlich nicht eintreffen würde) jedenfalls – egal, zu welcher Stunde – wenigstens anzurufen.

Glücklicherweise geschah Adenauer während meiner Abwesenheit nichts Böses, und so konnte ich die Aufwärtsbewegung zwar mit einer gewissen Angst, aber bis zum Ende mitmachen und davon profitieren. Das Zittern konnte ich jedoch nicht vermeiden; denn ich war zwar sicher, daß die deutschen Anleihen auch ohne Adenauer bis zum letzten Pfennig bezahlt würden, aber die Schulden auf meinem Depot, diese gefährlichen Schulden, verursachten mir eine permanente Angst.

Zu meinem Glück war der Erfolg dieser Spekulation mit großen Schulden ganz rasant! Es hätte jedoch auch schiefgehen können, wenn zum Beispiel – ohne Adenauers Gesundheit in Betracht zu ziehen – noch eine andere schlechte Nachricht eingetroffen wäre: Vor der Ratifizierung des Abkommens waren in der Bundesrepublik Bundestagswahlen. Bei einem Gewinn der Sozialisten hätten diese voraussichtlich mit der Anerkennung des Abkommens Schwierigkeiten gemacht, und das hätte für mein Depot vorübergehend fatal sein können.

Liquidiert und ruiniert in einer Stunde

Wie schnell und grausam so eine Liquidation der auf Kredit verpfändeten Wertpapiere vor sich gehen kann, soll das nächste Beispiel zeigen.

In Deutschland trat nach der Stabilisierung der Reichsmark im Jahre 1923 eine lange Verschnaufpause für die deutsche Währung ein, bis die Regierung Brüning/Luther die Devisenzwangsbewirtschaftung einführen mußte.

Aber in der Zwischenzeit gab es doch einen ganz besonders dramatischen Fall für die Devisenhändler, und zwar in Amsterdam. Sie hatten dort in sehr großem Maße Devisentermingeschäfte getätigt. Die Reichsmark war gegen den holländischen Gulden de jure bei einer fixen Parität stabilisiert worden. Natürlich existierte eine kleine Bandbreite, in deren Rahmen die beiden Währungen gegeneinander variieren konnten. Diese Bandbreite betrug ungefähr 2 Prozent. Nehmen wir also an, daß 100 Mark 100 Gulden entsprechen. Die Mark konnte also zwischen 99 und 101 Gulden floaten. Wenn der Markkurs unter 99 zurückging, mußte die Reichsbank eingreifen und Mark kaufen. Im umgekehrten Fall, wenn also der Kurs über 101 Gulden stand, war die niederländische Notenbank gezwungen, Gulden zu kaufen – so wie es heute im Europäischen Währungssystem (EWS) gehandhabt wird.

Diese Bandbreite galt den Devisenhändlern also als »heilig«, da die Mark nach den gesetzlichen Vorschriften nicht unter 99 fallen oder über 101 steigen durfte. Weil aber zwischen den beiden Ländern auf dem Geldmarkt eine 4prozentige Zinsdiskrepanz existierte (in den Niederlanden waren die Zinsen um 4 Prozent tiefer als in Deutschland), konnte man in Amsterdam auf dreimonatige Lieferung die Mark für 98 kaufen.

Es war also ein ganz einfaches Geschäft. Man kaufte 100 000 Mark auf dreimonatige Lieferung zu 98, obwohl die Mark bei 99 stand (sie bewegte sich nämlich eine ganze Zeitlang auf dem unteren Ende der Skala). Jetzt mußte man die drei Monate ausharren und konnte dann den Betrag im schlechtesten Falle beim unteren Wert, das heißt bei 99 Gulden, verkaufen. Ein Gewinn von mindestens 1 000 Gulden lockte. Für dieses Geschäft hatte der Kunde bei seinem Bankier einen Einsatz von nur 3 000, maximal 5 000 Gulden zu hinterlegen, um ein Geschäft in der nominalen Höhe von 100 000 Gulden abzuschließen. Eine Garantie war ja nur theoretisch notwendig, denn nach den Vereinbarungen konnte die Mark ja keinesfalls unter 99 sinken.

Die Devisenkrämer rechneten also folgendermaßen: Mit einem Einsatzkapital von maximal 5 000 Gulden erhielten sie alle drei Monate 1 000 Gulden Profit. Dies entspricht einer Verzinsung von 20 Prozent in drei Monaten. Nach dem Ablauf dieser Zeit kauften sie erneut mit demselben Abschlag für die kommenden drei Monate. Diese Operation wiederholte sich jedes Quartal. Das bedeutete einen Gewinn von mehr als 80 Prozent pro anno für den als Deckung hinterlassenen Betrag.

War das nicht ein hervorragendes Geschäft? Die »Karpaten« – so nannte man diese Händler, da sie meist aus Osteuropa stammten – betrachteten die bei den Bankiers hinterlegte Garantie als Kapitalanlage und kassierten Abschlagsummen als Rendite. Von den 80 Prozent konnten sie hervorragend leben.

Und dann kam wieder einmal der Blitz aus heiterem Himmel, die Imponderabilie, mit der man immer rechnen muß – was aber nur die wenigsten wirklich tun.

1929/30 fanden im Pariser Hotel George V. die Reparationsverhandlungen zwischen Deutschland und den Siegermächten statt. Die französische Regierung Poincaré trat hart und fordernd auf. Die Franzosen wollten nicht nur aus materiellen Gründen soviel wie möglich kassieren (sie behaupteten ja, daß die französischen Städte die größten Zerstörungen erlitten hätten), sondern auch aus politischen Erwägungen. Frankreich beabsichtigte, Deutschland entscheidend zu schwächen und endgültig politisch zu entmachten.

Die Engländer dagegen waren wesentlich moderater. Ihr Land hatte ja auch keine Kriegsschäden zu verzeichnen, lediglich die Ausgaben waren sehr hoch gewesen. Außerdem war England nicht daran interessiert, Frankreich zu stark werden zu lassen – als einzige kontinentale Großmacht. Die alte Konkurrenz zwischen England und Frankreich lebte wieder einmal auf. Es waren schwierige Verhandlungen und Auseinandersetzungen.

Man erwartete also wieder einmal den letzten Vorschlag Frankreichs für die zu fordernde Reparationssumme, den Betrag, den die französische Regierung unter keinen Umständen unterschreiten würde. Dieser Vorschlag war aber wieder so hart und erpresserisch, daß der englische Schatzkanzler Philip Snowdon (der spätere Lord Snowdon) in einem Wutausbruch auf den Tisch schlug mit dem Ausruf: »Das ist grotesk und lächerlich!« Auf dieses undiplomatische Verhalten hin platzte natürlich die Konferenz. In Amsterdam kam es daraufhin zu einer Panik, die Reichsmark fiel mehrere Punkte unter die festgelegte Bandbreite. Die Reichsmark-Käufer wurden »zwangsexekutiert«, da die hinterlegte Garantiesumme von 5 Prozent aufgezehrt war.

48 Stunden später fand der Markt sein Gleichgewicht wieder, die Reichsmark stand so, wie sie stehen mußte. Aber leider zu spät. Die meisten »Karpaten« verloren ihr ganzes

Kapital, da sie ja ihre ganzen Profite von 20 Prozent pro Trimester verlebt hatten. Ich glaube, es gibt wenige Menschen, die sich heute noch an diese Geschichte erinnern. Aber der Ausdruck Lord Snowdons, »grotesk und lächerlich«, ist damals ein geflügeltes Wort geworden, sogar in den Kabaretts.

Ein ähnlicher Unglücksfall passierte auch meinem Freund Lacy Kux, dem vorzüglichen Arbitrageur. Er machte in den fünfziger Jahren große Arbitrage-Transaktionen in englischen Pfund Sterling mit verschiedenen Ländern. Es gehört zwar aus Vorsichtsgründen zur Routine der Arbitrageure, große Engagements nicht über Nacht offenzulassen und sie noch während des Tages abzuwickeln, doch bei Überseegeschäften ist das nicht immer möglich. So ein offenes Engagement hinterließ er eines Abends, und am nächsten Tag brach der Suez-Krieg zwischen England und Frankreich einerseits und Ägypten andererseits aus. Der Pfundkurs rutschte in den Keller, und die Firma, bei der Lacy Kux damals tätig war, geriet in Zahlungsunfähigkeit.

Inflation als Staatsräson

In der alten k.u.k. Monarchie besuchte Kaiser Franz Joseph manchmal auch die kleineren Städte Ungarns, empfing die Würdenträger und stellte jeweils dieselbe Frage: »Wie war heute die Ernte, Herr Bürgermeister?« Einmal war Bürgermeister Grün an der Reihe und gab folgende Antwort: »Sehr gut, Majestät, aber ohne ein bisserl Wucher könnten wir nicht leben...«

Grün müßte heute sagen: »...ohne ein bisserl Inflation könnten wir nicht leben.« Und das ist wohl die Wahrheit. Denn ohne maßvolle Inflation würde heute die Wirtschaft der freien Welt ersticken.

Die Weltwirtschaft braucht diese Art Stimulans wie der menschliche Organismus manchmal ein wenig Alkohol, Kaffee oder Nikotin. Warum? Weil die Staaten, die Städte, große und kleine Unternehmer, Baulöwen und Kaufleute alle so in der Kreide stehen, daß sie sich ohne »ein bisserl Inflation« nie von ihren Schulden entlasten könnten.

Diese gigantische Verschuldung mit hoher Zinslast wurde von Anfang an in der Hoffnung eingegangen, daß die Preise weiter steigen würden. Tun sie das nicht mehr, kann die ganze Welt pleite gehen – so wie plötzlich anhaltende Dürre blühende Felder vernichtet. Ob dieses Schuldenmachen richtig war oder nicht, darüber heute zu philosophieren ist zu spät. Es ist nun einmal geschehen, und vielleicht war es anders gar nicht möglich.

Mithin, wenn die Inflation unter Null sinken würde, könnten Millionen Schuldner ihre Verpflichtungen nicht mehr einhalten. Gehen jedoch die Schuldner zugrunde, sind die Gläubiger ebenfalls fertig. Man muß nur ein wenig realistisch denken, alles andere ist pure Heuchelei.

Wenn die Regierungen die Inflation brutal bekämpfen würden, wie es derzeit ausschließlich die Deutsche Bundesbank unter Herrn Schlesinger unternimmt, wären die Folgen verheerend, wie die Geschichte der zwanziger Jahre belegt. Der amerikanische Präsident Herbert Hoover verursachte mit seiner Deflationspolitik den größten wirtschaftlichen Zusammenbruch der Weltgeschichte. In Deutschland brachten Kanzler Heinrich Brüning und sein Reichsbankpräsident Hans Luther über restriktive Finanzpolitik gar Adolf Hitler an die Macht.

Nach dem Kriege schuf Präsident Dwight D. Eisenhower erstmals wieder Rezession und Arbeitslosigkeit. Die vermeintliche Stabilitätspolitik des Premiers Edward Heath ließ in England die Labour Party siegen, und Raymond Barre stellte mit seinen Sparplänen die Weichen für die Machtübernahme der Marxisten in Frankreich.

Kurz, die Inflation ist ein großes Übel, aber noch immer ein kleineres Übel als die Deflationspolitik, die zum Schluß zum Staatskapitalismus führen muß, was mit Sozialismus gleichbedeutend wäre.

Schlimm und gefährlich ist jedoch auch die Inflationspsychose der Geschäftsleute und die Hysterie des Publikums. Die Panikstimmung, die das Publikum jedesmal während einer Inflation ergreift, erinnert mich immer an das Verhalten der Bienen, wenn man ihren Korb zerstört. Die Biene gilt ja auch als Symbol des Sparens. Wenn der Bienenkorb, in dem sie ihre Ersparnisse aufbewahrt haben, zerschlagen wird, werden die Bienen hysterisch. Sie sausen herum wie verrückt und stechen dann nicht nur die Menschen, sondern bereiten auch ihren eigenen Tod dadurch vor.

Genauso sind die Sparer. Von der Angst ergriffen, daß ihre

Ersparnisse verlorengehen könnten, irren sie herum und suchen Rettung. Sie kaufen alles, was man ihnen anbietet. An jeder Straßenecke lauert ein gewissenloser Geschäftemacher, der sichere Mittel zur Überlistung der Inflation anbietet. Diese Geschäftemacher, oft unerfahrene Anlageberater, empfehlen dem Sparer nicht diejenigen Sparmedien, die ihnen gemäß sind, sondern locken sie in Anlageformen, mit denen sie selbst den größten Profit machen können.

Und was ist dann das Ende der Geschichte? Wie Molière sagt: »Die Kranken sterben nicht an ihrer Krankheit, sondern an der Medizin, die man ihnen verabreicht.«

Diese Inflationsmentalität muß geändert werden, und die meisten Regierungen zeigen auch, daß sie es damit ernst meinen. So wie bei vielen Krankheiten das Fieber zunächst künstlich erhöht wird, um schließlich eine Heilung zu erzielen, muß auch bei der Inflationskrankheit der Zinsfuß in die Höhe geschraubt werden. Eine wirksame Methode, wenn auch vorübergehend sehr schmerzhaft.

Die Spekulation zeigt sich natürlich überrascht. Denn seit Jahren setzt sie auf den permanenten Sturz des Dollars und auf die galoppierende Preisinflation. Die ganze Welt hat Dollarschulden und ist fest davon überzeugt, daß sie alle die Milliarden und aber Milliarden zu einem äußerst tiefen Kurs eindecken wird, und je später, um so tiefer. Unternehmer in der ganzen Welt nehmen an erster Stelle Dollarkredite in Anspruch.

Genauso war es vor zehn Jahren, als sogar die Ostblockländer und Sowjetrußland sich Dollars ausliehen, um damit D-Mark oder Gold zu kaufen, anstatt die Investitionen zu tätigen, für die diese Kredite bestimmt waren. Einen interessanten Fall habe ich noch gut in Erinnerung. Vor ungefähr zehn Jahren, als der Dollarkurs auf dem Tiefstand von zirka 1,70 DM war, bekam ich aus einem osteuropäischen Land einen Telefonanruf von einem bekannten Diplomaten, mit dem ich seit Jahren befreundet war. Er wird am nächsten Tag nach Paris kommen und muß mich unbedingt auf zehn Minuten treffen.

Da ich wenig Zeit hatte, verabredeten wir uns für den nächsten Tag.

Als er dann eintraf, sagte er gleich: »Herr Kostolany, ich brauche eine Antwort von Ihnen. Bitte antworten Sie mit Ja oder Nein auf meine Frage. Soll man heute für Dollar D-Mark kaufen oder nicht?«

Darauf war meine Antwort nicht Ja oder Nein, sondern: »Ich weiß es nicht. Aber ich möchte Ihnen die Frage stellen: Warum müssen Sie das unbedingt wissen?«

»Weil wir eine Dollaranleihe bekommen haben von 50 Millionen, die wir erst in sechs Monaten brauchen werden, und wir dachten, wir könnten inzwischen D-Mark kaufen und einen kleinen Profit damit machen.«

»In diesem Fall«, war meine Antwort, »ist es verboten. Wenn Sie heute Dollars schuldig sind und diese Dollars in sechs Monaten brauchen werden, dann dürfen Sie damit nicht spekulieren. Das wäre ein reines Spiel. Sind Sie Dollars schuldig, müssen Sie in Dollar bleiben. Denn alles ist möglich, der Dollar kann 30 Prozent steigen, und er kann noch weiter fallen.«

Und was geschah? Der Dollar stieg in den folgenden sechs Monaten um 30 Prozent. Mein Freund war mir dankbar, denn sein Staat hätte damals einen großen Betrag verloren.

Viele europäische Unternehmer investierten massiv in den USA, aber nicht mit eigenem Geld, sondern mit gepumpten Dollars. Jeder nutzte seine Kreditmöglichkeiten maximal aus. Zu diesen Schulden kommen dann noch die Hunderte von Milliarden, die für Warenspekulationen benutzt werden. Denn die Warenterminkäufe sind ja nichts anderes als Schulden auf Gold, Kupfer, Kautschuk, Zucker, Sperrholz und so fort.

Allein diese Art von Spekulationskäufen ist wahrscheinlich für ein paar Prozent in der Inflationsrate verantwortlich gewesen. Krönung des Spekulationsrausches war jedoch das Devisenspiel gegen den Dollar. Die Beträge, die dabei eingesetzt wurden, sind nicht einmal annähernd zu schätzen.

Die ungezügelte Spekulation mit Waren und Währungen schürte die amerikanische Inflation weiter, die dann auch in andere Länder exportiert wurde. Denn steigt das Gold, kauft man auch Kupfer, Kautschuk, Zucker und alles andere. In Frankreich zum Beispiel sind die Mieten und Grundstückspreise in Spitzenlagen als Folge der Goldspekulation Anfang der achtziger Jahre innerhalb eines Jahres um 50 Prozent gestiegen.

Die radikale Methode gegen diesen Unfug ist die Zinsschraube. Die Zinserhöhung, die Mr. Greenspan im Herbst 1987 verfügte, war wieder einmal ein Versuch, gegen die Spekulation vorzugehen. Die Spekulanten müssen bestraft werden und sollen deutlich höhere Zinsen zahlen. Dieses Signal wurde von den Währungsspekulanten auf der ganzen Welt wahrgenommen. Es wirkte sogar als erster Schock und führte dann zu den Ereignissen im Oktober 1987, die man mittlerweile schon als historisch ansehen kann. Der »Schwarze Montag« und seine Folgen waren ein eklatantes Beispiel, welchen enormen Einfluß die Devisenspekulation auf die Effektenbörsen haben kann. Die Inflationsgefahr ist noch in vielen Köpfen, und der Inflationswunsch ist noch in den Herzen vieler Menschen (Geldspekulanten, faule Schuldner und so weiter) verankert. Zur Illustration wieder einmal ein jüdischer Witz:

Im Zug sitzt unter den Passagieren auch unser Bekannter Kohn, der ununterbrochen seufzt: »Ach, hab' ich an Durscht, ach, hab' ich an Durscht.« Bei der nächsten Station bringt einer der Passagiere eine Flasche Bier, überreicht sie Kohn – großer Dank –, und Kohn leert die Flasche.

Der Zug fährt weiter, und Kohn fängt schon wieder an: »Ach, hab' ich an Durscht gehabt, ach, hab' ich an Durscht gehabt.« – »Jetzt reicht's«, ruft zornig der andere Passagier, »Sie haben ja Ihren Durst gelöscht.« Da jammert Kohn weiter: »Ja, aber welchen Durscht werd' ich noch haben.«

Ich habe einmal für die Inflation die Definition geprägt: »Sie ist ein angenehmes warmes Bad; aber wenn man es immer heißer macht, explodiert zum Schluß die Badewanne.« Naturgemäß werden bei der nächsten Explosion an erster Stelle diejenigen verletzt werden, die in der Wanne sitzen.

Die Macht der Spekulation

Wenn ich einen kritischen Blick auf die Erklärungen oder Verlautbarungen der Politiker – sogar amtierender Minister, oder, horribile dictu, Notenbankoffizieller – werfe, muß ich immer wieder feststellen, wie wenig sie die Macht der Spekulation ins Kalkül ziehen und daß sie keine Ahnung haben, welchen Einfluß diese auf die Kursentwicklungen der Währungen haben kann. Die Spekulation kann Entscheidungen der Regierungen in Frage stellen oder sogar konterkarieren.

Ich erinnere mich noch, wie ein deutscher Finanzminister vor vielen, vielen Jahren, als der Goldpreis von der damaligen Goldlobby (der südafrikanischen Regierung mit Hilfe der Schweizer Großbanken) manipuliert wurde, verlauten ließ, man müsse den »realistischen« Marktpreis in Betracht ziehen. In seinen Augen war der manipulierte Preis »realistisch«, den man an der Londoner Börse gerade verkündete. Welch ein Unsinn! Wie kann man einen Kurs »realistisch« nennen, der das Ergebnis von Manipulation ist. Realistisch ist nur derjenige Kurs, der durch ein tatsächliches Angebot-Nachfrage-Verhältnis zustande kommt, nicht aber der Preis, der mit Hilfe künstlich geschaffener Nachfrage in die Höhe getrieben wurde.

Das kapitalistische System ist eine Riesenmaschine, in der die verschiedenen Räder sehr fein verzahnt zusammenspielen: Wirtschafts-, Sozial- und sogar Außen- und Rüstungspolitik, Zinsen, Geldmenge und Währungskurse. Dieses letzte Rad wird besonders durch die wilde Währungsspekulation angetrieben, so daß es oft durchdreht – aber leider kann man in einer freien Welt dagegen nichts ausrichten. Insbesondere die Goldspekulation, die auf alle Warenpreise eine direkte Wirkung hat, spielt dabei eine große, oft verheerende Rolle. Der einzige Mensch, von dem ich je ein kluges Wort über den Zusammenhang zwischen Gold und Warenpreisen gehört habe, war der schwarze Pförtner an der N. Y. Commodity Exchange (New Yorker Warenbörse). Auf der Galerie sagte er zu mir: »Sehen Sie, mein Herr«, und zeigte dabei in eine Ecke des riesengroßen Saales, in dem in getrennten Gruppen die verschiedensten Waren gehandelt wurden, »sehen Sie, mein Herr, in dieser Ecke findet der Goldhandel statt.« Dort gestikulierten vielleicht hundert Menschen, überschrien sich gegenseitig, um ihre Goldgeschäfte abzuwickeln. »Wenn Gold dort ein, zwei Punkte steigt, dann werfen sich die Spekulanten auf alle anderen Rohstoffe und treiben deren Kurs ebenfalls in die Höhe. Wenn Gold fällt, dann verkaufen sie die anderen Waren auch.« Der schwarze Pförtner hatte wirklich recht. Gold ist die Standarte, die dem Feldzug der Waren vorangeht – und alle anderen folgen ihr.

Finanzpolitiker oder Notenbankoffizielle lassen sich ebenso von den Stimmungen beeinflussen und reagieren massenpsychologisch genauso wie das Publikum. Die Devisenspieler begleiten dagegen die Äußerungen der Politiker mit ihren hysterischen Transaktionen von Milliarden Dollar, Yen oder Pfund. Sie kaufen, verkaufen, kaufen wieder – nicht etwa Devisenbeträge, die sie für den internationalen Handel ihrer Export-Import-Kunden oder Investoren brauchen, sondern um von einem Tag auf den anderen oder sogar von einer Stunde zur anderen Kursdifferenzen einzustreichen oder, öfters, einzubüßen. So wirken Politiker und Devisenhändler aufeinander ein.

Die Händler, wie schon oft erwähnt, haben freie Hand,

um mit den Millionen ihrer Bank zu spielen. Im Laufe des Jahres 1976, mitten in der großen Pfundpanik, schrieb ich, »daß die stillen Reserven von England größer sind, als es sich die Devisenhändler vorstellen können, und daß, obwohl die Züricher Bahnhofstraße das Pfund schon begraben und der britische Löwe seine Zähne verloren hatte, sein Herz aber noch immer pocht«.

Dieselben Devisenhändler, die damals zu Tode betrübt Milliarden Pfund verkauft hatten, kauften ein Jahr später dieselben Milliarden wieder zurück. Die Folge war, daß die Devisenreserven der Bank of England, die noch ein Jahr vorher um Hilfe betteln mußte, inzwischen auf 18 Milliarden Dollar angestiegen waren und in der Welt – in puncto Rücklagen – an dritter Stelle standen. Auch ein Beweis dafür, daß die spekulierenden Händler nie überlegen, wahrscheinlich auch nichts verstehen und nicht einmal wissen, was eine »Währung« ist. Trotzdem äußern sie hochnäsige Meinungen und wiederholen wie Papageien unverantwortliche Kommentare.

Ein altes Sprichwort lautet: »Ein armer Aristokrat hat noch immer mehr als ein reicher Jude.« Das soll heißen, daß der Fürst Esterhazy, der heute bescheiden und unbekannt als Flüchtling in Zürich lebt, zum Beispiel noch immer reicher ist als der Baron Rothschild, von dem so viel geschrieben wird.

Auf der sozialen Leiter der Nationen entspricht England einem Fürstenhaus. Es ist und war reicher an Devisenreserven, als es sich die Devisenhändler vorstellen konnten. Sie setzten 1976 auf den totalen Niedergang des Pfundes (obwohl es sie mehr als 10 Prozent Zinsen pro Jahr kostete) und vergaßen ein altes Börsengesetz: Wenn alle Spieler auf eine angeblich todsichere Sache spekulieren, geht es fast immer schief.

Der Finanzmarkt ist nämlich äußerst bösartig und bringt

immer neue Überraschungen hervor, das heißt, genau das Gegenteil von dem, was man erwartet. Bei »festen Paritäten« auf die Aufwertung einer zu tiefen oder die Abwertung einer zu hohen Währung zu spielen war fast immer risikolos. Aber bei floatenden Devisenkursen kann eine überzogene Devisenspekulation mit einem äußerst gefährlichen Rückschlag enden. Besonders wenn die Spekulation den Kurs tiefer trieb, als es der wirtschaftlichen Lage und den stillen Reserven des Landes gemäß war. Die »Franc-Schlacht« von 1926, der Dollar-Höhenflug der achtziger Jahren und andere Beispiele zeigen, wie gefährlich die Devisenspekulanten leben.

Schuldenmanagement

Die sogenannte Schuldenkrise

Anfang der achtziger Jahre kamen die westlichen Großbanken auf eine erstaunliche Idee: Sie fingen an, die Kreditwürdigkeit ihrer ausländischen Schuldner etwas genauer unter die Lupe zu nehmen. Folge davon war, daß die Länder der Dritten und Vierten Welt keine neuen Kredite mehr bekamen und deshalb die Altschulden nicht mehr bedienen konnten oder wollten. Somit waren auch die allzu großzügigen Geldgeber in die Bredouille geraten – was für jeden klar und unabhängig denkenden Menschen schon vorher abzusehen war.

So habe ich die Schuldenkrise Jahre vor ihrem offiziellen Ausbruch genau diagnostiziert und beschrieben, und zwar im *Capital*-Heft vom August 1977 (!), als der damalige französische Staatspräsident Giscard d'Estaing gerade den Begriff des »Nord-Süd-Dialogs« prägte. Es folgt der Originaltext von 1977:

Diese Nord-Süd-Dialoge sind eine diplomatische Umschreibung des Konflikts »Süden gegen Norden« oder genauer: Süden gegen Westen. Der Grund des Konflikts sind die aggressiven Vorstöße der Länder der Dritten und Vierten Welt wegen weiterer finanzieller Unterstützung.

Denn diese Forderungen sind viel höher, als es die Leistungsfähigkeit der Industrieländer zuläßt, jedenfalls nicht ohne eine beträchtliche Einschränkung des heutigen Lebensstandards der Völker des Westens.

Dabei zollen die Südländer trotz ihres ungeheuren Schuldenberges dem Westen nicht die geringste Anerkennung, und das erinnert mich wieder einmal an meine Jugendjahre.

Einer meiner guten Freunde, Jozsi, der mich jahrelang anpumpte, ahnte eines Tages, daß sein Kredit bei mir erschöpft war, und erklärte mir mit Tremolo in der Stimme: »Ich weiß, lieber André, daß ich dir schon 5 000 Francs schuldig bin. Ich denke auch immer an diese Schuld, denn – siehst du – das sind die Zinsen!« Die Erklärung für seine Zahlungsunfähigkeit reichte zumindest in seinen Augen zum Bonitätsnachweis.

Jozsi war ein Schmarotzer, der seine Freunde als Steuerzahler betrachtete, die ihn erhalten müßten. Aber seine Gesellschaft war so unterhaltend und lehrreich, daß ich diese Steuer gerne bezahlte.

Die Südländer bemühen sich nicht einmal um die elegante Geste meines Freundes, um so weniger, als sie die Zinsen auch nur aus weiter gepumpten Geldern zahlen.

Die Politiker des Westens, die heute für die Vierte Welt mehr und mehr Unterstützung fordern, sollten sich einmal die Zahlen durch den Kopf gehen lassen. Dann würden sie feststellen, daß die Verschuldung dieser Länder – rund 500 Milliarden Mark zuzüglich der 100 Milliarden Schulden des Ostblocks – den Löwenanteil der Weltinflation ausmachen.

Ob dieser Betrag aus Handels- oder Finanzkrediten besteht, ist gleichgültig, denn zurückgezahlt wird er sowieso nie. Das ist angesichts der hohen Summe nicht mehr möglich.

Für 600 Milliarden Mark wurden aus den Industrieländern Waren exportiert, und jede Lieferung ohne Gegenleistung treibt in der Heimat die Inflation. Sich damit herauszureden, daß diese Exporte den Arbeitsmarkt unterstützen, ist volkswirtschaftlicher Unsinn, wenn nicht politische Lüge. Diese Milliarden wurden aus dem Sozialprodukt des Westens entnommen und verschenkt. Und das bedeutet Inflation.

Das einzige Heilmittel wäre eine höhere Produktivität der Wirtschaft durch Automatisierung und Rationalisierung. Das erfordert jedoch massive Investitionen, die wieder inflatorisch wirken.

Um aus dem Sozialprodukt des Westens den Südländern noch mehr zu geben, müßte man den Lebensstandard des Westens vorübergehend beträchtlich senken. Ob freilich Gewerkschaften, Landwirte und all diejenigen, die im Westen von ihrer Arbeit leben und auch Wähler sind, damit einverstanden wären, das ist die entscheidende Frage.

Die emotionelle Einstellung der Schuldner ist mit der der Gläubiger unvereinbar.

Als ich vor kurzer Zeit einem hohen chinesischen Diplomaten die Frage stellte, ob man einmal mit einer ganz bescheidenen Regulierung der chinesischen Anleihen rechnen könne, war seine Antwort sehr höflich und vielsagend: »Wieso denn? Wir sind ja dem Westen überhaupt nichts schuldig. Im Gegenteil; er ist uns etwas schuldig für all das, was er jahrhundertelang bei uns ausgebeutet hat!«

Wer ist wem etwas schuldig? Das ist eine heikle politphilosophische Frage. Sehr schnell wird hier an die Solidarität appelliert. Aber diese sollte doch wohl in der eigenen Familie beginnen, unter den reichgewordenen Öllländern und ihren armen Vettern, um so mehr, als die größte Belastung der Armen durch die unerschwinglich hohen Ölpreise entstand.

Man kann natürlich den Standpunkt der Südländer großherzig akzeptieren und ihnen weitere Geschenke zukommen lassen. Okay, aber dann soll niemand über Inflation und ihre Konsequenzen lamentieren, sondern den Gürtel enger schnallen.

Ich wiederhole immer wieder, daß es für die Schuldner wichtiger ist, die richtigen Gläubiger auszusuchen, als für die Geldgeber, die richtigen Schuldner zu finden. Die Dritte

Welt, die Vierte Welt und die kommunistische Welt hatten bei der Wahl ihrer Gläubiger eine wahrhaft glückliche Hand.

Wenn aber diese Gläubiger weder feig noch dumm und unverantwortlich bleiben wollen, müßten sie auf weitere Forderungen ähnlich antworten wie der realistische und gescheite Grün seinem Freund, der ihn zum wiederholten Male anpumpen will: »Schau, Kohn, wozu sollen wir uns zerstreiten, wenn du später nichts zurückzahlen kannst. Seien wir lieber gleich bös; ich geb' nix!«

Nun, die Bankdirektoren waren nicht so gescheit wie Grün und ließen sich auch durch meine frühzeitige Warnung nicht vom Geldverschenken abbringen. Wie jeder weiß, gelten die Forderungen an die Dritte und Vierte Welt heute als das größte Problem der Banken. Nur, man kann nicht behaupten, daß die größten Schuldnerländer (Mexiko, Brasilien, Argentinien) bankrott wären. (Ich wüßte auch gerne, wie eigentlich der Staatsbankrott definiert ist.) Sie sind bloß illiquid in harten Devisen und werden das noch lange bleiben. Sie besitzen zwar immense Reichtümer, zum Beispiel Mexiko, das nach der Auskunft der Geologen größere Ölreserven besitzen soll als Saudi-Arabien –, aber sie haben kein Bargeld in der Tasche, und zwar oft nur deshalb, weil die Vermögenden ihr Geld im Ausland angelegt haben.

Im alten Österreich-Ungarn kannte ich Aristokraten, Großgrundbesitzer von 50 000 bis 100 000 Morgen, die nicht genügend Bargeld in der Tasche hatten, um die Kartenschulden einer Nacht begleichen zu können. Und ich kannte auch Roulettespieler, die am grünen Tisch vor sich einen Haufen Jetons liegen hatten, die ihr ganzes Vermögen ausmachten – sofern es nicht gepumpt war.

Genauso ist es mit den Schuldnerländern der Dritten Welt. Kapital und Vermögen ist nicht identisch mit Bargeld in der Tasche. (Das erinnert mich an Peter Alzenberg, den berühmten Wiener Bohemien und Schriftsteller, der als Kaffeehaus-Pumper bekannt war. Eines Tages schrieb er an seinen Bruder: »Bitte schicke mir 1 000 Schilling, denn alles, was ich besitze, ist auf der Sparkasse.«)

Das Schuldenproblem der Entwicklungsländer wurde von den Massenmedien derart aufgebauscht, daß ich von den verschiedensten Menschen (Handwerkern, Taxifahrern, Lehrern, Schülern und den meisten Wirtschaftsexperten) andauernd gefragt werde, was geschehen würde, wenn diese Länder ihre Schulden nicht zurückzahlen könnten. Die Frage ist jedoch ein Anachronismus; denn soviel ist heute schon klar: Die Schulden werden nie beglichen, und die Wörtchen »wenn« und »würde« kann man getrost vergessen.

Am liebsten antworte ich auf diese Frage, wenn sie mir gestellt wird, mit zwei Gegenfragen. Frage eins: »Was glauben Sie denn, was geschehen könnte?« Darauf bekomme ich keine Antwort, und mit Recht, denn nichts würde passieren. Gar nichts.

Die Kredite sind so gut wie geschenkt an die Dritte Welt, weil es politische Kredite sind. Die Gläubigerbanken (etwa 50, 60 über die ganze Welt verstreut) werden ihre Forderungen ad infinitum prolongieren und in homöopathischer Dosis kaffeelöffelweise abschreiben. Ihr Geschäft machen sie schließlich dadurch, daß die Kreditnehmer immer höhere Zinsen zahlen müssen und die Sparer tiefere Zinsen bekommen. Die breite Zinsmarge ist also logisch, mit ihr sollen die Abschreibungen gedeckt werden. Und die als Folge der unbezahlten Schulden entstandene schleichende Inflation entwertet zusätzlich die Forderungen und verzehrt sie in 30 Jahren.

Diese Kredite sind total eingefroren. Trotzdem kann den Gläubigerbanken nichts passieren. Denn hinter dem internationalen Bankensystem steht die »Nato der Notenbanken«. Auch dies ist nichts Neues, sie existiert seit über 30 Jahren, nur mußte man es nicht immer so ausdrücklich betonen, um das Publikum zu beruhigen.

Eigentlich geht das alles natürlich zu Lasten unseres Lebensstandards, der viel höher sein könnte, wenn diese faulen Forderungen nicht existierten. Ob es richtig ist, ist eine andere Frage, genauer eine politische. Ich finde, wir müssen die Versicherungsprämie gegen Feuerschaden zahlen. Sie wird so lange notwendig sein, wie es »Bösewichte« in der Welt gibt, die nur darauf lauern, irgendwo einen sozialen Konflikt ausnützen zu können, um Umsturz und Chaos zu schaffen.

Also, bitte, keine Angst! Sorgen müssen sich nur die Buchhalter, die in ihren Bilanzen die diversen Posten zwischen Soll und Haben herumschieben, damit sie schön frisiert sind. Immer wiederhole ich, daß es wichtiger ist, einen guten Gläubiger zu finden als einen guten Schuldner. Und die Entwicklungsländer haben gute Gläubiger gefunden!

Meine zweite Frage, die ich den Sonntags-Volkswirten stelle, ist provozierender: »Was würde aber geschehen, wenn plötzlich ein Wunder geschähe und die Schuldnerländer zur Überraschung der Welt alle ihre Schulden auf einmal, cash on the table, zurückzahlten?« Nehmen wir an, mit frecher Phantasie, daß sie Gold- und Platinminen gefunden haben, und nun halten sie auf einmal alle Verpflichtungen ein. Auf diese Frage ist natürlich niemand vorbereitet, und es folgt die große Stille, betretenes Schweigen. Ich muß also selber die Antwort geben: Die größten Komplikationen würden bevorstehen. Denn was sollten die Banken plötzlich mit den zirka 1 000 Milliarden Dollar liquidem Geld, die sie auf einmal in ihren Taschen hätten, anfangen? Sie müßten sich neue Kreditnehmer suchen und wären verführt, womöglich dubiosen Schuldnern das Geld nachzuschmeißen. Wirtschafts-Hasardeure würden mit Milliarden von heißem

Geld jonglieren und lebensunfähige Unternehmen gründen. Die Spekulationswut würde noch mehr angekurbelt werden. Eine monströse Inflation würde Preise und Löhne in die Höhe treiben.

Vielleicht würde man auch den Sowjets beziehungsweise dem ganzen Ostblock Milliarden bei fallenden Zinsen nachwerfen, wodurch diese Länder dann, vom wirtschaftlichen Druck befreit, ihr Geld wieder in die Rüstung stecken könnten. In diesem Falle hätte auch ein Abrüstungsvertrag keine Chancen mehr, denn nur der materielle Druck der immensen Rüstungsausgaben hat die sowjetische Regierung an den Verhandlungstisch gezwungen. Eigentlich wurde Präsident Reagan in seiner unnachgiebigen Haltung in der Frage der Mittelstreckenraketen bestätigt.

Ein Glück also – so paradox es auch klingt –, daß die Entwicklungsländer ihre Schulden nicht zurückzahlen und uns so manches Übel ersparen.

Dabei fällt mir ein Witz ein: Fromme Juden sind verpflichtet, den armen Nachbarn Gutes zu tun. Eine jüdische Gemeinde war jedoch so wohlhabend geworden, daß eines Tages niemand übrigblieb, dem man Gutes tun konnte. Man lieh sich also einen Schnorrer aus der Nachbargemeinde. Der aber wurde mit der Zeit so frech, daß man ihn zur Bescheidenheit mahnte. Worauf er drohte: »Ich fahre sofort zurück! Dann könnt ihr suchen, wem ihr Gutes tun könnt!«

Soweit mein Text aus dem Jahre 1977.

Pleite à la Kovacs oder Pleite à la Szabo?

Merkwürdig ist, daß dieselben Berufsschwarzmaler, die vor einiger Zeit die Dollarpanik schürten – sub titulo »Dollarschwemme«, ergo wertlos –, heute Feuer schreien, weil viele Schuldner diese wertlosen, »zu Papierfetzen degradierten Dollars« nicht zurückzahlen können. Sie befürchten den totalen Zusammenbruch des internationalen Finanzsystems. Doch wie ich schon immer gesagt habe, werden diese Schwarzmaler auf die Nase fallen, weil dieser Zusammenbruch nicht kommen wird. Staatsbankrotte, Zinskatastrophen ... alles leeres Gerede!

Ich gebe zwar zu, daß einige Staaten sehr verschuldet sind, und falls man eine strenge Bilanz machen müßte, würden die Revisoren den Kopf schütteln und die Bilanz vielleicht nicht unterschreiben. Aber wer verpflichtet uns schon dazu, uns den Revisoren zu unterwerfen? Sind die Revisoren vielleicht Finanzjournalisten oder sogenannte Wirtschaftsexperten? Bei einer seriösen Bilanz muß man auch die hinter den Schulden stehenden Vermögen und Reserven des Westens bewerten. Und diese sind unvorstellbar groß und bedeutend, mit all der Infrastruktur, den Rohstofflagern, Laboratorien, der Spitzentechnologie und der industriellen Kapazität des Westens. Oder ist das alles nichts? Über die Bilanzen der ehemaligen Ostblockländer könnte man natürlich auch maliziöse Bemerkungen machen, und hier würde Erstaunliches zutage kommen.

Vergleicht man die Situation des Westens mit der in Osteuropa und nimmt an, daß nicht nur der Osten, sondern auch der Westen sozusagen pleite sind (nach der Meinung der Betriebswirte und ähnlicher Fachleute!), muß ich unwillkürlich an die Geschichte von zwei Schulkollegen denken, um den Unterschied plastisch zu illustrieren:

Der junge Kovacs war der Sohn eines reichen Unternehmers, er bekam eine gute Schulbildung und trat dann in das väterliche Unternehmen ein. Er erweiterte dieses ununterbrochen und baute allmählich ein großes Konglomerat auf. Eines Tages aber ging sein Unternehmen in Konkurs. Als ich das erfuhr, hatte ich Mitleid mit ihm. Doch einige Monate später kam mir zu Ohren, daß er, Pleite hin, Pleite her, trotz oder vielleicht dank der Pleite noch immer in seiner herrlichen Villa in Cannes wohnte und im Rolls-Royce herumfuhr.

Mein anderer Freund war Szabo, der Sohn eines bescheidenen Schullehrers, der dem Jungen eine strenge Erziehung gab, damit er später ein tüchtiger und biederer Kaufmann werde. Szabo gründete mit den Sparpfennigen seines Vaters eine Firma. Und weil er tüchtig war und Tag und Nacht arbeitete, wurde sie bald ein großes Unternehmen. Doch da geschah es, daß auch er aus irgendeinem Grund Konkurs anmelden mußte. Aber er war so pleite, daß er seine Freunde anpumpen mußte und aus der Pleite nie wieder herauskam.

Nun: Der Westen ist pleite à la Kovacs, der Osten ist pleite à la Szabo. Es gibt also solche und solche Pleiten. Hier kann ich nur mit den Franzosen sagen: *Vive la différence*!

Ein Anwalt mit Ideen

Wie man im folgenden sehen wird, kann eine gute Portion Phantasie beim Schuldenmanagement äußerst hilfreich sein.

Ein Anwalt hatte in meiner Jugendzeit eine faszinierende und geniale Idee – und zwar um eine Bank zu überlisten. Er hieß Dr. Karl Eotvös, vielleicht der prominenteste Anwalt Ungarns in jener Zeit. Er erzählte – natürlich einige Jahrzehnte später – folgende Geschichte:

Der Angestellte der Provinzfiliale einer Budapester Großbank, Sohn einer vornehmen, aber nicht betuchten Familie, war ein Rennspieler. Vom Spiel besessen, verlor er zunächst sein kleines Spargeld und unterschlug peu à peu 20 000 Gulden (heute rund 400 000 DM) aus der Kasse, was er gut kaschieren konnte. Er war, wie so viele Spieler, davon überzeugt, daß er eines Tages mit einem Außenseiter den großen Coup landen werde und damit das unterschlagene Geld wieder zurückzahlen könne. Er kannte ja nicht meinen Spruch, den ich den Spielern, egal ob Börse, Karten oder Rennen, ständig vor Augen halte: »Gewinnen kann man, verlieren muß man, zurückgewinnen ist unmöglich!«

Als zu Jahresultimo eine strenge Kontrolle angemeldet wurde, fiel der junge Mann in Panik und sah sich schon im Gefängnis. Er lief zum Anwalt der Familie (Dr. Eotvös), um alles zu beichten, und sprach sogar von Selbstmord. Der Anwalt überlegte und fragte: »Da Sie einen so großen Betrag unbemerkt unterschlagen haben, könnten Sie einen weiteren aus der Kasse herausnehmen?«

»Nichts ist leichter, Herr Anwalt!«

»Dann bringen Sie mir so bald wie möglich 20 000 Gulden hierher, in meine Hände!«

Zehn Tage später erschien der junge Mann mit dem Geld. »Gehen Sie jetzt – und kein Selbstmord!«

Nun ging der Anwalt zum Vorstand der Bank und berichtete auf dramatische Art, daß der junge Mann 40 000 Gulden unterschlagen habe und jetzt von Selbstmord spreche. Groß war die Aufregung, die Direktion drohte mit Skandal und Strafanzeige.

»Nicht so schnell, meine Herren«, beruhigte sie der Anwalt. »Seine angesehene Familie wird sicher alles tun, um ihre Ehre zu wahren!« Zehn Tage später meldete er sich wieder und berichtete dem Vorstand: »Die Familie ist außer sich und will alles tun, um den Sohn und die Ehre zu retten. Doch sehr reich ist sie nicht. Das Maximum, das sie zusammenkratzen konnte, sind 20 000 Gulden, sehr viel Geld. Aber sie ist bereit, es für die Familienehre zu opfern. Natürlich unter der Bedingung, daß man die Augen zudrückt.«

Was konnte der Vorstand Klügeres tun, als die Augen zu schließen.

Herr oder Knecht?

Es ist eine alte Tatsache, daß in Familien, in denen die Spekulation aus Tradition auf der Tagesordnung steht, jene Mitglieder, die an der Börse reüssieren, Genies, die anderen, die kein Glück haben, dagegen Dummköpfe genannt werden – obwohl ich mich noch erinnere, daß man in Ungarn und auch in Frankreich immer den dümmsten Sohn, der zum Studium nicht geeignet schien, an die Börse schickte, während die anderen die Hochschule besuchen mußten. Die meisten Chefs von Bankhäusern hatten übrigens als Laufburschen angefangen, dann durch Praxis das Metier gelernt und Karriere gemacht. War ihnen dies gelungen, wurden sie zu Genies promoviert.

Im alten Budapest gab es nun eine respektable, wohlhabende Familie namens Politzer, die an der Budapester Effekten- und Warenbörse eine große Rolle spielte. Einer der Söhne, Matthias genannt, war ein durchaus geschickter Spekulant und trennte sich von seiner Familie, um auf eigene Rechnung zu spekulieren.

Eines Tages verspekulierte er sich jedoch, verlor dabei sein ganzes Vermögen und stand vor dem Nichts. Daraufhin setzte sich der Familienrat zusammen, überprüfte die Spekulationen des Matthias und fällte ein strenges Urteil: »Der Matthias hat sich nicht bewährt als Herr, er muß werden jetzt ein Subjekt.« – »Herr« sein bedeutete, Spekulant auf eigene Rechnung zu sein, »Subjekt«, nur noch ein kleines Rad im Getriebe der familieneigenen Firma.

Matthias war jedoch ein Homo ludens, der Teufel des Spekulierens ließ ihn nicht los, und so studierte er weiterhin alle Kursblätter von Chicago über Liverpool bis Budapest. Auf diese Weise fand er eines Tages eine Kursspanne zwischen Hafer und Roggen als zur Zeit unberechtigt und eine entsprechende Spekulation attraktiv. Mit ganz kleinen Summen stieg er ein. Die Kurse entwickelten sich wie gewünscht, er machte erste Gewinne, und zum Schluß hatte er sich erneut ein kleines Vermögen geschaffen. Nachdem er Bilanz gezogen hatte, verließ er den kleinen Posten in der Familienfirma und sagte, er wolle jetzt wieder auf eigene Rechnung spekulieren. Erneut setzte sich der Familienrat zusammen und fällte nach langen Debatten ein neues Urteil: »Der Matthias hat sich bewährt als Subjekt, der Matthias kann werden wieder ein Herr.«

Gott weiß, wie oft ich an diese Geschichte denke, wenn ich vom Aufstieg und Untergang verschiedener Portfolio-Manager höre. Das Schicksal eines jeden Finanziers ähnelt dem meines Freundes Matthias. Und eigentlich gilt die Weisheit dieser Geschichte für das ganze Leben und alle Berufe...

Massenpsychologie: der Schlüssel zum Börsenrätsel

What makes Sammy run? Was treibt die Börse mal rauf, mal runter? Nicht die Ereignisse allein, sondern auch die Reaktion des Börsenpublikums auf die Ereignisse. Der arme Börsenprofi muß also, um erfolgreich zu sein, auf zwei Klaviaturen spielen: die Ereignisse voraussehen und das Verhalten des Publikums erraten. Denn die Börse benimmt sich oft wie ein Alkoholiker; auf gute Nachrichten weint sie, auf schlechte lacht sie.

Die Stimmungsschwankungen der Massen sind unberechenbar; aber diese Schwankungen zwischen Hoffnung und Angst entscheiden die Börsenkurse für eine kurze Zeit – so lange, bis die Ängstlichen ausverkauft und die Hoffnungsvollen groß eingekauft haben. Aber sind diese Massen erfolgreich? Nein. In den meisten Fällen spekuliert die Mehrheit falsch. Nur eine Minderheit – vielleicht zehn Prozent – liegt richtig.

»Die Massen sind unwissend«, schrieb Gustave Le Bon in seinem klassischen Werk »Psychologie der Massen« (1895). Aber in dieser Eigenschaft liegt das Geheimnis ihrer Kraft – die sogar dann gültig ist, wenn die Masse aus besonders klugen, denkenden Menschen besteht. Wenn 100 höchst intelligente Menschen auf engem Raum zusammengepfercht werden, dann wird diese Masse nicht vom Geist, sondern von Emotionen gelenkt.

Der Börsenprofi entschließt sich morgens, aus diesem oder jenem Grund und nach reiflicher Überlegung, alle seine Papiere zu verkaufen. Er betritt den Börsensaal und erfährt, daß dort eine sehr optimistische Stimmung herrscht. In einer Sekunde kippt er um, ändert seinen Plan, und anstatt zu verkaufen, kauft er neue Papiere dazu.

In Amerika spielt diesbezüglich der Ticker eine große, oft entscheidende Rolle. Hunderttausende, wenn nicht Millionen, verfolgen den Ticker, der alle Transaktionen verzeichnet. Steigen die Kurse, laufen die »tape watcher« den Papieren nach, um noch schnell – auch ganz ohne Überlegung – auf den fahrenden Zug zu springen. Der Ticker mit den laufenden Kursen zeigt die Meinung der Massen und übt dadurch auf den einzelnen eine unwiderstehliche Anziehung aus mitzulaufen. Der Ticker ist wie die Flagge auf dem Kampffeld: Solange sie hoch und stramm vorweggeht, marschieren die Truppen nach. Fällt die Flagge, kommt die Angst, daß der Vormarsch aufgehalten ist; der Mut ist weg, und die Truppen laufen auseinander. Genauso ist es an der Börse.

Deswegen müssen diejenigen, die an der Börsenhausse Interesse haben, darauf achten, daß die Flagge stolz in der Höhe bleibt und vorangeht; dann folgt die Truppe schon nach. Das nennen die Insider dann gern »Kurspflege«. Um auch nur ein wenig die Reaktion des Publikums auf die Ereignisse einschätzen zu können, ist meiner Ansicht nach die Analyse der technischen Verfassung des Marktes der beste Wegweiser.

In welchen Händen liegt die große Mehrheit der Papiere? Bei den harten, trainierten Investoren und Institutionen oder bei der großen Zahl der Newcomer, der ängstlichen, unerfahrenen Sparer, Spieler und kleinen Leute, die auf eine schnelle Mark hoffen? Bei der Minderheit der Hartgesottenen oder bei der Mehrheit der Zittrigen? Denn für die weitere Kursentwicklung ist die Qualität der Käufer wichtiger als die Qualität der Papiere selbst.

Die erste Reaktion der zittrigen Mehrheit auf ein wichtiges Ereignis ist immer das Gegenteil zu der Stimmung, die vorher herrschte. War die Mehrheit vorher optimistisch und mit Papieren schwer beladen, wird sie schnell verkaufen. Besonders ist dies der Fall, wenn ein wichtiges Ereignis unerwartet kommt, aber auch dann – in kleinerem Maße –, wenn es erwartet und schon vorweggenommen war. Denn auf das Phänomen Fait accompli (vollendete Tatsache) hin dreht sich die Tendenz.

Ein außerordentlich typisches Beispiel: 1939, nach dem Münchener Vertrag und der Zerstückelung der Tschechoslowakei, waren die europäischen Börsen in guter Stimmung, da Hitler der Welt tausend Jahre Frieden versprochen hatte. Der deutsche Führer erklärte sich mit dem Münchener Vertrag zufrieden. Der englische Premier Chamberlain erklärte im Unterhaus nach dem aggressiven Vorwurf eines Parlamentsmitgliedes wegen Verrats an der Tschechoslowakei, er hätte keinen Grund, an »Herrn Hitlers« Versprechen zu zweifeln, daß nun der Friede gesichert sei. Es war also kein Wunder, daß eine gute Atmosphäre an den Börsen herrschte – einschließlich der Pariser. Dann kam aber die große Überraschung vom 15. März 1939, als Hitlers Truppen die noch existierende kleine Tschechoslowakei mit Prag besetzten. Groß war die Konsternation in der ganzen Welt. Premier Chamberlain kam wieder vors Unterhaus und erklärte, diesmal mit einer Grabesstimme, daß er tief betrübt sei, da Herr Hitler sein Wort gebrochen habe. Er erklärte ebenfalls ganz klar und mit scharfer Betonung, daß für den Fall, daß Herr Hitler Danzig oder Polen angreifen würde, Großbritannien mit all seinen Kräften und manu militari den Angegriffenen zu Hilfe kommen würde. Das war eine schwerwiegende Deklaration. Darauf haben sich natürlich alle europäischen Börsen abgeschwächt. Die große Hoffnung auf tausend Jahre Frieden war zerstört. Und die abbröckelnde Tendenz hielt Monate an. Die Kriegsangst wurde immer größer. Es war ja auch klar, daß die Leute Angst hatten, ihre Wertpapierdepots langsam veräußerten und sich eher Bargeld für alle Eventualitäten in Reserve hielten. Eine sehr leicht verständliche und logische Reaktion.

Eine selbstverständliche Frage wäre nun, wer denn in einem solchen Moment die Käufer sind. Wie schon gesagt, gibt es an einer großen Börse immer Käufer und Verkäufer. Gekauft haben natürlich an erster Stelle die Optimisten, die überzeugt waren, daß es nicht zum Krieg kommen und Hitler einen Rückzieher machen würde. Dann gab es solche, die der Meinung waren, daß ein Krieg, falls er doch ausbrechen sollte, nicht lange dauern könnte. Deutschland sei wirtschaftlich sehr geschwächt, Hitler ein großer Bluff, und nach einigen Monaten Krieg müßte er um Frieden bitten. Dann gab es wieder andere, die der Ansicht waren, daß die Kurse schon sowieso so tief wären, daß man – Krieg oder nicht Krieg – kaufen müßte. Dies waren natürlich auch die institutionellen Anleger, die ihr Bargeld unterbringen mußten, besonders da die Kurse ihnen so günstig schienen. Andere Gesellschaften dagegen verfügten auch über Liquidität und kauften bei diesen tiefen Preisen ihre Aktien zurück. Die Kurse rutschten also langsam in die Tiefe. Bei jeder Drohung Hitlers fielen die Kurse noch mehr, besonders nach dem 23. August, als die Außenminister Molotow und von Ribbentrop den deutsch-russischen Pakt unterschrieben. Viele empfanden, daß damit das Schicksal Europas besiegelt sei, weil die beiden Parteien, jetzt schon Verbündete, Polen unter sich aufteilen wollten. Der Krieg schien ante portas. Die Börse fiel noch weiter. Man dachte bereits an alles Schlechte, was im Kriegsfalle kommen würde: die Börse geschlossen, die Banken ebenfalls, Moratorium für alle Zahlungen usw. Jedenfalls mußte man wirklich große Courage haben, um französische Aktien zu kaufen. Nicht nur die Pariser, sondern auch die New Yorker und Londoner Börse waren sehr schwach. Ich selber war auch auf alles Schlimme gefaßt. Konnte man sich etwas Schrecklicheres vorstellen als Krieg? Und da kam nach äußerst nervösen Tagen am 1. September der Angriff auf Polen und Danzig und am 3. September die Kriegserklärung seitens Frankreichs und Englands an die deutsche Regierung. Doch da gab es für uns Börsianer und Geldmanager die große Überraschung: Die Banken schlossen nicht, es gab kein Moratorium, die Börse war nicht zu, nicht einmal die Devisenbörse, es wurde keine Devisenzwangswirtschaft verordnet. Und die größte aller Überraschungen – unfaßlich –: Die Börsentendenz drehte sich, und die Kurse stiegen raketenhaft in die Höhe. Wer hätte sich das vorstellen können, eine stürmisch steigende Börse als Reaktion auf Kriegsausbruch? Und was war die Erklärung?

Es gab verschiedene Begründungen: einmal die technische Verfassung des Marktes und das Phänomen Fait accompli. Es gibt auch eine sachliche Erklärung, die ganz logisch klingt. Das Publikum war monatelang ängstlich und wollte Bargeld hamstern. Nun aber begann ein neues Kapitel. Es war Krieg, ein Krieg mit allen wirtschaftlichen Folgen. Krieg bedeutete für das Publikum nach seiner Erfahrung Inflation. Inflation, Geldentwertung, erinnerte an den Ersten Weltkrieg. Man wollte also das Bargeld in Sachwerte eintauschen – und so schnell wie möglich. Immobilien kann man nicht auf die Schnelle kaufen. Es lag also auf der Hand, Aktien zu kaufen. Das war in den Augen der Menschen besser als Bargeld. Und diese raketenartige Aufwärtsbewegung dauerte, bis die erste deutsche Offensive gegen Holland anfing. Dann brach die ganze Börsenhausse zusammen. Plötzlich wurde Publikum und den Börsenspielern bewußt, daß der heiße Krieg anfing. Diese dramatische Abwärtsbewegung dauerte dann bis Mitte Juni, als die deutschen Truppen auch Paris besetzten. Dann wurde die Börse doch geschlossen und aus dem besetzten Paris nach Vichy im unbesetzten Teil Frankreichs transferiert. Das war aber natürlich nur der Schatten einer Börse mit minimalen Umsätzen und mit einem Bruchteil der vorherigen Kurse. Das ist die Börse! Sie reagiert unberechenbar, hysterisch und scheinbar gegen jede Logik, speziell gegen die Alltagslogik, die jedoch mit der Börsenlogik nicht identisch ist.

Wie kann sich der Börsenprofi dieser Massenpsychologie entziehen? Sehr schwierig, denn wenn er sich auch theoretisch festgelegt hat, gegen den Konsensus zu gehen, wird er im letzten Moment, in dem er sich antizyklisch entscheiden muß, denken: »Ich weiß, was ich machen müßte; aber diesmal ist es anders.« Erst später wird er feststellen können, daß es dieses Mal auch nicht anders war.

Der Spekulant muß trainiert, kühl und sogar zynisch sein und sich denken: »Ihr liegt alle falsch, nur ich sehe klar.« Man muß immer damit rechnen, daß die Börse boshaft ist und sich oft justament nicht so verhalten wird, wie es von allen erwartet wird. Vielleicht tut sie das nur, um die Spieler zu bestrafen, damit sie sich nicht zuviel einbilden, wenn sie in den letzten Jahren schöne Gewinne machen konnten. Nicht vergessen: Die Gewinne sind Illusion, nur die Verluste sind echt.

Das Ei des Kostolany

Meiner Erfahrung nach besteht jede zyklische Bewegung (bei Aktien, Anleihen, Edelmetallen, Währungen, also in allen Märkten, auf denen spekuliert wird) aus drei Phasen: die Phase der Korrektur, die Phase des Stimmungsumschwungs und die Phase der Übertreibung. Nehmen wir als Beispiel die Wende nach der tiefsten Baisse. In der ersten Phase der Korrektur wird der Kurs (der unberechtigt tief gefallen war) ganz allmählich auf ein Niveau gehievt, das gewissermaßen realistisch und berechtigt ist. In der zweiten Phase bessert sich die zuvor schlechte Stimmung mehr und mehr und steigt nun zusehends mit jedem Tag. Es beginnt die dritte Phase, in der die Aktienpreise von Stunde zu Stunde anziehen. Kurse und Stimmungen treiben sich gegenseitig in die Höhe. Es herrscht Euphorie. Sie läßt die Kurse weiter ins Kraut schießen und ist ausschließlich von Massenhysterie bestimmt.

Im Zyklus der nächsten Baisse folgen die Phasen in derselben Reihenfolge aufeinander: Phase der Korrektur – die Preise waren zu hoch gestiegen; Phase des Stimmungsumschwungs – ungünstige Ereignisse (steigende Zinsen, nachlassende Wirtschaft, Pessimismus und so weiter) verunsichern die Spekulanten; Phase der Übertreibung – die sinkenden Kurse erzeugen einen tiefen Pessimismus, der wieder auf die Preise drückt. Die Kurse fallen wie die Blätter im Herbst. Das ist die Panik, die Papiere werden verschleudert.

Die Baisse- oder Hausse-Welle der letzten Phase dauert immer so lange, bis ein psychischer Elektroschock aus ir-

Kaufen sollte man schon in der Übertreibungsphase der Abwärtsbewegung, wenn hohe Umsätze auf Panikverkäufe schließen lassen; aufstocken kann man diese Positionen in der ersten Phase der Aufwärtsbewegung, solange es mit niedrigen Umsätzen abgeht.

Umgekehrt verkauft man schon in der letzten Haussephase mit hohen Umsätzen sowie bei bröckelnden Kursen (erste Baissephase) mit niedrigen Umsätzen.

Folglich soll man in den Übertreibungsphasen gegen die Tendenz gehen, in den Korrekturphasen mit der Tendenz mitgehen und in den Phasen des Stimmungsumschwungs ruhig abwarten.

Um im Bild zu bleiben: Die Börsenmanöver eines erfahrenen Spekulanten zielen darauf ab, das Ei möglichst weit unten (beim Kauf) und oben (beim Verkauf) abzukappen, ohne sich dabei in den Finger zu schneiden.

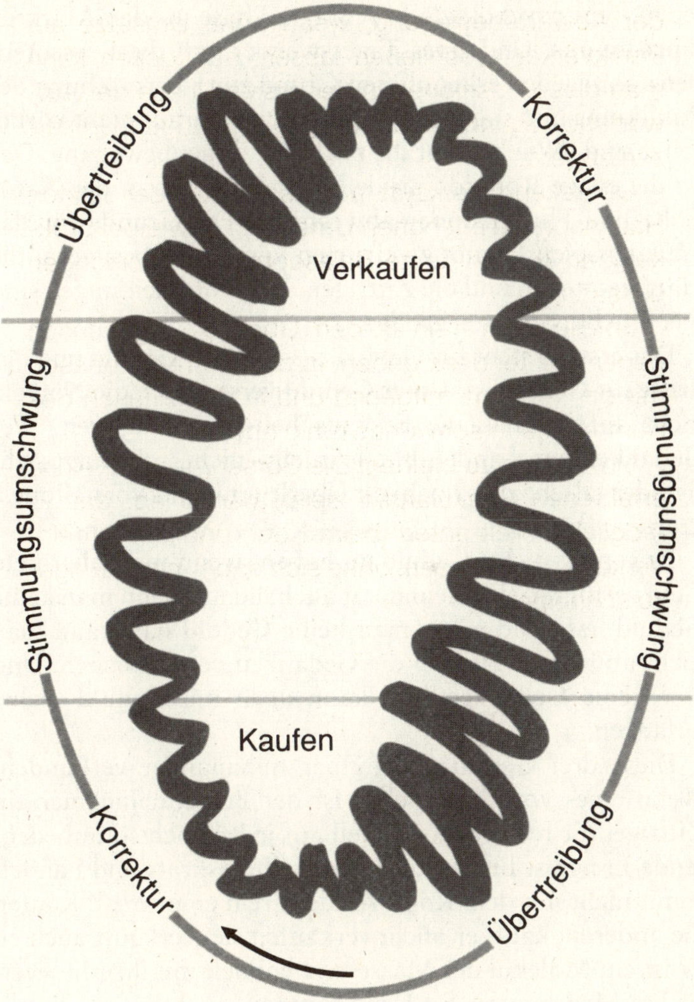
Übertreibung
Korrektur
Verkaufen
Stimmungsumschwung
Stimmungsumschwung
Kaufen
Korrektur
Übertreibung

gendeiner Richtung den Teufelskreis durchbricht. Wenn dieser reinigende Schock nicht kommt, dann tobt sich diese letzte, rein psychologisch bedingte Phase an den Märkten langsam aus. Und eines Tages wendet sich die Börsentendenz ohne jeden erkennbaren Grund zur Überraschung des Publikums und sogar der Experten, die darauf nicht vorbereitet sind. Nun beginnt die zyklische Gegenbewegung. Das ist die ewige Rotation an der Börse – so wie in der Natur Ebbe und Flut einander abwechseln. Die Gründe für das Gezeitenspiel: Es gibt zwei Arten von Aktienbesitzern, die Hartgesottenen und die Zittrigen. Ihre Entscheidungen sind das Ergebnis der drei großen G.

Das erste G steht für Geld, das zweite für Geduld und das dritte für Gedanken. Unter Geduld verstehe ich die Nerven, nicht auf jedes kleine Ereignis heftig zu reagieren. Wer Gedanken hat, handelt intellektuell – nicht unbedingt richtig oder falsch, aber doch mit Überlegung und Vorstellungskraft.

Es genügt nicht, Geduld zu haben, wenn man über kein Geld verfügt. Geld allein nützt auch nichts, wenn man keine Geduld hat. Und wenn man keine Geduld hat, kann man nicht abwarten, bis sich die Gedanken verwirklichen. Und wer keine Gedanken hat, kann auch mit Geduld nichts anfangen.

Diese drei G sind untrennbar miteinander verbunden. Wenn eines von ihnen fehlt, ist der Börsenteilnehmer ein Zittriger. Er reagiert zu schnell auf jedes noch so unbedeutende Ereignis. Er hat keine Vorstellungskraft und handelt somit nicht mit dem Kopf, sondern rein emotional. Kaufen die anderen, kauft er auch; verkaufen sie, verkauft auch er. Er ist ein Molekül der Masse und handelt mit ihr (die »verrückte Menge«, wie Sir Isaac Newton, auch leidenschaftlicher Spekulant, sagte).

Die große Frage besteht also darin, in welchen Händen die

große Masse der Papiere liegt. Besitzen die Hartgesottenen den größten Teil der Aktien, ist die Börse – sogar wenn die Nachrichten ungünstig ausfallen – zu einer Aufwärtsbewegung bereit. Wenn eine gute Nachricht eintrifft, explodiert sie sogar. Ist jedoch das Gros der Papiere in den Händen der Furchtsamen, kann es schon bei der ersten schlechten Nachricht zu einem Debakel kommen.

Fallen die Kurse bei steigenden Umsätzen, ist es ganz sicher, daß eine Riesenquantität von Aktien von den Ängstlichen zu den Nervenstarken übergeht. Es kommt sogar zu einem Moment, in dem die Zittrigen ausverkauft haben und die Aktien nur noch in den sicheren Tresoren der Hartgesottenen liegen. Jetzt haben die Zittrigen das Geld und die Abgebrühten die Papiere.

Wenn nach dem generellen Ausverkauf die Kurse einen Boden finden und dort eine Zeit lauern und sogar auf schlechte Nachrichten hin nicht zurückfallen, ist das ein Beweis, daß der Markt bereit ist zu einer neuen Aufwärtsbewegung – auch ohne gute Nachrichten.

Dutzende von Beispielen können diese Theorie untermauern, die vom Anleger verlangt, sich antizyklisch zu verhalten. Das ist leicht gesagt, aber schwer getan. Man muß dazu ein wirkliches Training absolvieren, einen starken Charakter haben und vielleicht sogar zynisch sein, um bei zu Tode betrübter Stimmung einzusteigen.

Es gibt unter den Marktteilnehmern 90 Prozent Zittrige und maximal 10 Prozent Hartgesottene. Das sagt mir jedenfalls meine Erfahrung.

»Sie ist halt wert, was sie wert ist«, wie der große General Charles de Gaulle so oft sagte.

Ein Reicher unter Armen und die Kreuger-Tragödie

Ich war bekanntlich Anfang der dreißiger Jahre, zur Zeit der großen Wirtschaftskrise, eingefleischter Baissier – eine Angelegenheit, die sich als sehr lukrativ erwies. Ich war von meinen Erfolgen wie berauscht. Nicht so sehr von dem Geld wie von der Bestätigung meiner Voraussagen. Meine Kollegen besuchten mich. Sie sahen in mir geradezu einen Propheten, der die Entwicklung – gegen die allgemeine Meinung – richtig beurteilt hatte. »Wie konnte dies nur geschehen?« fragten sie mich. »Alles ist möglich an der Börse, sogar das, was logisch ist«, war meine Antwort. Denn für mich war der Zusammenbruch der Oustric- und Devilder-Spielsyndikate genauso logisch, ja fast selbstverständlich, wie vierzig Jahre später der Zusammenbruch von IOS, Gramco etc. Das einzige, was mich erstaunte, war das Erstaunen der anderen.

Da ich jetzt die Mittel dazu hatte, wollte ich auch die Annehmlichkeiten des Lebens genießen. Dabei machte ich aber eine peinliche Entdeckung. Mein philosophischer Rationalismus und mein Börsenspürsinn hatten dazu geführt, daß ich viel verdiente, während die anderen verloren. Ein Vers von Wilhelm Busch kam mir damals oft in den Sinn: »Höchst fatal, bemerkte Schlich, hehe – aber nicht für mich.« Mein Wunsch war in Erfüllung gegangen, aber das Schauspiel, das ich vor Augen hatte, betrübte mich aufs höchste.

Meine Freunde, meine Kameraden, alle, die ich gern hatte, waren ruiniert. Sie hatten in dieser Krise entweder ihr Geld oder ihre Stellung verloren und wußten nicht, was ihnen die Zukunft bringen würde. Ich hingegen konnte mir jetzt jeden Luxus leisten und jedes Vergnügen, von dem ich je geträumt hatte.

Die eleganten Hotels und Restaurants standen mir offen, denn meine Brieftasche war gefüllt, aber – und jetzt kommt das große Aber: Die anderen waren nicht dabei. Die gute Atmosphäre war dahin, das fröhliche Lachen verklungen, an seine Stelle waren Verbitterung und schlechte Laune getreten. Ich war allein, allein mit mir selbst. Überall wurde etwas zum Verkauf angeboten, aber ich hatte keinen Spaß mehr am Kaufen. Ich begriff, daß Champagner und Kaviar kein Vergnügen machen, wenn die Freunde sich mit einer Tasse Kaffee begnügen müssen.

Ich wagte nicht, glücklich zu sein, und konnte es auch gar nicht. Ich kam mir schlechter vor, als ich war.

Eine Idee drängte sich mir auf. Wäre es nicht schöner, gleichzeitig mit den anderen zu verdienen – natürlich immer etwas mehr als die anderen –, aber doch im gleichen Strom zu schwimmen wie sie? Mein Erfolg bedrückte mich beinahe. Ich begann an meiner Baisse-Philosophie zu zweifeln. Man kann nicht immer nur lachen, wenn die anderen weinen. »Der Baissier wird von Gott verachtet, weil er nach fremdem Gelde trachtet«, heißt es im Börsenkatechismus. Und eines Tages trat das fatale Ereignis ein, das mich völlig verwandelte. Es war eine Tragödie, bei deren Schluß sich die Schauspieler nicht mehr erheben konnten.

Es war an einem Samstagnachmittag. In tiefem Ernst hatten sich die Pariser zum Staatsbegräbnis für Aristide Briand (der große Freund Stresemanns) auf den Champs-Élysées eingefunden. Nach der Zeremonie zerstreute sich die Menge. Ich wußte nicht recht, was anfangen, und um die Zeit zu vertreiben, ging ich zum Plaudern in das Büro eines Freundes, eines amerikanischen Börsenmaklers. Natürlich warf ich einen Blick auf die letzten Börsenkurse.

Damals gab es an Samstagen nur eine sehr kurze Nachmittagsbörse – zwei Stunden. Bei einem sehr ruhigen Markt hatte sich jedoch etwas Merkwürdiges ereignet. Ein einziger Wert war Gegenstand riesiger Transaktionen. Hunderttausende von *Kreuger-OG-Toll-Aktien des großen schwedischen Streichholztrusts* wurden gehandelt – während der ganzen Börsenzeit zu ein und demselben Kurs, dem gleichen wie am Vorabend. Ich war sofort neugierig, da ich mit Kreuger-Aktien auf Baisse spekuliert hatte.

Die Idee von Ivar Kreuger, dem schwedischen Streichholzkönig, war ebenso einfach wie gescheit.

Die mittel- und osteuropäischen Länder brauchten Geld, und Kreuger war bereit, es ihnen zu besorgen. Als Entgelt ließ er sich das Streichholzmonopol einräumen, das ihm einen interessanten Gewinn sicherte. Nur besaß Kreuger nicht die großen Summen, die zum Beispiel Deutschland brauchte.

So emittierte seine Firma Anleihen, und den Gegenwert stellte er den kapitalbedürftigen Ländern zur Verfügung. Der größte Teil dieser Anleihen wurde in den Vereinigten Staaten gezeichnet – oder hätte gezeichnet werden sollen. Kreuger wollte nicht an den Differenzen im Zinssatz zwischen dem verliehenen und dem geborgten Geld, sondern lediglich an den Gewinnen aus der Streichholzfabrikation verdienen. Die Methode war nicht neu, sie war die große Spezialität der Fugger im 16. Jahrhundert gewesen, nämlich die Gewährung von Krediten im Austausch gegen ein Monopol.

Die Fugger hatten den in Schwierigkeiten geratenen Fürsten Geld geliehen und dafür das Privileg eines Handels oder die Ausbeutung von Bodenschätzen erhalten. Der König von Portugal räumte ihnen eine Zeitlang das Monopol des Pfefferhandels ein, und der spanische König überließ ihnen die Ausbeutung seiner Silber- und Kupferminen.

Kreuger hatte dieses System wieder aufgegriffen und es der modernen Zeit angepaßt. Er bediente sich der Effekten, der Inhaber-Obligationen, um amerikanisches Kapital nach Mittel- und Osteuropa zu schleusen.

Die Schuldnerländer waren Ungarn, Rumänien, Deutschland, Jugoslawien, Polen und einige südamerikanische Staaten. Zu den Gläubigern gehörten in erster Linie die Vereinigten Staaten, die Niederlande, die Schweiz, Großbritannien, Frankreich, also die kapitalkräftigen Länder des Westens.

Die Sache schien vernünftig und auch durchführbar. Sie hätte es sein können, wenn die Schuldnerländer solvent geblieben wären. Zum Zusammenbruch führte sicherlich keine Unanständigkeit Ivar Kreugers; die für Mitteleuropa ungünstigen politischen Ereignisse lösten die Katastrophe aus.

Kreuger hatte die finanzielle Struktur und die wirtschaftliche Zukunft dieser Länder falsch beurteilt. Er war Ingenieur, Industrieller, aber gewiß kein erfahrener Bankier oder Spekulant. Sonst hätte er sich nie auf eine solche Sache eingelassen. Aber da er weder die Qualitäten des einen noch des anderen besaß, endete alles tragisch.

Deutschland, Rumänien, Ungarn und die anderen Schuldnerländer stellten eines Tages die Zahlung der Zinsen und der Amortisierungsbeträge ein. Diese Tatsache allein hätte aber den Zusammenbruch des Kreugerschen Industriereiches noch nicht herbeigeführt, wären die herausgegebenen Obligationen tatsächlich beim Publikum untergebracht gewesen. In diesem Falle hätten die Inhaber der Obligationen ihren Einsatz oder einen Teil ihres Einsatzes verloren, die Emissionsgesellschaft wäre aber nicht wegen Zahlungsunfähigkeit der Schuldner pleite gegangen. Der Credit Lyonnais, der die Unterbringung der russischen Renten besorgt hatte, ging nicht zugrunde, als die UdSSR sich weigerte, die Anleihen des zaristischen Rußland anzuerkennen – wenn auch die Inhaber der Obligationen dabei ihr Geld verloren. Und die Bank Rothschild ist auch nicht umgefallen, als eine große Zahl ausländischer Anleihen, die sie beim Publikum untergebracht hatte, faul wurden.

Aber Kreuger verfügte weder über Tausende von Bankschaltern wie die großen Kreditinstitute, noch hatte er den Ruf der Rothschilds. Er hatte nicht alle Obligationen unterbringen können, ein großer Teil war an ihm hängengeblieben. Diese Papiere gab er bei verschiedenen Banken »in Pension« (das heißt als Deckung). Dafür erhielt er kurzfristige Kredite, und diese Kredite brauchte er wiederum für die mitteleuropäischen Länder.

Für einen scharfsichtigen Spekulanten, der die Einzelheiten einer finanziellen Operation übersieht, war die Affäre Kreuger klar. Außerdem erfuhr ich, daß der Syndikus des Verbandes der offiziellen Börsenmakler durch ein geheimes Rundschreiben die siebzig gemeinschaftlich haftenden Verbandsmitglieder aufgefordert hatte, die Zahl der Kreuger-Obligationen zu begrenzen, für die sie Kredite garantierten.

Damals erreichte die Wirtschaftskrise in Amerika ihren Höhepunkt. Es bestand auch keine Hoffnung auf eine Besserung der politischen Lage in Mitteleuropa. Infolgedessen war auch niemand interessiert, sein Geld in Kreuger-Obligationen anzulegen.

Die Situation schien mir kritisch. Ich hatte keine Bedenken, mit den schwedischen Streichhölzern auf Baisse zu spekulieren. Die Kurse gaben bereits etwas nach, aber Kreuger stützte sie offensichtlich, um die Kreditfähigkeit seiner verschiedenen »Pensionen« bei den Banken und Börsenmaklern nicht zu gefährden. In Paris arbeitete die Bank von Schweden für Kreuger, in New York war es das Bankhaus Lee Higginson, und seine wachsamen Bevollmächtigten kauften ständig, um die Kurse zu halten.

Wahrscheinlich bestand bei gewissen Banken ein Dauerauftrag, koste es, was es wolle, den Preis von 5,25 Dollar zu halten, selbst wenn dies den Erwerb einer großen Menge von Papieren erfordern sollte. Damit erklärte ich mir die zahlreichen Verkäufe vom Samstag. An jenem Nachmittag, als mich das Begräbnis Briands auf die Champs-Élysées geführt hatte, waren von geheimnisvoller Seite innerhalb von zwei Stunden Hunderttausende von Papieren auf den Markt geworfen worden. Ich zerbrach mir den Kopf, woher diese Aufträge kamen.

Natürlich konnte ich nicht wissen, daß ein paar Häuser weiter Ivar Kreugers Leiche in seiner Wohnung in der Avenue Victor Emmanuel III lag. Als die Börse nachmittags in Wall Street eröffnet wurde, war er bereits tot. Aber auch die Banken, die Kreugers Interessen vertraten, wußten es nicht. Sonst hätten sie die Kauforder ihres Klienten nicht ausgeführt.

Ivar Kreuger hatte am Samstag morgen um 11 Uhr Selbstmord begangen. Unter Berücksichtigung des Zeitunterschiedes hätte die Nachricht vor Eröffnung der Börse in New York sein können. Sie wurde aber erst sehr spät am Samstag abend bekanntgegeben.

Ein paar Personen kannten das Geheimnis. Einer von Kreugers Teilhabern, der gleichzeitig sein bester Freund war, die Privatsekretärin und die Aufwartefrau, die beim Reinemachen die gräßliche Entdeckung machte. Die beiden Frauen bewahrten Stillschweigen.

Kreugers Teilhaber setzte geschickt bei der Polizeipräfektur durch, daß die Nachricht vom Selbstmord nicht vor dem Abend bekanntgegeben wurde. Es gelang ihm sogar, die beeindruckten Beamten davon zu überzeugen, daß es sonst eine Weltkatastrophe gäbe, an der sie die Schuld trügen.

Schließlich verlangte der Rang des Verstorbenen, der Grand Officier der Ehrenlegion gewesen war, gewisse Rücksichtnahmen. Außerdem waren die Dienststellen der Präfektur wegen des Staatsbegräbnisses für Briand, und weil Wochenende war, spärlich besetzt. In gutem Glauben und überzeugt, das Rad der Geschichte aufzuhalten, fanden sich die Beamten der Präfektur also bereit, das Geheimnis zu wahren.

Es war eine Farce mit unheilvollen Folgen. Denn wem hatten die »so lebenswichtigen« zwölf Stunden Aufschub genützt? Den Gang der Geschichte haben sie gewiß nicht aufgehalten. Dafür haben eine Handvoll Spekulanten, die noch annähernd fünfhunderttausend Titel verkaufen konnten, sehr schön davon profitiert.

Unter denen, die das Geheimnis kannten, befand sich auch ein hoher Beamter der Polizeipräfektur. Zum Mittagessen hatte er den Verlobten seiner Tochter, den amerikanischen Journalisten Mike W., zu Gast.

»Ich habe eine sensationelle Nachricht für Sie, und Sie werden sicher wissen, wie Sie sie verwenden oder sogar Nutzen daraus ziehen können. Nur müssen Sie mir Ihr Ehrenwort geben, daß Sie sie nicht vor dem Abend weitergeben. Stellen Sie sich vor, der schwedische Streichholzkönig Ivar Kreuger hat heute morgen in seiner Wohnung Selbstmord begangen.«

Der junge Mann gab sein Ehrenwort. Als gewissenhafter Journalist begab er sich in das Archiv seiner Zeitung, um dort Material über den Lebenslauf des Finanzmannes zu sammeln. Dann ging er nach Hause, schrieb einen langen Artikel und kabelte ihn noch am selben Abend an seine Redaktion.

Am nächsten Morgen brachten alle Zeitungen die sensationelle Nachricht in riesigen Balkenüberschriften. »Selbstmord des Finanziers Kreuger!« Als ich meine Morgenzeitung entfaltete, bekam ich einen Schock. Die Nachricht wirkte auf mich wie ein Schlag mit dem Holzhammer. Mit einemmal war mir der große Wirbel mit den Aktien am Vortag klar.

Ich hatte wieder verdient, diesmal aber auf Kosten eines Menschenlebens. Dieser Schlag traf auf einen psychisch bereits vorbereiteten Boden und verleidete mir die Baissespekulation. Ich fühlte mich geradezu schuldig am Tod Ivar Kreugers. Jedenfalls hatte ich mir einen gewissen Mangel an Moral zuschulden kommen lassen.

Ich wußte noch nicht, daß Kreugers Tod meine Lebensphilosophie ändern würde. Durch diesen Schock wurde ich zum Optimisten und Haussespekulanten.

Am Montagmorgen stürzten die Kreuger-Werte und konnten kaum noch notiert werden. Ich begann einzudekken. Mehrere amerikanische Banken stellten als Folge der massiven Käufe vom Samstag ihre Zahlungen ein.

Der Schock traf mich um so mehr, als ich Ivar Kreuger zutiefst nicht für den Betrüger hielt, als den ihn die Weltpresse hinstellte. Der Grundgedanke seiner Geschäfte war anständig und korrekt. Er täuschte sich nur in der Beurteilung der wirtschaftlichen und politischen Lage und wurde das Opfer unglücklicher Umstände. Als sein Gebäude ins Rutschen kam, versuchte er, sich überall festzuhalten, gleichgültig, wo, wie es jeder Stürzende tut. So ließ er sich von einem Ausweg zum anderen treiben, immer weiter, ohne die Trennungslinie genau zu beachten zwischen dem, was noch legal war und was nicht mehr. Gewiß, das Publikum verlor Milliarden, aber die Verantwortung dafür sollte nicht allein dem gesetzwidrigen Vorgehen Kreugers zugeschrieben werden, sondern auch den politischen Ereignissen und den finanziellen Verhältnissen in Mitteleuropa. Und mit etwas Toleranz, glaube ich, sollte man Ivar Kreuger mildernde Umstände zubilligen.

An diesem Tag kam auch der Journalist wieder zu seiner Verlobten.

»Nun, haben Sie aus meiner Mitteilung Nutzen gezogen?« fragte ihn der Vater.

»Ja, natürlich«, antwortete der junge Mann, »der Direktor unserer Zeitung hat mich zu meinem Artikel beglückwünscht, weil ich, dank Ihnen, der erste war, der die Nachricht übermittelte.«

»So, und weiter haben Sie nichts getan!!!!«

Der junge Mann mußte seine Einfalt teuer bezahlen. Er bekam die Hand der Tochter nicht, denn für den Existenzkampf in dieser Welt war er entschieden zu unreif.

Andere Leute hatten die Mitteilung – vielleicht aus der gleichen Quelle – offenbar besser verwerten können. So gut, daß die New Yorker Börse ein Komitee ernannte, das darüber Aufklärung schaffen sollte, wer die massiven Verkäufe vom Samstag veranlaßt hatte. Man entdeckte nie eine Spur.

Das Kreuger-Drama hatte mich innerlich verwandelt. Es gab mir einen menschlicheren und entsprechend gesünderen Blickwinkel und machte mich von der bösen Galligkeit des Pessimisten frei. Ich entledigte mich all meiner Baisse-Verpflichtungen.

Abgesehen von meiner veränderten seelischen Grundhaltung sagte mir auch mein Instinkt – oder war es meine Logik –, daß die Depression in der ganzen Welt ihren Tiefpunkt überschritten hatte. Dafür gab es mancherlei Anzeichen. Die Börsentendenz schwenkte allenthalben tatsächlich um. Im Frühling begann mit Roosevelts Amtsübernahme und den Reformen des New Deal eine neue Ära des wirtschaftlichen Aufschwungs und der Börsenhausse in den Vereinigten Staaten.

Damals wurde, so möchte ich sagen, die Chance meines Lebens geboren. Mein eigenes Leben glich sich gewissermaßen dem Lauf der Weltgeschichte an: Meine persönliche Entwicklung hatte eine günstige Wendung genommen, und zwar im richtigen Augenblick. Aus dem Sturm, der mich erfaßt hatte, war ich als ein neues Wesen hervorgegangen. Und zur gleichen Zeit erlebte zufällig ein großer Teil der Welt ebenfalls eine Erneuerung.

Amerika löste sich aus einer tödlichen Umklammerung. Die gefährliche Krise des Kapitalismus, die ihn für immer hätte ersticken können, war überwunden, und nie wieder konnte eine ähnliche Katastrophe eintreten. Es war die erste ihrer Art und gleichzeitig die letzte.

Von dieser Depression, der Millionen Menschen zum Opfer gefallen waren, hatte ich viel profitiert. Aber der Nachgeschmack war bitter. Diesmal hatte ich – endgültig – begriffen, daß es schöner ist, durch die Hochkonjunktur zu verdienen. Jetzt empfand ich Verachtung für das Geld, weil ich alle anderen Werte, die ich mißachtet hatte, wieder höher schätzte – einschließlich der Börsenwerte. Mein Glück war, daß diese Werte nicht nur in meinen Augen, sondern auch an der Börse stiegen. In der Roosevelt-Ära kam es zu einer stürmischen Hausse.

Ich hatte begriffen, daß es andere Dinge im Leben gibt, die man sich mit Hilfe des Geldes zwar leichter beschaffen kann, die aber das Geld nicht ersetzen können.

Das änderte natürlich nichts daran, daß ich mir den ganzen Tag den Kopf darüber zerbrach, wie ich an der Börse einen neuen Coup landen konnte. Doch man halte mir zugute, daß mich bei einer gelungenen Spekulation die Bestätigung meiner richtigen Voraussage ebenso freute wie der materielle Gewinn.

Mein Börsenzoo

Zwei besondere Exemplare: Victor Lyon und Gustav Hoffmann

Seit siebzig Jahren lebe ich in einem Zoo der verschiedensten Menschenspezies. Ich hatte viele Freunde: Uradelige, Intellektuelle, kleine Schieber und große Diebe, Reiche wie Krösus und Arme wie Kirchenmäuse. Und an der Börse? Nicht jeder, der sich dort bewegt, ist ein »Spekulant«. (Ich meine, man darf den Begriff nicht mißbrauchen.) Es gibt solche und solche Börsianer. Es gibt den Doktor der Börsenkunst und den Börsenspieler von einem Tag zum anderen oder sogar von einer Stunde zur anderen. Es gibt Amateure, Halbamateure, es gibt Winkelspekulanten und so fort.

Und dann gibt es noch das ganze Heer der technischen Armatur: Bankiers und ihre Angestellten, Makler, Zensale, Remissiers, Agenten und Subagenten, abgebrannte Anlageberater, deren Beruf eher dem eines Staubsaugerverkäufers als dem eines Vermögensverwalters ähnelt, und ein ganzes Heer von Menschen, die durch die Börse oder auch nur an der Börse leben, von Kommissionen, Provisionen, Vermittlungsgebühren und so weiter.

Die wichtigsten Figuren aber sind »Haussetrottel«, »Baissegeier« und andere Käuze – sie bevölkern die Welt, in der ich mich seit sieben Jahrzehnten bewege. Nach einer so langen Zeit darf ich mich über die Börsenzoologie, von der ich mich selbst nicht ausschließe, ein wenig lustig machen. Mit etwas Glück können Jüngere davon profitieren.

Die Börse ist eine bunte Welt, eine Art von Dschungel, wo der Starke den Schwachen auffrißt. Vae victis: Es herrscht unter den Profis ein permanenter Kampf und ein dazu bestens geeignetes Zweiparteiensystem. Es gibt Baissiers und Haussiers oder – wie die Angelsachsen es malerisch ausdrücken – Bears and Bulls (Bären und Stiere).

Der Bulle ist das Sinnbild des Spekulanten, der voranstürmt und mit seinen Hörnern alles in die Höhe schleudert, an erster Stelle natürlich die Kurse. Der Baissier ist der Jäger, der das Fell verkauft, bevor er den Bären geschossen hat. Es kann ihm nämlich passieren, daß er den Bären nicht trifft und dann mit Verlust das zu früh verkaufte Fell zurückkaufen muß.

In allen Börsen der Welt mögen die Bulls die Bears und die Bären die Bullen nicht. Ihre Weltanschauung ist so grundsätzlich verschieden voneinander, daß es kein wirtschaftliches oder politisches Ereignis gibt, bei dem sie ein und derselben Meinung wären. Der Baissier kommentiert jede Nachricht pessimistisch, der Haussier gibt zur gleichen Zeit eine optimistische Interpretation.

Ich kann, wenn ich mich zehn Minuten mit einem Börsianer unterhalten habe, sagen, ob er ein Haussier oder Baissier ist – ohne ein Wort über die Börse zu verlieren. Meine »Börsenpsychoanalyse« im Schnellverfahren arbeitet sofort. Denn wenn zwei Börsianer sich treffen, fragen sie nicht: »Wie geht es Ihnen?«, sondern: »Wie sehen Sie den Markt?«

Der Baissier ist ein ganz merkwürdiger Kauz, dessen Motivation sich aus unterschiedlichen Quellen speisen kann. Ein ganz typischer Vertreter des »intellektuellen Baissiers« war ein gewisser Victor Lyon, der in Börsenkreisen allgemein nur la Pieuvre, »der Blutsauger«, genannt wurde. Er bemühte sich immer, durch Geheiminformationen herauszubekommen, in welcher Höhe jeweils Kreditengagements an der Börse bestanden. Wenn er wußte, daß viele Hunderte Millionen, ja Milliarden in einer Haussespekulation engagiert waren, spielte er natürlich auf die Baisse. Er wiederholte immer wieder: Die technische Verfassung des Marktes ist entscheidend; wenn alle Papiere von den »schwachen Händen« gehalten werden, dann muß der Krach kommen. Und er hat immer recht bekommen. Victor Lyon pflegte zu sagen: »An einem Baisse-Tag mache ich mehr Geld als in dreißig Tagen des Kursanstiegs.«

Er beherrschte aber auch andere Varianten der Börsenmanipulation wie das Abladen von hochgetriebenen Aktienwerten beim Publikum.

Vor dem Krieg fiel Frankreich diese Rolle eines Mülleimers zu. Alle verdächtigen Aktien, abgebaute Minen und ausgetrocknete Ölquellen, minderwertige Staatsanleihen konnte man dem französischen Sparer andrehen. Dutzende rücksichtsloser Finanziers haben sich daran bereichert. »La Pieuvre«, der Blutsauger, war einer von ihnen.

Die Methode à la Pieuvre funktionierte folgendermaßen: Sagen wir zum Beispiel, irgendeine Londoner Finanzgesellschaft wollte eine Minenaktie in Paris abladen. La Pieuvre kaufte 300 000 Aktien zu einem niedrigen Preis, etwa 20 Shilling, und erhielt eine Option für weitere 100 000 Aktien zu 22, eine weitere zu 24 Shilling und so fort, um je 2 Shilling mehr pro 100 000 Stück. Dann kaufte er an der Londoner Börse dieselben Aktien in kleinen Mengen, aber mit viel Getöse. Vereinbart, daß die Finanzgesellschaft in der Zwischenzeit keine neue Ware auf den Markt brachte und dadurch sein Treiben störte, manipulierte er so den Kurs in die Höhe.

Waren die Aktien bis zu etwa 50 Shilling gestiegen, erfolgte ihre Einführung an der Pariser Börse. La Pieuvre konnte sein ganzes Quantum, auch mit Hilfe der Banken, unterstützt von Flüsterpropaganda und von der Presse, in französische Depots hineinpumpen.

Es ist überflüssig zu sagen, daß die Kurse nach getaner Arbeit vertikal in die Tiefe stürzten, manchmal bis auf Null. Das Publikum erlitt die schwersten Verluste. La Pieuvre aber hinterließ, als er vor einiger Zeit, als Ritter der Ehrenlegion ausgezeichnet, starb, bei Schweizer Banken gut versteckt nicht weniger als 150 Millionen Dollar, damals eine gewaltige Summe.

Erst vor einigen Jahren habe ich eine kleine pikante Geschichte über La Pieuvre gehört. Monsieur Pelletier, ehemaliger Innenminister General de Gaulles, erzählte mir, daß in der Zeit, als er Präfekt von Paris und Umgebung war, La Pieuvre ihn aufsuchte und ihm einen Vorschlag machte. Er wolle seine wunderbare Bildersammlung der Stadt Paris vermachen, unter der Bedingung, daß noch zu seinen Lebzeiten eine Straße von Paris nach ihm benannt würde. (Natürlich wäre es nicht die »Blutsauger«-Straße gewesen, sie hätte seinen bürgerlichen Namen getragen.)

Man kann sich vorstellen, daß Monsieur Pelletier den Vorschlag höflich, aber bestimmt ablehnte, aus dem einfachen Grunde, weil in Paris noch nie eine Straße nach irgend jemandem (nicht einmal nach General de Gaulle) zu dessen Lebzeiten benannt wurde. Wie man sieht, haben Finanziers, wenn sie erfolgreich sind, nicht die mindesten Komplexe. Selbst wenn sie Blutsauger oder Halsabschneider genannt werden.

Erinnert das nicht an die Ruhmsucht der Fondsmanager, die in prächtigen Schlössern lebten, mit Privatflugzeugen herumsausten, aber zur gleichen Zeit Millionen von kleinen Leuten ruinierten?

Diese Art von Finanziers war immer clever genug, um Gerichten und Polizei zu entgehen.

Neben den »Intellektuellen«, die ihre Spekulation auf Überlegungen stützen, gibt es auch psychologische Baissiers. Dieser Typus hat keine Ahnung, ob die Papiere überbewertet oder unterbewertet sind, er kümmert sich auch nicht recht darum. Seine Entscheidung, Baissier zu werden, hat rein (individual-) psychologische Gründe: etwa die Überbewertung des Geldes, das man »cash« in der Tasche hat. Und jemand, der am Magen leidet und deshalb immer schlecht gelaunt ist, wird niemals ein Haussier sein.

Mein erster Kunde überhaupt, den ich an der Börse hatte, war solch ein »psychosomatischer« Baissier. Börsenrat Gustav Hoffmann, ein guter Freund meines Vaters, nannte sich zwar Bankier, aber sein einziger Kunde war er wohl selbst. Hoffmann spielte grundsätzlich auf Baisse. Eines Tages kam er nach Paris zu Besuch, ich nahm ihn mit zur Börse, um ihm einiges zu erklären. Die Kurse waren stabil, und er fragte mich, wie die Aktie der »Paris-Bas« stünde. Ich nannte ihm den Kurs, und seine spontane Antwort war: »Zu hoch! Das ist ein frivoler Kurs.«

Über Gustav Hoffmann handelt auch jene Episode: Der Budapester Aktienmarkt erlebte mal wieder eine fulminante Haussebewegung. Ein Börsenkollege sah Hoffmann in einem abgelegenen Winkel des Börsensaals stehen und fragte ihn wohl etwas schadenfroh (denn jedermann wußte, daß er stark à la baisse engagiert war): »Was schätzen Sie, verdienen diese jungen Leute (wobei er auf die vergnügten Haussiers deutete) jeden Tag mit der Hausse?«

Gustav Hoffmann schaute nur kurz auf das für ihn so kostspielige Treiben und gab dann diese königliche Antwort: »Das spielt überhaupt keine Rolle! Dieses Geld kommt alles zu mir zurück. Nur das, was die jungen Leute in der Zwischenzeit für Champagner und Frauen ausgeben, ist für mich verloren.«

In ihren materiellen Interessen stehen sich Bullen und Bären ebenfalls entgegen. Der Ausgang des Kampfes hängt dennoch nicht von der Stärke der beiden ab, sondern, wie beschrieben, von vielen politischen, wirtschaftlichen und psychologischen Faktoren, von Imponderabilien verschiedenster Art.

Die Bulls können sich nicht einmal vorstellen, daß Kurse auch zurückgehen können. Kurssteigerungen erscheinen ihnen normal und selbstverständlich. Einen Kurssturz halten sie für unmöglich. Jedoch verträgt der Haussetrottel eher Verluste, wenn die Börse zurückgeht, als versäumte Gewinne, wenn sie steigt und er nicht dabei ist. Der Bär dagegen sucht in einer fast perversen Sehnsucht nach dem Schmerz, aber nach dem Schmerz anderer. Das stimmt auch, denn er kann nur dann Geld machen, wenn die anderen durch den Kurssturz ihrer Aktien Verluste erleiden, während der Haussier dank des Wachstums eines Unternehmens von höheren Kursen profitiert, ohne dadurch anderen Schaden zu verursachen. Der Baissier triumphiert, wenn die anderen klagen, denn erfahrungsgemäß sind unter hundert Börsenprofis nur fünf Baissiers.

Die Käuze wiederum kümmern sich nicht darum, was Bullen und Bären tun. Sie haben ihre eigene Welt, so etwa die theoretischen Spieler. Diese Spezies kauft und verkauft, aber nur in Gedanken. Sie verbucht Gewinne und Verluste nur im Kopf, die Brieftasche spürt nichts davon. Aber diese Spieler fühlen sich glücklich, wenn sie einen theoretischen Gewinn einstreichen.

Dann gibt es Wochenendspieler, die nur freitags Papiere kaufen, wenn an diesem Tag die Börse fest ist, da sie sicher sind, daß das Publikum nach einem optimistischen Wochenende am Montag sich zum Kauf entschließt. Ich habe noch keine Millionäre unter ihnen gefunden. Dann gibt es wieder andere, die sich nur mit Aktien von Pleitegesellschaften befassen, die man im Börsenjargon »feuchte Füße« nennt. Sie meinen, es könnte doch ein Wunder geschehen. Es geschah hier und da. Immerhin kann man solche Aktien noch als Dekoration verkaufen.

Möchtegerne

J'accuse! Ich klage an die Berufsvolkswirte wegen ihrer totalen Verdummung der Sparer und der totalen Verwirrung, die sie in den Köpfen des Publikums, der Geschäftsleute und Unternehmer anrichten. Ihre Volkswirtschaft ist eine Wissenschaft, die vergebens sucht, was Wissen schafft.

Fast alle ihre trüben, verstaubten Theorien kann man nur mit scharfer Logik und viel Arbeit widerlegen, aber hierzu sind nur wenige bereit. Für mich galt schon immer: »Eine halbe Wahrheit ist eine ganze Lüge.« Und das gilt ganz besonders für Wirtschaft und Finanzen. Die Experten zitieren nur die Hälfte der statistischen Zahlen, die man zitieren müßte (US-Haushalts- und Handelsbilanzdefizit, Sparquoten und so weiter).

Die Volkswirte sind also trotz ihrer Diplome Gladiatoren, die mit verbundenen Augen kämpfen. Ihre Statistik ist nicht nur falsch, sie merken zudem nicht, was hinter ihr steckt. Sie rechnen nur und denken nicht. Sie wissen alles, was man aus Büchern büffeln kann, aber die Zusammenhänge entgehen ihnen. Jeder frischgebackene Volkswirt bildet sich ein, unfehlbare Wirtschaftsprognosen machen zu können.

In den Medien der ganzen Welt wird wiederholt festgestellt, daß die Berufsvolkswirte samt ihren Professoren mit den Prognosen völlig auf die Nase gefallen sind. Nach dem berühmten 1987er Crash trafen sich 33 Professoren aus aller Welt in Washington zu einem Symposium und äußerten die düstersten, fast dramatischen Voraussagen für die Weltwirtschaft. Prompt schrieb ich darauf: »33 Professoren, o schöne Welt, du bist verloren!« Und was geschah? Genau das Gegenteil ihrer blauäugigen Prophezeiungen. Heute müssen die Notenbanken den wirtschaftlichen Aufschwung bremsen, damit er nicht die Inflation anheizt. Einen solchen monumentalen Fehlschlag kann man nicht leicht verzeihen.

Ich habe nichts gegen Professoren, ich bin ihnen sogar dankbar, daß sie mir das Alphabet, das Einmaleins und fremde Sprachen beibrachten – aber für Prognosen in der Wirtschaft oder an der Börse taugen sie nicht. Da höre ich mir lieber Astrologen oder Wahrsager an. Vor allem beherzige ich die Worte des Michel de Montaigne (1533 bis 1592), des vielleicht klügsten Mannes der französischen Literatur. Der sagte: »Ich ziehe anstelle eines verschrobenen Palavers ex cathedra vor, daß mein Sohn in einer Kneipe sprechen lernt.«

Warum gibt es also, besonders in der Bundesrepublik, so viele junge Leute, die Volkswirtschaft studieren? Ganz einfach: Sie brauchen auf ihrer Visitenkarte in fetten Buchstaben das Wort Diplom-Volkswirt. Große Unternehmen und Banken ziehen bei einer Anstellung seit einigen Jahren solche Kandidaten vor, bei denen sie den Beweis haben, daß sie keine Analphabeten sind. Unter den Diplomen ist das der Volkswirtschaft das einfachste, bestimmt leichter als das eines Doktor-Ingenieurs. Man muß nur einige Bücher auswendig lernen, viel Kopfzerbrechen braucht man dazu nicht. Und so werden unzählige Diplom-Volkswirte gezüchtet. Ich bedaure sie dafür, daß sie vier Jahre ihrer wertvollen Zeit verplempern müssen, und behaupte, daß Volkswirtschaft eine Pseudo-Wissenschaft ist. Das wenige, das man daraus lernt, veraltet von einem Jahr zum anderen.

Ich bin nicht der einzige, der diese Ansicht vertritt. Die zweitgrößte Maklerfirma an der Pariser Börse (400 Angestellte) schiebt die Bewerber, die sich mit einem Wirtschaftsdiplom melden, sofort zur Seite mit der Begründung, daß diese mit Scheuklappen leben, nicht global denken und zudem noch Besserwisser sind.

Unterhalte ich mich mit einem Börsenkollegen, so brillant er auch sein mag, merke ich nach zwei Sätzen, daß er Volkswirtschaft studiert hat. Seine Argumente und Analysen sind in ein Korsett eingezwängt, aus dem er nicht herausfindet.

Wie aufrichtig und vielsagend war mit seinem Eingeständnis Al Smith, Gouverneur vom Staat New York, ein berühmter, sehr populärer amerikanischer Staatsmann, der beinahe Präsident geworden wäre. Bei einer Volksversammlung rief ihm jemand zu: »Hi, Herr Gouverneur, an welcher Universität haben Sie graduiert?« – »Ich? An dem Fischmarkt von New York City.« Auch Albert Hahn, Professor der Volkswirtschaft, der ein Vermögen von rund 100 Millionen Dollar hinterließ, beschrieb seine Börsenspekulationen kurz, aber ehrlich: »Ich gebe doch nichts auf meine eigenen Dummheiten, die ich als Professor verkünde!«

Leider war der Jury für die Verleihung des Nobelpreises 1990 dieser Spruch nicht zu Ohren gekommen. Im Gegenteil – sie gaben sehr viel auf akademische Dummheiten und vergaben den Preis an drei Professoren der Wirtschaftswissenschaften. Begründung der Schwedischen Akademie der Wissenschaften: »Für ihre bahnbrechende Arbeit« unter anderem »auf dem Gebiet der Portfolio-Analyse«.

Wollen Sie wissen, lieber Leser, was so bahnbrechend an den Thesen der Professoren ist? Eine der Thesen besagt, »daß für die Anlageentscheidung eines einzelnen Investors zwei wichtige Faktoren existieren: die erwartete Rendite und das Risiko«. Nein, wirklich?

Eine andere heißt: Wenn »Anleger Investments mit hohem Risiko akzeptieren, müssen sie auch mit einer höheren Rendite entlohnt werden«. Nicht minder bahnbrechend ist die Erkenntnis, die erwartete Portfolio-Rendite müsse »... dem gewichteten Durchschnitt der erwarteten Renditen der einzelnen Investments« entsprechen. Beispiel: Bringe Aktie A 10 Prozent und Aktie B 20 Prozent, so betrage die erwartete Portfolio-Rendite 15 Prozent. Eine reife Rechenleistung!

Eine echte Binsenwahrheit ist auch die folgende Empfehlung: Wer das Gesamtrisiko eines Anlageportfolios senken will und die Aktien eines Unternehmens besitzt, das unter steigenden Ölpreisen leidet, muß Aktien eines solchen Unternehmens dazukaufen, das von den steigenden Ölpreisen profitiert. Ach, nein!

Solche bahnbrechenden Wahrheiten kennt jeder Laufbursche an der Börse. Sie sind bestenfalls eines Wirtschaftskindergartens würdig. Den Nobelpreis dafür zu vergeben, halte ich für eine Beleidigung des Homo sapiens.

Wahrscheinlich haben die Herren Akademiker keine großen Erfahrungen mit Wertpapieren oder Börsen. Sonst würden sie nämlich nicht solche Gemeinplätze verkünden und sich damit lächerlich machen.

Ich weiß, daß ich jetzt manchem Leser mit meiner scharfen Philippika frech und unverfroren vorkommen werde. Aber da ich in meinem Alter keine Ambitionen mehr habe, irgendeinen Preis zu bekommen, erlaube ich mir den Luxus, die Wahrheit zu sagen.

Wissen die Herren Akademiker nicht, daß seit 100 Jahren Hunderte von Büchern über optimale Portfolio- und Wertpapier-Analysen erschienen sind? Ein Klassiker darunter, noch vor der Jahrhundertwende, stammt von dem Engländer Major Angas und erreichte Dutzende von Auflagen. Alle diese Autoren verdienten den Nobelpreis mit gleichem Recht (im äußersten Notfall sogar ich!). Mit diesen preisgekrönten Theorien wollen die Schüler und Adepten der drei »nobilierten« Professoren erfolgreich sein? Da sehe ich schon größere Chancen in den Voraussagen eines Sternguckers.

Auch die Analyse eines alten Börsianers erscheint mir

nützlicher. Der gab mir vor 65 Jahren in Paris folgenden guten Rat mit auf den Weg: »Alles hängt davon ab, ob mehr Dummköpfe als Papiere da sind.« Das war übrigens auch das Motto des Herrn Abs, des großen alten Mannes der Deutschen Bank.

Und wieder fällt mir eine Anekdote ein, die mir eine Dame erzählte, deren Vater Zeuge des Vorgangs war: Einstein hält einen Vortrag vor Studenten. Einer fragt ihn, ob er nicht seine Relativitätstheorie kurz und für Laien verständlich erklären könne.

»Nehmen wir an«, sagt Einstein, »ich sitze auf einem heißen Ofen, drei Minuten lang – es wird mir vorkommen, als seien es 30 Minuten. Aber habe ich auf meinem Schoß eine hübsche junge Dame, 30 Minuten lang, kämen die mir wie drei Minuten vor.« Die jungen Leute lachen, aber man hört, wie einer der Studenten seinem Nachbarn ins Ohr flüstert: »Und dafür hat er den Nobelpreis bekommen …?«

Gurus ohne Garantie

Ich amüsiere mich oft über den Nonsens in den Börsenberichten der Tagespresse, wie zum Beispiel: »Die Börse blieb heute durch Verkäufe schwächer, weil die Pessimisten für die weitere Entwicklung keine große Hoffnung haben. Die Käufer waren zurückhaltend, weil sie auf eine schwächere Börse warten. So mußten die Kurse unter dem Druck der schlechten Stimmung und der Abgaben nachgeben.«

Von diesen vielen Zeilen ist nur die erste interessant, und aus der kommt es auf vier Worte an: »Die Börse blieb schwächer.« Alles andere ist selbstverständlich, denn das Wort »schwächer« sagt schon alles. Es gibt natürlich auch Nuancen: schwach, schwächer, sehr schwach.

So manch einfältiger Kommentar stammt sogar von großen Gurus, über die ich nur laut lachen kann. Zum Beispiel: Mr. Robert Farrell, Analyst von Merrill Lynch und populärster Hellseher der Wall Street. In einem technischen Börsenkommentar gab er mal dies zum besten: »Es kann sein, daß die Börse im Begriff ist, einen zyklischen Gipfel zu bilden, um dann auf eine Talfahrt zu gehen. Es kann aber auch sein, daß sich die Aufwärtsbewegung fortsetzt und auf ein unerwartet hohes Niveau führt.« Das ist ein niedriges Niveau wie das »Wenn der Hahn kräht auf dem Mist, ändert sich's Wetter, oder's bleibt, wie es ist.«

Das erinnert mich an die Worte von John Pierpont Morgan. Als ein Journalist ihn während des Wall-Street-Krachs 1907 fragte, wie er die weitere Entwicklung einschätze, antwortete er lakonisch, aber vielsagend: »Die Börse wird fluktuieren.« Dies sagte er aber aus Spaß. Ich hätte noch die Worte aus dem Pariser Stadtwappen hinzugefügt: *Fluctuat nec mergitur* (Es schwankt, aber es geht nicht unter). Auch der Wunderrabiner von Fürth gab telegrafisch und ohne Punkt und Komma eine ähnliche Antwort, als Frankfurter Juden ihn nach der zu erwartenden Börsenentwicklung fragten: »Kaufet nicht verkaufet.«

Noch viel ärger aber steht es mit den Prophezeiungen des berühmtesten Börsengurus der Welt, des jungen Robert Prechter. Er verkauft die Elliott-Wellen-Theorie, die er durch Börsenbriefe und sein Buch verbreitet. In meinen Augen gleicht diese Theorie dem Kaffeesatzlesen. Er empfiehlt, Aktien leerzuverkaufen. Die Kurse freilich steigen. Und so müssen sich die Jünger, weil der Kurs um ein paar Punkte klettert, sofort eindecken. Derartige Empfehlungen wiederholt er nun seit Jahren Woche für Woche. Seine Leser können folglich Woche für Woche ihr ganzes Geld verlieren.

Und wie könnte ich den großen Joe Granville vergessen (der für kurze Zeit Tausende von Anhängern in der Bundesrepublik hatte). Vor zirka zehn Jahren befahl er bei einem Dow Jones von 700 auch Großmüttern, auf den Sturz bis 400 zu spekulieren, der aufgrund seiner Analysen unvermeidlich sei. Doch der Dow Jones fiel nicht auf 400, sondern stieg bis über 3 000. Der gute Joe hatte sogar die Unverfrorenheit, zu behaupten, für seine Voraussagen werde er den Nobelpreis erhalten. Kennt denn die menschliche Dummheit so gar keine Grenzen?

Ebenfalls nicht in Stockholm, sondern im Grabe landete ein gewisser Kurt Oligmüller. Er erfand die Theorie des goldenen Schnitts, mit der er die kommenden Kurse mit höchster Präzision errechnen wollte. Zur selben Zeit aber hörte er auf Granville, verlor sein ganzes Geld und das seiner Kunden – und beging mit seiner Frau Selbstmord.

Ich muß auch Henry Kaufmann, den Zinsguru, erwähnen, der seine Zinsprophezeiungen immer nach den Entscheidungen der Federal Reserve Bank hinausposaunte. Das hätte auch jeder Laufjunge tun können. Die bekannte Firma Salomon Brothers hatte ihn mit viel Geld und Public-Relations-Reisen aufgebaut, um dann Prognosen zu machen, die den Anleihemarkt in die eine oder in die andere Richtung ziehen konnten. Glücklicherweise ist er heute längst vergessen, aber wahrscheinlich nicht von denjenigen, die durch seine Voraussagen ihr Geld verloren haben. Seine Popularität und sein Prestige waren vor einigen Jahren unbegrenzt, sogar die Bundesbank konsultierte ihn.

Jede Prophezeiung hat 50 Prozent Chancen, ein Treffer zu sein, denn in dem Rennen an der Börse gibt es nur zwei Teilnehmer: Hausse und Baisse, rauf oder runter. Was die Einflußfaktoren anbelangt, aufgrund deren die Gurus mit Hilfe ihrer Computer die Entwicklung berechnen, denke ich immer daran, daß mir einmal folgende Frage gestellt wurde: »Wenn ein Schiff 20 Meter lang, fünf Meter breit und vier Meter tief ist, wie alt ist dann der Kapitän?«

Ich habe es mit meinem PC genau ausgerechnet, aber ich darf es nicht veröffentlichen – der Kapitän wäre möglicherweise beleidigt.

Drei alte Dokumente aus meiner Karriere

Vor ein paar Monaten habe ich in meinem Keller Ordnung gemacht und dabei unter anderem zwölf Flaschen Piper-Heidsieck-Champagner aus dem Jahre 1938 gefunden; leider enthalten sie keinen Champagner mehr, sondern Madeira, aber sie sind noch immer genießbar. Und unter vielen Büchern und persönlichen Sachen fand sich auch ein Umschlag mit alten Papieren. Ich habe sie alle durchgeschaut und darin drei Dokumente gefunden, die für meinen Lebenslauf ganz interessant sind.

Diese drei Dokumente sind Illustrationen für die Karriere eines Börsenprofis. Das erste Dokument datiert von 1929, damals war ich 23 Jahre alt, Börsenprofi, sehr erfolgreich, und machte schon sehr viel Geld. Es handelt sich um eine Lebensversicherungspolice, die belegt, daß ich damals eine Lebensversicherung mit einer Laufzeit von dreißig Jahren abgeschlossen habe, die Versicherungssumme betrug 10 000 Dollar, je zur Hälfte in französischen Francs und Dollars.

10 000 Dollar im Jahre 1929 entsprechen heute einer Kaufkraft von 400 000 Dollar. Das zeigt zum einen, wie meine Spekulationen prosperierten. Zum anderen wollte ich etwas sparen; und diese Lebensversicherung hatte, da ich doch Junggeselle war und meine Eltern wohlhabende Leute, nur den einen Zweck, mich zum Sparen zu zwingen. Ich mußte monatlich etwas einzahlen, um dann, wenn ich es erleben sollte, nach dreißig Jahren die Versicherungssumme ausbezahlt zu bekommen. Ich war mit 23 Jahren schon so vorsichtig, auch ans Sparen zu denken. An der Börse geht nicht alles so einfach.

Noch interessanter aber ist der Begleitbrief der Versicherungsgesellschaft (siehe S. 727), in dem sie bestätigt: Ihrem besonderen Wunsch entsprechend, sind wir bereit, ausnahmsweise anzuerkennen, daß die Versicherungssumme für einen Zeitraum von zehn Jahren auch im Falle eines Selbstmords fällig wird. Es erstaunt mich heute selbst, daß ich mit 23 Jahren eine Lebensversicherung abgeschlossen – und sogar daran gedacht habe, mich auch für den Fall eines Selbstmordes zu versichern. Wenn man total am Ende und mit seinen finanziellen Engagements gescheitert ist, kann einem das ja als letzter Ausweg erscheinen.

Fünf Jahre später hatte ich dann tatsächlich Selbstmordgedanken. Warum, belegt das zweite Dokument (siehe S. 728). Ich bekam Anfang 1934 vom Pariser Gerichtshof eine Verfügung zugeschickt: Das Mobiliar meiner Wohnung im Auktionshaus auf der Rue Rossini wird versteigert, wenn ich nicht bis zum 26. Februar des Jahres meine Schulden – übrigens bei einer Firma in Bingen am Rhein – bezahle. An meiner Wohnungstür klebte der Kuckuck und die Ankündigung der Versteigerung. Ich war also nach vier Jahren der Prosperität schlicht pleite. Der Grund war einfach: schlechte Spekulation. Es ging mir schon ab 1932/33 sehr schlecht, denn ich war stark à la baisse engagiert – und die Börse stieg und stieg. Ich verlor mein ganzes Geld und stürzte mich in Schulden. Nur meine Möbel habe ich dann doch nicht verloren; ein Kollege – wir Börsianer sind ja sehr solidarisch – half mir, meine Verpflichtungen rechtzeitig zu begleichen.

Was macht der Börsianer, wenn er pleite ist? Er muß eben ein bißchen arbeiten. Und so habe ich gearbeitet, und zwar als Makler. Ich gab mein selbständiges Spekulantenleben auf und arbeitete auf Provision. Bald hatte ich mich total erholt – und sogar so gut erholt, daß ich 1936, also schon drei Jahre später, ein Einkommen von über 150 000 Francs hatte, wie Dokument 3 beweist (siehe Seite 729). Das entsprach etwa

B.I.

Les Lettres doivent être adressées
à Mr R. de SAINT-PÈRE
DIRECTEUR GÉNÉRAL
Rue de Richelieu N° 87

ADRESSE TÉLÉGRAPHIQUE DE LA COMPAGNIE
ASSURANCES GÉNÉRALES VIE PARIS 58

NUMÉRO DU COMPTE DE CHÈQUES POSTAUX : 213.86

Compagnie d'Assurances Générales

SUR LA VIE

Entreprise privée assujettie au Contrôle de l'Etat

PRIMITIVEMENT AUTORISÉE PAR ORDONNANCE DU 22 DÉCEMBRE 1819

N° D'IMMATRICULATION AU REGISTRE DU COMMERCE SEINE 39.608

Les Chèques, Mandats et Envois de Valeurs doivent être faits au nom de "La Compagnie d'Assurances Générales sur la Vie."

Paris, le 21 SEPTEMBRE 1929,

Monsieur André KOSTOLANGI,
50, rue de Monceau à P A R I S .

Monsieur,

En réponse à la demande que vous nous avez adressée par l'intermédiaire de Monsieur HOUSSAY, notre représentant à Versailles, relative au contrat d'assurance mixte que vous avez souscrit, sous le N° 584.453, nous avons l'honneur de vous informer, qu'à titre tout à fait exceptionnel, nous consentirons à couvrir le risque de suicide, conscient ou non, après deux ans de durée du contrat .

Veuillez agréer, Monsieur, l'assurance de notre considération distinguée .

Pour la Compagnie :
Le Directeur Général,

Département Seine

COMMUNE OU VILLE :

DÉCLARATION

Pour l'Impôt Général de 1937 sur le Revenu de 1936

Modèle B

Timbre à date du Contrôle

I. — IDENTITÉ ET ADRESSE DU DÉCLARANT

NOM Kosztolany Prénoms : André
(Soulignez le prénom usuel.)
Nationalité : Hongrois
Adresse actuelle : 50 Rue de Monceau Paris
Adresse où a été souscrite la déclaration précédente :

II. — SITUATION DE FAMILLE.

Date et lieu de naissance 9 fevrier 1906 Budapest Etes-vous célibataire ? Oui
Etes-vous marié ? — Nom de famille de votre femme — Date et lieu du mariage —
Etes-vous veuf ? — Date et lieu du décès de votre conjoint —
Etes-vous divorcé ? — Date et lieu de votre divorce —
Si tous vos enfants sont décédés indiquez-le ci-contre —
Si vous êtes titulaire d'une pension militaire d'invalidité, indiquez ci-contre le degré d'invalidité reconnu : ______ pour cent

— 3 —

6) Traitements, Indemnités, Émoluments, Salaires, Pensions et Rentes Viagères.

Colonne réservée au Contrôleur.

Professions exercées. Noms et adresses des employeurs.
Mari, Remisier Bourse des Valeurs chez A. Dergnel agent de Change. D'Espinay-Mulle Adrest et A. Tayhe - Banquiers en Valeurs
Femme,
Enfants,

	Par vous.	Par votre femme.	Par vos enfants.
APPOINTEMENTS BRUTS : a) **Sommes touchées en espèces** l'année dernière, défalcation faite des retenues effectuées par l'employeur (retraite, assurances sociales, prélèvements)	~~[illegible]~~ 15		
b) **Avantages en nature :** (logement, nourriture, chauffage, etc...)	154 666 15		
Total des appointements bruts			
DÉDUIRE les **versements** effectués par le salarié lui-même pour la constitution de **pensions ou de retraite à capital aliéné**			
Reste			
DÉDUIRE en outre les **frais professionnels** (10 % de la somme qui précède avec maximum de 20.000 francs, ou montant des frais réels, s'ils excèdent le forfait de 10 p. 100)	52500		
Reste : Traitement net	~~[illegible]~~		
PENSIONS et RENTES VIAGÈRES	99166 15		
Total des traitements nets et des pensions			
DÉDUIRE, impôts de l'année précédente sur les salaires et pensions (ligne 6 de l'avertissement) art. ___ du rôle N° 10400	4791	»	»
art. ___ du rôle N° ___	»		»
art. ___ du rôle N° ___	»	»	
Montant net			
TOTAL GENERAL à inscrire page 4	~~[illegible]~~ 15 94375.15		

7) Professions non commerciales. — Charges et Offices. — Revenus n'entrant pas dans une des six catégories ci-dessus.

Professions exercées. Adresses des exploitations
par vous Néant
par votre femme
par vos enfants

	pour votre exploitation	pour celle de votre femme	pour celle de vos enfants
Recettes			
Dépenses			
Bénéfice net (Différence)			

TOTAL à inscrire page 4

SIGNIFICATION DE VENTE

L'An mil neuf cent trente quatre LE SEPT Mars

A la requête de la Maison V. FROMMUN BINGEN RHEIN SAARKELLEREIEN G.M.B.A. Société à responsabilité limitée dont le siège est à BINGEN/RHEIN (Allemagne) poursuites et diligences de ses Gérants demeurant audit siège

Élisant domicile en mon Étude

René DUQUENNE
HUISSIER
40, Rue des Jeûneurs, 40
PARIS

J'ai, René DUQUENNE, Huissier près le Tribunal Civil de la Seine, Audiencier à la Cour d'appel, demeurant à Paris, 40, Rue des Jeûneurs, soussigné

Signifié et déclaré à Monsieur KOSTOLANY

demeurant à PARIS 50 Rue de Monceau

Que le dix neuf Mars 1934, à toutes heures du jour il sera procédé au récolement des meubles et effets saisis sur lui par procès-verbal de moi Huissier, à PARIS en date du vingt six Février 1934, enregistré et ensuite à la vente d'iceux aux enchères publiques PARIS Rue Rossini Hôtel des Ventes à toutes heures du jour

Sommant le susnommé de s'y trouver si bon lui semble avec déclaration qu'il y sera procédé tant en absence que présence

Le présent acte a été notifié au sus nommé en parlant à une personne à son service ainsi déclaré

sous enveloppe fermée ne portant d'autre indication, d'un côté, que les nom et demeure de la partie, et de l'autre, que le cachet de mon Étude apposé sur la fermeture du pli, par clerc assermenté dont les mentions seront visées par moi sur l'original le tout conformément à la loi.

Coût : quarante francs cent

y compris 1 feuille de papier spécial dont le montant est de 4,50

12 000 US-Dollar – nach heutiger Kaufkraft sicher das Zwanzigfache, in Dollar also etwa eine Viertelmillion.

Das ist die typische Geschichte eines Börsenprofis in der Nußschale. Und die Moral von der Geschicht': Er muß ein Stehaufmännchen sein. Wenn man seine Reserven verloren hat, muß man eben auch mal arbeiten.

Übrigens hatte ich es dann bald nicht mehr nötig, als Makler tätig zu sein – und bin bis heute ein selbständiger, unabhängiger Spekulant geblieben. Aber das Arbeiten hatte ich mir so angewöhnt, daß ich es nie mehr aufgeben konnte. Ich unterrichte, ich rede und schreibe, ich debattiere, und das werde ich tun, solange ich noch atmen kann. Ob das nun Arbeit ist oder nicht, das soll der Leser entscheiden.

Da fällt mir eine hübsche Anekdote von Franz Molnár ein, dem großen Schriftsteller. Seine Frau, Lili Darvas, die bei Max Reinhardt spielte, instruierte das neue Zimmermädchen: »Bitte stören Sie den Herrn nicht, wenn Sie saubermachen. Sie dürfen sein Arbeitszimmer nicht betreten; er arbeitet.« Am nächsten Tag kommt das Zimmermädchen zu Lili Darvas und sagt entrüstet: »Aber gnädige Frau, zufällig konnte ich einen Blick in das Arbeitszimmer des gnädigen Herrn werfen. Er arbeitet doch nicht – er schreibt!«

Der Stahlhändler mit den weichen Nerven

Auch die Börse kann süchtig machen, denn dort herrscht eine ganz besondere Atmosphäre. Die Luft, die man im Innern dieser tumultreichen Kampfstätte atmet, wirkt wie eine Droge. Ich kannte viele, die nur durch Zufall an die Börse kamen und sich nicht mehr losreißen konnten. Am besten illustriert dies die folgende Anekdote: Nach dem Börsenkrach 1929 in New York waren Tausende von Börsenprofis total pleite und mußten andere Beschäftigungen finden, sogar minderwertige Jobs. Zwei ehemalige Kollegen von der Börse treffen sich, und der eine fragt: »Was machst du jetzt?« – »Ich verkaufe Zahnbürsten für eine Firma. Und du?« – »Ganz im Vertrauen sage ich es dir«, ist die Antwort, »ich bin noch immer bei der Börse. Aber meine Frau glaubt, ich spiele Klavier in einem öffentlichen Haus.« (Das war noch immer besser, als Börsianer zu sein.)

Ein Freund von mir, Fréderic A., war börsensüchtig. Er arbeitete in der Stahl- und Eisenbranche und wickelte während des Koreakrieges Millionengeschäfte ab. Er tat sich groß damit, sein Geld mit Fleiß und Schweiß zu verdienen. In seinen Augen waren wir Börsianer Nichtstuer, Faulenzer und Parasiten der Wirtschaft. Eigentlich hatte er recht, obwohl ich mich bestimmt nicht schäme, niemals gearbeitet zu haben und trotzdem ein sehr angenehmes und bequemes Leben zu führen. Und so witzelten wir in unserem Freundeskreis ein wenig über unseren Freund Fréderic, als den Mann, der den eisernen Vorhang verkaufte. Ich warnte meinen Freund: Auch der Koreakrieg dauere nicht ewig, und eines

Tages würde er glücklich sein, sein »ehrlich verdientes« Geld in guten Aktien anlegen zu können; und da das bald einzutreffen drohe, solle er sich schon vorher mit dem Kursblatt vertraut machen.

Am nächsten Tag kam er zu mir. Er hatte über meine Bemerkung nachgedacht, gab mir Papier und Feder, und ich sollte ihm eine Liste von Börsenwerten aufstellen, die er zur Probe einkaufen wollte. Er dachte nicht an Spekulation, wollte nur ein wenig mitmischen. An erster Stelle schrieb ich ihm deutsche Young-Anleihen, französische Serie, an zweiter Stelle die südafrikanischen De-Beers-Aktien und dann noch einige amerikanische Blue Chips auf. Die Liste erwies sich als wunderbar. Die Youngs stiegen bald auf das Hundertfache, die De Beers auf das Zehnfache, alle anderen ebenfalls mächtig. Als sich nun gleich nach den ersten Ankäufen die Kurse so günstig entwickelten, legte sich mein Freund mehr und mehr Aktien zu, in New York, in Europa und sogar in Australien. Zuerst kaufte er mit seinem Bargeld, dann machte er immer mehr flüssig, zum Schluß kaufte er auf Kredit. Auf dem Höhepunkt seines Engagements fing er an zu rechnen und entdeckte, daß seine Börsendifferenzen von einem Tag auf den anderen das Fünffache seines Familienbudgets ausmachten. Außerdem entdeckte er, daß Kurse auch fallen können. Und die Börse wurde immer hektischer, die Differenzen immer größer, so daß die Nerven meines Freundes diese Aufregungen nicht mehr aushielten. Eines schönen Tages, während der Börsensitzung (vielleicht fielen gerade die De Beers vorübergehend um einige Punkte), erlitt er einen Nervenzusammenbruch und wurde in ein Krankenhaus eingeliefert.

Seine Familie hielt in großer Aufregung Kriegsrat. Sie beschlossen, das ganze Börsenengagement abzuwickeln. Man verkaufte alle Papiere, und sein ganzes Vermögen lag nun nicht mehr in schwankenden Aktien, sondern in feinem

Bargeld bei der Bank. Und was geschah dann? Während der langen Monate, in denen mein Freund sich einer Heilschlafkur unterzog, krachte die Börse. Es war der heftige Kursverfall aller Weltbörsen im Frühjahr 1962. Als mein Freund völlig geheilt aus dem Krankenhaus entlassen wurde, waren die Kurse auf dem tiefsten Stand. Er aber war ruhig und lächelte wie neugeboren. Die Schlafkur hatte sein Vermögen gerettet. Mit seinen auf Kredit gekauften Papieren wäre er ohne den Verkauf zugrunde gegangen. Auch mein Gewissen war rein; ich hatte ihn zwar zum Börsenspiel verleitet, aber: Ende gut, alles gut...

Aber so einfach ist es nicht, wenn man einmal vom Börsenfieber angesteckt ist. Hat man Papiere, so zittert man, sie könnten fallen; hat man keine, so zittert man, sie könnten steigen. Mein genesener Freund zitterte auch. Als sich die Kurse vom Tiefstand erholten, wurde er nervös. Als die Aktien weiter in die Höhe kletterten, ergriff ihn Panik, die Hausse könnte vor den Toren stehen und er sei nicht dabei. Vergebens warnte ich ihn: Er fing wieder an zu kaufen...

Ich verachte zwar die Parasiten der Börse, die Spieler, die jeden Tag kaufen und verkaufen, aber ich gebe zu, daß ohne sie die Börse keine Börse wäre und daß ohne Börse das kapitalistische System nicht existieren könnte. Denn je mehr Parasiten im Spiel sind, desto größer die Umsätze und die Liquidität. Und je größer die Liquidität, desto höher ist die Garantie auch für den Suigeneris-Anleger, seine Aktien in einem liquiden Markt mit hohen Umsätzen immer verkaufen zu können.

Wenn ich in einem Satz die Geschichte der Spekulation zusammenfassen wollte, müßte ich sagen: Der »Homo ludens« wurde geboren, er hat gespielt, gewonnen oder verloren und wird nie sterben.

Darum bin ich auch der Überzeugung, daß nach jeder Börsendepression, in der die Menschen ein wahrer Ekel vor

Aktien und vor der Börse befällt, wieder Zeiten folgen, wo alle Wunden der Vergangenheit vergessen sind und die Menschen sich wieder von der Börse anlocken lassen wie die Motten vom Licht. Und wenn sie es nicht aus eigenem Antrieb tun, dann sorgt schon die hochentwickelte Börsenindustrie dafür, und an erster Stelle der Köder Geld.

Ich könnte den »Homo ludens« und den Spezialfall des Börsianers mit einem Alkoholiker vergleichen, der nach einem schweren Rausch am nächsten Tag in seinem Katzenjammer beschließt, nie wieder ein Glas Alkohol in die Hand zu nehmen. Aber am Nachmittag trinkt er doch wieder einen Cocktail und dann noch einen und noch einen, und um Mitternacht ist er wieder genauso betrunken wie am Abend zuvor.

Also alles Besessene oder Narren? Vielleicht ist es gut so, denn was wäre die Welt ohne Narren und was erst die Börse? Woher kämen die Börsengewinne ohne Narren?

Furtwängler oder US-Steel?

Musik und Finanzen waren in meinem Leben immer miteinander verstrickt. Ereignisse in der Musikwelt beeinflußten oft mein Tun und Lassen an der Börse. Auch die »Meistersinger« haben einmal eine wichtige Rolle bei meinen Spekulationen gespielt.

Es war Frühling 1937 in Paris. Ich freute mich ganz besonders auf den Abend, denn ich hatte Karten für die Galavorstellung der »Meistersinger« in deutscher Besetzung unter Leitung von Wilhelm Furtwängler. Für Millionen Musikfreunde ist das die schönste Oper. Sooft sie im Umkreis von hundert Kilometern gespielt wurde, habe ich seit meiner Kindheit keine Vorstellung versäumt. Das ist auch die Musik, die ich – auf eine Insel verbannt – auf Schallplatten mitnehmen würde.

Aber meine Vorfreude war damals von den Sorgen eines Börsenengagements überschattet. In der Mandschurei war Krieg. An der New Yorker Börse wackelten die Kurse, es zeichnete sich eine bedenkliche Abwärtstendenz ab. Der Kurs von US-Steel bröckelte von 250 auf 180 ab, der kritische Punkt 180 war zwar an diesem Tag einige Male sehr nah, aber noch nicht unterschritten. Nach der Dow-Jones-Theorie müßten nämlich die Kurse, wenn die letzte Verteidigungslinie bei 180 durchbrochen ist, in die Tiefe stürzen; so behaupten jedenfalls die Chartleser. Und das war mit dem Ausbruch des Japanisch-chinesischen Krieges zu befürchten, eine anhaltende Baissetendenz begann sich abzuzeichnen. Deshalb meine Sorgen. Ich besaß ein ganzes Sortiment amerikanischer Aktien, und sie drohten meinen Genuß an den »Meistersingern« zu verderben. Wie sollte ich mich mit US-Steel- und General-Motors-Kursen im Kopf den Melodien der »Meistersinger« hingeben? (Damals waren US-Steel und GM die Primadonnen der Börse.) Während ich mich umzog, dachte ich hin und her: Wozu die Börse, die Kurse, das ganze Treiben um Geld und Gewinn, wenn sie mich daran hindern, völlig in Kunst und Musik aufzugehen? Die einzige Lösung schien mir, meine Aktien zu verkaufen, auch auf das Risiko hin, daß die Kurse wieder hochschnellen sollten.

Bevor ich zur Oper fuhr, rief ich meinen Broker in Paris, *J. S. Bache & Co.*, an und stieß, einige Minuten vor Börsenschluß, alle meine Werte ab. Es war eine Angelegenheit von wenigen Minuten, aber ich fuhr als ein anderer Mensch in die Oper. Ohne Börsenengagement in einer gefährdeten Zeit konnte ich den Opernabend voll genießen. US-Steel und General Motors schienen mir auf einen anderen Planeten entrückt.

In den nächsten Tagen war die Börse beständig. Am vierten Tag aber stürzte der US-Steel von 180 auf 120 steil ab. Die Verluste der Börsianer und des Publikums waren erschreckend. Ich aber hatte meine Schäfchen im trockenen. Meine Musikbegeisterung hatte mich vor dem Schlimmsten bewahrt. Hans Sachs war ein Schuhmacher und ein Poet dazu. Von mir könnte man sagen: »Ein Börsianer und ein Musikus dazu.«

Wie man sich die wichtigen Informationen besorgt

Der Börsentip des Kommunisten

Man hat mich oft gefragt, wie ich spekuliere, welche Technik wohl die beste sei. Eine Antwort darauf ist schwer. Denn Tips sind immer faul und oft irreführend, Informationen sind fast immer falsch. Was bleibt, ist die Inspiration, und die kommt aus fast vierzig Jahren Erfahrung im Börsenspiel in der ganzen Welt und auf allen Gebieten, die sich zur Spekulation nur eignen.

Am besten ist es, ich erzähle Ihnen die Geschichte einer gelungenen Spekulation. Im Frühjahr 1967 kaufte ich Aktien von Control Data an der New Yorker Börse. Wie aber war ich auf Control Data verfallen? Schon seit einiger Zeit war ich der Meinung, daß die Computer die industrielle Revolution unseres Jahrhunderts darstellen. Alpha und Omega in der Computer-Branche ist natürlich IBM. Es liegt mir fern, die Qualitäten der IBM-Aktien für einen braven Sparer zu unterschätzen. Für einen unsoliden Spekulanten sind sie aber nicht mehr interessant. Control Data dagegen hat die Anfangsschwierigkeiten längst hinter sich und ist in der Hierarchie der Börsenpapiere auf der höchsten Stufe, bei den Aristokraten, den Blue Chips, angelangt. Wenn das Erstklassige noch besser wird, dann kann der Spekulant daraus weniger profitieren als von der Aktie einer Gesellschaft, die aus den Anfangsschwierigkeiten gerade herauskommt und vielleicht eine brillante Karriere macht. Die größten Börsenprofite stammen aus Situationen, die gefährlich waren. Ich mußte also aus den Gesellschaften der Computerindustrie diejenige herausfinden, die die größten Chancen hatte. Wie man sie herausfindet, das kommt auf die Methoden jedes Spekulanten an. Meine sind manchmal recht ungewöhnlich, aber ich bleibe bei ihnen.

Wie Sie wissen, reise ich viel in der Welt herum. Einen Tag bin ich in New York, am nächsten vielleicht schon in Moskau oder Buenos Aires. So geschah es einmal, daß ich in Paris mit einem guten Freund über Computer redete. Die Ungarn haben zwar auf dem Gebiet der Computer nichts zu bieten, mein Freund aber war Spezialist für die westliche Computerindustrie. Mein Freund, Baron v. Hatvany, stammte aus einer reichen Familie, die heute im Westen lebt; er selbst war überzeugter Kommunist und ein brillanter Forscher. Er las alle Fachblätter, reiste viel im Westen herum und wußte mehr über Computer als irgend jemand sonst. Von Aktien aber hatte er keine blasse Ahnung.

Und das war das Gute bei der Geschichte. In Amerika wäre ein solcher Mann vom Dollar- und Cent-Aspekt der Angelegenheit nie frei geworden, abgesehen davon, daß eine solche Kapazität mir nie soviel Aufmerksamkeit geschenkt hätte. Mein Freund sah die Maschine nur mit den Augen des Technikers, und die Börse war ohne Interesse für ihn. Aber ein um so größeres Interesse hatte für mich alles das, was er mir über Computer erzählen konnte.

Aus unserem Gespräch lernte ich, daß die Control Data eine einmalige Maschine sei, in gewisser Hinsicht sogar der IBM überlegen. Wieder im Westen, schaute ich mir die Aktie der Control Data etwas näher an. Von 70 Dollar im Jahre 1963 war sie bis 1966 auf 25 Dollar gefallen. Die Maschine war vielleicht ausgezeichnet, die Gesellschaft aber prosperierte nicht.

Dann las ich eines Tages in der Zeitung, daß die Chase Manhattan Bank dem Unternehmen einen Kredit von 130 Millionen Dollar gegeben hatte. Das war das grüne Licht für mich. Eine vom technischen Standpunkt hervorragende

Gesellschaft war in finanzielle Schwierigkeiten geraten, und jetzt wollte man ihr wieder auf die Beine helfen.

Wenn ich also in der Computerindustrie Aktien kaufen wollte, dann stand die Control Data ohne Zweifel an erster Stelle. Trotz all meiner Broker, die mir davon abrieten, weil der ehemalige Kurs von 28 Dollar zu hoch wäre gegenüber den Gewinnchancen der Gesellschaft! Ein Jahr später empfahlen mir dieselben Broker den Kurs von 130 Dollar als zum Kauf interessant, nämlich im Hinblick auf die Gewinnchancen der darauffolgenden Jahre.

Die $3^3/_4$ Mendelssohn

Wie schon beschrieben, war ich nach dem Zweiten Weltkrieg von einem unerschütterlichen Optimismus über die weitere Entwicklung Europas durchdrungen und warf mich auf die Spekulation mit europäischen Staatsanleihen, die als Folge des Krieges sehr tief gesunken waren. Neben belgischen, norwegischen, dänischen und deutschen Obligationen hatte ich auch gewisse französische Anleihen, da ich der Überzeugung war, daß nach dem Chaos auf diesem Markt sich alles wieder normalisieren würde. Es gab Schuldner unter den Staaten und Regierungen, die ihren Verpflichtungen schnell nachkamen oder sie jedenfalls ordneten, andere dagegen ließen sich lange an den Ohren ziehen, bis sie sich endlich zur Zahlung ihrer Verpflichtungen entschlossen. Die Ereignisse rechtfertigten meinen Optimismus. Auf der ganzen Linie erfolgte eine brillante Aufwertung bei all diesen Papieren. Nur mit einer bestimmten Kategorie französischer Anleihen erlebte ich eine Panne.

Es war eine kurz vor dem Krieg im Jahre 1939 vom Bankhaus Mendelssohn und Co., Amsterdam, aufgelegte Anleihe zu einem Zinssatz von $3^3/_4$ Prozent. Die genauen Emissionsbedingungen waren ganz genau im vollen Wortlaut auf der Rückseite der Papiere angegeben: Die französische Regierung verpflichtet sich zur Zahlung der Zinsen und des Kapitals an den jeweiligen Inhaber, selbst im Falle eines Krieges, einer Revolution, von Umstürzen aller Art in Schweizer Franken, holländischen Gulden oder Dollars nach Wahl des Inhabers. Kurz, und wenn die Erde bebte, der Himmel donnerte oder es Überschwemmungen geben sollte: Die französische Regierung würde zahlen, in Genf, Amsterdam oder bei der Bank für Internationalen Zahlungsausgleich in Basel (BIZ).

Kaum aber war der Waffenstillstand unterzeichnet, da widerrief die französische Regierung alle Klauseln, alle schwarz auf weiß vorher festgelegten Versprechungen und war nur bereit, in französischen Francs zu zahlen und zu einem mit Gewalt festgelegten Kurs, der durch die Zwangswirtschaft nur zu 10 Prozent des tatsächlichen internationalen Kurses festgelegt wurde.

So sanken die Obligationen (in Genf und Amsterdam) auf einen jammervollen Kurs von 10 bis 20 Prozent. Ich war der Überzeugung, daß die eine Unterschrift der französischen Regierung tragende Anleihe ihr Gewicht in Gold wert sei. Niemals zuvor hatte Frankreich versucht, sich seiner Schuld zu entledigen. War es nicht das einzige Land der Welt gewesen, das sogar die Goldklausel einhielt, während alle anderen Staaten einschließlich der USA und Großbritannien sich nicht gescheut hatten, sie aufzuheben? Infolgedessen kaufte ich eine größere Anzahl dieser Anleihen. Es gab für mich keinen Zweifel, daß die französische Regierung, sobald die Situation wieder normal wäre, nicht würde umhinkönnen, ihren formellen Verpflichtungen nachzukommen, die Zinsen und das Kapital (das schon fällig war) in Schweizer Franken, Gulden oder Dollars zu zahlen.

Ich beschloß daher, mich an die kompetenteste Stelle, das Finanzministerium, zu wenden. Vor dem hohen Beamten, der mich liebenswürdig empfing, hielt ich folgende Rede: »Sehr verehrter Herr Fiskus, ich bin ein Börsenprofi von Wall Street. Meine Spezialität sind europäische Staatsanleihen, die ich während des Krieges und auch nachher angekauft habe, weil ich ganz einfach zu den Schuldnern Vertrauen hatte. Mein unerschütterlicher Optimismus sagte mir, daß Frankreich, sobald es in der Lage sein würde, sich als Dame von Welt erweise, die ihre Schulden bezahlt.

Alle diese Obligationen wurden eine nach der anderen auf Heller und Pfennig bezahlt. Selbst die Anleihen der kommunistischen Länder wurden zu einem vernünftigen Satz reguliert. Nur einen Mißklang mußte ich erleben: Ihre dreidreiviertelprozentige Mendelssohn-Anleihe, auf der ich sitzengeblieben bin. Sie kennen ja alle Klauseln: überall zahlbar in Schweizer Franken, Gulden oder Dollars.« Ich merkte, daß mein Gesprächspartner den Eindruck eines anständigen Menschen machte, der auf frischer Tat ertappt worden war: »Zweifellos, aber Sie kennen die Lage. Die Zeiten sind hart, es fehlt uns nicht an gutem Willen, sondern ganz einfach an Devisen.«

»Das weiß ich wohl, doch habe ich eine Möglichkeit im Auge, und vielleicht können Sie mir behilflich sein.«

»Bitte sehr, ich höre.«

»Der Fiskus zahlt mir den gesamten Gegenwert der Anleihen in Sperrfrancs aus, das heißt, daß diese Francs nur in Frankreich und für gewisse Transaktionen verwendbar sind.« (Solche Sperrfrancs existierten im Devisenhandel und wurden auf dem freien Markt zirka 5 bis 10 Prozent unter dem normalen amtlichen Preis gehandelt.)

Ich wußte also, daß ich für diese Francs in Wall Street Abnehmer finden würde. Die Transaktion blieb für mich noch immer interessant: Der Fiskus brauchte keine Devisen auszugeben, während ich 90 Prozent des Nominalwertes kassierte.

»Ich bin einverstanden«, antwortete die Behörde, »denn der Vorschlag scheint mir recht. Wie viele dieser Obligationen besitzen Sie?«

Ich nannte ihm die Zahl, noch viel mehr, als ich hatte, und er war einverstanden.

Mir blieb, als ich das Ministerium verließ, nur noch eins

zu tun: zum Postamt zu gehen, meinen guten Freund Ernst Gall bei der Firma Julius Bär in Zürich anzurufen und ihm den Auftrag zu geben, soviel 3¾prozentige zu kaufen, wie ich mir leisten konnte, wenn ich meine letzten drei Pfennige zusammenkratzte. Die Motivation war klar: Alles, was dem französischen Fiskus bei seinen Anleihen 90 Prozent wert ist, ist für den Spekulanten gewiß 10 bis 30 Prozent oder sogar viel mehr wert.

Die Sache ist zu schön, um wahr zu sein, werden Sie sagen.

Ich konnte aber wieder einmal die Richtigkeit meiner eigenen Maxime feststellen: An der Börse ist alles möglich, selbst wenn es logisch ist. Denn der Epilog der Geschichte ist, daß ein Jahr später die Regierung die Auszahlung der Papiere je nach Wunsch in Schweizer Franken, Gulden oder Dollars bekanntgab.

Ein Hauch von Metaphysik

Mein Börsenbarometer

Oft habe ich über Börsenbesucher und Tagesspekulanten geschrieben und sie auch scharf kritisiert.

Auf der ganzen Welt haben sie einen gemeinsamen Charakterzug. Sie sehen jedes Ereignis durch die Brille ihrer eigenen Börsenengagements. Dies führt manchmal sogar zu einer Entartung des Denkens. Regierungsverordnungen und offizielle Entscheidungen, die für sie ungünstig sind, erklären sie schnell für willkürlich, unmoralisch oder gegen die nationalen Interessen gerichtet. Wenn diese Entscheidungen aber in ihren Kram passen, erklären sie diese für gescheit, moralisch und den nationalen Interessen dienend.

Spreche ich mit einem Börsianer über die Weltereignisse, kann ich seiner Interpretation sofort entnehmen, welche Börsenengagements er eingegangen ist. Die Spekulanten sehen in jedem Börsenkurs nur das Spiegelbild internationaler, politischer oder finanzieller Ereignisse. Sie lassen es sich nicht nehmen, politische und wirtschaftliche Prognosen zu stellen, indem sie sich ausschließlich auf die Börsentendenz stützen. Für sie ist die Börse nicht etwa ein Thermometer, wie es viele Volkswirte behaupten, sondern sogar ein Barometer, das die zukünftige Wettertendenz in Wirtschaft und Politik voraussagt.

Auch ich habe ein Börsenbarometer, aber von ganz anderer Art …

Die anderen betrachten die Börse als Barometer, ich aber besitze ein Barometer für die Börse. Und das kam so.

Die persönlichen Gebrauchsgegenstände von John Pierpont Morgan, dem Letzten der Bankier-Dynastie der Wall Street, wurden nach seinem Tode auf einer Auktion in New York versteigert. Unter den vielen kostbaren Stücken, den Opalen, Büchsen aus ziseliertem Gold, Nippes, mit Diamanten besetzt, und auch Jade und Kristall, fiel mir ein kleiner Gegenstand aus Stahl auf.

Ich war noch Anfänger in der Wall Street und sehr beeindruckt vom Ruhm der Morgans. Ich brannte darauf, einen kleinen Glücksbringer zu erstehen. Das kleine Stück Stahl war das einzige, was ich mir leisten konnte. Es war das Barometer von J. P. Morgan, das er immer auf seinem Arbeitstisch in dem kleinen Palais in der Wall Street Nr. 23 stehen hatte, dem Palais, das noch die Spuren der Bombe zeigt, die ein rachsüchtiger Spekulant geworfen hat.

Für dreißig Dollar wurde ich glücklicher Eigentümer des Barometers. Ich legte es vor mich auf meinen Schreibtisch, wie J. P. Morgan. Nach einigen Tagen mußte ich feststellen, daß es falsch reagierte. Es zeigte auf »Schön« – und das Wetter verschlechterte sich. Wenn es in Strömen goß, stand es beharrlich auf »Beständig«. Es reagierte wirklich falsch.

Sobald ich diese eigentümlichen Abweichungen bemerkt hatte, versuchte ich, sie zu ergründen. Ich stellte dabei etwas sehr Merkwürdiges und Verwunderliches fest: Das Barometer zeigte wohl das Wetter an, aber das Wetter der Wall Street. Es war ein Börsenbarometer. Wer weiß, vielleicht lag in ihm das Geheimnis des Bankhauses Morgan begründet?

Fasziniert von meiner Entdeckung, erzählte ich die Geschichte eiligst meinen Freunden, die es sich nicht nehmen ließen, das Wunder schnellstens weiter zu kolportieren. Ein Kolumnist, der berühmteste Kommentator der *New York Post*, berichtete über die Geschichte. Einige Tage lang – Ruhm ist vergänglich – war ich eine Berühmtheit. Kiloweise trafen Telegramme und Briefe ein, die mich fragten: »Wie steht das Zauberbarometer?«

Seither habe ich es wie einen Schatz in Ehren gehalten. Und es funktioniert noch immer gut …

Erst kürzlich schrieb mir wieder jemand, er könne sich die Ursachen für das kapriziöse Verhalten meines Zauberbarometers einfach nicht erklären. Nun, da bleibt mir nur zu hoffen, daß er bald des Rätsels Lösung finden möge.

Die Pythia von Ungarn

Ich besaß also ein Zauberbarometer. Viele meiner Kollegen aber hatten noch weit »sicherere« Informationsquellen – was ich vor einigen Jahren entdeckte.

Damals verlebte ich einige Ferientage in meinem geliebten Budapest. Die Aussicht, einmal nicht über Börsengeschäfte diskutieren zu müssen, machte mich sehr glücklich. Denn wer sollte in einem kommunistischen Land schon Interesse an der Börse haben?

Meine Enttäuschung war deshalb groß, als mich kurz nach meiner Ankunft ein guter Freund bat, mit ihm zu einer Bekannten zu gehen, die von mir als Vollblutbörsianer gehört hatte und mich deshalb unbedingt kennenlernen wollte. Auch ich kannte ihren Namen. Sie hieß Barbara Silbiger, eine fromme alte Jüdin. In meiner Jugend war sie eine berühmte Wahrsagerin in Budapest gewesen. Reichsverweser Horthy, Ministerpräsident Graf Bethlen und viele andere gehörten zu ihren treuen Kunden oder Patienten. Zu Neujahr berichtete die Presse spaltenlang von ihren Prophezeiungen für die kommenden zwölf Monate. Sie galt offiziell als die *Pythia von Ungarn.*

Ihre Einladung war mir nicht besonders angenehm. Auf keinen Fall will ich etwas über meine Zukunft wissen, und die Überraschung eines jeden neuen Börsentages ist für mich eine süße Sensation. Aber mein Freund versicherte mir, daß von Wahrsagerei keine Rede sein werde. Im Gegenteil, Barbara wolle von mir Verschiedenes erfahren. Also machten wir uns auf den Weg nach dem ungarischen

Delphi, das heißt in die Berge hinter Buda, beinahe am Ende der Welt.

In einer Rumpelkammer empfing uns eine fürchterlich aufgemachte alte Frau. Der schäbige Fauteuil stöhnte unter ihren hundert Kilo, in dem ungelüfteten Raum herrschte ein unbeschreibliches Durcheinander. Aber das ganze Bild veränderte sich augenblicklich, als sie zu sprechen begann. Ihre Ausdrucksweise war vornehm, äußerst gebildet, und sie beherrschte eine Menge Sprachen perfekt.

»Sie sind es also, mein liebes Kind, der aus Börsenspekulationen eine Tugend gemacht hat. Sie kennen anscheinend alle Techtelmechtel des Börsenspiels. Ich wäre glücklich, von Ihnen manches zu hören und zu lernen.«

Ich wollte meinen Ohren nicht trauen. Was konnte diese alte, allem Anschein nach vollkommen mittellose Frau – noch dazu in einem kommunistischen Land – schon von Dow-Jones-Index, Kurs-Gewinn-Verhältnis, Investmenttrusts oder Wandelanleihen wissen? Aber so komisch es auch klingen mag, es war für mich ein Vergnügen, ihr Börsenwahrheiten einzuimpfen. Ich blieb fast zwei Stunden bei ihr, und es war angenehm, in ihr eine so intelligente und interessierte Schülerin zu finden. Beim Abschied nahm sie mir das Versprechen ab, mit ihr in Kontakt zu bleiben und ihr von Zeit zu Zeit meine Meinung über die verschiedenen Börsenmärkte der Welt brieflich anzuvertrauen.

Als ich einige Wochen später wieder im Westen war, erzählte ich meinen Bekannten von dieser Begegnung. Wie groß war mein Erstaunen, als ich erfuhr, daß drei Auslandsungarn, einer in Zürich, einer in London und einer in New York – alles ausgekochte, internationale Börsenspieler –, mit meiner neuen Freundin seit Jahren in Verbindung standen. Sie schickten ihr regelmäßig Geschenke und Pakete, und dafür bekamen sie von Barbara Voraussagen über alle Börsen der Welt. Manchmal kategorisch wie »in Wall Street im

Herbst alles verkaufen«; ein anderes Mal mystisch wie »in Paris sämtliche Aktien, die mit P anfangen, aufkaufen«; oder sogar malerisch, »in Zürich in Aktien von gelber Farbe einsteigen«.

Warum auch nicht, sagte ich mir. Sie folgt ihren Intuitionen, die sich bestimmt auf irgend etwas gründen. Vielleicht zieht sie ihre Schlüsse aus Ereignissen, die einem zu nüchternen Menschen, einem Makler oder Bankier, nicht auffallen. Tatsächlich aber nahm sie von ihrer Rumpelkammer auf kommunistischem Boden aus auf die Börsenoperationen von drei internationalen Berufsspekulanten Einfluß.

Seit meinem Besuch verfügte ich über ein neues Arbeitssystem, einen direkten Draht. Und zwar sandte ich ihr von Paris aus meine Weisheiten in die fernen Budapester Berge, und von dort wurden sie umgehend, unter der Etikette ihrer Prophezeiungen, in die genannten drei Ecken der Welt weitergeleitet. Mit Hilfe dieser neuen Einrichtung waren Barbaras Ratschläge in technischen Fragen sicherlich fachgerechter geworden. Ob sich aber ihre Prophezeiungen bewahrheitet haben, das vermag ich heute nicht mehr zu sagen.

Börse, Liebe, Leidenschaft

Liebe im Vorübergehen ...

Ich hatte also, wie in der Kreuger-Episode beschrieben, schon ziemlich früh in meinem Leben den Götzen Geld von seinem Postament heruntergeholt. Das gleiche konnte ich aber nicht von meinen Kollegen, den Spekulanten, Maklern und so weiter, sagen.

Es gab da einen, an den ich mich immer erinnern werde: In seiner Art war er ein ziemlich ungewöhnlicher Mensch, der sich ganz mit der Börse identifizierte. Er schien mir eine bessere Verkörperung der Spekulation als jede allegorische Figur. Er wohnte in Wien, aber er hätte auch in jeder anderen Stadt der Welt leben können, vorausgesetzt, daß es dort eine Börse, Telex und Telefone gibt. Sein Einsiedlerdasein war ausgefüllt mit Fernschreibern, allen möglichen Jahrbüchern, sämtlichen Kurszetteln der Welt und Finanzzeitschriften, die sich in seinem Büro häuften. Dieses wurde nur dann von einem Lächeln erhellt, wenn er gewonnen hatte. Für ihn gab es nur die Charts an den Wänden, seine Zahlen im Kopf – alles andere war für ihn belanglos. Selbst seine Zeiteinteilung war von der Börse bestimmt. Mit abwesendem Blick und großen Schritten ging er durch die Straßen, ohne das geringste wahrzunehmen. Er sah nicht die Pelzmäntel in den Schaufenstern, nicht die Diamantencolliers bei den Juwelieren oder die hübschen Mädchen auf den Plakaten, welche das Publikum zu wundervollen Urlaubsreisen aufforderten. Er trug Scheuklappen wie ein Rennpferd. Nur eines sah er immer direkt vor sich: die Börse. Es konnte regnen, donnern, die Sonne scheinen, ihm war nur ein Klima wichtig, das der

Börse. Er rannte, um vor dem ersten Klingelzeichen dort zu sein. Das zweite Klingeln bei Börsenschluß erschien ihm wie ein Totenglöckchen.

Glücklicherweise konnte er sein Vergnügen verlängern, wenn er wieder nach Hause zurückkehrte. Von seinem Büro aus setzte er sich mit Fernschreibern und Telefonen mit Auslandsplätzen in Verbindung. Aktien, Obligationen, Devisen, Rohstoffe – das war die Welt, in der er lebte und in der er sich glücklich glaubte.

Er war, wie man so sagt, von der Spekulationswut besessen. Alles hing damit zusammen, und alles lief darauf hinaus. Wenn er sich rasierte, dachte er »Gillette«, wenn er Maschine schrieb, »Remington«, wenn er eine Erfrischung bestellte, »Coca-Cola«. Jeder Artikel des täglichen Lebens war für ihn zugleich ein Börsenwert: die Baumwolle seines Hemdes, die Seide seiner Krawatte, der Zucker in seinem Kaffee, alles Rohstoffe, mit denen man spekulieren kann. Vom Frühling wußte er nichts als die Kurse des Pariser Warenhauses gleichen Namens (Au Prin-temps), von Monte Carlo kannte er nur die Aktien der »Seebäder-Gesellschaft Monaco«.

Eines Morgens eilte er mit noch mehr Eifer als gewöhnlich zur Börse. Das Radio hatte eine ungünstige Nachricht über eine Gesellschaft durchgegeben, bei der er auf Baisse spekuliert hatte. Für ihn war dies also eine gute Nachricht. Er freute sich schon, nicht so sehr über den Gewinn als vielmehr über die Genugtuung. Immer vier Stufen auf einmal nehmend, eilte er die Börsentreppe hinauf und vernahm bereits die Musik der Baisse. Seine Ohren waren nicht geschult für Mozart oder Bach, aber sie konnten unfehlbar das Dur der Hausse vom Moll der Baisse unterscheiden.

»Was macht denn die Leiter da auf dem Flur? Ich will lieber das Schicksal nicht herausfordern und darunter durchgehen. Ich könnte meinen großen Auftritt verpatzen!«

Plötzlich durchfuhr ihn ein Schreck, als hätte er einen Faustschlag vor die Brust bekommen. Von der Höhe der Leiter lächelt ihm ein blondes Mädchen zu, und er steht da und schaut sie an, mustert sie von Kopf bis Fuß. »Das ist ja Unfug, ich werde verrückt«, denkt er, »sie lächelt doch nicht etwa mich an?« Dann verschwindet er im Börsensaal. Aber das Lächeln verfolgt ihn. Er nimmt kaum die für ihn so ausgezeichneten Kurse wahr, seine Hand zittert ein wenig. Er hört nicht die Glückwünsche seiner Kollegen, das merkwürdige Lächeln ist immer noch da. Er glaubt es links, rechts, überall, beharrlich und fragend zu sehen. Schließlich läutet die Glocke zum zweiten Mal. An diesem Tag nahmen die Börsenstunden kein Ende. Ob er sie beim Hinausgehen noch einmal sehen würde? Nein, sie war nicht da, nicht einmal die Leiter war mehr da ... als ob er alles geträumt hätte. Und auf der Straße geht er etwas weniger schnell. Jedes Ding bekommt seinen Sinn. In den Modepuppen der Schaufenster erkennt er das blonde Mädchen. Diamanten tanzen um ein Lächeln: das junge Mädchen. Und von den Plakaten herab lädt ihn dasselbe Lächeln zur Reise ein.

Zu Hause klingelt das Telefon, aber er nimmt den Hörer nicht ab. Der Fernschreiber klappert, aber er rührt sich nicht, um nachzusehen. An diesem Abend gingen weniger Telegramme von seinem Büro hinaus – und die eintreffenden öffnete er erst gar nicht. Er kümmerte sich nicht um die Schlußkurse der Auslandsbörsen. New York, Chicago, Buenos Aires existierten für ihn nicht mehr. Als die Nacht kam, konnte er nicht schlafen. Sein Leben zog vor seinen Augen vorbei, leere Jahre ohne Lächeln, reich an Abenteuern, aber nur an Spekulationsabenteuern, ohne menschliche Gegenwart. Bis zum Morgen machte er Bilanz, gab sich der unsinnigen Idee hin, daß er sie wiedersehen würde und sich alles ändern könnte. Die Zeit schien stillzustehen. Mit doppelter Ungeduld wartete er auf die Stunde, um zur Börse zu gehen.

Das junge Mädchen war jedoch nicht da. Er war enttäuscht. Seinen Kollegen fiel auf, daß er zum ersten Mal in seiner Laufbahn als Börsianer mit etwas anderem als den Kursen beschäftigt schien. Nervös, zerstreut verschwand er, sobald die Schlußglocke läutete ...

Da war sie, in der Aufseherloge ihres Vaters! Durch das offene Fenster sah er, wie sie sich vor einem Spiegel ihre langen blonden Haare kämmte. In einem plötzlichen Aufleuchten trafen sich ihre Blicke – ein Funken, als hätte er zu ihr gesagt: »Warte auf mich!« und ihre Antwort wäre gewesen: »Ja!«

Auf dem Nachhauseweg durchlebte er ein echtes Drama. Als er zu Hause ankam, war die Entscheidung getroffen. Er machte sich unverzüglich an die Arbeit. Da war das Leben, zum Greifen nahe, und er wollte endlich zufassen. Mehrere Tage lang sandte er Telegramme ab, gab Aufträge, aber diesmal nicht, um neue Spekulationen einzuleiten. Im Gegenteil, er löste all seine Verpflichtungen, er deckte seine Baisse-Positionen, verkaufte seine Hausse-Engagements. In einer Woche liquidierte er alle seine Geschäfte. Dann reiste er ins Ausland, besuchte seine Geschäftsfreunde, saldierte seine Konten, kassierte, löste auf und schloß endlich ab.

Am letzten Abend seiner Reise saldierte er endgültig sein Konto, packte seinen Koffer und nahm sein Rückreisebillett. Jetzt würde das wirkliche Leben beginnen. Er würde sein Geld auf die Sparkasse legen und nie mehr an die Börse denken. Er würde noch einmal zur Börse gehen, aber nur, um beim Aufseher stehenzubleiben. Er würde das Mädchen an der Hand nehmen und mit ihm fortgehen, und wie im Märchen würden sie lange Zeit glücklich miteinander leben. Er träumte ... »Endlich finde ich Sie! Seit einer Woche habe ich Sie überall telefonisch gesucht!«

Es war einer seiner alten Freunde, ein Makler und Spekulant, der zufällig im gleichen Zug saß.

»Stellen Sie sich vor«, fuhr jener fort, »ich habe die Spekulation des Jahrhunderts entdeckt, eine ganz außerordentliche Sache.«

»Das interessiert mich nicht mehr, ich ziehe mich von der Börse zurück.«

»Sind Sie verrückt? Das ist wohl ein schlechter Witz. Man darf keine Zeit verlieren. Hören Sie, es handelt sich um ...«

»Es ist zwecklos. Ich sagte doch eben, ich gebe alles auf. Ich habe genug vom Spekulieren.«

»Aber hören Sie doch. Sie werden gleich sehen ...«

Er versuchte zu protestieren, aber der andere war schon in voller Fahrt.

»Man muß Häute kaufen. Rohhäute an der New Yorker Börse. Das ist ein todsicherer Tip. Die Kurse sind zwar schon gestiegen, aber sie steigen, und sie werden noch viel mehr steigen. Die Russen kaufen, soviel sie nur bekommen können, sie raffen alles an sich. Auf allen Märkten der Welt, in Argentinien, in Kanada stößt man auf ihre Agenten. Sie verursachen eine Warenknappheit, die Schuhfabriken in Deutschland müssen wegen Ledermangel schon die Arbeit einstellen.« Der Makler hatte sich in seinen Enthusiasmus hineingeredet. Er gehörte zu jenen Leuten, die sich für eine Idee begeistern können, sie bis auf den Grund ausschöpfen und anderen ihre Begeisterung übermitteln.

»Verstehen Sie mich richtig«, fuhr er fort, »die Preisentwicklung bei Häuten hat nichts mit anderen Produkten zu tun. Leder ist ein Nebenprodukt, man schlachtet keine Ochsen wegen des Leders, sondern wegen des Fleisches. Gewöhnlich wird die Produktion angeregt, wenn der Preis eines Rohstoffes steigt. Dies war zum Beispiel so beim Kupfer. Als vor einigen Jahren die Preise stiegen, hat man die lange stillgelegten Kupferminen wieder in Betrieb genommen. Ebenso war es beim Kautschuk und kürzlich auch beim

Whisky, und wer weiß, ob sich nicht gerade jetzt eine ähnliche Entwicklung beim Nickel anbahnt.

Aber beim Leder ist es absolut nicht das gleiche. Die Preise können in den Himmel steigen – denn die Metzger werden nicht mehr Tiere schlachten, solange der Fleischverbrauch gleichbleibt. Der aber nimmt sogar ab. Es wird mehr Kalbfleisch gegessen und in Amerika mehr und mehr Schweinefleisch, Fisch und Geflügel, ganz zu schweigen von der steigenden Zahl von Vegetariern. Sie werden also einsehen, daß wenig Aussicht für eine erhebliche Produktionssteigerung für Leder besteht.

Und was findet man auf der anderen Seite? Einen ins Unermeßliche gesteigerten Verbrauch. Was machen die Russen mit den Devisen, die sie für ihren tonnenweise exportierten Kaviar und ihre Krebse aus Kamtschatka bekommen? Sie kaufen damit so viel Häute, wie sie nur kriegen können.

Nehmen Sie zum Beispiel einen Soldaten. Seine Stiefel, seine Sohlen, sein Koppel, seine Patronentaschen, alles ist aus Leder. Es gibt Stiefel für den Winter, Stiefel für den Sommer – und wie viele Soldaten gibt es auf der Welt? Wie viele Armeen, die von Kopf bis Fuß ausgerüstet werden müssen? Wie viele unterentwickelte Länder, wo es noch keine Schuhe gibt? Und die 850 Millionen Chinesen?

Nun werden Sie doch nicht mehr behaupten wollen, daß ich unrecht habe!«

Es regnete Argumente, die Geographie marschierte auf, die Politik mußte herhalten, alles diente zur Begründung einer einzigen These: Man muß Häute kaufen.

»Bei der heutigen internationalen Spannung, lieber Freund, muß man auf Häute spekulieren. Sobald es irgendwo in der Welt nach Pulver riecht, werden Häute gebraucht.«

»Ich bestreite das gar nicht. Sie haben recht, aber ich wiederhole nochmals, ich ziehe mich vom Geschäft zurück.«

»Gut, ich will nicht drängen, aber wenn Sie es sich anders überlegen, hier ist meine Telefonnummer...«

Und mit diesen Worten trennte man sich. Unser Freund verbrachte eine schreckliche Nacht in seinem Schlafcoupé. Bis zum Morgengrauen wälzte er sich von einer Seite auf die andere, er träumte von Stiefeln, chinesischen Ochsen, unterentwickelten Vegetariern, von Patronen, Metzgern, die Hähnchen schlachteten, russischen Stiefelsohlen, und dann sah er wieder das Mädchen mit blonden Haaren oben auf der Leiter.

Als er von seiner Reise zurückkam, eilte er sofort nach Hause. Seine Wohnung sah völlig anders aus als sonst. Es gab keine Statistiken mehr an den Wänden, keine Kurszettel, keinen Fernschreiber, alles war vor seiner Reise abgeholt worden. Als er sich rasierte, dachte er nicht an »Gillette«-Aktien. Beim Anziehen sann er nicht über die Wollkurse nach, und er band seine Krawatte, ohne die Seidennotierungen zu überdenken. Ein neues Leben sollte beginnen. Zum ersten Mal sah er sich wirklich im Spiegel. Einige Falten, viel Müdigkeit. Er begann zu überlegen und mit seinem Spiegelbild zu sprechen.

»Du bist verrückt, du kannst nicht alles von heute auf morgen hinwerfen. So leicht kann man nicht aus seiner Haut, man streift sie nicht ab wie ein Hemd.«

Ohne daß es ihm ganz klar zum Bewußtsein kam, ging er aus alter Gewohnheit zum Telefon und wählte die Nummer seines Maklers. »Kaufen Sie für mich x Häute-Kontrakte an der New Yorker Börse zu allen Terminen.«

Der Auftrag war riesig und reichte an die äußerste Grenze seiner Mittel. Er mußte als Sicherheit die gesamte für die Sparkasse bestimmte Summe hinterlegen.

Ruhig setzte er sich an seinen Schreibtisch und nahm seine Geschäfte wieder auf. Telegramme gingen hinaus, der Fernschreiber wurde wieder installiert und tuckte eifrig. Dann nahm er mit seinen Häute-Kontrakten wieder den täglichen Weg zur Börse auf. Er war glücklich, diese Gelegenheit nicht verpaßt zu haben, und rechnete schon seine künftigen Gewinne aus. In die Richtung der Aufseherloge sah er nie wieder. Er hatte Angst vor sich selbst. Wieder war er der erste, der morgens kam, und der letzte, der abends ging, immer war er an seinem gewohnten Platz in einer Ecke des großen Börsensaals.

Und was wurde aus den Häuten?

Präsident Dwight Eisenhower lud den sowjetischen Vorsitzenden Nikita Chruschtschow zu einer Reise durch die Vereinigten Staaten ein. Das war der Auftakt zu einer großen Entspannung. Koexistenz und Abrüstung waren an der Tagesordnung. Man versuchte, Stiefel und Patronentaschen zu vergessen. Und die Preise für Leder stürzten.

Mein Freund verlor seinen Einsatz, sein ganzes Vermögen. So kam es, daß freundliche Weltereignisse den Helden dieser unvollendeten Romanze bestraften.

Auch ich verlor einige Federn dabei. Ich konnte ebenfalls der »makellosen« Beweisführung, den Verlockungen des Erfolges nicht widerstehen. Aber ich verdiente keine Strafe mehr, ich hatte meine schon viel früher bezogen. So endeten auch andere Spekulationen des Jahrhunderts mit einem Fiasko.

Es bleibt nur abzuwarten, was die nächste Spekulation des Jahrhunderts sein wird, dachte ich.

Nachdem ich diese authentische Geschichte schon geschrieben hatte, traf ich mich mit einem Freund, der mir dafür als Modell gedient hatte, im Café Mozart in Wien und las ihm die Geschichte vor. Aufmerksam vernahm er meine Worte, stimmte kopfnickend zu, verzog keine Miene und sagte am Ende vielsagend: »Sehr interessant, André. Aber ich werde Ihnen etwas sagen: Jetzt muß man Schweinebäuche kaufen!«

Ein Duell ganz besonderer Art

Auch Budapest hat seinen Krach gehabt... Das war vor vielen Jahren, aber es ist eine für die Budapester Börse bezeichnende Geschichte, vielleicht wegen der malerischen Umstände, unter denen sie sich abspielte, und auch, weil Spekulation und Humor manchmal Hand in Hand gehen!

Die »Aktiengesellschaft der ungarischen Salami« stellte die berühmten Würste her, Konkurrenzprodukt der Mailänder Salami, die noch heute einen Ehrenplatz im Export Ungarns einnehmen. Das Geschäft blühte, und man begann mit den Aktien dieser Gesellschaft eifrig an der Börse zu spekulieren. Das ging so lange, bis die Kurse von 50 Kronen auf 300 gestiegen waren. Eine Gruppe von Spekulanten, die den Kurs »lächerlich« hoch fanden, beschloß, ein Baisse-Syndikat zu bilden. Sie waren überzeugt, die steigende Kurve würde sich bald wenden, und die Salami rechtfertigte trotz ihrer guten Qualität, an der zu zweifeln geschmacklos gewesen wäre, einen so hohen Aktienkurs nicht. Das war eine sehr logische Überlegung. Aber an der Börse ist ja zwei mal zwei nicht vier!

Kurz, die Baisse kam aus Gründen, die mit Logik überhaupt nichts zu tun haben, aber viel später: weil nämlich die geistigen Väter dieser klugen Spekulation in eine veritable Boulevardkomödie verwickelt wurden.

Sie war bezaubernd und kokett.

Er, ihr Mann, war ein bekannter Budapester Bankier und ein erfahrener Börsenspieler.

Der Dritte, ihr Liebhaber, ebenfalls ein leidenschaftlicher

Spekulant, war zufällig der Chef des Syndikats, das auf die Baisse der Salami wartete.

Sie wollte schrecklich gern das herrliche Collier haben, das sie schon seit Monaten in den Auslagen eines großen Juweliers in der elegantesten Geschäftsstraße Budapests bewunderte. Der Dritte wollte es ihr gern schenken, aber wie konnte sie ihrem Mann eine solche Erwerbung erklären? Sie beschlossen beide, sich eines Tricks zu bedienen, der, seit die Welt besteht, leichtgläubigen Ehemännern gegenüber angewandt wird.

Bevor sie ihren Mann bat, ihr das begehrte Collier zu schenken, ging sie heimlich zu dem Juwelier, um den genialen Plan vorzubereiten.

Der Dritte, ihr Liebhaber, wollte drei Viertel des Preises für das Collier bezahlen, was schon ein großer Betrag war, und dann sollte der Schmuck wieder in die Vitrine zurückkehren. Dann sollte ein zweiter Käufer kommen, der Ehemann, und für ihn ein anderer Preis gelten: das letzte Viertel des ursprünglichen Preises, eine relativ unbedeutende Summe. Bei einem solchen Gelegenheitskauf würde er bestimmt nicht zögern, das Collier für seine Frau zu erstehen.

Sie machte Andeutungen auf ihren kommenden Geburtstag und auf die Gelegenheit beim Juwelier.

Der Ehemann fand das alles ein wenig komisch.

»Ein so billiges Collier, ich mag keine Ladenhüter. Es ist nicht meine Art, deine Geburtstagsgeschenke zu herabgesetzten Preisen zu kaufen!«

Trotzdem ging er zu dem Juwelier und fand sowohl das Collier als auch den Preis sehr nach seinem Geschmack. Er bezahlte bar und ging vergnügt von dannen, das Schmuckstück in der Tasche. »Alles verlief nach Wunsch«, meldete der Juwelier sofort seiner Kundin telefonisch.

Die Tage vergingen. Der Ehemann summte fröhlich vor sich hin. Sie wartete auf das Collier, das einfach nicht kam.

Schließlich konnte sie sich nicht länger beherrschen und begann auf eigene Faust eine kleine Nachforschung. Das Collier hatte die Stadt nicht verlassen, nur schimmerte es am Hals einer anderen: der hübschesten Primadonna von Budapest, die zarte Bande zu dem liebenswürdigen Ehemann unterhielt.

Die Geschichte kam heraus, und die ganze Stadt machte sich darüber lustig. Zu dieser Qual kam noch, daß der Ehemann beschloß, seine ungetreue Frau zu bestrafen, die vor Ärger und Zorn unleidlich geworden war. Er mußte seine Ehre rächen und seinen Nebenbuhler töten! Zu diesem Behufe wählte er eine viel sicherere Waffe als den Duelldegen oder die Pistole. Er wollte sich mit Börsenmanipulationen schlagen... Die Achillesferse seines Gegners war nämlich die »Salami«, bei der letzterer groß auf Baisse spekuliert hatte. Die in einem solchen Fall gegen Baissespekulanten an der Börse häufig angewandte Strategie heißt »Corner«.

Bei Termingeschäften kaufen die Haussiers, ohne die Lieferung sofort abzunehmen. Die Baissiers verkaufen, ohne sofort zu liefern. Wenn es den Haussiers gelingt, mehr Aktien auf Termin zu kaufen, als tatsächlich vorhanden sind, dann geht den Baissiers die Luft aus, weil sie nicht rechtzeitig begriffen haben, daß sie mehr Papiere verkauft haben, als es gibt. Am Termintag können sie also nicht liefern und müssen die ihnen fehlenden Papiere bei den halsabschneiderischen Haussiers kaufen.

Der betrogene Ehemann raffte alle verfügbaren »Salami« zusammen. Die Kurse stiegen von 300 auf 1 000, dann auf 2 000 und schließlich auf 3 000 und mehr. Als keine Aktien mehr zu finden waren, fuhr er zu seinen Geldgebern nach Deutschland, um neues Kapital aufzunehmen und seine Käufe fortzusetzen.

Am Termintag mußten sich die Baissiers den Bedingungen des Gegners beugen, die sehr kostspielig waren.

Der Triumph des Ehemannes dauerte nur kurz. Er und seine Bank verloren um so mehr, weil sie die Unvorsichtigkeit begangen hatten, bei einer simplen »Strafexpedition« unmäßige Summen für ein Papier zu bezahlen, das nicht ein Zehntel dieses Preises wert war. Und als es ihnen nicht gelang, dieses enorme Paket von »Salami«-Aktien wieder abzustoßen, das niemand wollte, mußten sie ihre Schalter schließen. Der Dritte geriet natürlich durch seine immensen Verluste auch in Schwierigkeiten.

Diese Geschichte ist ein Beispiel dafür, daß bei ein und derselben Transaktion Haussier und Baissier das gleiche Schicksal erleiden können: den Ruin!

Die Ereignisse der vergangenen Jahrzehnte haben die Helden unserer Geschichte in alle Winde verstreut. Der Juwelier verkaufte noch jahrelang in New York in seinem Laden auf der Madison Avenue wieder Colliers. Dem großzügigen Liebhaber bin ich vor rund 20 Jahren in São Paulo begegnet, und damals spekulierte er immer noch. Der durch eigene Schuld ruinierte Bankier hat in Paris Selbstmord begangen, und seine Frau ist in Italien gestorben. Die Primadonna lebt vielleicht noch in Hollywood; sie hat ihre Stimme verloren. Und das Collier? Vom Winde verweht!

Frauen und die Börse

Was Frauen von der Börse wissen müssen, wurde ich oft von Damen gefragt. Eigentlich nicht viel. Die Börse ist ein Kampffeld für Männer. Um so mehr aber sollten die Frauen über die Männer wissen, die an der Börse spielen. Die Männer profitieren von der Börse, und die Frauen profitieren von diesem Profit.

Die Börsianer geben das Geld leicht und leichtsinnig aus, denn das Geldverdienen an der Börse ist manchmal so leicht, daß man Lust hat, sich die Zigarre mit einer Banknote anzuzünden. Wenn einem das Glück gewogen ist, denkt man nicht einmal daran, daß die so mühelos eingestrichenen Geldsummen oft nur geliehenes Geld sind. Denn beim nächsten Umschwung muß man oft alles wieder zurückzahlen.

Dieses leicht erworbene (aber nicht verdiente) Geld werden wir Börsianer zum Großteil – da wir ja auch Kavaliere sind – für Frauen ausgeben.

Wenn alles gutgeht, wenn die Kurse steigen und wir von der allgemeinen Hausse profitieren, dann geht es den Freundinnen überaus gut. Wenn sich aber das Glücksrad dreht, wenn die Baisse einsetzt und die Kurse fallen, dann leiden zuerst die Ehefrauen darunter.

Was sind eigentlich Hausse und Baisse? Die beste Antwort darauf gab ein alter Freund von mir, als sein kleiner Sohn ihm diese Frage stellte. »Die Hausse, mein Söhnchen, das ist Champagner, Kaviar, Autos, schöne Frauen ... und die Baisse, mein Liebling, das ist ein Glas Bier, ein Paar Würstchen, die Straßenbahn, deine Mama.«

Ich glaube, kein Professor der Volkswirtschaftslehre hat je eine markantere Definition über Hausse und Baisse, über Konjunktur und Wirtschaftskrise gegeben.

Es gibt aber auch einige wenige Börsianer, die auf fallende Kurse, das heißt auf Baisse, spekulieren. Eine kluge Frau sollte also immer einen Baissespekulanten als Liebhaber in Reserve haben. Dann ist ihr Wohlergehen für alle Zeiten gesichert.

Das Börsenglück dreht sich so rasch wie eine Windfahne, und auch der klügste Spekulant weiß nicht immer, wann es sich wendet. Die Frauen tun gut daran, sich dessen bewußt zu sein. Denn die Seelenstimmung entwickelt sich in uns Männern parallel zu den Kursen. In mageren Zeiten müssen die Damen also geduldig warten, die fetten Jahre kommen bestimmt wieder.

Wie die Frauen sich benehmen, ist äußerst wichtig für einen Börsenspieler. Wie viele Spekulanten haben ihre Nerven und damit ihr Geld verloren, nur weil ihre Frauen in einer schwierigen Zeit nicht verständnisvoll waren.

Nein, leicht ist es nicht, die Frau oder die Geliebte eines Spekulanten zu sein. Denn die Börse entscheidet selbst über die Stimmung im Alltag. Die Ferien, das neue Auto und der Pelzmantel sind oft in Rauch und Dunst aufgegangen, nur weil die Kurse nicht so ausfielen, wie man es erhoffte.

Das Leben mit einem Börsianer ist aber auch aus anderen Gründen schwierig. Der echte Spekulant lebt, träumt und spricht nur von der Börse. Wenn Damen mit Interesse zuhören oder zumindest den Eindruck erwecken, als ob sie Interesse zeigten, wenn ihr Partner von Kursen, Dividenden und dem Geschäftstratsch redet, dann dürfen sie sicher sein, einen Mann fürs Leben gewonnen zu haben.

Es gibt zwar Männer, die nach einem anstrengenden Geschäftstag sich gerne mit halbem Ohr das leichte Geplauder ihrer Frauen anhören. Nicht so die Börsianer. Die wollen argumentieren, diskutieren und überzeugen, als hätten sie nicht ihre Frau vor sich, sondern einen Kunden.

Aber selbst ohne dieses »börsentechnische« Grundwissen können Frauen von der Börse profitieren. Als Beispiel mag dabei Vera Kálmán dienen:

Bis heute ist mir ein langes Ferngespräch mit meinem guten Freund Emmerich Kálmán in Erinnerung. Er war nicht nur einer der Größten der Wiener Operette, sondern hat sich auch leidenschaftlich für Börsentransaktionen interessiert.

Bei diesem Ferngespräch zwischen Paris und Wien stellte er mir die Frage, ob es vom Anlagestandpunkt aus richtig wäre, Aktien für hunderttausend Dollar zu verkaufen (nach der Kaufkraft von heute wäre es eine Viertelmillion Dollar), um bei Cartier im Gelegenheitskauf einen Diamanten für seine Frau Vera zu erstehen.

Nolens volens mußte ich *ja* sagen, denn eine Stunde zuvor hatte mich Vera ebenfalls aus Paris angerufen und mich gebeten (mit der Begründung, daß alle ihre Freundinnen schon einen besonders schönen Diamanten besäßen, nur sie nicht), ihrem Mann zu dieser »Anlage« zu raten. Einige Tage später schmückte der Ring die zarten Finger der schönen Vera Kálmán.

Vernunftgemäß wäre es besser gewesen, IBM oder Xerox zu behalten. Aber man kann sich natürlich die Frage stellen, ob das Vergnügen, einen so seltenen Ring zu besitzen, ihn zu tragen und den Freundinnen zu zeigen, nicht mehr bedeutet als ein Börsengewinn.

Ich habe übrigens die Erfahrung gemacht, daß es für einen Mann viel ungefährlicher ist, wenn sich seine Frau oder Freundin in Juwelen, Pelze etc. verliebt als in ein Bankkonto. Denn letzteres hat keine Grenzen ...

Nach dem Krieg hatte ich das große Glück, in der Schweiz meinem Idol im Reich der Musik, Richard Strauss, zu begegnen und sein Freund zu werden. Oft saßen wir beim Essen beisammen, und ich lauschte begierig, ein Wort des Meisters über Musik zu vernehmen. Aber vergebens. Man sprach nur über Geld, und seine Frau Pauline wollte alles über die Börse wissen.

Das Phänomen Börse reizt nun einmal die Menschen. Folgende Geschichte scheint mir typisch. Mein guter Freund Janos H. aus Budapest ist noch immer oft unser Gast an der französischen Riviera. Er ist ein Mann von großer Kultur und besonders in der französischen Literatur bewandert. Ich wollte ihm eine besondere Freude machen und lud meinen Freund und Nachbarn, den französischen Schriftsteller und Goncourt-Preisträger M. C., ein. Letzterer war zudem Kunstkritiker und Professor der französischen Literatur in Amerika. Ich wollte eigentlich vor dem Franzosen mit meinem ungarischen Freund angeben, wollte ihm zeigen, daß man selbst im kommunistischen Ungarn über die jüngste französische Literaturentwicklung wohlinformiert ist. Mein Freund Janos bereitete sich tagelang auf den literarischen Gedankenaustausch vor. Leider kam es nicht zu dem geplanten belletristischen Gespräch, da mein Ehrengast mich mit Fragen über Elektronik und Ölwerte, Geldpreise und Geldmarkt bombardierte. Mein armer Freund Janos H. konnte kein Wort anbringen. Traurig saß er bei Tisch. Das geplante literarische Mittagessen war ein Fiasko geworden.

Ich habe mich mit meinem Nimbus abgefunden. Deshalb warne ich auch alle gastfreundlichen Damen davor, mich einzuladen, wenn sie Künstler, Schriftsteller oder andere Schöngeister empfangen. Schon meine Anwesenheit verpestet die Atmosphäre.

Coronation Syndicate oder Die plaudernde Mutter

Gegen Ende des 19. Jahrhunderts, jenes Jahrhunderts, in dem so viel geschehen war, glaubte man, der Traum der goldsuchenden Menschheit habe sich erfüllt. Man weiß nicht, wer als erster die Goldminen in Transvaal entdeckt hat, aber man bildete sich ein, die Schatzkammer der Königin von Saba gefunden zu haben.

Die Illusionen waren groß und die Schwierigkeiten zu Anfang zahlreich: Mangel an gelernten Arbeitern, hohe Materialpreise, besonders für das im Bergbau unerläßliche Dynamit, Transportschwierigkeiten, Golddiebstähle durch die Arbeiter etc. Aus dem Lager der Golddiggers wurde bald eine prunkvolle Stadt, Johannesburg, das Cecil Rhodes zum Gibraltar der Finanzen machen wollte.

Das Gold war kein Hirngespinst, es war wirklich da, es brauchte nur gefördert zu werden, und seine Existenz bewirkte einen neuen Boom. Wieder floß Kapital der englischen Börse zu, obwohl es noch nicht so lange her war, daß die Enttäuschungen mit den südamerikanischen Wertpapieren die Atmosphäre merklich abgekühlt hatten. Eine Reihe neuer Gesellschaften wurde gegründet, wieder begann der Reigen der Spekulation. Man war vom Gold hypnotisiert wie früher die Alchimisten. Vermögen wurden im Handumdrehen erworben. Ein ehemaliger Zirkusclown, Barney Barnato, war der Dirigent dieses allgemeinen Aufruhrs. Ohne Unterschied wurden alle auf den Markt geworfenen Aktien vom Publikum aufgenommen.

Kaum war eine Gesellschaft gegründet, erhöhte sie schon

ihr Kapital, und die neuen Anteilscheine waren noch nicht vollständig gezeichnet, da bereitete man schon wieder neue Kapitalerhöhungen vor.

Die 1867 gegründete Limpopo Mining Company fand bald Hunderte von Nachahmern. Die Deutschen hatten sich in das Spiel eingeschaltet, und das Kapital des Reiches ergoß sich auf den Markt, einen Markt, der dieses Kapitals eigentlich gar nicht bedurfte. Auch die Franzosen wurden von der Goldleidenschaft ergriffen und steckten Millionen in die Spekulation.

Die französischen Sparer haben ihr Geld immer gern für die Erschließung von Bodenschätzen zur Verfügung gestellt, ob es nun die Goldminen von Witwatersrand in Transvaal, die Kupferbergwerke in Rhodesien und Spanien, die Erdölvorkommen in der ganzen Welt oder auch Uranbergwerke waren.

Damals handelte es sich um Gold, das in Frankreich seit eh und je fast wie ein geheiligter Fetisch behandelt wird.

Man erzählte sich die verschiedensten Anekdoten. Der Londoner Bankier Beit von der Firma Beit & Co. schickte seiner in Hamburg wohnenden Mutter ein kleines versiegeltes Paket, das Aktien enthielt. Im Begleitbrief erklärte er ihr – unter dem Siegel der Verschwiegenheit –, daß die Aktien bald um das Zehnfache steigen würden. Aber sie dürfe unter keinen Umständen das Paket öffnen, bevor nicht auch ihr Sohn sich für eigene Rechnung Aktien gekauft habe.

Der Bankier rechnete mit der weiblichen Neugier und der Gutmütigkeit seiner Mutter. Sie konnte sich natürlich nicht zurückhalten, öffnete das Paket, und bei einer Tasse Tee erzählte sie die Geschichte ihren besten Freundinnen, die wieder nichts Eiligeres zu tun hatten, als sie ihren besten Freundinnen weiterzugeben ...

In Windeseile durchlief der Tip die ganze Stadt, natürlich immer unter dem Siegel der Verschwiegenheit. Und ein paar

Tage später kaufte ganz Hamburg in London alle Aktien auf, die der Bankier Beit nicht losgeworden war.

Im Sommer 1895 erreichte diese Spekulationswut ihren Zenit. Die Kurse gerieten außer Rand und Band. Die Aktien des »Coronation Syndicate« stiegen innerhalb weniger Wochen von 10 auf 2000 Pfund. Es handelte sich dabei nicht einmal um eine Bergwerksgesellschaft. Die Tätigkeit der »Coronation Syndicate« bestand lediglich darin, andere Firmen auf die Beine zu stellen.

Die Finanzierungsgesellschaften, die diesen ganzen Wirbel ausgelöst hatten, waren nun nicht mehr im mindesten daran interessiert, den Markt aufrechtzuerhalten. Ihre Papiere waren plaziert.

Das Gebäude war so baufällig, daß der kleinste Windhauch genügte, um es zum Einsturz zu bringen. Der Anlaß war unauffällig, man wußte kaum, wie es eigentlich geschah.

Was war der wirkliche Grund? Vielleicht waren es die enttäuschenden Schürfungsergebnisse einer Gesellschaft oder die Arbeitsunterbrechungen einer anderen oder vielleicht auch politische Schwierigkeiten. Im Grunde ist dies gleichgültig. Irgendein Ereignis von ganz untergeordneter Bedeutung konnte den Todesstoß versetzen.

Die Aktien verloren neun Zehntel ihres Wertes, und ungezählte Firmen, von denen man heute nicht einmal mehr den Namen weiß, verschwanden.

Knapp hundert Jahre später war die Quelle wieder London und das »Coronation Syndicate« nichts anderes als die nobelste deutsche Geschäftsbank. Daraufhin prangerte ich in meiner *Capital*-Kolumne vom April 1987 den Emissionsschwindel an und schrieb: Meine Überzeugung ist, daß die deutschen Banken in ihrer Börsenpolitik ganz unverantwortlich vorgegangen sind. Sie haben die ältesten Tricks angewandt (die jeder ausgefuchste Börsianer kennt), um das Publikum mit Aktien – guten und schlechten – vollzustopfen.

Erst wurden alle ausländischen Institutionen aggressiv aufgefordert, in deutsche Aktien einzusteigen, obwohl die Fachleute hätten wissen müssen, daß der deutsche Markt zu eng ist und es beim Kauf wie auch beim Verkauf zu einer Flaschenhalssituation kommen würde. Die Ausländer (besonders aus den USA und England) sind ja gar nicht so schlecht dran, da sie wegen der teuren Mark vielleicht noch einen Gewinn buchen können. Aber die inländischen Mitläufer können heute bereuen, den Schalterangestellten des Geldgewerbes gefolgt zu sein.

Die deutschen Sparer, die genügend Geld und Nerven haben, um bessere Zeiten abzuwarten, werden vielleicht ihre Verluste begrenzen können, viele aber werden dauerhaft Federn lassen müssen. Die deutsche Börse ist aufgrund ihrer Kurs-Gewinn-Verhältnisse eigentlich relativ billig, aber es ist nicht garantiert, daß die Gewinne des vorigen Jahres wiederkehren.

Schlimm aber geht es insbesondere denen, die auf die Manipulation der Neuemissionen hereingefallen sind. Wie konnte man sich überhaupt nur vorstellen, daß sich Geldinstitute, die größten und vornehmsten der Welt, dazu hergegeben haben, Aktien etwa einer Schuhfabrik dem Publikum aufzudrängen, die – was sie schon wußten – in Amerika große Verluste einfuhr.

Man machte Riesenwerbung für die Emission – mit der nicht unerwarteten Folge, daß bei einem Emissionspreis von 310 Mark die Zeichner ähnlich wie bei Porsche oder Feldmühle gerade ganze drei Aktien bekamen. Vor allem auch viele kleine Sparer wollten damals dabeisein.

Bei der ersten Börsennotierung, sie lag um 500 Mark, kamen dann die Aktien aus einer Londoner Quelle in die deutsche Börse und wurden vom begierigen deutschen Publikum in einem Maße geschluckt, daß die Bewertung sogar bis über 1 500 Mark hochgetrieben wurde. Ich weiß zwar nicht, ob dabei Manipulation im Spiel war. Es bleibt jedenfalls ein schwarzer Punkt nicht nur in der Geschichte des verantwortlichen Instituts, sondern auch des ganzen deutschen Finanzmarktes.

So kann man das heikle Börsengeschäft nicht glaubwürdig machen. Die Verantwortlichen sollten sich lieber nicht auf Manipulationen einlassen und sich mehr auf die Verteidigung der deutschen Blue Chips verlegen. Die Sparer sollten eher letztere kaufen anstatt jene Ladenhüter, die das Dreifache ihres wirklichen Werts kosten.

So schrieb ich vor mehr als vier Jahren, und das Börsenpublikum kann sich heute leicht die traurige Verfassung vieler der damals hochgejubelten Emissionswerte vor Augen führen. Und auch für die Zukunft gilt: Buyer beware oder Käufer gib acht! Denn die nächsten faulen Emissionen kommen bestimmt.

Ecu-Cocktail oder Nationalgetränke?

Seit einigen Jahren wird immer wieder von der eventuellen europäischen Währung »Ecu« gesprochen. Diese Bezeichnung für eine europäische Währung ist besonders glücklich gewählt worden, denn die drei Buchstaben bedeuten ja »European currency unit« (europäische Währungseinheit). Gleichzeitig ist dies aber auch die Wiedergeburt einer alten französischen Münze, die zwischen 1266 und 1653 verschiedenwertig geprägt wurde.

Der europäische Ecu ist eigentlich ein Cocktail, gemixt aus belgisch/luxemburgischen Francs, Deutscher Mark, niederländischen Gulden, dänischen Kronen, französischen Francs, italienischen Lire, portugiesischen Escudos, spanischen Pesetas, irischen Pfund und griechischen Drachmen.

Ich könnte ihn auch als Index bezeichnen, wie zum Beispiel den Dow-Jones-Index an der New Yorker Börse, der eine Zusammenstellung der Entwicklung der 30 wichtigsten Industriewerte Amerikas darstellt. Diese theoretische Währung hat natürlich einen Tageskurs, der genauso zusammengestellt wird wie der Dow-Jones-Index. Aber genauso wie der Dow-Jones-Index kein Wertpapier ist, ist der Ecu auch keine Währung. Natürlich kann man mit dieser theoretischen Verrechnungseinheit handeln, sogar Anleihen emittieren, Schulden kontrahieren und so weiter, wie man auch an der New Yorker Börse in Indexen offiziell handeln kann. Aber es bedeutet nicht, daß der Ecu eine Währung ist, da doch die Kurse der verschiedenen Währungen, aus denen er sich zusammensetzt, untereinander größeren Verschiebungen unterworfen sind.

Die Währungsunion ist sicherlich der Wunschtraum aller leidenschaftlichen Europäer, aber sie ist weder die Grundlage noch die Bedingung für ein politisch vereinigtes Europa. Im Gegenteil: Das vereinigte Europa ist die Bedingung für eine gemeinsame europäische Währung, also für den Ecu, falls er dann eingeführt werden sollte. Denn eine Währung ist doch nichts anderes als ein Jeton aus Metall, Papier oder sogar aus Plastik, mit dem man die Produkte des betreffenden Landes erwerben, Löhne, Steuern und anderes zahlen kann. Die Jetons, die Banknoten, die in den europäischen Ländern als Zahlungsmittel benutzt werden würden, müßten daher von einer gemeinsamen europäischen Notenbank ausgegeben werden. Und diese europäische Notenbank ist auch heute nur ein Wunschtraum und weit von der Realität entfernt.

Sogar der erste Schritt in die Richtung einer gemeinsamen europäischen Währung, die Garantie für feste Paritäten aller EG-Währungen untereinander, ist äußerst problematisch. Was nützen feste Paritäten, wenn man sie von Zeit zu Zeit über Nacht um 10 bis 20 Prozent verschieben muß? Für Unternehmer und Kaufleute sind solche abrupten Auf- und Abwertungen noch gefährlicher als ein sauberes Floaten. Fixe Paritäten sind mit einer unbegrenzten Konvertibilität identisch.

Und diese Konvertibilität wird in der Zukunft fast sicher in eine Richtung gehen, nämlich in die der D-Mark. Es muß eine Antwort dafür geben, wie viele Francs oder Lire die Bundesbank wird aufnehmen müssen, wenn aus irgendeinem Grunde das französische oder italienische Volk wieder einmal von einer Panik ergriffen wird, wie wir es in den letzten Jahren schon öfter erleben mußten. Oder auf die Frage, was die Bundesbank etwa tun soll, wenn die französischen Sparer ihr Geld wieder einmal tonnenweise in andere Währungen konvertieren wollen.

Wenn ich von der geplanten europäischen Währung höre, muß ich immer an die ehemalige österreichisch-ungarische Krone denken, die von 1878 (elf Jahre nach der Versöhnung Österreichs und Ungarns und ihrer Vereinigung) bis 1918 (Zerfall der k.u.k. Monarchie) ihre Rolle wunderbar erfüllte, solange beide Länder nicht nur gemeinsames Zollgebiet waren, sondern auch eine gemeinsame Armee und Diplomatie besaßen, also von einer supranationalen Macht regiert wurden. Derselbe Souverän, der Kaiser und König, sanktionierte die Gesetze der unabhängigen Parlamente beider Länder. Die Gesetze der beiden Länder mußten von demselben Staatschef (der zugleich auch König von Ungarn war) paraphiert werden. Die Kohäsion war in allen Staatsproblemen so fest, daß die österreichisch-ungarische Notenbank gemeinsame Banknoten ausgeben konnte, auf der einen Seite in deutscher, auf der anderen in ungarischer Sprache. (In kleinen Buchstaben war jedoch die Bezeichnung der Währung in den acht Sprachen der verschiedenen Nationalitäten der Monarchie aufgedruckt.)

Diese österreichisch-ungarische Krone war dann dank eines streng eingehaltenen Goldkernsystems bis zum Ausbruch des Ersten Weltkrieges jeden Moment in Gold einlösbar. Die Zins- und Kreditpolitik war daher dieselbe für die österreichischen sowie die ungarischen Unternehmer, Kaufleute, Landwirte, Rentner und Steuerzahler. Und die Personalunion vermochte es, trotz des Ressentiments der Ungarn gegen Österreich und die habsburgische Dynastie, diese komplizierte Struktur aufrechtzuerhalten. – Ein berühmter Spruch der ungarischen Nationalisten lautete: »Ungarn glaubt doch Österreich nicht, ganz egal, was es verspricht.«

Die Notenbank eines jeden EG-Landes betreibt aber heute eine souveräne Zins- und Kreditpolitik. Sie ist dabei der jeweiligen Sozial-, Steuer- und Wirtschaftspolitik wie auch den unterschiedlichen innenpolitischen Entwicklungen unterworfen. Diese wiederum werden von anderen Faktoren beeinflußt, wie Nationalcharakter, Lebensführung und auch etwa der Einstellung der Gewerkschaften, und sogar diese Phänomene ändern sich von Zeit zu Zeit, einmal friedlich, ein anderes Mal in aggressiver Form. In einem Land kann die Inflationsrate über 20 Prozent betragen, im anderen unter 2 Prozent.

Eine gemeinsame europäische Notenbank müßte aber allen europäischen Unternehmen zu denselben Bedingungen Kredite geben. Die Unternehmer hätten ihren Arbeitern überall dieselben Tarife zu zahlen, die von den Gewerkschaften der betreffenden Länder akzeptiert werden müßten. Die EG-Länder müßten sich auf eine gemeinsame Steuerpolitik einigen und natürlich – Conditio sine qua non – dieselbe Inflationsrate und dieselbe innenpolitische Entwicklung aufweisen. Das ist in absehbarer Zeit kaum möglich. Bisher konnte man ja nicht einmal in der Katalysator-Frage eine Einigung finden. Und sogar bei der Einführung der Sommerzeit, wirklich nur eine Bagatelle, hat es jahrelang gedauert, um auf europäischer Ebene eine Übereinkunft zu erzielen.

Die EG-Länder sind voneinander so verschieden, daß sie zum Beispiel als Grundlage für einen gemeinsamen Lebenshaltungsindex nicht dieselben Artikel nehmen können. Denn gewisse Dinge sind für die Verbraucher eines Landes wichtiger als für die des Nachbarlandes. Warten wir also ab, bis die Notenbank der Bundesrepublik Europa gegründet ist und die Banknoten in zehn oder zwölf Sprachen gedruckt werden.

Mein Faible für Amerika und den Dollar

Prima l'economia

Aufgrund meiner Erfahrungen, Erkenntnise und Ideen muß ich zu folgendem Fazit kommen: Das Schicksal einer Währung ist unmittelbar mit dem Schicksal des Landes verbunden. Wie gesagt: Sie kann nur in ihrem eigenen Bett sterben und muß auch im eigenen Bett genesen. Ihre Qualität und ihre Zukunft hängt von den Tugenden und Lastern des Landes, das heißt seiner Sparer, seiner Unternehmer, Manager, Politiker, mit einem Wort von seiner Wirtschaftspotenz ab.

Entscheidend ist vor allem die psychologische Einstellung, die in einem Land vorherrscht: Besteht ein grundsätzliches Vertrauen in die eigenen Möglichkeiten und in die Zukunft? Wenn Vertrauen vorhanden ist, ist fast alles erlaubt. Haushalts- und Handelsbilanzdefizite (besonders wenn sie gegenüber dem Bruttosozialprodukt unbedeutend sind) spielen dann letztlich keine Rolle. Wenn kein Vertrauen da ist, dann helfen alle wirtschafts- und finanzpolitischen Maßnahmen nichts.

Aufgrund meines Optimismus für Amerika habe ich natürlich auch in den Dollar Vertrauen. Dieser leidenschaftliche Optimismus stammt noch aus einer Schule, in der ich einen Teil meiner Jugend verbracht habe: Amerika während seiner schwierigsten Jahre während des Zweiten Weltkrieges. Ich bin herumgereist vom Atlantik bis zum Stillen Ozean, vom Norden in den tiefen Süden. Meine einzige Beschäftigung und mein einziger Zeitvertreib waren, alles zu sehen und zu hören, die Ereignisse – natürlich auch Wall Street – zu verfolgen und dann jeden Abend aus den Erfahrungen Bilanz zu ziehen. All das, was ich in dieser Schule gelernt habe, bildet die Grundlage des wenigen, was ich heute von Wirtschaft, Politik und Finanzen verstehe.

Ich war zu dieser Zeit natürlich auch Spekulant und ununterbrochen in Wall Street aktiv, und so habe ich auch viel mehr Schulgeld gezahlt, als ich in der Harvard Business School hätte zahlen müssen. Daher auch mein Credo: Man soll weniger addieren, subtrahieren, multiplizieren, dafür um so mehr denken und überlegen. Die Zahlen sind nur Erscheinungen an der Oberfläche. Oft sogar nur Illusionen, die wie Seifenblasen zerplatzen. Viel wichtiger ist, was dahintersteckt und was die Ursachen dafür sind.

Da ich nicht nur Börsianer, sondern auch ein Musikus bin, kommt mein Beispiel wie so oft aus dem Bereich der Noten: In den literarischen Salons des 18. Jahrhunderts wurde über die Oper leidenschaftlich debattiert: *Prima la musica – poi le parole?* Oder *Prima la parole – poi la musica?* Was kommt zuerst, und was ist wichtiger bei der Oper, die Musik oder der Text? Seit Jahrzehnten stellt sich uns immer wieder die Frage: *Prima l'economia – poi le finanze?* Oder umgekehrt? Meine Entscheidung ist unwiderruflich: Erst kommt die Wirtschaft. Ich gebe zu, daß so wie bei der Oper der Text in unserem politischen System die Finanzen auch ihre Bedeutung haben. Aber sie spielen nicht die entscheidende Rolle.

Für uns Börsenspekulanten spielen, speziell mittelfristig, die Finanzen natürlich eine große Rolle, weil die finanzielle Situation eines Landes zu verschiedenen Regierungsmaßnahmen führt, die für mittelfristige Kursschwankungen maßgebend sind. Nicht für langfristige Überlegungen; da sind die vorher zitierten Einflußfaktoren entscheidend.

Erst die Wirtschaft und dann die Finanzen. Eine Fabrik zum Beispiel mit ihren hervorragenden Maschinen und Produkten kann durch ein unverantwortliches Finanzkunststück Pleite machen. Es ist möglich, daß die Aktionäre ihr Geld verlieren. Aber die neuen Besitzer, die das Unternehmen günstig aufkaufen, können die Fabrik – dank ihrer Infrastruktur – wieder hochbringen und ein Bombengeschäft machen.

Oder wenn ich zum Beispiel den menschlichen Körper, den Organismus, mit der Wirtschaft gleichsetze und die Finanzpolitik mit der Lebensweise eines Menschen, dann wird das Bild noch deutlicher: Einen gesunden, zähen Körper können Vergehen und Sünden in der Lebensweise nicht ruinieren. Sie können ihm zwar schaden und viele Miseren verursachen, sie müssen jedoch nicht tödlich sein. Aber ein zerbrechlicher, von Geburt an geschwächter Körper wird auch durch die vorsichtigste und strengste Lebensart nicht wieder gesund.

Auch eine leichtsinnige politische Führung kann eine robuste, potente Wirtschaft nicht vernichten, höchstens vorübergehend in Schwierigkeiten bringen. Ebenso kann die strengste orthodoxe Finanzverwaltung mit den besten Buchhaltern aus einer maroden Wirtschaft keine Erfolge herauszaubern.

Darum behaupte ich, daß Präsident Reagan kein Zauberer war. Was er vollbracht hat, wäre auch anderen politischen Führern gelungen. Der Aufschwung ohne Inflation war in Amerika nicht Reagans Erfolg, sondern der Erfolg von Uncle Sam.

»Wer nicht an Wunder glaubt, ist kein Realist«, sagte einmal David Ben Gurion. Reagan, ein Realist und Pragmatiker, glaubte an Wunder, als er die Inflation und die Arbeitslosigkeit zu gleicher Zeit bekämpfen wollte. »Da lachen doch die Hühner«, sagten ironisch manche Experten, Volkswirte und geschulten Oberbuchhalter, als die Pläne Reagans bekannt wurden. Sie hatten völlig vergessen, daß die Normen und Thesen, die man in Europa aus Büchern lernt, nicht unbedingt etwas mit der Praxis zu tun haben; außerdem gelten die Erfahrungen aus anderen Ländern, was Wirtschaft betrifft, für Amerika noch lange nicht. Erst als sich die Hoffnungen Reagans verwirklichten, mußten sie einsehen, daß die USA mit ihrer Wirtschaftspotenz auch Aufgaben lösen kann, die in ihren Augen bisher unlösbar erschienen. Reagan hatte ganz einfach neue Ideen.

Aber er war nicht unersetzlich. »Auf dem Friedhof liegen Tausende unersetzlicher Männer«, sagte Georges Clemenceau. »Präsidenten kommen und gehen, die USA bleiben«, schrieb ich oft während der unglücklichen Jahre unter Präsident Carter, als die ganze Welt Amerika verhöhnte. Reagan hatte das Vertrauen der Mehrheit des Volkes errungen. Wie gesagt, das war das wichtigste. Denn unser ganzes liberales System ist auf Vertrauen aufgebaut. Ohne Vertrauen gibt es keinen Kredit, und ohne Kredit gibt es keinen wirtschaftlichen Fortschritt.

Ein Schauspieler, sogar ein schlechter, sagten die Intellektuellen verächtlich über Reagan. Aber sind nur Professoren, Staatsbeamte oder Gewerkschaftsführer qualifiziert, etwas von Politik und Wirtschaft zu verstehen? Vor Jahren, während Reagans Wahlkampagne, fragte ich meinen besten Jugendfreund, der in der Film- und Theaterwelt aufgewachsen ist so wie ich an der Börse, ob ein Filmschauspieler auch ein kluger Mann sein könne. »Und wie!« war die Antwort. »Aber dann bleibt er kein Schauspieler.«

Die Grille und die Ameise

Es gibt heute in der Welt viele gesellschaftliche Gruppen und Länder, die stark anti-amerikanisch eingestellt sind. Sie versuchen mit allen Mitteln, die ihnen zur Verfügung stehen, das Image und die Glaubwürdigkeit der USA in Frage zu stellen und sogar deren Potential für die weitere Entwicklung zu schädigen. Eine dieser Waffen ist natürlich die amerikanische Währung: der Dollar.

Um den Dollar zu diskreditieren, werden außer Propaganda statistische Daten benutzt, die zwar nicht immer falsch, jedoch unvollkommen und Tempi passati sind. Jedenfalls werden die Zahlen fast immer falsch interpretiert. Teilweise, weil man sie mit den europäischen Daten nicht vergleichen kann, weil die Buchhaltung, die Berechnungen und so weiter nicht identisch sind mit denen Europas, aber manchmal auch nur, um die öffentliche Meinung irrezuführen. Das heißt, man benutzt die Statistiken, um zu beweisen, daß man mit Statistiken alles beweisen kann.

Man nörgelt zum Beispiel unentwegt am Haushaltsdefizit und der gigantischen Verschuldung der USA herum. Dabei fällt heute das Haushaltsdefizit der USA prozentual nicht höher aus, als es in der Bundesrepublik während der Schmidt-Regierung war.

Man muß auch berücksichtigen, daß der Verteidigungsetat, der im amerikanischen Haushalt der größte Ausgabenposten ist, nicht nur die laufenden normalen Kosten enthält, sondern auch die Riesensummen, die in die High-Tech-Industrie wandern. Da steckt man Milliarden hinein, im Gegensatz zu Europa, wo diese Investitionen nicht über den Verteidigungshaushalt, sondern durch separate Subventionen an die Industrie finanziert werden. Und last but not least: In den Vereinigten Staaten existiert, im Gegensatz zu allen europäischen Staaten, keine Mehrwertsteuer. Eine Mehrwertsteuer von 5 Prozent würde aber mit einem Schlag das gesamte Haushaltsdefizit neutralisieren. Es gibt auch kein Gerücht, wonach in amerikanischen Regierungskreisen überlegt wird, ob man irgendeine indirekte Steuer (etwa auf Ölimporte) einführen sollte – wenn auch keine Mehrwertsteuer.

Auch die Verschuldung des amerikanischen Staates ist relativ nicht größer als die der Bundesrepublik – nämlich genau 50 Prozent des Bruttosozialprodukts. Für die Bundesrepublik muß man sogar noch die Rentenverpflichtungen hinzurechnen (die es in den USA nicht gibt), die ja eigentlich eine versteckte Verschuldung darstellen, aber nicht als solche bezeichnet werden. Dieser Haushaltsposten, dessen genaue Höhe nur schwer festzustellen ist, wird sich aufgrund der demographischen Entwicklung in Zukunft immer belastender auswirken. Ich kenne niemanden, der von Bilanzen mehr versteht als mein Freund Carl Zimmerer. Er schätzt dieses »Rentenloch« auf 8 Billionen Mark! Damit dies nicht verlorengeht: Carl Zimmerer redet von 8 000 Milliarden Mark Schulden, die nirgendwo bilanziert sind.

Manche Analytiker behaupten gar, die Verschuldung Amerikas sei größer als die Brasiliens. Das ist natürlich ein guter Witz, zudem eine Beleidigung für die Intelligenz jeden Lesers.

Ich gebe zu, daß die Zahlen, die aus den Vereinigten Staaten kommen, gigantisch aussehen, aber das amerikanische Bruttosozialprodukt ist ja auch gigantisch. Und dafür, daß diese monströsen Zahlen die europäischen Länder manchmal zu erdrücken scheinen, können die USA nun wirklich nichts. Ähnlich ist die monetäre Situation: Eine geringe

Erhöhung der Geldmenge in Amerika, und schon ist Europa mit Geld überschwemmt; die kleinste Geldknappheit in den USA verursacht bereits eine gefährliche Deflation in der Alten Welt. Nicht nur, daß die Zahlen gigantisch sind, oft wird auch die Disproportion für Europa gefährlich, aber daran ist leider nichts zu ändern.

In diesem Zusammenhang muß ich immer an eine Novelle des berühmten schwedischen Schriftstellers August Strindberg denken. Ihr Thema: In einer Auseinandersetzung zwischen dem kleinen zerbrechlichen und dem großen muskulösen Mann schlägt sich die Mehrheit immer auf die Seite des ersten. Er wird gepriesen, der letztere getadelt. Der Große, Starke hat immer unrecht. Vielleicht wird der Große mehr respektiert, aber der Kleine wird geliebt.

Mit all den oben erwähnten verdrehten Zahlen und ihren absonderlichen Interpretationen fördert man einen virulenten Antiamerikanismus. Nichtsdestoweniger lassen sich die Devisenspieler von den Statistiken und Handelsbilanzen hypnotisieren und richten ihre Spekulationen danach, obwohl die Zahlen, die man heute veröffentlicht, morgen revidiert und die revidierten übermorgen korrigiert werden...

Wie recht hatte doch Mark Twain, als er sagte: »Es gibt drei Sorten von Lügen: Lügen, gemeine Lügen und Statistiken.«

Interessant ist aber, daß man in der ganzen Welt über das amerikanische Handelsbilanzdefizit meckert, obwohl es jahrelang die »Muttermilch« für die gesamte Weltwirtschaft war. Nicht nur dank des hohen Dollar, sondern auch durch das wachsende Bruttosozialprodukt ist der Konsum in den Vereinigten Staaten ununterbrochen gestiegen. Man warf und wirft den Amerikanern vor, daß sie über ihre Verhältnisse leben und mehr ausgeben, als sie einnehmen. Die Jugend trinke schon Sekt statt Coca-Cola. – Und tatsächlich hat

Spanien zur Zeit des Dollarhöhenfluges seinen Sektexport nach Amerika verdoppeln können.

Gewiß ist der Amerikaner kein leidenschaftlicher Sparer, obwohl sich das auch in den letzten zwanzig Jahren verändert hat. Die Amerikaner sparen auch, aber in anderen Sparmedien als die Europäer. Sie haben nicht nur Sparbücher, sondern auch große Lebensversicherungen, riesige Aktienportfolios, worin sie einen großen Teil ihrer Ersparnisse stekken. Außerdem gibt es den sogenannten Sparplan, nach dem steuerbegünstigte Anlagen in Aktien getätigt werden können, und Milliarden und aber Milliarden von Dollar sind in den sogenannten Money Market Fonds angelegt, die von den Brokern verwaltet werden. Diese Fonds sind jede Woche kündbar, und ihre Verzinsung wird ebenfalls jede Woche neu festgelegt. Nichtsdestoweniger muß ich wiederholen, der Amerikaner ist kein geborener Sparer, er ist vielmehr ein geborener Unternehmer. Denn jedes amerikanische Baby denkt schon in der Wiege an seine zukünftigen Investitionen in einem Unternehmen und welche neuen Unternehmen es mit seinen Gewinnen gründen wird, während jeder deutsche Säugling bereits an seine zukünftige Rente denkt.

Ich habe schon einige Male Briefe von jungen Leuten bekommen, die mich um Rat fragten, wie sie ihr Leben einrichten sollen. Kürzlich schrieb mir ein Achtzehnjähriger, daß es sein größtes Ziel sei, so bald wie möglich in den Ruhestand zu treten. (Das war natürlich ein guter Spaß für mich. Denn ich bin ja erst mit 60 Jahren richtig aktiv geworden, nachdem ich mich schon mit 35 Jahren »zur Ruhe« gesetzt hatte. Auch wenn ich mich während meiner »Ruhestandsjahre« immer um meine persönlichen Anlagen gekümmert und die Börse beobachtet hatte, habe ich schließlich schwer unter diesem Rentnerdasein gelitten.)

Der Amerikaner ist sicherlich kein Sparer par excellence, und bestimmt würde er sich nie totsparen, denn er ist auch ein großer Genießer. Ich meinerseits bin auch kein Totsparer, und deswegen habe ich auch Jean de La Fontaines Fabel über die Grille und die Ameise etwas umgeschrieben. Sie kennen wahrscheinlich diese Fabel, in der die Ameise den ganzen Sommer über spart, um sich für den Winter Reserven zu schaffen. Die Grille dagegen singt den ganzen Sommer lang und denkt nicht an das Sparen für den Winter. Als die Grille dann im Winter in Nöten ist, wendet sie sich an die Ameise um Hilfe. Die Ameise aber weist sie grob ab.

Meine Fortsetzung ist folgende: Der Winter vergeht, es wird wieder Frühling, die Ameise kommt aus ihrem Versteck heraus und beginnt sofort damit, Vorräte für den nächsten Winter anzulegen. Auf einmal sieht sie die Grille mit einer dicken Zigarre in einem großen Rolls-Royce heranfahren, wie üblich fröhlich singend. Die Ameise ist höchst erstaunt und fragt die Grille:

»Woher hast du den großen Wagen, und was willst du jetzt tun?«

»Wie ich zu ihm gekommen bin, ist meine Sache, und ich fahre jetzt nach Paris.«

»Mit deinem Rolls-Royce?«

»Jawohl«, sagt die Grille, »mit meinem Rolls-Royce.«

»Dann bitte ich dich um eine große Gefälligkeit«, sagt bescheiden die Ameise. »Bitte suche Monsieur de La Fontaine auf und zitiere ihm Goethes Goetz mit schönen Grüßen von mir.«

Das Comeback des Dollars

Ich frage mich, warum Publikum, Volkswirte und Devisenhändler sich so über den Anstieg des US-Dollars wundern. Kein Zweifel: Die Klettertour innerhalb von nur zehn Wochen ist eine reife Leistung. Aber davor ging der Greenback immerhin bis 1,45 Mark in den Keller. Und niemand kam darüber ins Grübeln. Die meisten Beobachter hielten die Talfahrt der amerikanischen Währung wohl für eine logische und natürliche Entwicklung. Warum? Weil sie nicht denken. Sicherlich, der Dollar machte Schlagzeilen, wenn er wieder einmal um zwei oder drei Pfennig nachgab. Aber wirklich aufgeregt haben sich lediglich die Dollar-Besitzer.

Gerade ihnen müßten die fundamentalen Daten bekannt sein: Alle Experten im internationalen Warenaustausch behaupten seit Jahren, aufgrund seiner Kaufkraft müsse der amerikanische Dollar theoretisch eigentlich bei 2,20 Mark stehen. Uncle Sams Währung ist demnach drastisch unterbewertet. Nach Meinung der größten Industriefachleute in der Bundesrepublik müßte der Dollar sogar glatt drei Mark kosten, wenn in seine Beurteilung auch noch die Rentabilität amerikanischer Unternehmen einbezogen wird.

Aber was nützt die beste Theorie, wenn der Dollar aus psychologischen und technischen Gründen heute nur bei 1,75 Mark notiert? Niemand kann den Wert einer Währung, gemessen an einer anderen Währung, exakt errechnen, auch kein Computer. Da geht es den Devisen wie den Aktien: Wer weiß schon, was eine Daimler oder eine IBM wirklich wert ist?

Es gibt unzählige Einflußfaktoren, die den Devisenkurs bestimmen. Darum existiert die Börse, an der Anleger, Spekulanten und Spieler Aktien und Währungen kaufen oder verkaufen. Das heißt dann Spekulation, und auch der Dollar ist davon betroffen. Die Devisenspekulation nenne ich einen Irrgarten oder, genauer noch, ein Irrenhaus. Täglich, so schätzt zum Beispiel die Bank of England, werden rund um die Erde 600 Milliarden bis 700 Milliarden Dollar hin und her geschoben. Maximal 5 Prozent entfallen auf Transaktionen, die für den Welthandel notwendig sind. Alles andere ist pures Spiel um Zehntelpfennige in Zehntelsekunden. Wie soll man in einem solchen Wirrwarr eine neutrale Meinung formulieren?

Das erinnert mich immer an die beiden Landstreicher, die unter einem Telegrafenmast liegen und das Summen der Drähte hören. »Was ist das?« fragt der eine. »Juden reden miteinander«, antwortet der andere. »Ich geb', ich nehm' – ich nehm', ich geb'.« In diesem Fall natürlich Dollars.

Wenn ich die Erklärungen von Politikern, sogar amtierender Minister, oder von Notenbankoffiziellen verfolge, stelle ich immer wieder fest, wie wenig sie die Macht der Spekulation ins Kalkül ziehen. Die aber kann Entscheidungen der Regierung oder der Notenbank in Frage stellen oder sogar konterkarieren.

Nehmen wir die Talfahrt des Dollars bis 1,45 Mark. Sie geht auf die Bundesbank zurück, die seit Jahren Druck auf ihn ausübt. Denn die Währungshüterin muß die Inflation bekämpfen und verfügt dafür nur über zwei Waffen: einen niedrigen Dollar und hohe Zinsen. Dies um so mehr, als eine dritte Waffe, Steuererhöhungen, politisch nicht mehr funktioniert. Das wissen wir spätestens seit der Landtagswahl in Rheinland-Pfalz. Wenn nun der Devisenhandel mitkriegt, daß die Bundesbank gegen jeden Dollar-Anstieg interveniert, kommt, was kommen muß: Der Devisenhandel verkauft auf Termin und sorgt damit noch für zusätzlichen Kursdruck.

Freilich gibt es auch die andere Seite der Medaille. Seit einigen Jahren baute die Spekulation in der ganzen Welt eine Riesen-Shortposition in Dollar auf. Geschätzte Größenordnung: 350 Milliarden Dollar. Diese Shortposition besteht aus den auf Termin verkauften Greenbacks der reinen Spekulanten, aber auch japanische Exporteure sind mit im heißen Spiel. Wenn nun der liebe Gott eines Tages allen Dollar-Baissiers befehlen sollte, innerhalb kurzer Zeit einzudecken, würde unter denen eine Panik ausbrechen. Zum Glück für die Spekulanten hat der liebe Gott augenblicklich jedoch andere Sorgen.

Was freilich nicht ausschließt, daß eines fernen Tages aus irgendeinem Grunde die Dollar-Baissiers doch noch in Panik fallen und eindecken. So wie in den achtziger Jahren, in denen der Greenback mit größter Geschwindigkeit auf 3,40 Mark schnellte. Ich behaupte nicht, daß diese Situation wieder so kommen wird. Aber in einer ähnlichen Form könnte sie nochmals passieren.

Die Spekulanten sollten daher aufpassen. Die fundamentalen Daten treiben den Dollar in die Höhe, die Interventionen gegen ihn gehen weiter. Wie lange noch? Ich weiß es nicht. Aber fest steht: Es widerspricht jeder Logik, gegen eine Währung zu intervenieren, die stark unterbewertet ist. Gut möglich daher, daß der Dollar bald noch mehr Fahrt aufnimmt. Vor allem dann, wenn es gelingt, das Handelsbilanzdefizit der USA auszumerzen. Dann käme auch die Antwort einer Wienerin wieder zu Ehren. Befragt, was sie an Amerikas Währung so schätze, sagte sie schlicht: »A Dollar ist noch immer a Dollar.«

Broker – gestern, heute

Oft denke ich an einen typischen Vertreter der Makler bereits vergangener Zeiten, wenn ich mit den Brokern zusammen bin und beobachte, wie ihre Provisionsmaschine läuft. Eine einzige Idee führt jeden von ihnen: kaufen, verkaufen, kaufen, verkaufen, das heißt Provisionen einstreichen. Sie haben ja auch große Spesen, die alle durch Provisionen gedeckt werden müssen, nicht aus Kursgewinnen! Sie geben zwar Ratschläge, doch sind ihre Motivationen nicht Sachüberlegungen, sondern Profitstreben. Der richtige Makler spekuliert ja selber nicht. Das ist auch richtig so, denn damit bewahrt er seine Objektivität in jenen Zeiten, wenn die Kunden unter dem Druck der Ereignisse ihre Nerven verlieren.

Eine nette kleine Anekdote erzählt von einem alten Makler und seiner Einstellung zum Börsengeschäft. Vor dem Ersten Weltkrieg war Budapest noch die größte Getreidebörse Europas. Millionenbeträge wurden in den Terminhandel mit Weizen, Hafer, Mais usw. gesteckt. Aus ganz Europa kamen die Aufträge, aber auch ganz Ungarn spielte mit. Die größten Spieler waren die Landwirte, denn wenn sie eine gute Ernte ahnten, verkauften sie auf Termin nicht nur ihre eigene Ernte, sondern das Doppelte. Sahen sie eine schlechte Ernte voraus, kauften sie zu ihrer eigenen auf Termin noch eine riesige Quantität auf.

Die Kurse schwankten also ununterbrochen, und die Spiellust der Zuschauer wurde immer größer. Sie spielten den ganzen Tag in Weizen, Gerste, Mais und Hafer, auch

Pflaumenmus war ein beliebter Spielartikel. Und wenn die Budapester Börse geschlossen hatte, warteten sie gespannt auf die Schlußkurse von Chicago, die erst um 22 Uhr eintrafen. Dieses Spiel gehörte zum Tagesgespräch wie das Wetter, die Ernteaussichten, und das heißt natürlich die weitere Kursentwicklung.

Moritz Kobrach stammte aus Deutschland, war aber an der Budapester Warenterminbörse der größte und reichste Makler. Er sprach zwar sehr fehlerhaft Ungarisch, doch verstand er fabelhaft die zwei wichtigsten Worte: kaufen, verkaufen! Trotz seines Reichtums war er ein einfacher puritanischer Mensch, der nur für sein Geschäft und seine Provisionen lebte. Dies reichte auch völlig aus, denn die Aufträge kamen in Massen.

In einem Moment, als der Weizenkurs sich langsam abgeschwächt hatte, kam ein Kunde zu ihm ins Büro, mit trauriger Miene und schwerem Herzen. »Herr Kobrach, mein Hausseengagement im Weizen steht schlecht, und mein Konto ist schon notleidend. Ich bin total fertig. Hier ist meine goldene Uhr, mein goldenes Zigarettenetui und 20 000 Gulden Bargeld. Das ist alles, was ich besitze, obwohl meine Verluste schon größer sind. Entweder begnügen Sie sich damit, oder Sie können mir den Buckel herunterrutschen. Die Börse wird mich nie mehr wiedersehen!«

»Ja, ja, guter Mann«, sagte Kobrach, ohne mit der Wimper zu zucken. »Sie haben sich in Ihrem Hausseengagement etwas übernommen. Aber es ist nicht meine Gewohnheit, jemandem den Buckel herunterzurutschen, und die Börse wird Ihretwegen nicht blind. Stecken Sie jetzt Ihre Uhr wieder ein, sonst wissen Sie nicht, welche Stunde Ihnen geschlagen hat, und auch Ihr Zigarettenetui, sonst gewöhnen Sie sich das Rauchen noch ab und schaden damit dem Monopol. Geben Sie mir die 20 000 Gulden, und die Sache ist erledigt. Nun glaube ich aber, daß der Weizen noch weiter zurückgehen wird. Sollte ich nicht für Ihre Rechnung mit zehn Kontrakten à la baisse gehen?«

Der Mann wußte nicht, was er antworten sollte, schwieg und zeigte damit sein Einverständnis. »Ja«, meinte Kobrach, »das Werkel muß weitergehen. Man gewinnt, man verliert.« Und dachte sich, die Provisionen strömen, auch wenn manchmal ein Kunde nicht zahlen kann. Hauptsache ist, das Rad dreht sich weiter, und ich erhalte meine Provisionen.

Das war *»Die Welt von gestern«*. Die heutigen Broker sind natürlich längst nicht mehr so großzügig wie Kobrach. Sie können es auch gar nicht sein, sonst wären sie ganz schnell pleite. Außerdem sind auch die Verordnungen der heutigen Regierungsbehörden viel zu streng. Doch achten sie genauso darauf, daß die Provisionsmaschine gut weiterläuft. Auch sie haben nur ein Credo: Provisionen. Das Zauberwort ist: Umsatz. Denn soundsoviel Aktien Umsatz an einem Börsentag bedeuten soundsoviel Provisionen für die Firmen.

Ich bin selbst oft erstaunt, wie sie sich manchmal bloßstellen. Ich rufe den Broker an und frage nach der Tendenz. Die Antwort ist: »Phantastisch, kolossal. Riesenumsatz, hundert Millionen Aktien, der Ticker ist zehn Minuten zu spät...«

»Und wie ist der Index?« frage ich. »Fast unverändert«, lautet die Antwort. »Das nennen Sie phantastisch und kolossal?« antwortete ich zornig. »Hundert Millionen Aktienumsatz sind doch phantastisch, oder nicht?« – »Für Sie, aber nicht für mich, denn mich interessieren die Kurse, ob sie steigen und um wieviel, der Umsatz ist wichtig für euch Broker, aber nicht für uns Kunden.«

Kurz und gut, die Maschine funktioniert und wird ununterbrochen geölt, damit sie noch besser funktioniert. Eigentlich habe ich ja nichts dagegen, denn die Broker ziehen Hunderte von Sparern auch an den Kapitalmarkt, und das ist günstig für unser ganzes System. Je mehr Kunden, kleine und große Spieler, Spekulanten oder Anleger, um so liquider wird der Markt. Und je liquider der Markt, um so größer ist die Garantie für den Suigeneris-Anleger, sein Geld, das er in Aktien angelegt hat, wieder liquid zu machen, wenn er es braucht. Auf einem liquiden Markt kann man Tausende von Aktien in einigen Sekunden verkaufen, ohne größere Kursverschiebungen zu verursachen. Nur so kann die Börse ihre tatsächliche Rolle erfüllen, Sparkapital in Unternehmen einzufrieren und auch wieder aufzutauen.

Beobachte ich die vielen, vielen Makler, die ich kenne, wie sie ihre Kunden emsig am Telefon zu Börsengeschäften animieren wollen, denke ich an den alten »Philosophen« Kobrach: »Das Werkel muß weitergehen.«

Er ist jedoch der Börse untreu geworden und wurde dafür auch bestraft. Er wollte Unternehmer werden und kaufte sich für die Millionen, die er an Provisionen verdient hatte, eine große Schuhfabrik, mit der er pleite ging. So verlor er sein ganzes Vermögen und starb in Armut in seiner Heimat Deutschland.

Fiesta in der Wall Street

Alle Börsen funktionieren mehr und mehr nach dem Gesetz der kommunizierenden Röhren. Irgend jemand drückt irgendwo auf einen Knopf – und in fünftausend Kilometer Entfernung kann man die Wirkung spüren. Der Emir von Kuwait trifft irgendeine Entscheidung, und die Goldminenaktien in Toronto steigen. Ein Finanzkrach mit Revolverschuß in Paris, und das Pfund Sterling fällt in New York.

Die Ereignisse umspannen die Effekten- und Währungsmärkte, Warenbörsen und Finanzministerien.

Dahinter steht aber immer das Abenteuer des Geldes. Dafür sind alle Mittel recht: Ideen, Erfindungen, Geheiminformationen, auch die Ausnützung der Unwissenheit oder der Bequemlichkeit der anderen.

Manchmal geht es um ein Wort, um einen Gesetzesparagraphen. Diese bunte Börsenwelt steht niemals still, sie dreht sich Tag und Nacht ohne Unterlaß.

Nach Schluß der New Yorker Börse fängt das Spiel in San Francisco an und dann in Honolulu. Wenn in Wall Street die Lichter gelöscht sind, dann drängen sich die Menschenmengen an der Börse von Tokio und Hongkong, an der Pforte des verschlossenen China. Dann folgen Bombay, Beirut, zwei Stunden später Athen, eine Stunde darauf Mailand, dann Frankfurt und London. Und wenn in Paris die Schlußglocke ertönt, sitzen die hunderttausend amerikanischen Broker bereits wieder vor dem Ticker.

Die Vierundzwanzigstundenschicht der Börse ist abgelaufen, in einem Reich, wo die Sonne nie untergeht.

Wie alle Menschen kann man auch die Schar der Börsianer in Optimisten und Pessimisten einteilen. Ihr Charakter spiegelt sich auch in ihrem Börsendenken wider. Wenn ein Optimist die Hälfte seiner Papiere verkauft hat und diese weiter steigen, freut er sich, daß er noch die Hälfte behalten hat. Fallen sie, freut er sich, daß wenigstens die Hälfte verkauft ist. Der Pessimist dagegen wird sich ärgern, wenn er die Hälfte seiner Papiere verkauft hat und sie weiter steigen, und er wird sich auch ärgern, wenn sie fallen und er die Hälfte behalten hat.

Doch trotz seines Müßiggangs oder seiner »sterilen« Aktivität erfüllt der Spekulant und Börsenparasit – zumindest im kapitalistischen Wirtschaftssystem – eine wesentliche Funktion. Er stellt, auch wenn er es zum Zwecke der Spekulation tut, auf dem Weg über die Börse sein Kapital zur Verfügung.

»Gebet dem Spekulanten, was des Spekulanten ist: die Anerkennung seiner Funktion in der freien Marktwirtschaft.« Ich habe die Erfahrung gemacht, daß die Börsianer einer großen internationalen Familie angehören, sozusagen einer über die ganze Welt verstreuten Freimaurerloge. Das konnte ich auf meinen vielen Reisen feststellen, die mich mit Mitspielern oder Zuschauern von fast allen Märkten der Welt zusammenführten. Was reden zwei Börsianer miteinander, wenn sie zusammentreffen? Geschichten von der Börse, und dieses Thema ist beinahe unerschöpflich. Meine Leidenschaft für die Börse kühlte sich im Laufe der Jahre trotz der vielen Gespräche und Debatten natürlich nicht ab. Trotz gelungener Börsencoups waren meine Ambitionen nicht befriedigt. Seit dreißig Jahren suchte ich eine Börsentätigkeit, die sich nicht darauf beschränkte, von Zeit zu Zeit mit meinem Makler zu telefonieren und ihm Kauf- und Verkaufaufträge zu geben. Und so kam es eines Tages zu einem jener Fiaskos, die ich nicht so leicht vergessen werde.

Im Winter 1961/62 herrschte eine wahre Fiesta in der Wall Street, und das Leben war schön für die Börsianer. Das Börsenfieber hatte damals in Amerika einen Höhepunkt erreicht. Viel Verstand brauchte man nicht, um seine Taschen zu füllen, man mußte nur heute kaufen und morgen verkaufen oder morgen kaufen und übermorgen verkaufen. Wenn man das Glück hatte, die Aktie einer neuen heißen Emission zu erwischen, war das schon ein Treffer. Die neuen Emissionen kamen vormittags mit 10 Dollar heraus, und nachmittags waren sie schon 20 oder 30 Dollar wert. Man mußte nur den Friseur der Frau des Managers kennen, um auf der Liste jener Glücklichen zu figurieren, die bei einer neuen Emission ihre Portion Aktien bekamen.

Irgendein genialer Kapellmeister dirigierte das Orchester, bei dessen Tönen immer neue Schichten des gewinnlüsternen Publikums in den Hexentanz hineingerissen wurden. Die Konglomerate, die wunderbare Erfindung der neuen Finanziers, florierten. Das gesamte Brokerestablishment arbeitete mit Volldampf, etwa hunderttausend Makler mit hundertprozentiger Kapazität. Die meisten von ihnen rührten sich vom Telefon überhaupt nicht weg. Denn mit einem einzigen Anruf konnten wieder fünfhundert bis tausend Aktien einer neuen Emission verkauft werden. Die Emissionen waren natürlich alle »heiß«, zumal sie auch genügend angeheizt wurden und sogar so sehr angeheizt, daß sich die Kunden dabei die Finger verbrannten.

Aber die Zahl der Makler und Finanziers schien noch immer nicht auszureichen. Denn sie suchten in Funk- und Pressewerbung weitere Mitarbeiter. Der Wertpapierumsatz stieg täglich, jeder Tag brachte einen neuen Rekord. Die Brokerfirmen arbeiteten die Nächte durch, ihr Hunger nach neuen Kunden schien unstillbar.

Diese überspannte Atmosphäre, die mich an 1929 erinnerte, war aber auch notwendig, denn nur in einer solchen

Euphorie konnte man dem Publikum alles verkaufen, gleichgültig, ob es die Luftschloß AG oder Mondimmobilienaktien waren. Es war der berühmte Boom, der schließlich mit dem Krach von 1962 endete.

Eine der großen Firmen suchte damals täglich in der Funkwerbung neue Mitarbeiter – sagen wir gleich: neue Kundenschlepper. Mit verlockenden Worten forderten sie Stellensuchende auf, ihr Glück in der Börsenbranche zu suchen. Sie würden eine dreißigtägige Ausbildung erhalten und dann an den Schreibtisch gesetzt, um als frischgebackene Makler die Anlagen der Kunden zu verwalten.

Schau, schau, sagte ich mir. Das ist eine auf dich zugeschnittene Arbeit. Nicht, daß ich sie gebraucht hätte, aber sie reizte meine Eitelkeit. Hatte ich nicht eine ungeheure Menge von Erfahrungen gesammelt, die ich nicht für mein Lebendgewicht in Gold eintauschen würde? Hätte ich nicht einen Lehrstuhl für Börsenkunde verdient?

Aber da es dazu nie gekommen ist, blieb in der Tiefe meiner Seele immer eine kleine Wunde, hervorgerufen durch verletzte Eitelkeit, den Mangel an offizieller Anerkennung.

Die Rundfunkwerbung war so verlockend abgefaßt, daß ich auf einmal Lust verspürte, mit mir selber einen Test zu machen. Wenn ich schon keinen Lehrstuhl für Börsenpraxis bekommen konnte (nur einen Kaffeehaustisch), wurde mir hier doch eine bescheidene Stellung angeboten. Endlich würde man mich für meine Erfahrungen mit einem fixen Gehalt honorieren, und außerdem erhielt ich einen Status. Sieht man in Amerika doch jeden mit schiefen Augen an, der keine bürgerliche Stellung oder Beschäftigung nachweisen kann. Wie schön wäre es, in der Wall Street, in einem eleganten, mit Plüsch tapezierten Büro zu arbeiten, umgeben von elektronischen Maschinen, einem Lautsprecher und dem ständig laufenden Fernschreiber. Ein Traum für den, der bislang nur in seiner Privatwohnung oder im Kaffeehaus die Börsenentwicklungen verfolgte. Ich würde das Recht haben, auf meiner Visitenkarte mit Wall-Street-Adresse und Telefonnummer auch den Namen meiner Firma angeben zu können.

Mein Entschluß war gefaßt. Ich war bereit, der annoncierenden Firma mein ganzes Wissen und Können und meine gesamte Erfahrung anzubieten. Mit Genuß malte ich mir bereits aus, wie ich bei meinen zukünftigen Chefs bei der Aufnahmeprüfung brillieren würde. Sie würden nicht nur über mein theoretisches Wissen erstaunt sein, sie würden gleichzeitig auch eine ganze Dissertation über die Philosophie der Börsenspekulation zu hören bekommen.

Von den Chefs habe ich auch nicht den kleinsten Juniorpartner zu Gesicht bekommen. Nicht einmal bis zu einem Prokuristen konnte ich vorstoßen, denn bereits im Vorzimmer hat mich ein besserer Bürodiener mit einem Fragebogen abgespeist. Er würdigte mich nicht einmal eines Blickes und verlangte nur, ich solle den Fragebogen ausfüllen, und in ein paar Tagen würde ich eine Antwort erhalten.

Im Fragebogen standen Schablonenfragen nach meiner Vergangenheit und meinen Qualifikationen. Sie waren so zugeschnitten, als handelte es sich um Stellenangebote für Kindermädchen oder Chauffeure. Etwas bange lieferte ich den Bogen ab. Ich fühlte mich in eine andere Welt versetzt. Wieder war ich achtzehn Jahre alt, suchte eine Stellung, und mein Schicksal für die kommenden Jahre stand auf dem Spiel.

Ich will nicht leugnen, ich hatte auch Angst. In diesem großen Amerika, in der erbarmungslosen Wall Street hatte ich Komplexe, hier, wo jeder danach beurteilt wird, wieviel Dollar er monatlich an Kommissionen einnehmen kann. Bisher hatte ich nur in der Filmindustrie von Producers gehört. Aber in der Wall Street nennt man auch denjenigen

»producer«, der Kommissionen produziert. Würde mich Wall Street aufnehmen oder nicht? Der Bürodiener nahm stumm meinen Fragebogen, und benommen ging ich wieder.

Im Strudel der Fifth Avenue fand ich mein Selbstvertrauen wieder. Ich machte schon Pläne, wie ich meine neue Arbeit angehen würde.

Aber es blieb bei den Plänen. Nach einigen Tagen kam die Antwort: Abgewiesen! Es täte ihnen sehr leid, aber wegen mangelnder Erfahrung könne man mich vorläufig nicht gebrauchen. Dies sollte mich aber von meinem Plan nicht abbringen. Vielleicht könnten sie mich später einmal einstellen. Ich sollte mich wieder melden. Ich vermute, daß die Firma an den Tag dachte, wo ich bereits mehr Erfahrung gesammelt hätte – natürlich auf Kosten der Konkurrenz.

Ich sehe den Leser schmunzeln. Aber der Leser hat unrecht, die Firma hatte recht. Für sie war es nicht wichtig, ob ich die wirtschaftliche und finanzielle Situation richtig beurteilen konnte. Was nutzte es ihr, daß ich eine Börsenerfahrung besitze wie wenige Zeitgenossen, daß ich die Zusammenhänge zwischen politischen, wirtschaftlichen und Börsenereignissen verstehe und daß ich einen Spürsinn für die Beurteilung der Börsentendenz habe?

Das alles war für die Firma uninteressant. Sie brauchte Leute, die wußten, wie man alte Damen von ihrer Rommé-Partie ins Börsenbüro lockt – wo sie dann, vor dem Ticker sitzend, emsig Börse spielen und Kommissionen zahlen können –, wie man der Milchfrau, dem Hausarzt und allen alten Bekannten die Flut neuer Aktien andreht.

Täglich kamen neue Papiere zu Phantasiepreisen auf den Markt. Diese mußte man mit der nötigen aggressiven Überredungskunst in die Schubladen der kleinen Sparer bringen, immer mehr und mehr und immer schneller und schneller, damit man so rasch wie möglich melden konnte, daß diese oder jene Emission zehnfach unterschrieben wurde und keine Aktien mehr zu haben seien. Die Verbreitung solcher Nachrichten reizt den Appetit des Publikums, so daß die nächste und die übernächste Emission noch gieriger geschluckt wird. (Genauso, wie wir es einige Jahre später mit den IOS-Emissionen erleben konnten.)

Es ist wahr, auf diesem Sektor besaß und besitze ich keine Erfahrung. Die Firma hatte mich richtig beurteilt, und ich habe es ihr auch bis heute nicht nachgetragen. Wenn ich durch Arbeit in der Wall Street mein Leben verdienen wollte, mußte ich andere Methoden erlernen. In der Zitadelle des Kapitalismus konnte ich mir weder die Anerkennung der Kapitalisten verschaffen noch ein bescheidenes Jahreseinkommen sichern als Frucht meiner langjährigen Erfahrungen.

Trotzdem habe ich von der Börse immer gut gelebt (das aber ist ein anderes Kapitel!) – nicht dank meiner Arbeit, sondern durch List und Wagemut. Nicht die Kapitalisten haben mir die Gelegenheit zum Geldverdienen gegeben, sondern der Kapitalismus. Deshalb bleibe ich auch ein getreuer Soldat der Armada der Börsenprofis, denn sie stehen alle, sei es als »Mitbauer«, sei es als unentbehrliche Parasiten, im Dienste der freien Marktwirtschaft.

Börse und Spekulation bleiben für mich ein Thema, das nie den Reiz der Neuheit verliert. So hielt ich weiter meine Vorträge über Börse, Währung, Politik und Wirtschaft (nur mit kurzen Intermezzi über Musik, Kunst und Frauen) in den vielen Kaffeehäusern der Welt. Ich hatte seit 60 Jahren einen periodischen Lehrstuhl in New York, Paris, Cannes, Rom, Genf, Zürich, München, Wien usw... und sogar in Budapest. Daß mein Katheder früher nur ein Kaffeehaustisch war, änderte nichts an der Aufrichtigkeit und Leidenschaft meiner Vorträge.

Mein Schlußakkord

Seit 72 Jahren habe ich mit dieser bunten Welt der Börse ein wahrhaftes Liebesverhältnis, auch mit harten Auseinandersetzungen. Man kann sich vorstellen, was ich mit der Börse erlebt – aber auch glücklicherweise überlebt – habe; Hunderte Erfolge und Hunderte Mißerfolge.

So habe ich meinem langjährigen Schüler und Freund Hubert Spegel anvertraut, manche dieser Erlebnisse auszuwählen, das heißt, die Rosinen aus dem Kuchen zu picken. Mein Ziel war, nicht eine Lehrstunde in Börsenkunde zu geben, sondern den Leser zu unterhalten. Nichtsdestoweniger können von den Erlebnissen auch hundertprozentige Börsenprofis lernen, daß an der Börse alles möglich ist und auch das Gegenteil von allem – wie La Bruyère es sagte.

In den 72 Jahren konnte ich feststellen, daß die Börse immer dasselbe Theaterstück ist, aufgeführt in verschiedenen Theatern und mit immer neuen Akteuren. Doch wer die guten Akteure waren, können nur die Erben feststellen.

Ich hoffe, die Lektüre meiner Histörchen hat Sie nicht gelangweilt, denn ich weiß, daß sie meine Freunde immer amüsiert haben, wenn ich sie an der Börse oder am Kaffeehaustisch erzählte.

An der Börse verlor ich mein Publikum, da sie als Treffpunkt nicht mehr existiert. Allmählich werden die Börsen ganz verschwinden, weil sie keine Präsenz mehr haben. Alles wird durch Telekommunikation ersetzt. Es gibt kein »ich gebe, ich nehme« mehr, denn die lauten Worte – die Essenz des Börsenhandels – werden durch Tastendruck ersetzt. Der zoologische Garten mit den vielen Typen des Börsensaals ist eine versunkene Welt. An der Londoner und Pariser Börse kann man heute nur Geistern begegnen. Und so wird es bald auch in Frankfurt, Düsseldorf und allen anderen Börsen der Welt sein. Ich aber bleibe präsent, und anstatt in dem Börsensaal erzähle ich über Börse und Spekulanten auf gedrucktem Papier.

Ich schrieb einmal: Das Leben fängt mit 70 Jahren an. In späteren Büchern korrigierte ich es dann auf 75 und sogar 80. Heute ziehe ich alles zurück – für mich Börsianer fängt das Leben erst mit 85 an.

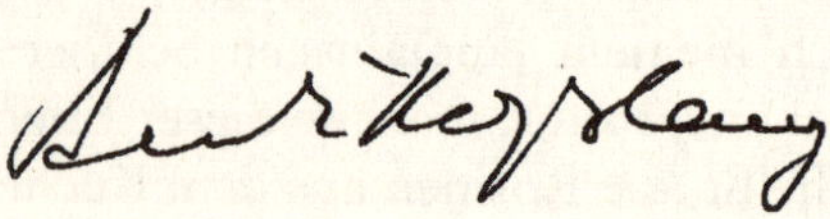